KB235997

대륙의 지도자

등소평

등용 지음 | 정인갑 옮김

북스토리

대륙의 지도자 등소평

지은이 | 등 용
옮긴이 | 정인갑
발행인 | 주정관
발행처 | 도서출판 북스토리

등록 1999년 8월 18일 (제22-1610호)

1판 1쇄 인쇄 2004년 8월 15일
1판 1쇄 발행 2004년 8월 22일

주소 | 서울 마포구 서교동 395-64 회산빌딩 302호
대표전화 | 02) 332-5281
팩시밀리 | 02) 332-5283

ISBN 89-89675-33-2 (03990)

E-mail bookstory@naver.com

항일전쟁 초기 시절의 아버지

프랑스 유학시절의 아버지.

1924년 7월 유럽 지역 중국사회주의 청년단
제3차 대표대회에 참석하여 프랑스
파리에서 찍은 사진. 앞줄 좌측에서
네번째가 주은래, 여섯번째가 이부춘, 맨
뒷줄 우측에서 세번째가 아버지.

1936년 홍군 제1군단과 15군단의 일부 간부들과
함께 섬서 순화현(淳化縣)에서 찍은 사진.

1938년 1월 8로군 129사단 정치위원 시절의
아버지 모습. 당시 129사단의 간부들과
산서(山西) 요현(遼縣 : 지금의 권현)에서
찍은 사진.

산서(山西) 홍동현(洪洞縣)
마목촌(馬牧村) 8로군 총사령부에서의
찍은 사진. 좌측 두번째가 팽덕회, 세번째가
주덕, 여섯번째가 아버지다.

해방전쟁 기간 중 진(晉), 기(冀), 노(魯) 야전군은 긴장된 상황
속에서도, 당 정비와 군대의 신식화를 위한 정군운동(整軍運動)을
전개하고 있었는데, 당시 아버지가 그 일을 추진하는 담당자로서
회의에서 보고하고 있는 모습.

1948년 11월 중공 중앙혁명군사위원회에서는 5인의 총전위(總前衛)를
결성하고, 지휘체제를 통일시켜 중원(中原)과 화동(華東)지역의 양대
야전군의 지휘를 통일시키기로 결정했다.
당시 아버지는 총전위(總前衛)의 서기(書記)를 맡았는데,
이는 당시 대표자로 선출된 5인의 모습이다.

유백승 아저씨와 아버지는 13년간을 같이
일했는데, 이들이 지휘했던 부대는
유등대군(劉鄧大軍)이라고 불렀다. 건국
직후 함께 찍은 모습이다.

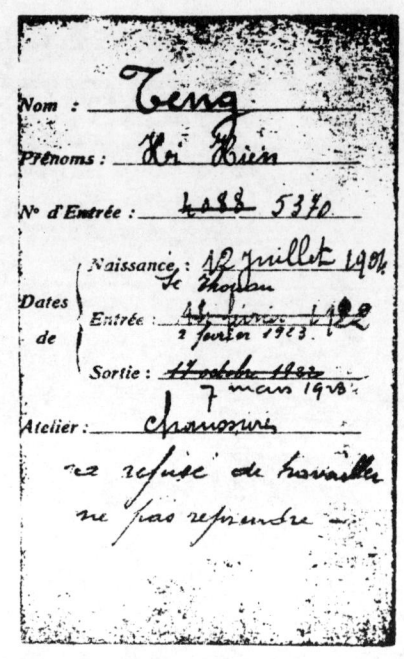

프랑스 하킨슨에 있는 고무공장의 직원증.
이 공장에서는 사직(辭職)을 함부로 할 수
없으며, 재차 고용도 안 되었다.

아버지가 재직했던 레이노 공장의 직원증.
아버지는 귀국 때문에 사직했다.

永遠銘記着：在這艱難的歲月裡，人民英雄們用了自己的鮮血，才換得了今天的勝利。

鄧小平敬題

一九○九年建國日

아버지의 친필. 중국혁명 당시 숨겨간 수많은 열사들의 숭고한 정신을 기리는 내용을 담고 있다.

1929년 12월 아버지는 동지들과
백색봉기(白色起義)를 일으켜서 중국의
홍군(紅軍) 제7사단과 우강(右江)의
혁명근거지를 창건했다. 당시 아버지는
중공 홍군 제7군 전적위원회(前敵委員會)
서기와 정치위원(政治委員)이었다.
그 당시 아버지의 모습이다.

어머니 장석원(張錫瑗)의 유상(遺像).
그녀는 상해에서 죽었다.

태항산(太行山)에서 찍은 아버지와
어머니의 모습

1939년 9월 아버지와 어머니, 그리고
공원(孔原) 이모부와 명아(明阿) 이모가
연안에서 간소하게 올린 결혼식 후의
모습이다.

1991년 봄 아버지 어머니, 그리고 우리 가족의 모습이다.

1945년 아버지와 어머니는 오빠와 언니를
안고, 유백승 아저씨와 왕영 아줌마 가족과
함께 찍은 사진이다.

상해가 해방된 후 아버지와 어머니,
진의(陳毅) 아저씨와 장천(張茜) 아주머니가
아이들과 함께 찍은 사진이다.

1950년대 초 아버지와 어머니, 그리고 어린
나의 모습이다.

1990년 봄 아버지와 나의 모습이다.

1993년 항주에서 내가 아버지를 모시고
찍은 모습이다.

1993년 아버지의 89회 생일 전날 모습이다.

89회 생일날 아버지가 손자 손녀들과 함께
찍은 모습이다.

1993년 아버지의 89회 생일기념
가족 사진이다.

전 가족의 모습. 좌측부터 등질방(鄧質方),
등박방(鄧樸方), 등림(鄧林), 양양(羊羊),
맹맹(萌萌), 아버지, 소제(小弟), 나,
하평(賀平), 면면(眠眠), 어머니,
등남(鄧楠).

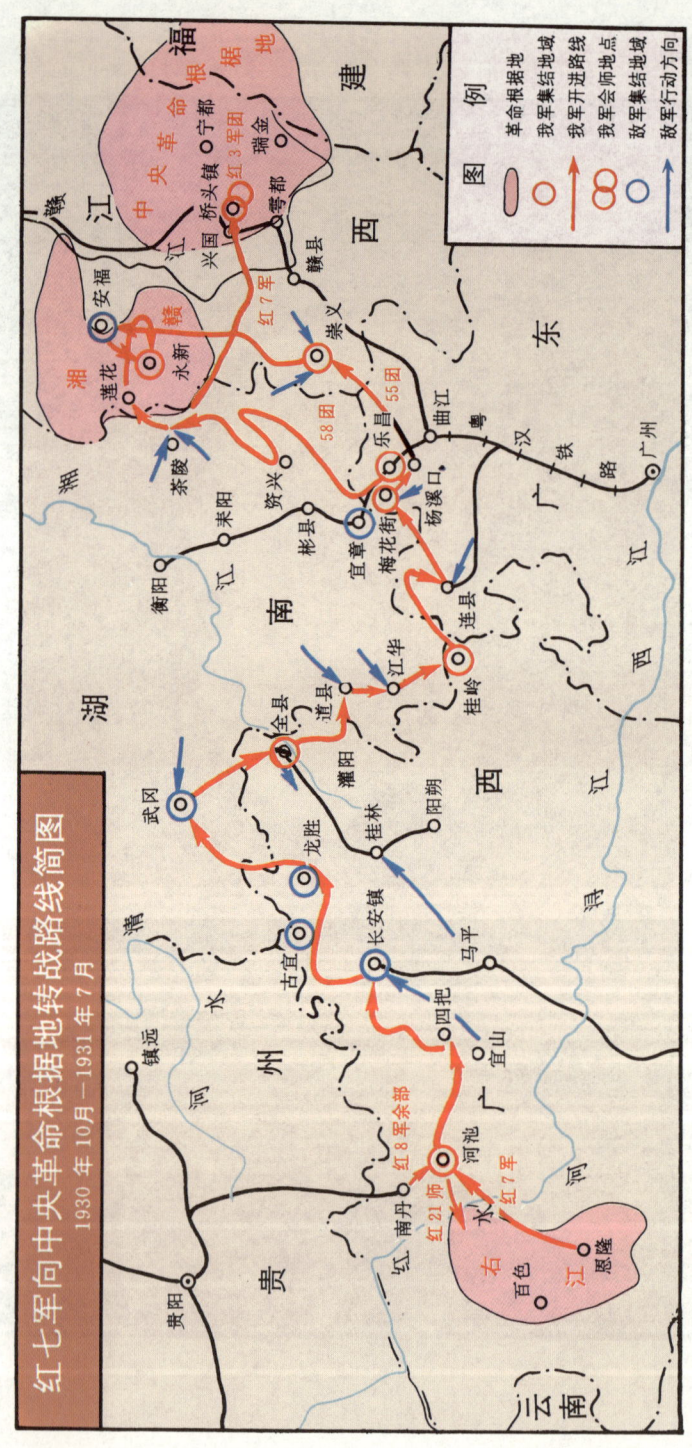

红七军向中央革命根据地转战路线简图

1930 年 10 月－1931 年 7 月

홍7군이 중앙혁명근거지를 향하여 진군했던 노선 약도 (1930년10월－1931년7월).

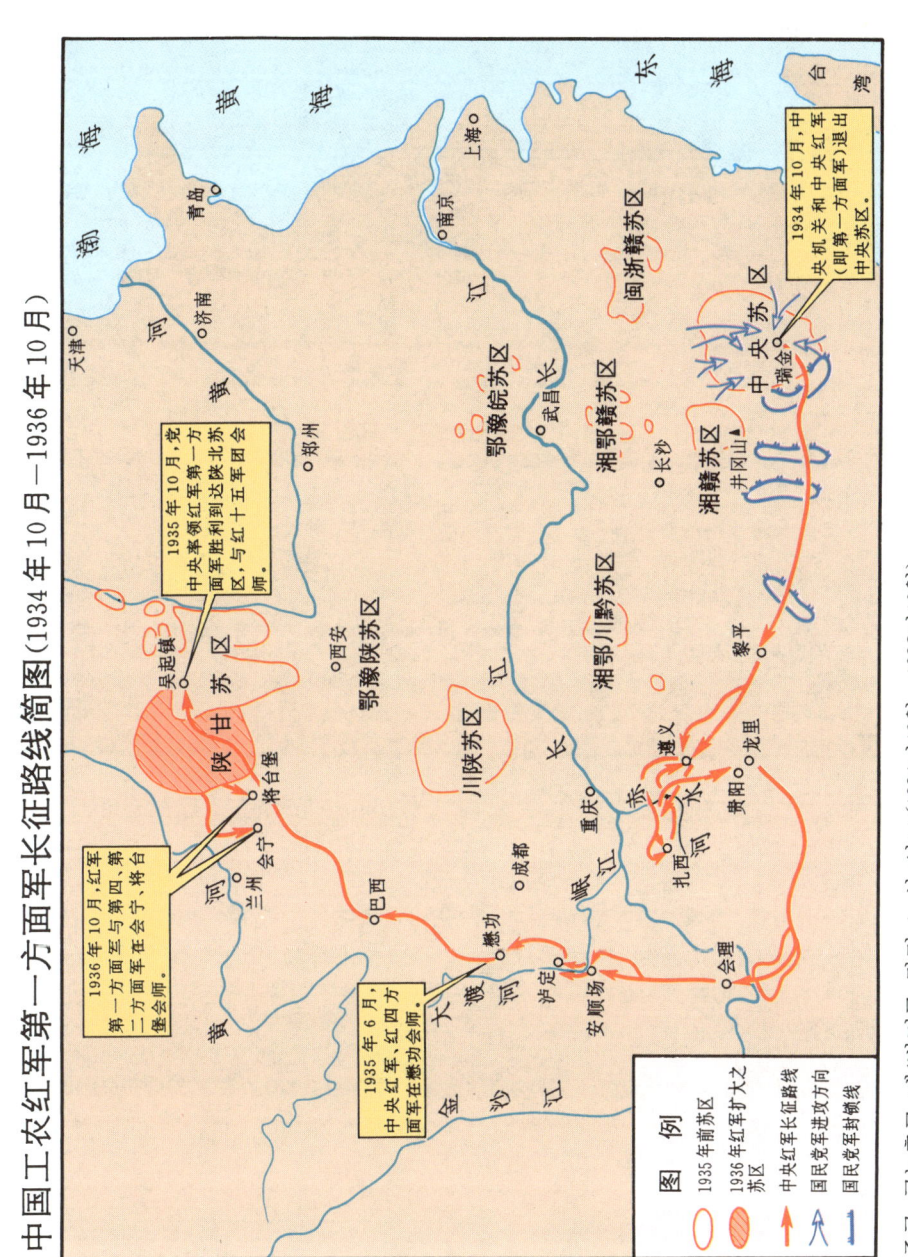

中国工农红军第一方面军长征路线简图(1934年10月—1936年10月)

중국 공농홍군 제1방면군 장정 노선 약도 (1934년10월 —1936년10월).

黄 海

渤 海

东 海

台 湾

天津

青岛

济南

上海

南京

郑州

河

黄

武昌

长沙

西安

长 江

重庆

成都

岷 江

会理

贵阳

遵义

赤 水 河

龙里

黎平

井冈山

瑞金

中央
苏区

湘赣苏区

湘鄂赣苏区

闽浙赣苏区

鄂豫皖苏区

湘黔苏区

湘鄂川黔苏区

川陕苏区

鄂豫陕苏区

陕甘苏区

吴起镇

会宁

将台堡

兰州

巴西

懋功

泸定

安顺场

大 渡 河

金 沙 江

黄

河

西

1934年10月,中央机关和中央红军(即第一方面军)退出中央苏区.

1935年10月,党中央率领红军第一方面军胜利到达陕北苏区,与红十五军团会师.

1936年10月,红军第一方面军至第四、第二方面军在会宁、将台堡会师.

1935年6月,中央红军、红四方面军在懋功会师.

图 例

中국

1935年前苏区

1936年红军扩大之苏区

中央红军长征路线

国民党军进攻方向

国民党军封锁线

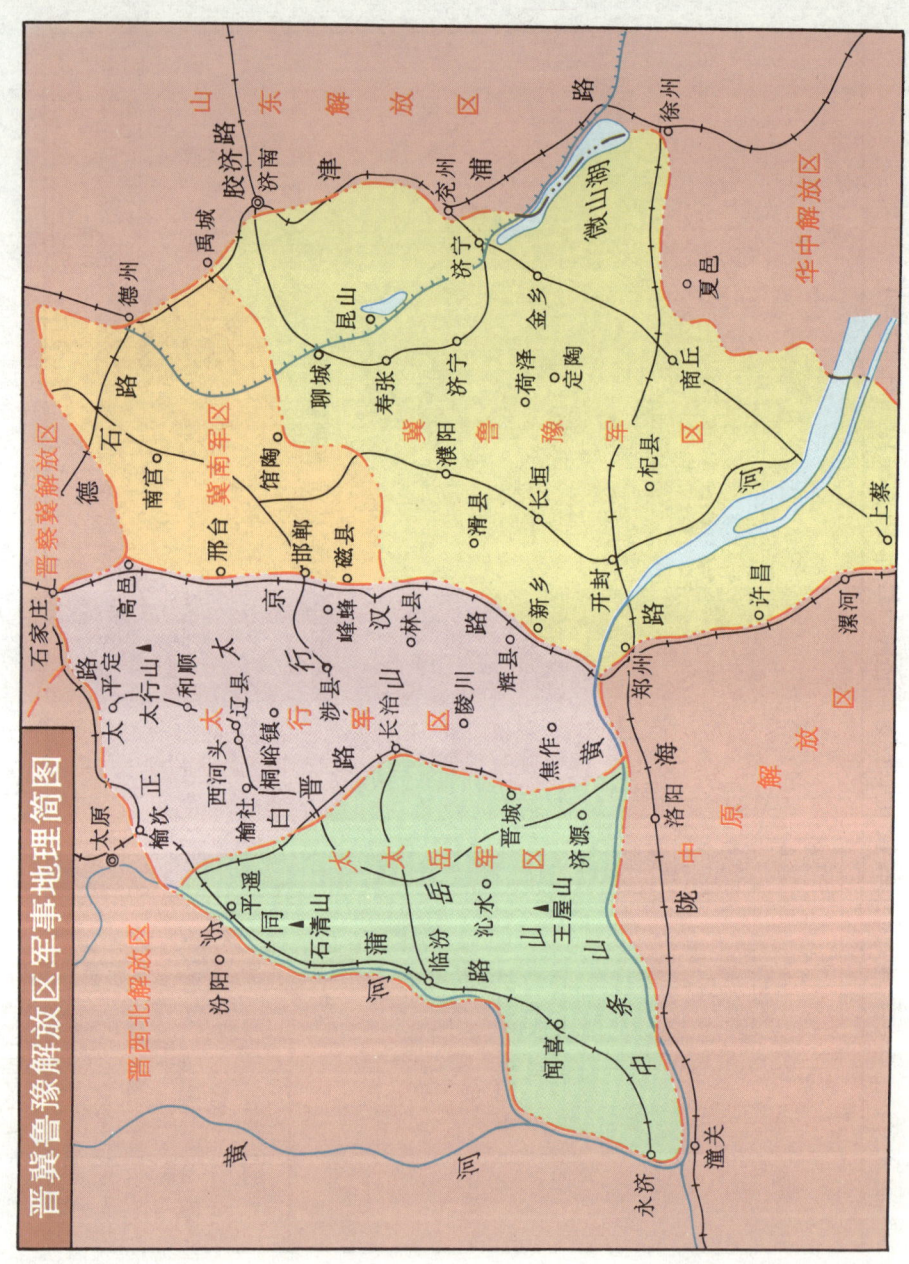

晋冀鲁豫解放区军事地理简图

진기노예해방구 군사 지리 약도.

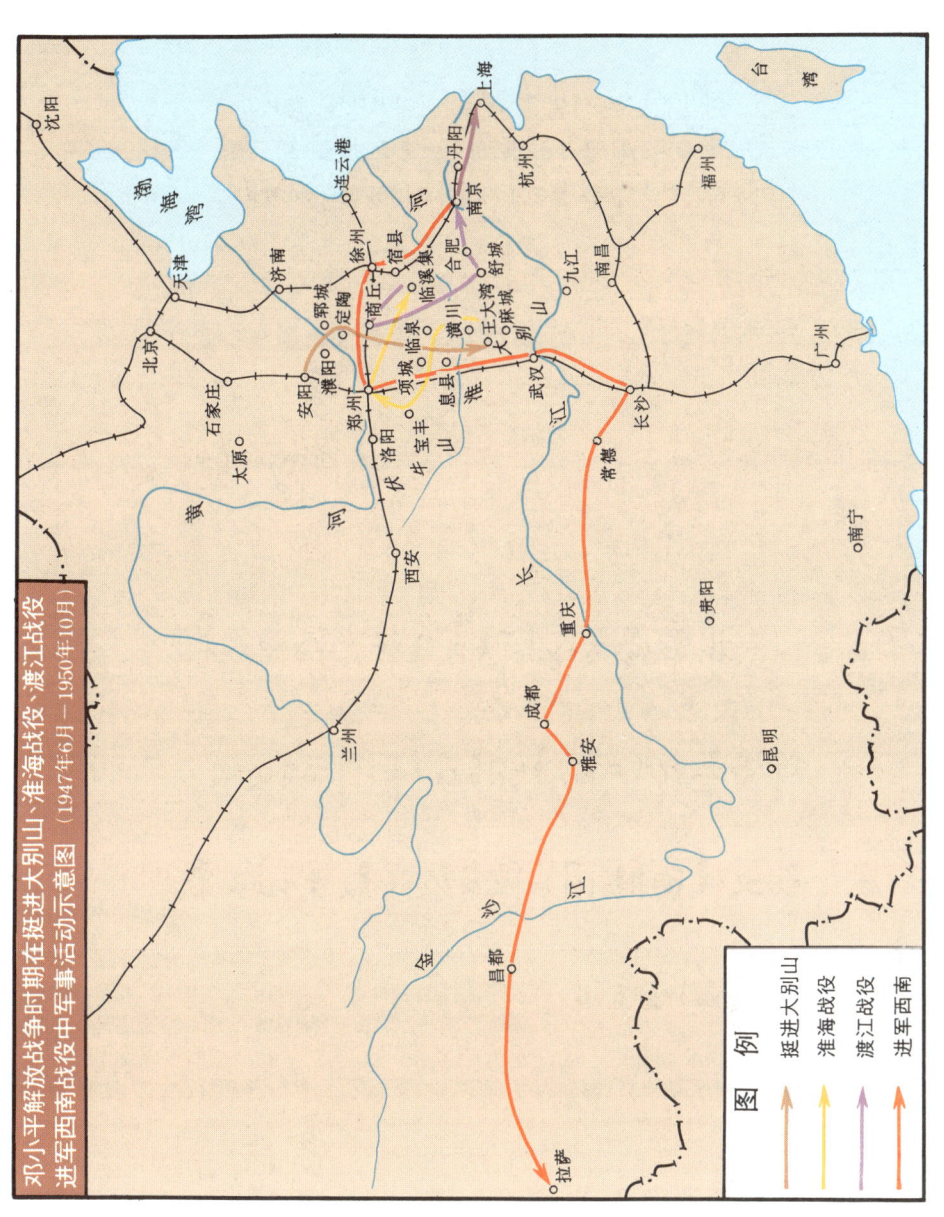

해방전쟁 시기 등소평이 주도했던 대표적인 군사활동 약도
(대별산, 회해, 도강, 서남진군 전역. 1947년6월-1950년10월).

한국의 독자들에게

이번에 한국에서 필자가 쓴《나의 아버지 등소평》을
출판하게 된 것을 대단히 기쁘게 생각합니다.
이에 삼가 한국의 독자들에게 감사와 경의를 드리는 바입니다.

萧榕.

1993년 11월 11일

非常高兴我所撰写的《我的父亲

邓小平》（上卷）能够在韩国出版。

在此谨向韩国的读者致以最亲切、最

诚挚的问候。

萧榕.

一九九三年十月十一日.

대륙의 지도자

등소평

이 책을 아버지께 바칩니다

아버지와 아버지의 전우들은 평생 운명을 같이
한 한 시대의 동반자들이었습니다. 당신들께서
는 한 시대의 역사를 장식했고, 또한 새로운 역
사를 창조하신 분들입니다. 나아가 당신 자신들
의 온 생애를 조국과 인민에게 바치신 분들이기
도 합니다.

이 책은 또한 우리의 후예들을 위해 쓴 것이기도
합니다.

후예들이여! 우리는 우리의 선조들을 사랑해야
합니다. 나는 이 책을 통해서 여러분들이 우리의
선조들을 이해하는 데 많은 도움이 되기를 바랍
니다. 또한 여러분들도 우리 선조들이 해왔던 것
처럼 중화민족을 위해 찬란한 업적을 창조해낼
수 있기를 바랍니다.

contents

머리말

1950년 1월 25일 한밤중에 나는 중경(重慶)에서 태어났다. 막 세상에 나온 나는 울음을 그치자마자 두 눈을 감고 깊은 잠에 빠져들었다.

나를 낳아준 이가 누군지도 모르는 채, 하물며 그 시각 중국의 전 대지 위에서 천지를 뒤흔드는 역사적인 대혁명이 막 진행되고 있는 줄은 꿈에도 모르는 채 나는 잠들어 있었다. 당시 국민당은 800만이라는 대군을 잃어버리는 굴욕의 대가를 치루면서 바람에 몰려가는 구름떼처럼 무너져 갔고, 대신에 새로운 중화인민공화국이 이 광활한 중국의 대지 위에 새롭게 탄생했다.

이와 같이 이 넓은 대지 위에서는 혼백을 놀라게 할 만큼의 위대하고 장엄한 변혁이 일어나고 있었던 것과 비교하면, 나의 태어남은 그 야말로 아주 미미한 것에 지나지 않았다. 어머니는 자그마하고 깡마른데다 머리에는 노란 머리털이 듬성듬성 나 있는 나를 보자마자 모모 (毛毛)라는 이름을 붙여 주었다. 나는 우리 집안의 넷째로 태어났던 것인데, 위로는 언니 둘과 오빠 하나가 있었고, 밑으로는 나보다 한 살 반이 적은 남동생이 있었다. 이러한 우리 다섯 남매와 아버지 어머니, 그리고 시골 고향에서부터 모시고 나온 할머니(아버지의 계모)를 합친 일곱 식구가 우리 가족 모두였다.

봄이 아직 일러서인지, 밤이 되면 여전히 음랭하고 차가운 습기가 몸 주위를 감돌던 그런 때였다. 갓 태어난 나는 영문도 모르는 채, 나의 불우하고 평탄치 않았던 고난의 인생이 태어난 바로 그 시각부터 평생을 따라다니도록 결정되어지고 있을 줄은 꿈에도 몰랐다.

나는 특수한 환경 속에서 태어났던 것이고, 또한 그러한 특수한 환경 속에서 자라나야 했다. 내가 귀로 듣고 눈으로 목격하고 심지어는 직접 경험해야 했던, 나로 하여금 잊을 수 없는 수많은 역사적인 시간들이 그 속에서 흘러갔다. 그렇게 많은 역사적인 인물들이 나의 주변을 지나갔고, 그렇게 많은 역사적인 사건들이 나의 주변에서 일어났기에, 비록 길지 않은 인생 여정이었지만, 내가 보고 듣고 기억하고 알게 된 사실은 너무나도 많은 것들이었다. 따라서 알게 되고 기억되어지는 것이 많아지게 되자 생각하는 것도 점점 깊어지게 됐고, 또 이렇게 사색하는 습관이 오래되자, 이러한 사실들을 기록해 두어야겠다는 바람이 움트기 시작했다. 내가 아는 것이 비록 적고, 식견 또한 그리 높다고는 할 수 없지만, 내가 기록하고자 하는 것들은 모두가 절대로 잊혀져서는 안 될 일들임에 틀림없다고 생각한다.

특히 나의 아버지에 대한 일들은 더욱더 잊혀져서는 안 될 것들이다.

나의 아버지의 원래 이름은 등희현(鄧希賢)이었고, 실제로 불려졌던 이름은 등빈(鄧斌)이었는데, 후에 와서 등소평(鄧小平)으로 고쳐졌다. 아버지는 16세 때 고향을 떠나, 당신의 이상을 실현할 수 있는 길을 찾기 위해 먼 바다를 건너 유럽으로 가게 됐고, 18세 무렵에는 공산주의의 이상을 실현해 나라와 겨레를 구해야 한다는 대업에 뜻을 두기 시작했다고 한다. 전 생애 중 70여 년 동안을 혁명에 바치는 가운데 아버지는 지하공작에도 참여했고, 군사지휘관도 역임했으며, 정부요원과 당의 중요한 지도자가 되기도 했다. 따라서 이러한 경험을 한 아버지의 이름은 긴긴 중국 역사의 한 장을 장식할 수 있으리라 믿는다.

아버지는 일찍이 당신 스스로가 자전(自傳)이라는 것은 안 쓸 것이고, 또 다른 사람이 당신의 전기(傳記)를 쓰는 것도 달갑잖다고 누차 말해 왔다. 그러나 존경하는 아버지의 딸로서, 만약 내가 아버지에 대해 알고 있는 것을 쓰지 않는다면, 나는 역사를 대함에 부끄럽게 될 것이고, 나의 평생에 아무런 보람도 얻을 수 없을 것이며, 나아가 이러한 나의 숙원을 이루어내지 못한다면, 죽을 때까지 유감스러워 할지도 모르기 때문에 나는 이 글을 쓴 것이다.

이 책에서 나는 오직 한 사람에 대해서만 기록하려고 했다. 그렇지만 그는 그와 함께 자신의 시대를 지내오며 동거동락했던 모든 풍운아들을 대표할 수 있다고 본다. 또한 내가 여기서 기술하고자 하는 것은 오직 일단의 역사적 사실에 불과할지 모르겠지만, 그러나 이 역사는 중화민족이 만들어 온 수천 년에 걸친 찬란한 역사와 일맥상통하는 것이고, 나아가 그 역사를 계승하고 있는 것이라고 생각한다. 그리고 내가 기술하려고 하는 것이 단지 과거의 사실들에 불과한 것이라고 생각할 수도 있겠지만, 그러나 나는 이러한 과거의 사실들을 탐색하는 가운데서 유익하고 배울 만한 것을 찾아낼 수 있을 것이라고 생각하며, 이를 통해 우리는 선조들이 해왔던 것처럼 용감하게 미래를 개척할 수 있으리라고 믿는다. 끝으로 나의 견식과 문장이 보잘것 없을지라도, 후세 사람들에게 자그마한 인상만이라도 남겨질 수 있게 되기를 바라마지 않는다.

1 은퇴하는 날

1989년 11월 9일.

날은 채 밝지도 않았는데, 이른 새벽부터 부슬부슬 내리는 가랑비는 늦은 가을의 을씨년스런 대지를 축축하게 적시고 있었다. 아버지는 여느 때와 마찬가지로 같은 시각에 일어났다. 그리고는 조반을 들고나서 책, 신문, 서류 등을 뒤적거린다.

제일 어린 손자인 소제(小弟)가 감기 때문에 유치원에 가질 않았기에, 나는 그를 아버지에게 데리고 갔다.

아버지가 나에게 "아직도 비가 오니?" 하고 물었다.

"아니요, 지금은 진눈깨비 같은 눈이 내리기 시작했어요."라고 나는 대답했다.

내 말을 들은 아버지는 곧바로 일어나더니 창문을 활짝 열어젖혔다. 그리고는 성이 안 차는지 아예 문을 열고 밖으로 나갔다.

밖의 공기는 차갑고도 눅눅했다. 더구나 진눈깨비까지 섞여 내리는 비는 바람에 날려서 사방으로 흩뿌려지고 있었다.

아버지는 진눈깨비라도 내리는 것이 다행이라는 듯 감개무량한 표정으로 "진눈깨비가 꽤 많이 내리는군, 북경(北京)에는 눈이 좀 와야 해!"라고 말했다.

온실효과 때문인지 금년 가을은 좀 늦게 오는가 싶더니 겨울까지도 늦게 오는 것 같았다. 벌써 11월인데도 날씨는 여전히 초가을 날씨다. 지금 내리는 진눈깨비는 그리 많이 내리는 편은 아니지만, 올 겨울의 첫눈임에는 틀림없었다.

9시가 조금 지나자 사무실 주임인 왕서림(王瑞林)씨가 들어와서 지금 열리고 있는 중국공산당 중앙전회(中央全會) 회의 진행상황 일부를 이야기해 주었다. 당연히 그 중심 내용은 아버지의 은퇴와 관련된 중앙전회의 회의 진행순서와 일정에 대한 결정, 그리고 토의할 내용 등이었다. 왕씨는 회의에 참가한 동지들이 관계서류를 검토하고 토론을 거쳐 아버지가 은퇴하고자 하는 결심과 그 의의에 대해 조금씩 이해를 하는 것 같다고 말하면서, 많은 동지들의 발언은 진정한 마음에서 우러나오는 말이었으며, 그 결과 오늘 오후에는 은퇴 문제에 대해 가결을 하고 저녁에는 뉴스를 통해 공개할 것이라는 내용을 전했다.

이 말을 들은 아버지는 대단히 기뻐하면서 "결국 이번 일은 잘 마무리 되겠군." 하고 말했다.

점심을 먹기 위해 상머리에 둘러앉은 우리 식구들의 화제는 자연히 아버지의 은퇴 이야기에서 떠나질 않았다. 언니는 우리 식구 모두가 축하해야 한다고 했고, 오빠는 좋은 술 한 병을 내놓겠다고 했다. 어머니는 몸만 좋다면 자신도 오후에 기념사진 찍는 데까지 가보고 싶다고 했다. 아버지는 한술 더 떠서 "이제 은퇴하면 내 마지막 소원인 보통사람들과 같은 생활을 해봐야지. 편안하게 길가에도 나가보고, 각지를 다니며 구경도 해보고 말야."라고 말했다. 그 말을 듣고는 맏손녀가 빙긋이 웃으면서 "할아버지는 정말 이상주의자이셔."라고 한 마디 거들었다.

오후 세시가 되자 중국공산당 제13회 중앙위원회 제5차 회의는 중국공산당 군사위원회 주석을 사임하겠다는 아버지의 요청을 가결했다.

이에 따라 아버지는 오후 4시경 이번 회의에 참가한 전 대표들과 기념사진을 찍기 위해 승용차 편으로 인민대회장으로 갔다.

아버지가 휴게실에 들어서자 중앙의 여러 지도자 동지들이 회의장으로부터 나와 아버지를 마중하며 악수를 건넸다. 방금 중국공산당 군사중앙위원회 주석으로 선출된 강택민(江澤民) 동지가 한 걸음 앞서 나오면서 아버지의 손을 굳게 움켜쥐었다. 그는 아버지께 몇몇 지도자 동지들과 함께 사진을 찍자고 건의했다. 강택민, 양상곤(楊尙昆), 이붕(李鵬), 요의림(姚依林), 교석(喬石), 송평(宋平), 이서환(李瑞環), 왕진(王震), 박일파(薄一波), 만리(萬里), 송임궁(宋任窮), 호교목(胡喬木) 등 12명의 동지들이 아버지와 함께 한 줄로 서자 기자들이 몰려와 플래시를 번쩍거리며 이 역사적인 시간을 기념하는 사진을 찍기 시작했다.

우리 당과 국가의 지도자들인 그들은, 어떤 분은 백발임에도 불구하고 얼굴은 홍안인 분이 있는가 하면, 어떤 분은 온통 새까만 머리로 젊음을 과시하는 분도 있었다. 그들은 딱 붙어선 채로 사진 찍는데 열중했다.

아버지 일행이 회의장으로 들어서자 삽시간에 사방에서 우렁찬 박수 소리가 터져 나왔다. 아버지는 중앙기율검사위원회 위원들이 도열해 있는 곳을 지나, 중앙고문위원회 위원들이 서 있는 곳을 지나쳤다. 그리고는 전체중앙위원들이 서 있는 곳을 일일이 지나쳤다.

아버지는 만면에 웃음을 띠면서 마이크 앞에 섰다. "동지들이 나의 뜻을 이해해 주신 데 대해 감사합니다. 중국공산당 전국대표자회의는 내가 요청한 은퇴 요구를 들어 주셨습니다. 전 대표위원들에게 감사를 드립니다. 또한 모든 동지들께 감사를 드립니다."라고 짤막한 인사말을 했다. 인사가 끝난 후 아버지는 회의에 참석한 모든 동지들과 함께 기념사진을 찍었다.

대회장을 떠날 때 강택민 동지는 아버지를 배웅하기 위해 대문 앞까지 따라나왔다. 강 동지는 아버지의 손을 꼭 잡으며 "죽는 날까지 나라를 위하여 저의 모든 힘을 바치겠습니다."라고 언약했다.

밤은 점점 깊어갔지만, 우리 집은 환한 불빛으로 가득 차 있었다.

온 집안 식구들은 오후 내내 아버지를 위한 축하연을 준비하기 위해 바삐 움직여야 했다. 이윽고 식사시간이 되자 네 명의 손자 손녀는 서로가 뒤질세라 뛰어가 할아버지를 모시고 나왔다. 그리고는 자신들이 만든 축하엽서를 할아버지께 건네드렸다. 거기에는 자신들 넷을 표시하는 네 송이의 예쁜 붓꽃이 그려져 있었다. 그리고 그 밑에는 "할아버지 영원토록 우리들처럼 젊어지세요."라는 글이 또박또박 쓰여져 있었다. 그들 넷은 할아버지를 둘러싸고는 돌아가면서 할아버지 얼굴에다 뽀뽀를 했다. 그런데 세 살박이 막내손자는 뽀뽀를 한다는 것이 할아버지 얼굴에다 잔뜩 침만 발라 놓았다. 그 바람에 주위 사람들은 박장대소를 했다. 식탁 위에는 우리 집에서 30년 간을 일해 온 양씨가 정성껏 만든 요리가 푸짐하게 차려져 있었다.

그 뒤편의 연한 남색빛이 감도는 벽에는 "1922——1989——영원"이라고 쓴 선홍색의 글자가 높다랗게 붙어 있었다.

아버지는 의미심장한 미소를 지으며 이 글을 보았다.

오랫만에 보는 아버지의 웃음 띤 얼굴과 기쁨에 넘쳐 있는 10명의 우리 가족들, 그리고 붉은 빛으로 반짝반짝 빛나는 술잔이 너울거리는 방안의 황홀함을 바라보는 나의 마음은 형언할 수 없는 격정으로 가득 차 있었다.

80여 년의 생애 가운데서 60여 년을 혁명에의 여정에 쏟아부었다는 것은 그렇게 쉬운 일만은 아니리라. "이제 아버지는 쉬실 때가 온 것이고, 홀가분해지셔야 할 때가 된 것이야."라고 나는 혼잣말로 중얼거렸다.

은퇴하려는 것은 여러 해에 걸친 아버지의 염원이었다. 아버지는 두 번째로 복권되면서 일을 맡을 때부터 자신의 일을 대신할 수 있는 후계자를 물색했었다. 그러다가 1980년대부터는 다른 사람들의 의견을 마다하고 자진해서 몇몇 자리를 물러나곤 했다.

우리들은 아버지가 건강하고 오래 살 수 있도록 은퇴하는 것을 늘 바라 왔다. 그렇지만 아버지는 은퇴의 결심을 끝내 저버리지 못했던 것인데, 그것은 국가의 전도와 당의 이익을 생각했기 때문이었다.

그러다가 마침내 오늘 아버지의 소원이 이루어지게 됐으니 얼마나 편안한 심정이겠는가! 한가족인 우리들도 아버지의 은퇴를 진심으로 기뻐하지 않을 수 없었다.

다음날 11월 10일자 〈인민일보〉에는 아버지가 은퇴를 요청했던 서신과 중국공산당 제13회 중앙위원회 제5차 회의의 결의문이 발표됐다. 아버지의 편지에는 다음과 같은 내용이 쓰여져 있었다.

"1980년에 나는 이미 당과 국가의 지도체제를 개혁하며 간부들의 종신제 직무체제를 폐지할 것을 제기한 바 있습니다. 근년에 들면서 적지않은 연로한 동지들이 계속해서 중앙의 직무로부터 자리를 떠났습니다. 1987년 우리 당의 제13차 전국대표대회가 개최되기 전에 이러한 직무종신제의 폐지를 몸소 실천하려고 본인이 은퇴하겠다는 요구서를 제출한 적이 있습니다. 당시 중앙위원회에서는 저의 의견과 당내 동지들의 의견을 참작한 끝에 제가 맡고 있던 중앙정치국 상무위원, 중앙정치국 위원, 중앙고문위원회 주임의 직무를 사임하는 데 동의하고, 중앙위원회와 고문위원회에서 물러나며, 다만 당과 국가 군사위원회의 주석직만 유임하기로 결정했었습니다. 그후 만약에 중앙에서 중대한 문제가 있어 저의 의견을 듣고자 할 때, 저는 다수의 의견을 존중하고 지지해 왔습니다. 그렇지만 저는 일상의 사무에는 참여하지 않는다는 약속을 견지해 왔으며, 또한 신구인사의 교체를 조속하게 완성해 제가 맡고 있는 직책으로부터 완전히 물러나기를 요구해 왔습니다.

중국공산당 제13차 전국대표자대회 제4차 중앙위원회 회의에서 선출된 강택민 동지를 수반으로 하는 시휘체세는 잘 해 나가고 있습니다. 그렇기 때문에 나는 평생 소원인 '몸이 아직 건강할 때 직무에서 물러나자'는 것을 이번에 곰곰이 생각한 끝에 결정했습니다. 내가 물러나는 것은 당과 국가, 그리고 군대의 모든 일에 대해 유익하다고 봅니다. 따라서 중앙위원 여러분들께서는 이번 기회에 나의 요구를 허락해 주실 것을 간곡하게 부탁드리는 것입니다.

공산주의 사업과 국가의 독립, 통일, 건설, 개혁 등의 사업을 위하여 수십 년 간을 분투해 온 원로 당원으로서, 또한 원로 공민(公民)

으로서 나의 생명은 당과 국가의 것입니다. 은퇴 후에도 저는 계속해서 당과 국가의 일에 충실할 것입니다. 우리의 당, 우리의 국가, 그리고 우리의 군대가 얻은 일련의 성과는 여러 세대에 걸쳐서 노력한 결과입니다. 그러나 우리의 개혁과 개방의 일은 이제 방금 걸음마를 시작한 데 불과합니다. 우리들이 맡은 바 책임은 무겁고 앞으로 갈 길은 아득하며, 이러한 길을 나아가는 데는 아직도 많은 우여곡절을 겪어야만 할 것입니다. 그렇지만 우리들은 반드시 이러한 고난들을 이겨내고 선배들이 개척해 놓은 사업을 대대손손으로 확대시켜 나갈 수 있으리라고 나는 굳게 믿는 바입니다. 우리는 이미 일어섰습니다. 그렇기 때문에 우리는 반드시 앞으로도, 영원토록 세계의 여러 민족들과 어깨를 나란히 하며 의연하게 살아나갈 수 있는 것입니다."

전국대표자대회 중앙위원회에서 결정한 결의문은 다음과 같은 내용이었다.

"등소평 동지는 우리나라의 각 민족들 모두가 인정하는 성망 높은 위대한 영도자입니다. 당이 영도했던 혁명과 건설의 역사 과정에서 그는 중요한 시기마다 탁월한 공헌을 했습니다.

전국대표자 중앙위원회에서는 등소평 동지가 우리 당과 국가에 기여한 지대한 공헌을 높이 평가합니다. 등소평 동지는 위대한 마르크스주의자이며, 건실하고 완전한 공산주의자였으며, 나아가 뛰어난 프롤레타리아 혁명가, 정치가, 군인이었습니다. 이러한 것은 등소평 동지가 우리 당과 국가를 위해 몇 십 년 동안이나 쓰라린 고통을 함께 해오면서 혁명적인 실천을 이룩해 온 탁월한 영도력을 통해서도 알 수 있는 것입니다. 등소평 동지는 마르크스-레닌주의와 중국혁명의 실천을 서로 결합시켜야 한다는 원칙하에서 일련의 이론들을 제시해 왔습니다. 이들 이론들의 관점은 모택동 동지의 사상이 형성되는데 중요한 역할을 했을 뿐 아니라, 새로운 역사적 환경하에서 모택동 동지의 사상을 계승발전시킨 것이며, 중국공산당과 중국인민의 보배로운 정신적 재산입니다."

이러한 평가는 아버지가 조국과 당과 인민을 위하여 자신의 생명과 모든 노력을 바쳐 온 것에 대한 당과 인민의 숭고한 평가라고 할 수 있다.

그러나 아버지에게는 아직 마무리짓지 못한 한 가지 염원이 있다. 그것은 1997년 홍콩이 조국의 품으로 되돌아올 때 그 땅을 밟아 보려고 하는 바람이다. "휠체어를 타고서라도 홍콩 땅에 단 일 분만이라도 서 있을 수만 있다면 만족하마." 하고 아버지는 말하곤 했다. 그때가 되면 아버지의 연세는 93세라는 고령이 된다. 그렇더라도 우리 가족들은 전력을 다해서 아버지의 염원이 이루어질 수 있도록 최선을 다하려고 한다.

이제 아버지는 은퇴했다. 그러나 많은 사람들은 여전히 아버지에게 관심을 두고 있는 듯하다. 아버지의 건강에 대해 큰 관심을 갖고 문의해 오는 사람은 중국인뿐만이 아니라 외국인들도 많이 있다. 사람들은 그동안 아버지가 해왔던 많은 일들에 대한 공적과 잘못에 대해 큰 흥미를 갖고 있는 듯하다. 국내외를 막론하고 아버지의 정치상에 있어서의 업적과 그것의 바탕이 되어 왔던 사상에 대한 연구와 평가가 이미 적지않게 진행되어 왔음을 우리는 알고 있다. 사람들은 아버지가 겪어온 수많은 우여곡절과 그러한 경력에 대해 특별히 대단한 관심을 갖고 있는 듯하다. 독일, 헝가리, 홍콩, 그리고 일부 국내의 작가들은 계속해서 아버지에 대한 전기와 평전(評傳)을 펴내고 있다.

아버지의 성격은 내성적이어서 입이 무거우며 말이 적고, 자신을 나타내기를 싫어한다. 이전부터 아버지는 당신 자신의 경력을 이야기해 오지 않았으며, 주변의 친척들에게도 지나간 일에 대한 말은 거의 안 했다. 그래서 많은 사람들은 아버지의 현재만 알지 과거에 대해서는 거의 모른다고 할 수밖에 없다. 따라서 아버지의 외면적인 점만 알지

내면적인 점은 모른다고 할 수 있다. 그렇기 때문에 아버지의 경력이 와전되어진 부분도 많이 있고, 이렇게 됨으로 해서 심지어는 잘못 알려진 점도 적지않은 것이다.

아버지의 일생은 그야말로 평범하지 않은 일생이다. 그렇지만 아버지의 일생은 빛나는 일생인 것이다. 따라서 비록 나의 식견으로는 아버지의 전기를 쓸 자격이 없다는 것을 감지하면서도, 내가 조금 알고 있는 것이나마 쓰게 된다면 다만 만 개 중의 하나에 불과할지라도, 이와 같이 아버지에 대해 잘못 전해진 말들을 조금이나마 보충할 수 있지 않을까 하고 생각하는 바이다.

모든 일에는 근본이 있듯이 이야기에도 시작이 있는 법이니, 아버지에 대해 이야기하려면 먼저 아버지의 고향인 사천(四川)으로 붓끝을 옮겨야 할 것이다.

2 파촉의 정

사천(四川). 옛날 이곳은 파(巴)와 촉(蜀)의 땅이었다. 그래서 사람들은 예로부터 사천을 '천부지국(天府之國)'이라고 불렀다.

사천의 역사는 그야말로 유구하다. 지금으로부터 200만 년 전에 인류의 조상들이 이미 이곳에서 살고 있었다고 한다.[1] 그후 지금의 사천 동부와 중서부에는 작은 나라였던 파와 촉이라는 두 나라가 세워졌다. 기원전 1066년 주(周)의 무왕(武王)이 목야(牧野)에서 맹약을 맺을 때, 파와 촉 두 나라도 참가했으며, 이들은 함께 상(商)나라의 주(紂)를 정벌했다.[2] 그런 후 전국시기(戰國時期)를 전후하여 파촉 두 나라에 모순이 생기기 시작할 무렵은 바로 북방의 강국이었던 진(秦)나라가 천하를 겸병할 때였다. 진나라의 혜문왕(惠文王)은 파와 촉 사이에 알력이 있다는 사실을 알고, 그 기회를 틈타 군대를 남하시켜 먼저 촉을 병합시키고 그런 후에 파를 멸망시켰다. 그리하여 기원전 316년에 파와 촉은 정식으로 진나라에 합병되고 말았다. 그후 진나라는 지금의 중경(重慶) 부근과 성도(城都) 지구에 파군(巴郡)과 촉군(蜀郡)을 설치했던 것인데, 이로부터 파촉 지방은 중화 질서 속으로 들어오게'됐다.

사천이란 이름은 송(宋)나라 때 지어졌다고 한다. 송대에는 이곳을 천협로(川峽路)라 했고, 그후에는 익(益), 자(梓), 이(利), 기(夔) 등 4개의 로(路)로 분할했는데, 이로부터 이를 총칭하여 사천로(四川路)라고 불렀다 한다. 이러한 연유를 거쳐서 정식으로 사천성(四川省)이라고 명명되기 시작한 것은 청나라 때에 이르러서부터였다.

사천에는 생산되는 작물들이 아주 풍부하다. 기후는 온화하고 습하며, 사계절이 분명해서 농작물이 자라기에 아주 적합하다. 예로부터 사천분지는 곡창 지대로 이름이 나 있었다. 그리하여 많은 군사전문가들은 이곳에 군대를 주둔시키면서 토지를 경작해 식량을 자급하곤 했다. 파촉 지방에서는 쌀, 삼베, 과일, 차, 정염(井鹽) 등이 많이 생산됐다. 송나라 때부터는 방직업, 정염업, 도자기와 야금 등 방면에서도 상당한 발전을 이룩했다.

사천은 걸출한 인물도 많이 나온 곳이다. 2천 년 전인 먼 옛날 한(漢)나라 때에, 이미 사마상여(司馬相如)와 같은 재능이 넘쳤던 사부(辭賦)의 대가(大家)가 나타나는 등 수많은 문인들이 이미 파촉의 역사무대에서 활약한 적이 있다. 그중에는 당나라 시단의 태두라고 일컬어지는 이백(李白)과 두보(杜甫)를 위시해서, 삼국시대를 정립했던 인물인 유비와 제갈공명, 그리고 전국시대 수리(水利) 방면의 거장(巨匠)이었던 이빙(李氷) 부자 등이 그 대표적인 인물들이다. 파촉지방 사람들은 농사를 잘 짓고 누에를 잘 치며, 야금(冶金)이나 방직에도 능수능란했다고 한다. 더구나 종래부터 고통과 괴로움을 잘 견디고 이겨내는 인내심과 근면하며 검소하기로 세상에 잘 알려져 있었다.

넓은 평원과 높은 산맥들은 우리네 몸을 살찌우고
양자강의 푸른 물과 깊은 계곡은 우리의 영혼을 축복하네.
사천인이여 !
어찌 이 땅을 사랑하지 않으리,
어찌 이 고장을 자랑하지 않으리.

중국인치고 사천을 모르는 사람은 없다. 일부 외국인들조차도 사천의 명성만은 잘 알고 있다. 그러나 우리 고향인 광안현(廣安縣)은 사천이라는 명성에 걸맞지 않게 그다지 유명하지 않기에 아는 사람이 매우 적다.

우리집 사람들은 모두가 사천 사람이라고 한다. 그러나 사천 사람들을 대할 때만은 언제나 광안 사람이라고 소개한다.

광안은 사천성의 수도인 성도(成都)로부터 동쪽으로 200여 킬로미터, 양자강의 중심도시인 중경에서 북쪽으로 약 100킬로미터 떨어진 곳에 위치하고 있는데, 지금의 남충(南充) 지역이 바로 그곳이다. 그곳은 지금까지도 철도가 나 있지 않으며, 주요 통로는 여전히 육로(陸路)와 수로(水路)에 의존하고 있다. 이곳은 성도평원(成都平原)에 연해 있는 구릉지대에 속한다. 토질 자체가 척박한 것은 아니나, 그렇다고 부유하거나 발달된 지방은 아니다. 그러나 그런 중에서도 다행스러운 것은 커다란 한 줄기의 거강(渠江)이 호방하게 흐르면서 현(縣) 전체를 관통하고 있다는 사실이다.

광안은 옛날의 양주(梁州) 지역에 속하는 곳이다. 이 지역에서 생활했던 선조들을 종족인(賨族人)이라 했다는데, 바로 이들 종족인과 기타 토족들인 부락민들이 이 지역(즉 파의 지역)의 선사문화(先史文化)를 창조했던 것이다.

춘추시대 말년에 들어서면 한수(漢水) 중류 일대에서 살던 파족들이 이곳으로 이동해 와서 동부지역에 파나라를 세웠다.

파족은 태호복희(太皞伏羲)씨의 후손으로 자칭하며, 예로부터 한수의 중류 지역에서 활동했다. 은상(殷商) 중엽에는 은에 패하여 그들에게 조공하며 귀화됐다고 한다. 그러나 은나라 말경에 이르면 파나라 사람들은 그들에 대한 굴욕적인 수모를 이겨낼 수 없어, 주(周)의 무왕(武王)이 상나라를 정벌하는 전쟁에 가담하게 되는데, 파의 군대는 선두에 나서서 용감하게 싸웠다고 한다. 그리하여 주나라가 건립된 후에 파는 제후국으로 봉해졌다. 무왕은 자기의 종족 안에서 희(姬)씨 성을 가진 사람을 파의 제후로 봉하여 자작(子爵)으로 칭하게 했다.

춘추시대에 남방에서는 큰나라인 초(楚)가 건국됐다. 파국은 초국으로부터 여러 차례 공격을 받은 후 마침내 패하게 되어 드디어 한수 유역을 떠나야 했다. 파족은 이리저리 옮겨다니다가 마침내 사천성 동부 지역에 자리잡는다. 파족들은 이곳에 살던 원주민들과 융합되면서 부락연맹을 기반으로 하는 노예제 국가를 건립하게 됐는데, 이렇게 세워진 파국은 기원전 316년까지 존속되다가 진(秦)나라에게 멸망하고 말았다.3

전국 시기에 광안은 이미 파나라에 소속돼 있었다. 파나라가 진나라에 멸망된 후에는 진은 광안에 현을 설치하고 탕거현(宕渠縣)이라 명명했고, 파군(巴郡)이 관할하는 지역에 소속시켰다고 한다. 그러다가 오대십육국(五代十六國) 시대에 탕거를 시안(始安)으로 고쳤고, 수(隋)나라 때는 종성으로 고쳤다가, 당나라 때는 거강으로 부르다가 송나라 때에 이르러 광안으로 부르기 시작했다고 한다.4

이렇게 보면 우리 고향 광안은 송나라 때 지어진 이름이라는 것임을 알 수 있고, 그 지방에 살고 있던 사람들은 옛날 양주에 살던 종인과 한수 지역에 살던 파나라 사람들이 합쳐지면서 태어난 후손들임을 알 수 있다. 혹간 우리의 조상이 호북(湖北) 사람이라고 하는 사람도 있는데, 이는 아마도 파나라가 한수 지역에서 사천으로 쫓겨 들어왔기 때문에 그런 말이 나왔을 것이라고 본다.

사천의 인구는 지금 약 1억이나 되어 전국의 각 성들 중에서 가장 많은 인구를 갖고 있다. 우리 광안현도 인구가 많은 성에 포함돼 있기 때문인지 다른 지역의 현인구(縣人口)에 뒤떨어지지 않을 만큼 많다. 기록에 의하면 당나라 개원(開元) 년간에 거강현의 인구는 18,000명이 넘었다고 한다. 그러다가 청나라 이후에는 인구가 급증해 함풍(咸豊) 년간이 되면 13만 1,000명이나 된다. 그러던 것이 현재는 약 100여 만 명에나 이르고 있는 것이다.

외부 사람들이 광안현을 보게 되면 그저 그렇고 그런 현이려니 하고 볼 것이다. 왜냐하면 크게 자랑할 만한 것이 없기 때문이다. 그러나 광안현 사람들의 고향에 대한 애착은 아주 유별날 정도다.

청나라 말년에 편찬된 《광안현지(廣安縣志)》에 기록된 내용을 보면 광안은 토지가 비옥하고 황폐한 땅이 없으며, 따라서 놀리는 땅이 없었다. 거기에다 모든 땅이 일정하게 기름진 데다가 수한재(水旱災)의 걱정도 없어 뽕, 삼베, 느릅나무, 대추나무 등이 잘 자라며, 소, 말, 돼지, 닭 등도 많이 사육됐다. 또한 파, 부추, 야채, 과일 등도 많이 재배하고 있고, 오이, 박, 고구마, 칡 등 농산물도 많이 경작되고 있다. 그외에도 광안에는 여러 산물들이 풍성하게 산출되고 있는데, 산에는 대나무, 소나무 등이 많이 자라고 있고, 들판에는 각종 짐승들이 한가로이 돌아다니며, 연못 등지에는 물고기와 조개들이 많이 잡히고 있다고 한다. 또 시냇가의 뚝에는 초목들의 열매가 풍성하고, 바위와 동굴 속에서는 수많은 약재들이 자라고 있으며, 축산을 통해 피혁제품이나 뿔 등을 이용한 각종 공예품들이 많이 나오고 있다고 소개하고 있다. 한편 이곳에서 생산되는 쌀과 옥수수는 맛이 있고 윤기가 돌아 금갱옥판(金羹玉版)이라고 불릴 정도라고 했다. 또 누에고치로 만든 비단은 그 품질이 우수해, 누르스름한 색과 흰색의 두 종류는 눈이 부실 정도라 했는데, 그중에서도 이들 실로 짜낸 종포(賨布)는 한부(漢賦)에 실릴 정도로 아주 좋으며 가격도 매우 비싼 편이다.

이렇게 물산만 풍부한 것이 아니라 광안은 문화적인 면에서도 그리 낙후되지 않은 편이다. 기원전 100년경 한나라 경제(景帝) 때에는 촉군의 군수가 사마상여를 경성(京城)에 보내어 공부케 했으며, 그는 공부를 마친 뒤에는 고향으로 돌아와 가르침을 폈다고 하니, 그때부터 파군에는 이미 문학이 성행했던 셈이다. 한나라 평제(平帝) 원시(元始) 3년(기원후 3년)에는 이미 학교가 세워져 있었고, 경서(經書)를 가리키는 교사가 한 명 있었다고 전해지고 있다. 그로부터 2,000년 동안 광안에서는 학교가 늘상 존재해 왔던 것이다. 중화민국 초년에는 원래부터 있던 소학교 외에도 중학교가 하나 더 설치됐다. 이러한 교육수준은 문화가 발달된 지역과 비교할 때는 낙후했다고도 할 수 있지만, 당시의 중국 실정으로 광안보다 못한 곳이 훨씬 많았다는 사실을 생각하면, 광안에서는 교육을 얼마나 중요시했었는가를 알 수 있다. 그러나 여전히 전반적인 수준에서 평한다면 역시 중간 수준에는 조금

못 미치는 문화수준이었다고 할 수 있다.

　그러나 이렇듯 좋은 자연 조건이라면 광안 사람들은 마땅히 경작을 통해서 자급자족을 했어야 함에도 불구하고 그렇지 못했던 것이다. 팔자란 것은 인간의 힘으로 안 되는 것인지, 수많은 내우외환이 광안 사람들을 괴롭혔다. 그 상황을 살펴보면 다음과 같다.

　첫째는 전쟁에 의한 병화라고 할 수 있는데, 수나라와 당나라는 이곳으로 출정한 적이 있으며, 송나라 말기 때는 이곳에서 남북간에 전쟁이 그치질 않았으며, 명나라 말년에는 유구(流寇)가 침입한 적이 있고, 청나라 때는 운남인들의 습격을 당한 적도 있다.

　두번째는 재환(災患)이 그치질 않았던 것인데, 광안은 지세가 높고 강바닥이 낮아 가뭄이 아주 심했다. 기록에 의하면 큰 가뭄이 들면 온 땅이 빨갛게 되었고, 그 적색 땅이 백 리나 됐으며, 그 모습이 마치 불꽃으로 덮여 있는 듯했다. 이때쯤이면 이들 재민들은 사방에 흩어져 걸식을 해야만 했는데, 그 수는 하도 많아 길가에 즐비했다고 하고 있다.

　세번째는 기아인데, 이렇듯 재앙이 빈번하니 곡가는 폭등하기가 일쑤고, 따라서 백성들은 기황에 빠질 수밖에 없었다. 그리하여 풀뿌리 나무껍질로 연명해야 했고, 이러하니 마을은 점점 황폐해지고 사람들의 자취는 종적을 감출 수밖에 없었던 것이다. 이렇게 풍요한 땅에 태어났으면서도 기아선상에서 헤매야 했던 광안인들의 운명이란 정말 비참하지 아니할 수 없었다.

　네번째로는 전염병이었다. 이곳 광안은 3년에 한 번 정도는 소규모의 염병이 도는가 하면, 5년에 한 번은 대규모의 염병이 꼭 돌았다고 한다. 그리하여 한 사람이 앓게 되면 온 집안 사람이 앓게 되고, 한 집이 걸리면 마을 전체로 번지고 그 다음에는 여러 향(鄕)으로 돌게 되니, 청나라 동치(同治) 연간에는 별것도 아닌 이질에 의해서 5천 명이나 사망했다고 한다.

　이러한 자연적인 재해 외에도 광안은 교통이 불편하여 살아갈 수 있는 환경이 제한 될 수밖에 없었는데, 이와 같은 자연재해와 인위적인 재해가 광안의 발전을 저해했다.

　새로운 중국이 건설될 때까지 2,000년 동안 천지가 개벽되는 듯한 많은 변화가 있었고, 그리하여 수많은 왕조가 바뀌었어도, 부지런하고 소박한 광안 사람들은 이를 극복하지 못하고 좀처럼 이러한 운명의 속박에서 벗어나지 못했으며, 줄곧 빈곤과 낙후된 환경에서 살아와야만 했다.

주

1. 《인민일보(人民日報)》, 1988년 11월 19일.
2. 《중국고대사(中國古代史)》, 〈중경, 한 내륙도시의 궐기〉.
3. 같은 책.
4. 《광안현지(廣安縣志)》.

3 고향 방문

아버지는 고향을 방문하려고 하지 않는다. 하물며 가고 싶어하는 우리들에게도 좀처럼 허락을 안 한다. 왜냐하면 공연스레 동네사람들에게 폐만 끼치게 된다고 생각하기 때문이다.

그 때문에 나는 1989년에 둘째 고모인 등선부(鄧先芙)와 함께 갔던 적을 제외하고는, 두번 다시 광안에 가 본 적이 없다. 정말이지 나는 그때까지 그곳에 가 본 적도 없었으며 더더구나 머문다는 것은 생각조차도 못했다. 그러나 우리 조상들의 고향이므로 설령 내가 가 본 적도 없고 살던 적도 없었지만, 이왕에 간다고 하면 마땅히 '고향에 돌아간다.'라고 쓰는 것이 당연할 줄 안다.

10월 어느 날 이른 아침, 우리는 일찍이 사천의 수도인 성도에서 차를 타고 광안으로 향했다. 우리는 발길을 재촉해 잠시 동안만 수녕(遂寧)과 남충(南充)에서 차를 세웠을 뿐 부지런히 차를 몰아갔으나, 광안 근처에 도달했을 때는 이미 밤이 어스레한 무렵이었다. 우리는 할 수 없이 다음날이나 고향을 방문해야 했기에, 현에서 운영하고 있는 초대소에서 머물기로 했다.

이부자리가 눅눅해서인지, 아니면 처음 방문하는 고향이라 흥분해서인지, 밤새 뒤척거리느라 잠을 제대로 이루질 못했다. 우리는 날이 밝자마자 일어나서 밖으로 뛰쳐나갔다.

남방이라서 그런지 가을인데도 좀 서늘하기만 했지 춥지는 않았다. 공기는 신선한 감이 들었으나 아주 습기가 많은 듯했다. 몽롱한 아침 안개가 산허리를 맴돌고 있었다. 주의의 산비탈을 보니 모두가 청록색으로 뒤덮여 있었으며, 금방 굴러떨어질 듯한 이슬방울들이 잎새마다 맺혀 있었다. 몽롱한 안개 속을 헤집고 나오는 태양마저도 희미하게 보였다. 북경의 산뜻하고 상쾌한 아침과는 다른 이국적인 정취가 풍기는 아침이었다. 우리가 머물렀던 초대소는 산허리에 위치하고 있었는데, 그 밑에는 광안현의 당위원회가 있었다. 이 초대소의 건물은 아주 독특했다. 알고보니 옛날 사천의 이름난 군벌이었던 양삼(楊森)의 공관이라 했다.

이 공관은 지세에 맞춰서 한층 한층 지어졌는데, 대문은 왼쪽에 위치하고 있었다. 대문을 들어서니 네 그루의 소철나무가 눈에 들어왔다. 층계를 따라 올라가면 몇 개나 되는 정원을 지나게 되는데, 이들 정원에는 현재 사무실로 쓰고 있는 높은 기와집이 있었다. 아마도 양삼이 거처하던 곳이리라. 거기서 더 위로 올라가니 양삼이 즐겨 찾았다던 뒤뜰이 나왔다. 푸른 돌로 놓여진 계단 양쪽에는 꽃과 나무로 뒤덮여 있었는데 안개에 묻혀 있어서 그 모습들이 보일락 말락했다. 산꼭대기에는 함허동(涵虛洞)이라는 동굴이 있었는데 양삼이 좌선하던 곳이라 한다.

광안은 촌 중에서도 아주 촌인데 이곳의 군벌은 조금도 촌스러움이 없는 듯했다. 공관 안에는 생각도 못했던 테니스 코트까지 있었으니 말이다. 듣고 보니 양삼은 그때 상해로부터 거액의 돈을 주고 코치를 데려다 테니스를 배웠다고 한다. 그렇다면 우스운 얘기가 되겠지만 사천의 베니스는 양삼이 처음 시작한 것이라고 할 수 있으리라.

이곳 공관에서 제일 흥미를 자아내게 했던 것은 대문 안에 있던 네 그루의 소철나무였다.

네 그루의 소철나무는 우리 광안의 특산이 아니라, 양삼이 멀고먼 광동(廣東)으로부터 가지고 왔다 한다. 이 나무들은 광안에 도착한 후 가지와 잎은 무성하게 자랐지만, 이곳으로 옮겨온 이래 꽃이 핀 적이 없다고 한다. 그러다가 1978년 아버지의 두번째 복직이 이루어졌을 때, 뜻밖에도 꽃이 피었다고 한다. 금빛 찬란한 꽃봉오리가 나뭇잎 사이로 가득 피어나 아주 화려한 장관을 이루었다고 한다. 그때 고향의 어른들은 이를 아주 희귀하게 여겨 특별히 사진까지 찍어서 북경으로 보내준 적이 있었다. 이 나무들이 정말로 전에 꽃을 피운 적이 있었는지 없었는지는 모르지만, 이 일화는 아버지에 대해 고향사람들이 존경하는 마음으로 가득 차 있다는 것을 대변하는 이야기일 것이다.

아침을 들고 우리는 현성(縣城) 근방에 있는 유적지 몇 군데를 돌아보았다. 옛날의 광안 소학교가 그중의 하나였다. 이 학교는 작은 이층집으로 되어 있었고, 회색 벽돌로 쌓여 있었다. 창과 문은 나무로 짜여져 있었으며, 지붕은 검은색이었다. 이미 오래되어 형편없을 정도로 낡아버린 이 학교는 1층과 2층에 각각 방이 두 개씩밖에는 남아 있지 않았다. 지금 이 방들은 토지관리국에서 사용하고 있다고 한다. 그러나 아마도 곧 허물어질 것 같아서 나와 고모님은 70여 년 전에 아버지가 다니던 이 학교 앞에서 이내 사진을 찍어야 했다. 이전에야 지금처럼 허름하지는 않았겠지만, 건물 모양새를 보니 처음부터 썩 좋았을 리는 없을 것 같았다.

그러나 두루마기를 걸치고 주발 뚜껑 같은 모자를 쓴 아이들이 책보따리를 옆에 끼고 우당탕 퉁탕 소리내며 분주하게 계단 위를 오르락내리락하는 모습만은 눈에 선하게 보이는 듯했다.

아버지는 이곳에서 고급소학교를 마치고 광안 현립중학교로 진학했지만, 얼마 지나지 않아 프랑스로 유학을 결심했기 때문에 중경에 있던 예비학교를 다니게 됐다. 그렇기 때문에 이 학교는 아버지가 고향에서 다니던 유일한 정규학교가 된다. 이 학교에 대한 아버지의 추억은 아마도 상당히 깊을 거라고 생각했다. 아버지는 어린 시절의 절반을 이곳에서 보냈기 때문이다.

상가에는 일용백화들이 즐비하게 늘어 놓여져 있었고, 많은 사람들이 웅성거리며 물건을 고르는 듯했다. 이미 이러한 후미진 도시에도 현대적인 상품들이 유통되고 있다는 것인데, 아마도 개방에 의한 상품경제가 이곳도 스며든 것이리라. 사람들 중에는 대나무 광주리를 멜빵으로 해서 짊어진 시골사람이 있는가 하면, 아주 최근에 유행하던 옷을 입은 젊은이들도 있었다. 울긋불긋한 복장이나, 큰 도시의 멋쟁이들만이 하는 헤어스타일, 그리고 길가 상점들에 진열되어 있는 컬러 텔레비전과 오디오 제품들, 이러한 모든 것을 보노라니 이제 이러한 벽지 도시들에도 현대화가 되기 시작했구나 하는 감회가 들었다.

자동차와 마차, 컬러 텔레비전과 대나무 광주리, 이러한 신구가 어우러지면서 변화해 가는 것이 오늘날 중국의 특색이 아닌가 하고 생각했다.

비록 단번에 가난과 낙후함을 극복한다는 것은, 우리 중국처럼 인구가 많고 경제적인 기초가 없는 나라에서는 불가능한 일이겠지만, 일단은 우리도 일어선 이상 부유하고 강대한 나라가 되도록 매진해야 할 것이고, 또 그렇게 되리라 굳게 믿는다.

이제 농민들의 광주리 속에는 쌀이 가득 차게 됐고, 넓은 밭에는 푸르른 작물들이 넘실거리고, 맨발로 다니는 사람은 이제 찾아볼 수 없게 됐으며, 양복까지 입게 됐으니 우리도 많은 변화를 겪은 것만은 틀림없는 일이다.

사천 사람들은 고기를 잘 먹는다. 노점상들의 좌판 위에 놓여 있거나 기둥에 걸려 있는 것들은 모두 다 살찐 고기 아니면 생선들이고, 사천에서도 유명한 둥글둥글한 순대는 어디에서도 볼 수 있었다. 또 어떤 가게의 솥에서는 맛있는 음식을 끓이는지 김이 모락모락 피어오르고 있었다. 이곳에서 나는 푸르고 싱싱한 야채들, 그리고 무, 콩나물, 누에콩 등은 대도시 사람들이 먹고 싶어도 못 먹는 것이었다.

고향이라고 생각해서인지 몰라도 나는 어느덧 이곳에 마음이 끌리고 있었다.

우리 고향은 협흥향(協興鄕)이라고 부르는데, 광안현의 현소재지에서 약 10킬로미터 정도 떨어진 데 있었다. 현소재지의 이곳저곳을 구경한 우리는 급히 고향이 있는 북쪽으로 향했다.

시내를 빠져나오자 마자 우선 눈에 들어오는 것은 거강이었다.

거강은 양자강 상류에 있는 지류로서 사천의 동북부에 있는 산지에서 흘러내리기 시작한다. 거강은 동북쪽에서 내리 흘러 서쪽의 가룽강(嘉陵江)과 합류해 양자강으로 흘러들어간다. 산골짜기를 호탕하게 흘러내리는 거강 물은 양자강보다는 웅대하고 넓지도 않지만, 그 내리치는 격류의 웅장함은 양자강에 버금 갈 정도다. 물 있는 곳에는 생명이 있듯이, 몇 천 년 동안을 흐르면서 범람도 하고, 혹은 말라버리기도 하여 수많은 수한재를 일으키기도 했지만, 그러나 거강은 여전히 우리 고향사람들의 생명수요, 행복의 원천이 되고 있다.

우리가 탄 차는 큰길을 벗어나 고향의 제모습을 나타내는 듯한 조그만 시골길로 들어섰다. 이제부터는 도시도 평원도 아닌 글자 그대로의 구릉지대였다. 대평원의 시원함도 물론 아름답다고 할 수 있겠으나, 기복이 심해 마치 아치를 세워놓은 듯한 구릉지대는 한결 정취 있고 로맨틱한 멋이 있었다. 그때는 안개도 활짝 걷혀져 있었고, 하늘도 맑게 개어 있었기 때문에 가을 햇빛에 비쳐지는 모든 것들은 따사로워 보였으며, 그 밝은 햇살에 비쳐지는 풍경을 보노라니 마음이 확 트이는 것 같았다.

10월이면 북쪽에서는 겨울이 가까워오기 때문에 나뭇잎도 떨어지기 시작하고 풀잎들도 누렇게 변해 가지만, 이곳은 높은 지대건 낮은 지대건 간에 여전히 모든 식물들이 우거져 있었다. 또한 연해 있는 밭들의 모습은 비늘처럼 즐비해 보였다. 추수가 끝난 논들 사이사이에서 돋아나고 있는 벼싹들은 이제 곧 사람들에게 갈아엎어져 내년의 비료가 되려고 기다리고 있는 듯했다.

고모님이 말하기를 자기가 어렸을 때는 벼를 벨 때 밑동까지 바싹 베냈다고 한다. 왜냐하면 광안에는 뗄감이 없었기 때문이다. 지금은 석탄으로 밥을 지으니 볏짚은 그대로 밭에 버려두어 퇴비로 쓴다고 한다. 거름이 좋게 되면 땅이 기름지게 되므로 내년의 곡식이 건실하게 자라나 알곡도 굵어질 테고 그만큼 수확도 늘어날 테니 풍년을 기약할 수 있는 것이다.

밭과 밭 사이에는 한두 집 혹은 몇 채의 집들이 드문드문 보였다. 부유한 집들처럼 이층집은 지을 수 없더라도 옛날 같은 초가집들은 없었다. 검은 기와를 덮고 하얀 회벽을 바른 널찍널찍한 농가들은 대부분 여기저기 무더기로 자라고 있는 대나무에 묻혀 있어, 지나갈 때마다 가려졌다가 다시 나타나곤 했다. 휘청하니 서 있는 키가 큰 봉황죽은 아름답기조차 했다. 비록 평범하게 놓여져 있는 농경지와 농가들일지라도 저렇듯 아름다운 대나무로 뒤덮여 있으니 저것이 바로 신의 가호가 아닌가 싶었다. 대나무 그늘 아래는 한여름에도 말할 수 없이 서늘할 것이고, 그 숲 아래에서는 가슴뭉클한 수많은 인생 사연들이 오고갔을 것이리라.

대나무! 그것은 바로 농가들의 넋이 아닌가 싶었다.

지나가는 밭자락 끝에도, 길섶 공터와 연못가 빈터에도, 집 안팎이야 말할 것도 없이 모든 빈터에는 야채가 심어져 있었다. 야채 이파리들은 싱싱하여 파랗다 못해 검푸르기까지 했다. 거름이 그만큼 잘되어 있는 것이라고 짐작이 갔다. 북경에 있을 때, 고향사람들이 오게되면 언제나 야채를 가져다 주곤 했다. 그래서 사천의 야채가 북쪽의 야채보다는 좋은 줄은 알았지만, 이렇게까지 야채농사에 소질이 있고, 야채를 수놓듯이 소중하고 자상하게 기르는 줄은 이제야 알게 됐다. 그래서 사천에는 야채가격이 싸다고 했고, 또 성도 같은 큰 도시에 살던 사람들조차도 북경에 오면 북경생활을 그다지 탐탁하지 않게 생각했던 것도 바로 이러한 야채 생각이 나서 그렇다는 걸 나는 새삼스럽게 느꼈다.

광안의 토질은 성도처럼 그렇게 썩 좋지는 않았다. 산비탈의 땅들은 더욱 형편없어서 풀조차도 잘 자라지 않는다고 그 지역 사람들은 말했다. 그러나 내 눈에 보이는 온 산은 푸르른 녹음으로 뒤덮여져 있었다. 알고보니 모두가 감귤나무였다. 이들 감귤나무가 숲을 이루어 산과 구릉을 몽땅 뒤덮어 버렸던 것이구나 하고 내심 놀라워했다. 감귤나무 밑에 덧심어 놓은 야채들 때문에 더 아름다워 보였다.

고모님의 이야기에 의하면 저 나무들은 모두가 10년 전에 옮겨 심은 것이라고 했다. 풀도 안 나는 황토를 어떻게 할 것인가를 궁리한 끝에, 80전을 주고 폭약을 사서 돌투성이의 산을 폭파시켜 구덩이를 만든 다음 거기에 감귤나무 한 그루씩을 심도록 하는 방법을 생각해냈고, 이를 정부가 적극 추진하여 한 구덩이 한 구덩이씩 만들어 나갔고, 여기에 한 그루 한 그루 심은 것이 오늘날 이렇게 푸른 감귤밭을 일구어낸 것이고, 소출도 꽤 된다고 했다. 감귤나무는 산을 푸르게 하고 광안 사람들에게는 풍요함을 주게 되었으니, 시골사람들은 공산당이 좋다고 할 수밖에 없겠다라고 생각했다.

어릴 때 할머니께서 "광안에는 산이 있고, 산에는 아그배나무가 있지." 하고 말씀하시던 모습이 생각났다. 그런데 이번에는 진짜로 그 아그배나무를 볼 수 있게 된 것이다.

광안의 산들은 경사가 완만하며, 꼭대기는 대개가 평평했다. 산꼭대기에는 단 한 그루의 아그배나무만이 고독하니 우뚝 서 있었다. 그 줄기는 곧곧했고, 드리워진 나무줄기는 아주 방대해서 멀리서 보면 마치 우산을 펼쳐 놓은 것 같았다. 그런데 이들 아그배나무들은 모두가 산봉우리의 가장 높은 꼭대기에 한 그루씩 서 있었다. 그러한 모습이 나에게는 대단히 이상하게 여겨졌다. 하늘의 조화인가? 아니면 누군가가 일부러 그렇게 심어 놓은 것인지? 하여튼 대단히 특이하게 보였다. 사람들은 이 나무들을 보고 홀로 고고하다고 칭송한다. 오랜만에 고향에 돌아오는 나그네들이 이 나무들을 보고서야 이제 정말 고향에 돌아온 것을 느낀다고 한다. 고향을 떠나서도 이 나무들만은 영원히 잊혀지지 않는다고 한다.

의연하게 우뚝 솟아 있는 아그배나무는 마치 이곳 산천의 신처럼 보여졌다.

4 아버지의 옛집

드디어 도착했다. 이곳이 바로 아버지가 태어난 곳이며, 우리의 고향이다.

집 앞의 길은 시멘트 포장으로 잘 닦아져 있었고, 그 길 양쪽에는 화초와 파초가 심어져 있었다. 물론 이것은 최근에 마을 사람들의 호의로 닦아진 것이다. 원래 집 앞마당의 길은 맨 흙이었고, 화초나 파초 따위는 심어져 있지 않았다고 한다.

다른 농가와 다름없이 이 집도 흰색의 회벽에다 나무로 짠 문, 그리고 검은 기와가 올려진 보통집이었다. 본채는 약간 높아 보였고, 양쪽에는 몇 칸의 곁채가 딸린 디귿자형 집이다. 예전 같으면 집 앞 공터와 뒤뜰에서 닭과 오리들이 한가로이 먹이를 쪼고 있었을 것이리라. 할머니의 말에 의하면 거위도 몇 마리 키웠다고 했다. 거위를 키운 것은 잡아먹기 위해서가 아니라, 집을 지키게 하기 위해서였다고 한다. 왜냐하면 거위가 내지르는 소리는 크기도 하거니와 낯선 사람에게는 사납게 달려들기도 하지만, 개보다는 흉악스럽게 덤비지 않기 때문에 이곳 사람들은 거위 키우기를 좋아했다고 한다.

본채의 큰 문에 걸려 있는 액자에는 '등소평 동지가 살던 집'이라고 단정하게 쓰여져 있었다.

방에 들어서니 문득 황량한 느낌이 들었다.

몇 개의 방에는 프랑스 유학 시절, 팔로군 시절, 해방전쟁과 해방 이후의 아버지 사진들이 걸려 있었다. 한쪽에는 50년대에 전 가족이 찍은 사진이 걸려 있었는데, 거기에는 나도 있었다.

한 방에는 누가 그렸는지, 아버지의 모습을 담은 그림 하나가 걸려 있었다. 그림 속에 있는 아버지는 손가락 사이에 담배를 끼워들고서 살짝 웃고 있었다. 아버지 앞에는 활짝 핀 꽃들이 그려져 있었고, 뒤에는 구름자락이 산허리를 휘감고 있는 산이 그려져 있었다. 그렇게 썩 잘 그린 그림은 아니지만 고향의 냄새가 물씬 풍기는 그런 그림이었다. 그림 양쪽에는 한 쌍의 대구를 이루고 있는 시가 하나 쓰여져 있었다.

정치가 잘 되어 나라가 태평하니 모든 사람이 즐거워하고,
국가가 부강하며 국민은 강성하니 나라에는 기쁨만이 넘친다.

유명한 시인이 지어낸 글귀는 아니었지만, 민심을 반영한 것임에는 틀림없다.

왼쪽에 있는 곁채에는 오래된 침대 하나와 궤짝 하나, 그리고 탁자 하나가 놓여 있었다. 좋은 나무로 널찍하게 짜여진 문이 있었고, 그 문가에는 난간이 나 있었으며, 위에는 천장이 있었다. 나무로 만들어진 그 난간과 천장에는 꽃 문양이 새겨져 있었는데, 예전에는 참 아름다웠을 것이라고 생각했다. 거기에 새로운 주단으로 된 휘장까지 치장해 놓았으면 훨씬 아름다웠을 것이다. 그러나 이제는 검고 틱틱하게 낡아 이전의 좋은 모습들을 잃고 있다.

이 침대는 나의 할아버지 할머니가 사용하던 것이었으며, 아버지 역시 이 침대에서 태어났다고 한다. 그러나 고모나 이곳 사람들의 말에 의하면 토지개혁 시 등씨 가문의 물건은 모두 향내 농민들에게 나누어 주었고, 나중에 아버지의 유물을 수집할 때 그들 농민들로부터 다시 찾아왔다고 한다. 그러나 이와 비슷한 침대는 이곳에도 많았기에 아마 확인도 않고 그중 하나를 골라다 놓았으리라 생각했다.

나는 그것이 진품이든 아니든 별로 개의치 않았다. 다만 침대, 궤짝, 책상 따위를 보고 옛날의 모습들을 엿볼 수 있는 것만으로도 다

행으로 생각했다.

아버지는 예전부터 이런 사소한 일들에는 관심조차 두지 않았다. 예전부터 고향집이 어떻게 됐는지 물어본 적도 없었다. 그러니 고향집에다 기념관을 만든다고 하는 데에는 더더구나 내켜할 리 만무하다. 해방 후 할머니와 다른 친척들이 고향을 떠나고 난 후, 이 집은 토지개혁 때 이곳의 가난한 농민들에게 배당됐다고 한다. 듣자니 당시 10여 가구쯤이 모여 살았다고 한다. 1987년 내지 1988년경 그들의 생활 수준이 나아져 새집을 짓고 나간 다음에야 이 집이 기념관으로 꾸며졌고, 관광객들을 받아들였다고 한다.

이곳에는 아직도 아버지의 외숙부 한 분이 살고 있다. 둥씨 집안의 사람은 아니지만 오래도록 이 집에서 살다가 몇 년 전에야 집을 짓고 이사를 갔다고 한다. 나중에 인사를 드리러 가 보았더니 뜻밖에도 2층짜리 층집이었다. 주위의 다른 사람들도 모두가 층집에서 살고 있었다. 층집을 지었는데, 어느 누가 낡고 좁은 집에서 살려고 하겠는가마는, 만약에 기념관을 지으려고 이들을 나가라고 했다면 아버지는 절대로 반대했으리라.

뒷문으로 나가니 푸른 대나무들이 빽빽이 들어서 있는 울안이 나왔다. 대나무는 그야말로 무성하게 자라고 있었다. 이 대나무들은 몇 그루만 심어도 금세 사방으로 퍼져 나간다. 그것들 가운데 가는 것은 소녀의 예쁜 손가락 같고, 굵은 것은 튼튼한 사내아이 팔뚝만하다. 대나무 잎은 지라나면서 떨어지고, 그러면서 또 자라고 하여 바닥에는 누런 잎들로 가득했지만, 서 있는 나무들 가지마다에는 푸르른 잎들이 여전히 싱싱하게 자라고 있었다. 벌써 수령이 100년 남짓한데도 그 생기발랄한 모습은 나보다도 훨씬 젊어 보였다. 문득 나는 이들 가지를 꺾어 만든 부채를 들고 이 숲 속에다 작은 걸상을 놓고 앉아서 나뭇잎이 속삭이는 소리와 나무들의 향취를 맡고 싶은 생각이 들었고, 그러면서 대나무 줄기와 잎 사이로 넘어가는 해를 바라보고 싶은 충동에 빠져버리고 싶었다.

이 집은 비록 내가 살던 집은 아니지만 나의 집이나 마찬가지였다. 나는 이곳이 익숙치 않은 곳임에도 불구하고 전혀 그러한 느낌이 들지 않는다. 그동안 한번도 오지 않았던 곳이지만 이내 고향에 온 것 같은 느낌이 든다. 아마 아버지의 숨결이 느껴지고 우리 조상 어른들이 살던 곳이라서 그런 것 같다.

고향집 앞에 있는 대문 양편에는 금빛으로 쓰여진 시 한 수가 대구로 새겨져 있었다. 그 글의 내용은 이러하다.

기우는 나라를 바로 세우니 이 신령스런 땅에서는 인재들이 나오고 위험에서 구해주고 가난함을 벗게하니 나라가 태평하고 굳건히 섰네. 만인들이여, 손을 들어 더욱 크게 잘되기를 기원드리세.

어지러운 세상사 바로잡아 놓으니 이 땅은 보배롭고 만물은 번창하네. 물과 산은 다스려져 자태를 뽐내고 공업도 일어나고 농업도 안정되니 천 년의 대를 이어 광안을 찬양하세.

扶大廈之將傾　此處地靈生人傑
解危濟困　安邦柱國　萬民額手壽巨擘
挽狂瀾於旣倒　斯郡天寶蘊物華
治水秀山　興工扶農　千載接踵頌廣安

이 대구는 사천의 유명한 시인 마식도(馬識途)가 1983년 가을에 지은 작품이다.

이곳 사람들 말에 의하면 광안을 찾는 외지인은 적은 편이라 한다. 그러니 자그마한 이곳 협흥에까지 오는 사람은 더더욱 적을 것이다. 그러나 일단 이곳에 오는 사람들은 아버지 집을 꼭 들른다고 한다. 외국인들 중에는 만리를 마다하고 이곳을 답사하러 오는 사람들도 있다.

우리 대가족은 북경에 모두 있고 이곳에는 친척도 없다.

앞에서 말한 이름이 담이흥(淡以興)이라는 아버지의 외숙부 한 분만이 이곳에 살고 있을 뿐이다. 이 외숙부는 아주 별난 분이다. 그는 아버지와 동갑이고 동창이며 어릴 때는 아버지와도 무척 친하게 지냈다고 한다. 그는 아주 순박하며 마음이 너그럽다. 그러나 좀 아둔하고 나약하며 능력도 재간도 없이 평생을 사신 분이다. 젊었을 때는 아편에 중독되어 가산을 다 탕진했으며, 하마터면 자식까지 팔아먹을 뻔했다고 한다. 그래서 부인은 애들을 데리고 어디론가 가버렸고, 혼자서 누이네 집인 우리 등씨 집에서 살아왔던 것이다. 해방 후에 어머니가 매달 조금씩 생활비를 보내주었으나 친구들과 술 한 번 마시는 것으로 다 없애 버린다고 하는 말을 들은 적도 있다.

그러다가 문혁(文革) 때 갑자기 사라져 버렸다는 것인데, 혁명이 끝나자 그는 놀랍게도 다시 살아 돌아왔다. 10년 동란 동안 어떻게 살아남았는지 정말 모를 일이다. 후에 현 정부에서는 그에게 현 정치협상위원회 위원직을 배려해 주고 매달 생활비를 지불해 왔다고 한다. 물론 우리집에서도 약간씩 용돈을 보내주곤 했다. 내가 그 집에 들렸을 때는 부인과 아이들, 그리고 손자까지도 같이 생활하고 있었다. 85세의 고령이라서 그런지 앙상하게 야위었고, 눈도 어두워 잘 못 보는 듯했고 귀까지 먹었으며, 흰수염이 얼굴을 뒤덮고 있었다. 그런데 의아스럽게도 둘째 고모는 알아보았다. 물론 나를 알아볼 리는 만무했다.

나는 그를 보면 아주 우스운 이야기가 생각나 절로 웃음이 나오곤 한다. 어느 해 그가 갑자기 북경에 간다고 소란을 떤 적이 있었다고 한다. 그래서 주위 사람들이 "북경은 어떻게 가실래요?" 하고 물으니까 "아, 거야 기차 타고 가지."라고 대답하더라는 것이다. 그래서 "그러면 기차 타실 돈 있으세요?" 하고 재차 물으니까 퉁명스럽게 하는 소리가 "아니 국부(國父)의 외숙인 나에게도 찻삯을 받아!" 하고 소리를 쳤다는 것이다. 그만큼 그는 세상을 모르는 아둔한 사람이었다. 그와 아버지는 처남 매부지간인데도 천양지차다. 우리가 고향에 갔던 그 이듬해인 1990년에 그는 죽고 말았다. 그리고 그의 부인도 그를 따라 세상을 떠났다. 그후부터 우리 고향에는 한 사람의 친척도 없다.

이상하게도 문화대혁명 때 왜 이 무덤을 파 없앤 사람이 없었는가 궁금해 하면서 우리는 마지막으로 할아버지와 할머니 묘에 가보았다. 할아버지의 무덤은 집에서 그리 멀지않은 곳에 있었다. 무덤 앞의 비석에는 '등소창지묘(鄧紹昌之墓)'라고 쓰여 있었고, 그 옆에는 정축년(丁丑年), 즉 1937년에 세워졌다고 쓰여 있었다.

할머니의 무덤은 다른 산에 있었는데, 등씨 가문 선대들의 무덤과 같이 있었다. 여기에 묻힌 사람이 바로 아버지의 친어머니가 되는 분이다. 성이 담(淡)이였다는 사실은 알지만 이름은 모른다. 아버지가 22살 때 돌아가셨다는데, 그때 아들들의 명의로 세운 비문에는 아버지의 이름도 있었지만, 정작 아버지는 그때 이국만리에 있었기 때문에 비석을 세운 일은 전혀 몰랐을 것이라고 생각했다.

고향에 갔던 그 당시에는 할아버지의 묘소가 바로 우리 집안의 종묘인줄 알았는데, 나중에 알고 보니 우리 등씨의 가족묘는 배를 타고 가야할 만큼 먼 곳에 있다는 사실을 알았다. 우리 조상들은 모두 그곳에 묻혀 있는 것이다. 예전에는 가족 중의 남자만이 종묘에 가서 제사를 지낼 수 있었지 여자들은 갈 수 없었다.

그 같은 신분 제한보다도 나는 갈 시간적 여유도 없었고 갈 필요도 없다고 생각해 안 가기로 결정했다. 그렇지만 조상의 내력을 알아보는 것은 중요하다고 생각해서 이를 알아보는 데 족보가 필요했기에, 찾아보았더니 마침 구할 수 있었다.

5 등씨 가문의 내력

　예전부터 아버지는 우리 등씨 집안에 대해 말한 적이 거의 없다. 아버지가 집을 떠날 때가 열다섯 살밖에 안 됐으니, 어쩌면 집안 사정이나 내력에 대해 잘 모르기 때문에 그런지도 모르겠다. 그러나 할머니만은 유독 우리들에게 가끔 고향에 관한 이야기를 들려주곤 했다.

　나의 할아버지의 이름은 등소창(鄧紹昌)이고, 자는 문명(文明)이라고 한다. 그래서 사람들이 할아버지를 등문명이라고 불렀던 것도 알고 있다. 우리 할머니는 성이 담씨라는 것만 알고 이름은 잘 모른다. 우리 조상 중에는 한림원에 뽑히신 분이 한 분 있는데, 사람들은 그를 등한림(鄧翰林)이라고 불렀다고 한다. 그는 역대 등씨 가문 중에서 가장 크게 성공한 사람으로 가문을 빛낸 분이다.

　아버지의 생애에 대해서는 많은 사람들이 연구를 했지만 우리 집안에 대한 내력을 고증하려 한 사람은 한 사람도 없다. 우리 집안의 조상들은 호북에서 왔다는 사람도 있고, 광동의 객가인(客家人)이라고 하는 사람도 있다. 심지어 어떤 사람은 아버지가 등씨가 아니고 원래 감(闞)씨였다고 하면서 감택고(闞澤高)라고 부르는 사람도 있다. 이러한 말은 하도 많아서 어느 말을 들어야 할지 모를 정도다. 나의 숙부까지도 등씨는 호북에서 이사왔다는 말을 어릴 때 들은 적이 있다고 말했다.

　그러나 어떻든 간에 아버지는 등씨임이 틀림없는 사실이다. 아버지의 성이 감씨라고 하는 소리는 말도 안 되는 소리다. 프랑스에서 유학을 한 적이 있는 이황(李璜)이란 선생이 그의 회억록에서 등소평은 원래 등소평이라 부르지 않고 감택고라고 부른다고 쓴 적이 있다. 이 때문에 적지않은 글들이 잘못 기록되는 오류를 범하기도 했다. 그럴 정도로 한때는 많은 사람들이 그것이 옳다고 해서 미심쩍어했던 적도 있었다. 그래서 한번은 아버지에게 농담 삼아 "아버지의 조상을 고치려고 하는 사람들도 있는데 알고 계셔요?" 하고 물은 적도 있다.

아버지는 어려서부터 성장하기까지 이름은 몇 번 바꾼 적은 있지만 성만은 바꾼 적이 없다.

우리 집안은 등씨의 직계는 아니고 방계라고 할 수 있다. 그래서 우리 집안 사람들은 등씨 집안에 족보가 있는지조차 모른다. 봉건사회에서는 집안에 대한 정통관념은 아주 절대적이다. 즉 한 가문에서 직계 자손만이 정당하게 족보에 기입될 수 있었다. 예를 들면 장자, 장손, 장중손, 장중중손들의 가정만이 족보에 오를 수 있었다. 우리 등씨 가문의 족보는 바로 조상의 이런 직계 후손의 수중에 있었다.

이러한 족보를 누가 언제부터 써내려 왔는지 모르지만, 족보의 범례(凡例)를 보면 명나라 때부터 시작됐으며, 그 이전 것은 고증할 수 없다고 기록돼 있다. 족보에는 또한 여러 조상들의 묘지명(墓地銘)을 고증했기에 "틀린 말이 없도록 확실한 근거에 의거해 기록했다."라고 쓰여져 있다. 즉 족보 뒤편을 보면 조상들의 묘지명을 하나하나 기입해 그 진실성을 보여 주려고 애를 쓴 흔적이 보인다.

《등씨 족보》에는 명나라부터 시작해서 민국 초년까지 기록하고 있다.

족보에 기록되기를 제일대의 선조는 등학헌(鄧鶴軒)이라 했다. 원적은 강서 길안부 노릉현(江西吉安府盧陵縣)이다. 홍무 13년(1380년, 명태조 주원장이 명나라를 건립한 후 13번째 해)에 병부 원외랑(員外郞)의 직위로 촉 땅에 들어온 후 광안에 자리를 잡았다고 했다.

말하자면 우리 등씨 가문의 조상은 강서 길안의 노릉사람이다. 명태조 때 병부의 원외랑이라는 무관을 지냈던 분이 사천 광안에 취임하게 되는데, 바로 이 사람이 사천성 광안의 등씨 가문을 세운 것이다. 명나라 이전의 등씨 집안에 관한 사항은 등학헌 한 사람만이 알 터인데, 아마 다른 사람에게 알리지 않았던 모양으로 그만 실전(失傳)된 셈이다. 내가 짐작해 보건대, 이는 강서에서 살던 조상들의 이전 조상들 가운데는 후세에 알려질 정도의 역사적인 업적을 이룩한 사람이 없었기 때문이 아닐까 한다. 만약에 공자나 맹자 등 훌륭한 사람들의 후손이라면, 그의 조상의 내력을 잊을 리가 만무하기 때문이다.

한 가문의 족보는 그 후손들이 쓰는 것이므로, 마땅히 자기 조상들의 영광스런 역사를 많이 쓰려고 할 것이다. 더구나 문화대혁명이라는 큰 재난을 겪었으니 이 족보에 대한 진위를 누가 알 수 있으랴. 그래서 나는 이 족보를 검증하고자 하는 생각에서 광안현의 현지를 한 질 구해다가 비교해 보았다.

《광안주신지(廣安州新志)》제2권 제11 〈씨족지(氏族志)〉에는 다음과 같이 쓰여 있었다.

망계향 요평 등씨(望溪鄉姚平鄧氏).

등씨에 관한 옛 문헌을 보면, 그의 선조는 원래 강서의 노릉인데, 명나라 홍무 연간에 학헌이란 자가 남경 병부 원외랑으로 천거돼 사천에 들어와 광안주 북쪽 요평에 자리잡았다고 쓰여 있다. 그들 조상의 무덤은 전부 요평에 있으며 조상을 모시는 사당이 있다.

《등씨족보》와 《광안현지》에 나오는 등씨 가문에 대한 견해가 일치하니 믿을 만하다. 그러나 《광안주신지》첫권에 나오는 '역대 저서 집필자 성명'을 보면, 청나라 건륭 때 쓴 광안지는 "건륭 34년에 정위(廷尉), 등시민(鄧時敏)이 다시 편찬했다."라고 적혀 있는데, 이 등시민이라는 사람이 앞서 얘기한 등씨 가문의 인물이었던 등한림이었기 때문에, 그가 조상들을 미화했을 혐의가 농후한 데다가, 또 《등씨족보》역시 그가 썼을 가능성이 크기에 이는 신빙성이 좀 떨어져 보인다. 그러니 이후에 누군가 광안 등씨의 기원에 대해 새로운 견해나 증거를 내놓더라도 이상한 일은 아닐 것이라는 생각이 든다.

그렇지만 특별히 다른 근거가 없는 지금의 상황에서는 이 족보와 광안현지를 근거로 해 우리 광안 등씨 가문의 500년간에 걸친 발자취를 찾아보고자 한다.

병부 원외랑이란 직급은 말단 관서의 간부에 해당하는 것으로, 아마 지금으로 본다면 지방행정부의 과장급 지위다. 그러나 고대의 관직은 지금과 같이 많지 않았으니 아마 지금의 과장보다는 약간 높은 지위일 듯하다. 사전 《사해(辭海)》의 해석을 보면, 원외랑은 공식적으로 채용된 관직이 아니라 하나의 낭관(郎官)으로써 공식적 편제 밖의 간부에 해당되는 직책이다. 수나라가 처음 나라를 세울 때 상서성(尚書省)의 각 사(司)에 원외랑 한 사람씩을 두어 각 사의 보조직으로 두었던 것인데, 당나라나 송나라 때에도 계속 이 관직을 두었으며 중앙관리 가운데서도 요직에 해당됐다. 명대, 청대 때도 각 부서에서는 이러한 제도를 따랐었는데, 이때는 낭중(郎中)에서 원외랑(員外郎), 그리고 주사(主事)로 이어지는 세 계층으로 된 사의 관직이었다.

옛날 병부는 군사면에서는 가장 높은 관청이었다. 삼국 시대에는 5병(中兵, 外兵, 騎兵, 別兵, 都兵) 상서를 두었고, 수와 당 이후에는 종합적인 군사업무를 담당할 수 있는 병부를 설치하고 6부 중의 하나로 하여 나라의 무관을 채용해 병적, 무기, 군령 등을 장관하도록 했다. 이렇게 내려오다가 청나라 말년에 들어서 육군부와 해군부로 고쳐졌다. 당 송 이후 상서성 각 부서의 한 급 아래 사(司)라는 관청을 두고, 이 사 밑에 원외랑을 두었던 것이다. 이렇게 보았을 때 그의 직급을 그렇게 말단으로 볼 수는 없지만, 그렇다고 두드러지게 나타나는 직책도 아니었다.

나는 고대의 관작에 대해서는 아는 것이 별로 없으므로 병부의 원외랑이었던 등학헌이 어떻게 남경의 병부 원외랑으로 천거받았는지, 또 어떻게 사천으로 들어갔는지 하는 것까지는 전혀 알 수가 없다. 이후 어느 관심 있는 사람이 이 방면에 취미가 있어서 좀더 확실히 규명해 준다면 매우 뜻있는 일이 될 듯싶다.

《등씨족보》의 첫번째 조상인 등학헌에서부터 시작된 자손들은 명대 때만 9대까지 내려갔다. 그러는 과정에서 족보를 편찬한 자손들은 당연히 자기 조상의 공적과 은덕에 대해 마구 찬사를 늘어놓았을 것임이 틀림없다. 즉 족보에는 진사에 급제한 사람이 여럿 있었는데, 이는 진짜와 가짜가 뒤섞여진 듯하며 아마 가짜가 진짜보다 더 많았으리라 짐작된다. 왜냐하면 《광안현지》를 보면 진사에 급제한 사람으로는 8대의 등사렴(鄧士廉)과 그의 동생인 등사창(鄧士昌) 둘 외에는 없기 때문이다.

다음에는 《등씨족보》와 《광안현지》에 근거하여 몇몇 조상들에 대해 소개하려고 한다. 다만 고증할 방법이 없으니 옛이야기 삼아 보아 주었으면 한다.

명나라 때 2대조인 등학헌의 아들 등현(鄧顯)은 자가 매장(梅莊)이었다. 그는 촉 땅에서는 으뜸가는 문인으로서 촉의 헌왕은 그의 재능을 알고는 여러 차례 초빙하려 했으나 그는 응하지 않았다고 한다. 그의 행적에 대해서는 명나라 때 쓰여진 광안군지에 실려 있다. 그는 등씨 가문에서 가장 걸출했던 현인이다.

명나라 때의 제8대 조상인 등사렴은 자가 인린(人麟)이었다. 그는 명나라 숭정 연간에 진사에 올랐는데, 기개가 넘쳤으며 경사자집(經史子集)을 한 번 읽으면 잊어버리지 않았다고 한다. 그는 광동에서 해양령(海陽令)과 이부시랑(吏部侍郎)을 여인한 적이 있다. 명나라 말년에는 계왕을 따라 운남과 미얀마에까지 가서 이부상서와 대학사까지 올랐다. 그는 청나라 순치 18년 가을에 미얀마인의 꾀임을 당하여 다른 41명의 대신들과 함께 수난을 당했다고 하는데, 건륭 47년에 절민(節愍)이라는 시호를 부여받았다. 이런 것을 참고해 보면 그는 등씨 가문의 제일 열사라 할 수 있다.

등사렴의 사촌동생인 사창은 자가 용문(龍門)이다. 명나라 만력 연간에 진사에 급제해 남경의 호부에서 진사직을 수행하다 후에는 절강

처주부의 지부(知府)로 승급했다. 그곳은 땅이 척박하고 백성들이 가난에 허덕이는 곳이었다. 그리하여 그는 관개수로를 새로 만드는 등 백성들의 생활에 많은 관심을 갖고 그들을 위하는 일을 많이 했다고 한다. 그리하여 호광 안찰사의 부사(副使)로 영전해 영주도와 형주도를 겸해 관장하기도 했다. 후에 다른 사람의 시기를 당해 관직에서 쫓겨나 귀양살이를 하기도 했는데, 그도 등씨 가문에서는 뛰어난 현인이었다.

이것이 명나라 때 등씨 가문의 몇몇 뛰어났던 조상의 행적이다. 원래 나는 등씨 가문의 인물이 한림에 올랐던 것만 알았지 충신과 열사가 있는 줄은 몰랐다.

청나라 때부터 지금까지를 계산해 보면 벌써 10여 대에 와 있는 셈이다. 청나라 전성기였던 건륭 연간에는 아주 외진 서남 구석의 보잘 것없던 등씨 가문이었지만 흥할 때는 가문을 빛내는 한림까지 있었다. 흥하면 쇠하게 되듯이 한때는 남부럽지 않던 등씨 가문도 이로부터는 점점 시들어가 선비의 가문을 이을 인재도 점점 나타나지 않게 됐고, 그동안 있었던 전답조차도 없어지게 됐다. 친척들의 말에 의하면 마지막에는 제일 존경받았던 한림의 집안도 가난을 못이겨 그의 집인 한림원을 다른 성씨에게 팔아야 했다고 한다. 가문의 몰락이 어떤 지경에 있었는지 짐작이 갈 만하다.

앞에서 말했듯이 명나라 때 제8대 조상이었던 등사렴은 광동의 해양령으로 봉직하다가 후에 운남을 거쳐 미얀마에서 순국했는데, 그의 외아들인 등방(鄧昉)은 명나라 때 등씨 가문의 마지막 제9대 조상이 됐다. 등방은 명말에 처와 두 아들을 데리고 아버지를 찾아 광동으로 떠났다고 한다. 온 식구가 광동의 고요현(高耀縣 : 족보에는 이렇게 기재되어 있다──지은이) 삼의하(三義河)에 이르렀을 때 해적들에게 봉변을 당해 모두 죽었다고 한다. 그러나 다행히도 해적 중 하나가 어떤 마음에서인지 등씨의 두 아들을 죽이지 않고 강가에 내버렸다고 한다. 그중 큰아이가 일곱 살이었는데 이름이 등사조(鄧嗣祖)였고, 네 살박이 작은 애가 등소조(鄧紹祖)였다.

사조는 자가 승기(繩其)이며 청나라 때의 첫째 조상이 된다. 사조는 가족과 함께 광동으로 가다가 봉변을 당해 간신히 목숨은 구했지만 노비며 재물이며 노자까지 전부 빼았겼던 것인데, 그는 동생을 데리고 걸식하며 이리저리 돌다가 오가촌(伍家村)이라는 곳에 정착하게 됐다고 한다. 그곳 오가촌에 오원외(伍員外)라는 사람이 있었는데, 그는 조난당한 두 형제의 내력을 측은하게 느껴 자기 집에 머물도록 하면서 먹여주고 글도 가르쳐 주었다. 그리고 사조가 장성한 다음 자기의 딸을 그에게 시집보냈다고 한다. 후에 사조는 광동에서 아들을 보았고, 그 이름을 등림(鄧琳)이라 지었다.

사조가 광동에서 과거에 응시할 때 조부인 등사렴의 친구의 아들 이선근(李仙根)을 알게 됐는데, 이선근은 마침 그때 시험 감독관이었다. 그때 이선근은 사조에게 그의 조부인 등사렴이 수난당한 소식을 알려 주었고, 또 사조가 고향으로 돌아가도록 영을 내려주기까지 했다고 한다. 그때 사조는 대단히 비통해 하면서 처자식과 동생 소조를 데리고 강희 10년(1671년)에 사천으로 돌아왔던 것이다. 사조와 소조가 광동에서 유락한 지 28년만에 마침내 고향에 돌아와 가업을 계승하게 된 것이다. 사조는 사람됨이 후하여 마을사람들로부터 칭송을 받았다고 하니, 그가 어릴 때 겪은 갖은 고생과 무관하지 않다고 보여진다. 이 이야기는 아마 등씨 가문의 내력 중에서 가장 감동적인 부분일 것이다.

등사조는 광동에서 낳은 등림과 원적지 사천으로 돌아와 얻은 등염(鄧琰) 등 두 아들을 두었다. 후에 등림은 아들을 여섯이나 낳았고, 등염은 아들 넷을 낳았다고 한다. 이때부터 광안 등씨가 두 계열로 나누어지게 되는데, 등림계열은 장손으로서 6계열이 됐고, 등염계열은 차남계열로서 4계열이 됐다. 그리고 그들 손자들로부터는 돌림자가 규정됐다. 돌림자는 "以仁存心, 克紹先型, 培成國用, 燕爾昌榮" 등으로, 우리 할아버지 세대는 소(紹)자 돌림이고, 아버지 세대는 선(先)

자 돌림이며, 우리 세대는 제일 듣기 거북한 형(型)자 돌림이 됐다.

다시 조상의 얘기로 돌아가보면, 등림의 자는 석산(石山)이며, 3살 때 부친을 따라 광동으로부터 사천으로 귀향했다. 《광안현지》에 의하면 그는 어릴 때부터 문장이 좋았고, 커서는 경서와 사서에 조예가 깊었으며, 나라를 다스리는 일에 관심이 높았다고 한다. 옹정 13년 (1735년)에는 중강(中江)의 훈도를 맡았다고 하는데, 훈도란 학관(學官)에 속하는 것으로 부, 주, 현급의 학교에는 모두 훈도라는 학관을 두었다. 중강은 청나라 때 사천의 중부에 있었던 일개 현이었으므로 등림은 현급의 훈도였던 것이다. 민국 초기의 훈도는 학생의 사상과 품행을 지도 감독하는 일이 주임무였는데, 지금으로 말한다면 정치사상을 주관하는 담당직과 같은 것이다. 그러나 청나라 때는 지금과 달라서 같은 직급의 학관을 도와 생원(학생)들을 가르치는 일을 했다.

등림이 학식이 깊은 교육자라서인지 그의 맏아들 간림(簡臨)과 셋째 아들 양집(亮執)은 갑자년 같은 과거에 급제해 동시에 거인(擧人)이 됐고, 여섯째인 시민(時敏)은 진사에 급제해 한림까지 지냈다.

등염은 자가 영화(映華)이다. 족보에 따르면 그는 학업에는 성공하지 못했다고 하는데, 하여 대신 농사를 지었을 것으로 보인다. 하나 그는 사람됨이 재물을 가벼이 여기고 의리를 중히 여겼던 관계로 가업의 대를 이을 수 있었던 것 같다. 그는 등림의 아들들을 자기의 자식들처럼 여기고 쌀 삼백 섬의 가격에 해당하는 땅(약 12,000평)을 넘겨주어 학비에 보태도록 했으며, 81세까지 장수했다. 등염은 공부는 많지 않았지만 살림살이만은 아주 잘한 듯하다. 그가 조카에게 12,000평의 땅을 한번에 물려줄 수 있을 정도였던 만큼, 적어도 그에게는 그것의 몇 배나 되는 땅이 있었다고 보아야 할 것이다. 이러한 재산은 북방에 있는 거부와는 비교도 안 되는 것이지만 그곳에서는 작다고 할 수 없을 정도로 많은 토지다. 우리 집안에서 한림이 나올 수 있었던 배경에는 그야말로 그의 숨은 공로가 있는 것이다.

등한림의 자자한 명성에 대해 이미 여러 차례 말했지만 이제 좀더 보충해 이야기한다면 다음과 같다.

등한림의 이름은 시민이고 자는 손재(遜齋)다. 현지의 기록에 의하면 시민은 성격이 얌전하고 겸손했다고 한다. 옹정10년 (1732년)에 거인이 되었고, 건륭 원년인 1736년에 진사에 급제해 한림원에 들어가 편수(編修)에 임명됐다.

한림은 고대의 관직명으로 당나라 때의 한림은 기요, 문서 등의 작성을 관장했으나, 명청기의 한림원은 인재들의 집합장소로 과거시험 때 인재를 선발해 한림관을 시켰다. 청나라 때의 한림원은 대학사집장으로 그 아래에는 시독학사, 시강학사, 시독, 시강, 수찬, 편수, 검토 등의 관원을 설치하고 있었다.

시민이 한림원에 들어간 후 조그마한 편수자리에 등용되는 데 불과했지만 당시 광안의 등씨 가문에서는 조상을 영광스럽게 하는 대단한 일이었다. 시민은 후에 승진해 강남 선유화도사, 한림원 시강학사, 통정사 부사 등의 직을 담당했으며 건륭 10년에는 대리사 정경(大理寺正卿)으로까지 승급했다.

대리사는 우리나라 고대의 재판기관으로 형무에 관한 안건을 심사하는 일을 관장했던 곳인데, 주관하는 이를 경이라 불렀다. 대리사는 지금의 대법관에 해당하는 것으로 등시민이 맡았던 대정경은 지금의 대법원장에 해당하는 위치였다.

등시민의 부친인 등림이 병으로 사망하자 그는 고향으로 돌아가 어머니를 봉양할 것을 천자에게 주청헤 허가받았다고 한다. 그리하여 광안에 돌아온 그는 광안주의 주지를 편찬했던 것이다.

건륭 29년 1764년에 시민은 다시 조정으로 돌아가 원래의 직책에 복귀했다. 시민은 대리사 경직시 모든 안건을 검사하는 동안 늘 정당하게 하려고 했으며, 조금이라도 잘못된 점이 있으면 그냥 지나치는 일이 없이 반드시 상주해 고치도록 했다고 한다. 그만큼 강직하며 정직해 조금도 남과 타협할 줄을 몰랐기에 동료들조차도 그를 대하기가 어려웠다고 할 정도였다. 시민은 후에 고령이 되어 더 이상 일에 충실할 수 없게 되자 사직하고 고향으로 돌아갈 수 있도록 허락을 받았으며, 그때 통봉대부(通奉大夫)를 제수받았고 나이 66세에 고향에서 별세했다고 한다.

만약 현지의 기록이 맞는다면 등한림, 즉 등대리경은 정말 학식 있고 덕망이 있으며 학문과 정치 면에서 많은 업적을 쌓은 인물이라고 평가할 수 있을 것이다. 나아가서 이때의 사람들이야말로 명청기 약 500년 간의 등씨 가문 역사에서 가장 빛나는 역사의 한 장을 장식했다고 평할 수 있다.

한 개인이나 혹은 한 집안에서 하나의 업적을 이룩해 그 성과를 거두기가 얼마나 어려운 것인가는 누구나 잘 알고 있다. 그러기 위해서 얼마나 많은 심혈을 기울여야 되는지 모를 정도니 말이다. 그러나 성공한 이후에 쇠락하는 것도 아주 눈깜짝할 사이에 이루어지기 마련이다.

누구에게나 성공적인 업적을 이룩하기 위해서는 천지간의 운세와 도움이 필요하다. 더불어 다른 사람들과의 관계도 더욱 중요하다. 즉 사람의 됨됨이가 가장 중요하다는 말이다. 등씨 가문의 조상들 중에는 관직에 오른 자도 있었고, 학자도 있었으며, 살림을 넉넉히 꾸려갈 만큼의 땅을 소유한 자도 많이 있었다. 그러나 귀신의 조화인지 조금씩 조금씩 후퇴하더니 나중에는 미끄럼 타듯 일시에 쇠락해 버리고 말았다. 그 많던 땅도 줄어들어 장사도 할 수 없게 됐고, 나중에는 곤궁해져서 공부조차 할 수 없게 됐다.

집안의 운도 따라주지 않았고 시운 또한 도와주지 않은 듯하다. 이처럼 작은 일개 가정도 이러한데, 크디큰 이 중국땅은 얼마나 그 위풍이 컸었겠는가 상상조차 못할 일일 것이다. 유럽 열강들이 화약과 장총으로 위협하니 나중에는 서태후마저 북경에서 쫓겨나지 않았던가. 그후에는 배상금까지 내지 않으면 안 됐으니 우리 중국은 싸워서 이겨도 배상을 해야 했고, 져도 배상을 해야 했다. 번쩍거리는 수많은 은화들이 중국인들의 피와 눈물과 함께 유럽인들의 배에 계속해서 실려

나갔다. 그들은 우리가 돈도 주었고 땅도 떼어 주었지만, 그들은 없어지는 것이 아니라 더 열심히 덤벼들었다.

유럽인들이 중국인들에게 압력을 주는가 하면, 중국인끼리도 서로 다투고 헐뜯고 했다. 관직이 높은 자는 낮은 자를, 부유한 자는 가난한 자를 억눌렀던 것이다. 할아버지 대에는 나라의 땅까지도 빼앗겼으나 전쟁은 끊이지 않았고, 백성들은 먹을 것 입을 것 의지할 데도 없이 고달프기 그지없었다. 여기에 천재까지 겹쳐 이 좋은 나라를 그렇게 형편없이 만들 수 없었다. 당시의 중국 인구 4억 중에서 거의 3억 2천만 정도가 이러한 기아와 빈곤의 지경에서 헤매야 했다.

2천 년의 봉건사회는 결국 중국을 이렇듯 치욕적으로 만들었다. 나라의 주권을 상실케 했고, 국민은 생계를 유지할 수 없을 정도로 만신창이로 만들었으며, 빈궁하고 낙후한 정도는 거의 수습할 수 없는 지경에 이르게 했다.

하느님은 정말로 죽을 지경까지 몰아세워 놓고야 살아남는 길을 마련해 주는가 보다. 국가든 사람이든 여지없는 구렁 속으로 빠지고 나서야 철저히 각성할 수 있는 것이고, 이러한 각성을 통해서 변혁과 부흥을 꾀할 수 있는 것이리라.

6 할아버지 세대의 비애

나의 할아버지 세대는 정말 복이 없다. 그는 난세에 태어나서 그 속에서 자랐고, 또 그 가운데서 일생을 마쳤기 때문이다. 그는 단 하루도 평화로운 날을 살아 보지 못했다.

할아버지는 광서 12년 1885년에 태어났다. 그때 광서 황제의 나이는 불과 15살밖에 안 됐기 때문에 자희 태후의 수렴청정하에서 꼭두각시 황제 노릇을 했다. 점점 무능하고 부패해져가는 청나라 정부의 통치 속에서 1840년부터 중국은 편안했던 해가 없는 어려운 나날을 보내고 있었다.

1840년에 아편전쟁이 발발하여 침략자 영국은 중국과의 전쟁에서 승리를 거두고 중영 간에 남경조약을 체결했다. 영국의 침략자들은 홍콩을 강제로 점령하고, 은화 2,100만 냥이라는 거대한 금액까지 배상을 강요했다. 그들은 이 불평등조약을 중국정부에 압력을 넣어서 체결했다. 이러한 불평등조약은 중국 근대사에서 최초의 굴욕적인 조약이 됐다.

동방의 강대한 대국이었던 청나라는 이렇다 할 대항도 못 해보고 일격에 나가떨어짐으로써, 누구라도 침략해 들어올 수 있는 허점을 대외적으로 공개했다. 낚아채기만 하면 얻을 수 있는 이익을 마다할 사람이 어디 있겠는가. 서방의 열강들은 영국의 뒤를 따라 중국에게 달려들었다.

1844년 미국도 마찬가지로 대포와 군함을 동원해 청 정부를 위협하고는 중미 간에 망하조약을 체결했고, 같은 해 프랑스도 급히 군함을 중국에 파견해 마찬가지로 쉽게 황포조약을 체결했다. 1849년 포르투 갈은 협의조차도 없이 중국 관원을 내쫓고 마카오를 점령했다.

영국, 미국, 프랑스가 중국에서 노획한 물자들은 막대한 양이었다. 이를 본 러시아, 이탈리아, 포르투갈 등도 뒤질새라 조그마한 이익이 라도 갈라먹자는 식으로 벌떼처럼 몰려와 온갖 요구를 했다. 관대한 중국 정부는 차별없이 그들이 제의해 온 바를 모두 동의해 주었다. 이리하여 중국의 대문을 서방 자본주의에게 활짝 열어주는 꼴이 됐고, 중국은 이로부터 한 걸음씩 반식민지화 되어 갔다.

제1차 아편전쟁으로부터 포르투갈이 마카오를 점령할 때까지 기간은 모두 합해야 9년밖에 안 됐다. 이 사이에 중국의 영토는 강탈당했고, 사법권, 징세권, 영해권 등 주권국가로서 당연히 가져야 할 자주권을 침범당했다. 외국의 식민주의자들은 중국의 국민들을 마음대로 모욕했 고 압력을 가했으며, 여기에다 서양의 선교사들은 선교라는 미명하에 중국 전토를 횡행했다.

중국의 전통적인 경제는 외국인들에게 재빨리 통제됐다. 자본주의의 침입은 중국의 경제 발전을 후퇴시켰다. 그것은 낙후한 중국의 도시와 촌락에서의 수공업마저 타격을 줌으로써, 여기에 의존해 사는 국민들 의 자급자족적인 경제마저도 파괴했다. 이로써 중국 국민의 빈곤함과 비참함은 더욱 처절한 운명으로 전락해 갔다.

중국의 근대사는 이렇게 외국의 침략자들에 의해서 가차없이 약탈당 하는 가운데, 그리고 중국 국민들의 고통이 더욱 심화되어 가는 상황 에서 시작됐다.

중국민족은 굴욕을 달가워하지 않으며, 영광스러운 문화와 전통을 가진 민족이다. 중국의 뜻있는 애국지사들은 의분에 차 매국적 행위에 대해 통박했고, 중국의 애국 군인들은 피를 흘리며 용감하게 저항했 다. 한 예로 호문에서 태운 아편 연기는 분노한 하늘을 가르며 높이 날아올랐다. 중국 국민들은 의기분발하여 적들에게 대항했으며, 포악 무도한 그들의 행위를 두려워하지 않았다.[1] 보다 용감한 자들은 반기를 들고 정의로운 의병이 되어 중국 대지의 방방곡곡에서 저항을 했다. 그 위풍은 청국정부의 반동적인 통치를 뒤흔들어 놓을 수 있을 만큼 드높았다.

이처럼 국민들의 애국적이고 정의로운 투쟁은 꼬리를 물고 일어났다. 그들의 용감한 기세는 하늘을 찌를듯이 높았다. 그러나 그들이 대적해야 할 적은 이성을 잃고 미쳐 날뛰는 청국정부와, 머리 끝까지 온 몸을 무장한 서방의 악랄한 무리들이었다. 그러나 중국 국민들은 구국의 마음 하나만 있었지 그 외의 다른 조그마한 권한조차 없었다.[2] 그렇기에 그들의 투쟁과 저항은 쉽게 진압될 수밖에 없었다.

청국정부는 국민들의 반항운동을 주저함 없이 무차별 진압했다. 그러나 정부는 제국주의 열강에 대해서는 비굴할 정도로 아첨하며, 부끄러움도 잊고 매국하는 일에만 전념하고 있었다.

레닌은 일찍이 "전쟁은 자본주의의 필연적인 산물이다."[3]라고 직언한 적이 있다. 그처럼 제국주의와 식민주의의 욕심은 끝이 없다. 19세기 중반에 자본주의 경제는 서방에서 급속히 발전했다. 그들은 대외적으로 식민지를 확장해 나갔고, 그렇게 함으로써 그들의 욕망을 한없이 부풀려 나갔다. 1856년 영국이 선두로 나서자 프랑스, 미국, 러시아 등도 이를 따라 서로 뒤질세라 제2차 아편전쟁을 도발했다. 영국과 프랑스의 연합군은 손쉽게 광동을 점령한 후 방화와 약탈을 자행했다. 그러나 어리석고 썩을대로 썩은 청국정부에서는 그 최선의 방법을 '싸울 것도 없고 보호할 것도 없이, 그저 달래는 것이 가장 좋은 계책이다.'라고 생각하고 있었다.[4] 그러니 앞서 얘기한 것과 같은 불평등조약을 맺을 수밖에 없었다.

1858년 청국정부는 영, 프, 미, 러 등 4국과 천진조약을 맺었다. 이 조약은 나라를 팔아먹은 행위와 마찬가지다. 이 조약을 바탕으로 서방 침략자들은 중국에서의 식민지 권리를 확대해 나갔다. 조약에 의해 외국 배(유의할 점은 상선만이 아니라는 사실이다)가 더 많이 중국의 항국에 정박할 수 있었다. 또 영국에 은 400만 냥, 프랑스에 200

만 냥 배상금을 지불하며, 영국인으로 하여금 중국 세관 업무를 관장하게 한다는 내용이 들어 있었다. 더구나 아편무역을 합법화한다는 조항도 들어 있었다. 이러한 조약에 대해 마르크스는 "머리 끝부터 발끝까지 모든 것이 다 사기다."[5]라고 분노했다.

1860년 영국 프랑스 연합군은 주산, 대련, 연대, 천진을 차례로 강점하고, 나중에는 중국의 심장인 수도 북경까지 함락시켰다. 애국에 들끓는 군인들은 침략자에게 항거하면서 그들의 피와 생명을 바쳤다. 눈앞의 안일무사만을 추구한 청조의 관리들은 머리를 감싸쥐고 도망다니기만 바빴다. 전통적인 문화유물로 가득 차 있던 북경은 갖은 약탈을 당했다. 이들 서방 침략자들은 보물이란 보물은 닥치는대로 모조리 긁어갔으며, 웅장하고 화려했던 원명원은 침략자들의 방화에 의해 모두 다 타버렸다.

침략은 그것으로만 끝나는 것이 아니라, 그후에도 계속해서 일어났다. 얼마 지나지 않아 다시 체결된 북경조약에서는 땅을 떼어 준다, 배상금을 낸다 하며 야단법석을 떨게 되는 것이다. 결국 구룡 지방을 떼어 주게 됐으며, 은 8백만 냥의 배상금을 물어주어야 했다.

영국과 프랑스가 이득을 올렸으니, 미국과 러시아가 옆에서 보고 있을 수만은 없었다. 그들도 곧 영국 프랑스와 마찬가지로 동등한 권리를 얻어냈다. 제2차 아편전쟁은 이렇게 해서 끝났다.

자본주의 강국이 후진국에 침략전쟁을 감행하는 목적은, 그 지역을 자기들의 식민지 혹은 반식민지로 만들어 상품 시장, 원료 산지, 그리고 투자 대상지로 만들려고 하는 데 있다. 그러므로 제1차 아편전쟁부터 체결된 서방 각국과 중국 사이에 체결된 조약 속에는, 땅을 분할하고 배상금을 내며 중국의 주권을 침해하는 조목을 강요하는 외에도, 중요한 조항으로 반드시 개항이라는 조목이 들어갔다. 통상개방은 다만 통상에만 국한되는 것이 아니다. 이것이 이루어지면 상대국에서는 영사관을 파견하여 주재시킬 수 있다. 따라서 그들은 군함을 중국 내륙의 강까지 진입시켜 이들 영사관을 보호할 수 있었을 뿐만 아니라, 개방된 항구의 중국 세관과 세관원은 모두 그들의 사람으로 담당하게 했다. 이것이야말로 반식민지화 되는 것이나 마찬가지였다.

1840년 남경조약에 의해 광주, 복주, 하문, 영파, 상해 등 5개 항구가 개항됐다.

1858년 천진조약에 의해 천진, 우장(지금의 영구), 등주(지금의 연대), 대남, 담수, 조주(지금의 산두), 경주, 한구, 구강, 남경, 진강 등 10개 항이 추가로 개항됐다.

1860년 북경조약에 의해 다시 천진이 개방됐다.

1876년 연대조약에 의해 호북의 의창, 안휘의 무호, 절강의 온주, 광서의 북해 등 4개 항이 추가로 개항됐으며, 또 사람을 파견하여 운남에 대해 조사할 수도 있도록 했으며, 감숙, 청해, 사천을 경유하여 서장으로 갈 수 있다고 규정했다.

1887년 중불전쟁이 끝난 후 우리나라 동남 연해의 각 성과 양자강 유역 및 서남 지구는 모두 외국의 강권정치에 의해 침범당하게 됐다.

외국의 제국주의와 식민주의 세력은 이것으로 만족하지 않았다. 그들의 최종 목적은 중국을 과분해 서로 자기의 관할 영역을 점령하는데 있었고, 궁극적으로는 자신들의 식민지로 만들려는 데 있었다.

중국의 북방에 있던 러시아는 일찍부터 호시탐탐 중국 침략의 기회를 노려왔었다. 1858년 중국과 러시아 사이에 애훈조약이 체결됐다. 그리고 1881년 이리조약이라는 불평등조약이 맺어졌다. 이로 말미암아 우리나라의 흑룡강 이북과 우수리강 동쪽 100여 만 평방킬로미터의 동북부 지역의 영토와, 발카스호 동남쪽 50여 만 평방킬로미터 등 모두 150만 평방킬로미터에 달하는 땅을 빼앗아 갔다. 1895년 러시아는 차용이라는 명목으로 요동 지역의 중요 항구인 여순과 대련을 점령하기도 했다.

당시 중국의 동쪽에 위치한 일본은 군국주의 세력이 급속하게 팽창하여 세계를 제패하려는 일념에 가득 차 있었다. 1894년 그들은 중국과 한국을 침략하는 전쟁을 거리낌없이 일으켰다. 이로 인해서 발발된 것이 중일갑오전쟁이다. 청국정부의 투항정책은 결국 시모노세키조약이 체결되는 것으로 끝났다. 따라서 조약에 규정된 내용대로 중국은 일본에 군비로 은 2억 냥을 배상했다. 또 요동반도와 대만 전부, 그리고 그에 부속된 도서 지역과 팽호열도를 일본에 내줄 수밖에 없었다. 이로 인해 중국은 동북 지역과 동해에서 넓은 지역을 상실하게 됐다.

러시아와 일본이 단맛을 보게 되니까 다른 나라들도 중국을 과분시키려는 음모에 박차를 가하기 시작했다. 1895년부터 1900년까지 중화민족은 치명적인 재난에 직면했다. 4천 년의 오랜 문화를 가지고 있던 중국은 망국의 위기에 직면하게 됐다. 비굴한 청조가 나라를 어떻게 팔아먹었는가 보면 다음과 같다. 청국정부는 아래의 항목들을 모두 동의했다.

동북 지역은 러시아의 통제권으로 둔다.

산동은 독일의 세력 범위에 둔다.

광주만과 그에 딸린 해역을 99년간 프랑스에게 빌려준다.

위해위 및 그에 딸린 해역, 그리고 구룡반도 전체를 영국에게 빌려준다.

운남, 광동, 광서 등 세 성은 프랑스의 세력 범위 안에 둔다.

양자강 유역은 영국의 세력 범위에 둔다.

복건은 일본의 세력 범위로 인정한다.

마지막으로 미국이 황급히 찾아오니 그에게도 스프 한 컵을 안겼다.

권리도 다 팔아먹고 지역도 나누어준 셈이 됐다. 예허나라씨와 이홍장 등 민족의 죄인들은 영원히 치욕의 십자가에 못 박아야 할 것이다. 이것이 바로 1840년부터 1900년에 이르기까지의 반 세기에 걸친 중국의 역사이다.

조금이라도 감정이 남아 있는 사람이라면 여기까지 보고는 아마 더 이상 읽어 내려가지 않으리라. 조금이라도 애국하는 마음이 있는 중국인이라면 책을 덮고 분통을 터트리지 않을 수 없을 것이 분명하다.

나는 역사를 전공하는 사람은 아니다. 아니 감히 역사에 대한 글을 쓰는 것은 생각지도 못하는 처지다. 그러면서도 내가 이렇게 길게, 지나간 그 시대의 역사를 쓰는 이유는 중국의 젊은이들로 하여금 중화민족은 이러한 치욕의 길을 걸어왔다는 사실을 알리려고 하는 데 있는 것이다. 만약에 과거에 어떻게 걸어왔다고 하는 사실을 모른다면, 우리는 앞으로 어떻게 걸어나가야 할지 모르기 때문이다.

주 ─────────────────────────────
1. 《鴉片戰爭後的中英抗爭》(資料篇稿), 〈廣東全少水陸鄉村志士公檄文〉, P. 207.
2. 육숭(陸嵩), 《有問賊中事者, 詩以答之》.
3. 레닌, 《레닌전집》(13권), P. 63.
4. 《等辦夷務始末》(咸豊朝, 권22), P. 31.
5. 마르크스, 《마르크스 엥겔스 서신 선집》, P. 111.

7 굴욕과 저항

중국 국민은 매국과 외세에 대해 굴복만을 일삼아 온 청국정부와는 달리 탄압을 두려워하지 않고 끊임없이 폭정에 저항해 왔다.

청국정부의 봉건 통치는 나날이 부패해 갔고, 외국 자본주의의 침략이 더욱 극심하게 됨에 따라 중국의 민족 모순과 계급 모순은 더욱 첨예화되고 사회 위기는 끊임없이 확대되어 갔다.

모택동 동지는 "중국 국민은 불의한 세력의 통치에 대해 언제나 저항한다. 그럴 때마다 그들은 각종 수단으로서 그러한 통치를 타도하고 개조하고자 했다."[1]라고 말한 적이 있다.

국민은 일어나 저항했다.

그들은 각처에서 희생을 두려워하지 않고 여러 가지 방법으로 다양한 투쟁을 전개했다. 앞 사람이 쓰러지면 뒷 사람이 용감히 이어나갔다. 그들은 청국정부의 포악한 학정에 항거했으며, 또한 외국 세력의 야만적인 침략에도 저항했다. 그들은 면직, 유배, 진압, 교수형을 당했으나 투쟁을 잠시도 멈춘 적이 없었으며, 또한 전대 멈출 수도 없었다.

다음은 시대적 순서에 따라 국민들이 행했던 감동적인 투쟁사를 살펴보기로 하자.

1839년에 애국지사 임칙서(林則徐)와 격분에 찬 광주(廣州) 시민이 호문에서 영, 미 자본주의 침략자의 128만 6,127킬로그램에 달하는 아편을 일거에 태워 세계를 뒤흔들었다.

호문에서의 아편 소각은 근대 중국 국민의 식민주의자를 반대하는 긴 저항의 시작이라 할 수 있다.

1841년 5월에 광주 삼원리의 모든 향민들은 그동안 살인 방화하며 나쁜 일만 일삼던 영국 제국주의자들을 창과 칼로 용감하게 격퇴했다. 싸움터에는 우레와 같은 북소리가 울려 퍼지고 가는 곳마다 의병이 봉기해 영국군은 무기를 버리고 패주했다.

삼원리 향민들의 영웅적인 투쟁은 중국 국민의 기세를 크게 드높였다. 중국 국민이 외국 반동 세력의 압박에 저항하는 투쟁은 이로부터 폭풍우가 몰아치듯 더욱더 세차게 일어났다. 1850년까지 10년 동안의 기간에 비교적 큰 규모의 농민 봉기가 100여 차례나 일어났다.

1851년 1월의 광서 금전 봉기는 한 차례의 대규모적인 농민혁명의 폭풍을 일으켰다. 홍수전(洪秀全)을 수반으로 하는 태평천국의 지도자들은 처음부터 투쟁의 예봉을 청왕조에 돌려 매국적이고 부패한 그들의 통치를 뒤엎고 난후 새로운 농민 정권의 건립을 최종적인 목표로 설정했다. 그들은 봉건 왕조를 반대했을 뿐만 아니라 외국 침략자도 반대했기에 광범위한 민중의 지지를 받았다. 이 투쟁은 18개 성을 전전하면서 14년이나 지속됐다. 그 규모는 전례없이 컸고 기세는 드높았으며, 용맹한 위풍은 중국 전체를 뒤흔들었다.

당시 중국 각지에서는 그의 영향을 받아 상해의 소도회, 광동·광서·호남의 천지회, 강서의 변전회, 북방의 염군, 운남·귀주 등 소수 민족의 봉기 등이 끊임없이 일어났다. 이렇듯 폭풍우처럼 거세게 일어난 농민혁명은 청왕조의 통치 기반을 흔들어 놓았으며 부르주아 계급 민주주의 혁명의 단계를 가속화했다. 이렇게 기세등등했던 농민의 저항은 계속해서 진압당하고 억압되어 갔지만 농민지도자들의 선혈은 중국의 대지를 붉게 물들였다.

그러나 이러한 붉은 피는 반드시 아름다운 꽃을 피우기 마련이다.

1864년 태평천국이 실패한 후에도 국민들의 투쟁은 계속됐다. 태평천국의 잔여구들은 여전히 지속적으로 투쟁을 이끌어 갔으며 귀주의 묘족, 운남의 이족, 회족, 감숙의 회족 등도 일어나 봉기했다.

외적이 쳐들어 오고 외국에 굴종하는 무리들이 판을 칠 때면 민족 모순은 승화돼 외래 침략자를 반대하는 새로운 투쟁이 일어나는 법이다.

19세기 후반 세계의 자본주의는 제국주의로 전환해 그들간에 식민지 쟁탈전의 붐이 일어났다. 그들은 기존의 이익에 만족을 느끼지 않고 중국에서 더욱더 넓은 영토로 마수를 뻗쳤다. 그들의 끝없는 야욕을 충족시키기 위한 약탈은 중국 국민의 강렬한 저항을 불러일으켰다.

1876년 국내 여론의 지지하에 대장군 좌종당은 영국의 저지를 물리치고 신강을 회복하여 러, 영 양국이 천산 남북을 분점하려는 음모를 분쇄했다.

1883년 프랑스 침략군이 중국 군대에 대해 진공을 감행함으로써 중불전쟁이 폭발했다. 반 년만에 베트남은 프랑스의 완전한 식민지로 전락했다. 거만하고 횡포한 프랑스 군은 극동 함대를 동원해 대만을 공격했다. 중국군의 맹렬한 반격에 프랑스 군은 공무니를 빼고 후퇴했다. 프랑스 군은 이에 물러서지 않고 더 큰 규모의 마위해전을 일으켰다. 이번에는 만청 정부가 스스로 투항했으며 프랑스 군대는 이 기회를 이용해 침략 전쟁을 가속화했다.

정부는 굴복했지만 국민은 분노했다. 강력한 국민 여론의 압력하에 청국정부는 할 수 없이 프랑스와의 작전 명령을 내리지 않을 수 없었다. 프랑스 군이 다시 진격해 올 때 중국군은 진남관에서 배수의 진을 쳤다. 1885년 3월 23일 안개가 자욱한 중국 서남의 요새 진남관에는 결사항전을 외치는 중국군의 함성이 우레와 같이 울려 퍼졌다. 시간이 지날수록 사기가 고조된 중국 군대에 의하여 프랑스 침략자는 참패하여 도망쳤다.

그러나 세상에는 이런 일도 있다. 중불전쟁의 결과는 뜻밖에도 프랑스는 '승리 아닌 승리'를 했고, 중국은 '패배 아닌 패배'를 당해야 했다. 중불전쟁은 비록 궁극적으로 중국이 또 하나의 불평등조약인 중·불 천진조약을 체결하는 것으로 끝났지만, 진남관의 승전은 중국 군대의 명성과 위엄을 크게 진작시켰다.

1894년에 일본 제국주의가 쳐들어 왔다. 중국 정부는 일본군의 밀물과 같은 공세에 못 이겨 선전포고를 했다. 이 전쟁에서 청국정부는 계속 양보하며 퇴각하더니 결국에는 영토 할양, 배상금 지불, 개항 등을 내용으로 하는 중일 시모노세끼 조약으로 결말지었다. 그러나 '갑오해상전'에서 중국의 해군 장병등은 조금도 두려워하지 않고 결사적으로 대항했으며, 결국 군함 속에 있던 250여 명의 장병 모두는 장렬한 희생을 택했다. 이렇듯 비장하게 순국한 기상과 민족 영웅인 등세창의 뛰어난 명성은 영원히 중국 국민의 마음속에 아로새겨져 있다.

청국정부는 굴복했지만 중국 국민은 굴복하지 않았다. "중국은 머리 잘린 시체가 될지언정 왜놈 앞에 무릎 꿇지는 않겠다."[2] 이것은 호언장담만은 아니었다. 그들은 동북 지역과 대만에서 끊임없이 일본 침략자들을 공격했다.

국민들의 반청, 반제 투쟁의 불길은 어떤 경우에도 꺼짐이 없었다.

1894년 구룡 반도에는 영국군을 반대하는 민중의 열정이 들끓었다.[3]

1895년 감숙에서는 가렴주구에 반대하는 회교도의 폭동이 일어나 수만 명이 거기에 가담했다.

1897년 6월 철도를 부설하기 위해 땅을 강점하려던 독일 침략자들에게 저항하다 산동 성민 20여 명이 피살당했다. 이에 분개해 일어난 민중은 무장하여 대항했기 때문에 독일의 계획이 한때 중지되기도 했다.

또 1898년에는 요동 반도의 민중들도 일어나 러시아를 공격해 러시아군을 쫓아냈다.

같은 해에 광동 성민은 봉기하여 조계지 지점을 답사하러 온 프랑스 침략자를 반대하는 항쟁을 전개했다.

상해 시민과 상인들도 동맹파업을 하며 수십 명이 살상되는 비참한 희생을 치루면서 프랑스 조계지의 확장을 저지했다.

광서 옥림에서도 청국정부군을 습격하는 민중봉기가 일어났다.

강소 북부와 안휘 북부 및 하남에서도 봉기가 연이어 일어났는데 가담자는 수만 명에 이르렀다.

11월에 광주만의 성민들은 제국주의의 예속에 반대하며 봉기해 프랑스군을 쳐부수었다.

1900년에 전국을 진동시킨 의화단운동이 폭발했다. 의화단 영웅들은 서양인들을 죽이고 교회를 파괴하며 청나라 조정을 전복하자는 반제 애국의 기치를 높이 세웠다. 이 기세 드높은 농민혁명은 산동에서 시작되어 순식간에 중국 대륙의 사방으로 확산돼 전국적인 범위에서 중국 근대사상 두번째로 큰 혁명 열기를 불러일으켰다.

이때의 청조는 썩을대로 썩었고, 또한 중국의 대지는 만신창이가 되어 국민의 분노는 마치 분출될 화산과도 같았다.

굴욕, 고통, 원한, 분노가 너무나 오랫동안 쌓여왔던 것이다.

거대한 혁명이 일어나야만 할 중국의 운명은 이미 서서히 성숙돼 갔던 것이다.

주

1. 모택동, 《중국혁명과 중국공산당》.
2. 《근대 동북 국민의 혁명운동사》.
3. 《청국 말년의 외교사료(淸委外交史料)》(光緖朝, 138권), p. 28.

8 선구자 손문의 분투

이런 사람이 있다. 중국 국민은 아직 그를 찬양하고 추모한다. 그의 대형 초상화는 지금도 중국의 수도 북경 시내 한복판에 걸려 있다. 그는 바로 중국의 위대한 혁명 선구자였던 손문이다.

손문은 이름이 문이고 자는 일선(逸仙)이며, 광동 향산(지금의 중산) 사람이다. 그는 원래 의학을 배워 의사 개업을 했으나, 진보 사상을 받아들이면서 반정부적인 정치 개혁을 주장했다.

19세기 후반에 중국의 민족자본주의는 점차 발전했으며, 민족 부르주아계급도 성장했다. 중국의 민족 자본주의의 발전은 그 시작부터 봉건주의와 외국 자본주의 침략자들에 의한 이중적인 압박을 받아야 했다. 중국의 민족 부르주아 계급은 자신의 활로를 추구하기 위해 개량주의적인 방법으로 봉건주의와 투쟁하는 길을 선택한 적이 있었다. 그러나 이런 온건한 노선은 근본적으로 한계가 있었다. 강유위(康有爲), 양계초(梁啓超), 담사동(譚嗣同), 엄복(嚴復) 등 헌신적인 사람들의 유신변법운동은 청국정부에 의해 억압됐다. 그리하여 무술변법의 개량파들은 체포되거나 혹은 사형당했다. 담사동이 정의를 위해 희생될 때 비분 강개하여 "나라의 적을 무찌를 마음은 있으나, 국운을 바로잡을 힘은 없도다."[1]라고 절규했다.

혁명지사들은 이러한 개량주의노선의 실패로부터 교훈을 얻었다. 영, 불, 독, 이, 일, 러, 미, 호 등의 제국주의 침략 집단으로 구성된 8국의 연합군은 중국을 야만적으로 침략하고, 중국의 재물을 미친듯이 약탈했고, 또한 중국 국민을 잔인하게 살육했다. 이러한 제국주의의 악랄한 행위는 전 중국 국민의 분노를 극도로 야기했고, 중국의 민주 혁명 지사들을 각성케 했다.

혁명 지도자들은 이에 대대적으로 혁명을 위한 여론을 조성했다. 장병린(章炳麟), 추용(鄒容), 진천화(陳天華), 추근(秋瑾) 등은 직접 앞장서서 혁명을 고취하며 절규했다. 그들은 "어지러운 세상을 바로잡는 것은 천명에 있는 것이 아니라 인력에 있다."[2]고 말했다. 또한 "청국 정부를 타도하고 중국이 독립하려면, 또 중국에 민주와 자유가 있게 하고 중국이 부강해지려면 혁명이 없어서는 안 된다."[3]든지 "적을 모조리 쳐부수지 않으면 우리의 장래는 없다."[4], "칼을 갈고 깃발을 높이 들고 필사필생의 기백을 내어 총알이 빗발치는 전장을 말타고 달리자."[5]고 외쳤다. 그들은 무장항쟁을 일으켜 독립적이고 민주주의적이며 번창한 부르주아 공화국을 건립하자고 호소했다.

그들의 언사는 격렬하고 과격했으며 그들의 행동은 매섭고도 장렬했다. 장병린은 다시 체포되어 투옥됐으며, 추용은 21세에 옥사했다. 진천화는 겨우 30세에 분사했고, 추근이 정의를 위해 의롭게 희생될 때는 28세밖에 안 됐다. 이상의 혁명 지사들은 비록 성공하지는 못했지만, 그들의 호소는 혁명의 전도를 촉진시켰고 민주사상을 널리 보급했으며, 혁명 조직의 건립을 가속화했다.

1905년 8월 20일에 손문의 지도하에 많은 혁명 지사는 일본에서 '중국동맹회'를 성립했다. 이는 중국에서 처음으로 결성된 부르주아 계급 정당이다. 손문은 "종족·정치·사회의 3대 혁명을 일시에 수행해야 한다"고 주장했다. 동맹회는 "오랑캐를 내쫓고 중화를 회복하며 민국을 건립해 지권(地權)을 균등히 해야 한다."라는 혁명적 강령을 제정했다. 손문은 또한 민족, 민권, 민생을 기본으로 하는 삼민주의 정책을 제창했다.

부르주아 계급 혁명파는 봉건주의 보황파, 개혁파, 그리고 입헌파와 투쟁하면서 일련의 무장봉기를 일으켰다.

1906년 강서와 호남에서 평유례(泙劉醴)봉기가 폭발됐다.

1907년에는 광동 조주(潮州)에서 황강봉기가 폭발됐다. 같은 해 가을에는 또 흔주(欣州)와 염주(㾑州)에서 봉기했다.

같은 해 손문과 황홍(黃興)은 혁명당 사람들을 이끌고 광서를 공격했다.

1908년 황홍은 단총대(短銃隊)를 인솔해 광동과 광서 접경지대를 공격했다.

또한 황명당(黃明堂)은 운남 하구(河口)에서 봉기했다.

그리고 웅성기(熊成基)는 천여 명의 신군(新軍)을 거느리고 봉기해 안경(安慶)에 진입했다.

1910년에 광주에서 3,000명의 신군이 봉기해 성 소재지로 진공했다.

1911년에 황홍은 재차 광주의 황화강(黃花崗)봉기를 지도했다.

혁명당 사람들이 발동한 10차례의 무장봉기는 참으로 "천지를 진동시키고 귀신을 놀라게 할 정도로 커다란 영향을 주었다."6 혁명당 인사들은 혁명을 위해 백 번 죽어도 물러서지 않는 투쟁 정신을 보여주었다. 비록 봉기는 실패했지만 그들은 퇴각하더라도 의지를 상실한 것이 아니라, 자신들의 선혈로 물들인 싸움터에서 계속 싸웠던 것이다.

이때의 중국은 이미 '비 내리려는 산의 누각에 바람이 가득 찬' 것과 같은 폭풍 전야와 같았다. 이 바람은 광풍과 같았으며 중국 민족이 분기하여 노도처럼 돌진하려는 그런 기세였다. 이제 천하는 대 혼란에 빠져들게 됐던 것이다.

1909년에 전국에서 벌어진 국민 대중의 저항 투쟁은 130여 차례나 일어났고, 1910년에는 290여 회로 급격히 증가했다. 1910년 장사에서 일어나기 시작한 쌀을 탈취하는 창미소동은 단번에 전국으로 파급됐다. 같은 해에 가혹하게 거둬들이는 잡세를 반대해 일어난 산동의 투쟁은 기세등등했고, 1911년의 철로 보로(保路)운동은 대중의 정서를 더욱 격화시켜 여러 성을 뒤흔들게 했다.

이렇듯 혁명투쟁으로 향한 일촉즉발의 형세하에서 1911년 10월 10일을 기점으로 한 국내외를 진동시킨 무창봉기가 폭발됐다.

무창봉기의 승리는 부르주아 계급 민주주의 혁명의 새로운 전환점이 됐다. 전국의 혁명당 인사들은 무창봉기의 소식을 듣고 잇달아 호응하여 일어났다. 그리하여 온 중국 대지는 즉시 무장혁명의 불길로 세차게 타오르게 됐던 것이다.

1912년 1월 1일에 손문은 남경에서 임시 대통령에 취임하여 중화민국의 성립을 선포했다. 그해 2월 12일에 267년 간 중국을 통치하던 청조는 천수(天壽)를 다 하고 퇴위를 선포했다. 2,000여 년의 봉건제도는 마침내 민주혁명에 의하여 타도됐던 것이다.

그러나 중화민족은 다시 다난한 민족이었다. 봉건 황제는 타도됐지만 봉건 세력의 유령들은 여전히 없어지지 않았다. 원래의 황제가 퇴위하니 다른 자가 나서서 황제에 즉위하려 하고, 외국 침략자가 아직 물러가지 않았는데도 중국의 여러 군벌들은 할거하여 패권을 다투었다.

신해혁명에 참가한 많은 사람 들은 제각기 다른 생각을 품고 참여했으며, 누구나 전리품 중에서 한몫을 차지하려고 했다. 신해혁명 후 손문이 임시 대통령에 취임한 지 한 달 남짓해 혁명의 귀중한 성과인 중화민국은 원세개의 수중에 들어갔다.

임시 대통령이 된 원세개는 대외적으로는 청조의 매국정책을 계속 견지하고, 일본과는 매국적이고 수치스러운 '21조'를 체결했으며, 대내적으로는 오히려 혁명당 지도자인 송교인(宋敎仁)을 암살했다. 뿐만 아니라 원세개는 역사의 수레바퀴를 되돌려 군주제를 부활하고, 83일 간이라는 짧은 기간 동안 황제 노릇을 했다.

1925년 3월 12일 위대한 민주주의 혁명의 선구자 손문 선생은 북경에서 병으로 서거했다. 그가 지도한 신해혁명의 거대한 역사적 공헌은 오래도록 청사에 남을 것이다. 그러나 그가 창도한 부르주아 공화국을 건설하려던 계획은 물거품이 되어버렸다. 그는 평생의 정력으로 민족,

민주주의 혁명에 몸 바쳤으며 마지막에는 "소련과 연합하고, 공산당과 연합하며, 노동자 농민을 지원하고 돕는다."라는 삼대정책을 제시했다. 그는 중국 부르주아 계급 민주주의 혁명의 아버지라는 칭호에 결코 부끄럼이 없을 것이다.

봉건 군주제가 타도된 중국은 새로운 시대가 시작됐다. 그러나 이는 결코 태평 시대가 아니었으며, 군벌이 할거하고 내전이 빈번하며 외적이 침략해 국민이 도탄에 빠지게 된, 반식민지 반봉건의 시대가 됐던 것이다.

주 ——————————————————————————

1. 담사동, 《담사동 전집(譚嗣同全集)》, p. 512.
2. 장병린, 《강유위의 논혁명서를 반박함(駁康有爲論革命書)》.
3. 추용, 《혁명군(革命軍)》.
4. 진천화, 《경세종(警世鍾)》.
5. 장병린, 같은 책.
6. 손문, 《황하강 열사 약서(黃花崗烈士略序)》.

9 나의 할아버지

청나라 말엽부터 민국 초기까지 하루도 조용한 날이 없이 전화와 병란이 계속됐다. 아마도 이러한 천재와 인재 때문인지, 우리집은 대가 내려올수록 몰락과 쇠퇴의 길을 걷게 됐다. 나라가 망하는데 집안이 온전할 수 있겠는가.

청나라 초기에 등한림(鄧翰林)이 아무리 집안을 일으켰다 해도, 또 아무리 후세를 위해 여러 조치를 취해 놓았다 해도, 그는 이미 저 세상 사람으로 다시 살아 돌아올 수는 없는 노릇이다. 엄밀히 따지면 등한림과 우리집은 종친이라고 할 수는 있지만, 벌써 다섯 대가 넘는 처지였다. 다시 말해서 등한림의 할아버지와 우리 할아버지는 8대 위의 조상에서 갈라져 나왔다. 그 조상은 두 아들을 두었는데 등한림은 맏이의 여섯번째 아들의 후손이고, 우리는 차남의 네째 아들의 후손이었다. 이것은 마치 큰 나무에 가지가 뻗으면 뻗을수록 그 사이가 멀어지는 것과 같이 아무리 봐도 우리 가문이 등한림의 음덕을 입기는 어려운 형편이있다.

들리는 바에 의하면 증조할아버지는 살림이 아주 구차해 송곳 하나 꽂을 만한 땅 한 뙈기조차 없었다고 했다. 증조할아버지는 아주 검소하고 부지런한 데다가 베짜는 재간이 있어서 덜 먹고 아껴 쓰면서 허리띠를 졸라매고 재산을 조금씩 모아갔다. 그는 항상 실과 베를 시장에 내다 팔았지만 언제나 도시락 한 번 싸가지 않고 한줌의 완두콩과 맹물로 점심을 때웠다. 그리해 돈이 조금씩 모였고 그것으로 땅을 사기 시작해 할아버지 대에 와서는 열 몇 무(땅 1무는 200평에 해당한다——옮긴이)의 토지를 소유하게 됐다.

증조할아버지의 직업을 지금 와서 구분하다면, 아마도 수공업자라기보다는 수공업을 동시에 운영하는 농민이라고 하는 것이 더욱 적절할 것이다.

앞에서 말했듯이 나의 할아버지는 1886년에 태어났다. 우리 집안은 나의 할아버지 세대까지 3대독자라고 들었다. 다시 말하면 3대 동안 모두 외아들로 내려왔다. 옛날의 중국은 완전히 봉건적인 남존여비사상이 지배하던 사회였다. 나의 할아버지는 여동생 몇이 있었지만 모두 셈에 넣지 않았으므로 '독자'로 불려졌던 것이다.

나의 할아버지의 이름은 등소창이고, 자(字)가 문명(文明)이기에 일반 사람들은 그를 등문명이라 불렀다. 우리는 종래로 이 할아버지를 뵌 적이 없으며, 아버지도 할아버지에 대해 이야기한 적이 없다. 다만 할머니에게 그에 대해 약간 들었을 따름이다. 그러므로 이름을 들을 때 재미있게 여겼을 뿐이다. 즉 그 이름을 사천 말로 부르면 더욱 사람을 웃기기 때문이었다.

최근에 친척들을 통해 비로소 할아버지에 대해서 다소나마 알게 됐다.

할아버지는 어린 시절 공부를 어느 정도 했지만, 지식인이라고 할 정도는 아니었다. 집에 땅이 좀 생기면서 손수 농사를 짓지 않고 일꾼 몇을 두었으므로 신분은 지주라고 할 수 있었다. 그러나 땅이 그리 많지 않기에 기껏해야 소지주에 불과했다.

나의 숙부의 얘기대로라면 할아버지는 전형적인 구사회의 사람이며, 그의 사상과 생활 방식도 구사회적이었다고 한다. 그러나 그는 구사회에 대해서도 불만이 있었다. 그는 심지어 "이 세상은 꼴사나워 못 보겠어. 반드시 혁명이 일어날꺼야."라고 말한 적도 있다고 한다.

1911년 신해혁명이 폭발했다. 광안현이 있던 중경을 중심지로 하는 사천 동북 지방은 일찍이 20세기 초에 이미 양무나 변법과 같은 사조와 부르주아 민주혁명 사상의 영향을 받았다. 부르주아 민주혁명의 선동가 추용은 바로 중경 파현(巴懸) 사람이다. 투쟁적인 그의 대작 《혁명군》은 암흑 속의 벽력과도 같이 중국의 대지를 뒤흔들었으며, 그의 고향인 사천의 혁명운동에도 깊은 영향을 미쳤다.

1906년에 손문의 동맹회는 중경에 지부를 건립해 사천의 혁명투쟁의 진행을 더욱더 촉진시켰다. 1907년부터 동맹회는 사천 각지에서 전후 수차례의 대규모 무장봉기를 일으켰다. 신해혁명의 폭발 전야인 1911년 9월 25일, 동맹회원 오옥장(吳玉章) 등은 이미 사천 영현(榮縣)에서 봉기를 선도하고 독립을 선포했다. 11월에 동맹회는 사천 중경 지구의 장수 부릉에서 봉기를 선포했다. 11월 21일 광안의 동맹회는 군사를 거느리고 광안을 점령해 대한촉북군정부(大漢蜀北軍政府)를 건립했다. 11월 22일에는 동맹회의 중경 촉군정부가 성립됐는데 이것은 중경에서의 청조 전제 통치의 멸망을 상징했다.

사천에서도 특히 동부 지역은 부르주아의 민주혁명 사조가 널리 퍼졌으며 혁명적 봉기가 활발했다. 그때 나의 할아버지는 25세 전후로 젊은 혈기가 왕성할 때였다. 그는 혁명사상과 혁명운동이 아주 활발했던 지역에서 성장했기 때문에 부르주아 구 민주주의 혁명사상의 영향을 자연스럽게 받아들일 수 있었다. 그러므로 그는 신해혁명을 지지했으며, 지방에서 신해혁명의 무장봉기에 참가했다. 당시 그들의 목표는 청조를 멸망시키고 한민족을 흥성시키는 것이었다. 광안의 혁명군에서 그는 소대장쯤 되는 조그마한 지휘관을 역임했다.

그때 혁명군은 광안현성 맞은 쪽에 크고 작은 병영을 각각 하나씩 설치해 놓고 100~200명의 군사를 주둔시켰다. 그때 사회는 아주 혼란했으며, 그 때문에 혁명군에 참가했는데 모두 자원 입대했다. 신해혁명 때 겨우 7살이던 아버지는 군영에 있는 할아버지를 보러 갔으며, 이틀 밤을 거기에서 머물기도 했다. 비록 나이 어린 아버지였지만 그때 드높은 혁명의 기세는 그에게 깊은 영향을 끼쳤을 것이다. 왜냐하면 지금까지도 그때 일을 기억하고 있으니 말이다.

나의 할아버지는 장사를 하거나 돈을 버는 데는 큰 재간이 없었다.

그러나 그의 사람됨이 의리를 지키고 '세상 물정을 알았으므로' 그곳에서 약간의 명성은 있었던가 보다.

사천에 포가(袍哥) 혹은 가로회(哥老會)라는 민간인들의 비밀결사 조직이 있었다. 가로회는 일찍이 서양 종교를 반대하는 운동, 보로운동과 신해혁명에 참가해 사천의 근대사상에서 중요한 역할을 했다. 나의 할아버지는 협흥향의 포가에서 '세째 나리' 즉 세번째 두목을 한 적이 있다. 세째 나리는 관사(管事 : 중국어로 일처리를 관장한다는 뜻 ――옮긴이)라고도 불렀는데, 포가 조직에서 일상 사무를 관할하는 직책이다. 그후 할아버지는 '장기(掌旗) 나리'로 승진했는데 이것은 두령에 해당한다.

민국 3년(1914년)이 되던 무렵에 할아버지는 광안현의 경호 총판을 담당한 적이 있는데, 이를 단련국장(團練局長)이라고도 불렀다. 당시 단련국장은 현장이 위임했다. 얼마 지나지 않아 할아버지를 위임했던 그 현장이 해임되는 바람에 할아버지도 국장의 자리에서 밀려나고, 그후 고향에 돌아와 향장을 맡아봤다.

할아버지는 단련국장으로 있을 때 병사들을 인솔해 화영산에 가서 토비 정아무개를 소탕한 적이 있어 그와 서로 원수지간이 됐는데, 그후 정아무개는 정부에 귀순하더니 사단장이 됐다. 사단장이라면 그 권세가 단련국장으로서는 비할 바가 안 되어 할아버지는 중경으로 피신했다. 그리하여 할아버지는 중경에서 8년의 세월을 보냈고, 거기서 친구들을 사귀게 됐고, 프랑스에 유학가서 고학한다는 것도 비로소 알게 됐다. 그리하여 아들을 농촌으로부터 불러내어 유학을 보내게 됐고, 아들이 비범한 인생의 길을 걷게 했다.

할아버지가 집안 살림을 맡았으나 외부 세계의 일들에 너무 열중하고 사회 일상 사무에 열심이다 보니 가업을 이루는 데는 여력이 별로 없었다. 그래도 단련국장으로 있을 때에 얼마간의 돈을 벌어 놓았기에 가업이 다소 늘어나서 집안에 백여 섬의 낟알을 거두어 들일 수 있는 20여 무의 땅을 소유할 수 있었다. 할아버지는 들에 나가지 않고 머슴 몇을 두고 일을 시키기는 했으나, 살림이 결코 풍족한 편은 못 되어 어떤 때는 아주 어려운 경우도 있었다. 아들을 공부시키고 다른 지출까지 하기 위해서는 땅마지기를 팔지 않을 수 없을 때도 있었다. 할아버지는 비록 다소 낡은 사상과 관습에 젖어 있기는 했으나, 그래도 전반적으로 볼 때는 비교적 개화됐다고 할 수 있는 분이었다. 그는 친구들의 말을 듣고 서슴없이 맏아들을 유학보냈고, 자식들이 밖에서 혁명에 참가해도 반대하지 않았으며, 자식들이 외지에서 혁명하다가 굶주림을 이기지 못하고 집에 편지를 보내 왔을 때도 밭과 곡식을 팔아 돈을 부쳐 주었다. 자식들이 혁명 서적과 간행물들을 보내오면, 그는 고스란히 받아서 이리저리 감추어 큰 궤짝 하나에 가득 채웠다가 나중에 국민당의 조사가 너무나 심해지자 하는 수 없이 할머니와 함께 눈물을 머금고 태워버리기도 했다고 한다.

할아버지는 신구 시대가 교체되던 혼란한 시기에 살면서 신구사상을 같이 받아들였던 사람들 중 대표적인 한 사람이었다.

할아버지는 1936년에 별세했다.

할아버지에게는 모두 네 명의 아들이 있었다. 맏이는 열 몇 살에 집을 나간 후 돌아오지 않았고, 둘째도 공부하러 간다고 떠난 것이 결국에는 혁명에 참가해 집에 돌아올 수 없게 됐다. 셋째마저 세상구경을 하러 가겠다고 나서자 할아버지는 동의하지 않았다. 그것은 아마도 셋째가 집에 남아 가업을 이어받기를 바랐기 때문일 것이다. 셋째가 말을 듣지 않고 남몰래 집을 나가자 할아버지는 몹시 화를 내며 셋째를 찾아나섰다. 원래 빈혈증이 있는 할아버지는 홧김에 지치기까지 해 그만 병세가 악화돼 결국은 객사하고 말았다. 그때까지만 해도 할아버지의 나이는 쉰을 넘지 않았다. 집안 식구들은 할아버지가 갑자기 세상을 떠났다는 비보에 슬픔을 삭이면서 집 근처에 할아버지를 안장했다.

할아버지는 평생에 처를 네 번 얻었다. 첫 처는 성이 장씨인데 손가락을 꼽아보니 그녀는 할아버지와 열세 살에 성혼했다. 장씨는 자식을 보지 못한 채 2년 만에 세상을 떠났다.

　두번째 처는 바로 나의 친할머니가 되는 담씨이다. 할머니는 광안현 망계향의 한 번성한 가문에서 태어났는데, 그 집 내력을 보면 청나라 시대에 호북 통성현, 강소 가정현, 감숙의 위원현 현지사를 지낸 선조들이 있었다. 할머니가 할아버지에게 시집을 올 때만 해도 시가의 살림은 친정집의 살림에 비할 정도가 아니었다. 할아버지와 할머니는 1901년에 결혼한 것으로 짐작된다. 1902년 할아버지가 열여섯 살 나던 해에 장녀가 태어났는데 그가 등선열(鄧先烈)이고, 1904년에 맏이 등선성이 태어났는데 그가 바로 나의 아버지이다. 1910년에 둘째 등선수(鄧先修)가 태어났다. 그는 후에 이름을 등간(鄧墾)이라 고쳤는데 나의 큰 삼촌이 되는 사람이다. 그후 셋째 아들 등선치(鄧先治)가 태어났다. 그는 등촉평(鄧蜀平)이란 이름을 썼다.

　나의 친할머니는 낫 놓고 기역자도 몰랐으나, 부지런하고 사리에 밝아 마을이나 이웃집에 말썽이 생기면 언제나 할머니와 상의했다. 할머니는 또 누에를 치고 실을 뽑을 줄 알아 늘 명주실을 팔아 살림에 보탰다. 친정집의 할머니 자매들은 모두 재간이 있었으나 오빠들은 어느 하나도 제구실을 못했다. 앞에서 얘기했듯이 아버지와 동갑인 외삼촌 담이홍은 바로 할머니의 친동생으로 무위도식했던 것이다.

　할아버지가 집에 있는 시간이 퍽 적었으므로 집안일과 아이들은 거의 할머니가 거두어야 했었다. 아버지는 할머니를 몹시 존중했다. 할머니가 아니었더라면 우리집이 지탱하기 어려웠을 것이라고 아버지는 자주 얘기하곤 했다. 나의 친할머니 역시 맏이를 몹시 귀여워하고 좋아했는데, 집을 떠난 아들이 돌아오지 않고 어떤 때는 소식마저 끊어져 할머니의 마음을 괴롭힌 적이 많았다고 한다. 그래서 어떤 사람들은 할머니가 아들 생각에 속이 타서 세상을 떠났다고 말하기도 하지만, 내 생각에는 할머니 같은 전통적인 중국 구식 여인들은 가사에 시달려야 하고 자식 걱정까지 해야 하며 일에 지치고 속도 상하고 하니 이것이 할머니가 일찍 세상을 하직한 원인이 아닌가 생각된다.

1926년에 할머니는 세상을 떠서 꿈에도 그리던 아들을 다시는 볼 수 없게 됐다.

할아버지의 세번째 처는 소(蕭)씨인데, 할아버지의 넷째 아들인 등선청(鄧先淸)을 낳은 후 얼마 지나지 않아 역시 세상을 떠났다.

마지막으로 할아버지는 하(夏)씨 성을 가진 처를 두었는데, 그가 바로 지금까지 줄곧 우리와 함께 생활하면서 우리의 끝없는 존경을 받고 있는 할머니 하백근(夏伯根)이다.

할머니는 지금 구순이 넘었으나 아직 정정하고 정신력도 좋다. 할머니의 한평생은 평범하다면 평범하고 비범하다면 비범하다. 할머니의 아버지는 가룽강에서 배를 젓는 노동자였다. 그러니 할머니의 친정집은 그야말로 곤궁한 처지로 송곳 하나 꽂을 만한 땅도 없었다. 할머니에게는 오빠가 한 분 있었으나 어려서 요절하고, 할머니의 모친 또한 아들 잃은 슬픔으로 한이 맺혀 얼마 후 아들을 따라갔다. 그의 아버지는 무남독녀인 나의 할머니와 의지해 살았다.

그러다가 할머니는 열 몇 살이 되던 해에 '중인(中人 : 지금의 공증인과 비슷하다——지은이)'이던 남편을 얻어 딸 하나를 두었다. 그러나 얼마 후 남편이 병사해 할머니는 딸을 데리고 할아버지에게 재가하게 됐다. 할머니는 할아버지에게 와서 딸 셋을 낳았다. 첫째는 둘째 고모 등선부(鄧先芙)이고, 둘째는 등선용(鄧先蓉)이라 하는데 열 몇 살에 병으로 죽고, 셋째는 작은 고모 등선군(鄧先群)이다. 작은 고모가 대어난지 한 살이 안 돼 할아버지는 작고했다.

할머니로선 할아버지의 작고가 더없이 큰 불행이었다. 재혼한 과부로서 아들도 낳아주지 못했으며, 살림을 맡아 하는 처지도 못 되어 집안에서 말을 세울 만한 체신이 못 됐다. 그러나 할머니는 총명하고 부지런하며 사리에 밝고 성격이 시원시원해 마을사람들의 존경을 한몸에 받았다. 또한 베도 잘 짜고 밭일도 잘했고, 또한 주방일에도 솜씨가 있었으며 이웃에서 말썽이 생기면 언제나 할머니의 중재를 구했다. 집안 살림은 셋째 삼촌이 맡아 했으나 사실은 할머니의 고된 노동에

전적으로 의지하다시피 했다. 이 할머니는 친할머니인 담씨 할머니 못
지않게 우리집 가문을 지탱해 온 기둥이었다.

이제까지의 얘기를 종합해 보면 할아버지는 도합 일곱 명의 자녀를
두었다(요절한 자녀는 포함하지 않음). 즉 등선열(여), 등선성, 등선
수, 등선치, 등선부(여), 등선청, 등선군(여)이다.

나이가 아버지보다 두 살 위인 큰 고모 등선열은 우리 등씨 가문보
다 훨씬 부유한 당(唐)씨 지주집에 시집을 갔는데 지금도 살아 있다.

큰 삼촌 등간(등선수)은 1937년에 공산당에 입당했다. 그는 우리
가문에서 유일하게 기자 생활도 하고, 문화활동에 종사했던 지식인이
라 할 수 있다. 해방 후 그는 중경시 부시장, 무한시 부시장과 호북
성 부성장을 역임했으며 지금은 퇴임해 무한에 살고 있다. 나는 어렸
을 때 큰 삼촌이 키도 크고 체격도 당당해 아버지와 판이하게 다르다
고 생각했으나, 지금은 큰 삼촌이 아버지와 한 자리에 앉아 있는 것
을 볼 때면 단지 키가 크고 작을 뿐 꼭 아버지를 닮았다는 생각을 하
곤 한다.

둘째 삼촌 등촉평(등선치)은 해방 전에 소지주였는데 별 재간이 없
는데다가 아편까지 피웠다. 해방 후 아버지는 그에게 아편을 끊게 하
고 일정한 혁명교육을 받게 한 후에 줄곧 귀주성 육지(六枝) 지구에
보내어 일하게 했다. 그러다가 문화대혁명 기간 그의 지주 성분이 문
제가 되고 형님이 실각하는 바람에 그에 연루되어 박해를 받고 세상을
떠났다.

둘째 고모 등선부는 해방될 무렵 중학교에 다니고 있었는데, 지방에
있는 공산당의 지하 조직과 연락을 맺고 있었다. 사천성이 해방된 후
둘째 고모는 서남국에서 운영하던 서남 군정학교에 들어가 학습하고,
졸업한 후에는 줄곧 기관에서 기밀사업을 했었다. 지금은 은퇴해 사천
성 정치협상회의 위원 직무만 맡고 있다. 둘째 고모는 장기간 사천성
에서 일해 왔고 열성적이며 남의 일을 돕는데 '참여하기를 좋아해' 날
마다 여러 가지 복지 사업으로 분주히 보내다 보니 사천성의 사람들로

부터 '등 언니' 또는 '등 어머니'로 불리고 있다. 그녀의 남편은 이름이 장충인(張忠仁)으로 사천성의 당안국 국장을 지냈다. 나의 이 고모부는 그야말로 법없이도 살 수 있는 성실한 분이다. 그는 성실하고 부지런한 데다가 착실해 할머니가 제일 좋아하는 사위이다.

셋째 삼촌 등선청은 어려서 어머니를 여의고 할머니의 슬하에서 자라났다. 그는 어려서부터 몸이 약해 줄곧 사천성에서 능력에 맞는 일을 해왔다.

작은 고모 등선군은 우리집 아버지 세대에서 막내둥이다. 할머니의 말에 의하면 작은 고모는 어릴 때부터 장난꾸러기여서 나무에 올라가 새알 집어내기를 좋아했고, 냇가에 나가 첨벙거리며 물고기를 잡는 등 못하는 짓이 없어 매도 무수히 맞았다고 한다. 해방 후 우리집을 따라 북경으로 와서 실험중학교(고등학교를 말함──옮긴이)를 마치고 합이빈(哈爾濱 : 하얼삔) 군사공정학원에 입학했었다. 문화대혁명 기간을 제외하고 그는 줄곧 군대에서 일했으며 지금은 중국인민해방군 총정치부 군중사업부 부장을 맡고 있는데, 해방군에서 몇 안 되는 여소장 가운데 한 사람이다. 나이가 그리 많지 않아 작은 고모는 우리의 선배이자 또 친구처럼 지내고 있다. 그녀는 성격이 쾌활해 어려서부터 우리와 스스럼없이 지내다보니 어떤 때는 누가 위고 누가 아래인지 구분이 없어지기도 한다. 그녀의 남편은 중국인민해방군 제2포병부대 부사령관으로 있는 율전명(栗前明)이다. 그들 부부는 합이빈 군사공징학원의 동창생으로서 모두 해방군에서 일정한 직책을 맡고 있는 간부들이다. 작은 고모부도 소장이므로 우리는 그를 고모부라 부르지 않고 '율대장군'이라고 우스갯소리로 부르곤 한다.

할머니가 가장 좋아하는 사위는 둘째 고모부이고, 가장 좋아하는 딸은 작은 고모다. 어쨌든 이 두 고모는 우리와 여간 아기자기한 사이가 아니며 그들은 어린애들을 모두 우리집에 데려와 지금 할머니가 키우고 있다. 우리 집안 식구들은 애들을 장난감처럼 데리고 놀며 애지중지한다.

할아버지는 독자였다. 그러나 우리 또래와 다음 또래에 와서는 형제가 셀 수도 없이 많아졌다. 일찍이 삼대독자였던 우리 집안이 오늘에 와서는 식구수에서 가장 번영기에 이르고 있다.

10 아버지의 소년 시절

아버지는 1904년 8월 22일(음력 7월 12일) 사천성 광안현 협흥향 패방촌(牌坊村)에서 태어났으며 등선성(鄧先聖)이라고 이름지었다.

그때 할아버지 등문명은 18세였고 할머니 담씨는 20세였다. 등씨 가문에 사내아이가 태어났으니 이보다 더 큰 경사가 없었을 것이다. 그러나 이것은 고작해야 등씨 가문의 경사였을 뿐이다. 당시 아버지는 그 해에 태어난 수천만 명의 어린이 중의 하나에 불과했을 뿐이었다. 지금에 와서 아버지가 저명하게 되니 우리집의 일부 친척이나 고향 마을에서는 아버지가 출생할 때 이러저러한 길조가 있었다는 말들을 하고 있지만, 이런 것들은 아무런 근거도 없이 꾸며낸 것에 불과하다.

그때만 해도 가난한 벽지라 사진기가 없어 아버지의 어린 모습이 어떠했었는지 알 도리가 없다. 그러나 동생의 아들 소제(小弟)가 태어난 후 온 집안 식구들은 모두 소제가 할아버지를 꼭 빼닮았다고 말했다. 그래서 나는 우스갯소리로 "아버지의 어린 시절을 영화로 만든다면 소제를 배우로 삼으면 되겠다"고 한 적이 있다.

소제의 얼굴 생김새는 동그랗고 넓적한 이마에 눈썹이 옅으며 살결은 희지만 두 눈은 크지 않고, 또 우리 등씨 가문의 유전을 받아 코가 둥근 마늘코다.

아버지는 다섯 살 때 사숙에 들어갔다. 이 사숙은 당년 등한림의 '한림원'에 자리잡고 있었다. 사숙의 선생님은 아버지의 이름이 나쁘다고 하면서――선성(先聖)이라는 이름을 공자님과 비교하면 불경스러운 것이 된다. 즉 공자님을 '성인'이라 부르는데 '선성'이란 것이 어디가당한 소리인가?——등선성이라는 이름을 등희현(鄧希賢)으로 고쳐 주었다. 아버지는 그후 20년 동안 이 이름을 사용했다. 여섯 살 때부터 아버지는 협흥향에서 운영하는 초급소학교에 들어가 공부하게 됐다.

사숙은 계몽교육을 하는 곳으로 배우는 과목이 대개가 《삼자경(三字經)》 아니면 《백가성(百家姓)》 같은 것들이었다. 당시의 교수법은 주로 암기식이었다. 물론 뜻을 모르고 암기만 하게 하는 것은 올바른 교수법이라고 할 수 없다. 그러나 어려서 암기한 것들은 흔히 평생의 기억 속에 남게 되고, 암기한 것이 많게 되면 문화적 소양의 바탕을 닦는데 매우 큰 도움이 된다. 지금의 교수법은 이해력을 높이는 것을 강조하고 주입식을 반대하지만 고문을 읽은 것이나 암기한 것이 너무 적어 많은 학생들이 중학교를 졸업하고 대학을 나와서도 문화적 지식 수준이 아주 낮다. 어떠한 교수법이 옳은 것이냐 하는 것은 원래 내가 전공하는 바가 아니고 또한 본서에서 얘기하고자 하는 주제와 관계가 없으므로 이만 줄이기로 한다.

1915년 아버지는 열한 살의 나이에 광안현의 고등소학교에 입학했다. 당시 광안현에는 고등소학교가 하나밖에 없었다. 학교는 광안성 안의 산비탈에 위치하고 있었다. 나는 둘째 고모와 함께 고향에 가서 이 학교를 찾았었는데 몇 칸짜리 헌 집만이 남았을 뿐이었다. 제3장에서 이미 소개했듯이 이 교사는 이층으로 된 건물로서 벽돌담벽에 지붕에는 기와를 얹었고, 이층 교실의 바깥은 나무판자로 만든 복도였으며 나무난간을 세워 놓았다. 교실은 20여 명의 학생을 수용할 수 있을 정도였다. 전 현에 고급소학교가 이것 하나밖에 없었으므로 입학하기가 쉽지 않았다. 아버지는 어려서부터 공부를 열심히 한 것 같다. 그렇지 않고서야 어떻게 고급소학교에 입학할 수 있었겠는가.

이 학교에서는 매년 한두 개 반밖에 모집하지 않았고 학교에서 가르치는 것은 그리 많지 않았으며 자연과학에 관한 것은 거의 없다시피 했다. 국문과에서는 공자, 맹자의 경서를 제외한 《고문관지(古文觀

止)》나 유종원(柳宗元)과 한유(韓愈)의 글들을 가르쳤다. 교수 방법은 초급소학교에서와 마찬가지로 주로 암기하는 방식이었다. 당시 고급소학교 학생들의 나이 차이는 매우 커서 열 살 되는 학생도 있고 20여 세 되는 학생도 있었다. 집이 현성에 있지 않은 학생들은 기숙사에서 생활을 했는데 아버지도 학교에서 기숙사생활을 하면서 매주 한 번씩 집으로 오곤 했었다.

고모의 말에 의하면 옛 광안현에는 도로라고는 없었으므로 그들이 학교에 다닐 때에는 배를 타고 물을 건넌 후 석판길로 해서 산비탈을 오르내려야 했다. 당시 광안현에는 인구가 20～30만 명이나 됐으나 전 현을 통틀어 고급소학교 하나, 초급중학교 하나밖에 없었다.

1918년 아버지는 열네 살 되던 해에 고급소학교를 졸업하고 광안현 중학교에 입학했다.

많은 위대한 인물들은 청년 시절부터 보통사람과는 다른 천재적 소질을 발현한다고 하지만 아버지는 아주 평범한 소년 시절을 보냈다. 지금 일부 친척들과 마을 사람들 속에서는 아버지의 소년 시절에 대해 전기적 색채를 띠는 전설들이 전해지고 있으나 대개가 신빙성이 없는 이야기들이다. 그러나 한 가지 확실한 것은 소년 시절 아버지는 매우 총명해 집에서는 부모의 사랑을 받는 착한 아들이었고, 학교에서는 열심히 공부하는 훌륭한 학생이었다.

아버지는 광안현 중학교에 입학한 지 얼마 지나지 않아 학교를 떠났다. 당시 중경에 계시던 할아버지가 중경에 '프랑스 유학 예비학교'가 생긴다는 소식을 듣고 곧 아버지를 불러 이 예비학교에 들어가게 했던 것이다.

11 프랑스 유학운동의 유래

프랑스 유학은 19세기에서 20세기로 교체되던 시기에 일어난 신문화운동의 일환이다.

1840년 제1차 아편전쟁 후 중국은 점차 반봉건 반식민지 국가로 전락되어, 정치는 부패하고 사회는 혼란에 빠졌으며 경제는 뒤떨어져 갔다. 중국 국민들은 제국주의 침략이나 봉건군주의 억압에 저항해 불요불굴의 투쟁을 진행하는 한편, 일부 애국지사들은 구국의 길을 더욱 폭넓게 다방면으로 찾기 시작했다. 유신사상과 양무운동의 영향으로 많은 사람들 특히 지식인 층에서 나라를 구하려면 반드시 서양을 배워야 한다고 생각했다. 신해혁명 이전 많은 피끓는 청년들이 외국에 유학해 언어, 정치, 법률, 군사 등을 배웠다. 모택동이 일찍이 지적한 바와 같이 '당시 진보를 바라는 중국사람들은 서양의 새로운 이론서적이라면 무슨 책이든 가리지 않고 다 읽었다. 그리하여 일본, 영국, 미국, 프랑스, 독일로 파견된 유학생 수가 놀라울 정도로 많았었다. 국내에서는 과거제도를 폐지하고 학교를 설립하는 풍조가 왕성하게 일어나고 서양을 배우기에 힘썼다.'[7]

중국의 많은 구민주주의 혁명의 청년혁명가들은 국외에서 나라와 국민을 구원하는 진리를 탐색하는 동시에 혁명사업을 진행하고 개척했다. 추용, 추근, 진천화, 황흥을 비롯한 유명한 혁명투사들은 일본에 유학했으며, 위대한 혁명선구자 손문은 일본에서 최초의 전국적인 부르주아 혁명정당인 '중국 동맹회'를 창설했다.

신해혁명 이전 유학 열기가 전국을 휩쓸어 미국으로 유학을 간 학생이 800여 명이나 됐고, 유럽으로 가는 유학생은 해마다 500여 명이나 됐으며, 특히 일본 유학생 수는 무려 20,000여 명에 이르렀다.

신해혁명 후 중국의 봉건전제제도가 무너지고 제국주의 열강들은 제1차 세계대전을 치르느라 분망했다. 이 틈을 이용해 중국의 민족자본주의는 한층 더 발전됐다. 이러한 토대 위에서 중국의 교육계와 유학을 창도하는 지도자들의 사상에는 매우 큰 변화가 일어났다. 어떤 사람들은 당시 프랑스는 부르주아 혁명을 비교적 철저히 진행한 나라이고 많은 새로운 학설이 프랑스에서 나왔다고 생각했다. 그러므로 일본보다 직접 프랑스로 가서 배우는 것이 낫다고 생각했다. 또한 유럽여러 나라들 가운데 프랑스는 생활 비용이 적게 들어 유학생들 중 특히 자비유학생들에게 비교적 적합한 곳이었다.

신해혁명 이듬해인 1912년 4월에 채원배(蔡元培)[2], 오옥장(吳玉章)[3], 이석증(李石曾)[4]을 비롯한 사람들이 북경에서 '프랑스 유학회'를 창립했다.

프랑스 유학회는 유학의 의의를 선전하고 여행을 지도하며 학교를 소개하는 데 목적을 두었으며, 비용을 절약하고 서학을 보급하는 것을 그 취지로 해 자비로 프랑스에 유학하는 청년들을 도와주고 지도했다. 프랑스 유학회는 창설되던 그 해에 북경의 대방가(大方家) 골목에 '프랑스 유학예비학교'를 설치하고 1916년 6월까지 두 차례에 걸쳐 80여 명을 프랑스에 파견했다.

신해혁명이 실패로 끝난 후 채원배, 오옥장은 부득이 해외로 망명하게 됐다. 1915년 6월 그들의 지지 밑에 프랑스에 있던 중국노동자들은 '근공검학회(勤工儉學會)'를 세워 '부지런하게 일하고 공부하자.'라는 기치를 내걸었다.

1914년에 제1차 세계대전이 발발했다. 전쟁중에 프랑스는 백여 만명의 사상자를 내어 후방에서는 노동력이 심각하게 부족했다. 이에 프랑스 정부는 긴급히 중국에 사람을 파견해 염가로 중국노동자들을 모집했다. 이리하여 제1차 세계대전 기간 동안 10여 만 명의 중국노동자들이 프랑스로 뽑혀가게 됐다. 그들은 프랑스에서 저임금(일당 5프랑 내지 10프랑밖에 받지 못했는데 이는 프랑스 노동자 임금의 3분의 1에 해당한다)을 받고 일하면서 교육받을 기회도 거의 얻지 못했다. 이런 상황에 비추어 채원배 선생을 비롯한 이들은 1916년 6월에 '중불교육회'를 발기했다.

동년 황제 제도를 복귀시키려던 원세개의 복벽운동(復辟運動)이 실패로 돌아가자 해외에서 유랑하던 많은 혁명가들이 돌아오게 됐다. 그리하여 1917년 북경에서 중불교육회와 '유법근공검학회(留法勤工儉學會)'가 성립됐다.

프랑스 유학회는 북경과 보정(保定) 등지에 세 개의 프랑스 유학예비학교를 세워 프랑스 유학운동을 즉각 전국으로 파급시켰다. 중불교육회는 계속해 상해, 성도, 중경, 장사, 광주, 제남, 천진, 무한 등지에 각종 형식의 예비학교와 프랑스 유학예비반을 세웠다.

1918년에 제1차 세계대전이 종결됐다.

1919년부터 프랑스 유학운동은 더욱 빠른 속도로 발전됐으며 5·4운동 후에는 최고조에 달했다. 1919년부터 1920년까지 중불교육회에서는 전후 열일곱 차례에 걸쳐 1,600여 명의 청년학생들을 프랑스에 보내 유학시킴으로써 프랑스 유학이 전대미문의 큰 규모를 갖추게 됐다.

프랑스 유학운동이 이처럼 활발하게 된 요인은 특히 당시 중국 국내외 정세의 직접적인 영향을 받은 데 있다.

1911년 신해혁명 후 손문을 수반으로 하는 부르주아 혁명파들은 강대한 봉건 세력과 제국주의 세력의 협격으로 어쩔 수 없이 혁명의 전리품을 포기할 수밖에 없었다.

1912년 청조가 퇴위를 선포한 후 중국의 부르주아 혁명의 전리품은 먼저 원세개에 탈취당했고, 나중에는 여원홍(黎元洪), 단기서(段棋瑞)의 북양군벌정부에 빼앗겼다. 그리하여 손문의 '2차 혁명'과 '호법전쟁(護法戰爭)'은 모두 실패로 끝나고 말았다.

이때부터 중국은 군벌 할거와 군벌 혼전의 비참한 시기로 들어서게 됐다. 크고작은 군벌들은 저마다 한 구석씩 차지하고 끊임없이 혼전했으며, 농민들은 파산하고 노동자들은 일자리를 잃었다. 엎친데 덮친 격으로 자연재해마저 겹쳐 국민들의 생활은 도탄 속에 빠지고 말아 도시와 농촌의 경제는 파괴됐다. 이러한 천하 변란의 국내 정세에 직면한 많은 청년 지식인들은 시급히 국외로부터 구국구민의 길을 찾기 시작했다. 부르주아 구민주주의 혁명의 실패는 담력 있고 각성 있는 애국지사들로 하여금 새로운 진리를 찾도록 촉구했다.

이 기간에 청천벽력과 같은 두 가지 사건이 중국대륙을 뒤흔들었다. 그 하나는 1917년 러시아의 '10월 혁명'이다.

10월 혁명의 승리는 중국의 혁명적 지식인들을 크게 고무시켜 중국의 신문화운동을 급속히 발전하도록 촉진했으며, 마르크스주의가 중국에서 급속히 전파되게 했다. 광범위한 중국의 지식인들은 감로수를 받아마시듯 새로운 사상과 문화를 섭취했다. 이대교(李大釗), 진독수(陳獨秀)를 비롯한 사람들은 앞장서 10월 혁명의 위대한 의의와 마르크스주의를 선전, 전파하기에 전력을 기울였다. 의심할 바없이 이는 중국의 혁명가들과 사상계를 자석처럼 빨아들여 그들에게 새로운 희망을 심어주었다.

다른 한 가지 사건은 1919년에 5·4운동이 폭발한 것이다.

제1차 세계대전이 끝난 후 1919년 1월 전승국들은 파리에서 '전리품을 나누는' 회의를 열었다. 전승국의 일원으로서 중국이 산동의 주권을 회수하고 '21개조' 불평등조약을 폐지할 것을 제의했으나 영국, 프랑스, 미국, 이탈리아, 일본 등 이들 다섯 나라에 의해 거부당하고, 중국 산동을 차지했던 독일의 모든 이권은 모두 일본에 양도됐다. 그러나 북양정부는 이 무지막지하고 굴욕적인 '평화조약'을 인준하려 했다. 이에 거국적으로 여론이 도가니처럼 들끓기 시작했고 군중들도 격분하게 됐다. 5월 4일 북경대학 등 3,000여 명의 학생들이 천안문 앞에서 집회를 가지고 시위행진을 단행했다. 학생들은 군경과 외국 경찰의 탄압을 아랑곳하지 않고 북양정부의 관리를 두들겨 패고, 북양정부의 외무차관 조여림(曹汝霖)의 집을 불살라 버렸다. 북경 학생들의 애국적인 행동은 즉각 전국 각지의 호응을 받았다. 삽시간에 전국적으로 학생들의 동맹 휴학, 노동자와 상인들의 동맹파업의 물결이 일어났다.

5·4운동은 한 차례 위대한 반제 반봉건의 혁명운동으로서 중국 신민주주의 혁명의 단추를 열어놓았다. 중국 대륙 각지의 많은 지식인들이 5·4운동의 세례를 받았으며 계속 진리를 찾고 혁명적 실천 활동을 진행하는 기초를 세워갔다.

새로운 사조의 전파와 5·4운동의 폭발은 프랑스 유학운동을 더욱더 고양기로 끌어올려 전국을 풍미하게 했다. 1919년부터 1920년까지 호남, 사천, 광동, 복건, 강서, 절강, 하남, 섬서, 귀주, 직록, 봉천, 산동, 호북, 운남, 산서, 안휘, 광서 등지에서 도합 1,600여 명의 청년들이 프랑스로 유학길을 떠났는데 그중에서 호남성과 사천성의 청년들이 가장 많았다.

호남성은 당시 프랑스 유학운동이 가장 잘 전개된 지역이었다. 1918년 4월 모택동이라 하는 25세의 젊은이와 채화삼(蔡和森)이라 하는 23세 젊은이가 호남성 장사에서 '신민학회'라는 혁명 단체를 조직했다. 신민학회는 창건된 지 얼마 지나지 않아 프랑스 유학운동을 시작했다. 1918년 채화삼과 모택동은 각기 북경에 가서 신민학회의 회원들과 호남성의 학생들이 보정 등지의 프랑스 유학예비학교에 들어가 배우도록 했다. 1919년부터 1920년까지 호남성에서 프랑스로 유학간 학생 수는 346명에 달했는데, 그중에는 18명의 신민학회 회원들이 포함돼 있었다. 이들은 국내에서 프랑스 유학운동을 추진하는 중요간부였으며, 프랑스에 도착한 후에는 진보적인 학습소조를 운영하고 나아가서는 재 유럽 중국공산주의 조직의 중견 역량이기도 했다. 그들 가운데는 채화삼, 향경여(向警予), 이유한(李維漢), 이부춘(李富春), 장곤제(張昆弟), 채창(蔡暢) 등이 있었으며, 그외에 나이가 사십이 넘은 유명한 교육가 서특립(徐特立)과 채화삼의 어머니 갈건호(葛健豪) 노인도 있었다.

사천성의 프랑스 유학운동은 오옥장 선생이 직접 창도하고 지도했다. 1918년 성도와 중경에는 각기 프랑스 유학예비학교가 세워졌다. 1920년 말까지 진의(陳毅), 섭영진(聶榮臻), 등소평(당시의 이름은 등희현이었음), 강택민(江澤民 즉 강극명 : 江克明), 주유정(周維禎) 등 378명이 프랑스로 유학을 떠났다.

같은 시기 귀주의 왕약비(王若飛)와 그의 외삼촌 황제생(黃薺生)도 1919년 2월에 프랑스로 떠났다.

1920년 안휘의 진연년(陳延年), 진교년(陳喬年)과 이위농(李慰農) 등이 프랑스로 갔다(진연년과 진교년은 모두 진독수의 아들이다).

1920년 9월에 사천의 조세염(趙世炎)도 프랑스로 갔고, 1920년 11월에는 천진 '각오사'의 지도자인 주은래가 프랑스로 갔다.

이상의 명단에서 알 수 있는 바와 같이 1920년 말까지 수많은 진보적 청년들이 프랑스에 운집했다. 그들이 산 넘고 물을 건너 천신만고 끝에 프랑스를 찾은 것은 결코 서양 문명을 추구하기 위한 것이 아니었다. 또한 기술이나 한 가지 배워오자는 것은 더욱더 아니었다. 그들이 애국의 열정과 구국의 일념을 가지고 봉건주의의 울타리를 넘어서서 바깥 세계로 가 능력을 연마하고 진리를 추구했던 것은 언젠가는 돌아와 조국을 재난에서 구원하기 위한 것이었다.

당시 22세의 주은래는 다음과 같은 시를 썼다.

그대의 정신
그대의 결심
그대의 용기여 !
그대의 분투와 담대함에 의지하여
힘차게 발전하소서
나가자, 국외로.

동해로, 남해로, 홍해로, 지중해로
거칠고 거친 저 파도를 넘어
한없이 넓고 넓은 저 바다를 건너
그대를 자유의 고향
프랑스 해안까지 실어다 주리오.
그곳에 가서
망치를 높이 치켜 들고,
그대 노동의 땀방울로
찬란한 업적을 쌓으라.
그대의 재능을 연마하고
그대의 순결을 간직하라.
후일 어느 땐가 돌아와 보면
자유의 깃발 휘날리며
독립의 노래 부르리라.
여권(女權)을 쟁취하고
평등을 추구하는 사회적 이상을
실천에 옮기리라.
묵은 이론은 팽개쳐버리고
맘속의 일념만 믿으리라.

---

1. 모택동, 《모택동전집》(제4권), 〈국민 민주주의 독재를 논함〉.
2. 채원배는 절강성 소흥 사람으로서 중국 근대의 유명한 교육가이며 혁명 민주주의
   자이다. 1907년에 독일에 유학하고 일찍이 손문 선생의 동맹회에 참가했다. 1912
   년에 남경 임시정부 교육총장, 1917년에 북경대학 총장을 맡았다. 신문화운동을
   적극 지지하고 후에는 국민정부 중앙연구원 원장을 역임했다. 9·18사변 후 그는
   송경령(宋慶齡), 노신(魯迅)을 비롯한 사람들과 중국민권보장동맹을 조직했다.
3. 오옥장은 사천성 영현 사람으로서 중국의 유명한 교육가이며 중국공산당 초기 프롤
   레타리아혁명가이다. 1903년에 일본에 유학하고 동맹회의 중요한 일원이 됐다.
   1925년에 중국공산당에 가입하고 1927년에 '8·1 남창봉기'에 참가했다. 해방 전

후 중국공산당과 정부의 여러 고위직을 담임했으며 임백거(林伯渠), 사각재(謝覺哉), 동필무(童必武)와 중국공산당의 '4원로'라는 존칭으로 불려졌다. 1966년에 북경에서 병으로 서거했다.

4. 이석증은 하북성의 고양현 사람으로서 일찍이 프랑스에 유학하고 무정부주의를 신앙한다고 자처하면서 프랑스 문명을 숭배했다.

12 천리 길의 시작

1918년 봄 오옥장 선생의 직접적인 지도하에 사천성 성도에 프랑스 유학예비학교가 세워지고, 1919년 6월에 처음으로 청년 학생들이 프랑스로 떠났다.

중경은 사천 동부 지구에서 가장 큰 도시이자 통상 항구인 만큼 문화 교육면에서도 뒤떨어지지 않은 곳이다. 당시 중경상회 회장으로 있던 왕운송(汪雲松)과 교육국 국장 온소학(溫少鶴) 등이 사회의 각 인사들을 모아 수만 원의 경비를 마련한 후 중경에서 프랑스 유학예비학교를 세울 준비를 했다.

이 소식을 접한 할아버지는, 인편으로 광안에 소식을 전해 아버지가 중경의 예비학교에 들어가도록 했다.

1918년 하반기에 아버지는 먼 삼촌이 되는 등소성(鄧紹聖), 그리고 한마을 사람인 호명덕(胡明德)과 함께 중경으로 갔다. 등소성과 호명덕(호륜이라고도 불렸다)은 모두 광안현 중학교의 학생들이었다.

프랑스 유학예비학교의 학생 모집은 공비생과 자비생으로 나누어져 있었는데 등소성은 공비생으로, 등희현과 호륜은 자비생으로 예비학교에 들어갔다. 여비는 학교 이사회에서 100원을 보조해 주는 외에 나머지 부분은 스스로 해결해야 했는데, 300원만 준비하면 됐다. 아버지의 비용은 두말할 것 없이 할아버지가 마련한 것이었고, 등소성은 남에게서 꾸었고 호륜도 친구에게 여비를 빌렸다.[1]

1919년 9월 상순에 중경의 프랑스 유학예비학교가 정식으로 개학했다. 중경상회 회장 왕운송이 이사장을 담임하고 그 밑에 교장, 교무 책임자와 사무 책임자를 두었으며 학교 건물은 중경시 부자사(夫子祠) 안에 있었다.

이 학교에서는 중학교 졸업자, 혹은 그와 동등한 수준의 청년들을 모집했는데 도합 100여 명을 모집해 두 개 반으로 나누어 강의했다. 중학교 졸업생들로 고급반을 구성하고 나머지는 모두 초급반에 넣었으며, 과목은 불어, 대수, 기하, 물리, 중문, 그리고 공업과 상식 등이 있었다. 그중에서 불어가 주요 과목이었다. 불어를 가르치는 선생은 두 명이었다. 중경 주재 프랑스 영사관의 통역 왕매백(王梅柏)이 고급반을 가르치고 프랑스 유학생 장아무개가 초급반을 가르쳤다.

당시 아버지의 동창생이었던 강극명의 회고에 의하면 학교의 교실은 누추하고 시설도 보잘것없었으며, 학교의 조직도 엉성해 학생들은 수업시간에만 학교에 나오고 수업이 끝나면 돌아갔다. 기숙사라든가 운동장 같은 것은 생각할 수도 없었다. 여기에서 공부하는 목적은 프랑스어에 대체로 통하고 어느 정도의 공업 기술 지식을 습득해 프랑스에 유학하기 위해서다. 아버지는 이 학교가 중경의 최고학부이므로 입학하기가 아주 어려웠다고 말한 적이 있다.

아버지가 이 학교에 들어갈 때는 막 열다섯 살 되던 해였다. 강극명은 "등소평은 좀 늦게 이 예비학교에 들어왔는데, 그는 남다르게 총기가 있었고 언제나 정력적이었으며 말수가 적고 악착스럽게 공부했다."고 회고했다.

프랑스 유학예비학교의 학생들이 입학한 후 얼마 되지 않아 모든 학생들이 한평생 잊을래야 잊을 수 없는 사건이 일어났다.

중경은 중국 서남 지구의 문호이며, 장강 상류 지구 수륙교통의 중심지이자 가장 큰 상공업 도시이다. 1890년 중영 '연대 조약 보충 조약'과 1895년 중일 '시모노세키 조약'이 체결된 후 중경은 정식으로 통상항구가 됐으며 프랑스, 미국, 일본 등 나라들이 계속해서 중경에 영사관을 설치했다. 중경은 영국, 프랑스 제국주의의 세력 범위에 들어가게 됐다. 그때부터 사천성의 모든 권리는 영국과 프랑스가 공동으로 향유하고 외국 상선이 끊임없이 중경을 드나들게 됐으며, 제국주의의 군함이 수면에서 횡행하면서 영국, 프랑스, 독일, 일본, 미국이 번갈 아가며 중경 세관을 장악했다. 그들은 또 강제로 부두를 차지하고 거기에 병영을 세우고 조계지(租界地)를 만들었다.

신해혁명 후 사천에는 군벌 혼전의 상황이 전개되면서 중경은 각 군벌들이 쟁탈하는 중점 지역이 됐다. 부르주아 혁명파들이 건립한 사천 군정부는 곧 봉건 군벌과 관료의 수중으로 떨어지고 사천 혁명당의 원세개에 대한 토벌운동과 호국운동은 계속 실패로 돌아갔다. 그리하여 사천에는 군벌 세력이 독버섯처럼 팽창해 제각기 할거하고 끊임없이 전쟁을 진행함으로써 이루 헤아릴 수 없는 재난을 초래했다.

1919년 5월 4일 북경에서 5·4운동이 일어났으나 교통이 불편한 까닭으로 이 소식은 5월 중순에야 중경에 전해졌다. 중경의 청년 학생들은 이 소식을 듣고 드높은 열정으로 이 운동 속에 뛰어들었으며, 여러 가지 형식으로 매국 역적을 성토하고 일본 물건을 보이콧하거나 일본 상인과 거래하는 것을 반대하고 나섰다.

이해 11월에 중경 경찰청 청장 정현서(鄭賢書)가 공금 4,000여 원을 남용해 염가로 신부양행(信孚洋行)의 일본 상품 80상자를 사들여 경찰청의 명의로 공개판매했다. 그의 이러한 행위는 즉각 애국학생들의 격분을 샀다. 11월 17일 천동(川東) 사범학교, 중경 연합중학, 중경 프랑스 유학예비학교의 1,000여 명 학생들이 경찰청으로 가서 시위행진을 하면서 일본 상품을 내놓을 것을 정현서(鄭賢書)에게 강력히 요구했다. 정현서는 겁을 먹은 나머지 감히 앞에 나서지 못했다. 학생들은 경찰청을 둘러싸고 밤을 세웠으며 시민들은 학생들의 애국적 행동을 지원하여 음식을 날라 주었다. 이에 학생들의 투지는 더욱 격앙됐다. 이튿날 오전 정현서는 하는 수 없이 일본상품을 내놓겠다고 답변했다. 그후 정현서의 경비대와 충돌해 두 명의 학생이 총상을 입게 되자 분노한 학생들은 군경과 육박전을 벌여 경비대의 무장을 해제했으며, 정현서는 창문으로 달아났다. 이날 오후 학생들은 중경의 조천문(朝天門)에서 정현서가 내놓은 일본 상품을 소각했다. 이번 투쟁은 결국 사천 당국에서 정현서의 직무를 해제하는 것으로 승리를 고하고 막을 내렸다.

강극명은 자신의 회고록에 이렇게 서술하고 있다. "우리 예비학교의 학생들은 일본 상품을 보이콧하고 매국 역적을 반대하기 위해 모두 중경 위수사령부로 가서 시위행진을 단행하고 이틀을 연좌농성하면서 청원서를 제출해 대대적인 결과를 얻었다. 우리는 학교로 돌아온 후 자발적으로 일본 상표가 붙어 있던 치약과 세수대야 등을 땅에 내동댕이쳐 불사르고 일제 양복을 찢어버리면서 다시는 일본 상품을 쓰지 않을 것을 다짐했다. 그때 청년들의 열정과 애국의 물결은 우리의 뇌리에 커다란 충격을 주었고 많은 청년 학생들과 각계 인사들의 드높은 애국 열정은 나에게 깊은 감회를 주었다."

당시 열다섯 살밖에 되지 않았던 아버지는 전교 학생들과 함께 이 운동에 참가했다. 아버지는 이 운동에 참가해 애국 구국 의식이 다소 높아졌다고 회고한 적이 있었다. 그러나 이른바 구국이란 당시 학생들 속에서 유행되던 공업 구국 사상에 지나지 않았다. 아직 어린 그의 뇌리에는 부풀어오르는 희망을 안고 프랑스에 가서 기량을 닦고 돌아오겠다는 일념뿐이었다.

당시 아버지는 초보적인 애국심과 진보적인 사상을 갖게 됐을 뿐 오늘날과 같은 선명한 인생관과 세계관은 아직 형성되지 않았다. 그러니 5 · 4운동의 애국투쟁 연조는 후일 그의 세계관 형성과 혁명활동의 추진에 상당한 영향력과 의의를 가지게 하는 것이었다.

1920년 7월 19일 1년 동안의 학습을 거쳐 예비학교 학생들은 중경 상회(商會)에서 졸업식을 거행했다. 졸업식에는 중경 주재 프랑스 영사, 중경에 있는 프랑스 상인, 선교사들과 각 학교의 교장들이 참석했다.

학교의 졸업 시험과 중경 주재 프랑스 영사관의 구두 시험 및 신체 검사에서 80여 명이 합격됐는데, 등희현도 그중의 한 사람이었다. 그는 나이가 가장 어린 학생이었다.

사천성에서 프랑스 유학운동을 창도한 사람으로는 오옥장 선생을 첫 손가락으로 꼽아야 하지만, 중경에서 프랑스 유학을 제창한 지도자는 중경 상회 회장 왕운송 선생이었다.

왕운송은 자가 덕훈(德薰)이다. 그는 성도에서 프랑스로 유학을 가는 학생들이 중경을 거쳐가는 성대한 광경을 보고 즉각 프랑스 유학회 중경분회를 구성하고 제1기 회장을 담임했으며, 후에는 프랑스 유학예비학교 이사장을 담당했다. 그는 분회를 구성해 건립, 자금 모집, 비자 주선, 졸업생들을 프랑스로 보내는 등 매사에 열성적으로 직접 나서서 했다. 그의 이러한 열정은 학생들에게 깊은 인상을 남겨주어 수십 년이 지난 오늘에도 학생들은 그를 잊지 않고 있다.

1949년에 중경이 해방된 후의 일이다. 하루는 서남 군구(軍區)에서 왕운송 선생의 집에 사람을 보냈다. 왕운송 선생은 어찌된 영문인지 몰라 그 사람을 돌려 보냈는데, 이튿날 지프 한 대가 와서 그를 군구로 실어갔다. 원래 서남 군구 정치위원으로 일하던 아버지 등소평이 식사를 대접하기 위해 그를 초청했던 것이다. 왕운송 선생은 집으로 돌아간 후 만나는 사람마다 "소평이는 정말 인정스러운 사람이요. 난 이제야 공산당도 옛 친구들을 잊지 않는다는 것을 알았소!"라고 기뻐하며 말했다고 한다. 1950년에 중국 국민정치협상회의 제2차 전국위원회 회의 시에 왕운송 선생도 초청을 받고 북경으로 가서 회의에 참석했다. 그는 고향으로 돌아가 중남해(中南海) 회인당(懷仁堂)에서 열렸던 연회석 첫 상에는 모주석이 앉았고 등소평은 두번째 테이블에 앉았는데, 자기도 두번째 상에 앉았으며 등소평과 진의(陳毅)가 상의해 등소평이 연회의 주인이 됐으며, 연회가 끝난 다음에는 진의가 승용차로 호텔까지 바래다 주었다고 자랑스레 이야기했다.

왕운송은 일찍이 청나라의 4품 도원(道員) 벼슬까지 했다. 50년대의 어느 해에 주은래 총리가 진의 부총리와 사천을 지나다가 왕운송 선생을 찾아오게 됐다. 주은래 총리가 왕운송 선생에게 청나라에서 한 벼슬이 실제적인 벼슬이었는지 아니면 후보였는지 물어봤다고 한다. 이에 왕운송 선생은 실제적인 벼슬이었다고 대답했다. 그는 청나라에서 벼슬을 하면서도 유신파에 속했다. 그가 당시 예비학교를 운영한 것은 결코 공산당을 양성하기 위한 것이 아니라 실업 인재들을 양성해 실업으로 나라를 구하려고 했을 따름이었다.

나라를 사랑하는 왕운송 선생은 해방 후에도 공산당을 열애했으며 자기가 소장하고 있던 귀중한 문화재를 아낌없이 나라에 바쳤다. 또한 왕운송 선생은 자기가 가장 아끼는 옛 도자기 병의 녹나무(楠) 마개에 '東方紅(그때 중국공산당과 모택동을 상징하는 뜻――옮긴이)'이라는 세 글자를 새겨 장수하기를 기원하는 뜻으로 모 주석에게 선물했다. 일반적인 규정에 따르면 중국공산당의 지도자들은 장수를 기원하는 잔치나 선물 따위를 받지 못하는 것으로 되어 있다. 당시 중경 통일전선사업부에서 일하던 한 간부의 말에 의하면, 등소평은 이 일을 알고 통일전선부 간부들에게 '왕운송 선생의 뜻을 이해하라'고 지시했다 한다. 그리하여 이례적으로 통일전선사업부에서는 왕운송 선생의 선물을 받아들였다. 그 간부는 또 왕운송 선생이 우리나라를 위해 등소평과 섭영진(聶英臻) 같은 두 부총리를 양성했다고 얘기했다.

1920년 8월 25일 오후 3시 중경 프랑스 유학예비학교 80여 명의 학생들은 대열을 지어 태평문을 나서 만현(萬縣)으로 떠나는 배 '길경호(吉慶號)'를 티고 동쪽으로 떠나게 됐다.

28일 길경호는 닻을 올리고 서서히 의창(宜昌) 방면으로 떠났다. 그때 강안에 환송 나온 사람은 적지 않았는데, 모두 뜨거운 눈물을 머금고 희망에 찬 심정으로 자기의 자제들이 끝없는 하늘 가로 떠나는 것 같은 감회에 사로잡혔을 것이다.

기선에 올라 떠나는 사천의 83명의 자제들은 고향과 육친의 곁을 떠나는 석별의 정을 금할 수 없었겠지만, 그보다도 그들의 마음속에는 앞날에 대한 부푼 희망과 가고 싶은 곳이면서도 생면부지인 타향에 대한 동경으로 벅차올랐으리라.

1. 호륜의 자술.

13 상해에서 마르세유까지

촉도(蜀道 : 사천의 길을 가리킴——옮긴이)의 험난함은 하늘에 오르기 보다 어렵다고 한다.

중국의 내륙 지방에 위치한 사천성은 북으로 황토 고원을 등지고 서쪽으로 청장 고원에 의지하며, 남쪽으로 운귀(雲貴) 고원을 마주하고 동으로는 산과 벌판의 구릉지대와 맞닿아 있다. 천산만학(千山萬壑)의 오지에 불현듯 나타난 이 한 조각의 평원을 지도에서 찾아보면, 마치 은백양나무로 만든 조각품에 반짝이는 비취와도 같다.

사천은 대서남(大西南) 지구에서 그야말로 하느님이 내려주신 보배로운 땅이라 할 수 있다. 그러나 진령산맥, 대파산, 민산, 대설산, 대량산, 대루산 등 수많은 산들에 철통같이 에워쌓인 사천분지는 예로부터 교통이 불편하기로 소문나서 사천분지로 한 번 들어가자면 산을 넘고 고개를 넘으며, 수레를 타고 말로 달려도 몇 개월씩은 걸려야 했다.

당나라의 시인 이백(李白)은 다섯 살부터 사천에서 살았는데, 70년 뒤 '칼과 지팡이에 의지하여 고국을 떠나기 전 부모님께 인사드리고 먼 길을 떠났다(仗劍去國, 辭親遠遊)'. 그는 사천의 교통에 대해 몸소 뼈저리게 느끼고 이렇게 탄식했다.

개국한 지 4만 8천 년이 되었건만
진나라 변방인 이곳은 여전히 사람의 그림자도 보이지 않네.
위로는 여섯 용이 해를 감싸고 돌던 산봉우리

아래로는 소용돌이치는 파도가 강으로 흘러드네.
황학도 날아 넘을 수 없고
원숭이도 뛰어넘으려 하나 근심에 차 있네.
그대여, 촉지에 갔다가 언제 돌아오려는가
경의로운 바윗길은 겁부터 앞서네.
촉도의 험난함은 하늘에 오르기보다 어려워
말만 들어도 얼굴빛이 바뀌네.
촉도의 험난함은 하늘에 오르기보다 어려워
서쪽을 바라보고 장탄식만 하는구나.

이것은 옛날 사람들이 사천을 오고갈 때 그 험난함을 대하고 한숨 짓던 노래였다.

근대에 들어와서 타지방의 어떤 사람은 사천에 왔다간 후 사천에는 길이라고 할만한 것은 없고, 삼협에서 배를 타게 되면 앞뒤가 꽉 막혀 나갈 길이 트이지 않는다고 했다. 그의 눈에 비친 사천의 물은 모두가 악수요, 사천의 산은 모두가 준령이었다. 속담에는 '사천은 평온하나 천하는 혼란하고, 사천은 혼란해도 천하는 평온하다.'는 말이 있다. 사천의 이런 특수한 지리적 위치는 사천이 정치와 경제적으로 독립하는데 유리한 점도 있었지만, 오히려 세상과 동떨어지게 만들기도 했다. 때문에 타지방의 사람들은 사천에 들어서게 되면 마치 '독 안의 땅'에 들어선 것 같은 느낌을 가질 때가 많다.

사천에서 밖으로 나오자면 평탄한 길이라고는 전혀 찾아볼 수 없고 산길마저 험하기 이를 데 없다. 다행히 양자강이 구비구비 서에서 동으로 박차고 흘러 예로부터 지금까지 사천의 혈맥이 되고 있다.

사천에는 들어가기도 어렵거니와 나오기도 어렵다. 양자강을 타고 흘러내려도 얼마나 많은 고산험곡을 꿰뚫고 지나야 하며, 얼마나 많은 역류와 험한 여울목을 지나야 하는지 모른다. 그래서 예로부터 수많은 사람들이 굽이치는 파도에 휩쓸려 고기밥이 되고 말았던 것이다.

그러나 사천 사람들도 새로운 환경과 새로운 생활을 동경하고 추구
하지 말라는 법은 없어, 장강에 배를 띄워 물결을 따라 흘러내려가노
라면 곧 드넓은 바깥 세상에 이르게 된다. 일엽편주에 몸을 싣고 순
풍에 돛을 달아 물결을 헤쳐나갈 때면, 마음은 온통 들떠 오르고 양
쪽 기슭에 스쳐 지나가는 험산준령이 사람들에게 주는 인상은 다른 어
떤 풍류보다도 훨씬 뛰어났을 것이다. 천여 년 전에 이백은 이 물결
을 따라 배를 띄워 내려오면서 상쾌한 마음을 억누를 길 없어 자기의
감정을 이렇게 토로했다.

아침에 꽃노을 비낀 백제성(白帝城) 떠나니
하루에 천리 길 달려 강릉(江陵)에 이르렀네.
양안(兩岸)에 원숭이 울음 그칠 새 없건만은
일엽주 어느 사이 만 겹 산 지났네.

중경의 프랑스 유학예비학교의 83명 학생들은 프랑스 길리양행(吉
利洋行)의 상선 길경호를 타고 순조롭게 동쪽으로 내려왔다. 중경 지
방 당국에서는 보호 인원을 파견하지 않았으므로 학생들은 자발적으로
'조를 편성해 서로를 돌보았다.' 그들 83명의 학생들은 한 조에 약 20
명씩 네개 조를 짜서 각각 조장 한 명씩 두었다. 각 조의 조장들로는
제1조에 원문경(袁文慶)이고, 제2조에 왕흥지(王興智)이고, 제3조에
오유삼(吳宥三)이고, 제4조에 주옥서(周玉書)였다.

그들은 8일 동안의 항해를 거쳐 의창, 한구, 구강을 지나 종착역인
상해에 무사히 도착했다.

이번 항해는 시간은 짧았으나 학생들에게 있어서는 난생 처음이었으
므로 자연경관을 마음껏 구경하면서 그들은 크나큰 흥분 속에 잠겼었
다. 산 속을 헤쳐나오면 곧바로 넓은 강물이 펼쳐져 있고, 순식간에
변화되는 경관은 고향 사천과 얼마나 흡사하며 또 얼마나 상이한 것인
가.

상해는 중국 동부 지구의 상업무역 중심지고, 또한 중국이 외국과 통상 통항하는 중요한 항구다. 당시 중불교육회와 프랑스 유학회에서 조직한 프랑스 유학학생들은 모두 먼저 상해로 모인 다음 상해의 상술한 기구들에서 책임지고 프랑스로 보내졌다. 상해의 중불교육회는 상해의 프랑스 조계지 하비로(霞飛路) 247번지에 있었다. 상해와 프랑스 사이에는 한 달에 한 번씩 우편선이 왕래했으므로 상해의 중불교육회에서는 전문적으로 프랑스 유학학생들을 접대하는 여관과 구락부를 두고 있었다. 이곳에서는 또 프랑스로 떠나는 유학생들의 숙소를 알선해 주고 선표 구입 및 출국 수속을 도와주었다.

중경의 83명의 학생들이 상해에 도착하자 중불교육회에서는 그들을 '명리대여관'에 묵도록 주선해 주고, 또 그들에게 배표와 프랑스 영사관으로부터 비자를 마련해 주었다.

한 주일이 지나 1920년 9월 11일 오전 11시에 사천 학생들은 프랑스 우편선 '앙드레봉(Andre-Lebom)'호에 올랐다. 배에 오르던 그 날은 마침 비가 장대처럼 쏟아졌다. 그러나 하루 속히 신천지로 가고자 하는 젊은 학생들에게 있어서 그까짓 비는 그들의 뜨거운 배움의 열정을 식힐 수 없었다.

학생들이 배에 올라 한창 짐을 정리하는데 붕 하는 기적소리와 함께 앙드레봉 우편선이 서서히 황포(黃浦) 부두를 떠나서 오송구(吳淞口)를 지나 망망한 바다로 나아갔다.

이 선박은 유럽, 아시아, 아메리카를 오가는 프랑스 우편선으로서 길이가 약 170미터, 너비가 20미터, 높이가 33미터 되는 몇 만 톤 급 선박이었다. 배의 선창은 세 개 등급으로 나뉘었는데, 선실마다 수백 명의 승객을 태울 수 있었다. 1층 선실 위에는 오락 시설을 설치해 승객들이 운동할 수 있게 했고, 배의·앞뒤에 화물칸을 만들었는데 그 적재면적이 아주 컸다. 그리고 배에는 화물을 싣고 부릴 수 있도록 기중기 두 대가 달려 있었다.

이 배에는 프랑스로 유학을 가는 중국 학생 90명이 타고 있었다.

그 가운데 84명은 중경 예비학교의 학생들이고[1] 나머지 몇 명은 절강성의 학생들이었다. 중경의 84명 학생들 가운데 46명은 강극명과 등소성을 비롯한 공비생(公費生)이었고, 38명은 등희현(등소평)과 호륜(胡倫)을 비롯한 자비유학생이었다.

강극명의 회고에 의하면 그 우편선의 1등 선창의 배값은 800원이고, 2등 선창은 500원, 3등 선창은 300원이었다. 중국학생들은 100원씩 내고 4등 선창표를 샀다. 이 배에는 원래 4등 선창이라는 것이 없었으나 가난한 중국학생들을 위해 임시로 만든 것으로서 거의 화물창고 같은 것이었다. 배의 밑바닥에 위치한 어두컴컴한 선창에는 각종 화물들이 산더미처럼 쌓여 있었다. 학생들은 아무런 시설도 없는 이 선창의 이중 침대를 사용했으며, 공기가 매우 탁하고 몹시 무더운 데다가 벌레들이 득실거리고 모기가 웅웅거려 많은 학생들은 아예 침대 의자를 사서 갑판에 나가 시간을 보내거나 잠을 잤다. 그래도 바람이 자고 잔잔한 파도가 은물결을 날릴 때면 바다 경치 구경은 괜찮았지만, 광풍이 휘몰아칠 때면 산더미 같은 파도가 뱃전을 때려 학생들은 머리가 어지러웠다.

학생들은 배에 막 올랐을 때의 흥분됐던 기분이 점점 가라앉기 시작했다. 가면 갈수록 그들의 시야에 들어오는 것은 하늘 한끝까지 뻗은 물뿐이고, 간혹 고독하게 오가는 배를 찾아볼 수 있을 정도였다. 산도 나무도 땅도 볼 수 없어 황량하고 적막한 기분에 젖어들게 됐다. 그래서 어떤 학생들은 배낭 속에서 책을 꺼내 읽는 것으로 마음을 달랬다.

그들 가운데는 사천성 파현에서 온 학생이 있었는데, 그의 이름은 풍학종(馮學宗)이었다. 그는 자기의 친구에게 보낸 편지에서 이 해상여행의 구체적인 상황을 상세하게 서술하고 있었다. 지금 그 편지의 한 부분을 옮겨보면 당시 학생들의 상황과 느낌을 어느 정도 엿볼 수 있다.[2]

"14일 배가 홍콩에서 하루를 정박했다. 산을 등에 지고 바다를 안은 이곳은 숲이 무성하고 상인들이 운집했으며, 거리가 넓고 집들이 즐비하다. 이곳에서 무역을 하는 사람들은 중국사람들이지만 각종 관할권은 완전히 영국인들이 장악하고 있었다. 영국인들은 이 땅을 얻은 후 중국사람들을 속박하는 많은 조례를 만들었는데, 지금은 이곳이 연해 지방에서 가장 번화하고 가장 중요한 상업 항구가 되고 있다.

18일 배가 사이공에 도착했다. 평원으로 되어 있는 이곳은 프랑스 사람들에게 점령된 후 바닷가에 부두가 세워지고 해안의 주택과 거리가 잘 정비됐다. 단지 망국의 비운을 지고 있는 베트남 사람들이 불쌍할 뿐이다. 나라가 외국인의 식민지가 됐으니 그곳의 국민들은 외국인의 관할을 받지 않을 수 없게 됐다. 글깨나 배운 사람은 프랑스 사람에게 고용되어 아픔과 근지러움을 알지 못할 정도로 마비됐고, 배운 것이 없는 사람은 외국인들 밑에서 농사를 짓거나 인력거를 끌고 있었는데 한시도 쉬질 못했다. 조금만 한눈을 팔아도 채찍으로 얻어맞아 울며 허둥대는 그 참상은 참으로 가련하기 그지없다. 프랑스 사람들은 또 여러 가지 악독한 조례를 만들어 그들이 영원히 자기의 나라를 되찾지 못하게 만들고 있다. 이를테면 글은 반드시 프랑스 글을 읽어야 하고, 신을 신으려면 세금을 내야 했다. 그것은 그들의 문자를 없애버리고 그들 민족을 멸망시키기 위한 것이었다. 정의를 어디에서 찾을 것인가? 인도주의를 어디에서 찾을 것인가? 사시사철 더벅머리에 맨발을 하고 있는 베트남 사람, 그래 이것이 문제가 되지 않는단 말인가?

사이공은 유럽과 아시아를 잇는 교통 요충지이고 세계 각국 사람들이 잡거하는 곳으로서 인구가 대단히 많다. 이곳에 와서 사는 중국인도 육칠만 명이 되는데, 이곳에 발을 들여놓게 되면 매년 수십 원의 인두세를 내야 한다. 이 역시 외국인의 이주를 제한하기 위해 프랑스 사람들이 만들어낸 가장 혹독한 규제의 하나다. 우리 중국사람들은 재래로 세계에서 '골치덩어리'로 불려 각국에서 중국사람이라면 경계가

심하다. 이번에 배가 사이공에 닿은 후 동승한 사람들이 상륙하면 각
종 검사를 받고 나서 줄을 지어 경찰서에 가 등록해야 했다. 그렇지
않고서는 해안에 발을 올려놓을 수 없다. 이것만 보더라도 중국사람들
은 망국노의 후보자임을 알 수 있다.

이곳에서 사흘 동안 정박한 후 배는 21일 싱가포르를 향해 떠났다.
3일 동안의 항해를 거쳐 싱가포르에 도착했다. 이곳의 거리나 주택의
정연한 모습은 사이공과 흡사하다. 그러나 사이공보다 면적이 크고 깨
끗하다. 이곳에는 수많은 중국사람들이 살고 있는데 장사 수완이 뛰어
나 부자들이 적지 않다. 하지만 대다수 사람들은 여전히 품팔로 생
활하고 있다.

25일 싱가포르를 떠나 하루 동안 성난 파도에 이리저리 밀리고 오
르내렸다. 우리 일행은 중병을 앓고 난 사람들처럼 바로 서지도 못하
고 식욕을 잃어버린 지 벌써 사흘째다. 육지를 기다리는 우리의 마음
은 마치 '가뭄에 단비를 기다리는 격'이었다. 날마다 눈이 빠지게 기
다려서야 겨우 우리가 정박해 휴식할 수 있는 콜롬보가 보였다.

30일 영국령 콜롬보에 도착했으나 풍랑이 너무 거세어 정박하기가
쉽지 않았다. 다행히 풍랑의 위기를 모면할 수 있었다. 우리는 프랑스
로 가는 길이라 프랑스 비자밖에 가진 것이 없었다. 그러나 콜롬보는
영국령에 속하므로 영국의 비자가 없이는 해안을 올라갈 수 없어 콜롬
보의 전경을 볼 수 없었다.

10월 7일 배는 홍해의 어귀와 아주 가까운 아랍해를 항해했나. 홍
해 어귀에는 유럽 대전 시 물밑에 많은 어뢰를 설치한 후 종전 후에
도 그것을 수거하지 않아 오가는 배들은 수시로 불의의 봉변에 대비해
야 한다고 했다. 우리도 오늘은 물주머니를 들고 연습을 했다. 그러나
무슨 차질이나 생길 듯 시종 마음이 두근거렸다.

8일에 지브롤터에 도착했다. 이곳은 아프리카에 속하는 땅이지만 홍
해 어귀에 위치해 있기 때문에 프랑스령으로 되어 있다. 풀 한 포기
없는 사막에 인구가 매우 적고 기온이 극히 높다. 그러나 프랑스 사

람들이 이곳을 포기하지 않는 까닭은 이곳이 항해에서 반드시 거쳐야 할 휴식터이기 때문이다. 이 때문에 프랑스 사람들은 이곳을 공들여 건설하고 있다. 이곳의 원주민들은 모두 흑인으로서 몸이 검고 얼굴이 검은가 하면 이빨까지 칠해 놓은 듯하다. 그들은 대개가 웃옷을 입지 않고 중국의 치마처럼 한 조각의 천으로 아랫도리만 가렸다. 이곳에는 과일과 낙타털 그리고 장신구를 제외하곤 별로 신기한 물건이 없다.

10일 홍해에 들어섰는데 공기가 매우 건조하고 햇볕은 유난히 따가웠다. 며칠 동안 햇빛에 반사된 바다의 푸른 물결이 붉은 물결처럼 보였다. 홍해란 이름은 이런 까닭에 붙여진 것일 것이다. 이날은 중화민국 성립 9주년 기념일이다. 우리 중국사람들은 저마다 국기를 하나씩 가져왔는데, 오후에는 강당에 모여 국기를 향해 세 번씩 절을 하고 국가를 합창했으며 옛이야기도 하고 연극도 했다. 이날을 경축해 우리 모두는 즐거움에 휩싸였다. 외국 사람들도 와서 보고 우레와 같은 박수 갈채를 보냈다. 여행에서 아주 유쾌했던 일이었다.

13일에 수에즈 운하 어귀에 도착해 몇 시간을 쉰 뒤 계속 전진했다. 저녁에 입구에 들어섰는데 양안에 나무들이 줄지어 섰고 등불이 환하게 비치는 데다가 출렁이는 물결이 한눈에 들어와 우리의 흥미를 자아냈고 밤잠을 앗아갔다. 이튿날 새벽 난간에 기대어 바라보니 운하의 너비는 대략 33미터로 배 두 척이 통행할 수 있었다. 우리가 한눈을 팔고 있는 사이에 배는 어느새 북쪽 입구에 이르렀다. 그러나 우리는 강 위에 오르지 않았기 때문에 아무것도 보지 못했다. 오후 다섯시경에 지중해로 들어섰다. 수에즈 운하를 나올 무렵 대안에는 늠름하고 위엄 있는 동상 하나가 우뚝 서 있었는데, 그것이 이 운하를 개척한 레이사이의 동상이다.

17일 이탈리가 반도를 지났다. 비록 태반이 산지로 되어 있으나 이탈리아 사람들은 이곳에 많은 철도를 부설해 교통을 편리하게 만들었다. 우람하고 수려한 도시들이 많이 늘어 서 있고 바다에는 큰 섬이 우뚝 솟아 있는데 연기가 자욱히 덮혀 있었다. 배 안에 탄 이들의 이야기에 의하면 이 섬에는 여러 해 동안 연기를 뿜고 있는 활화산이 있다는 것이다.

19일 아침 식사를 한 뒤 멀리 돛대와 등탑이 숲을 이루고 있는 것이 보였는데 점점 가까워지더니 어느덧 프랑스 서부의 마르세유 (Marseille)에 도착했다."

학생 풍학종의 위와 같은 서술에서 우리는 그들의 지나온 해상 여행의 경과를 상세히 알 수 있다. 이 자료가 지금까지 보존돼 온 것은 정말 천만다행이 아닐 수 없다.

당시 한 배에 탔던 강극명은 그 여행을 이렇게 회고하고 있다. 그 한 단락을 참고삼아 적어보면 다음과 같다.

"우리는 인도양에서 폭풍을 만났다. 당시 폭풍은 바닷물을 감아올려 산봉우리 같은 파도를 4만 톤 급의 우편선에 들이쳤다. 배는 파도에 따라 하늘 높이 올랐다가 바다 밑으로 깊숙이 빠져들어가곤 했다. 폭풍이 하루 종일 기승을 부리면, 그처럼 엄청나게 큰 배도 나무 잎사귀처럼 망망한 바닷물에 떠서 표류했다. 그 정경은 우리의 간담을 서늘케 했으며 입에는 물 한 모금도 넘길 수 없었고 속에서는 오장육부가 뒤집히는 듯했다. 이렇게 사흘 동안 폭풍의 시달림을 받았지만, 그래도 무사히 살아 나왔다. 고생 끝에 낙이라고 우리는 그 대신 새로운 세계에 대해 점차 눈을 떠갔던 것이다.

우편선은 가는 곳마다 사흘씩 정박해 화물을 싣고 내렸다. 돈 있는 사람들은 해안에 올라가 식당에서 식사를 하고 물건을 샀지만, 우리 같은 가난한 학생들은 해안에 올라가 시내 구경을 하고 박물관을 참관하든가 명승지를 답사했다. 많은 도시에는 높은 건물들이 들어서 있었고 멋지게 차려 입은 사람들도 많았으나 남루한 옷차림으로 걸식하는 사람들도 적지 않았다. 어떤 항구에서는 가난뱅이 아이들이 선박 주위를 헤엄치면서 승객들에게 구걸하는 것을 볼 수 있었다. 어떤 승객들은 동전을 바닷물에 던져 가난뱅이 아이들이 물밑에 내려가 동전을 더 듬게 하고는 웃음보를 터뜨리곤 했다. 그러나 아이들은 이렇게 해서라도 생계를 유지하지 않을 수 없었던 것이다. 이러한 장면을 보는 우리는 가슴이 아팠다. 같은 하늘 밑에 사는 사람들이건만 어찌하여 생활의 차이가 이처럼 크고 이처럼 불공평하단 말인가. 물론 나로서는 당시 이것이 바로 자본주의와 식민주의가 빚어낸 죄악이라는 것을 알지 못했다.

여행 도중 우리들에게 가장 깊은 인상을 남긴 것이라면 지중해 해상에서 멀찌감치 바라보이는 화산의 불길이었다. 특히 밤이 되면 솟아오르는 불꽃이 오색찬란한 폭죽처럼 검푸른 하늘에 높이 솟아올라 수면에 그림자를 드리울 때면 하늘과 바다는 하나로 이어졌는데 그 야경이야말로 장관이었다. 유럽 내전 후 물 속의 폭발물들을 제거하지 않았기 때문에 배에서는 수시로 우리들에게 구명장비를 사라고 경고했으나 시종 그 같은 봉변을 당하지 않았다. 우리는 이렇게 근 40일 동안의 여정을 거친 후 10월 중순에 마르세유로 상륙해 프랑스 땅을 밟게 됐다."3

그들이 난생 처음으로 출국해 처음으로 머나먼 여행을 했으므로 이국 타향의 풍속 물정과 높은 하늘 아래의 망망한 바다의 경치로부터 잊을 수 없는 인상과 깊은 감명을 받은 것은 구태여 더 말할 필요가 없다.

1974년 문화대혁명이 한창 치열하게 벌어지고 있을 때 강청을 비롯한 몇몇은 '풍경호' 선박 사건을 조작했었다. '사인방(四人幇)'은 국산제 만 톤 급 선박 풍경호가 원양 항해를 마치고 귀국한 일을 대서특필하면서, 이른바 배를 만들고 사는데 있어서 "외국에 아부하는 매국주의"를 비판해야 한다고 하며, 그 예봉을 주은래 총리와 해당 중앙지도자들에게 돌렸다. 당시 아버지는 1966년 문화대혁명에서 실각됐다가막 복권돼 국무원 제1부총리를 맡고 있었다. 아버지는 강청을 비롯한 자들의 행위에 아랑곳하지 않고 사인방과 맞서서 첨예하게 투쟁했다.

아버지는 그후에도 이 일에 대해 거듭 언급하면서 "고작해서 만 톤 급 기선을 가지고 도처에서 언급하는데, 만 톤 급짜리가 무엇이 그리 대단한가. 1920년에 나는 벌써 몇 만 톤 급의 기선을 타고 프랑스로 갔었다."라고 말했다.

이로 보아 난생 처음이었던 출국 항해는 마찬가지로 아버지에게도 깊은 인상을 남겼던 것 같다.

프랑스에 유학을 갔던 이황(李璜) 선생은 당년의 일을 회고하면서 자기가 마르세유로 마중을 나가 등소평을 만났었는데, 그의 인상 속에는 등소평이 그때 온 학생들 가운데 책임자였던 것 같았다고 말했다. 일찍이 내가 이 일에 대해 아버지에게 물어본 적이 있었는데, 이에 그는 "그때 나는 우리 80여 명 사람 가운데 나이가 가장 어려 입도 뻥긋할 수 없었다."고 웃으며 말했다. 그러므로 이황 선생이 당시 만났던 사람은 등소평이 아니라 다른 어떤 사람이었을 것이다.

주

1. 당시 신문의 기사에 의하면 중경을 떠날 때는 83명이었는데(1920년 8월 8일자 〈국민공보〉) 배에 오른 후에는 84명으로 보도됐다(1920년 9월 14일자 〈시사신보〉를 참조).
2. 《중경의 5·4운동(五四運動佐重慶)》, p. 180.
3. 강극명, 《프랑스 유학회억록》, 《프랑스에서의 유학운동 역사자료(赴法動工儉學運動史料)》, p. 445.

14 프랑스 유학생활의 시련

마르세유는 프랑스 남부의 항구 도시이자 상공업 도시로서 로느강 어귀와 지중해 연안에 자리잡고 있다.

1920년 10월 19일 앙드레봉 호 우편선이 마르세유 항에 도착했다. 배 위의 중국학생들은 39일 동안 3만여 리의 여정을 거쳐 마침내 그들이 오랫동안 갈망해오던 프랑스 땅을 밟게 됐다.

중불교육회는 파리에서 특별히 사람을 마르세유에 보내 새로 온 학생들을 맞이했다.

〈소 마르세유 인보(小馬賽人報)〉라는 신문은 다음과 같이 보도하고 있다. "백여 명의 중국청년들이 마르세유에 도착했다. 그들의 나이는 15세부터 25세 사이인데, 양복 차림에 중절모를 쓰고 끝이 뾰족한 구두를 신은 것이 아주 점잖고 온화해 보였다. 중불교육회의 학생처 처장 유선생이 환영사를 읽었다. 장기간의 여행을 거쳐 유럽 특히 프랑스에 도착한 것을 그들은 몹시 기뻐하며 얼굴에 웃음 꽃을 피웠다."1

동창생 풍학종의 서술에 의하면 그들은 짐을 배에서 내린 그 날로 마르세유를 떠나 자동차 편으로 파리로 출발했다.2

16시간의 여정을 거쳐 그들은 파리에 도착했다.

강택민은 이렇게 회고했다. "이튿날에 우리는 파리에 도착해 이미 이곳에 유학하고 있던 많은 학생들의 환영을 받았는데 그 가운데는 일년 전에 프랑스로 온 섭영진 동지도 있었다. 우리는 이국 타향에서의 상봉으로 말할 수 없는 기쁨과 친근감을 느꼈다."3

섭영진은 사천성 강진 사람으로서 중화인민공화국의 원수이다. 그는 청년시절 진보적인 사상의 영향을 받아 중학 시절에 이미 5·4운동에 참가했었다. 1919년 여름 그는 돈 300원을 빌려 열 몇 명의 동창생들과 함께 중경에 가서 중경상회 회장 왕운송 선생의 도움을 받아 프랑스 영사관으로부터 비자를 받고 1919년 12월 9일에 '봉황(스폰커스)'호 편으로 프랑스에 와서 유학하고 있었다. 프랑스에서 그는 커루진의 스나이더(Schneider) 제철공장에 들어가 일했다. 1922년 그는 벨기에의 싸로와 노동대학에 다시 들어가 공부했다. 섭영진은 먼저 프랑스에 왔으므로 당연히 선배 대접을 받았다. 이리하여 아버지는 프랑스에서부터 그와 깊은 우정을 맺게 됐다. 해방후 1952년부터 1957년까지 우리 집은 섭영진의 집과 이웃해 지냈으며 우리는 늘 담장 대문을 넘어 섭 큰아버지네 집으로 놀러 다녔다. 섭 큰아버지도 늘 우리집 식구들을 자기 집으로 초청해 사천요리 두화(豆花)를 대접해 주었다. 1992년 섭 큰아버지가 서거하기 전 아버지는 남의 집에 놀러다니는 것이 아주 드물었으나 가끔씩 섭 큰아버지를 보러 갔으며, 만날 때마다 아버지는 언제나 그를 '형님'이라고 불렀다. 이번 프랑스에서 맺어진 그들의 우정은 그후 72년간의 세파를 거치면서 더욱 깊고 굳어져 우리의 심금을 울려주고 있다.

파리에서 얼마 지나지 않아 아버지와 그의 동창들은 중불교육회의 배치에 따라 각기 몽타기스, 폰텐블로, 상티디엔느, 푸제르 등지의 중학교로 가서 프랑스어를 공부했다.[4] 아버지와 등소성은 노르망디의 바예(Bayeux) 중학교에 배치되고 한마을 사람인 호륜은 콤피에뉴 공학에 가서 공부하게 됐다.

프랑스에 막 도착한 그들은 유학생활을 시작하기에 앞서 프랑스의 인간 세태와 파리의 모습을 둘러보았다. 풍학종은 당시 파리의 모습을 다음과 같이 묘사했다. "파리는 대단히 넓어 직경이 30여 리나 되고 둘레의 길이가 백여 리에 달한다. 집들도 평균 5, 6층으로 된 높은 건물로 초라한 모습이라곤 찾아볼 수 없다. 거리에는 자동차와 전차가 쏜살같이 오간다. 건물마다 엘리베이터로 한층 한층 편리하게 올라갈 수 있게 되어 있다. 눈 깜짝할 사이에 지옥에서 천당에 이르게 된다. 또한 왕궁의 진열품들은 어느 것이나 완벽하고 박물관의 전시품들은 모두가 가지런하다. 8개의 역에서는 차가 사통팔달할 수 있게 되어 관광객들에게 편의를 제공해 주고 있다. 세계에 꽃 도시가 있다더니 정말 말 그대로이다."

유럽 대륙의 경치, 서양 대도시들의 번화함과 이국 타향의 풍토와 물정은 갓 도착한 중국학생들의 눈에 신비감과 매력을 안겨 주었으며 계속해서 경탄을 자아내게 했다. 빈궁하고 낙후된, 그리고 봉건의 울타리 속에서 개화되지 못하고 있는 자신의 조국에 비해 이곳은 별천지였다. 며칠 동안 보고듣는 가운데서 그들은 앞으로의 유학 생활에 대해 큰 믿음과 아름다운 동경을 가지게 됐다.

1920년 10월 21일 아버지는 그의 먼 삼촌 등소성 그리고 20여 명의 중국학생들과 함께 바예 중학교에서 유학생활을 시작했다. 바예 중학교는 노르망디 대구역에 있는데 파리에서 약 200킬로미터 떨어져 있다. 〈바예 일보〉는 10월 22일자에 '중국학생들이 바예에 도착했다'라는 제목으로 다음과 같이 보도했다. "20여 명의 중국학생들이 프랑스어를 아주 잘 하는 두 명의 고향 사람의 인솔하에 어제 저녁에 바예시에 도착했다. 이 젊은이들은 자국 정부에서 프랑스로 파견한 이들이다. 그들은 바예 중학교에서 각자 흥미를 느끼는 과목을 배움으로써 프랑스의 언어와 풍속을 잘 알게 될 것이다. 그들은 앞으로 기숙사에서 생활하게 된다."5

이 학교에서 중국학생들은 따로 반을 만들어 주로 프랑스어 능력의 수준을 높이면서 정규적인 중학생의 생활을 했다. 한번은 아버지가 우리에게, 학교에서는 그들을 어린아이 취급을 하면서 날마다 일찌감치 침대에 누워 자게 했다고 말한 적이 있으며, 또 그 학교는 개인이 운영하는 학교였는데 몇 달 다녔지만 별로 배운 것이 없고 음식도 좋지 않았다고 말해 준 적이 있다.

지금도 프랑스 국가 당국에는 중국학생들을 위한 바예 중학교 지출

장부가 보존돼 있다.[6] 이 장부를 보면 1921년 3월 등희현(Ten Si Hien)
은 그 달에 244프랑 65상팀의 기숙사 비용을 지불했었다. 그 가운데
200프랑은 생활비이고, 7프랑은 세탁비이고, 또 7프랑은 침구비용이
고, 12프랑은 학교에 바친 비용이고, 18프랑 65상팀은 잡비였다. 자
비생의 경우 한 달에 200여 프랑을 낸다는 것은 실제 보통일이 아니
었다. 아버지가 집을 떠날 때는 가정형편이 아주 어려워 일부 곡식과
밭을 팔았다. 그러므로 아버지는 프랑스로 간 후 돈을 아껴 썼다. 이
장부를 보면 기타 학생들도 잡비를 15프랑 내지 50프랑씩 냈었는데
평균 25프랑씩 낸 셈이었다. 그런데 아버지는 잡비를 18프랑밖에 내
지 않았으니 당시 돈을 얼마나 절약해 썼는가를 알 수 있다.

아버지가 비록 돈을 아껴 썼지만, 얼마 지나지 않아 수중의 돈을
다 써버리고 바예 중학교를 떠나지 않을 수 없었다. 바예 중학교는
1921년 3월달 보고서에 다음과 같이 썼다. "22명의 중국 학생들 가운
데 19명이 13일 저녁에 학교를 떠났다. 그들은 커루진에 일하러 간다
고 했다."[7]

아버지와 그의 동창들은 바예 중학교를 떠나면서 이것이 프랑스에서
다시는 학교문을 들어설 수 없는 계기가 될 줄을 꿈에도 생각하지 못
했다. 1920년 10월부터 1921년 3월달까지 아버지는 프랑스에서 5개월
동안의 학교 생활을 끝내게 됐다.

공부를 할 수 없게 됐으니 남은 것은 일하는 길밖에 없었다.

아버지는 당시의 상황을 이렇게 회고했다. "프랑스에 온 후 먼저 도
착한 학생들로부터, 그때가 유럽 대전이 끝난 지 이미 2년이 지난 후
여서 이전 유학생활을 시작할 때처럼 많은 노동력을 필요로 하지 않는
다는 것을 알았다. 일자리를 구하기가 쉽지 않고 임금도 낮아 일을
해서도 학자금을 댈 수 없었다. 우리의 경험이 이를 말해 주었다. 일
한 품값으로 입에 풀칠하기도 어려운 판인데 어떻게 학교를 다닐 수
있겠는가? 그래서 '공업으로 나라를 구하고 재능을 키우겠다.'는 생각
은 한낱 수포로 돌아갔다."

프랑스의 중국학생들은 기술도 없고 지식도 없어 일자리를 구해도 잡역부밖에 할 수 없었다. 잡역부는 고정된 일이 없이 각 부서의 수요에 따라 배치됐으며, 조금이라도 실수하면 십장한테 욕을 얻어 먹기 일쑤였다.[8]

1920년 12월까지 프랑스의 중국 유학생수는 1,500여 명에 달했다.[9] 당시 프랑스는 경제가 불경기에 처해 각 공장은 노동자를 줄이거나 문을 닫는 형편이었다. 나중에 중불교육회에서는 커루진의 스나이더 제철공장에서 많은 잡역부 일자리를 찾아 백 수십 명의 중국학생들을 배치해 주었다. 그중 사천 학생들이 거의 절반을 차지했다.[10]

1921년 4월 2일 아버지와 등소성, 그리고 몇 명의 학생들이 소개를 받고 커루진의 스나이더 공장으로 일하러 갔다. 이때부터 아버지는 일개 노동자의 신분으로, 그것도 외국 국적을 가진 신분으로 4년 남짓한 노동자 생활을 시작했다. 커루진은 프랑스 남부의 중공업 도시로서 프랑스에서 가장 큰 군수공장인 스나이더 제철소 본부가 이곳에 있었다. 이 공장은 당시 유럽에서 독일의 커루버 공장 다음으로 두번째로 큰 군수공장이었다.

스나이더 공장에는 약 3만여 명의 노동자가 있었다. 제1차 세계대전 기간 동안 많은 노동자들이 군대에 징집돼 전선에 나가는 바람에 스나이더 공장에서는 외국 국적 노동자를 많이 모집했다. 1917년에만 해도 수천 명의 중국노동자들이 계약 노동자로 이 공장에 와서 일했다.[11] 1920년 8월 이전까지 이 공장에서 일한 중국인 학생수는 212명밖에 되지 않았으나, 1921년 여름에는 백여 명으로 늘어났다.[12]

이 공장에는 철도 레일, 기계, 대포, 야금, 건축, 주조, 전기용품 제조 등의 부문이 있었는데 대포 제조, 건축과 야금 부분을 제외한 기타 부문에 중국 학생들이 있었다.[13]

지금까지도 스나이더 공장에는 아버지를 비롯한 사람들의 유관 서류가 보존돼 있다. 공장 인사처의 노동자 등록 카드에는 다음과 같이 선명하게 적혀져 있다. "등희현, 16세, 노동자번호 : 07396, 등록 날짜

1921년 4월 2일, 코롬베(Colombes) 중불 노동자 위원회에서 파견, 바예 중학교로부터 옴."14

아버지와 등소성은 철강 압연공으로 배치받았다.

이 일은 전문적인 기술 강습이 필요한 것은 아니었으나, 노동 강도가 아주 높을 뿐만 아니라 매우 위험했다. 철강재(철강선 또는 철강판)의 무게는 일반적으로 수십 근 내지 백여 근이 되고, 40도 이상의 고온 작업장에서 쇠물의 뜨거운 증기를 무릅쓰고 긴 쇠집게로 벌겋게 단 철강재를 끌고 뛰어야 하는데 조금만 잘못하면 불타는 강재에 온몸을 태우게 된다. 어떤 때는 압연기에 고장이 생겨 강선이 압연기에서 튀어나오는 바람에 사람이 다치거나 심지어 사망하기도 했다. 노동자들은 이같이 열악한 작업조건하에서 매주 50여 시간씩 노동해야 하고 어떤 때는 노동 시간을 연장해 야간작업까지 해야 했다.15 우리는 어렸을 때 아버지로부터 프랑스에서 철강선을 끌었다는 이야기를 자주 들었었다. 아직 청년도 되지 않은 16세의 작은 체구로 이처럼 힘든 노동을 한다는 것이 얼마나 어려운 일이었나 하는 것은 가히 상상하고도 남음이 있다.

이 공장에서 일하는 중국 학생들의 노임은 정규 노임이 일당 12프랑 내지 14프랑밖에 되지 않았다. 프랑스의 규정에 의하면 18세 미만은 학도공밖에 될 수 없기 때문에 아버지는 그때 16세로서 노임은 더욱 적어 겨우 10프랑밖에 되지 않았다.16

유학을 간 중국학생들은 공장에서 20리 떨어진 카이사난 기숙사에서 생활했다. 기숙사라고는 하지만 한 칸에 20여 명이 들었다. 기숙사에는 식당이 설치돼 있어 아침 저녁은 기숙사에서 먹고, 점심은 공장에서 빵과 수돗물로 채웠다. 고기나 채소는 구경할 수도 없었다. 식당의 밥값은 거리의 식당보다 약간 싸지만 일인당 한 끼에 40상팀 내지 70상팀이 들었다. 그외에 학생들은 작업복을 자비로 사야 했는데 옷 한 벌에 20프랑 내지 30프랑이 들었다.17 아버지처럼 노임을 하루에 10프랑씩밖에 받지 못하는 학도공으로서는 생활이 매우 어려웠다. 원래 중국

학생들이 공장에 가서 일하는 목적은 일한 노임으로 공부를 하려는 데 있었다. 그러나 과중한 노동에 그들의 정력은 고갈되고 저렴한 노임으로는 생활을 유지하기도 어려운 형편이었다. 아버지는 일찍이 커루진에서 철강선을 끌면서 한 달 동안 고되게 일해도 밥 한 끼 배불리 먹지 못하고 오히려 100여 프랑 밑졌다고 말한 적이 있다.

당시 스나이더 공장에서 일하는 중국학생들 가운데는 이러한 노래가 유행했다.

힘들어라 힘들어
일하자니 힘들어
잡역일은 못할 일
십장놈은 욕장이
하루 번 돈 10프랑[18]

1921년 4월 23일 아버지는 스나이더 공장에서 사직하고 커루진을 떠났다.[19] 한 달 후에 등소성도 그곳을 떠났다. 근 한 달 동안 프랑스 공장에서의 노동을 통해 아버지는 처음으로 자본주의의 어두운 면을 접하고 착취당하는 노동계급의 비참한 상황을 체험했다. 자본가의 착취, 생활의 고통은 그의 순진한 마음속에 큰 파문을 일으켰다. 그러나 당시 그는 젊었고 인생에 대한 아름다운 추구로 충만돼 있었다. 그는 후에 모스크바에서 당시의 상황을 회고하면서 "첫 2년 동안은 자본주의의 죄악에 대해 약간 느끼기는 했지만 심각하게 각성하진 못했다."라고 말했다.

이 시기에 그는 비록 커루진을 떠나기는 했으나 일자리를 찾아 돈을 벌어 다시 학교로 돌아갈 수 있으리라는 꿈을 품고 있었다.

주 ───────────────────────────────────

1. 〈소 마르세유 인보〉, 1921년 10월 20일자.
2. 풍학종이 콤피에뉴에서 보낸 편지. 《五四運動佐重慶》, p. 180.
3. 강택민, 《프랑스, 벨기에에서의 유학 회억》. 《프랑스 유학운동 역사 자료(赴法國動
   工儉學運動史料)》(제3책), p. 455.
4. 같은 책.
5. 〈바예 일보〉, 1920년 10월 22일자.
6. 재 프랑스 중국청년 불중 구제위원회 당안, 제47 AS2호 프랑스 국가당안.
7. 바예 중학교의 보고. 1921년 3월.
8. 황리주, 《프랑스에서의 사천인의 유학운동》. 《사천문사 자료선집》(제23집), p. 1.
9. 3과 같음.
10. 8과 같음.
11. 바르만·디리우스, 《한 폭의 청년 시절 초상에 대한 수식─등소평이 프랑스에서
    보낸 세월을 기록함》.
12. 《프랑스 유학 간사(留法運工儉學運動簡史)》, p. 55.
13. 서광(曙光), 《프랑스 커루진 스나이더 공장에서의 유학생들》. 《프랑스에서의 유학
    운동 역사 자료(제2책 상), p. 256.
14. 스나이더 공장 노동자 인사처의 노동자 당안 카드, 스나이더 공장 당안, 공장 당
    안 번호 제62175호.
15. 황리주, 《프랑스에서의 사천인의 유학운동》. 《사천문사 자료선집》(23집), p. 1.
    서광, 《프랑스 커루진 스나이더 공장에서의 유학》. 《프랑스에서의 유학운동 역사
    자료》(2권), p. 256.
16. 제47 AS8호 프랑스 국가 당안, 커루진시 스나이더 공장의 학도공 계약.
17. 15와 같음.
18. 8과 같음.
19. 스나이더 공장의 인사 기록과 스나이더 공장의 중국 자원노동자 검사 명단. 스나
    이더 공장 당안.

15 생존과 학업을 위한 투쟁

　1920년 프랑스에서의 유학운동은 최고조에 달했다. 이 해에는 모두 여덟 차례에 걸쳐 중국의 학생들이 프랑스로 갔는데 1920년 말까지 프랑스로 건너간 학생 수는 1,600여 명에 달했다. 이 학생들은 프랑스에 도착한 후 대부분은 중불교육회의 안배에 의해 프랑스 중학교의 부설학원에 진학했으며, 일부분은 직접 공장에 들어가 일했다. 후기에 와서는 경제적 원인으로 소수의 학생들만 학교에서 계속 공부하고, 대다수는 공장으로 들어가 고된 노동으로 생계를 유지했다.

　프랑스의 70여 개 공장 기업 가운데 중국학생들의 발길이 닿지 않은 데가 없었다. 그중에서도 중국 학생들은 파리, 커루진, 상티디엔느, 상카몬, 르아브르, 리옹 등지의 공장들에 집중됐었다. 당시 조세염, 나학찬(羅學瓚), 이립삼(李立三), 진의, 등소평, 부종(傅鐘), 소자장(蕭子璋), 진공배(陳公培) 등은 커루진에서, 왕약비, 이탁연(李卓然), 서특립(徐特立), 황제생(黃齊生)은 상카몬에서, 이유한, 이부춘, 하과(賀果), 이림(李林) 등은 르아브르에서, 장곤제(張昆弟), 구양흠(歐陽欽) 등은 상브니에서 일했다.

　1921년에 이르자 프랑스에서의 유학운동은 저조기로 들어갔다.

　1918년 11월 제1차 세계대전이 종결된 후, 프랑스에서는 경제가 침체돼 공장들의 생산이 정상화되지 못하고 물가가 폭등했다. 많은 군인들이 고향으로 돌아왔기 때문에 취업문제가 날로 심각하게 됐다. 1919년 겨울부터 프랑스의 경제는 더욱 악화됐다. 프랑의 가치가 계속 떨어져 중국 은전 1원으로 원래 8프랑씩 바꾸던 것이 14프랑씩 바꾸게 됐으며, 나중에는 25프랑씩 바꾸게 됐다. 그리고 통화 팽창으로 인해 10월에만 해도 빵 1킬로그램에 25상팀하던 것이 12월에는 50상팀으로 뛰어오르고, 1920년 3월에는 1프랑 5상팀으로, 9월에는 1프랑 30상팀이었으나, 1년 후에는 4프랑 80상팀으로 폭등했다. 주식류가 껑충 뛰어오름에 따라 기타 일용품과 부식물, 교통 비용도 잇따라 올랐다.

국민들의 생활이 갈수록 어렵게 됐고, 여기저기서 파업 열풍이 불었다. 1920년 5월 1일에 파리 총공회에서 5·1대파업을 단행했는데, 이 파업은 보름 이상 지속됐으며, 파업이 끝난 후 일부 공장에서 문을 열기는 했으나 여전히 경제는 안정되지 못하고 실업률은 높았다.

1919년에 프랑스에 도착한 중국의 유학생들은 약 700여 명이었다. 이 학생들은 프랑스에 도착한 후 대다수가 근로노동계급으로 전락했다. 그러나 프랑스 사람들도 일자리를 구하지 못해 쩔쩔매는 판인데 중국학생들이 일자리를 찾는 것은 더욱 어려운 일이었으며, 이미 일자리를 얻은 사람도 항상 쫓겨날 위험이 있었다. 1920년 8월에 이르러 프랑스에는 이미 1,000여 명의 중국학생들이 운집했다. 그들 가운데 소수 학생들이 그냥 자비로 학교를 다니고, 취업한 학생들은 약 300명밖에 되지 않았으나 실업한 학생 수는 500여 명에 달했다.

일자리를 잃은 학생들은 분분히 파리의 화교 협진사(協進社)로 몰려들었는데 중불교육회에서는 그들에게 매일 5프랑씩의 생계유지비를 지급했다. 학생들은 생계를 유지하기 위해 항상 중불교육회에 찾아가서 일자리의 주선을 요청했다. 따라서 학생들과 중불교육회 사이의 마찰도 심해졌다. 그후 결국 호남에서 온 한 학생이 중불교육회의 비서 유대비(劉大悲)를 구타하는 사건이 발생했다. 중불교육회는 요행히 한두 개의 일자리를 마련했으나 많은 학생들을 충족시켜 주지는 못했다.

황리주(黃里州)는 그때를 회고하면서, 학생들 중에는 유학의 전망에 대해 비관하거나 실망하는 분위기가 형성됐고, 그리하여 어떤 동기생은 다른 활로를 모색해 귀국하고 혹은 남양(南洋)으로 갔다고 말했다.

1919년 11월 교섭공서(交涉公署)에서는 환구(環球)학생회에 서한을 보내 중국에서 유학생을 신중하게 파견하라고 요구했다. 그 편지에는 이렇게 기록돼 있다. "최근 전심전력으로 공부하는 학생은 별로 찾아볼 수 없다. 집이 가난해 외국에 와서도 생계를 유지하지 못해 공부를 포기하고 공장에 들어가 일하고 있다. 프랑스에서는 중국인노동자들이 우대받지 못한다는 사실을 알지 못하는 듯하다. 즉 임금이 얼마나 되는지, 미불 임금에 대해 언쟁을 하게 돼도 제대로 받지 못한다는 사실을 알지 못한다. 무조건 프랑스에 와서 궁극적으로 실업자가 돼 귀국할 수 없는 경우도 많다. 그래서 본국에서 송금이 안 되면 돌아갈 길이 막혀 자신들이 여기에 오게된 사실을 한탄하고 후회해 앞으로 자신들이 어떻게 해야할지 몰라 방황하는 것이 대부분이다. 따라서 이후부터 귀회에서는 프랑스 유학생을 소개할 때 특별히 주의하도록 힘써 주십시오."[1]

그러나 상황은 비록 이랬지만 1920년 말까지 여전히 많은 학생들이 자신들이 생각하는 이상향을 찾아서 계속해서 해외로 나왔다.

이때 상당히 많은 프랑스 유학생들은 이미 배움의 이상에서 공장의 노동자로 전락해 갔다. 그것이 현실이었다. 그러면서도 특히 임금노동자로서의 지위보다도 더 심각했던 것은 공장에서 쫓겨난 학생들의 처지였다. 지상의 낙원이라고 생각했던 유럽은 벌써 서서히 사회적 명암이 나타나기 시작했고, 비참한 생활 계층들이 출현하기 시작했다. 그들이 내세웠던 자유, 평등, 박애라고 하는 아름다운 말들은 냉혹하고 삭막하다는 말로서 대변되어지게 됐던 것이다.

배진(培眞)이라는 학생은 이렇게 썼다.

"우리들은 현재 매일 8시간씩 일하고 있다. 그외도 2시간을 더 일한다. 따라서 총 10시간 이상을 일하게 되는데 이러한 시간적 손실 외에도 정신적인 손실까지 당하고 있지만, 겨우 일당 14프랑만으로 보상받고 있다. 이 많은 손실을 보면서 하루에 겨우 14프랑밖에 받지 못하고 있다. 도대체 우리의 시간, 정력, 두뇌 손실의 대가가 고작 14프랑밖에 되지 않는단 말인가? 자본가를 위한 생산은 사회의 평민들에게 아무런 혜택도 없다. 이런 생산 속에는 사람을 살상하는 대포 생산까지 들어 있다. 그래 우리가 이런 무가치한 일을 하자고 여기까지 찾아왔단 말인가. 정말로 사서 하는 고생이다! 이처럼 무미건조하고 멍청하게 생활하는 우리에게 정신적 생활은 어디서 찾겠는가. 삶의 가치는 도대체 어디에 있단 말인가. 우리는 일찍이 공학주의(工學主義)를 제창하지 않았는가? 우리는 일찍이 공학주의의 길로 나가지 않았는가? 공학주의란 사람마다 일을 해 사회적으로 평등한 생활을 영위하고 빈부의 차별을 없애자는 것이었으며, 사람마다 글을 읽어 사회적 지식 평등을 실현하고 지식층의 검은 가면을 벗기는 것이었다. 자본가의 생산을 위한 이런 일은 물질적 생활 욕망을 점점 만족시켜주기 위한 것으로서 공학주의에 부합된단 말인가? 이것이 우리가 해야 할 일인가? 한마디로 이런 대조합의 공장은 자본가의 이익을 위해 세워진 것으로서 노동자들에 대해서는 전적으로 착취의 수단에 지나지 않는다. 이런 악마와 같은 약탈은 사람을 죽이거나 불을 지르고 강탈하는 도적보다 더욱더 무서운 것이다."[2]

1920년 12월 프랑스에 있는 유학생들은 이러한 호소문을 발표했다.

"그대들은 우리 유학생들이 재산을 탕진하며 프랑스에 와서 고된 노동으로 밥벌이를 하는 현실을 깊이 살펴야 할 것이다. 이른바 우리 학생들은 '음험하고 어려운 맛을 실컷 맛보았고 이로부터 그 나라 민중의 마음을 알만하다.'라고 느끼기 때문에, 그대들이 힘겨운 노동을 하면서 굶주리는 판에 우리 유학생들로서는 더 무슨 방법이 있겠는가? 그대들은 오해하지 말라. 그러나 우리 유학생들의 사정을 강 건너의 불로만 보지 말라. 그대들은 우리 유학생들의 울음 소리, 원한에 찬 소리, 고통 소리, 분노의 함성을 귀담아 들어야 할 것이다. 그대들도 동정의 눈물로, 치솟는 분노로 오고갈 데 없는 우리 재 프랑스 유학생들이 현재 처하고 있는 절박한 고통을 알아야 할 것이다."[3]

황리주의 회고에 의하면, 1920년 말에서 1921년 초까지 이들 일자리가 없고 공부할 돈이 없는 학생들은 돌아갈 집도 없어 뜨거운 가마

위의 개미처럼 안절부절 못했다 한다.[4]

더욱 처참한 것은 일부 학생들이 고된 노동을 이기지 못하고 병들어 죽기도 했다. 호남의 학생 왕필기(王弼基)와 이자분(李子芬)은 가스 중독으로 죽고, 사천 학생 안자초(安子初)는 화학 공장에서 일하다가 중독으로 죽었으며, 장서 학생 주발상(朱發祥)은 리옹 공장에서 실종되고, 커루진의 네 명의 학생이 식용버섯 중독으로 사망했으며, 또 사천의 포조혼(蒲照魂)이라는 학생은 절망적인 생활에 목을 메고 자결했다.

프랑스에 있는 학생들이 직면했던 것은 실학, 실업, 기아 심지어는 죽음이었다. 이러한 상황에도 학생들의 집입을 자처하는 중불교육회는 오히려 교묘한 구실을 만들어 자금을 횡령하는 등 부정부패로 자신들의 배를 채웠다. 그뿐만 아니라 굶주리고 있는 학생들을 멸시해 '일할 능력도 없을 뿐만 아니라 공부할 의지도 없다.'고 모함하면서 국내로 되돌려 보내겠다고 위협했다. 교육회와 프랑스 주재 중국공사관의 이러한 행위는 학생들과 그들간의 갈등을 날로 심화시켰다.

프랑스에 있는 유학생들은 중불교육회를 처음부터 자기들의 학부모나 은인으로 생각해 왔었다. 그러나 이 교육회에서는 1921년 1월 12일에 통고문을 내어 이 기구가 유학생들과 관계를 단절한다고 선언하고, 1월 16일에 또 제2차 통고문을 내어 학생들에 대한 일체의 경제적 책임을 지지않을 것이며, 이날부터 3월 15일까지 학생들에게 두 달분의 생활비만 지급하고 그후로는 더이상 지급하지 않겠다고 했다.

이 통고문이 나가자 모든 유학생들은 크게 분노했다.

1월 23일 화교협진사에 머무르고 있던 사천, 호남, 호북, 강서 이 네 개 성의 학생들이 '고학연합회' 준비 위원회를 구성했다.

2월 14일에는 재 프랑스 고학연합회가 정식으로 결성돼 프랑스 주재 중국공사관에 청원서를 보냈다.

2월 27일에는 화교협진사에서 고학생 대회가 열리는 가운데 28일 공사관에 가서 단체 청원을 감행하기로 결정하고, 이 청원운동을 '반기아운동(反饑餓運動)'으로 명명했다. 그리고 채화삼, 조세염, 이유한, 왕택개(王澤揩), 향경여, 왕약비, 이부춘을 비롯한 10여 명의 학생들을 협상 대표로 선출했다.

28일 오전 8시경에 500명에 가까운 학생들이 채화삼 등의 인솔하에 사방에서 공사관 부근으로 모여들었다. 채화삼, 조세염을 비롯한 10명의 학생들이 공사관으로 들어가 교섭을 진행했다. 공사 진록(陳籙)이 학생들을 만나러 나오자 학생들은 분노를 참을 길 없어 "타도하라! 타도하라!"하고 외치는 바람에 그는 공사관 안으로 달아났다. 이와 때를 같이해 프랑스 헌병들이 광장으로 달려들어 학생들을 구타했다. 이날 밤 9시경에 무장 경찰이 공사관 안으로 들어가 10명의 학생 협상대표를 강제로 체포했다.

그후 학생들은 지속적인 투쟁을 전개해 6월 1일에는 재 프랑스 중국청년학생보호회를 결성하고 중국이 프랑스에 바친 경자(庚子) 배상금 중 그 일부를 떼어 학생들에게 일인당 매일 5프랑씩 생활비를 지급하고, 5개월을 기한으로 해 귀국하려는 학생들에 대해서는 편의를 제공키로 결정했다.

이리하여 2·28 반기아운동이 전면적인 승리를 거두지는 못했지만 중국과 프랑스 당국에 압력을 가해 모종의 양보를 하게끔 했다. 이는 재 프랑스 유학생들이 자발적으로 조직해 전개한 제1차 투쟁이었다. 이 투쟁을 통해 프랑스에 있는 학생들은 보다 더 탄압받았다.

2·28 반기아운동의 투대 위에서 프랑스에 있는 중국학생들의 투지가 더욱 고양돼, 이 해 6월 2일부터는 중국과 프랑스의 비밀 차관을 반대하는 투쟁을 시작했다.

1921년 6월에 북양 군벌정부는 실력을 양성, 내전을 더욱 확대하려고 했다. 그리하여 프랑스 정부로부터 3억 프랑의 차관을 들여 무기를 구입하는 일을 비밀리에 협상하기 위해 특사 주계금(朱啓鈐)과 재정 차관 오정창(吳鼎昌)을 파리로 파견했다. 이 소식이 전해지자 재 프랑스 중국노동자, 화교, 그리고 유학생들은 모두 분노를 참지 못했고 또한 주은래, 조세염, 채화삼 등은 즉각 프랑스에 있는 중국인 단체들과 연합해 '차관 거절 위원회'를 구성했다.

6월 30일에 프랑스에 있는 중국인 300여 명이 뜨거운 애국 열정으로 파리에서 차관 거절 대회를 열고 매국 역적과 프랑스 정부를 통렬히 질책했다.

8월 13일에는 파리에서 제2차 차관 거절 대회를 열고 공사 진록을 힐문했다. 진록은 감히 대회에 나오지 못하고 그 대신 공사관 비서장 왕증사(王曾思)가 왔다가 분노한 대중들에게 호되게 얻어맞았다. 기세 등등했던 차관 거절 투쟁은 마침내 중대한 승리를 거두었으며, 중국과 프랑스 양국 정부는 할 수 없이 차관을 포기했다.

재 프랑스 중국학생들의 정의로운 투쟁은 중국과 프랑스 정부의 심한 반감을 샀다. 프랑스 외교부에서는 중국 공사관에 통지해 차관 거절 운동의 주모자인 중국학생들을 두 차례로 나누어 본국으로 송환할 것을 요구했다. 9월 15일부터 프랑스 정부는 프랑스에 있는 중국학생들에 대한 생활 보조비 지급의 중단을 결정함으로써 중국학생들을 막다른 골목으로 몰아넣으려고 했다.

1921년 9월 극단적인 곤경에 처해 있던 중국학생들은 조세염과 주은래, 채화삼을 비롯한 이들의 지도하에 '리옹의 중불 대학을 되찾는다'는 역사적 의미를 지니는 투쟁을 일으켰다.

중불 대학은 중불교육회가 설립한 것인데 교장은 오치휘(吳稚暉)였다. 이 대학의 설립 목적은 사실 유학의 이름을 빌어 소수의 관료 정객들이 사욕을 채우려는 데 있었다. 그러므로 그들은 학교를 세운 후 프랑스에 있는 중국학생들을 받지 않고 중국 국내로부터 학생들을 모집했다. 이에 학생들의 마음속 깊이 억눌려 있던 울분이 일시에 화산처럼 터져나왔다.

9월 20일에 유학생 대표대회에서는 조세염, 채화삼, 진의 등 100여 명의 선발대를 구성해 파리에서 리옹으로 진군하게 했다. 그리고 주은래, 왕약비, 이유한, 서특립, 소자장 등 사람들은 파리에 남아서 후원하기로 했다.

9월 22일 선발대가 리옹에 도착한 후 프랑스의 무장 경찰들은 학생들을 포위하고 그들을 폭력적 수단으로 호송차에 실어 병영으로 끌고 가 가두었다.

선발대가 구금됐다는 소식이 전해지자 주은래 등은 사방으로 뛰어다니며 구원 활동을 진행해 프랑스 언론계의 동정과 지지를 받았다. 선발대의 학생들은 군영에서 계속 투쟁을 견지하면서 단식 투쟁에 돌입했다.

10월 13일 프랑스 주재 중국공사관과 프랑스 정부는 서로 결탁해 선발대의 학생들을 모두 중국 국내로 압송했다. 이번에 압송돼 귀국한 학생들은 도합 104명이었는데, 그 가운데는 채화삼, 장곤제, 나학찬, 이립삼, 진의, 하과, 진공배 등도 들어 있었다. 조세염은 동창들의 도움으로 병영을 탈출해 계속 프랑스에 남아 투쟁을 전개했다.

중불 대학을 되찾는 투쟁은 그 목적을 이루지 못했으나 중국과 프랑스 당국의 추악한 정체를 한층 더 폭로해 많은 유학생들의 정치적 각성을 제고시켰다. 또한 이때부터 철저한 반제 반봉건의 혁명의 길로 들어서게 했다. 중국 국내로 압송되어 온 학생들 대부분은 모두 열성적으로 중국 국내의 대혁명의 물결 속에 뛰어들었다. 그중 채화삼, 진의, 이립삼 같은 이들은 그후 중국혁명 투쟁에서 중견 인물로 성장해 갔다.

이유한은 ㄱ때의 투쟁을 다음과 같이 회고했다. "이번 투쟁은 유학운동의 자체 모순으로부터 발발한 것이었다. 투쟁을 통해 구체적 목표는 달성하지 못했으나, 이 투쟁이 가져다 준 영향과 거기에서 쟁취한 성과는 중요한 역사적 의의를 가진다. 이번 투쟁은 프랑스의 부르주아로 하여금 5·4운동 이래 군벌 통치를 두려워하지 않고, 외국 사람들에 노예화되지 않으며, 자신의 운명을 스스로 개척하려는 중국 청년들의 기개를 알게 했다. 이번 투쟁으로 조수처럼 밀려오던 유학운동이 막을 내렸으나 착하고 순진한 마음으로 이번 투쟁을 지도했던 학생들은 더 이상 이러한 투쟁 방식이 통하지 않는다는 것을 알게 됐다. 더욱 중요한 것은 이번 투쟁에서 유학운동계에 전례없던 단합과 새로운 각성이 나타난 것이다. 많은 사람들은 실제에 맞지 않는 공상을 버리고 마르크스주의를 받아들여 10월 혁명의 길로 나아갔으며, 또한 그후의 반제국주의 반군벌 투쟁에 적극적으로 뛰어들게 됐다.[5]

주

1. 《프랑스에서의 유학운동 역사 자료》(제2책, 상), p. 335.
2. 같은 책, p. 249.
3. 같은 책, p. 365.
4. 《사천문사 자료선집》, p. 26.
5. 이유한, 《회억과 연구》(상), p. 365.

16 하킨슨 공장 시절

1921년 4월 23일, 아버지는 커루진의 스나이더 공장을 떠나 파리로 왔다.

이때가 아버지가 학업을 중단한 데다가 일자리까지 잃었던 때였다. 집을 떠날 때 가지고 온 돈은 이미 다 써버렸고, 단시일 내에 일자리를 찾기가 어려워 아버지는 중불교육회의 구제금을 받아 살아가는 한편, 일자리가 어서 생기길 기다리는 수밖에 없었다.

프랑스 국가 당국의 기록에 의하면 아버지는 5월부터 10월까지 다섯 달 동안 하루 5프랑씩 생활보조금을 탔다고 한다. 생활보조금을 타쓸 때의 등록번호는 236번이다.

그즈음 파리에서 생활보조금을 타는 학생은 약 500명 가량이 됐다. 이 학생들은 거의가 파리 서쪽 교외에 있는 콜롬보의 화교협사에서 기숙하고 있었다.

화교협사는 흔히 볼 수 있는 3층짜리 집에 세들어 있었다. 그리고 프랑스 교육회, 프랑스 유학회, 프랑스 유학학생회, 평화 촉진회 등 몇몇 화교 단체들도 모두 다 이 3층 집에 세들어 있었다. 2층은 회의실이었고, 3층과 1층 그리고 지하실에는 학생들로 가득 차 있었다. 그런데도 학생들이 끊임없이 밀려드는 바람에 이 집은 비좁기 짝이 없었다. 프랑스 참의원 의원인 쥬그르의 부인이 텐트를 보내와 집 뒤 야채밭에 몇 개 설치해 놓기도 했다. 얼마 지나지 않아 이 3층집은 두말할 것도 없고 이 텐트 안에도 학생들이 콩나물시루처럼 꽉 들어찼다. 매일 생활비가 5프랑밖에 안 됐던 유학생들은 날마다 두 끼만 먹었는데, 그나마 수도물에 빵뿐이었다. 어쩌다 한번씩 조제한 초콜릿을 맛볼 수 있었을 뿐, 야채 같은 건 구경조차 하기도 힘들었다. 몇몇 사람들이 가스불로 물을 끓여 먹을 수 있었을 뿐, 대부분의 학생들은 수도물을 그대로 마시는 수밖에 없었다. 식용류나 육류 같은 것은 아주 드물었고, 그들은 매일 빵 1.5킬로그램으로 배고픔을 달랠 수밖에 없었다. 호주머니가 비었을 때에는 초콜릿 조제품도 먹지 못했다. 바다 건너 이역만리에 온 이 유학생들은 아름다운 환상 속의 천당으로부터 가혹한 실생활의 지옥 속으로 굴러떨어졌다.

8월에 아버지는 만 17세가 됐다. 그는 앞길이 망망한 어려운 환경 속에서 열일곱 번째 생일을 맞아야 했다.

아직 나이가 어린 탓이었는지, 그해 발생한 '차관 거절 투쟁'과 '리옹 중불대학입학쟁취투쟁' 등 이 두 차례의 커다란 투쟁에 아버지는 모두 참가하지 않았다. 다만 5월 20일, 왕약비, 진의, 유백견, 이위농 등 243명의 유학생들이 연명으로 채원배에게 보낸, 유학생들이 공부할 수 있도록 리옹 중불대학과 중국-벨기에 대학을 합쳐 공학원으로 만들어줄 것을 요구하는 편지에 서명을 했을 뿐이다.[1] 그때 투쟁에 앞장선 사람들은 다 아버지보다 나이가 많고 정치적인 뜻도 상당히 선구적인 청년들이었다. 그중에는 조세염, 주은래, 채화삼, 진의, 이유한, 왕약비, 향경여, 이부춘, 유백견 등이 있었다. 아버지는 국내에서 5·4운동에 참가했고, 유학을 하면서 인생의 쓴맛을 보기는 했지만, 그때까지만 해도 초보적 인식과 진보적 의식을 가지고 있었을 뿐이다. 또한 마르크스주의 사상을 아직 접하지 못했고, 암흑 세력과 투쟁하는 대오에도 아직 가담한 적이 없었다.

1921년 9월 프랑스 정부는 프랑스의 중국유학생들에게 지급하던 생활비 지원을 중지하기로 결정했다. 10월부터 아버지는 다른 유학생들과 마찬가지로 생활해 나갈 수 없는 막다른 처지에 놓였다.

그러나 하늘이 무너져도 솟아날 구멍이 있는 법이다. 파리 제10구역의 운하 옆에 부채와 종이꽃을 전문적으로 생산하는 샹부르랑

(Chambrelent) 공장이 있었는데, 마침 노동자를 모집하고 있었다. 그리하여 아버지는 그의 숙부인 등소성과 함께 1921년 10월 22일 이 공장에 들어갔다. 이 공장에는 모두 105명의 중국유학생이 일하고 있었는데, 당시 아버지의 번호는 238번이었다.[2] 막다른 길에 빠져 있던 유학생들에게 이런 일자리라도 있게 된 것은 실로 행운이 아닐 수 없다. 나한이라고 부르는 유학생은 그때의 광경을 이렇게 설명했다. "죽을 고비에 처해도 살아날 구멍이 있다고 누군가가 말했다. 우리는 콜롬버스가 신대륙을 발견했듯이 파리 시내에서 종이꽃 만드는 일을 발견했다. 어쩔 수 없는 어려운 처지에 빠져 있다가 별안간 이 신대륙을 발견한 유학생들은 노임이 많고적음을 따질 처지가 못 됐다. 공장에서 받아주기만 하면 그게 살 길이었기 때문이다. 그래서 백여 명의 학생들이 그곳으로 몰려들었다."[3]

이 공장에 들어간 유학생들은 미국에서 주문한 제품을 생산하게 됐다. 그들은 얇은 비단으로 꽃을 만든 다음 거기에 가느다란 철사를 묶고, 거기에 자그마한 상표를 붙였다. 그 상표에는 "전사장병들의 미망인과 고아들로부터"라고 씌여 있었다. 이 일의 노임이 어찌 많을 수 있었겠는가. 그들은 종이꽃 백 송이를 만들어야 겨우 2프랑을 벌 수 있었다. 겨우 일에 능숙해져서야 하루에 육칠백 개를 만들 수 있었는데, 그러면 십 몇 프랑을 받을 수 있었다.[4] 이 공장의 유학생들은 잠시나마 그럭저럭 생계를 유지할 수 있었지만, 그것도 그리 오래 가지 못했다. 그들이 맡은 일은 고정된 일이 아니라 일시적인 일이었다. 얼마 지나지 않아 일거리는 끝이 났다. 두 주일 후, 11월 4일에 아버지는 물론 모든 유학생들은 공장에서 해고되고 말았다.[5]

아버지는 프랑스에서 별의별 잡일을 다 했다고 말한 적이 있다. 이 일자리를 잃은 후에도 그는 틀림없이 사방으로 일자리를 찾아 뛰어다녔을 것이다. 간혹은 며칠씩 막벌이도 했을 것이다. 이런 뜨내기 생활이 석 달 남짓 지속됐다. 그러다 1922년 2월에 이르러 아버지는 몽타니(montargis) 근처의 하킨슨(Hutchinson) 고무공장에 들어가 일하게 됐다.

1922년부터 프랑스 경제는 호전되기 시작했다. 일부 공장들이 점차 생산을 다시 시작했다. 자연 취업 기회도 많아지게 되어 신문에서 노동자 모집 광고를 자주 볼 수 있었다. 유학생들은 계속 일자리를 찾게 되어 생존 위기를 넘게 됐다. 한편 프랑스 유학생들의 강한 호소와 국내 인사들의 모금활동 덕분에, 일부 성과 현에서는 유학자금을 모아 프랑스 유학생들에게 부쳐주기도 했다. 예를 들면 사천성 팽현에서는 매 유학생마다 한 해 600원씩을 대여해 주었다. 그리하여 1922년부터 국내에서 보내주는 대부금과 보조금을 받은 학생들은 다투어 기술전과학교와 일부 대학교에 들어가게 됐다. 결국 그들의 숙원이 실현된 것이다. 한 통계에 의하면 사천성에서만 유학생 200여 명이 전과학교와 대학교를 마쳤다고 한다.[6]

몽타니는 파리 남부에 위치한 자그마한 읍이다. 중세에 프랑스 왕실의 한 거주지였던 이 도시는 19세기에 이르러 13,000여 명의 인구를 가진 공업, 상업, 교통, 문화, 교육이 발달한 도시가 됐다. 몽타니 근처 샬레트(Chalette)라는 작은 읍이 있었는데, 인구가 불과 3,000여 명밖에 되지 않았으나 역사가 오랜 하킨슨 공장이 그곳에 있었다. 이 공장에서는 여러 가지 고무제품을 전문 생산하고 있었다. 중국유학생들은 1921년 말부터 이 공장에서 일하기 시작했다.

하킨슨 공장의 공장주는 미국 국적을 소유한 영국인이다. 그는 19세기 중엽 프랑스로 건너와 유럽의 기타 국가들에 공장들을 세웠다. 당시 샬레트의 하킨슨 공장은 유럽에 하나밖에 없는 고무공장이었다. 제1차 세계대전 후에 이 공장에서는 인도인, 베트남인, 백러시아인 등 외국 노동자들을 대량으로 모집했다. 이 공장의 인사 담당자가 불중친선협회와 관계를 가지고 있었기에 이곳에는 친선협회에서 소개한 중국유학생들이 많았다. 그 숫자가 제일 많았을 때가 211명이었다. 1922년 당시 이 공장 노동자는 총 1,000여 명 정도였다. 그곳에서 중국유학생들은 타이어를 생산하거나, 비옷과 덧신을 만들었다고 한다.[7]

1922년 2월 13일, 아버지는 샬레트 시 정부의 외국인 등록부에 등록했다. 그는 부모의 성씨와 출생년월일, 그리고 이곳으로 오기 전 주소인 라카레네-콜롬보(La Carenne-Colombe) 델라포인트 39번지(39, rue dela Pointe)를 적어 제출했다. 그의 신분증 번호는 1250394였다.[8]

아버지는 2월 14일 하킨슨 공장에 들어갔는데, 그의 공원 번호는 5370번이었다.[9] 이 공장에서 아버지는 비교적 안정된 노동자 생활을 할 수 있었으며, 또 이곳에서 인생의 커다란 전환점을 맞이하게 됐다.

하킨슨 공장에서 아버지는 장화를 제작하는 부서에 배속됐다. 그들은 매일 10시간 일했고, 토요일에는 반나절만 일했다. 매주 54시간씩 노동한 것이다. 신입 노동자에게는 시간노임제를 실시했는데, 학도공 기간에는 한 시간당 1프랑이었다. 후일 임금은 도급제로 지급됐다고 한다.[10] 이 일은 경노동에 속하지만 템포가 빨라 손재간 있는 사람들에게 유리했다. 정초린도 이 공장에서 노동자로 일했다. 얼마 전 내가 그를 취재하러 갔을 때, 그는 "자기는 하루에 열 켤레 밖에 만들지 못했지만, 네 부친은 스무 켤레를 만들었다."고 말했다. 그는 또, 아버지처럼 이렇게 일하면 하루에 약 십오륙 프랑을 벌 수 있었다고 말했다.

1988년, 나는 프랑스 방문길에 당시 아버지가 유학하던 그 공장을 찾아갔다. 그때 사람들의 안내로 이 하킨슨 공장을 견학했다. 약 9,000여 명의 직원을 수용하는 이 공장은 여전히 고무제품을 생산하고 있었다. 널찍한 정원 오른편에 이버지가 일하던 공장 건물이 고스란히 남아 있었다. 그 건물은 공장으로 쓰이지 않고 있었다. 그 위층과 아래층 모두 물건을 잔뜩 쌓아놓은 창고로 변해 있었다. 건물 안이 높직하고 환한 걸로 보아 커루진의 스나이더 제철공장보다는 작업 조건이 훨씬 낳았다는 사실을 알 수 있었다. 이 공장은 100년 전 화재가 났는데, 후에 프랑스의 유명한 건축설계가 구스타브 에펠이 다시 설계했다고 안내원이 알려주었다. 에펠이 설계한 유명한 파리 철탑과 마찬가지로 이 공장 건물 역시 철강 구조물로 건축됐다. 들은 바에 의

하면, 그 당시 세상에서 제일 처음 금속구조물로 만든 공장 건물이었다고 한다. 귀국한 후 나는 아버지에게, 아버지가 일하던 그 공장 건물이 에펠의 설계로 새로 지었다고 하던데 그 사실을 알고 있느냐고 물어봤다. 그러나 아버지는 그때까지 그러한 사실을 모르고 있었다.

그 당시 아버지와 함께 유학했던 정초린의 회고에 의하면, 공장에서 한 5분쯤 떨어진 위치에 자그마한 숲이 있었는데 공장 측에서 그곳에 판잣집을 지어 40여 명쯤 기거할 수 있는 자리를 마련해 놓았다고 한다. 그곳이 중국유학생들의 잠자리였다. 프랑스에 갔을 때 공장 안내원은 나에게 그 판잣집은 허물어버린 지 오래 됐다고 알려주었다. 나는 그 판잣집을 보지는 못했지만 얼마나 허름한 집이었는가 가히 상상할 수 있다. 그때 판잣집에 들어 있던 학생들은 두 사람을 주방장으로 뽑아 식사 문제를 전담시키고 공장의 시간급대로 노임을 지불했다고 한다. 매일 일인당 든 식비는 약 3프랑이었다. 아침은 커피와 빵이었고, 점심과 저녁 두 끼는 고기가 든 요리였다고 한다. 판잣집은 집세를 물지 않았으므로 정초린같이 시간급 노임을 받던 사람은 달마다 100프랑가량씩 모을 수 있었고, 아버지처럼 성과급 노임을 받았던 사람은 200프랑가량 모을 수 있었다.

당시 판잣집에 기숙하던 사람들은 정초린, 왕택해, 이위농, 윤관 등이었고, 안휘에서 온 사람들이 많았다. 1922년 6월 9일경부터 왕약비와 그의 외숙부 황제생 선생도 몽타니의 하킨슨 공장에 들어와 이 판잣집에 기숙했는데, 아버지는 바로 여기서 왕약비를 만나게 됐다.

왕약비는 1896년 귀주 안순의 한 봉건지주 가정에서 태어났다. 친척의 학대에 견딜 수 없었던 그는 8살 때 외숙부 황제생의 집에 가서 살았다. 그때 황제생은 귀주의 저명한 달덕학당에서 교편을 잡고 있었다. 1918년 약비는 외숙부를 따라 일본으로 유학했다. 1919년 10월 왕약비는 또 외숙부와 함께 프랑스로 유학을 떠났다. 그는 퐁텡블루공학에서 프랑스어를 강습받았고, 리옹 부근의 성사몬 제철공장에서 노동자로 일을 하기도 했다. 여기에서 그는 자본주의의 야만적인 착취를 체험했고, 노동자 계급의 생활을 경험했다. 1921년 그는 3대 투쟁에 참가했으며, 점차 자각한 혁명자로 성장했다. 약비는 총명하고 배우기를 즐겼고, 생각이 예민하고 성격이 활발했으며, 남을 너그럽게 대하는 인물이었다. 그는 국민당 감옥에 5년 남짓 갇혀 있었는데 끝까지 자신의 지조를 지키면서 공산당원의 고매한 품성을 보였다. 혁명 시기에 당의 중요한 직무들을 역임했던 그는 불행하게도 1946년 4월 8일 산서에서 비행기 사고로 죽었다. 그때 그의 나이는 50살이었다. 그는 아버지와 우정이 깊었다. 전쟁 기간에 기념으로 서로 사진을 교환하기도 했는데, 그때 그가 아버지에게 준 사진은 줄곧 우리집 가족 앨범에 끼워 있었다. 그는 문화대혁명 중에 집을 잃기도 했다. 왕약비에게는 아들이 하나밖에 없었고, 그 애칭은 모모라고 했는데 이는 나의 애칭과 같다. 왕모모는 나보다 훨씬 연상이었지만 나와는 좋은 친구였다. 왕모모는 그의 아버지 성격을 많이 닮았는데, 그래서 간혹 과음을 즐겼다.

아버지는 하킨슨 공장에서 열여덟 번째 생일을 맞았다. 그즈음 생활이 안정된 데다가 일도 커루진에 있을 때처럼 고되지 않아 그닥 어렵지 않게 살아갈 수 있었다. 아버지와 함께 판잣집에서 생활했던 정초린은 당시를 회상하며 이렇게 말했다. "저녁식사 후 잠자리에 들기 전까지 두세 시간은 자유시간이다. 그쯤이면 판잣집 안은 떠들썩했다. 책을 보는 사람은 몇몇 안 됐는데 때론 한 사람도 없는 적도 있었다. 모두들 한담과 농지거리를 했는데 나행히 싸움질하는 사람은 없었다. 그중에는 사천에서 온 작은 키에 뚱뚱한 몸집을 가진, 나이가 겨우 열여덟 살밖에 안 된 소년이 하나 있었다. 그 애는 날마다 이맘 때쯤이면 늘상 이구석 저구석 뛰어다니며 남들과 우스운 이야기나 농담을 하기도 했다."[11] 이를 보면 아버지는 젊었을 적부터 성격이 아주 쾌활했음을 알 수 있다. 어려운 환경 속에서도 낙관적으로 생각하는 습관을 그는 평생토록 버리지 않았다.

"1922년 10월 17일 아버지와 등소성은 하킨슨 공장의 일을 그만두었다."[12] 그들은 11월 3일 샬레트를 떠났는데, 그때 등록표에는 세너-샤띠론 중학교(College de Chatillon-sur-Seine)로 간다고 적혀 있었다.[13]

할머니의 말에 의하면 아버지는 그때 돈을 좀 부쳐달라고 집에다 편지를 보냈다고 한다. 할아버지는 곡식과 전답을 팔아 마련한 돈을 프랑스의 아들에게 부쳤다. 그때 집안 형편이 어려웠음에도 불구하고 할아버지가 전답을 팔아 돈을 보낸 것은, 그가 아들의 프랑스 유학을 전적으로 지지했다는 사실을 말한다. 1922년 년말에 아버지에게 이 돈이 송금됐다. 그 돈과 하킨슨 공장에서 아홉 달 동안 번 돈을 합쳐 놓고, 아버지는 프랑스로 유학온 목적을 생각했다. 그리하여 아버지는 이 돈으로 공부를 계속하기로 결정했다.

아버지는 샤띠론으로 가기는 했으나 세너 중학교에 다니지는 못했다. 두말할 것 없이 돈이 모자랐기 때문이었다. 두 달 후, 1923년 2월 1일 그는 세너-샤띠론에서 샬레트로 되돌아왔다.[14]

이번에도 학교에 입학하지 못하게 되자 공부를 계속하려던 아버지의 꿈은 마침내 깨지고 만다. 그후 소련에서 중산대학을 다닌 것을 빼놓고는 일생 동안 그는 어떤 정규 학교도 다니지 못했다. 그는 우리에게 자신은 중학교 수준밖에 안 된다고 농담을 한 적이 있다. 아버지의 지식은 그후의 세월 속에서 금자탑을 세우듯 독학으로 쌓은 것이다. 그의 지혜도 혁명투쟁 기간 중 몸으로 실천하는 가운데 얻은 것이다.

아버지는 배우기를 즐겼다. 그는 평생토록 배움을 그칠 줄 몰랐다. 책에서 배웠고, 일 속에서 배웠고, 사회생활의 활동무대에서 배웠으며, 특히 그는 혁명투쟁의 실천 속에서 배웠다. 그것은 우리가 학교에서 배운 것보다 더 많은 양이다.

아버지는 특별히 독서를 즐겼다. 고금의 명작들, 역사인물의 전기, 시사평론집, 나아가서는 24사를 포함해 무슨 책이나 다 읽었다. 역사고전 가운데 아버지가 가장 즐겨 읽은 것은 《자치통감》이다. 아버지에게는 또 한 가지 기호가 있는데, 그것은 사전을 뒤지는 일이다. 나는 어려서부터 늘 아버지의 분부를 따라 단어 하나의 뜻을 찾기 위해 사해, 사원, 강희자전을 뒤져야 했다. 그 결과 나 역시 사전을 뒤지는 취미를 갖게 됐다.

1923년 2월 2일 아버지는 하킨슨 공장으로 되돌아왔다. 덧신 만드는 공장에서 한 달 남짓 일한 그는 3월 7일 하킨슨 공장을 떠난다. 그의 공원증에는 그가 떠난 이유가 '작업거부'라고 기록되어 있다.[15]

아버지는 먹고 살 만해서 하킨슨 공장을 떠난 것이 아니다. 1922년 그의 평생의 운명을 결정하는 대사변이 일어났기 때문이다.

1922년 6월, 프랑스의 중국유학생들 중 우수한 청년들이 유럽 중국 소년공산당(이듬해 유럽 중국공산주의청년단으로 개칭)을 조직했다. 그 해 여름과 가을이 바뀌는 계절 아버지는 이 조직에 청년당원으로 가입했다. 청년단원에서 시작해 마르크스주의와 공산주의의 신앙자가 된 것이다.

1923년 하킨슨 공장을 떠난 그는 그때부터 직업혁명가가 됐다. 1922년 초 그가 하킨슨 공장을 들어갈 때만 해도 단지 애국사상을 가진 진보적인 청년에 지나지 않았다면, 1923년 3월 이 공장을 떠날 때 그는 정치적 각성과 함께 공산주의 이상을 택한 혁명청년이 됐다고 할 수 있다.

수많은 열혈 청년들이 아버지보다 이르거나 같은 시기에, 프랑스에서 또 유럽에서 혁명의 길로 들어섰다. 그들은 혁명조직을 묶어 활동을 시작했다. 다음 장에서 나는 그들의 이 혁명 여정에 대해 일부분을 소개하고자 한다.

주 ──────────────────────────────────────

1. 진지룽·하양, 《왕약비전(王若飛傳)》, P. 44.
2. 제47 AS8번 프랑스 국가당안, 샹부르랑 공장 노동자모집 명단.
3. 나한, 《근공검학생활적일단(勤工儉學生活的一段)》, 《혁명주간(革命周刊)》, 1928년 12월 15일 제75호.

4. 같은 책.
5. 제47 AS8번 프랑스 국가 당안, 샹부르랑 공장 당안.
6. 황리주, 《사천유법근공검학운동(四川留法勤工儉學運動)》. 《사천문사 자료선집(四川文史資料選輯)》, P. 1.
7. 정초린의 회억.
8. 샬레트시 외국인 등록부.
9. 하킨슨 공장 공원증.
10. 제47 AS9번 프랑스 국가 당안, 프랑스 중국청년구제위원회 주석에게 보낸 하킨슨 공장 매니저의 편지, 1922년 3월 18일.
11. 정초린의 회억.
12. 하킨슨 공장의 당안, 등희현의 공원증.
13. 샬레트 시 외국인 인명부.
14. 위와 같음.
15. 하킨슨 공장 당안, 등희현의 공원증, 하킨슨 공장 중국노동자 인명부.

17 재 유럽공산주의 조직의 창건

앞에서 나는 1917년 러시아의 10월혁명과 우리나라에서 일어난 5·4운동이 중국을 세차게 뒤흔들었다고 소개했다. 중국의 수많은 진보적인 청년들은 이러한 기운을 받고 새로운 탐구를 시작했다. 그중 이대소, 진독수 등 제일 먼저 마르크스주의와 접했는데, 그들은 다른 많은 사람들에게 영향을 미쳤다.

호남 청년 모택동과 채화삼은 1918년 '신민학회'라는 혁명 단체를 조직했다. 이 신민학회의 회원인 채화삼, 이유한, 이부춘 등은 앞다투어 프랑스로 유학했다. 국내에서 벌써 진보적이고 혁명적이었던 이 청년들은 프랑스에 가서도 그 연구와 탐색을 계속했다.

1920년 2월 이유한, 이부춘, 장곤제 등이 '유학격려회'를 세웠다. 1920년 채화삼은 프랑스로 건너와 몽타니공학에서 수학했다. 그는 수업은 뒷전이고 '날마다 사전과 신문을 손에서 놓지 않았으며', 마르크스주의와 각국 혁명운동에 관한 소책자를 '미친듯이 읽고 번역'했다. 이리하여 프랑스의 신민학회 회원의 중심지는 재빨리 몽다니로 옮겨졌다.

1920년 7월 채화삼, 향경여, 이유한, 장곤제, 나학찬, 채창 등 신민학회 회원들은 몽타니에서 모임을 갖고, 중국과 세계를 개혁하려면 어떻게 해야 하는가에 대해 토론했다. 채화삼은 격렬한 혁명을 전개하기 전에 공산당을 조직해 10월혁명의 길을 걸어야 한다고 주장했고, 기타 사람들은 온화한 혁명 혹은 무정부주의를 주장했다. 그들은 탐구하면서 국내의 모택동과 빈번한 서신 거래를 가졌다.

1920년 8월 유학격려회는 '유학세계사'로 개칭했다. 회원은 이유한, 이부춘, 장곤제, 왕택해, 나학찬 등 30여 명이었다. 10월에 유학세계사는 몽타니에서 사흘 동안 회의를 가졌는데 채화삼도 토론에 참가했다. 열렬한 토론 끝에 대다수 회원들이 마르크스주의와 러시아식 사회혁명을 실행할 것을 주지(主旨)로 결정했다.

유학세계사는 프랑스 중국유학생들 속에서 제일 먼저 성립된 사회주의 성격의 단체이다. 이 단체는 신민학회와 함께 몽타니를 중심지로 마르크스주의를 적극 학습 전파했으며, 1921년에 유학생들이 일으킨 두 차례의 대규모 대중운동을 지도했다.

1920년 6월 조세염이라는 청년이 프랑스로 왔다. 조세염은 1901년 사천성에서 태어났다. 어려서부터 신사상의 영향(그의 둘째형이 동맹회 회원이었다)을 받은 그는 북경고등사범학교 부속중학교에서 공부하는 기간에 5·4운동에 적극 뛰어들었고 학생회 간사장으로 당선됐다. 그는 중학교를 졸업한 지 얼마 안 되어, 이대소 등이 발기한 소년중국학회에 가담해 학회와 간행물의 책임자로 후일 반월간지 '유학'을 펴냈다. 이대소의 격려와 원조 아래 그는 사회주의 성격을 띤 유학운동에 적극 뛰어들었다. 1920년 3월에 반동적인 북경 정부의 경찰청은 조세염이 주도하는 반월간지 유학을 차압했다. 이 사건은 그를 더욱 혁명의 길로 끌어들였다. 프랑스에서 조세염은 여러 공장에서 일했으며, 실업의 쓴맛도 보았다. 이로부터 그는 자본주의 세계에 대해 눈뜨기 시작했다.

1921년 조세염과 이립삼 등은 유학생과 중국 노동자가 많이 집중돼 있는 커루진에서 '노동학회'를 발기했다. 최초의 취지는 프랑스에서의 유학운동을 끝까지 해나가자는 것이었다. 구성원들로는 진공배, 유백견, 원경은 등이 있었다. 왕약비와 서특립, 황제생 두 선생도 그들을 적극 지지했다. 노동학회는 혁명을 위해 먼저 중국 노동자들을 한데 묶어야 한다고 주장했다. 수많은 중국 노동자들 또한 그들을 환영했다.

몽타니를 중심지로 하는 유학세계와 커루진이 중심이 된 노동학회는 중국유학생들의 진보적인 두 단체였다. 초기 단계에서 이 두 단체는 견해 차이와 대립된 면을 보였지만, 유학운동이라는 큰 주제 아래 그들은 하나로 뭉쳤다.

1921년 초 중국유학생들은 생존 위기에 직면해 있었다. 유학생들은 자발적인 데모를 시작했다. 투쟁이 진행됐던 당시 몽타니의 신민학회와 고학세계사는 채화삼의 지도 아래 정세를 분석하고, 파리 교외 학생들의 투쟁을 유발시켰다. 2월 하순 채화삼, 왕약비, 이유한, 장곤제, 향경여, 채창 등도 파리로 가서 그 투쟁에 참가했다. 노동학회의 조세염, 이립삼 등은 이 투쟁에 참가하진 않았지만 선언문을 작성했다. 이 2.28운동 후에 채화삼의 몽타니파와, 조세염 이립삼의 노동학회파는 투쟁의 방법상 단결의 필요성을 실감했다.

1921년 여름, 조세염은 몽타니로 가서 채화삼과 회담을 가졌다. 사흘 동안의 회담을 거쳐 그들은 완전한 의견 일치를 보았다. 쌍방은 앞으로 같이 문제를 연구하고 혁명하며, 마르크스주의를 표방할 것을 선언했다.[1] 한편, 프랑스의 유학운동이 이와 같은 길을 걸어가기 시작하기 전, 영국에 있던 주은래가 1921년 2월 중순 프랑스로 넘어왔다.

주은래에 대해서는 세상에 모르는 사람이 없을 만큼 유명하다. 그는 1898년 강소의 옛 도시 회안에서 태어났다. 12살 때 집을 떠나 동북으로 공부하러 갔던 그는, 15살에 천진 남개학교에 입학해 공부했다. 중학교를 다닐 때부터 그는 나라와 백성을 위하려는 애국심이 싹트고 있었다. 1917년 일본으로 유학한 그는 거기서 민족의 위기를 절감했고, '신청년' 등 진보적인 사조의 충격을 받았다. 1919년 귀국한 주은래는 다시 5.4운동의 영향을 받았다. 그는 등영초, 곽융진, 유청양 등 20여 명과 함께 '각오사'를 조직했다. 혁심(革心)과 혁신(革新)의 정신으로 사람들의 자각과 자결을 구하는 것이 이 각오사의 취지였다. 그때부터 주은래는 천진 학생들의 반제애국 투쟁에 여러 차례 참가했고, 그 운동을 영도했다. 당국에 의해 체포됐다가 출옥한 후 그는

1920년 11월에 상해를 거쳐 유럽으로 유학을 갔다. 프랑스에서 반 달 동안 머무르다가 영국으로 공부하러 갔지만 학교에는 들어가지 못했다. 영국에서 그는 유럽 대전 이후 흔들리고 있는 유럽 사회의 실체를 보았다. 당시 영국에서는 대규모 노동자 파업의 물결이 런던과 전국을 휩쓸고 있었다. 그는 영국의 노동자운동을 쉽게 관찰할 수 있었다.

1921년 2월 주은래는 프랑스로 왔다. 그는 프랑스어를 배우는 한편 신문사에 기고도 하고 번역도 했다. 대전 후 유럽의 사회에는 각종 사상이 뒤섞여 남발하고 있었다. 주은래는 거듭되는 학습과 사고를 거쳐 마침내 공산주의 신념을 확고히 다졌다. 그 이전 1920년 12월 장신부와 유청양이 프랑스로 왔다. 장신부는 국내에서 이대소 등이 조직한 중국공산당 창건 준비활동에 참여했는데, 진독수와 이대소는 그에게 해외조직 건립을 위탁했다. 1921년 봄 주은래는 장신부와 유청양의 소개로 중국공산당의 8개 발기소조의 하나인 프랑스 공산주의 소조에 가입했다. 이때부터 주은래는 생명의 마지막 순간까지 자신의 재능을 공산주의 위업에 바쳤다.

주은래가 프랑스에 온 시기는 바로 제1차 유학투쟁이 고조에 오른 때였다. 6월 주은래와 고학세계사의 원자정 등은 각계 인사들과 협력해, 중국 정부가 군수품 구입을 위해 프랑스로부터 차관을 얻어내려는 것을 반대하는 투쟁을 벌였다. 이때부터 그는 프랑스의 중국유학생 투쟁과 혁명 투쟁에서 지도적 지위에 나선다.

9월 커루진의 조세염, 이립삼과 몽타니의 채화삼 등은 중국유학생들의 리옹 중불대학의 입학을 쟁취하기 위한 투쟁을 시작한다. 9월 17일, 그들은 먼저 파리에서 '유학생연합회'를 세웠다. 20일 조세염, 채화삼, 이립삼, 진의, 진공배, 장곤제, 나학찬 등 100여 명 학생들로 구성된 선발대가 리옹으로 진군하고, 주은래, 왕약비, 이유한 등은 파리에서 호응하기로 했다. 이 투쟁은 프랑스 군대와 경찰에 의해 진압됐다. 그리고 채화삼, 진의, 장곤제, 나학찬 등은 축출당해 귀국길에 오른다. 하지만 이 몇 차례의 투쟁은 유학생들의 단결력을 배양시키는 계기가 됐다. 또 통일된 공산주의 조직을 건설하는 초석이 됐다.

조세염은 프랑스 중국유학생들의 공산주의 단체 창건을 준비한 지도자다. 국내에 있을 때 그는 중국공산당의 창건을 준비하던 이대소, 진독수 등과 많은 접촉을 가졌다. 1921년 3월 조세염은 프랑스에 와 있는 장신부, 유청양과 주은래와 연락을 맺고 파리 공산주의 소조를 세웠다. 이 소조에는 장신부, 유청양, 주은래, 조세염, 진공배 등 5명의 당원이 있었다. 중공 유럽 지부의 전신인 이 소조는 하나의 비밀 조직이었다.

1921년 7월, 많은 사람들에게 알려지지는 않았지만 중국의 전도와 운명과 크게 관계하는 중대한 사변이 일어났다. 이대소, 진독수를 수반으로 하는 공산주의자들이 중국공산당을 창건했던 것이다.

이 공산주의 정당은 탄생 초기에 당원이 50여 명밖에 안 됐다. 그러나 공산주의의 불꽃은 중국 대지에 급속히 파급돼 눈깜짝할 사이에 요원의 불길처럼 타올랐다. 이 조직은 비단 중국의 대지에서 부단히 발전해 나갔을 뿐만 아니라, 해외의 중국혁명자들 속에서도 성숙되어 갔다. 1922년 유럽 유학생들의 공산주의 조직 창건은 역사적 시간 속으로 들어섰다.

1921년 말 프랑스 군경의 체포를 피해 프랑스 북방에 가 있던 조세염은 프랑스, 독일, 벨기에의 주은래, 이유한, 유백견, 왕약비, 부종 등과 밀접한 서신 연락을 거쳐 유럽 중국소년공산당을 조직할 것을 논의했다. 1922년 초에 조세염과 주은래는 파리에서 이에 대한 협의안을 만들었다. 그뒤 조세염과 이유한은 프랑스에서, 주은래는 독일에서, 섭영진과 유백견은 벨기에에서 각각 조직의 창건 준비에 착수했다. 조세염은 그때 이미 귀국한 이립삼과 연락을 가져 국내의 사회주의청년단 규약과 관계 서류들을 얻어놓고 있었다.

1922년 6월 재 유럽 중국청년들의 공산주의 조직이 탄생됐다.

이 조직의 제1차 대표대회는 파리 교외 부롱뉴 삼림 속에서 거행됐다. 대표대회는 사흘 동안 열렸는데 프랑스, 독일, 벨기에 3개 국가의 유학생 대표 18명이 참가했다. 조세염, 주은래, 이유한, 왕약비, 소박생, 유백견, 원경운, 임탁선, 진연년, 윤관, 이위농, 정초린 등이 그들이다. 회의 장소는 숲 속 자그마한 공지에 설치됐다. 그들은 노천 커피점에서 단지 걸상 18개를 빌려와 그곳에 둘러앉았다. 회의는 조세염이 주도했다. 먼저 조세염과 주은래가 준비 경과와 조직 규약에 대해 보고했다. 토론을 거쳐 명칭을 '재 유럽 중국소년공산당'이라고 했다. 조세염, 주은래, 이유한이 중앙집행위원회 위원으로 뽑혔다. 조세염이 서기를 담임하고, 주은래가 선전을, 이유한이 조직 사무를 책임졌다. 위원회는 파라 제13구역, 이탈리아 광장 근처의 거드푸루바 거리 17번지의 작은 여관에 사무소를 설치했다. 이렇게 되어 프랑스 중국유학생들의 공산주의 조직이 정식으로 출범했으며, 이어 독일, 벨기에로 확산되어 갔다.

중국소년공산당은 창설된 그날부터 급속히 발전하기 시작했다. 창건 초기에는 성원이 30여 명밖에 안 됐지만, 반년 후 72명으로, 1924년에 이르러서는 200여 명으로 늘어났다. 유럽의 중국유학생 가운데 수많은 청년들이 당의 조직 속으로 모여들기 시작한 것이다.

소년공산당은 중공 유럽 지부의 절대적인 지지 밑에서 활동했다. 조세염은 소년공산당 중앙집행위원회 서기였을 뿐만 아니라, 중공 프랑스 소조의 서기이기도 했다. 그와 주은래는 두 사람 다 품성이 고매하고 조직 능력과 영도 능력이 강한 지도자였다. 소년공산당 동지들은 그들을 무척 존중하고 사랑했다. 채창은 "세염과 은래는 온 몸에 총기가 배인 사람이다."고 말했던 적이 있다.

소년공산당은 창설된 후 국내 당 중앙에 창설 과정을 보고했다. 1922년 11월 20일, 소년공산당의 이유한이 귀국해 당 중앙에 보고를 올리고, 소년공산당을 국내의 사회주의청년단에 귀속시킬 것을 요구했다.

1923년 2월 17일과 19일에 소년공산당은 임시대표대회를 소집했다.

회의 장소는 파리 서쪽 교외의 작은 마을이었고, 모두 42명 대표가 회의에 참석했다. 그들 가운데는 창립대회에 참석했던 동지들을 제외하고, 새로이 진교년, 섭영진, 등희현, 부종 등이 참가했다.[2] 회의는 재 유럽 중국소년공산당을 '유럽 중국사회주의청년단' 혹은 '중국사회주의청년단 유럽 지부'로 개칭하며, 그 영도 기구를 재 유럽 공청단 집행위원회로 개칭할 것을 결정했다. 조세염, 왕약비, 진연년, 진교년 등 12명이 중공 중앙의 결정에 의해 소련 동방 노동대학으로 학습을 가게 됐으므로, 회의는 주은래 등 5명을 새로 선거하여 제2기 집행위원회를 구성하고 유백견, 원자정 등 3명을 후보위원으로 뽑았다. 주은래가 집행위원회 서기직을 맡았다.

이때에 이르러 중국공산주의청년단 유럽 지부는 제2의 조직기에 들어섰다. 이 시기에 각 기관이 설치됐으며, 중공 중앙과 중국공산주의청년단과의 예속 관계가 정식으로 확정됐고, 조직 명칭이 정식으로 명명됐다. 뿐만 아니라 기관 간행물 〈소년(少年)〉이 창간됐다. 중국공산주의청년단 유럽 지부는 갈수록 그 구성과 사업이 확장됐다.

주 ────────────────────────────────

1. 이립삼, 《프랑스 유학 시절의 조세염 동지(回憶留法期間趙世炎同志)》.
2. 《조세염 생애 사료(趙世炎生涯史料)》. 《사천문사 자료선집》, P. 193.

18 혁명 노정의 기점

아버지는 그때를 회고하며 이렇게 말했다. "프랑스에 가 있는 5년 2개월 동안에 나는 4년 정도(나머지 1년은 당에서 일했다) 노동자 생활을 했다. 노동자 생활 속에서, 그리고 학우들의 영향과 도움 속에서, 프랑스 노동운동의 영향 속에서 나는 사상의 변화를 갖게 됐다. 일부 마르크스주의 서적들도 그때 접촉하기 시작했다. 나는 공산주의를 선전하는 집회에 더러 참가하면서 혁명 조직에 들고 싶은 요구와 염원이 생겼다. 그러다 마침내 1922년 여름에 중국사회주의청년단의 일원이 됐다. 나의 입단 보증인은 소박생, 왕택해 두 사람이었다."

1922년 2월부터 아버지는 줄곧 몽타니 근처 하킨슨 공장에서 노동자로 일했다. 몽타니는 선진적인 유학생들의 운집지였으며, 재 유럽 중국유학생들의 공산주의 조직의 발원지 가운데 하나였다. 하킨슨 공장에도 선진적 사상을 가진 유학생들이 모여 있었다. 아버지는 그들의 활동에 참가하지는 않았으나 많이 보고듣는 가운데 점차 혁명사상을 접하기 시작했고, 《신청년》, 사회주의 토론집 등 서적과 간행물을 읽기 시작했다.

당시 프랑스의 청년들 속에는 여러 사상과 사조들이 유행했다. 무정부주의 사조가 특히 성행했다. 진독수의 두 아들 진연년과 진교년도 한동안 이 무정부주의에 열중했다. 하지만 아버지는 나이는 어렸지만 내내 이런 사상의 영향을 받지 않았다. 그는 이렇게 회고한다. "사람들이 변론하는 것을 들을 때마다 나는 언제나 사회주의 편에 섰다." 그는 애초부터 마르크스주의 사상과 공산주의 사상을 접했으며, 애초부터 무산계급혁명의 길을 택했던 것이다. 뿐만 아니라 70년의 여정과 세월의 신고를 겪을대로 겪었으면서도 내내 그 사상을 바꾸지 않았다.

소련에서 공부할 때 그는 자신에 대해 이렇게 말했다. "생활의 쓰라림과 자본가 주구의 욕설은 직간접적으로 나에게 큰 영향을 주었다. 처음에는 자본주의에 대해 호기심이 있었지만 심각하게 각성하지 못했다. 후에 사회주의 더욱이 공산주의에 관한 지식을 접하는 한편, 이미 각성한 사람들로부터 선전을 받으면서, 그리고 직접 고통을 겪으면서 중국사회주의청년단 유럽 지부에 가입했던 것이다. 한마디로 말해 나는 종래로 다른 어떤 사상의 침입을 받지 않았으며 줄곧 공산주의적이었다."

이는 1926년 프랑스에서 공산주의 혁명 대오에 가입하던 때의 생활에 대한 반성으로, 22살 난 청년인 자신이 왜 18살에 공산주의 이상을 택했고, 혁명의 길에 들어섰는가를 여실히 분석한 것이다.

아버지는 몽타니에서 입단했고, 채창 등과 함께 파리에 가서 입단 선서를 했다. 입단 선서 대회에서 그들은 각자 한 사람씩 선서를 했는데, 그때 심정이 더없이 격동됐다고 아버지는 말했다. 몇 십 년 후에 그들은 한 자리에 모여앉아 당시의 광경을 눈앞에 보듯이 생생히 회고했다.

채창은 1900년 호남에서 태어났다. 일찍이 모택동이 창설한 신민학회에 가담했고, 향경여와 함께 부인공학단을 조직했다. 1920년 채창은 자기보다 연상인 채화삼과 함께 어머니 갈건호를 모시고 프랑스로 유학했다. 그는 리옹, 파리 등지에서 일하면서 프랑스에 있는 신민학회 회원 채화삼, 향경여 등이 연 토론에 적극 참가했다. 그는 몽타니의 유학세계사 등 진보적 단체에 참가했으며 '차관 거절 운동' 등 프랑스 유학생들의 투쟁에 참가했다. 그는 1922년 리옹에서 중국사회주의청년단 유럽 지부에 가입했고, 1923년에 중국공산당 유럽 지부의 정식 당원이 됐다.

아버지는 프랑스에 있을 때 채화삼과 익숙한 사이가 아니었으나 채

창과는 썩 잘 아는 사이였다. 채창이 그보다 4년 연상이었기에 아버지
는 줄곧 그를 '누님'이라고 불렀다. 채창은 이부춘과 프랑스에서 평생
의 동반자가 됐다. 아버지는 그들과 아주 가깝게 지냈다. 그는 이부춘
을 형님이라 불렀고 채창을 누님이라고 불렀다. 이부춘과 채창도 그를
'꼬마동생'이라고 친근하게 불렀다. 그후 그들은 파리 공청단 지부에서
함께 일했는데, 그때 아버지는 한동안 그들과 함께 기숙했다. 아버지
는 늘 채창이 만든 국수를 먹곤 했다고 우리에게 말했다. 아버지와
그들 사이의 우정은 몇 십 년 동안 지속됐다.

  1957년에 우리집은 중남해(中南海)로 이사했다. 회인당 옆에 경운
당이 있었는데 그 안에 뜰이 4개 있었다. 이부춘과 채창네 집은 첫번
째 뜰에 있었고, 우리집은 세번째 뜰에 들어 있었다. 이웃에서 살게
된 우리 두 집은 사이가 더욱 가까워졌다. 아버지와 어머니는 늘 우
리를 데리고 채 아주머니네 집에 마실을 다녔다. 이부춘은 진한 호남
말씨를 썼는데, 내 동생 비비를 부를 때면 언제나 '휘휘'라 부르곤 했
다. 우리는 아버지의 '형님과 누님'을 무척 존중했다. 어머니와 채 아
주머니의 사이도 아주 가까웠다. 어머니는 채 아주머니를 무척 존경했
으며, 일이 있으면 늘 그한테 가르침을 얻곤 했다. 국무원 부총리였던
아버지와 이부춘은 일 관계로 자주 출장을 다녔다. 그러다 보니 우리
두 집 식구들은 기타 동행자들과 함께 동북으로, 서북으로, 서남으로,
화동으로 며칠씩 기차를 타고 가곤 했다.

  문화대혁명 때 아버지는 비판 투쟁을 당했을 뿐만 아니라 연금까지
당했다. 그때는 실로 이 세상에서 감히 우리와 접근하는 사람이 없었
다. 접촉하려 해도 할 수도 없었다. 어느 날 이부춘의 경호원 공씨가
우리 집의 오랜 공무원한테 담배 두 보루를 남몰래 찔러넣어주며 부춘
동지가 보내는 것이라고 말하고는 이내 자리를 피한 적이 있다. 이
담배는 귀중한 물건은 아니었지만 이부춘과 채 아주머니의 정치적인
관점을 명백히 말해주고도 남음이 있다. 거기에는 옛 전우, 옛 동지의
감정이 고스란히 담겨져 있었다. 이부춘은 문화대혁명 중에 세상을 떴

다. 후에 채 아주머니는 중병으로 장기간 입원해 있었는데 아버지와 어머니는 자주 병문안을 갔다. 1990년 채 아주머니의 90회 생일에 어머니는 우리를 데리고 병원으로 가서 축수를 드렸다. 채 아주머니가 세상을 떴을 때 아버지는 커다란 화환을 보냈으며, 어머니는 아버지를 대신해 장례식에 참가했다. 장장 몇 십 년 계속되어 온 이 우정은 혁명적 우정으로서 형제간의 우정과도 같았으며, 형제간의 우정보다 더 짙은 것이었다. 이 우정을 직접 보아온 우리 후배들은 깊이 감동됐고 그 속에서 깊은 뜻을 받았다.

1923년 초부터 주은래가 중국공산당 유럽 지부와 중국사회주의청년단 유럽 지부의 지도자가 됐으며 이부춘, 채창 등도 혁명자로 활약했다. 그러나 아버지는 그때까지만 해도 공산주의 사업의 전당(殿堂)에 발을 갓 들여놓은, 아직 세련되지 못한 청년 혁명가에 지나지 않았다. 그러나 젊고 열정적이고 진취적이었던 아버지는 추호의 주저함도 없이 확고한 혁명의 발걸음을 떼었다. 주은래 등 지도자들의 인도와 양성 아래 그는 직업혁명가로서의 평생의 사업을 시작했다.

1923년 6월 11일 아버지는 몽타니 근처의 샬레트에서 떠났다. 그가 떠나간 곳은 가레네-콜롬보 델라 포인트 거리 39번지였다.[1] 이 시기 그는 청년단 집행위원회 서기부에 소속되어 임시로 막일을 하는 한편, 파리에서 청년단 유럽 지부의 사업에 종사했다.

청년단에 가입한 후 아버지는 사상성이 높아졌을 뿐만 아니라 정신적인 면모도 판이하게 달라졌다. 1922년 초 하킨슨 공장에 갓 왔을 때만 해도 활발하고 장난꾸러기 같은 소년에 지나지 않았으나, 청년단에 가입하면서 순식간에 어른스러워졌다. 그 당시 프랑스 유학생이었던 오기(吳琪)는 이렇게 회고했다. "내가 접촉한 학우 가운데 나이가 제일 어린 학생이 아마 등소평 동지였을 것이다. 1922년 하반기에 내가 파리 교외의 한 식당에서 그를 처음 봤을 때, 그는 스무 살도 안 됐다. 그는 나이는 어렸지만 무척 노숙했고 총명했으며, 몸도 튼튼하고 정신도 꽉 차 있었다. 말을 시원시원하게 했고 목소리가 옹글지고 힘이 있었다. 그때로부터 반 세기가 지났지만 이 모든 것은 나의 머리 속에 생생히 남아 있다."

이로써 알 수 있듯이 한 사람에게 이상이 생기고, 명확한 신념과 그 목표가 생기게 될 때, 그 사람은 바야흐로 새로운 생명을 가지고 다시 태어난다.

1922년, 중국 국내 정세는 급속히 변화됐다. 손문은 몇 차례의 좌절과 실패 끝에 마침내 새로운 혁명로를 택했다. 그는 1922년 여름부터 국민당을 재조직하는 준비를 시작했고, 한편 진독수, 이대소 등 공산당원들을 초빙해 재조직 지도사업을 하게 했다. 그런 후 첫째 러시아와 연합하고, 둘째 공산당과 연합하며, 셋째 부조농공(扶助農工)하는 3대 정책을 확정했다.

1922년 6월, 즉 유럽소년공산당의 창건과 아울러 중국공산당 중앙위원회는 '시국에 대한 중국공산당의 주장'을 발표하여, 손문을 수반으로 하는 국민당 등 혁명적 민주파와 공동 민주주의 연합전선을 세울 것을 제기했다. 1923년 6월 중국공산당은 광주에서 소집된 제3차 대표대회에서 전체 공산당원들이 개인의 신분으로 국민당에 가입함으로써, 각 민주계급의 통일전선을 건립하기로 결정했다. 이때 손문은 왕경기를 프랑스에 보내 국민당 지부의 설립을 준비하도록 했다.

왕경기는 원래 프랑스 유학생 출신이었는데, 리옹 중불대학 입학쟁취투쟁에 참가했다가 축출당해 귀국한 사람이다. 왕경기는 프랑스에 도착한 후 즉시 주은래 등과 연락을 가졌다. 그해 6월 16일, 주은래 등은 왕경기와 유럽 중국공산주의청년단 단원들 전부가 개인의 신분으로 국민당에 가입한다는 협의를 달성했다. 11월에 국민당 유럽 지부가 리옹에서 설립됐다. 왕경기가 집행부장으로, 주은래가 총무과 주임으로, 이부춘이 선전과 주임으로, 섭영진이 파리 통신처 처장으로 당선됐다. 아버지도 기타 청년단원들과 마찬가지로 1923년에 개인 자격으로 국민당에 가입했다.

이때부터 유럽 국공 양당의 통일전선사업은 생기가 넘치기 시작한다. 이와 같은 정세에 직면해 국민당의 우파분자들은 공포에 떨며 공산당을 미친듯이 공격했다. 당시 주은래가 중국공산당과 공청단원들을 영도해 그들과 정면으로 맞서 싸웠기에 국민당 우파들은 그를 뼈에 사무치도록 미워했다. 어느 한 차례 회의에서 그자들은 권총을 빼 주은래를 조준했는데, 다행히 우리 동지들이 급히 손을 씀으로써 그들의 음모는 달성되지 못했다.[2]

1923년 중국공산당 유럽 지부와 청년단은 마르크스주의를 선전하고 조직을 확대하는 외, 7월 프랑스 유학생들과 중국노동자들을 선도해 중국철도를 '공동 관리'하려는 제국주의 열강에 반대하는 투쟁을 벌였다. 주은래, 서특립, 원자정, 허덕형 등의 발기하에 22개 프랑스의 중국인 단체들이 파리에서 집회를 갖고, 재 프랑스 각 단체연합 임시위원회를 설립했다. 주은래가 중문서기로 뽑혔다.

아버지는 1922년 공청단에 가입한 후 빠르게 성장했다. 그의 회고에 의하면 그때 그는 바예(Bayeux) 지부에서 2기 동안 선전 간사로 있었으며, 지부의 명령에 의해 부열과 함께 중국 노동자들을 위한 노동자 순보(旬報)를 꾸렸다.

1923년 여름에 그는 지부 사업에 참가했다. 요환성의 회고에 의하면, "1923년 6월 유럽 지부는 제2차 대표대회를 소집했는데 그때 등소평 동지가 위원회에 들어왔다."[3] 강택민 동지도 이렇게 회고했다. "1923년 여름 학교에서 방학을 하자 나는 교비성과 함께 파리로 가서 임시 일기리를 찾았다. 이때 마침 유럽 공청단 제2차 대표대회에서 지도부를 개선하고 있었다. 그때 우리 둘은 대표 자격으로 대회에 참석했다. 회의는 서기국을 다시 선출했는데, 주은래가 서기를, 이부춘이 선전을, 윤관이 조직사업을 맡았으며, 부종, 등소평도 책임자가 됐다. 또 회의에서는 〈소년〉을 〈적광(赤光)〉으로 개칭하기로 결정했다. 그러나 사실상 이 결정은 1924년 2월에 이르러서야 실시됐다."[4]

이처럼 1923년 여름부터 아버지는 일개 보통청년에서 열성자로 성장했으며, 청년단의 지도 기구에 들어가 일하기 시작했다. 요환성과 강택민은 아버지가 당시 무슨 사업을 맡았는가에 대해서 분명하게 쓰지 않았다. 내가 분석하건대 아버지는 그저 지부 책임자의 지도하에 일부 구체적인 일을 했을 뿐 지부의 지도 일꾼은 아니었다고 본다. 왜냐하면 그는 당시 청년단의 영도자가 되기만 하면 자동적으로 중국 공산당 정식당원이 됐다고 말했는데, 1923년까지도 그는 청년단원에 지나지 않았고 1924년에야 정식당원이 됐기 때문이다.

1922년 소년공산당이 설립된 지 얼마 안 되어 8월 1일 기관간행물 〈소년〉이 창간됐다. 편집부는 소년공산당 기관과 함께 거드루바 거리 17번지에 있는 그 자그마한 방에서 일을 시작했다. '공산주의 학리를 전파하는 것'이 그 과업이었다. 〈소년〉에는 마르크스와 레닌의 저작을 번역해 실었고, 국제공산당과 국제소년공산당의 문건과 소식들을 실었다. 조세염, 주은래, 장신부 등도 〈소년〉에 글을 발표했다. 그들은 공산당의 성격과 역할에 대해 천명하고 마르크스-레닌주의 기본원칙을 해석했으며, 또한 무정부주의분자들과 논쟁을 벌였다. 〈소년〉은 도합 13회 출판됐다. 채창은 이렇게 회고했다. "〈소년〉은 번갈아가며 편집했다. 등소평과 이대장이 등사 원지를 쓰고 이부춘 동지가 발행했다. 후에 간행물의 명칭을 〈적광〉이라고 고쳤다. 〈적광〉은 때론 3일만에, 때론 2일만에, 때론 한 달만에 한 호씩 나오는 비정기간행물이었다. 〈소년〉사는 파리 이탈리아 광장 S거리 5번지의 한 커피점의 위층에 자리잡고 있었는데, 나는 1948년에 가본 적이 있다. 등소평과 이부춘은 낮에는 편집일을 보았고, 밤에는 당의 사업을 했다."5

이탈리아 광장 한 옆의 자그마한 커피점에 대해 아버지는 깊은 애정을 가지고 있었다. 1974년 유엔 회의 차 뉴욕에 가는 도중 파리를 지날 때 아버지는 수행들에게 그와 그의 전우들은 이탈리아 광장 부근에 살았는데 늘 그 커피점에 커피를 마시러 다녔다고 알려주었다. 그는 프랑스 주재 중국대사관의 직원에게 이탈리아 광장으로 데려다 달라고 했다. 거기에 가서 광장을 둘러보고 난 그는 "죄다 변했군!" 하고 감개에 젖어 말했다. 원래 있던 그 커피점의 커피를 못 마시게 되자 아버지는 머무는 동안 대사관에 일러 매일 아침 거리의 커피점에서 커피를 사오게 했다. 아버지는 그만큼 프랑스식 가게의 커피를 진짜 커피로 생각하며 즐겼다. 뿐만 아니라 그는 또 그 프랑스 가게와 그의 고향 사천의 찻집을 함께 담론하기를 즐겼다.

1923년부터 아버지는 직접 주은래의 지도 밑에서 일하기 시작했다. 그때부터 그는 정식으로 철저한 직업혁명가가 됐다.

1924년 2월 1일 유럽중국공산주의청년단 기관간행물 〈소년〉은 〈적광〉으로 개칭되어 정식 출판됐다. 〈소년〉이 비교적 이론에 치중한 간행물이었다면, 〈적광〉은 보다 전투성을 띠고 있었다. 이론적인 〈소년〉을 실제적인 〈적광〉으로 고친 것은, 유럽 당과 공청단의 업무가 실천투쟁과 보다 직접적으로 이어졌으며, 그것을 혁명사업에 적응시켰음을 보여준다.

〈적광〉 제1호에 발표된 선언은 다음과 같이 지적하고 있다. "우리는 현 중국의 시사적 사건들을 평론할 뿐만 아니라, 중국이 그 혼란에 빠진 근원이 어디에 있는가 하는 것, 나아가 그 혼란에서 빠져나오는 방법을 제시하고자 한다. 우리는 어떤 길이 구국의 유일한 길인가 제시하고자 한다. 요컨대 군벌정부를 반대하는 국민 연합, 제국주의를 반대하는 국제적 연합을 이룩하는 것이 우리가 인정하는 유일한 목표다."

중공 유럽 지부와 청년단 중앙의 이와 같은 반제 반봉건의 전투적 구호는, 중국 국내혁명이 이미 제1차 혁명의 새로운 난세에 들어선 것과 밀접히 관계되어 있었다.

〈적광〉에 발표된 글들은 제국주의 열강과 중국 봉건군벌들이 중국인민을 압박한 사실을 적발 폭로하고, 현단계 중국혁명의 과업과 방침을 서술하고, 국민혁명운동을 추진하는 데 치중했다. 〈적광〉은 국내외 혁명운동 소식을 보도하고, 시국에 관한 중국공산당의 주장과 선언을 게재했다. 아울러 당의 통일전선방침과 책략을 논술함으로써 혁명의 새로운 물결에 많은 사람들을 끌어들이고자 했다. 주은래, 이부춘, 소박생, 임탁선, 등희현, 채창 등이 〈적광〉에 기고했는데, 주은래 한 사람만 해도 근 40여 편의 글을 발표했다.

아버지는 희현이라는 본명과 기타 별명으로 글을 발표했다고 말했다. 별명으로 발표한 것들은 지금 잘 분별할 수 없고, 본명 희현으로 발표한 것들로는 이런 것들이 있다. 1924년 11월 1일, 제18호에 실린 '반혁명적인 청년당이 제멋대로 날조한 것을 보라.', 1924년 12월 15일 및 1925년 1월 1일, 제21호와 제22호의 합간에 실린 '국제 제국주의의 음모를 보라.', '선성주보 제4기가 날조한 뉴스를 보라.' 등. 그는 글들에서 청년당의 추악한 행위를 까발렸다. 즉 러시아가 군대를 변경에 집결해 중국을 압박하려 한다는 청년당의 무치한 요언을 반박했으며, 자국의 힘을 내세워 중국의 내정을 간섭하려드는 제국주의 열강들의 죄악적 시도를 반박했다.

이런 글들은 언사가 날카롭고 전투성이 강했다. 그러나 적발폭로의 성격을 띠었을 뿐 아직 이론적 높이와 정론적 높이에 이르지 못한 것이었다. 이는 20살밖에 안 된, 혁명대오에 갓 참가한 청년이 구비한 수준과 맞먹을 뿐이다. 그는 스스로 이렇게 평론했다. "나는 여러 가지 별명으로 〈적광〉에 적지않은 글을 발표했다. 그 글들은 혁명을 통해 국민당 우파와 투쟁하고, 증기(曾琦)·이황(李璜)들과 투쟁할 것을 요구한 것일 뿐 사상성이란 언급할 나위도 없는 것들이었다."

오늘 우리의 눈에 비치는 등소평은 뛰어난 재능과 원대한 지략을 구비한 지혜로운 위인이다. 그러나 그 어떤 위인도 이처럼 미숙한 것에서부터 시작해 차츰차츰 세련되고 훌륭한 수준으로 성장하는 것임을 알아야 한다.

〈적광〉은 16절지 크기의 반월간이었는데 호마다 십여 페이지가 됐다. 출판 주기가 빨랐고 발행 부수가 〈소년〉보다 많았으며 발행 범위도 더 넓었다. 〈적광〉의 글들이 짧고 힘 있고 다채로웠으며, 시대의 병폐를 바로 찔렀기에 많은 유학생들과 중국인 노동자들에게 큰 환영을 받았다. 유럽의 중국인들은 〈적광〉은 "우리 분투의 선봉이며 프랑스 내 중국인들의 빛나는 별"이라고 찬양했다.[6] 1925년까지 〈적광〉은 도합 33호 출판됐다. 그것은 중공 유럽 지부와 청년단의 기관간행물이 었기에 유럽의 중공 및 청년단 지부와 소조들의 이론 학습과 토론의 자료도 됐다.

〈적광〉은 주은래가 편집 투고의 중임을 맡았고, 이부춘, 등희현, 부종, 이대장 등이 선후하여 이 일에 참여했다. 이부춘이 발행을 맡고, 등희현과 이대장이 등사 원지를 썼다. 그들은 허름한 집에서 어려운 환경을 무릅쓰고 낮에는 밥벌이 일을 하고 밤이면 억척스레 잡지 제작에 매달렸다. 회의 때면 주은래의 작은 방에 비비고 앉았는데, 침대며 책상 위에도 빼곡히 들어앉았다. 그들의 음식은 맨물에 빵이었고 야채를 구경하지 못하는 때가 대부분이었다. 유럽 지부의 사람들은 바로 이와 같은 어려운 환경 속에서 사업에 힘쓰고 완강히 투쟁했으며, 낙관적이고 진취적인 혁명 열정으로 일했다.

아버지는 등사 원지 쓰는 일과 등사를 책임졌다. 〈적광〉을 펼치면 당시 아버지가 쓴 고른 글씨를 볼 수 있으며, 그 글씨들로부터 그의 참다운 태도를 볼 수 있다. 그는 글자를 또박도박 썼고, 제본을 멋지게 했기에 모두들 그를 '인쇄 박사'라고 칭찬했다.[7]

〈적광〉의 표지 그림은 벌떡 뛰어 일어나려 하는 소년의 형상이다. 알몸뚱이의 그 소년은 한 손에 나팔을 들고 한 손에는 깃발을 추켜들고 있다. 일망무제한 산천을 밟고 있는 그의 등뒤로 붉은 빛이 빛발친다. 이 표지 설계는 누가 했는지 모르지만, 나는 그것이 유럽의 중공 당원과 청년단원들의 풍모와 기질을 잘 드러내고 있다고 본다. 프랑스 땅 위에서 공산주의 전사의 행렬에 가담한 이 청년들, 그들은 수많은 시련을 거쳐 중국 인민의 운명을 개변하는 튼튼한 기둥이 됐다.

주 ——————————————————————————————————————

1. 가레네 콜롬보 시 외국인 인명록.

2. 시익생(施益生), '回德中共族歐支部的光輝績', 《천진문사 자료선집(天津文史資料選輯)》(제15집), P. 114.

3. 요환성, 《중국공산당 유럽 총지부(中國共產黨旅歐總支部)》, '제1차대표대회 전후', P. 502.

4. 강택민, 《프랑스 벨기에 유학 시기를 회상하며(參加留法, 比勤工儉學的回憶)》. 《천진문사 자료선집》, P. 93.

5. 채창, 《프랑스 유학과 사회주의청년단 유럽지부를 논함(談赴法勤工儉學和社會主義青年團旅歐支部)》, '제1차 대표대회 전후', P. 555.

6. 진숭산, 《프랑스 유학운동을 파괴한 뇌명원(雷鳴遠破壞旅歐勤工儉學運動)》. 《천진문사 자료선집(제15집)》, P. 146.

7. 3과 같음.

19 스무 살 무렵의 시련

1924년 7월 13일부터 15일까지 유럽의 중국공산주의청년단은 제5차 대표대회를 소집했다. 7월 17일 '유럽 중국공산주의청년단 통고' 제56호에는 다음과 같이 기재되어 있다.

"유럽 중국공산주의청년단 제5차 대표대회는 새로운 집행위원회를 선출했다.

비서 : 주유진, 위원 : 여증생, 등희현(3명으로서 서기국을 구성함).

훈련부 주임 : 이준걸.

선전부 주임 : 서수병".

제5차 대표대회를 통해 아버지는 집행위원회 서기국에 들어 갔다. 당의 규정에 의하면 당시 유럽 중국공산주의청년단 집행위원회(지부)의 영도직을 맡게 되면 정식으로 중국공산당 유럽 지부의 당원이 될 수 있었다. 그리하여 아버지는 1924년 7월 그의 혁명 생애에서 두번째 단계로 들어섰다. 유럽 중국공산주의청년단의 영도직을 담임하고 중국공산당에 가입했을 때, 그는 한 달이 모자라는 스무 살이었다.

당시 중공 유럽 지부와 공청단에서는 단기적으로 지도자를 바꾸었다. 이렇게 하는 것은 당과 단의 조직이 인재를 키워내는 데 착안점을 두고 있기 때문이다. 아버지는 길어야 1년 직무를 맡길 뿐 종신제를 실시하지 않았다고 나한테 알려주었다. 또 다른 한 가지 원인은 중공 중앙이 유럽 중공 당원과 공청단원을 단기적으로 선발해 소련에 학습 보냈다가 다시 소환해 국내 투쟁에 투입시켰기 때문이다.

부종의 회고에 의하면 중공 프랑스 지부와 청년단 지부의 책임자

명단은 이렇다. "제1기 위원회 서기는 조세염 동지였고, 제2기 서기는 주은래 동지였다. 제3기 서기는 유백견 동지였고, 제4기 서기는 이부춘 동지였고, 제5기 서기는 부종 동지였다. 부종 동지가 떠나간 다음 호달지 동지에게 맡겼다."[1] 그러나 부종의 회고에는 주유진도 없고 임탁선도 없다. 그의 기억이 틀릴 가능성도 있다.

1924년, 광동을 근거지로 하는 국내 혁명운동이 급속히 발전하며 많은 간부들이 급히 필요하게 됐다. 그리하여 제5차 대표대회 이후 당 중앙은, 소련에 파견된 당원과 단원들은 물론 프랑스에 남아 있던 단원들을 직접 귀국하도록 했다. 7월 하순에 중앙의 지시에 따라 주은래 등 동지들이 프랑스에서 배를 타고 국내로 돌아갔다.

주은래는 22살에 유럽으로 왔다가 26살에 프랑스를 떠났다. 그는 진리를 추구하는 청년학생에서 시작해 확고한 마르크스주의, 공산주의의 신앙을 갖춘, 또 투쟁 경험과 조직 영도 능력을 갖춘 직업혁명가로 성장했다. 프랑스 유학생들의 공산주의 사업은 그와 그의 동지들이 세운 것이다. 수많은 혁명 청년들이 그의 인도 아래, 그리고 그의 영향 아래 신념을 더욱 굳세게 다졌고, 투쟁의 진가를 보다 많이 배울 수 있었다. 유럽 지부의 동지들은 주은래가 귀국하자 분발되기도 하고 아쉽기도 했다. 그들은 주은래와 함께 기념 사진을 찍었다. 사진에는 섭영진, 이부춘 등이 있었다. 사진의 제일 뒷줄에 선 사람이 다름 아닌 새로 당선된 집행위원회 서기국 위원 등희현이었다. 양복 차림에 모자를 쓴 그의 동그란 얼굴은 애티가 채 가시지 않았지만, 믿음이 넘쳐 흐르고 강한 기질이 엿보인다.

나는 아버지에게 프랑스의 중국유학생들 가운데 누구와 가장 가깝게 지냈는지 물은 적이 있다. 아버지는 한참 깊이 생각하더니, "그래도 주 총리다. 나는 줄곧 그를 형님처럼 생각해 왔고 우리가 함께 일한 시간도 제일 길다." 하고 대답하는 것이었다.

그렇다. 프랑스에서의 두 해 동안에도 그렇고, 20년대 말부터 30년대 초까지 상해에서 지하공작을 할 때도 그렇고, 강서 중앙 소비에트 구역에 있을 때도, 장정의 길에서도, 혁명전쟁 가운데서도, 공화국 창건 후 당과 국가의 최고기관에서 사업할 때도 그렇다. 주은래가 당과 인민을 위해 몸과 마음을 다 바치며 마지막 한 순간을 다 바칠 때까지, 장장 반세기 남짓 되는 기간을 아버지는 줄곧 주은래의 유력한 조수로, 충직한 전우로 그의 주변에 있었다. 주 총리가 중환에 있을 때에도 아버지는 그를 대신해 맡은 일을 책임졌고, 그의 병환이 위급할 때에도 아버지는 밤낮으로 그의 병석을 지켰으며, 그가 세상을 떴을 때에도 아버지는 크나큰 비통을 참고 당과 인민을 대표해 추도사를 읽었다.

여기까지 쓰고나니 나의 볼에도 어느덧 눈물이 흐르는 것을 어쩔 수 없다.

아버지와의 관계로 하여 우리는 어려서부터 주 총리를 알게 됐으며, 그를 내내 사랑했다. 등 아주머니는 아버지와 성이 같았으므로 한동안 부모님은 우리더러 그분을 고모라 부르게 했다. 우리 부모와 그들 사이는 이토록 가까웠던 것이다. 주 총리는 우리 같은 아이들에게 항상 자애롭게 대해 주었다. 그는 우리와 농담도 잘 했는데, 나를 우리집의 '외교부장'이라 했고, 나의 둘째 언니 등남(鄧楠)은 우리집의 총리여서 벼슬이 자기와 같다고 했다. 우리의 어린 시절은 이와 같이 주 총리 같은 오랜 혁명 선배들의 배려하에 행복하게 지낼 수 있었다.

문화대혁명 때 우리는 선배들이 험한 역경에 처해 있는 것을 직접 보았다. 주 총리가 중환으로 시달릴 때 우리는 부모들과 마찬가지로 걱정했고, 그가 병으로 세상을 떴을 때에도 부모님은 우리를 데리고 인민대회당에서 정중하게 거행된 추도식에 참가했다. 마지막으로 주 총리의 영정 앞에 절을 올릴 때 우리는 저마다 목 놓아 통곡했다. 그 때의 광경을 생각할 때마다, 주 총리의 풍채와 웃음 띤 모습을 생각할 때마다 나는 슬픔을 억제할 수 없다. 주 총리의 추도식에 끼고 갔던 검은 완장(중국인은 부모나 친척이 죽었을 때 '효(孝)'자를 쓴 검은천을 팔에 착용한다——옮긴이)을 나는 지금까지 보존하고 있다.

주 총리와 그의 전우들은 역사와 인민의 마음속에 영원히 아로새겨질 사람들이다.

1924년 7월 하순, 주은래는 귀국해 국내의 혁명투쟁에 참가했다. 주은래에 앞서 많은 당원과, 단원들이 프랑스를 떠났다. 그들 중에는 조세염, 이유한, 진연년, 진교년, 왕약비, 원경운, 웅웅, 유백견, 장신부 등이 있었다. 아버지는 원래 장신부와는 아는 사이가 아니었는데, 1923년에 그를 환송하는 모임에 참석했다고 말했다.

비록 중추를 이루는 이런 사람들이 프랑스를 떠나기는 했지만, 유럽 중국공산당과 중국사회주의청년단 지부의 사업과 투쟁은 중단되지 않았다. 새 지부는 계속해 조직을 세워 당과 단원들을 학습했으며, 유학생들과 중국노동자들에게 마르크스-레닌주의를 선전하고 국내외 혁명 정세를 소개했다. 뿐만 아니라 계속해 국민당 우파 및 청년당과 날카롭게 맞서 싸웠다.

1924년 가을에 이르러 국가주의 관점을 지지하는 단체들은 추풍낙엽처럼 사라져 몇 개 남지 않았다. 청년당의 우두머리 증기, 이황 등도 유럽을 떠났으며, 나중에는 저들의 유럽 진지를 포기했다. 이와는 반대로 프랑스의 공산주의 조직은 더욱 적극적으로 활동을 계속했다.

1924년 10월 10일, 프랑스의 중국인 단체들이 국경절 경축대회를 가졌는데, 임탁선은 100여 명의 단원들과 함께 참가했다. 대회에는 또 국민당, 청년당, 사회민주당, 각계 중국인, 그리고 중국인 노동자 수백 명이 참가했다. 당시 국민당의 청천백일기를 거느냐, 아니면 국가파가 지지하는 북양 군벌정부의 5색기를 거느냐 하는 것 때문에 다툼이 벌어졌다. 공청단은 국민당을 지지해 청년당과 단호히 투쟁했다.

공개적인 장소에서 활동하고 투쟁하는 외에, 이부춘 등 단의 지도자 동지들은 파리에서 정치경제학 강좌를 열고 이부춘이 직접 강의를 맡았다. 일부 유학생과 노동자들을 회원으로 받아들였는데, 그들은 새로운 진리와 지식에 깊이 빨려들어갔다. 시익생 같은 학생들은 한 번도 결석한 적이 없었다.

1924년 12월 유럽 중국공산주의청년단은 제6차 대표대회를 거행했다. 대회는 지부 밑에 감찰처를 두기로 하고 이준걸, 등희현 등 7명이 일을 맡기로 했다. 이준걸이 그 주임직을 맡았다. 노조위원회는 서수병, 감시결, 소박생, 이대장, 임탁선, 이부춘, 곽융진, 여증생, 주유진, 등희현, 임위 등 동지들로 조직하고, 여증생이 주임직을 맡았다.

제6차 대표대회 이후 유럽 공청단 지부는 집행위원회를 확대하기로 결정지었다. 지부 산하 선전부에 부주임 6명을 두기로 했는데 임탁선, 여증생이 민당운동을 맡고, 비자형, 등희현, 웅계광이 노동자운동을 맡고, 소박생이 〈적광〉을 맡았다.

1925년 봄 아버지는 1기 동안 청년단 지부 위원 일을 맡은 후, 중공 유럽 지부 특파원의 신분으로 리옹 지구에 파견됐다. 그곳에서 그는 선전부 부주임과 청년단 리옹 지부 훈련간사직, 더불어 중공 리옹 소조 서기를 겸임했다. 같은 해, 프랑스의 중국공산당과 청년단은 또 몇 차례의 대규모 군중투쟁운동을 발기했다.

한편 1925년 5월 30일 중국에서는 세계를 깜짝 놀라게 한 5·30운동이 일어났다. 1925년 상해에서 분분히 일어난 이 노동운동은 일본 제국주의와 북양 군벌정부에 의해 탄압당했다. 5월 15일 노동자의 수령이자 공산당원인 고정홍이 총살당했는데 이는 민중의 지대한 분개를 자아냈다. 5월 30일 상해 학생들이 노동자들을 지지하며 들고 일어났다. 영국 제국주의는 학생 100여 명을 체포하고, 숱한 군중에게 총을 쏘아 수십 명이 죽거나 부상을 입었다. 5·30운동은 이렇게 시작됐다. 중공 중앙의 호소 속에 상해에서 20만 명의 노동자들이 파업을 단행하고, 5만 명의 학생들이 동맹휴학을 단행하고, 수많은 상인들이 동맹휴업을 시작했다. 북경, 남경, 한구, 광주 등 전국의 근 500개 도시와 읍에서 이를 지지하는 투쟁을 벌였다. 이 투쟁은 3개월 남짓 계속됐다. 이로서 5·30운동은 중국 대혁명의 그 서막을 열어놓았다.

5·30운동이 일어난 후 중국공산당 유럽 지부와 중국공산주의청년

단 유럽 지부는 즉시 호응해 프랑스 주재 중국 국민당 지부와 연합 통보를 내고 6월 7일 파리 중심 지구인 블랑쥬 96번지에서 재 프랑스 중국인 반제대회를 거행했다. 회의에는 1,000여 명이 참석했는데 중국인 유학생과 노동자 외에도 프랑스 공산당과 베트남 공산당 프랑스 소조의 대표도 참석했다. 사회는 당시의 중국공산당 유럽 지부의 서기였던 임탁선이 맡았다. 각계 대표들은 다투어 발언을 나서 제국주의의 죄행을 성토했다. 대회는 5·30반제운동을 지지하고, 프랑스 정부의 상해 출병을 항의하며, 중국에 주둔시킨 프랑스 군대와 전투함을 즉시 철수할 것을 요구하고, 모든 중국인들이 연합해 제국주의를 반대할 것을 호소했다. 또한 '재 프랑스 중국인 상해반제국주의운동 원조행동위원회'를 설립하기로 결의했고, 회의가 끝난 후 시위를 단행했다.

6월 14일 중국공산당 유럽 지부 집행위원회와 중국공산주의청년단 유럽 지구 집행위원회는 '중국 시위자들에게 고하는 글'을 발표했다. 이 전단은 등희현이 미끈한 문체로 썼다는 것을 대번에 알아볼 수 있다. 거기에는 이렇게 씌여 있었다. "크게 자랑할 만한 행동이 유럽 반동 세력의 중심지인 파리에서 벌어졌다. 우리 중국 인민은 처음으로 제국주의 정부를 향해 시위운동을 벌였다 ! 시위에 참가한 중국인들이여, 그대들의 정신은 우리의 존경을 받게 될 것이다. 그대들이 신봉하는 것이 어떤 주의든 간에 그대들이 오직 제국주의를 반대하기만 한다면, 그대들이 오직 오늘부터 제국주의와 비타협적인 투쟁을 하기만 한다면, 우리는 그대들에게 경의를 보낼 것이다. 제국주의를 뒤엎는 모든 행동이, 그 어느 행동보다도 성스러운 일임을 우리는 믿는다. 피압박 민족의 해방의 기점, 전 인류의 해방의 기점은 바로 제국주의를 뒤엎는데 있다. 상해 인민을 도살한 프랑스 제국주의를 반대한다. 상해 인민을 도살한 일체 제국주의를 반대한다."[2]

6월 21일, 다시 중공 유럽 지부와 공청단 지부는 국민당 좌파와 연합해 프랑스 주재 중화민국 공사관을 향해 시위를 벌였다. 200여 명 시위자들이 공사관 정문을 봉쇄하고 전화선을 차단한 후, 공사 진록

(陳籙)을 붙잡아 사전에 준비한 서류들에 서명하게 했다. 이 서류들은 프랑스 주재 공사가 전국 인민에게 보내는 반제운동 지지문이며, 프랑스 군을 철수시키라는 통첩문이었다. 또한 공사가 직접 5,000프랑을 모금해 상해 파업노동자들에게 보낼 것을 명시한 문서였다. 상기 서류들은 모두 해당 기관과 신문사로 보내졌다.

프랑스의 중국인들이 5·30반제운동을 지지한 행동은 전 유럽을 진동했고, 프랑스 정부의 간담을 서늘하게 했다. 이튿날, 6월 22일 프랑스 정부는 경찰을 풀어 중국공산당원을 미친듯이 체포했다. 며칠 사이에 임탁선, 이대장 등 파리 구역 내에 거주하고 있던 중공 당원과 청년단원 20여 명이 체포 투옥됐다. 뒤이어 프랑스 당국은 중국유학생 47명을 추방했다.

임탁선 등의 체포로 인해 중공 유럽 지부와 청년단 유럽 지부는 크게 흔들렸다. 당시 아버지는 리옹에 있었다. 그는 일찍이 이렇게 말했다. "파리의 책임 동지가 반제운동으로 인해 축출당하자 당 서기 소박생 동지가 통고를 보내와 나를 리옹-커루진 일대의 특별위원으로 임명하고 그 일대의 모든 일을 책임지도록 했다. 당시 우리와 파리 사이에는 소식이 두절된 상황이어서 활동이 아주 어려웠다. 나는 결연히 파리로 향했다. 파리에 이르니 박생 동지는 아직 추방당하지 않고 있었다. 나는 그와 임시 집행위원회를 조직할 것을 상의했다. 얼마 지나지 않아 비상 집행위원회로 명칭을 고쳤는데, 나는 임시 집행위원회 때니 비상 집행위원회 때니 다 위원직을 맡게 됐다."

조직이 파괴당한 상황에서 등희현과 외지에 있던 그의 전우 부종, 이탁연 등은 파리로 돌아와 자동적으로 당, 단 조직의 영도직을 대신 맡았다. 1925년 6월 30일, 중국공산주의청년단 유럽 지부 임시 집행위원회가 발기됐다. 비서는 부종(소박생이 대리), 위원은 등희현, 모우순이 맡았다. 임시 집행위원회는 이 세 명으로 서기국을 구성하되, 한 사람분의 생활비만 제공한다고 규정했다. 6월 30일 임시 집행위원회는 즉시 활동을 시작했다.

당시 프랑스 경찰 당국의 비밀보고에는 이런 기록이 남아 있다.

"1925년 7월 1일 빌랑꾸르(Billan-cdurt) 시 뜨라베르시에르 거리 14번지에서 한 차례 회의가 열렸다. 참가 인원은 도합 33명이다. 회의 의장이 먼저 발언했다. 그는 '행동위원회의 대부분 성원들이 체포됐기에 재조직의 필요성이 생겼다. 이 밖에 프랑스어와 중국어로 항의서를 찍어 파리에 살포하고자 한다.'고 말했다. 이 회의에서 격렬분자들은 프랑스 당국의 행위를 단호히 반대한다고 발언했다. 또 이번 토요일에 다시 중국인 10명을 추방하는 데 대해 강한 분개를 드러냈다. 여관 주인이 들어와 경찰이 왔음을 알렸을 때 회의는 끝났다."3

7월 2일 임시 집행위원회는 또 제국주의에 항의하는 회의를 소집했다. 프랑스 경찰 당국의 비밀보고에는 다음과 같이 씌여 있다. "행동위원회가 어제 오후 브바르 거리 23번지에서 제국주의에 항의하는 회의를 가졌는데, 도합 70여 명이 참석했다. 이 위원회의 의장은 이렇게 말했다. "우리는 행동사무실을 설립하기는 했으나 그 인원 구성을 아직 대표대회에 보고하지 못했다. 소조의 선거를 기다려야 한다." 회의에서는 8명이 발언했다. 그중 등희현은 제국주의를 반대하기 위해서는 소련 정부와 연합해야 한다고 주장했다.4

8월 17일 유럽 중국공산주의청년단은 제7차 대표대회를 소집하고 다음과 같이 임무를 나누었다. "비서에 부종, 위원에 등희현과 시거병, 이상 3명으로 서기국을 구성한다. 부종, 등희현, 등소성 등은 당, 단 간행물에 투고를 담당한다." 아버지는 이 시기에 조직의 결정에 따라 프랑스 주재 중국국민당 총지부 감찰위원회 서기직을 맡고, 국민당의 모든 일을 책임졌다고 기술했다.

프랑스 정부와 군경의 탄압에도 불구하고 유럽 중공 조직과 청년단 조직은 물러서지 않았을 뿐만 아니라, 오히려 조직을 신속히 복구하고 보다 적극적인 자세로 불요불굴의 투쟁을 진행해 나갔다.

프랑스 경찰 당국의 비밀보고에는 이렇게 씌여 있다. "9월 6일 브바르 가 23번지에서 회의가 열렸는데 도합 40여 명이 참석했다. 중국

공사관 사건이 발생한 후 일부 중국 공산주의자들은 파리 지역에 거주하면서 긴급조치를 취했다. 이 회의의 목적은 요중개(寥仲愷) 선생을 기념하기 위해서였다. 회의 참가자들을 똑똑히 파악하기 위해 조사를 계속할 것이다."5

1925년 9월 12일 프랑스 군경의 체포작전이 있은 지 겨우 두 달만에 중공 유럽 지부는 확대회의를 소집했다. 회의는 반제대회를 재차 거행할 것과 프랑스 주재 중국 국민당 총지부의 명의로 대회를 소집할 것을 결정했다.

9월 15일 오후 파리 중심 구역 세느 강변의 한 회의실에서 1,000여 명의 재 프랑스 중국인들이 반제대회를 거행했다. 먼저 중공당원이며 프랑스 주재 국민당 총지부 부주석인 시익생이 발언했다. 그는 "5·30반제운동 이래 우리는 적극 투쟁에 나섰다. 그러나 이로는 아직 부족하다. 아직 계속해서 전진해야 하며 무산계급 국제주의의 기치 아래 일치단결해서 영국, 일본, 프랑스, 미국 등 제국주의와 싸워야 한다. 이제 그들을 중국 땅에서 몰아내고 중국을 해방시키는 위업을 완수해야 한다."고 말했다. 시익생의 발언에 이어 프랑스 공산당 대표 도리에, 프랑스 국회의원 말쯔, 베트남 공산당 대표, 아프리카 대표가 발언했다. 마지막으로 공산당 대표 부종과 소박생이 발언했는데 그들은 다음과 같이 말했다. "5·30운동은 세계 무산계급 사회주의 혁명의 한 부분이다. 이제 전 세계 무산계급과 노동자는 일치단결해 제국주의와 맞서 싸워야 한다. 승리를 거두기 전까지 우리는 계속 두생해야만 한다!" 회의장은 격정으로 들끓었으며 "제국주의를 타도하자! 군벌을 타도하자! 중화민족 해방운동 승리 만세!"하는 구호 소리가 연달아 터졌다.

이 반제대회는 다시 프랑스 정부를 당황케 했다. 프랑스 정부는 이 대회의 사회자와 극렬 참가자에 대해 즉각 체포에 나섰다. 국민당 우파분자의 밀고로 결국 시익생은 프랑스 경찰에 체포되어 추방당했다.

아버지는 이 대회에서 발언은 하지 않았지만 지부의 지도자로써 이

대회를 조직하고 영도하는 데 참여했다. 한편 이 시기의 사태를 통해 프랑스 경찰 당국의 감시망은 점점 더 치밀하고 철저해 갔다.

1925년 10월 25일 프랑스 정보원은 다음과 같이 보고했다. "어제(즉 10월 24일) 20시부터 21시 30분까지 이시-몰리노 샤롯 거리의 한 커피점에서 중국 공산주의자들의 회의가 소집됐는데 도합 25명이 참석했다. 회의는 등희현이 장악했다. 오기가 공산주의 학습을 선독하고, 중국 공산주의 소조의 재건립과 간행물 발간의 필요성을 지적했다".6

1925년 11월 16일 파리에서 국민당의 군중대회가 소집됐는데 프랑스 보고원은, 이 대회에서는 등희현의 장악하에 유럽 국민당 책임자 왕경기를 기념했고, 국제 제국주의와 프랑스 제국주의의 침탈을 까발렸다고 보고했다. 이 보고의 전문은 다음과 같다. "국민당은 11월 15일 15시부터 17시까지 브바르 가 23번지에서 회의를 소집했다. 회의에는 도합 47명이 참석했고 등희현이 사회를 맡았다. 이 회의의 목적은 프랑스 당국의 추방에 의해 귀국 도중 배에서 죽은 왕경기를 기념하는 데 있었다. 진희 등 11명 대표가 발언했다. 마지막으로 등희현은 '우리는 모두 왕경기 동지를 영원히 잊어서는 안 된다. 또한 반제투쟁을 계속해 나가야 한다.'고 결론지어 말했다."7

이때 겨우 21살이 된 등희현은 보통 청년단원에서 중공 정식당원으로 성장해 있었으며, 유럽 당과 단 조직의 책임자가 되어 있었다. 프랑스에서 그는 도합 1기 반 동안 지부의 영도직을 맡았다. 이미 그의 활동은 프랑스 경찰의 특별한 주의를 받고 있었다. 프랑스 경찰은 비밀리에 그를 감시하며 미행하기 시작했다.

1925년 7월 30일 아버지는 파리 부근의 빌랑크르 시 산하 부로네 경찰국에 거주등록을 했다. 등록번호는 1250394번이다.8

1925년 11월 6일 아버지는 레이노 자동차공장에 들어가 기계조립 부서에 배치받았다. 1988년 프랑스에 갔을 때, 나는 아버지에 관한 자료를 뒤지러 그곳에 갔었다. 공장에서는 나를 열정적으로 맞아 주었다. 그들은 당시 아버지가 일하던 조립 직장을 구경시켰을 뿐만 아니라, 20년대 레이노 공장과 노동자들에 관한 그림 자료들을 제공했다. 제일 귀중하게 느낀 것은 그들이 아버지가 레이노 공장에서 일할 때의 공원증을 찾아낸 것이다. 공원증에 아버지는 이렇게 등록돼 있었다.

"등희현(Teng Hei Hien), 중국인, 1904년 7월 12일(음력) 사천에서 출생, 빌랑크르 시 뜨레베르시에르 가 27번지에 거주, 기능직종 노동자, 76번 직장에 배치됨, 제품 한 개를 연마하는데 1프랑 5상팀을 받음."

공원증의 왼쪽 아래켠에 아버지의 1촌짜리 사진이 붙어 있었다. 그 위에 82409 A라는 번호가 찍혀 있었다. 사진 속의 아버지는 젊어 보였다. 모르는 사람이 보면 열 몇 살밖에 안 된 소년으로 볼 것이다. 21살밖에 안 된 그가 프랑스 경찰의 감시를 당하고 있는 중공 유럽지부 책임자일 줄은 생각지도 못할 것이다.

아버지는 레이노 공장에서 오래 일하지 않았지만 손재간이 있어 일부 조립기술을 습득했다. 그의 이 기술은 70년대 문화대혁명 중 강서어느 한 공장에서 감시노동을 당할 때 크게 빛을 낸 적이 있다. 물론 이는 뒷날 이야기다.

아버지가 레이노 공장에 들어간 후에도 프랑스 경찰에서는 여전히 감시의 눈길을 떼지 않았다. 나는 아버지에게 언젠가 이렇게 물었다. "프랑스 경찰의 감시가 아버지에게 그토록 심했던 이유는 무엇 때문이죠?" 그러자 아버지는 이렇게 대답했다. "그건 나의 활약이 두드러졌기 때문이지. 우리의 행동 하나하나를 그들은 환히 알고 있었단다."

1926년 1월 7일에 이르러 프랑스 경찰측은 상세한 정보를 입수했다.9 이 보고서에는 이렇게 씌여 있다.

"이달 5일에 입수한 정보에 의하면, 프랑스의 중국인 소조 행동위원회는 1월 3일 오후 브바르 거리 23번지에서 회의를 소집한다. 이 회의의 목적은 '제국주의 반대'에 있다. 이들은 대중 앞에서 공산주의 지지 연설을 할 몇몇 연설자를 정해 놓고 있다. 행동위원회는 또 중국의 남북 충돌에 대한 자기들의 입장을 밝히고, 그 어떤 국제적인 간섭도 반대할 것을 프랑스 주재 중국 공사에게 요구하기로 결정했다.

행동위원회의 조직은 아주 세밀하고 신중하다. 많은 조사를 했지만 아직 이 위원회의 소재지와 그 구성 인원을 정확히 밝혀내지 못했다. 그러나 1월 3일 회의에서 발언한 몇몇 중국인에 관한 자료는 입수했다.

그들 가운데는, 1904년 7월 12일 중국 사천성에서 등문명과 담씨 사이에 태어난 등희현이란 인물이 있다. 그는 1925년 8월 20일부터 부로네-빌랑크르의 카스테야 가 3번지에 살고 있다. 그의 거주는 외국인 해당 법률과 규정에 부합된다. 그는 1920년 프랑스로 왔다. 처음 마르세유에서 일하다가 바예, 파리, 리옹에 있었다. 1925년 다 파리로 온 후 빌랑크르의 레이노 공장에서 이 달 3일까지 노동자로 일했다. 그는 공산당 열성자 대표로 회의에 출석했으며, 중국 공산당원들이 조직한 각종 회의에서 거의 매번 발언을 했는데, 특히 소련 정부와 가까이 할 것을 주장했다.

이 밖에 등희현은 많은 공산당 소책자와 신문을 지니고 있으며, 중국과 소련으로부터 많은 편지를 받고 있다. 중국인 두 사람이 그와 함께 거주하고 있는데, 그들도 등희현의 정치 관점에 찬성하는 것 같다. 외출할 때면 그들은 항상 등희현을 동반하곤 한다. 그중, 부종은 1903년 6월(사실은 1900년에 출생했다——지은이) 중국에서 출생했고, Ping-Suen-Yang은 상해에서 출생했고, 나이는 20세이다. 그들의 거주는 프랑스 법률에 부합된다. 그들은 학생 신분으로 자처하며 어떤 일에도 종사하지 않고 있다.

파리의 중국인들은 폐쇄적인 생활을 하고 있기에 그 정황을 파악하기가 매우 어렵다. 정황을 밝히기 위해서는 경찰총국의 허락을 받아 빌랑크르에 있는 그들의 거처를 방문 조사함이 요구된다. 집주인을 통해 어떤 상황들을 밝혀낼 수 있을 것이다. 카스테야 3번지, 트라베르시에르 14번지, 쥴레페리 8번지 이 세 여관에 대해서는 엄밀히 감시해야 한다."

이 정보를 얻은 프랑스 경찰 당국은 등희현 등의 거처를 즉시 수색하기로 결정했다. 1926년 1월 8일 프랑스 경찰은 빌랑크르의 이 세 여관을 수색했다. 수색 보고는 다음과 같다.

"경찰국장의 명령을 집행하여 오늘 아침 5시 45분부터 7시까지 부로네-빌랑크르의 이하 세 여관을 수색했다. 이 세 여관의 주소는 트라베르시에르 가 14번지, 카스테야 가 3번지, 쥴리페리 가 8번지이다. 이 여관들을 수색한 목적은 공산주의 선전을 주동하는 중국인을 색출하기 위해서다. 이 여관들의 방을 샅샅이 수색했다. 100부에 달하는 중국어 서류들은 검사를 끝냈다.

카스테야 가 3번지 여관 5호실에서, 공산주의의 주장을 담은 대량의 프랑스어 소책자와 중국어 소책자(《중국공인(中國工人)》, 《손중산 유촉(孫中山遺囑)》, 《공산주의 ABC》 등), 중국어 신문, 특히 모스크바에서 출판된 중국 공산주의 신문 〈진보보(進步報)〉 및 등사기 두 대, 인쇄금속판, 로울러와 인쇄용 종이 몇 묶음을 발견했다.

등희현, 부종과 Ping Suen Yang이라고 부르는 세 사람이 이달 7일까지 이 방에 들어 있었다. 그들은 어제 갑작스레 떠났다. 쥴레페리가 8번지에 살던 Mon Fi Fian과 Tchen Kouy라고 부르는 사람도 함께 급히 떠났다. 이 중국인들은 열성 공산주의분자인 것 같다. 이들은 벌써 자기들이 의심받고 있다는 사실을 알아채고 종적을 감춘 것 같다."10

그렇다. 카스테야가 3번지 여관의 5호실에 들어 있던 손님이 바로 프랑스 경찰에서 체포하려던 중공 유럽 지부 책임자 등희현, 부종 등이었다. 그들은 진작 낌새를 채고 기민하게 멀리 떠나간 것이다. 그들은 멀리 떠났다. 그러면 어디로 갔을까? 그들은 당시의 혁명성지 소련으로 떠나간 것이다.

주 ───

1. 부종, 《프랑스 유학과 사회주의청년단 유럽 총 지부를 논함(旅歐中國共産主義靑年團通告)》, 1924년 12월 29일.
2. 《중국공산주의청년단 유럽 임시 집행위원회 통고(中國共産主義靑年團旅歐臨時執行委員會通告)》, 1925년 7월 1일.
3. 프랑스 당안, 제 F7 12900호, 1925년 7월 2일.
4. 위와 동.
5. 프랑스 당안, 제 F7 12900호, 1925년 9월 9일.
6. 프랑스 당안, 제 F7 12900호, 1925년 10월 25일.
7. 프랑스 당안, 제 F7 12900호, 1925년 11월 16일.
8. 레이노 자동차공장 당안 카드.
9. 프랑스 당안, 제 F7 13488호, 1926년 1월 7일.
10. 프랑스 당안, 제 F7 13438호, 1926년 1월 8일.

20 프랑스를 떠나며

일찍이 1925년 5월, 중국공산당 유럽 지부는 일부 사람들을 모스크바로 보내 공부시키기로 결정했는데, 등희현도 그중의 한 사람이다.[1] 같은 해 11월 18일, 이미 모스크바에 가 있던 원경운은 부종 등에게 보내는 편지에서 이와 같이 언급했다. "최근 우리의 편지를 기다리고 있다가 떠나라고 하면 이내 떠나길 바란다."[2]

12월 9일, 모스크바는 또 부종 등에게 편지를 보냈다. "11월 18일에 보낸 편지를 이미 받았으리라고 믿는다. 등희현, 유명엄, 부종, 종석균, 서수병 등 다섯은 이 편지를 받은 후 빠른 시일 내에 떠나오기 바란다. 종석균이 오지 못할 경우 이준걸(즉 이탁연——지은이)로 바꿀 수 있다. 이곳으로 꼭 와야 할 이유에 대해서는 이전의 편지에 이미 설명했으니 C. P. 및 혁명의 이익을 위해 반드시 즉각 여기 와서 공부해야 한다."[3]

이로서 알 수 있는 사실은 아버지는 이미 모스크바의 중국공산당 지부의 지시를 받고 그곳으로 떠날 준비를 하고 있었다. 그들은 혁명 사업을 계속하면서 이미 프랑스에서 떠날 준비를 벌써 마치고 있었다. 때문에 프랑스 경찰 측에서 수사하러 왔을 때 그들은 바람같이 사라졌던 것이다. 결국 프랑스 경찰은 헛물만 들이킨 것이다.

1월 7일, 중국공산주의청년단 유럽 지부 집행위원회는 통고를 내렸다. "러시아로 가는 20명 동지들은 이미 오늘 저녁(1월 7일)에 파리를 떠났다——그들은 얼마 후 중국으로 다시 돌아갈 것이다. 동지들! 우리 모두는 '조국으로 돌아간다'는 구호를 더더욱 마음속 깊이

명기해야 할 것이다."

1926년 1월 23일, C. Y. (공산주의청년단의 약칭) 책임자 유명엄은 이렇게 썼다. "1월 7일, 근간에 20명 동지들이 러시아로 갔다." 그 명단 속에는 부종, 등희현, 이준철(이준걸을 잘못 쓴 것으로 짐작된다──지은이), 등소성, 호륜 등이 있다.

1월 7일, 아버지와 그의 동지들은 북행 열차에 앉아 10월혁명의 고향 소련으로 갔다.

차에 오를 때 그들은 프랑스 경찰이 내린 추방령을 받았다. 이 추방령은 사실상 그들더러 다시는 프랑스 땅을 딛지 말라는 명령이었다. 당시 기세등등했던 프랑스 경찰 당국은 그들이 1920년대에 쫓아냈던 사람이 50년 후에 국빈의 신분으로 프랑스를 방문할 줄 몰랐을 것이다. 뿐만 아니라 프랑스 정부와 국민들로부터 성대한 대접을 받게 될 줄은 꿈에도 생각 못했을 것이다.

아버지와 그의 동지들은 독일을 지날 때 독일 노동자의 집에 묵으면서 독일 노동계급과 공산주의자들의 열정적인 대접을 받았다. 아버지는 그것을 일러 진정한 무산계급의 열정적인 대접이었다고 말했다.

1920년 10월 19일부터 1926년 1월 7일까지 아버지는 프랑스 땅에서 5년 2개월 19일을 보냈다. 프랑스로 갈 때 그는 열여섯 살 난 순진한 청년이었다. 프랑스에서 공부하고 노동하고, 공산당 공청단 조직에 들고, 혁명투쟁에 참가하는 평범치 않은 경력을 거쳐, 나이 스물두 살에 프랑스를 떠날 때는 이미 확고한 공산주의 신념과 혁명투쟁을 경험한 직업혁명가가 됐다.

아버지와 그의 동지들의 프랑스에서의 혁명활동! 마르크스주의와 공산주의 이상을 선전하고 무산계급 혁명투쟁을 진행했던 일들은 매우 중요한 의미를 지닌다. 아버지와 그의 동지들은 공산주의 조직에 가입한 그날부터 자기들의 운명을 조국과 같이하기로 결정했다. 그 뜻을 위해 그들은 생명까지 바칠 결심을 내렸다. 그들은 서방 강국의 막강한 세력 속에 몸을 두고 있으면서도 제국주의를 반대하는 깃발을 높이

치켜들었다. 그들은 추방당하는 것도, 감옥에 갇히는 것도 두려워하지 않았다. 그들은 확실히 젊은 혁명자의 영웅적 기백과 웅대한 포부를 지니고 있었다.

어떤 사람은 중국인이 패권주의와 권위주의 정치, 그리고 외래의 간섭을 반대하는 것은 중국인들의 민족적 자존심이 너무 강하기 때문이라고 말한다. 하지만 그들은 이런 민족적 자존심이 우리나라 5천 년의 빛나는 역사에서 비롯되고, 그 속에서 창조해 낸 찬란한 문화에서 비롯되며, 동시에 침략받고 약탈당한 뼈에 사무치는 민족의 굴욕사에서 비롯된다는 것을 모른다. 남의 멸시와 침략을 받던 그 시기부터 중국인들은 오직 자강, 영원히 자강해야만 민족의 출로가 있고, 그래야만 허리를 쭉 펴고 활개를 치며 세계의 모든 민족과 동일한 수평선에 설 수 있다는 것을 알았던 것이다.

중국 근대 100여 년의 역사를 보면, 오직 중국 공산주의자들만이 우리 민족을 치욕에서 자존에로, 가난에서 부강으로 끌고 나갔음을 알 수 있다. 그들은 우리 민족이 다시는 외래 열강의 멸시를 받지 않게끔 한 것이다. 프랑스의 이 청년 공산주의자들은 바로 그들의 투쟁으로 이를 실현했고 증명했다.

중국공산당 유럽 지부와 중국공산주의청년단 유럽 지부는 수많은 우수한 혁명가들을 육성하고 단련시켰다. 그들은 애국 애민의 청년 인텔리겐치아들로서 높은 혁명 열정을 지니고 있었다. 그들은 고상하고 순결했던 것이다.

아버지는 이렇게 말한 적이 있다. "그때 우린 매우 어렵게 지냈다. 직업화 이후 혁명 조직에서 생활비를 부담했지만, 그것은 겨우 빵이나 국수뿐이었다. 그때 우리들은 지위를 따지지 않았으며 또 지위라는 개념도 없었다. 예를 들면 프랑스에 있을 때 조세염은 주은래보다 지위가 높고, 주은래는 진연년보다 지위가 높았으나, 귀국한 후 진연년의 직위가 제일 높았다. 진연년은 확실히 능력이 있었다. 그는 자기 아버지(진독수)를 반대했고, 남달리 높은 견해를 지니고 있었다. 그가 희생된 것은 정말 아깝다. 조세염은 귀국한 후 그들의 밑에서 일했으나 조금도 개의치 않았다. 모두들 지위 따위를 대수롭지 않게 여겼으며, 그런 관념이란 없이 그저 혁명만 했다. 이는 초기 공산당원들의 특징이었다." 아버지는 또 감개무량해서 이렇게 이어 말했다. "그때 공산당에 들 수 있다는 건 쉽지가 않았다. 그 시대에 공산당에 가입한다는 게 얼마나 큰일이었던가. 그런 것을 가리켜 진짜로 모든 것을 당에 바쳤다고 하는 것이다. 모든 것을 다 바쳤단 말이다!"

아버지의 이런 말을 들으며 나는 깊은 감동을 받았다. 오늘의 일부 청년들을 그들 세대와 비교하면 뭔가 모자라는 것 같다. 열정도 그렇게 높지 못하고, 신앙도 그렇게 명확하지 못하고, 품덕도 그렇게 순결하지 못하고, 심지어 혈관에서 흐르는 피마저도 그렇게 붉거나 뜨겁지 못한 것 같다.

중국 고전에 시대가 영웅을 만든다는 말이 있다. 중국 혁명의 밀물은 뒷물결이 앞물결을 밀어내면서 전진했다. 중국공산당 창당 초기에 이미 인재가 운집했고 영웅이 배출됐다. 프랑스에서만 해도 그러한 선구자들이 많이 나타났다.

주은래, 미래의 공화국 총리.

등소평, 미래의 중화인민공화국 국무원 부총리와 중앙군사위원회 주석.

진의, 미래의 중화인민공화국 원수와 국무원 부총리.

섭영진, 미래의 중화인민공화국 원수와 국무원 부총리.

이부춘, 미래의 중화인민공화국 부총리.

이유한, 미래의 중공 고급지도자, 중앙통일전선부 부장.

이립삼, 미래의 중공 고급지도자.

서특립, 미래의 당과 국가의 고급지도자.

채창, 미래의 전국부녀연합회 주석.

부종, 미래의 중국인민해방군 상장, 총정치부 부주임.

하장공, 미래의 중국인민해방군 고급장교, 중공업부와 지질부 부장.

이대장, 미래의 사천성 성장.

구양흠, 미래의 흑룡강성 성위 서기 겸 성장.

이탁연, 미래의 중앙선전부 부부장 겸 마르크스·레닌 학원 원장.

소삼, 미래의 문화계 저명한 인사와 시인.

그리고 새 중국이 창립되기 전에 영용하게 희생된 열사들.

왕약비, 중공 고급지도자, 1946년 비행기 사고로 희생됨. 당시 50세.

조세염, 중공 고급지도자, 1927년 국민당에 의해 살해됨. 당시 26세.

진연년, 중공 고급지도자, 1927년 국민당에 의해 살해됨. 당시 30세 미만.

진교년, 중공 고급지도자, 1928년 국민당에 의해 살해됨. 당시 26세.

채화삼, 중공 고급지도자, 1931년 국민당에 의해 살해됨. 당시 36세.

향경여, 중국 부인운동지도자, 1928년 무한에서 희생됨. 당시 33세.

유백견, 홍군 고급장교, 1935년 국민당에 의해 살해됨. 당시 40세.

나학찬, 절강성 성위 서기, 1930년 국민당에 의해 살해됨. 당시 37세.

장곤제, 중공과 홍군의 중요지도자, 1932년 희생됨. 당시 38세.

언칭이, 중공 군사 일꾼, 1929년 변질자의 밀고로 체포돼 국민당에 의해 살해됨.

노기창, 중공 군사 일꾼, 제2차 국내혁명전쟁 시기에 국민당에 의해 살해됨.

원경운, 북벌군 장교, 1926년에 북벌 도중 병으로 죽음.

웅웅, 황포군관학교 교관, 1927년 국민당에 의해 살해됨.

그리고 사람들의 기억 속에서 진작 잊혀진 수많은 이름들.

이런 사람들은 중국에서 나서 중국에서 자랐으며 서방의 진보적인 사상과 진리를 받아들였다. 그들은 청년의 기백으로 대담한 이상을 추구했으며, 뜨거운 피를 뿌리며 자기들의 신앙을 위해 몸을 바쳤으며, 세운 뜻을 굽히지 않고 중국과 중국 국민을 위난 속에서 구하려 했다.

그들은 프랑스에서 계속 공부할 수 있었고, 또한 서방에서 일자리를 찾거나 가정을 이루어 편안한 일생을 보낼 수 있었다. 그러나 그들은 돌아왔다. 결국 그처럼 가난하고 낙후하고 만신창이 된 조국으로 돌아왔으며, 자기들을 낳아주고 길러준 대지로 돌아왔으며, 고난 속에서 허덕이는 그들의 형제자매와 국민들 속으로 돌아왔다. 그리고 그들은 자신들의 뜨거운 피와 땀을 중국의 대지에 뿌렸다.

몇 년이 지났다. 몇 십 년이 지났다. 그때의 사람들은 지금 몇이나 살아 있는가! 혁명을 위해 온 심혈을 기울인 당년의 프랑스 유학생들은 대부분 이미 조국의 대지에 고이 잠들었으며, 중국 민족의 산천평원과 동일체를 이루었다. 그들은 눈물겨운 세대며, 천고에 길이 빛날 세대다. 우리 후대들은 그들을 대하노라면 가슴속으로부터 숭고한 경의가 솟구친다.

아버지가 프랑스에 있을 때의 사진은 넉 장밖에 없다. 한 장은 그가 프랑스에 도착한 지 얼마 안 된 1921년 3월에 찍은 것인데 모자와 양복을 걸친 전신 사진이다. 그는 이 사진을 1925년 6월에 동창생 유부경에게 선물했는데 다행히 그가 지금껏 보관하고 있다가 거의 40년이 지난 후에 다시 아버지에게 보내주었다. 이 사진은 또한 아버지의 사진 가운데서 제일 오래된 사진이기도 하다. 그때 아버지는 열여섯 살이었다.

두번째 사진은 아버지가 그의 숙부 등소성과 함께 찍은 것인데, 나이는 앞의 사진 때보다 좀 많다. 세번째 사진은 1924년 7월 중국공산주의청년단 유럽 지구 제3차 대표대회에 출석했을 때, 그 대표들과 같이 찍은 사진이다. 바로 주은래를 떠나보내면서 찍은 사진인데 아버지는 맨 뒷줄 오른쪽에 섰다. 네번째 사진은 레이노 자동차공장의 천막에서 찍은 그 1촌짜리 공원증에 쓴 사진이다.

그의 사진은 이 넉 장밖에 없다. 어떤 글과 기사에서는 다른 사람의 사진을 가리켜 아버지라고 하는데 모두 다 잘못 기록하고 있는 것이다.

프랑스에 있을 적에 아버지는 장티푸스에 걸렸었는데, 대략 1923년부터 1925년 사이의 일이다. 아버지는 나에게 이렇게 알려주었다. "나는 평생 동안 장티푸스에 두 번 걸렸는데 한번은 프랑스에서고, 한번은 장정이 끝난 직후다." 아버지는 두 번 다 하마터면 죽을 뻔했다고 한다. 다행히도 당시의 프랑스 의료술이 이미 상당한 수준을 갖추었기에 그는 목숨을 건질 수 있었다. 추측하건데 당시 아버지의 극히 어려운 생활 조건에서는 병마의 손길을 제대로 당해낼 수 없는 것이었다. 그럼에도 아버지는 죽음을 면할 수 있었다. 만약 그렇지 않았다면 나에게 오늘과 같이 이 책을 쓸 수 있는 커다란 기쁨이란 있을 수 없다.

여기서 잠깐 아버지에 대해 말하고 싶은 것이 있다. 일부 아버지에 대한 기록을 보면, 그를 묘사할 때 흔히 그가 프랑스에서 생활한 5년을 근거로 '서양 스타일을 부여'하는데, 이를테면 아버지가 고전음악을 즐긴다는 것 등등이다. 또 어떤 글은 지금의 아버지가 브리지를 즐기는 것을 근거로, 전쟁 연대나 심지어 군사대사를 토의할 때에도 손에 트럼프 카드를 쥐었던 것처럼 묘사하고 있다.

아버지는 서방에서 6년 남짓한 기간(소련에서의 1년을 포함해)을 머물면서 확실히 일부 외국 생활의 관습이 몸에 밴 것만은 사실이다. 이를테면 감자를 즐겨 먹고 프랑스 포도주를 즐겨 마시며 치즈, 빵, 커피를 좋아한다는 것 등이 그것이다. 아버지와 함께 프랑스에 유학한 오랜 동지들에게도 다 이와 같은 기호가 있다. 1975년 프랑스 방문과 1974년 뉴욕 유엔 대회에 참가하는 도중 프랑스에 들렸을 때, 아버지는 프랑스의 우각(牛角)빵을 사 와서는 오랜 동지들인 주 총리, 섭영진, 채창 등에게 나누어준 적도 있다.

프랑스 생활 중에 아버지는 한 가지 취미를 붙였는데, 그것은 그가 평생을 두고 같이한 축구 구경이었다. 그때 돈이 없었던 아버지는 언젠가 한번 국제 경기를 관람하기 위해 5프랑을 허비하며 제일 싼 입장권을 샀다고 한다. 아버지는 그때의 일을 돌이키며 5프랑이면 하루 밥값인데, 자신에게 있어 그것은 실로 쉬운 일이 아니었다고 말했다.

해방 후 그는 줄곧 열렬한 축구팬이 되어 경기만 있으면 하나도 빠뜨리지 않고 보러 갔다. 심지어 북경 선농단 경기장에서 하는 어린이 팀의 경기마저 놓치지 않았다. 또 자기만 가는 것이 아니라 우리까지 데리고 갔다. 어릴 적에 우리는 대체로 휴게실에 앉아서 사이다나 마시곤 했지만, 점점 크면서 우리도 다 축구광이 되고 말았다. 한번은 축구장에서 특히 우리를 감동시킨 장면이 있다. 그것은 문화대혁명이 채 끝나지 않은 1973년의 일이다. 갓 연금에서 풀린 아버지에게는 아직 적당한 직무가 없었다. 마침 외국 축구팀이 와서 경기를 했는데 아버지는 우리를 데리고 구경을 갔다. 원래는 말석에 조용히 앉아 볼 생각이었는데, 생각 밖으로 그가 경기장에 들어서자마자 옆에 앉은 관중들에게 발견됐다. 그리하여 경기장의 만여 명 관중들이 모두 일어나며 열렬한 박수를 보내는 것이었다. 결국 아버지는 본부석 앞줄로 나가서 연신 관중들의 박수에 답례를 표하지 않을 수 없었다. 당시의 그 장면을 나는 오래도록 잊을 수 없을 것이다.

아버지는 프랑스 시절 축구와 끊을 수 없는 인연을 맺었다. 그때는 마음대로 구경할 수 없었지만 지금은 조건이 좋아져 집을 나서지 않고도 구경할 수 있다. 평소 국제경기가 있어 중계방송만 있으면 그는 어김없이 다 보았다. 미처 볼 시간이 없으면 녹화해 두었다가 천천히 감상하곤 했다. 1990년 월드컵 대회 때는 마침 아버지는 은퇴한 직후라 시간이 있었다. 생방송에 녹화방송까지 도합 52게임 중 50게임을 보았으니 구경은 실컷한 셈이다.

서양 고전음악에 대해 아버지는 이를 별로 좋아하지도 않고 잘 알지도 못한다. 아버지가 좋아하는 것은 경극(京劇)으로 전문가 수준이다. 이 면에서는 그는 '국수파'라고 할 수 있다. 서양 스타일은 조금도 없기 때문이다. 아버지가 경극을 좋아하기 때문에 우리집은 공연만 있으면 온 식구가 다 구경을 갔다. 아버지와 어머니는 진짜 경극을 좋아해서 가지만 우리는 볼 줄도 모르면서 맞장구나 칠 뿐이다. 그러나 경극은 괜찮은 구경거리다. 많이 듣고 많이 보고 있노라면 역사 이야기를 많이 알게 된다.

브리지는 아버지가 서남으로 진군한 후 중경에서 배운 것이다. 그러므로 해방 전 전쟁 연대의 아버지에게 그런 모습은 있을 수 없다.

주

1. 중공 모스크바 지역 집행위원회에 보낸 중공 유럽 지부 집행위원회의 편지. 1925년 5월 29일.
2. 원경운이 1925년 11월 18일 부종 등에게 보낸 편지.
3. 1925년 12월 9일 부종 등에게 보낸 모스크바의 편지. C. P.는 공산당의 영문 약칭.

21 10월혁명의 고향 러시아

광막한 들판이 백설로 뒤덮인 여기가 바로 러시아다. 새모습으로 단장하고 수림으로 둘러싸인 옛 도시, 여기가 바로 모스크바다. 드넓고 장엄하고 붉은기가 나부끼는 여기가 바로 붉은 광장이다. 레닌의 사무실과 소비에트 사회주의국가의 국민정권이 있는 여기가 바로 크렘린이다.

1921년, 소련의 수도에 '모스크바 동방근로자공산주의대학'이 창설됐다. 이 대학은 소련 동부지역 민족을 위해 간부를 훈련시키기도 하고, 동방의 나라를 위해 간부를 양성하기도 했다. 이 학교에서 양성훈련을 받은 사람들은 인도인, 베트남인, 일본인, 터키인, 아랍인, 페르시아인, 알제리인 등이다. 1921년에 이 학교에 재학한 중국학생 수는 35명(대다수가 공산당원, 공청단원이다)이었으며, 1922년에는 42명이었다. 1923년 중공 유럽 지부는 조세염, 진연년, 진교년, 왕약비 등 12명을 동방대학에 파견해 학습시켰다.

1923년 이후 중국혁명 정세는 급속히 발전했다. 1923년 6월, 중공은 국민당과 통일전선을 결성하자는 주장을 확정했다. 같은 해에 손문은 소련과 연합하고 공산당과 연합해 노농을 부조하는 3대정책을 확립하고, 공산당의 도움하에 국민당을 개편했다. 1924년 공산당은 황포군관학교를 설립하고 혁명군대를 창립했다. 중국의 제1차 국내혁명전쟁의 형세는 급속히 발전했다. 이러한 정세하에서 국공 쌍방은 혁명간부 역량의 부족을 느끼고 소련에서의 양성 숫자를 늘리기로 협의했다.

이러한 요구에 따라 소련은 1925년 '중산노동대학'을 세우고 전문적으로 중국학생만 받아들였다. 그 목적은 마르크스주의로 '중국공산주의 대중운동의 간부를 양성하고, 중국혁명의 볼셰비키 간부를 양성하는 데 있었다.

1925년 말, 광주 주재 광주국민정부 정치고문 보로딘의 참여하에 국공 쌍방은 중산대학에 보낼 학생 도합 310명을 선발했다. 먼저 학생 118명이 선발대로 1925년 11월에 모스크바에 도착했다. 그중 공산당원과 공청단원은 모두 103명으로 87퍼센트에 달했다. 1926년 1월, 독일에서 공부하던 국민당원 10명도 중산대학에 들어갔다. 얼마 지나지 않아 중공 유럽 지부와 중국공산주의청년단 유럽 지부에서는 20명의 당원, 공청단원을 소련에 보내 공부시켰는데, 그중에 등희현, 부종, 이탁연 등이 있었다. 그들은 먼저 동방대학에 들어갔다가 얼마 뒤 새로 문을 연 중산대학으로 전학했다.

1990년, 나는 중국국제우호연락회 팀을 이끌고 소련을 방문했다가 중산대학의 옛 자리에 가 보았다. 그것은 3층집이었다. 듣자니 혁명 전에는 러시아의 한 귀족의 자택이었다고 한다. 내가 구경간 당시에는 소련 과학원 철학연구소였다. 방안의 장식은 이미 현대식으로 바뀌었지만, 일부 큰 방안에는 아직도 천정의 양식이 화려한 당시의 흔적이 남아 있었다. 실내의 팬던트 등도 정교하고 화려했다. 방마다 높고 널찍했으며 어느 홀은 이미 다른 용도로 고쳐졌는데, 당시 이 층집이 호화롭고 웅장했음을 엿볼 수 있었다. 층집 안의 다른 어느 홀은 귀족들의 무도장이었다고 하는데, 듣자니 러시아의 위대한 시인 푸슈킨의 결혼 만찬무도회가 바로 이 홀에서 열렸다고 한다. 층집 안의 대부분 방은 이미 사무실과 회의실로 바뀌었고 각 거실과 회의실 안에는 모두 레닌의 반신상이 진열돼 있었다.

1926년 초, 프랑스에서 아버지 일행이 이곳에 왔을 때는 틀림없이 별다른 세계에 온 것 같았을 것이다. 프랑스에서 그들은 사회의 제일 하층에 속한 노동자와 가난한 학생이었고, 프랑스 경찰의 끈질긴 추적을 받는 비밀 공산주의 조직원이었지만, 소련에 오자 그들은 대번 열

럴한 환영을 받는 귀객이자 또 고급 대학의 학생이 됐던 것이다. 소련 동지들 속에서, 노동자가 나라의 주인이 된 대가정 속에서 그들은 처음으로 압박이 없고 암흑이 없는 즐거운 생활을 했다. 그들은 이곳에서 자유롭게 공산주의를 논할 수 있었고 활동할 수 있었으니, 그들은 진정 정신적인 커다란 해방감을 느꼈을 것이다.

당시의 소련은 제국주의의 간섭과 내전의 상처가 완전히 아물지 못했다. 그러나 소련은 젊은 기운을 다해 이 외국학생들의 생활과 교육을 보장해 주었다. 당시 소련 국내에서는 중산노동대학촉진회를 세우고 교육경비를 모금했다. 중산대학의 매년 예산은 그 당시 돈으로 1,000만 루블에 달했으며, 외국 학생들에게 필요한 외화(귀국 비용)를 주기 위해서 소련 정부는 본래 부족한 외화를 유용해야 했다. 소련 정부는 모든 힘을 다해 학생들의 생활을 보장했으며 외국학생들은 심지어 러시아 학생들보다 더 우월한 대접을 받았다. 한 중국인 학생은 이렇게 회상했다. "우리는 아직 계란과 물고기, 육류를 먹어본 적이 없다. 또 이런 것들은 1926년 당시 쉽게 얻을 수 있는 것이 아니었다. 비록 경제는 곤란했지만 하루 세 끼의 질은 상당히 높았다. 그 어떤 부잣집의 아침식사도 우리 식탁보다 풍요롭지 못했으리라."[1] 학교에서는 학생들에게 양복, 외투, 구두, 비옷, 동한복 및 일체 생활필수품들을 지급했다. 또 학생들에게 발레, 오페라 등과 모스크바의 고적지와 레닌그라드를 구경시켰다.[2] 아버지는 1926년 학교에서 보내준 레닌그라드 여행에 참가했던 적이 있다고 말했다.

이런 생활은 아버지의 프랑스 생활에 비기면 그야말로 천국과 다름없었다. 물론 중국 학생들이 이곳에 온 주요한 임무는 학습이었다. 학생들은 우선 러시아어부터 배워야 했다. 첫 학기 내내 러시아어 학습 시간으로 이어졌다. 매주 6일, 매일 4시간씩이었다. 중산대학의 필수과목으로는 경제학, 역사, 현대 세계관, 러시아혁명의 이론과 실천, 민족과 식민지, 중국의 사회발전, 언어학이었다. 전공과목으로는 중국혁명운동사와 통사, 사회형태 발전사, 철학(변증유물주의와 역사유물주의), 정치경제학(《자본론》이 위주), 경제사, 레닌주의였다. 중산대학에는 또 한 가지 중요한 과목이 있었는데 바로 군사훈련이었다.

학습 방법은 교수가 먼저 강의하고(러시아어로 했고, 중어 통역이 있었다) 다음 학생들이 질문하고 다시 교수가 대답했다. 그 다음 학생들은 토론회를 열어 자유롭게 변론하고 맨 나중에 교수가 결론을 내렸다.[3]

학습의 기본단위는 소조였다. 1926년 초에는 학생 약 300여 명이 11개 소조로 나뉘었고 각 조는 30명내지 40명 정도였다. 1927년 초에 이르러 학생수는 이미 500여 명을 초과했다.[4]

중산대학에서 공부했던 학생들의 수준은 같지 않았다. 어떤 학생들은 이미 중고등, 대학교육을 받았지만, 기초적인 절차도 밟지 않은 학생들도 있었다. 마르크스주의 학설에 대한 학생들의 이해 정도도 차이가 컸다. 이런 상황에 맞춰 학교에서는 학생들의 지식 수준의 차이에 따라 학습조를 나누었다. 수준이 낮은 학생들은 예비반에 편입돼 초급교육을 받았고, 러시아어 수준이 높은 학생들은 번역 속성반에 편입됐다.

학교의 여러 소조 가운데 한 소조가 특별히 사람들의 주의를 끌었다. 이 조가 바로 '이론가 소조'로 불린 제7조였다. 이 소조에는 당시 학교 내 국공 양당의 주요 학생들이 운집해 있었다. 중공 쪽에는 등소평, 부종, 이탁연 등이고, 국민당 쪽에는 곡정강, 곡정정, 등문의, 그리고 왕정위의 조카이자 비서이며 어우임의 사위인 굴무 등등이다. 아버지의 말에 따르면 공산당과 국민당의 이름 난 거물급들이 모두 한 개 조에 모여 있었다.

아버지와 부종, 그리고 이탁연 등 세 사람은 모두 일정한 혁명투쟁 경험을 지닌 공산당원이다. 그들은 사상과 행동 면에서 이미 성숙해 있었으며, 그 이력도 주목할 만했다. 그들은 국민당 인사들과 한 조에 있었지만 신앙, 관점, 견해, 계급 면에서 심한 차이를 보였다. 여러 문제를 통해 쌍방은 늘 변론을 하고 심지어 단발적으로 일정한 정도의 투쟁도 전개했다. 이런 투쟁은 특히 국민당 우파 세력과의 겨룸에서 나타났는데, 그것은 중국 국내의 정치 투쟁과도 긴밀히 연결되는 것이었다.

당시 중산대학의 중공 당지부 서기는 부종이었으며, 아버지는 제7반의 당 소조장이었다. 1926년 6월 무렵, 중산대학 내 중공 당지부의 '당원 비판계획안'에는 당시 아버지와 관계되는 일부 상황이 기록돼 있는데, 그것은 그에 대한 중공당 조직의 평가이기도 하다. 그 당시의 등소평을 이해하는 자료가 될 것 같아 여기에 그대로 옮겨놓았다.

성명 : 등희현.

소련명 : 도소로프.

학생증번호 : 233.

당의 공작 : 본반 당 소조장.

일체 행동이 당원의 신분에 맞는가 : 일체 행동이 당원의 신분에 맞는다. 비당적 경향이 없음.

규율준수 여부 : 규율 준수.

당의 실제 문제 및 기타 일반적 정치 문제에 대한 이해와 흥미 정도, 소조회에서 각종 문제 토론을 제기하는 자세, 동지들과의 일체 문제를 토론하는 자세 : 당의 규율 문제에 대해 특히 주의를 기울이고, 일반 정치 문제에 대해서도 높은 관심과 상당한 인식을 갖고 있다. 소조회의 각종 문제 토론에 적극적으로 참가해 동지들과 각종 문제를 토론함.

당 대회와 소조회의 출석 여부 : 결석 전무.

당이 지정한 공작의 집행 여부 : 철저히 집행함.

동지들과의 관계 : 밀접.

학업에 대한 흥미 : 높은 흥미를 지님.

타인에게 모범이 될 수 있는가 여부 : 학습에 노력하는 만큼 타인에게 영향을 줄 수 있음.

당에 대한 인식 여부 : 당에 대한 인식이 빠름. 비당적 경향 없음.
국민당 중에서 공산당의 면목을 지우는가 : 지우지 않는다.
가장 적합한 공작 : 선전 및 조직 공작.

이 같은 당 조직의 평가는 스물두 살의 젊은 공산당원 등희현의 기본적인 모습을 잘 보여주고 있다.

아버지는 프랑스 시기에 벌써 마르크스주의의 일부 저작 및 케렌스키 등 러시아 공산당 저작을 읽었다. 아버지는 그들 프랑스 청년단 소조는 매주 한번씩 학습 토론을 진행했다고 말했다. 그러나 그런 학습은 필경 체계적이지 못하고 깊지 않았으리라 생각된다. 소련에서의 공부 가운데 제일 중요한 요소는 체계적으로 마르크스주의의 기본 관점 및 기타 지식을 학습하는 데 있다. 동시에 아버지와 그의 동지들은 국내에서 온 국민당 인사들과 같이 배우고 생활함으로써, 국민당 각 파에 대한 많은 이해를 쌓을 수 있었다. 이 점이 그가 귀국한 이후 혁명활동과 혁명투쟁을 진행하는데 더욱 충실한 이론적 기초와 투쟁적 기초가 됐다.

아버지는 모스크바에서 쓴 몇 편의 글에서 이렇게 말하고 있다.

"지난날 유럽에서 공작할 때마다 번번히 내 능력이 부족함을 느꼈다. 일찍부터 나는 소련에 와서 배울 결심을 갖고 있었다."

"갈수록 공산주의에 대한 나의 연구가 너무나 얕게 느껴진다. 러시아에 딘 하루라도 디 남아 있을 수 있다면, 연구와 노력을 통해 공산주의에 대해 상당한 인식을 높이도록 하겠다."

이 자기반성의 글에서 갓 스물이 넘은 아버지는 또 이렇게 쓰고 있다.

"나는 모스크바에 올 때 이미 나의 몸을 우리 당과 투쟁에 바칠 각오를 했다. 그때부터 나는 절대적으로 당의 훈련과 지휘를 받고 시종일관 무산계급의 이익을 위해 투쟁하리라 마음 먹었다!"

이것이 등희현, 젊은 공산주의 전사의 전투적 맹세다. 그는 그후 몇 십 년의 혁명투쟁 실천으로 자신의 맹세를 실현했다.

모스크바의 동창생 가운데서 두 사람을 언급할 필요가 있다. 한 사람은 장개석의 아들 장경국이다. 그는 아버지와는 같은 반이 아니었고 나이도 비교적 어렸다. 또 당시 학교에서도 별로 이름이 나지 않았다. 다른 한 사람은 국내에서 모스크바로 파견되어 훈련받은 한 젊은 여공산당원인데 이름은 장석원(張錫瑗)이다.

장석원은 1907년생으로 모스크바에 있을 때가 열아홉 살이었다. 그녀의 원적은 하북성 방산현(房山縣) 양향(良鄉)으로, 그녀의 아버지 장경해는 철도국 양향역 역장으로 당시 2·7노동자파업에 참가한 경력을 갖고 있다. 장석원은 직예성 제2 여자사범학교에서 공부했는데, 1924년 열성분자로 이 학교의 학생운동에 참가했을 뿐만 아니라, 공산주의 청년단에도 가입했다. 1925년 그녀는 북경에 와서 이대소, 조세염 등 당의 지도자들을 만났고, 같은 해 북경에서 중국공산당에 가입했다. 1925년 하반기에 장석원은 당조직의 파견으로 모스크바 중산대학에 와서 학습했다. 그녀와 아버지는 중산대학 시절 서로 알게 됐으며, 매우 친숙한 사이가 됐다.

1926년 쯤, 중산대학 20여 명 여학생들이 모스크바 교외 한 요양원에서 촬영한 한 장의 단체사진이 있다. 이 사진 속에 그녀는 단정하고 예쁜 얼굴로 생기가 있어 보이는 짧은 머리를 하고 동창들 속에서 있다. 그녀의 모습은 매우 진지해 보인다. 이 젊은 공산당원이 이미 혁명투쟁의 시련을 겪을 만큼 겪었다면 누가 믿으랴? 장석원은 이 사진을 국내의 식구들한테 보냈는데, 1978년에야 그녀의 가족들 손에서 이 진귀한 사진을 찾아냈다. 이 사진은 장석원이 짧디짧은 24년의 생애에서 남겨놓은 유일한 유품이다. 지금 이 사진은 상해 용화공묘 장석원 열사의 비석에 단정히 박혀 있다.

아버지와 장석원은 남들이 다 알고 있듯이 당시 연인 사이는 아니었다. 그들은 단지 동창이고 전우였을 뿐이다. 그러나 그들 두 사람의 관계는 그때부터 시작됐고 그곳에서 시작됐다.

중산대학의 학제는 2년제였다. 그러나 아버지는 이 2년을 다 다니지 못하고, 1926년 말 명령을 받고 귀국해 국내의 혁명활동에 참가했다. 그는 귀국길에 올랐다. 조국을 떠난 지 어언 6년만의 일이다. 그러나 그가 돌아온 조국은 화염이 자욱한 전장으로 변했고, 이러한 혼란된 조국을 구하기 위해 그는 괴롭고 고통스러운 국내의 혁명투쟁에 첫발을 내딛었던 것이다.

조국이여, 그대의 아들들은 또다시 돌아왔다.

주

1. A. B. 판즈브(소련이 중국혁명을 위하여 마르크스주의 이론 간부를 양성한 과정을 말한다).
2. 위와 같음.
3. 위와 같음.
4. 위와 같음.

22 국내 혁명전쟁의 급격한 변화

　1926년은 제1차 국내혁명전쟁이 급속히 변화되던 시기다.

　1925년 3월 12일, 자산계급 민주혁명의 선구자 손문이 불행하게 서거했다. 손문 선생의 죽음은 바야흐로 활기차게 발전하고 있는 민주혁명운동의 크나큰 손실이 아닐 수 없다. 그러나 국민혁명운동은 이미 식을 수 없을 만큼 들끓어오르고 있었다. 1925년 7월, 왕정위를 주석으로 하고, 요중개를 재정부장으로 하고, 소련인 보로딘을 고문으로 하는 광주국민정부가 들어섰다. 광주국민정부는 혁명운동을 계속 지원하는 한편, 국민정부 소속의 군대를 국민혁명군으로 통일 개편했다. 개편 후의 군대는 당대표와 정치부를 두고 주은래, 이부춘, 임백거 등 공산주의자들이 각 군의 대표를 맡았다. 손문 선생의 3대 정책이 의연히 관철 집행됐다. 혁명군은 동정(東征)과 남정(南征)의 승리를 쟁취한 후 광동 혁명근거지를 가일층 다져나갔다.

　1926년 1월, 국민당은 제2차 전국대표대회 후, 북벌을 계획했다. 같은 해 7월, 광주국민정부는 공산당의 역량을 바탕으로 북벌전쟁을 감행했다. 북벌군은 맨 처음 호북과 호남을 들이쳐 군벌 오패부(吳佩孚)를 소멸시키려 했다. 7월 중순 북벌군은 장사(長沙)에서 첫 승전고를 올리고, 8월에는 정사교(汀泗橋)에서 이겼다. 9월 북벌군은 무창(武昌)에 이르렀고, 10월에는 무창을 공략했다. 북벌군은 영용무쌍했으며 가는 곳마다 적들을 휩쓸었다. 특히 공산당원 엽정(葉挺)을 여단장으로 하는 독립여단은 천하에 당할 자가 없었다. 9월 북벌군은 강서에서 '절강, 복건, 강소, 안휘, 강서 5개 성 총사령'으로 불리는 군벌

손전방(孫傳芳)에 대한 진공을 개시했다. 11월 상순, 공산당원 이부춘을 정치부 주임으로 하는 혁명군 제2군이 남창(南昌)을 공략했다. 오패부와 손전방 두 군벌을 무너뜨린 혁명군은 싸울수록 용감해졌다. 12월에는 또 절강을 점령했고, 1927년 3월에는 강남의 요지 남경을 탈취했다.

혁명군은 광동에서 북벌을 시작한 지 채 10개월도 안 되는 사이에 오패부와 손전방을 무너뜨리고, 무한과 남경, 그리고 상해까지 공격해 갔다. 혁명의 폭풍은 중국의 절반을 휩쓸었다. 제국주의의 지지를 받는 북양군벌정부는 봉계(奉系)와 직노(直魯)의 연합군 및 손전방 잔여부대를 묶은 '안국군(安國軍)'으로 저항을 시도했지만, 그들의 계획은 실패로 끝나고 결국 북양군벌의 반동 통치도 붕괴에 이른다.

북벌전쟁, 이 전례없던 반제 반봉건의 혁명전쟁은 천지개벽의 국민대혁명으로서, 제국주의와 봉건군벌의 반동적 통치를 심각하게 뒤흔들었고, 국민혁명을 가일층 전개하는데 그 광활한 천지를 개척했다.

중국 북방의 역사적인 옛 도시 서안(西安)에서 풍옥상(馮玉祥) 장군은 국민혁명의 행렬에 참가했다. 그는 각 로 군벌이 북방에 자리잡고 있는 국면을 타개했다. 풍옥상의 자는 환장(煥章)이고 안휘성 사람이다. 일찍 군에 입문해 북양정부의 연대장, 사단장, 섬서성, 하남성 독군(督軍) 등의 직에 있었다. 그는 제1차 직봉전쟁 후 원래의 상사인 오패부와 모순이 생기면서, 동시에 혁명 쪽으로 기울어지기 시작했다. 이어 그는 자기의 부대를 국민군으로 개칭하고 북경 임시내각을 세웠을 뿐만 아니라, 중국 마지막 황제 및 청황실을 자금성(紫禁城)에서 축출했다. 풍옥상 부대의 국민군은 봉계군과 대결해 천진(天津)을 점령함으로써, 북방 국민군의 통제 범위를 하남성에서 직예성 전경내까지 확대시켰다.

풍옥상은 북경에 있을 적에 중공 인사 이대소의 관심과 도움을 받았으며, 중국공산당의 감화하에 그의 애국심과 혁명의 뜻을 단단히 굳혔다. 1925년 5월, 중공의 배려하에 풍옥상은 소련으로 학습을 떠났다. 풍 장군은 소련에 도착해 소련 정부와 각계 인사들로부터 열렬한 환영을 받았다. 소련의 각계 인사는 물론 동방대학과 중산대학의 중국 학생들로부터 열렬한 환영을 받은 풍옥상은 '깊은 감동'을 느꼈다. 그는 이렇게 말했다. "나는 소련에 체류한 석 달 동안 소련 정부와 민간의 많은 인사들, 노동자, 농민, 문인, 그리고 군계 정계의 지도자들을 만났다. 이런 사람들과의 만남은 나로 하여금 혁명 참가와, 당 조직에 참여하지 않으면 안 되겠다는 사실을 절실히 깨닫게 했다." 풍옥상의 소련 방문이 중국 혁명에 대한 진일보의 인식을 그에게 가져다 준 것이다.

풍옥상이 소련을 방문하는 기간, 중국 국내정세는 부단히 변화해 갔다. 단기서(段祺瑞)의 북양정부는 직계군벌 오패부, 손전방과 봉계군벌 장작림의 지지하에 국민혁명군과 북방혁명 세력을 소멸하려 시도했다. 풍옥상은 국내정세의 변화에 따라 유백견, 어우임 및 국제공산당 고문인 우스만노브를 동반하고 1926년 8월 귀국길에 올랐다. 풍옥상이 9월 중순 섬서성에 돌아왔을 때 마침 국민혁명군이 한구(漢口)를 공략했다는 승리 소식이 전해졌다. 9월 17일, 풍옥상은 오원(五原)에서 선서 대회를 열어 휘하 전 부대를 국민당에 가입시켰다. 그는 또 매국군벌을 처단하고, 제국주의를 타도할 것을 맹세했다. 그후 풍옥상은 유백견 등 공산당원의 협조하에 부대를 개편했다. 그는 소련으로부터 대량의 무기 원조를 받는 한편, 중국공산당에게 간부 파견을 요청했다. 오원 선서 후 풍옥상 국민군에 파견된 공산당원은 200명 남짓했다. 그 가운데는 유백견, 선협부, 진연년, 방정정, 유지단, 왕일비, 등희현 등이 있었다. 그들은 각기 모스크바, 황포군관학교, 중공 북방국 등지에서 선발해 파견한, 강한 공작 능력을 지닌 우수한 공산당원들이었다.

당시 모스크바 중산대학에서 학습하고 있던 중공 당원 등희현은 발령을 받고 바로 소련에서 풍옥상 부대로 파견돼 왔다. 모두 스물 몇 명이 파견 명령을 받았다. 그들은 1926년 말 모스크바에서 기차를 타고 우킨스크에 도착한 후, 거기서 버스로 갈아타고 몽골의 쿨룬(지금의 울란바토르)에 도착했다. 그들은 거기서 먼저 세 사람을 선발대로 들여보냈다. 그 이유는 차량이 부족했기 때문이다. 이 세 사람이 공산당원 등희현과 왕숭운, 주세항이다. 그들을 실은 차는 소련이 풍옥상 부대에 보내는 탄알을 실은 자동차로, 모두 석 대였으며 다 소련인이 차를 몰았다.

쿨룬에서 포두(包頭)까지의 거리가 비록 800여 킬로미터밖에 안 되므로, 지금이라면 비행기로 한 시간이면 댈 수 있지만, 그때는 망망한 초원으로 인적이 드물고 모래바람이 마구 불어쳐 길을 찾기가 아주 어려웠다.

바로 이 일망무제한 황야에서 세 대의 소련 자동차가 기우뚱거리며 달리고 있었다. 배가 고프면 건량(乾糧)을 먹고, 추우면 소똥을 주워다가 불을 지펴 몸을 녹였다. 당시 몽골의 초원은 결코 오늘처럼 물과 풀이 풍부하고 소와 양이 떼지어 다닌 것이 아니라 인적이 드문 황야였다. 게다가 겨울의 백설이 뒤덮이고 찬바람이 뼈를 에어 고생이 막심했다. 황야에는 바른 길이 없었기에 곤경에 빠지면 때론 사람이 뒤에서 차를 밀어야 했으며, 그러자니 하루에 몇 리밖에 가지 못했다.

안간힘을 다 써 황야를 빠져나오니 앞에는 또 사막이 펼쳐졌다. 이 사막은 초원보다 더 황량했다. 풀도 물도 나무도 사람도 없고, 바람이 불면 누런 모래가 하늘을 뒤덮었다. 또 해가 내리 쬐면 사막은 온통 뻘겋게 변했다. 밤이 되면 창공엔 뭇별들이 널려 있고, 지상에는 인적이 없이 누런 모래만이 바다같이 펼쳐져 있었다. 초원에선 길이 없어도 차는 다닐 수 있었지만, 사막에 이르니 차가 더 움직일 수 없어 낙타로 바꿔 타고, 무려 8일 낮과 밤을 걸어서야 이 일망무제한 죽음의 바다에서 빠져나올 수 있었다.

이렇게 천신만고를 다하며 한 달 남짓 걸어서야 끝내 중국 서북 녕하(寧夏)의 은천(銀川)에 도착했다. 아버지는 한 달 남짓 세수를 한 번도 못했다고 말했다. 은천에서 잠깐 휴식한 후 그들은 또 말을 타고 밤낮을 달려서야 섬감을 지나 끝내 1927년 2월 서안에 도착했다.

아버지는 모스크바에서 출발해 몽골 초원과 서북 사막을 거친 그들 20여 명 동지들이 서안에 도착한 후의 행색이 모두 말이 아니었다고 말했다.

아버지는 풍옥상 부대에 도착하자마자 유백견을 만났다. 프랑스에 있을 때부터 아버지와 유백견은 매우 익숙한 사이였다. 오랜만에 만난 동지가 한없이 반가웠으리라. 얼마 지나지 않아 아버지와 함께 선발대로 왔던 왕숭운과 주세항은 군의 정치 처장으로 배치받았고, 아버지는 갓 창립된 서안 중산군사학교에 배치돼 정치 처장을 맡았다.

아버지는 이렇게 회고했다. "이 학교는 당시 국민혁명군 섬서 주재 총사령이었던 국민당 좌파 우우임(于右任)이 세웠다. 학교의 주요한 직무는 모두 당에서 파견해 맡았다. 교장 사가헌(史可軒)은 당원이었고(후에 희생됨), 부교장은 소련에서 귀국한 이림(李林) 동지였고, 나는 학교 당의 서기직도 겸임했다. 학교는 단기간 준비를 거쳐 즉시 꾸려졌으며, 적지않은 학생들은 당원과 단원이었으며, 군사훈련 외에 주로 정치 교육을 실시했다. 이 학교는 1928년 섬서성 위화폭동(渭華暴動)의 기반이 됐다."

아버지는 당시 이 학교에서 일하는 한편, 짧은 기간 동안 서안 중산학원에서 교수도 겸했다. 이 학교 역시 당이 사람을 파견해 영도했다. 이외에 그는 또 서안 당원, 단원의 일부 회의와 군중집회에도 참가했다. 당시 서안 군중의 혁명 분위기는 매우 농후했으므로 시위와 집회도 적지 않았다. 서안에 있는 동안 아버지의 생활 비용은 풍옥상 부대에서 지급했는데 물론 넉넉치 못했다. 아버지는 그때 그들은 거의 일요일마다 군사학교 교장 사가헌에게 바가지를 씌워 소고기떡국을 얻어먹곤 했다고 말했다. 그는 지금도 감탄사를 연발하며 이렇게 말한다. "그 시기 소고기떡국은 무척 좋은 음식이었지!"

아버지와 그의 동지들은 풍옥상 부대에서 서너 달도 있지 못했다. 그해 6월에 이르러 제1차 국내혁명전쟁의 정치 정세는 크게 돌변했다.

1927년 4월 12일, 장개석은 혁명을 배반하고 4·12반혁명 쿠데타를 일으켰다.

손문은 당시 국민당을 창설한 후 삼민주의 정책을 제시했다. 이 제1차 국공합작은 대혁명의 정세에 급속한 발전을 가져왔다. 그러나 제1차 국내혁명전쟁 기간에 국민당 내부에는 시종 좌파와 우파 세력간의 첨예한 투쟁이 계속됐다. 손문이 서거한 지 얼마 안 되는 1925년 8월, 국민당 좌파이자 손문의 전우며 광주국민정부 재정부장인 요중개가 반동파들에게 암살당했다. 이는 반동 세력이 국민당 좌파의 소멸을 기도한 한 차례의 비열한 음모였다.

5·30운동 후 혁명과 반혁명, 혁명통일전선 내부의 무산계급과 자산계급 간에 주도권을 쟁탈하려는 투쟁이 갈수록 첨예해갔다. 공산당은 대중을 발동해 국민당 우파와의 강력한 투쟁을 전개했다. 국민당 내부의 우파 세력, 이를 테면 북경의 서산회의파와 대계도 등 대표 인물들은 연이어 반동 단체를 세웠다. 그들은 손문의 삼민주의를 반대하고, 국공합작을 반대하고, 국민당 좌파를 반대했다. 특히 신우파 집단 장개석은 표면상으로는 손문의 유언을 지지했지만, 실은 반공 입장을 견지하고 있었다. 그는 암암리에 자기 세력을 쌓아가며 국민당 좌파와 공산당을 반대하는 행위를 감행했다. 장개석은 혁명군권을 수탈할 목적으로 먼저 공산당이라는 이 최대 장벽을 제거하려 들었다.

북벌전쟁이 전개됨에 따라 중국공산당은 여러 차례 대규모적인 노동자 파업운동과 반제 반봉건의 무장봉기를 일으켰다. 커다란 성과를 거둔 이 투쟁들은 결국 제국주의의 군대 파견을 불렀다. 1927년 3월 24일, 영국, 미국, 일본제국주의는 군함을 동원 남경 혁명군에게 포사격을 가해 2,000여 명을 살상시킨 '남경참사'를 빚었다. 그러나 장개석은 제국주의에 아첨하며, 그 '모든 책임을 지겠다'고 했다. 장개석의 비열한 행위는 전국적으로 분노를 자아냈다. 무한의 30만 시민들은 집회를 통해 장개석을 공개적으로 질타했다. 동시에 공산당과 국민당 좌파는 국민당 당권을 회복하는 운동을 일으켰다. 1927년 3월, 국민당 좌파 송경령, 하향응, 등연달 등은 공산당의 협력하에 국민당 중앙위원회 제2기 제3차 전원회의를 소집했다. 이들은 장개석 군사독재에 반대하는 결의를 채택했다. 장개석이 이처럼 그 힘을 이용해 독재의 목적에 도달함과 때를 같이 해, 중국공산당 내부의 진독수를 대표하는 우경투항주의 노선도 시종 혁명의 발전을 교란하고 저애했다.

진독수는 당의 주요 창시자 가운데 한 사람이다. 그러나 그는 공산당 총서기가 된 후 우경의 온유적 노선을 집행했다. 그는 통일전선 면에서 양보를 고집했고, 북벌에 대해서도 소극적 태도를 취했다. 그는 또 장개석과 왕정위 사이에 이른바 '세력 균형'을 시도하면서 국민당 우파와 타협하고 양보했다. 비록 주은래, 구추백, 모택동, 진연년, 유소기 등이 견결히 저지하고 반대했지만, 진독수의 우경투항주의를 저지하지 못했다.

제국주의와 봉건 매판 세력의 책동과 지지하에, 진독수의 우경투항주의의 양보하에, 1927년 3월 장개석은 반혁명 대학살을 시작했다. 3월 말, 장개석은 우선 하응흠을 파견해 남경 국민혁명군 3개 여단을 무장해제했다. 4월 12일, 장개석은 상해의 2,700명 노동자 규찰대의 무장을 해제했다. 4월 15일, 장개석은 광동의 이제심에게 명령을 내려 4·15광주참사를 빚어냈고, 수많은 공산주의자들과 노동자 열성분자를 체포하고 총살했다. 그후 남경, 무석, 영파, 항주, 복주 등지에서 공산당원과 혁명군중을 대량 학살했다. 중국공산당의 우수한 지도자였던 진연년, 조세염, 소초녀, 응옹 등은 모두 장개석의 총칼 아래 희생됐다. 이와 동시에 군벌 장작림은 중국공산당의 탁월한 지도자 이대소 및 북경, 천진 지역에 있는 공산주의자들과 국민당 좌파를 살해했다.

장개석의 반혁명적 죄행은 혁명적 국민의 비할 바 없는 분노를 자아냈다. 모택동, 동필무, 운대영, 임백거, 오옥장 등 공산당원들은 국민당 좌파 등연달, 송경령, 하향응 등과 연합해 연명으로 장개석을 규탄했다.

사태는 꼬리를 물고 일어났다. 1927년은 그야말로 중국 혁명운동사에서 비할 바 없이 비장하고 침통한 한 해였다. 중국공산당의 조직은 말 할 수 없이 파괴됐다. 당의 우수한 지도자들은 수없이 학살당했으며, 앙양했던 군중의 반제 반봉건적 혁명운동은 피비린 진압을 당했다. 한편 장개석은 점차 전국적으로 반공, 반민주, 반국민의 신군벌 통치를 세울 수 있었다. 공산주의자들과 혁명적인 노농 민중의 피는 중국 대지의 광막한 황토를 붉게 물들어갔다.

기세 드높던 대혁명은 실패했다. 일찍이 혁명에 참가해 진보적 성향으로 기울었던 풍옥상은 이 전국적인 돌변 앞에서 다시 장개석 쪽으로 고개를 돌렸다. 6월 10일, 풍옥상은 왕정위가 정주(鄭州)에서 소집한 반공회의에 참가했다. 19일, 그는 중산군사학교 교장이며 공산당원인 사가헌을 체포 살해했다. 또 풍옥상은 부대 안의 모든 공산주의자를 처단했다.

아버지는 그때 중산군사학원에서 정치부 주임을 맡고 있었다. 4·12 사태 이후 아버지는 유백견과의 연락을 통해 집결 명령을 받았다. 6월 말, 아버지는 서안을 떠나 정주를 거쳐 무한(武漢)에 도착했다.

풍옥상은 비록 장개석, 왕정위의 반공활동에 동조했지만, 한때 공산당의 지원과 진보적인 사상의 영향을 받았던 인물이다. 추후 그는 유백견 등 200여 명의 공산당원들에게 '국경을 넘어가게 했다.'고 한다. 풍옥상은 혁명을 버리고 공산당을 떠났기에 기구한 인생의 길을 걸어야 했다. 몇 차례의 실패와 교훈은 그로 하여금 후일 항일의 혁명적 물결 속에 적극 투신케 했으며, 다시 공산당과 손을 잡고 독재를 반대하는 일에 들어서게 했다. 1948년 9월, 그는 공산당의 초청을 받고 신정치 협상회의 준비차 국외에서 돌아오다가 불행히도 윤선(輪船)에 화재가 나 사망했다.

풍옥상 장군의 일생은 평탄치 않고 평범치 않은 일생이다. 그는 새 중국 건설사업에 참가할 수도 있었고, 국민과 조국을 위해 보다 큰 공헌을 할 수 있었지만 불행하게도 일찍 서거했다. 그의 부인 이덕전

(李德全) 여사는 풍옥상 장군의 유지를 이어받아 새 중국의 건설을 위해 전력을 기울였다. 중앙 국민정부 위생부장직을 맡고 있는 기간에 그녀는 근면하고 자애로운 활동을 통해 수많은 동지들에게 잊을 수 없는 인상을 남겨놓았다. 아버지는 일찍부터 이덕전 여사를 매우 친절하게 대해 왔다. 이덕전 여사는 1972년 76세를 일기로 북경에서 생을 마쳤다.

23 험난한 투쟁 속에서

1927년 6, 7월 사이 아버지는 무한에 도착해 중앙군사위원회에 도 착 보고서를 올렸다.

아버지는 이 보고서를 올린 후 오래지 않아 당 중앙으로 자리를 옮 기고 중앙 비서 일을 맡게 됐다. 당시의 중앙 비서실장은 등중하(鄧 中夏)였다. 아버지가 프랑스에 있을 때 친숙한 관계였던 주은래도 이 때 무한에 와서 정치국 위원과 중앙군사부장을 맡고 있었다. 아버지의 일은 주로 중앙문서, 교통, 기밀 등 사무를 관리하고, 중앙 주요회의 의 기록과 문건을 작성하는 것이었다. 이때 비밀 사무의 필요에 의해 아버지는 이름을 등소평으로 고쳤다.

국민혁명정부의 소재지 무한도 이미 백색테러권 안에 속해 있었다. 따라서 중국공산당은 핍박을 피해 지하 비밀조직 상태로 들어갔다. 이 때 전국 각지는 모두 백색테러권 속에 잠겨 있었으며, 지방의 수많은 당 조직은 격심한 피해를 입었다. 공산당원들은 대량으로 희생돼 당 중앙은 진국 대다수 조직과의 연락을 잃었다. 긱지와의 연락긴이 매우 적었으므로 그때 중앙기관의 업무량은 많지 않았다.

아버지는 우리에게 이렇게 일러주었다. 진독수는 당시 중앙 비서실 장 아래에 여덟 명의 정치비서를 두려고 했다. 유백견, 등소평 등 몇 사람을 임명했지만 정세 변화로 여덟을 다 채우지 못했을 뿐만 아니 라, 이미 임명한 몇 사람마저 오지 못했다. 때문에 중앙 비서실장 아 래서 일했던 비서는 아버지밖에 없었다.

아버지는 비서의 직분으로 당시 중앙의 각종 회의에 참가했다. 어느 한 차례 회의는 진독수가 직접 사회를 맡았는데, 하남(河南) 문제를 토론했다. 아버지의 진독수에 대한 인상은 "그는 제 말만 말이라는 자세가 강했다."였다. 아버지의 말을 빌려 진독수란 인물을 좀더 살펴보자면 이렇다. "그는 사회도 매우 간단하게 봤다. 회의가 열린 지 얼마 안 되어 그는 '농사짓는 사람에게 땅이 있어야 한다(耕者有其田).'는 한 마디만 하고는 회의의 종결을 선포했는데, 상당히 독단적으로 보였다." 그는 회의 후 아버지에게 회의기록에 근거해 하남성위(河南省委)에 보내는 문건을 작성하라고 말했다. 당시 갓 중앙에 온 아버지는 그곳의 형편과 해당 문제도 익숙치 못했고, 또 회의 자체가 토론된 게 적었으므로 300여 자밖에 쓰지 않았다. 문서를 본 등중하는 "너무 간단한 것 같구만, 이번만 이렇게 쓰고 다음번엔 좀더 길게 쓰오."라고 말했다 한다. 진독수는 철두철미한 성격이었으로 당시 문서주의가 매우 엄중했다. 아버지는 그때 중앙의 첫인상이 이러했었다고 말했다.

7월 중순, 중공 중앙은 정치국회의를 열어 진독수를 국제공산당에 보내 중국혁명 문제를 결정 짓기로 하고, 국내에서는 5인 정치국 상무위원회가 중앙 직권을 대리 행사하기로 결정했다. 장국도, 주은래, 이유한, 이립삼, 장태뢰가 이 일을 맡았다. 그때부터 진독수는 집무하지 않았다.[1]

이러한 중앙의 개편은 우경투항주의를 숙청하는 중요한 전환점이었다. 7월 하순, 중앙은 남창봉기를 일으키기로 결정했으며 주은래, 이립삼, 장태뢰, 등증하 등이 연이어 남창으로 떠났다. 중앙 비서실장의 직무는 이유한이 겸직했다.

4·12반혁명사태 후 장개석을 대표로 하는 국민당 우파는 신군벌 통치를 강화했다. 그들은 제국주의, 그리고 봉건 세력과 재벌의 힘을 바탕으로 더욱 잔혹하게 노농 대중을 압박하고 착취하고 혁명역량을 진압했다.

중국혁명은 다시 고조에서 저조로 들어갔다. 따라서 중국공산당의 조직은 공개적인 조직에서 비밀조직으로 넘어갔으며, 당의 활동도 공개적에서 지하 조직으로 들어갔다. 피비린내 나는 신군벌의 탄압 속에서 혁명 대오는 살해당하기도 했고, 체포되기도 했고, 방황하기도 했다. 어떤 사람은 당과 혁명의 대오를 이탈했으며, 심지어 어떤 사람은 반혁명 진영으로 넘어가기도 했다.

신군벌의 박해하에 중국혁명은 커다란 유린을 당했다. 1932년 이전까지 약 100만 명이 학살당했다. 또 1928년 1월부터 8월까지만 해도 10만여 명이 수난을 당했다. 당의 조직도 심한 파괴를 받았는데, 1927년 말에 이르러 당원수는 5만여 명에서 만여 명으로 감소됐다.

진독수가 중앙을 떠났지만 당의 새로운 중앙정치국 상무위원회는 업무를 정지하지 않았다. 1927년 8월 1일, 당중앙 군사위 서기 주은래와 하룡, 섭정, 주덕, 유백승 등은 역사적 의의를 갖는 남창봉기를 직접 지휘하고 발동했다. 이는 중국공산당의 혁명 역량이 국민당 반동파를 향해 울린 최초의 총소리였다.

남창봉기는 신군벌의 탄압과 막강한 적들의 포위 속에서 진행됐다. 이는 비록 실패했지만, 무산계급이 무장으로 정권에 대항한 그 최초의 의미를 갖는다. 이때부터 중국에는 중국공산당이 영도하는 독립적인 국민 무력이 나타났다.

남창봉기가 폭발된 후 얼마 안 된 8월 7일, 중공 중앙은 한구(漢口)에서 긴급회의를 소집하고 구추백, 이유한의 사회하에 진독수의 우경투항주의를 견결히 반박했다. 이들은 토지 혁명을 진행할 것과 무력으로 국민당 반동파에 대항할 방침을 확정했다. 또 회의는 임시 중앙정치국을 선출했다. 9일, 정치국회의는 구추백, 이유한, 소조증 세 사람을 상무위원으로 선거하고 구추백을 책임자로 선출했다.

비록 8·7회의도 모험주의와 명령주의 등 부정확한 경향을 조장했지만, 그러나 당의 위기 때에 우경투항주의의 오류를 지적하고, 제반 혁명의 방향을 다시 제시하는 등 마멸될 수 없는 역사적 의의를 획득한다. 아버지는 중앙 비서의 직분으로 이 회의에 참석했다.

8·7회의 후 무한의 험악한 국세를 피하고 혁명운동 발전의 수요에

적응키 위해, 중공 중앙은 9월 말에서 10월 초 사이 무한에서 상해로 근거지를 옮겼다. 아버지도 중앙과 함께 상해로 갔다.

상해는 중국의 동해에 자리잡고 있는 전국에서 제일 큰 도시다. 지리적 위치가 좋고 교통도 양호하다. 그곳은 당시 우리나라 경제의 중심지였다. 당시 상해에는 민족공업과 금융가와 비교적 발달한 상업무역 체계가 있었다. 1920년대 초 많은 유학생들이 이 해상통로를 거쳐 조국을 떠났다.

상해는 공상업의 발달과 함께 매우 큰 역량의 노동계급 대오가 형성돼 있었다. 5·4운동, 5·30운동, 반제 반봉건 투쟁 중에서 이 노동계급 대오는 진작부터 투쟁과 시련을 겪었다.

상해는 중국 자본주의의 발상지이자, 제국주의의 중요한 침략 기지다. 각 제국주의 세력은 상해로 모여들어 상해의 지반을 자기들의 세력 범위로 삼고 각기 하나씩 떼내어 갔다. 그곳에는 가는 곳마다 외국 세관이 있고, 외국 경찰서가 수풀처럼 늘어서 있다. 상해에서 외국인들은 엄연한 통치자 행세를 했다. 그들은 1등 시민이었다. 공원 팻말에는 '개와 중국사람은 들어가서는 안 된다'는 글이 적혀 있다.

상해는 황금 같은 보배의 땅으로 관료자본, 외국 대리기관, 각종 비밀결사 세력, 각종 정치파벌 분자 등이 이곳에 자리를 틀지 않은 자가 없다. 고층 빌딩에는 허리춤에 돈이 그득한 금융의 거두들이 들어 있다. 으슥한 골목에는 건달과 불량배들이 숨쉬고 있다.

상해는 일찍부터 북벌군의 혁명기지였으나 지금은 반동 신군벌의 손바닥에 들어 있었다. 따라서 경비가 삼엄했고 스파이가 창궐했다. 그들은 도처에서 체포하고 변절자를 수매했다. 그들은 외국 경찰과 결탁해 혁명군중과 공산당원들을 마음대로 진압했다. 체포, 그리고 피살되는 일이 매주마다 있었다. 바로 이곳에서 진연년, 조세염 등 이름난 공산주의자들이 비참하게 살해당했다.

상해가 이와 같은 특수한 환경에 처해 있었기 때문에, 당 중앙은 이 변화무쌍한 사회 배경을 빌어 반동 세력의 코밑에서 기관을 세우고 활동을 벌일 수 있었다. 이것이 바로 중공 중앙이 무한에서 상해로 옮겨간 이유였다.

중공 중앙이 개편하고 상해로 옮겨간 전후에 중국공산당은 당의 건설을 회복하는 한편, 계속 무장봉기를 조직했다.

1927년 9월, 모택동은 중앙의 위탁을 받고 중앙 특파원 신분으로 호남에 파견된다. 그는 그곳에서 '추수(秋收)봉기'를 일으켜 5,000명의 노농혁명군 제1군 제1사단을 세웠다. 이 노농혁명군은 10월, 강서성과 호남성 경계에 있는 정강산에 이르러 첫번째 중국 노농홍군의 혁명 근거지를 창건하고, 혁명의 정세를 변화시킨다. 이 정강산 혁명근거지의 창설은 중국혁명 전략의 중요한 전환점이 됐다.

추수봉기에 이어 중국공산당은 다시 국내외를 놀라게 한 '광주(廣州)봉기'를 발동했다. 광주는 중국혁명의 발원지로 혁명의 거센 파도와 피비린내 나는 반혁명의 대학살도 겪은 곳이다.

1927년 12월, 장태뢰, 엽정, 운대영, 엽검영, 섭영진 등의 지도하에 광주봉기가 갑작스레 폭발했다. 영국, 미국, 일본, 프랑스 등 제국주의는 급히 병력을 투입해 진압에 나섰다. 봉기군 총지휘관 장태뢰는 장렬하게 죽고, 광주봉기는 국내외 반동 세력의 연합공격 끝에 실패로 끝났다. 그러나 봉기군의 잔유 병력은 두 길로 나누어 광주에서 탈출한다. 한 갈래는 주덕, 진의가 거느린 봉기군과 광동 북부 소관(韶關)에서 합류했고, 다른 한 갈래는 동강(東江) 농민봉기군과 해륙풍(海陸豊)에서 합류해 전투를 계속했다.

남창봉기, 추수봉기, 광주봉기, 이 3대 봉기는 중국공산당이 혁명 홍군을 창설하고, 최종적으로 정권을 탈취하는 위대한 시작이 됐다.

누군가 일찍이 감개무량해서 나에게 이렇게 말한 적이 있다. "중국 공산당은 창당 초기 당원이 겨우 오십 몇 명밖에 없었고, 총 한 자루, 대포 한 문 없었다. 하지만 불과 28년 후에 천군만마를 거느렸을 뿐만 아니라 정권을 탈취했다. 이는 어떠한 힘인가!"

그렇다, 중국공산당은 이런 특수한 당이다. 이 당을 특수하다고 하는 것은 이 당이 모든 고난을 다 이겨낸 데 있으며, 많은 선구자들의 뜨거운 피와 생명으로 만들어졌기 때문이다. 그렇다, 중국공산주의자들은 이와 같이 특수한 사람들이다.

이제 그들은 아무런 두려움 없이 더욱 험난한 투쟁의 발걸음을 내딛었다.

주 —————————————————————————————————

1. 이유한, 《회상과 연구(回憶與研究)》, P. 158.

24 스물네 살의 중앙 비서실장

8·7 긴급회의 후 당 중앙은 상해로 옮겨갔다. 새로운 당 중앙은 긴장된 정세와 혹독한 국민당의 압박 속에서 많은 일들을 적극적으로 추진해 나갔다.

당 중앙은 비밀 경로를 통해 전 당에 8·7회의의 정신을 신속히 전달했고, 일부 동지들을 호남, 호북, 광동 등 일대에 파견해 지도사업을 펼쳤다. 당 중앙은 또 호남의 평강(平江)봉기, 호북의 황마(黃麻)봉기, 강서의 익횡(弋橫)봉기 등 혁명활동을 진행시켰다. 또 국민당의 학살과 탄압에 반격을 가했으며, 아울러 혁명의 중심지를 농촌으로 이동시킴으로써 노농홍군의 세력을 키우고, 농촌 혁명근거지를 개척하는 경험을 쌓았다. 또한 노동운동과 학생운동 및 부녀운동을 적극 추진해 갔으며, 비밀 노조와 비밀 학생연합회, 그리고 일부 도시의 노동자 투쟁도 조직했다. 당 중앙은 또한 전국적인 비밀 교통망을 놓았고, 당의 지하 기관지를 출간했다.

1928년 1월, 당 중앙에서는 중앙 정치국 상무위원회 위원인 주은래가 조직국 주임을 겸임하도록 결정했다. 주은래는 즉시 중앙의 일상업무 책임을 도맡아 실행해 나갔다.

아버지는 중앙을 따라 상해로 옮겨간 지 얼마 안 되는 1927년 12월경, 당중앙 비서실장으로 임명돼 주은래 등 지도자들과 일상업무를 처리했다.

아버지는 중앙의 여러 회의에 참석하는 외에도 문서와 전보, 교통, 중앙 경비를 맡아 처리했고, 여러 회의에 배석하는 업무를 맡았다. 상해가 적들의 살벌한 통치 안에 있었고, 주위 환경이 너무나 험악했기 때문에 당시의 중앙 지도자들은 수시로 거주지와 이름을 변경해야만 했다. 특히 주은래와 같은 명성이 난 주요 인물은 더욱더 은밀한 활동을 해야 했으며, 거처만 해도 한 달 또는 반 달 간격으로 옮겨다녀야 했다. 지하공작은 중앙 지도자들 사이에도 서로의 거처는 비밀로 되어 있었다. 아버지는 중앙 비서실장으로 있었기에 모든 중앙 책임자들과 각 지하부서의 지점과 주소를 가지고 있었으며, 또 절대 이런 비밀은 그 혼자만이 알고 있었다.

당시 중공 중앙기관은 흔히 외국의 조계구(租界區) 안에 설치돼 있었는데, 중앙기관 대부분이 외국 공동 조계구역인 호중구(滬中區)에 자리잡고 있었다. 번화가 사마로(四馬路), 즉 복주로(福州路)의 천섬무대(天蟾舞臺) 뒷골목 447번지가 바로 당 중앙의 한 지하기관이 자리잡고 있던 곳이었다.

이 집 아래층은 생려의원(生黎醫院)이었고, 위층은 웅근정(熊瑾玎) 주단수(朱端綬) 내외가 세들어 사는 세 칸짜리 집이었는데, 중앙정치국에서 회의를 소집하거나 사무를 보는 곳이었다. 웅근정은 호남에서 온 포목상으로 변장하고, 문에는 복흥자장(福興字莊)이라는 간판을 내걸었기에 이웃들은 죄다 그를 웅주인이라고 불렀다. 1928년 11월부터 1931년 4월까지 중앙정치국의회의는 거의 다 여기에서 열렸다.

1990년에 나는 혁명의 선배인 주단수를 찾아갔다. 그때 그녀는 82세의 고령이었음에도 여전히 정신도 맑았고 몸도 건강했다.

주 아주머니는 나한테 이런 이야기를 들려주었다. '나는 1928년 여름에 상해에 도착했지. 상해에 오자마자 너의 부친을 알게 됐지. 그때 너의 부친의 나이는 스물넷이었지. 우리 사무소는 공동 조계구역에 있었는데 마지막까지 파괴당하지 않았어. 그러다 1931년에 고순장(顧順章)이 변절해 나와 웅주인은 여기서 철수할 수밖에 없었지. 자네 부친은 중앙 비서실장이었기에 언제나 우리 사무소에 오곤 했는데, 언제나 반나절 있다가 돌아가곤 했지. 어떤 땐 한두 시간 있으면서 일이 끝나는 즉시 돌아가곤 했다. 중앙정치국회의와 중앙정치국 상무위원회의는 모두 우리 사무소에서 열렸지. 자네 부친은 회의 식순만 책임졌기에 매번 다음 회의시간을 정해놓곤 했다. 정치국 상무위원회의는 사람이 적었기에 늘 방 한 칸이면 족했고, 정치국 확대회의는 사람이 많다보니 어떤 땐 방 두 칸을 써야 할 때도 있었지. 네 부친은 회의마다 늘 발언하곤 했는데, 어느 회의에서인가 한 발언은 지금도 기억에 생생해. 이립삼이 하나의 성 혹은 몇 개 성에서 먼저 승리를 거둬야 한다고 주장했을 때인데, 자네 아버지는 국민당은 몇 백만 명이라는 군대를 갖고 있고 우린 제대로 무장도 갖추지 못한 판국인데 그깟 구식 총포로 어떻게 싸워 이길 수 있겠느냐고 반대 의견을 내놓았지. 그때 서기는 향충발이었는데 아무런 재간도 없는 사람이었지. 그래도 자네 부친이나 주은래 같은 동지들은 프랑스와 소련엘 다녀왔기에 아는 것이 많았지."

주 아주머니는 또 이런 이야기도 들려주었다. "난 중앙기관에서 전문 연락 업무만을 맡고 있었고, 네 부친의 직접적인 지도를 받았다. 각 지방과 소비에트 구역에서 올라온 보고서는 모두 당지(唐紙)가 아니면 천조각에 약물로 씌어졌는데, 나는 명반수(明礬水)로 그걸 현상시켜 다시 베껴내는 일을 했지. 내가 베껴낸 서류들은 극비에 속하는 것들이었기에 절대 정치국의 범위를 벗어나는 법이 없었어. 웅주인은 비서처에서 특별 회계로 일했는데 역시 네 부친의 소속이었지. 이 정치국 기관은 내기 관리했는데 나는 서류를 베껴 쓰고 연락원으로 일하는 외에도, 기관에 일 보러 왔거나 회의하러 온 동지들에게 물도 끓여주고 밥도 지어주곤 했다. 중앙 동지들은 내가 볶은 요리들을 즐겨들 드셨다. 주은래 동지는 내가 만든 주먹 크기만한 완자를 즐겼고, 네 부친은 고추볶음을 즐겨 드시곤 했다. 네 부친은 마음이 너그러웠고 남과 허물없이 지내곤 했다. 그인 나보다 네 살 위였기에 날 동생이라고 했지. 자네 부친은 말씀하기를 즐겼고 우스갯소리도 곧잘했는데 그러면서도 아주 점잖았단다. 그때 지하공작을 하느라고 돈 있는

행상으로 꾸미느라 긴 두루마기에 중절모 차림을 하기가 일쑤였는데, 네 부친은 늘 이런 차림새였다.'

주 아주머니는 호남에서 입당했으며, 상해의 중앙기관에 와서 일할 때 나이가 겨우 스무 살이었다. 주은래의 소개로 그녀는 웅주인과 가짜 내외간으로 꾸미고 기관을 지키고 있다가 1928년 8월에 결혼했다. 결혼식에는 식탁 두 개를 차려놓고 손님을 청했는데 향충발 등 중앙의 동지들과 나의 아버지 등이 참석했다고 한다. 웅주인은 주단수보다 20여 세 연상이었다고 한다. 상해를 떠난 후 이들 내외간은 상악서(湘鄂西) 소비에트 구역에 가서 근무하다가 두 사람 다 체포된 적이 있다. 해방 후 웅주인이 병으로 북경병원에 입원해 있을 때 아버지는 병문안을 가곤 했다. 웅주인이 먼저 세상을 뜨고 주단수는 아직 생전이다. 이들 혁명 내외간은 상해에서의 지하투쟁 기간에 중앙기관에서 이름이 날 정도로 공로가 많았다.

1991년 7월, 북경 전국 공상련 사무소에서 나는 노혁명가 황개연(黃介然)을 만나보았다. 그의 본명은 황문용(黃文容)으로 1926년에 입당했고, 일찍 상해의 당 중앙에서 비서처장으로 일했다. 1929년에 아버지가 광서에 파견되어 일하게 되자, 그는 아버지 대신 중앙 비서실장을 맡았다. 그는 당시의 상황을 자세히 들려주었다.

"무한에 있을 때 나는 진독수의 비서로 일했고, 중앙이 상해로 옮겨앉은 뒤에는 당의 〈볼셰비키〉지에서 일하다가, 후에 북사천로(北四川路) 영안로(永安里)에서 중앙기관에 있었다. 1928년 여름에 중앙 비서처 처장으로 발탁됐고, 내가 자네 부친을 처음 알게 된 것은 1928년이었다. 그때 상해 동부로 백덕리 700번지에 응접실이 두 개 딸린 2층집이 있었는데, 그게 바로 중앙의 다른 한 비밀공작 기관이었지. 그땐 팽술지(彭述之) 내외와 진갱(陳賡)의 부인, 왕근영(王根英), 내교과(內交科) 주임 장보천(張寶泉), 백대곤(白戴昆) 등 동지들이 주인과 같이 셋방살이 신분으로 살고 있었지. 사실 이곳은 중앙기관의 일상업무를 맡아보는 곳이었는데 우린 이곳을 가리켜 중앙 사무청이라 불렀다. 그때 주은래 동지와 등소평 동지가 매일 여기에 왔었고, 중앙의 각 부서와 각 사무소들에서도 지시를 받으러 오곤 했다. 기관사무소의 사무적인 문제와 기술적인 문제는 등소평 동지가 비서실장의 신분으로 직접 결재했고, 중앙과 각 부서, 각 지역들에서 지시받으러 온 문제, 예를 들면 인원 증감문제, 경비조달문제, 사업 보고, 중앙의 지시를 받는 문제 등은 주은래 동지가 당장 해결할 수 있는 건 당장 해결하고, 해결할 수 없는 일이거나 중요한 문제면 중앙정치국회의에 상정해 토의하여 해결했다. 주은래 동지는 사실 당내 일상업무를 맡은 총책임자나 다름없었지. 나는 그때 당 기관지에서 일하며 지시받으러 갔다가 거기서 주은래와 등소평 동지를 처음 만났지. 그들은 아주 바쁘게 보냈는데 지시받으러 온 사람이 너무 많을 때는 문밖에 줄을 서서 기다려야 했다.

1929년 등소평 동지가 광서로 발령이 나 출발하기에 앞서 나는 그의 사업을 인계받으려고 웅주인 댁에서 열리는 정치국회의에 더러 참석했는데, 그때 2, 3개월간 등소평 동지와 자주 만나게 됐지. 정치국회의는 총서기 향충발이 사회를 맡곤 했는데, 회의 내용은 사전에 짜 놓은 것으로 모두가 전문적인 과제를 토론하는 것이었다. 노동운동, 국제 정세, 국내 정세, 경제 문제, 전국과 국부 지역의 정세와 책략, 대책 방침 그리고 사업 방법과 투쟁 방식 등 거의가 다 중요한 문제들이었다. 토론할 때마다 식순에 오른 과제를 두고 그 과제를 주관하는 동지가 중점 발언을 하고, 다른 동지들은 그 발언을 둘러싸고 자신의 견해와 건의 또는 대치되는 의견을 내놓곤 했다. 발언이 너무 길거나 시간을 지나치게 끌어선 안 되었지. 향충발은 때론 아주 장황하게 발언했지만 수준이 없었고, 발언이 가장 많은 사람은 주은래였다. 그는 알고 있는 것이 많았고 주관한 업무량이 많은 데다가 준비까지 충분했었는데, 때론 발언 요지까지 써 가지고 왔지. 더욱이 소비에트 구역에 관한 사업과 군사업무를 두고 그는 발언을 가장 많이 했다.

등소평 동지는 비서실장이었기에 기록을 책임졌다(때론 다른 사람을 시켜 기록하게도 했지). 그러나 때론 그도 발언을 했다. 비서실장에게 는 발언권뿐만이 아니라, 의문을 제기할 권한도 있었기 때문이지. 비 서실장은 정치국회의에서 결의한 문제를 맡아 처리했고, 상부기관의 지시를 하부기관에 전달하고 관철시키는 역할을 해야 했기에 책임이 컸지. 비서실장은 모든 업무의 내막을 많이 알고, 맡아보는 일이 많다 보니 그의 사업은 중앙의 안전과 직접적으로 연관돼 있었지. 등소평 동지는 발언이 적었는데, 그러다가도 발언하고 질문을 하게 되면 무게 가 있었다. 그는 비록 말수는 적었지만 어쩌다가 하는 말은 심오하면 서 알아듣기가 쉬웠다. 어떤 사람들의 말은 달변이랄 수도 있었지만, 그렇게 입을 놀려대다가도 말하는 자신이 오히려 무슨 말을 하는지 오 히려 스스로 오리무중에 빠지기 일쑤였지. 회의가 끝난 뒤면 비서실장 이 책임지고 일부 서류를 작성했고, 그 서류들은 또 비서실장이 책임 지고 처리해야 했기에, 그는 사무량이 많을 뿐 아니라 그 책임이 매 우 컸다.

정치국회의를 마친 후 어떤 땐 웅주인 집에서 식사를 했는데, 주단 수가 닭국물과 소고기를 넣고 끓인 요리는 우리가 가장 즐겨 먹는 음 식이었지. 식사할 때면 모두들 웃고 떠들곤 했는데, 소평 동지도 그러 길 좋아했다. 그는 아주 익살을 잘 피우곤 해 인상이 깊었지. 그러면 서도 그는 몹시 침착했고 조심스러웠으며, 또한 아주 인자했다."

나는 그에게 비서처의 구성과 사업을 소개해 달라고 청했다. 그러자 그는 또 이런 이야기를 들려주었다.

"비서처는 산하에 문서과, 내교과, 외교과, 회계과와 번역과 이렇게 다섯 개의 과를 뒀다. 문서과 과장은 장유일(張唯一)였고 수하에 장 월진(張越霞), 장기은(張紀恩) 등이 있었지. 문서과는 주로 등사 원 지를 쓰고 프린트를 하거나 서류를 접수 발송했으며, 서류는 부서에 따라 나눠 발송했고, 약물로 비밀문서를 쓰는 등의 일을 맡았다. 중앙 의 문건과 회의기록 같은 것들은 세 부씩 작성해 한 부는 중앙에 보관하고, 한 부는 소련에 있는 국제공산당에 보내며, 나머지는 특공과 (特工科)에 맡겨 한 시골에 은밀하게 보관했다. 시골에 감춰둔 그 문건들은 분실없이 해방 후 모두 찾아왔다는 소리를 들었지. 어떤 기관들은 파괴를 당해 외국 경찰이 수색해 가져갔던 것을 해방 후 다시 원 경찰서에서 찾아왔다고 하더군. 문건을 보존하기란 쉽지 않은 일이었지. 문서과에는 중앙의 책임 동지가 문건을 보는 곳이 설치돼 있었는데, 문건이 도착되면 늘 비서실장이 먼저 가서 보았다.

내교과는 고옥량(顧玉良)이 주임이었고 수하로는 장보천, 장인아(張人亞) 등이 있었는데, 주로 문건을 여러 부서로 보내고 그밖에도 일부 통지서와 정보들을 나르는 과업을 맡았던, 역시 책임이 중요한 부서였다. 우리는 보통 부인네들을 이런 자리에 앉혔는데, 침착하고 대담하고 세심하며 주변을 잘 살필 줄 알아 돌발적인 사태를 무사히 넘길줄 아는 여성이면 누구나 할 수 있었지. 따라서 책임자들의 부인들은 대부분이 내교과 일을 보았지.

외교과는 오덕봉(吳德峰)이 맡았는데, 그는 해방 후 최고국민법원 부원장으로 있었던 사람이지. 외교과는 주로 상해의 당 중앙이 순직, 만주, 호남, 호북, 광동, 광서 등 각 성의 연락을 책임졌는데, 이를 남방선, 북방선, 그리고 장강선, 이렇게 세 갈래 선으로 나눴지. 각 선은 또 지선(支線)으로 나누어 전국적인 연락망을 갖고, 상해의 중앙과 지방 사이를 연결시켜 놓았던 것인데, 문건이라든가 돈이라든가 그리고 간부와 기타 인원들도 모두 이 연락망의 공작원들을 통해 오고가곤 했지. 우리는 점포, 여인숙, 상점 등 명의를 내걸고는 각지에 연락소를 뒀는데, 오가는 연락원들은 이런 연락소들에 머무를 수 있었지. 연락 공작을 하는 동지들은 선발된 자들로서 특별히 건실하면서도 정직해야 했고, 여러 수단을 부릴 줄 알고 유달리 침착해야만 했지.

내외와 연락을 하자면 보기엔 쉬울 것 같지만, 아주 어렵고 기술적 요구가 필요하며 책임감이 커야 했다. 사람마다 머리를 써서 방법을 고안해 낼 수 있어야 했는데, 문건들을 책갈피 속과 솜이불, 보온병 등에 감춰가지고 다녀야 했고, 소형 필름 같은 건 만년필 속에 넣고 다녔지. 기타 것들은 과자나 포목 속에 넣을 수도 있었지. 소비에트 구역에서 보내오는 경비들엔 지폐뿐만 아니라 황금과 금은 장신구들도 있었는데, 이것들은 적들의 수사를 받게 되면 멜대로 쓰는 참대통 속에 넣거나, 어떤 사람들은 물고기를 사서 고기 뱃속에 넣고 다니곤 했다. 하여튼 이러한 방법은 수없이 많았지.

회계과는 웅주인뿐이었고, 그의 거처는 은폐돼 있었으며 가장 안전 했지. 그곳은 정치국의 허락을 얻은 사람만이 갈 수 있는 곳이었는데, 그의 사업기관은 비서실장이 직접 관할하게끔 돼 있었지. 웅주인은 당의 경비를 책임 관리했는데, 정치국에서 결정을 내린 일이면 웅주인이 나서서 자금을 조달해 주곤 했고, 정치국에서 사람을 보내 재정 지출 상황을 감사하곤 했다. 소비에트 구역에서 보내온 황금, 장신구, 수표 등은 화폐로 바꿔야 했는데 그것이 들통 나지 않게 하기 위해서는 보통 은행에 가지 못했다. 그래서 부득불 장내기(章乃器)와의 관계를 이용하지 않으면 안 됐는데, 장내기는 그때 상해 절강실업은행의 부이사장으로 진운(陳雲)과 사이가 아주 좋았지. 그러나 그는 우리가 공산 당이라는 걸 모르고 있었어. 진운 동지는 나를 데리고 그를 찾아가 한담하면서 수표를 바꾸자고 슬쩍 들이대니 그는 무척 반가워하는 것이었다. 은행에선 이런 거래를 통해 수수료를 잘라먹을 수 있었으니까 말야.

번역과는 비서처에 소속돼 있었지만, 사실은 중앙정치국의 집적적인 영도를 받았지. 러시아어 통역은 유소문(劉少文)이었고, 독일어 통역 은 서빙(徐氷), 영어 통역은 포화인(浦化人)이었으며, 그밖에 프랑스 어 통역도 있었는데, 주로 유소문이 소련과의 연락을 맡았지."

해방 후 유소문은 중국인민해방군 정보부 부장으로 있었고, 서빙은 중공 중앙 통일전선부 부장으로 있었으며, 포화인은 전쟁 연대에 팔로 군 제129사단과 제2야전군 고급 고문으로 있었다. 외교과 주임 오덕 봉은 우리나라 최고인민법원 부원장으로 일했고, 내교과 주임 고옥량은 상해시 지도자로 일했다. 황개연 옹은 91세의 고령임에도 불구하고 늘 전국 공상련의 여러 활동에 참석하고 계시는데, 실로 머리가 숙여지는 분이다.

1990년 2월, 나는 상해에서 다른 한 노혁명가인 장기은(張紀恩)을 만났다. 그는 1907년에 태어나, 1925년에 혁명에 참가했고, 1928년에 당의 중앙기관으로 옮겨와 일했다. 황개연 옹과 마찬가지로 그도 일찍 상해법과대학에서 공부하면서 학생운동을 해온 분이다. 상해법과대학의 총장은 심균유(沈鈞儒) 선생이었다. 당 중앙이 상해로 옮겨온 후 장기은은 영안리 135번지에 있는 한 중앙기관에서 사업을 시작했다가, 후에 오마로(五馬路)에 있는 청화방(淸河坊)으로 옮겨가 기관을 맡았다. 그 기관의 아래층은 담배, 비누, 성냥 등속을 파는 잡화점이었다. 장 옹은 나에게 이런 이야기를 들려주었다.

"이 잡화점은 원래 등소평 동지가 차린 것이지. 그때 우린 엄호물로 숱한 점포를 차렸는데, 나의 이 집 위층에는 원래 정치국위원 이유한이 거주했었다. 그가 강소성 위원회 서기로 발탁된 후, 강소성 위원회가 있는 호서구로 옮겨가야 했기에 우리 내외가 이리로 옮겨온 것이지. 여기서 중앙정치국회의가 여러 번 열렸는데 향충발, 주은래, 구추백(瞿秋白) 등이 다 이곳에 왔었지. 회의에선 주로 절강 문제와 운남 문제가 토의됐지. 우린 또 숱한 길손을 접대했는데, 주은래는 남달리 비밀성을 갖기를 중요시했지. 이를테면 여성들은 머리를 쪽지고 수놓은 신발을 신어야 하며, 기관엔 내외간이 머물러야 하며, 혁명적인 말버릇이 없어야 한다고 거듭 지적했지. 나는 이 기관의 비서처에 속했었는데, 나는 원래 문서과에서 일을 보았었지."

장 옹의 소개에 따르면, 당의 조직 구성에서 중앙은 직속 지부를 하나 두고 있었는데, 등영초가 지부 서기였다. 직속 지부의 지부 위원들을 간사라고 불렀으며, 대여섯 명이 됐다고 한다. 그중 한 사람인 운대영은 황포군관학교 정치교관이었고, 당의 제5차 당대표대회의 중앙위원이었으며, 남창봉기에도 참가했었다. 그는 1928년 중앙 선전부 비서실장을 지냈고, 1931년 남경에서 국민당에게 학살당했다. 다른 한 분은 장국도의 동생이었는데, 1930년 강서에서 희생됐다. 지부 아래에 지금의 지부와 맞먹는 분간(分干)을 두었고, 한 분간은 여러 사람으로 이루어졌었다. 당원들은 분간을 단위로 조직생활을 했다. 비밀공작과 당원들의 사상공작을 책임지며, 조직생활을 하도록 조직을 분배해 주는 것이 직속 지부의 주요 과업이었다. 직속 지부는 또한 간행물도 만들어 짧은 글들을 게재했다. 주은래, 구추백 등도 이 간행물에 글을 발표했었다.

장 옹은 후에 기밀부서로 발령을 받았다고 했다. "중앙정치국회의는 등소평이 기록을 맡았고, 그가 떠나간 후에는 나더러 기록을 담당하게 했지. 중앙의 동지들은 대체로 호남사람들이었기에, 나는 그들의 말투를 알아들을 수 없어 기록하는 데 무척 애를 먹었지."라고 그는 회고했다.

당시 상해에서 지하공작을 할 땐 거처와 회의장소를 늘 바꿔야 했다. 이런 거처와 장소도 적들의 수색에 대비해 여러 골목 쪽으로 출입문이 난 집을 찾아야 했다. 아버지는 이유한과도 한동안 함께 거처했고, 주은래 내외와도 반 년간 함께 있었다. 그때 아버지와 사업 관계가 가장 밀접하고 개인 관계도 가장 가까운 사람으로는 주은래 내외가 첫손에 꼽히고, 다음으로는 이유한이었다. 하긴 그때 아버지는 중앙에서 일을 하다보니 접촉하는 사람들이 수없이 많았다. 조세염, 진연년, 이석훈, 등중하(鄧中夏), 나역농, 구추백, 관향응(關向應), 소조정, 이립삼, 고순장(顧順章), 향충발 등 중앙과 각 지역의 책임자들과도 무척 익숙했다.

이유한의 회고록에는 이런 구절이 있다. "1928년 당의 제6차 전국대표대회 기간, 나와 임필시(任弼時)는 명령을 받고 중앙 사무실에 남아 있었는데 중앙 비서실장은 등소평이었다. 1928년 4월부터 시작해 그해 9월 새로운 중앙 책임자가 돌아올 때까지 회의는 계속 상해의 사마로에 있는 천섬무대 뒤편에 있는 두 칸짜리 집에서 열렸다. 이 비밀기관은 1927년 겨울이 아니면, 1928년 초에 중앙 상무위원회의 회의장소로 세워진 것이었다. 집은 세낸 것이었는데, 웅근정과 주단수 내외가 거처하고 있었다. 회의에 참석하는 동지들은 천섬무대 서쪽으로 뻗은 운남로의 층계를 따라 올라가면 회의장소에 이를 수 있었다. 방안에는 서쪽으로 난 창문 밑에 작은 탁상이 있었고, 등소평 동지가 그 탁자에 앉아 기록을 하곤 했다. 이 거점은 세워져서부터 1931년 1월 당 중앙위원회 제6기 제4차 전원회의 이후까지 파괴당하지 않았다. 후에 아마 1931년 4월인가 고순장이 변절하자 당 중앙은 이 거점을 포기해 버렸다(1952년 모택동이 항주에서 헌법 작성을 주최할 때 등소평과 나를 부르자 우리는 가는 길에 상해에 들렀다가 그곳을 찾아보았다). 당시 매일 오전 9시면 나와 소평이 모여 앉아 일상업무를 처리한 데는, 그곳이 아니라 거기서 얼마 떨어지지 않은 한 상점의 위층에서였다. 우리 외에도 웅근정과 내교부 주임 및 기타 간부들이 왔었다. 예를 들면 강소성 위원회 사무실에서 책임자로 상근한 이부춘도 때때로 와서 참석하곤 했다.[1]

당의 제6차 전국대표대회는 소련 모스크바에서 열렸다. 절대다수의 중앙 지도자들은 소련회의에 참석하러 갔고, 상해에 남은 중앙 인원은 계속 사업을 추진시켰다. 그들은 반일운동을 일으켜 국민당 정부가 영국, 미국과 결탁해 산동을 팔아먹고 만주를 일본제국주의에 넘겨주는 것을 반대했으며, 도시 노동운동을 가속화시키고 농촌 사업을 벌이며, 석군 사병들에 대한 귀순과 와해공작을 시둘리 진행시켰다. 또한 당의 조직을 정돈하고 발전시키는 데에 중점을 두었고, 당의 비밀공작을 강화했다.

상해에 있는 기간 동안 아버지는 잡화점 주인, 골동품상점 주인 등으로 가장하고 줄곧 중앙기관에서 일했다. 중앙 비서실장으로서 그는 중앙기관의 모든 사무소와 비밀 접촉지점을 완전히 장악하고 있었고, 상해의 크고작은 거리, 골목골목, 특히 비밀기관들이 위치한 지역의 사통발달한 골목길들을 환히 알고 있었다. 재미있는 일은 아버지는 상

해의 옛 거리 이름들을 기억하고 있으면서도, 지금의 새 거리 이름과
는 연계시키지 못하고 있다는 것이다. 1991년 아버지가 상해에 갔을
때, 상해시의 일부 동지들이 그를 모시고 승용차로 상해의 모습을 돌
아보았다. 아버지는 무척 흥미진진해 하면서 그때 당시 지하투쟁을 하
던 일부 상황들을 생각해내곤 했다. 아버지는 그때 왜 푸쉬거리가 생
겨났는지 아느냐고 주위 동지들에게 물었다. 그러나 아무 대답이 없
자, 프랑스 조계구역에 있던 이 거리는 프랑스의 어느 유명한 장군의
이름을 따서 명명한 거리기에 푸쉬거리라고 불렸다고 설명했다. 이런
수십 년 전의 일을 두고, 나이가 좀 젊은 상해의 지방관리들은 서로
얼굴만 쳐다볼 뿐 말문을 열지 못했다.

아버지는 상해의 당 중앙에서 비서실장으로 1년 반이나 있었다. 그
뒤 광서로 파견 가기에 앞서 중앙에서는 원래 강생에게 아버지의 일을
인계할 계획이었다. 그때까지만 해도 강생은 상해의 한 구역 위원회에
서 일하고 있었다. 후에 중앙에서는 강생에게 비서실장의 일을 맡기지
않고 다른 부서로 배치했다. 아버지는 그때부터 강생을 알게 됐다.

해방 후 아버지와 강생은 둘 다 중앙에서 일하게 됐는데, 일을 같
이 하다 보니 업무 관계로 아주 밀접해졌다. 강생과 아버지는 한동안
왕래가 잦았고, 때로는 함께 출장을 갔다. 어느 땐가 운남에 갔을 때,
강생은 수행차 따라온 우리들을 모아놓고 곤명(昆明) 대관루(大觀樓)
에 적혀 있는 백팔십 글자로 된 거폭의 시구를 외게 하고, 시험까지
치겠다고 해 우리는 오늘까지도 그 이름난 시구를 줄줄 외울 수 있게
됐다. 심지어 우리 집에서 '문화끼'가 제일 없는 동생 비비(飛飛)마저
도 얼음 위에서 바가지 밀듯이 지금도 단숨에 내리 외울 수 있다.

강생은 원래 문화 방면의 뛰어난 사람이라 머릿속에 든 게 많았고,
이야기도 잘했다. 그래서 우리는 어려서부터 그의 이야기를 즐겨 들었
다. 그는 또 우리들을 데리고 가서 그의 집에 진열해 둔 보배들, 즉
각종 벼루와 소장품들을 구경시키기도 했다. 우리는 그중에 옥돌이나
마노석, 공작석 같은 현란한 돌들로 만든 벼루들이 제일 마음에 들었

지만, 그는 우리 같은 조무래기들이 거들떠 보지도 않는 청동그릇과 옛날 한나라 때의 도기나 벼루 등을 가장 아꼈다. 우리는 또 그의 부인이 소장해 둔 그림 족자들도 구경했는데, 나는 그중 한 폭이 측천무후(則天武后)가 쓴 글씨였다는 것만 기억된다. 그때 나는 경극 '사요환(謝瑤環)'을 보고 난 뒤라 측천무후에 대해 무척 흥미를 가졌기에, 그 족자를 보자마자 이내 기억에 남게 된 것이다.

그런데 문화대혁명이 터지자 그는 자신의 가면을 벗어던지고 흉악한 몰골로 임표(林彪)와 '사인방'의 음모에 적극 가담했고, 동시에 무수한 사람들을 때려잡았고 억울하게 죽였다. 우리는 그 많은 진귀한 소장품들이 그가 각종 수단을 가리지 않고 강탈해 온 것인 줄은 몰랐다.

1973년 아버지는 복권이 되자, 어머니와 나를 데리고 강생을 찾아갔다. 내가 본 강생은 벌써 병이 골수에 들어 피골이 상접했다. 강생은 그때 한창 권력다툼을 하느라, 사인방과 물과 불처럼 상극이 돼 물고 뜯고 할키고 하는 그런 판이었다. 그는 입을 열기 바쁘게 강청(江靑)을 욕했고, 장춘교(張春橋)를 욕했다. 아버지는 거기에 앉아 강생이 불그락푸르락하는 것을 묵묵히 지켜보면서 입을 꾹 다물고 있었다. 곁에 앉은 나는 놀랍기도 했고 이해도 가지 않았다.

이것이 나와 강생과의 마지막 대면이다. 후에 그는 이렇게 쓸쓸히 죽어갔다.

주

1. 이유한, 《회상과 연구(回憶與硏究)》, P. 243.

25 어머니 장석원

나는 1989년 여름, 북경에서 멀지 않은 피서지 북대하(北戴河)에서 장문천(張文天)의 부인인 유영(劉英) 아주머니를 만났다. 유 아주머니는 "나는 너의 부친을 안 지 오래 되지."라는 말부터 입을 떼었다.

그때로 거슬러올라가면 1928년이 된다. 그때 호남성 위원회는 국민당의 탄압 속에서 무참히 파괴당했고, 성위원회 서기도 희생됐다. 호남의 당 조직에서는 당 중앙을 찾아 유영을 상해로 파견했다. 유영은 천신만고 끝에 상해로 찾아와 주은래를 만났고, 그로 인해서 호남의 당 조직은 당 중앙을 찾게 된 것이다.

유영은 1925년 5·30운동 때 당시의 호남성위원회 서기 이유한의 소개로 당에 가입했다. 이유한은 상해에 도착한 유영을 자신의 외사촌 동생으로 가장시키고, 자기 집에 머물게 했다. 유 아주머니는 이렇게 말했다.

"그때 주은래는 늘 이유한을 찾아와 문제를 토의하곤 했는데, 그때마다 등소평을 데리고 왔다. 그들은 이유한의 집에서 회의를 가졌던 것이다. 그때 당 중앙 총서기는 향충발이었고, 중앙에는 구추백, 이립삼, 주은래, 이유한 등이 있었다. 이유한은 호남의 사업을 맡았었다."

유 아주머니는 웃으면서 다시 이렇게 말했다.

"난 이렇게 등소평 동지를 알게 된 거다. 1928년에 그인 24살이고 난 23살이었는데, 모두들 우스갯소리를 곧잘 하곤 했다. 그래서 대번에 친숙해졌던 거지. 난 그이가 뭘 하는 사람인지 묻지도 않고, 대뜸 소평, 소평 하고 직접 이름을 부르기 시작했지. 그때 그인 잘 웃었고 말하기도 좋아했으며, 몹시 활동적이었지. 난 글 쓰는 일은 그이가 도 맡았던 일을 기억해. 그인 아주 스스럼없는 분이었지."

우리들의 눈에 비치는 아버지는 아주 내성적이고 말수가 적으면서도, 인자한가 하면 또 엄하신 분이다. 그는 다만 오랜 동지들과 함께 있을 때라야만 말수도 많아지고, 목소리를 높여 가끔 하하 하고 큰 웃음을 터뜨리곤 했다. 그랬기에 우리는 상상에 의해서만 활동적이면서도 명랑하고, 웃고 떠들기를 좋아하는 젊은 등소평의 형상을 그려볼 수 있을 뿐이다.

그 무렵의 아버지의 정서가 쾌활했던 것도 원인이 있다. 하나는 상해에 도착한 후 당의 사업이 차츰 회복되기 시작했던 것이고, 다른 하나는 아버지가 1928년 봄에 결혼식을 올렸기 때문이다.

독자들은 내가 21장에서 아버지의 모스크바 유학 때 동창생인 장석원을 잠깐 언급한 적이 있다는 것을 기억할 것이다. 그 사실을 잠깐 떠올려 보자.

모스크바 유학시 한 사람은 국내에서 온 19세의 공산당원이었고, 다른 한 사람은 프랑스에서 온 21세의 공상당원이었다. 그런데 두 사람은 같은 학급이 아니었어도 친숙했고, 피차간 받은 인상도 아주 좋았다. 그때 그들은 힘을 모아 공부하는 것이 과업이었으며, 한편으론 국민당 우파와 논쟁하는 것이 그들의 생활 전부였다. 그래서 그들 사이는 그저 동창생 관계에 그쳤지 감정 면으로의 큰 비약은 없었던 것이다.

1927년 아버지가 귀국한 지 얼마 안 된 일로, 아버지는 서안에서 무한으로 와서 당 중앙의 서기원으로 있었다. 그때 거기서 그는 놀랍게도 모스크바에서 금방 귀국한 장석원을 만나게 됐던 것이다.

장석원은 1927년 가을 8, 9월경에 몽고를 거쳐 귀국했다. 귀국 후 그녀는 보정(保定) 철도노동자들의 파업을 한 차례 지도했는데, 그때의 파업은 준비부터 지도에 이르기까지 시종 장석원의 집에서 진행됐기에 그때 겨우 여덟 살밖에 안 된 장석원의 동생마저도 그 일을 똑똑히 기억하고 있다. 그때 파업이 있은 후 장석원은 무한에 도착해 중앙의 서기처에서 일했는데, 아버지는 여기서 모스크바 동창생을 만났으니 반갑지 않을 수 없었다.

그로부터 얼마 뒤 무한에 있던 중앙이 상해로 자리를 옮겨갔고, 장석원도 상해로 옮겨가 아버지 산하에 있는 비서처에서 일하게 됐다.

1928년 설을 쇤 지 얼마 지나지 않아, 아버지는 장석원과 결혼했다. 아버지의 나이는 채 24세도 안 됐고, 장석원도 채 22세가 안 됐다.

이 한 쌍의 혁명가가 짝을 짓는 것을 축하하고자 중앙의 동지들은 상해의 광서중로에 있는 취풍원이라는 사천요리점에서 특별연회를 열었다. 주은래, 등영초, 이유한, 왕약비 등 중앙의 다수 동지들이 참석했는데, 도합 30여 명이나 됐다. 그때 잔치술을 맛본 적이 있는 정초린 옹은 나에게 이런 이야기를 들려주었다.

"상해는 정세가 그다지 긴박하지 않았기에(1928년 10월 전까지), 잔치를 차릴 여유가 있었지. 너의 부친말고도 중앙에서 일하는 다른 동지들도 이렇게 술상을 차려놓고 결혼식을 올렸거든." 91세의 고령인 정초린 옹은 기억력도 좋았다. "장석원은 아주 예뻤는데, 키가 그다지 크지는 않았지. 그녀는 보정 제2 여자사범학교 시절부터 이배지(李培之—왕약비의 부인)와 함께 학생운동을 해왔고, 무한에서도 지하공작을 해왔었지. 장석원은 친구가 많았고 그를 따르는 남자도 더러 있었지만, 그는 자네 부친과 짝을 이뤘던 거야. 후에 나는 왕소홍(王少興)이라 부르는 사람네 집에 거처하고 있었는데, 너의 부친은 서북군에 있을 때 왕소홍을 알게 됐지. 그래서 너의 부친과 장석원은 늘 왕소홍네 집에 가곤 했는데, 나는 여기서 이들 두 사람을 자주 보게 될 수 있었지."

혁명가 주월천(朱月倩) 아주머니도 나에게 이런 이야기를 들려주었다. "상해 시절 나의 남편 곽보청은 중앙군사위에서 일했고, 나도 중앙군사위 기관에서 일했었지. 그때 우리 내외와 너의 부친, 장석원,

그리고 은래 동지, 등 언니 이렇게 6명이 한 당 소조였는데, 우리는 일주일에 한 번씩 조직생활을 하곤 했지. 학습이 주된 내용이었지만 말이야. 장소는 자주 바꿔가면서 열었는데, 너의 부친은 아주 좋은 동지였으며 사업에도 능란했지. 장석원은 북경 출신이라 말투도 북경 말투였는데, 지금도 그 모습이 선하구나. 키는 너와 비슷했고(나의 키는 1.6미터다), 말소리는 부드러웠으며, 얼굴이 흰게 아주 깨끗했지. 아주 예쁘고 마음도 유순했으며, 네 부친과는 마음이 아주 잘 맞았지."

1990년, 내가 주월천을 만났을 때 그녀는 벌써 81세의 고령이었다. 1909년생이니 1928년 나의 아버지와 같은 당 소조에 있을 때 나이가 열아홉 살이었을 것이다. 그러니 장석원보다도 세 살 아래였던 것이다. 그때 주은래 아저씨는 갓 서른이었고, 등 아주머니는 아버지와 동갑이었으니 역시 24살이었다. 그들의 평균 연령이 겨우 스물을 넘었으니, 그야말로 젊은 당 소조였던 것이다. 하지만 나는 이 당 소조가 성숙돼 있었고, 또한 견실하며, 활동적인 당 소조였으리라는 걸 얼마든지 상상할 수 있다.

주단수 아주머니도 이렇게 말했었다. "나도 물론 장석원을 잘 알지. 우리 기관에 왔었는데 나와 사이가 좋았지. 아주 예쁘고 마음도 곱고 활발했는데, 성격이 나와 비슷해 유쾌하고 할말을 숨기지 않았지. 성격은 유순하고 고와서 남들과 사이가 좋았지. 우린 나이까지 비슷해 자연적으로 말이 잘 통했지. 그러나 그때 지하공작의 필요 때문에 우린 겉으로 부유한 모양새를 부려야 했기에 장석원도 치포(중국식 원피스―옮긴이)를 입고, 단발머리를 하고, 뾰족구도를 신었지. 주은래 동지와 자네 부친도 긴 두루마기를 입고 중절모를 쓰고 다니곤 했지."

아버지와 장석원은 주은래 아저씨 내외와 한 집에서 반 년을 같이 살았다고 한다. 그 집은 공동 조계구역에 위치해 있었으며, 주은래 아저씨네는 위층에 거처하고, 아버지와 장석원은 아래층에 거처했다. 등 아주머니는 일찍이 아버지와 장석원이 아래층에서 웃고 떠드는 걸 자주 들었다고 이야기했다.

아버지에게 나는 그 일에 관해 물은 적이 있다. 아버지는 "그땐 다 젊은 사람들이었던 만큼 웃고 떠들고 하는 거야 당연하지!" 하고 대답했다. 어느 땐가 한번은 아버지는 깊은 생각에 잠기더니 이렇게 이야기하는 것이었다. "장석원 같이 예쁜 사람은 드물었지!"

아버지와 장석원은 동창생이면서 전우였을 뿐 아니라, 더욱이 애정이 깊었던 젊은 내외간이었다. 백색테러가 행행하던 상해 바닥, 그리고 경찰이 날치는 조계지역 속에서 이같이 순결하고 아름다운 인간의 진정한 모습이 숨쉬고 있었다니, 이 얼마나 마음을 편하게 해주고 기쁘게 해주는 일인가.

장석원 어머니는 어떻게 생겼고, 어떤 개성을 지녔었을까? 나는 늘 이런 생각에 잠기곤 한다. 마치 그녀의 주변에 어떤 신비하고 몽롱한 빛이 한층 덮여 있듯이, 나도 모르게 상상해 보도록 마음을 움직이는 것이다.

그녀는 스물넷에 죽었다. 태어난 아기도 죽었다. 정말로 가슴 아픈 일이었다. 그러나 그녀는 영원히 젊고, 영원히 늙을 줄 모르는 모습으로 사람들의 마음속에 남아 있다. 그녀는 나의 어머니가 아니면서, 또한 나의 어머니이기도 하다.

장석원의 친정은 양향(良鄕)인데, 대가정으로서 남동생과 여동생이 많이 있었다. 큰 여동생 장석서(張錫瑞)는 그와 함께 혁명에 참가해서 함께 소련의 모스크바 중산대학에 유학갔다가 귀국한 후 혁명투쟁에 종사하다가 천진에서 사망했다. 막내 여동생 장효매(張曉梅)는 본명이 장석진(張錫珍)인데, 아버지는 석원과 결혼한 후 장효매를 상해에 데려다가 당에 가입시켰고 당 중앙 종업원부에서 일하게 했다.

아버지에게는 서빙이라고 부르는 1925년 모스크바 유학시에 사귄 동창생이 있었다. 그의 본명은 형서평(邢西萍)이었고, 1903년에 부유한 공상업자 가정에서 태어나 1924년 독일 유학시 중국공산당에 가입했었다. 서빙은 1928년에 중앙서기처 번역과의 독일어 통역을 맡았었다.

아버지의 중매로 서빙과 장효매는 상해에서 결혼했다. 장석원은 일찍 세상을 떴지만, 장효매와 서빙은 줄곧 우리집과 아주 가깝게 지내왔다. 우리는 장효매를 이모, 서빙을 이모부라고 불렀다.

해방 후 서빙은 중공 중앙 통전부(統戰部) 부장으로 임명됐고, 장효매는 북경시 부녀연합회 주임으로 임명됐다. 이들 내외는 대단히 활동적인 인물들이었다. 다년간의 사업관계로 이들은 주총리 내외와 섭검영 원수, 그리고 중앙의 여러 지도자들과 아주 친숙했다. 둘 다 성격이 활달하고 쾌활해 발음상 악센트가 높았고, 또 웃을 때에는 아예 가가대소했다. 이들은 늘 나의 아버지와 어머니를 통전부에 모셔다가 식사를 함께 하곤 했는데, 우리는 그때마다 온 집안이 총출동하곤 했다. 식사를 하면서도 아버지와 어머니, 그리고 이들 내외는 줄곧 웃고 떠들었다. 우리는 어려서부터 이 이모부와 이모를 무척 좋아했다. 그들의 딸 형서(邢舒)는 의사였다. 형서 언니에게는 원숭이라고 불리는 아들이 있다. 선천성 심장병을 앓고 있어 여위다 못해 작은 원숭이를 방불케 했고, 입술은 언제 보나 가지색을 띠고 있었다. 모두들 그 애를 몹시 총애했다.

문화대혁명이 터지자 뜻밖의 재화가 들이닥쳤다. 1966년 8월에 당 중앙위원회 제8기 제11차 전원회의가 소집됐다. 그 회의는 모택동이 직접 소집하고 주최했다. 문화대혁명을 보다 확대해 착오적인 중앙지도기구와 지도자들을 재편성한다는 회의였다. 소조회의에서 서빙은 진백달(陳伯達), 강청 등과 정면으로 맞서 투쟁했다. 진백달은 그걸 트집잡아 "서빙이 지도하는 통전부를 포격하자."고 떠들었고, 강청과 서빙이 "회의에서 줄곧 엇나가는 짓을 했다."고 공격해 왔다. 얼마 안 있어 사인방은 터무니없는 죄명을 씌워서 서빙을 구렁텅이로 몰아넣었다. 서빙은 일찍이 1932년 청도에서 체포됐다가 가정에서 발벗고 나선 덕분에 석방된 일이 있다. 그 일을 가지고 사인방은 서빙을 변절자로 모함하면서 박해를 가했고, 그를 감옥에 가두어놓고 오랫동안 유린했다. 서빙은 임표와 사인방 등과 완강히 싸우면서 시종 굴복하지 않다가 끝내 1972년 3월 18일에 69세를 일기로 세상을 떠났다. 사인 방이 몰락하게 되는 1979년에 와서야 중공 중앙에서는 장엄한 장례식 을 올려 서빙의 억울한 누명을 벗겨주었다. 장례식은 그때 중공 중앙 부주석이었던 이선념이 사회를 보고 중공중앙 조직부 부장 호요방이 추모사를 드렸다.

추모사는 다음과 같이 쓰여졌다. "서빙 동지의 일생은 혁명적인 일 생이었고 전투적인 일생이었다. 그는 중국인민의 해방 사업과 위대한 공산주의 사업에 평생의 정력을 이바지했다. 그는 국민에게 무한히 충 직했고 솔직했으며, 전체적인 것을 돌보면서 중대한 문제에서는 원칙 을 견지해 왔다. 그는 어깨를 나란히 하며 싸워 온 전우들과 친구들 을 성실하고 진지하게 대했으며, 언제나 열정적이면서도 친절했다. 주 변의 동지들과 부하들을 대함에 있어서도 언제나 너그럽고 뜨거웠으며 억지를 부리지 않았다. 통일전선을 끊임없이 발전시키고 공고히 하기 위해 그는 중대한 기여를 했고 공적이 아주 탁월했다."

장효매 이모도 문화대혁명의 액운을 면치 못했다. 임표와 사인방이 북경시 시위서기 겸 시장인 팽진(彭眞)을 미친듯이 공격하고, 시위를 철저히 통제하고 저지할 때, 장효매는 파직당하고 박해를 받았다. 원 래 고혈압을 앓고 있던 그녀는 억압과 강요된 노동을 하다가 졸도해 1968년 4월 28일 원한을 품은 채 세상을 떴다. 일찍이 전국국민대표 대회 제1차, 제2차, 제3차 대표로 당선됐고, 전국 부인연합회 주석단 위원, 북경시 부인연합회 주임을 지낸 적이 있는 장효매는 이렇게 세 상을 떠났다. 그때 그녀의 나이는 겨우 57세였다.

"그녀는 열다섯 살 때인 1925년에 북경의 진보적인 학생들이 일으 킨 운동과 중국공산주의청년단에 가담했다. 1928년에 중국공산당에 참 가해 당의 문화사업과 통일전선사업, 군조부(軍調部)의 업무를 이행했 으며, 주은래 등영초 부부와의 관계가 특히 밀접했다. 정치적 원칙성 이 강하고 조직성이 강하며, 사업에서는 책임감이 강하고 신중했다. 문제를 고려함이 주밀하며, 전반적인 국면을 돌볼 줄 안다." 이상이 그녀의 소속 부서에서 그녀에게 내린 평가였다.

그녀의 두 언니들이 당과 국민의 사업에 생명을 바쳤는가 하면, 그녀 자신도 한평생을 당과 국민에게 바쳤던 것이다. 1978년 2월 17일, 당과 국민은 그녀의 명예를 회복시켜 주었고, 추모회를 열고 그녀의 **뼈**를 안장했다.

그들은 갔다. 너무나 일찍이 갔다. 그러나 그들은 후회하지 않을 것이다. 그들은 당과 국민을 위해, 공산주의의 이상을 위해, 모든 것을 헌신하며 심지어는 생명마저도 서슴치 않겠다던 자신들의 약속을 실천했다.

우리는 그들을 잊지 않을 것이며, 후세들도 그들을 잊지 않을 것이다. 우리의 후세 자손들 모두가 이렇다면 우리 민족의 발전은 부단히 그치치 않을 것이다. 감탄할 일도 많았고 의론의 여지도 많지만, 이제 이러한 이야기는 그만하고, 다시 상해로, 당의 지하투쟁으로, 당 중앙의 기관으로 되돌아가 보자.

26 상해에서의 투쟁 시절

상해가 비록 혼란한 곳이고 당이 지하사업을 하기에 유리한 곳이긴 했지만, 여전히 제국주의와 반동 세력의 엄격한 통제하에 있었다. 적들은 갖은 수단을 다 이용해 당의 지하조직을 파괴하고, 당의 지도자들을 살해하려고 혈안이 돼 있었다. 그들은 외국 경찰들을 이용해 탄압하고 스파이를 풀어 감시하며, 변절자를 이용하는 등 별의별 수단을 가리지 않았다. 대혁명이 실패한 뒤 3년 동안에 강소성 성위 서기 진연년, 강소성 성위 대리서기 조세염, 중앙정치국 위원 나역농, 중앙정치국 후보위원 팽배(彭湃), 중앙 군사부장 양은(楊殷) 등 많은 지도자들이 변절자의 밀고로 체포되고 희생됐다.

1928년 11월, 중앙은 향충발, 주은래, 고순장 이 3명으로 특공위원회를 구성하고 특공과를 두어 당의 사업과 지도 동지들에 대한 경호를 강화했다. 원래는 1928년 봄 주은래 동지의 지도하에 진갱 등이 책임을 맡는 특공과를 두었는데, 이는 적들의 간첩활동을 파악하기 위해 설치한 것이다. 최초로 반간첩으로 활동한 사람은 양등영(楊登瀛)이다.

양등영은 포군보(鮑君甫)라고도 불렸으며, 일찍이 일본 유학을 한 사람이었다. 그는 사회적 관계가 다양해 각 당파와 외국 조계구역 내의 인사 및 암흑 세력과도 모두 통했다. 어떤 사람들은 그가 국민당, 일본인, 매국노, 공산당 등 모든 계층의 사람들과 관계가 아주 밀접했다고 하여, 그를 '4조원로(四朝元老)'라고도 불렀다. 1928년 장개석은 상해에 스파이 조직을 두기 위해 양등영에게 정탐기관을 세우게 했다.

양등영은 혁명을 동정하는 사람이기에 이 정보를 당에 알려 왔다. 당에서는 소식을 입수하자 특공과의 책임자 진갱이 직접 책임지고 양등영을 적의 정탐기관에 잠복시킨 첫번째 이중간첩 인맥으로 발전시켰다.

당의 지시를 따라 양등영은 재빨리 국민당 정보부의 우두머리 진립부(陳立夫), 장도번(張道藩) 등과 통로를 개설했다. 그는 또 상해 스파이 우두머리 서은증(徐恩曾)과 각별한 관계를 맺고, 동시에 외국의 경찰관서, 특히 영국 경찰과 밀접한 관계를 맺었다. 양등영이 제공한 정보는 당의 기관이 파괴되는 걸 방지하고, 체포된 동지들을 구출하며, 변절자와 내부 역적을 제거하는 면에서 중요한 역할을 했다. 1929년에 당 특공과는 양등영의 소개를 통해 공산당원 이극농(李克農), 전장비(錢壯飛), 호저(胡底)를 국민당 고급 스파이 기관에 밀어넣었다. 전장비는 국민당 중앙조직부 당무조사과 주임인 서은증의 기밀비서로 일했다.

당 중앙 특공과는 주은래의 직접적인 지도하에 순조롭고 효과적인 사업을 진행해 나갔다. 1928년 상해 중앙은 당의 첫 비밀 무선전신국을 세웠다. 이강(李强)이 그 책임자였다. 같은 해 홍콩에 있던 남방국에도 이강의 지도로 두번째 무선전신국을 세우고, 1930년부터 상해와 홍콩 사이에 통신연락을 갖게 됐다.

이강 아저씨는 나한테 이런 이야기를 들려주었다. "후에 우리는 또 강서에 있는 중앙 소비에트 구역에 세번째 전신국을 세웠는데, 이 전신국을 세우면서 이런 일이 있었지. 그때 광서군벌 유작백(兪作柏)이 홍콩에서 방송 설비를 사서 동생 유작예(兪作豫)한테 주었는데, 유작예는 감히 쓸 엄두도 못내고 나한테 주었다. 그 기계는 영국 마코니 회사에서 제작됐다. 우리는 기계를 홍콩과 상해를 거쳐 강서의 중앙 소비에트 구역으로 가져갔지. 나와 오운보(伍雲甫), 증삼(曾三) 그리고 기계를 다루는 한 노동자 이렇게 넷이서. 1931년에야 소비에트 구역에 전신국을 세웠던 것인데, 그때 방송기재는 수동식 발동기를 썼으므로 아주 힘들었지."

1931년 이후 상해의 환경은 적들의 파괴공작으로 말미암아 보다 험난해졌다. 이런 판국에 당에 커다란 손실을 가져다 준 두 가지 사건이 터졌다. 그 하나는 중앙정치국 위원 고순장(顧順章)이 변절한 사건이다.

고순장은 원래 상해의 노동자 출신이지만, 일찍이 청홍방(靑紅幇)에 가담했었고, 온갖 종류의 사람들과 관계가 많았다. 일부 노동자들의 소개에 따르면 그는 계산이 빠르고, 능력이 있고, 인간관계 폭도 넓다고 했다. 상해의 노동운동을 조직할 때 그는 능력을 과시했고, 특공과의 사업을 맡으면서 내부의 역적들을 숙청하는데 큰 힘이 됐다. 그러나 그 자신이 건달 습성을 지니고 있었고, 생활 자체가 타락해 아편을 피우는 등 나쁜 습성을 가지고 있었다. 그래서 주은래로부터 여러번 비평을 받았다. 1931년 4월 25일, 고순장은 장국도(張國燾)를 악예환(鄂豫皖) 근거지까지 호송한 뒤, 사사로이 무한의 한 유희장에 들어가 공개적으로 얼굴을 드러내며 마술(그는 마술을 할 줄 알았다)을 연기하다가 한 변절자에게 들키는 바람에 체포되고 말았다. 그리고 고순장은 체포된 그날로 변절했다.

고순장은 중앙정치국 후보 위원이고 오랫동안 당의 경호사업을 해왔기에 알고 있는 비밀이 아주 많았다. 또한 많은 중앙기관과 책임자들의 거처를 알고 있었다. 그러므로 그의 변절은 당에 치명적인 타격을 가져다 줄 뻔했다.

무한의 국민당 스파이 기관은 중요한 중공 요원을 붙잡은지라 그날 즉시 남경의 스파이 본부에 전보문을 보냈다. 이 전보는 그 즉시 우리 당 당원이며 서은증의 기밀비서인 전장비의 손에 들어왔다. 전장비는 이를 보자마자 사태가 아주 위급했으므로 직접 상해로 와 주은래에게 보고했다. 주은래는 즉시 고순장이 파악하고 있는 기관과 인원들을 즉각 다른 곳으로 이동시켰고, 고순장이 알고 있는 비밀사업을 폐지했다. 주은래는 위험을 무릅쓰고 일부 동지들을 찾아다니며 통고했다.

당시 상황을 두고 주월천은 이렇게 회고했다. "그날 저녁 급히 문 두드리는 소리가 들려 열고 보니 주은래였다. 주은래는 빨리 이동하라고 통지했다. 그는 또한 군사위원회 책임자이자 내 남편인 곽보청의 안전 문제를 어떻게 처리할 것인가 의논했다. 바로 주은래의 이 같은 긴급조치가 있었기에 곽보청은 중도에 배에서 내림으로써 무한에서 체포될 뻔한 위기를 모면했다."

4월 28일, 적들이 고순장이 분 기밀에 따라 대거 수색을 벌였을 때, 중앙의 기관과 인원들은 벌써 안전한 곳으로 피신한 뒤였다. 당은 한 고비를 넘긴 것이다. 그러나 고순장의 변절은 당이 수년간 개척해 온 지하공작사업에 상상할 수 없는 손실을 가져왔다. 당의 일부 기관들은 철거됐고, 일부 책임자들과 사업 일꾼들은 상해를 떠났다. 중앙 지도자로 있던 운대영은 그 이전에 적에게 체포됐지만 그때껏 신분이 드러나지 않았는데, 이때 고순장이 부는 바람에 무참히 살해당했다. 고순장은 또 양등영도 불었는데, 양등영은 장도번과의 특별 관계를 이용해 위기를 모면했다.

이토록 당에 극도로 피해를 입힌 고순장도 나중엔 처벌을 면치 못했다. 그는 1935년에 국민당 스파이 기관인 '중통(中統)'에 의해 처단됐다. 천고의 죄인 고순장은 백 번 죽어도 씻을 수 없는 엄청난 죄를 지었고, 또 그에 상응하는 죗값도 받았다.

두번째 사건은 중국공산당 중앙 총서기 향충발이 체포돼 변절한 것이다. 노동자 출신 향충발은 정치 수준과 지도 능력이 다 시원치 못했지만, 국제공산당에서 부추기는 힘을 이용해 중국공산당 중앙의 총서기가 된 것이었다. 그가 총서기로 있는 기간, 당 중앙의 모든 일상 사업은 실제로 주은래와 기타 동지들이 맡아 처리했다.

향충발은 원래 생활 품성이 나쁘고 규율도 지키지 않았다. 한 예로 그는 술집 기생을 첩으로 삼고 있었다. 임필시의 부인 진종영(陳琮英) 아주머니는 이러한 말을 했다. "주은래 동지는 이 낌새를 알아차리고 나의 어머니를 보내 향충발의 첩과 함께 거처하면서 이들의 동정을 살피게 했다. 당시 주은래는 향충발을 소비에트 구역으로 이동시킬 생각으로 먼저 그 기생을 한 여관에 거처하게 한 뒤, 향충발을 주은 래 자신의 거처로 데려왔다. 주은래는 그에게 외출을 금지하라고 당부 했는데, 향충발은 이를 어기고 그 여관을 찾아갔다. 나의 어머니는 문 을 두드리며 경고까지 했지만, 그들은 들은 척도 안 했다. 이튿날 그 가 택시를 불렀는데, 택시기사가 그를 알아보고 경찰국에 고발하는 바 람에 체포되고 말았다."

이는 1931년 6월 22일에 생긴 사건이었다. 이틀 뒤인 24일 향충발 은 변절했다. 당시의 지하공작원이었던 황정혜(黃定慧), 즉 황목란(黃 木蘭)은 이런 이야기를 들려주었다. "그때 나와 어떤 변호사, 그리고 외국인 경찰서에서 통역으로 일하는 친구 이렇게 셋이서 커피점에 앉 아 있었는데, 그 친구가 하는 말이, 국민당이 10만원 현상금을 내걸었 던 공산당원 두목 하나가 잡혔는데, 호북사람인 그 두목은 금니에 손 가락은 아홉개 뿐이고 예순 살 남짓하며 빨간코라고 하더군. 어찌나 의지가 약한지 전기의자를 들이대자마자 줄줄 불었다는 것이었다. 나 는 듣자마자 대뜸 그게 바로 향충발이라는 걸 짐작했지. 나는 반한년 (潘漢年)을 통해 강생한테 이 사실을 보고했지. 그날 저녁 11시에 주 은래와 등영초, 채창 등 몇은 재빨리 프랑스 호텔로 거처를 옮겼지. 만두국을 파는 장수로 가장하고 주은래 동지의 주택 주변에서 서성거 리던 우리 특공과의 동지들은, 밤 11시가 되자 순경들이 향충발을 앞 세우고 주은래의 거처로 오는 걸 보았는데, 그는 팔목에 수갑을 차고 있었다고 하더군. 그가 다가가 주은래 동지의 집문을 열쇠로 열었는 데, 이미 집은 텅텅 비어 있었지. 정말 아찔한 순간이었지."

향충발을 붙잡은 상해의 스파이 기관은 비적 두목을 잡았다는 내용 의 전보문을 즉각 남경 총부에 보냈다. 그때 장개석은 여산(廬山)에 있었는데, 전보를 받자마자 그 즉시 총살해 버리라고 지시를 내렸다. 향충발이 전향하자 국민당 상해 스파이 기관은 다시 남경에 보고서를 올려 그의 이용 계획을 알렸다. 그러나 위에서 즉각 처결하라는 지시를 내려 그를 총살해 버리고 말았기에 이 보고서의 효력은 발휘되지 못했던 것이다. 즉 장개석이 향충발이 귀순했다는 내용의 전보문을 받았을 때는, 이미 향충발은 황천객이 돼 버렸던 것이다.

이같이 좋지 않은 사건이 연달아 터지는 바람에 당 중앙의 상해에서의 활동은 갈수록 곤란해져 갔다. 그래서 일부 중앙 책임자들은 소비에트 구역으로 이동해 갔던 것이며, 주은래도 1931년 12월에 상해를 떠나 강서의 중앙 소비에트 구역으로 옮겨가고 말았다.

아버지는 당시의 상황을 이렇게 회고했다.

"상해의 지하공작은 몹시 어려웠다. 목숨을 걸어야 했지. 영화관도 한번 가보지 못했을 정도였으니까. 나는 군에 오래 있으면서도 부상당한 일도 없고 지하투쟁을 하면서 체포된 적도 없는데, 이는 실로 드문 일이었지. 하긴 몇 번 위험을 겪은 적도 있었는데, 가장 큰 위험은 두 사람의 변절에 의해서였지.

한번은 하가흥(何家興)이 변절해 나역농을 밀고했을 땐데, 그때 나는 나역농을 만나 일을 마치고 뒷문으로 나가고 있었는데, 금방 앞문에 경찰들이 들이닥쳐 나역농을 체포해 갔지. 문 앞에서 구두닦이로 가장하고 있던 특공과 동지가 가만 손짓을 하기에 일이 난 줄 알았지. 1분 차이가 날까말까한 한 사이였지. 후에 나역농은 아깝게도 총살되고 말았다.

그리고 다른 한번은 나와 주 총리, 등 누나, 장석원이 한 집에 거저하고 있을 때 일이다. 그때는 우리 특공과가 제대로 일을 하고 있어서 효과가 있었지. 경찰이 곧 수사하러 온다는 걸 주은래에게 알렸기에 집에 있던 동지들은 사전에 다른 곳으로 피할 수 있었지. 그런데 난 그때 집에 없다보니 이 통지를 받지 못했다. 그 사실을 까맣게 모르고 있었던 거야. 안에서 한창 수사가 벌어지고 있는 줄 알 리 없는 내가 들어가려고 노크를 했는데, 때마침 적 내부에 잠복해 있던 특공과 동지가 안에서 큰소리로 '열어줄 테니 잠깐만' 하는 소리를 듣고 어딘가 잘못됐다고 느꼈지. 그 즉시 내뺐기에 위험을 면했지. 그뒤 반년 동안 우리는 그 근처에 갈 엄두도 못냈다.

이것이 내가 마주친 위험 가운데 가장 곤란했던 두 경우였지. 그땐 정말로 아주 위험해서 1분이라도 차질이 있었다면 큰일날 뻔했지."

상해 시절 당의 지하공작이 가장 난처했던 일들은 바로 이런 변절자들의 배신 때문에 일어났다. 그들은 자신뿐만 아니라 다른 공산당원들의 생명까지 팔아먹었던 것이다. 아버지가 언급한 하가홍 부부가 바로 그런 사람들 중의 하나였다. 그들 부부는 소련에서 돌아오자 가난한 생활을 견뎌 낼 수 없었으므로 혁명을 배반하고 1928년 4월 15일에 당 중앙정치국 상무위원회 위원이며 조직국 주임인 나역농을 밀고했다.

1929년 8월 중앙 군사위원회 비서로 있던 백홈도 변절했다. 그의 밀고로 인해 팽배(彭湃), 양은(楊殷), 안창이(顔昌頤), 형사정(邢士貞) 네 동지가 무참히 학살당했다. 또 같은 달, 내부간첩 대빙석(戴氷石)의 밀고로 비밀기관의 동지 7명이 체포됐다.

그밖에도 황포군관학교 제1기 학생으로 변절자인 황제홍(黃第洪)은 그와 주은래의 비밀접촉 장소를 밀고했고, 일부 반역자들은 이유한, 이립삼 등 당 중앙의 책임자들을 밀고했다. 이런 천추에 용서 못할 변절자들은 결국 그에 해당하는 심판을 받아 처벌되고 말았다.

27 군벌들의 혼전 상황

1929년 7, 8월 사이에 중공 중앙에서는 등소평을 광서에 파견해 광서 지역의 당 사업을 지도하며, 무장봉기를 준비하고 조직하게 했다.

중공 중앙의 이번 파견은 광서성 정부 주석 유작백(兪作柏)의 요구에 따른 것이었다. 중국 천지가 국민당의 압박 속에서 숨도 못 쉬고 있을 때, 유작백은 왜 도리어 중국공산당을 광서에 파견하도록 요구했는가. 그 일의 자초지종은 이러하다.

1927년 장개석, 왕정위 등 국민당 우파 세력들이 전후해서 혁명을 배반하자 대혁명은 자연 실패로 끝나고 말았다. 따라서 국민혁명의 목표였던 북양군벌정권은 소멸되지 않았으며, 게다가 국민당 내부의 분열로 말미암아 장개석의 독재의 꿈이 실현될 가능성은 묘연해졌다. 그리하여 당시의 중국은 북경의 군벌정권과 한구의 왕정위정권, 남경의 장개석정권 등 세 정권이 병존 대치하는 국면에 처하게 됐다. 즉 중국은 이들 세 파벌 세력에 의한 할거에 의해 틀림없는 전쟁 직전의 상황에 빠져 있었던 것이다.

결국 1927년 10월 영한전쟁(寧漢戰爭)이 첫 포성을 울렸다. 장개석은 광동과 광서, 그리고 북방의 풍옥상과 협동해 무한의 당생지(唐生智)를 공격했다. 11월 당생지는 버텨낼 수 없게 되자 도망치고 말았다. 영한전쟁을 통해 계계(桂系 : 桂는 광서를 일컫는다——옮긴이)의 세력은 자신의 세력 기반을 향상시킴으로써 장개석과 광서 세력과의 모순은 이로부터 격화된다.

1929년 9월 장개석은 왕정위와의 대립을 잠시 놔두고, 원래 왕정위를 지지하고 있던 광동의 장발규(張發奎)와 합동 공격해 광동을 통제하고 있던 계계 군대를 광서로 퇴각하게 만들었다. 장개석은 왕정위와 광서 세력간의 모순을 이용해 광서 세력에 타격을 주는 한편, 왕정위를 축출하고 일거양득의 어부지리를 맛보면서 눈깜짝할 사이에 국민당의 군정 대권을 장악했다.

그러나 영한, 장계(蔣桂)간의 쟁탈전에서 이겼다고 해서 천하를 독차지한 것은 아니었다. 그때 풍옥상이 예(하남성), 섬(섬서성), 감(감숙성), 녕(녕하) 등지를 차지하고 있었고, 염석산(閻錫山)이 진(산서성), 직(하북성), 수(옛 수원성, 지금의 내몽고), 차(옛 차하르성)와 평진(북경과 천진) 지역을 차지하고 있었고, 계계 세력이 계(광서), 상(호남), 악(호북) 등지를 차지하고 있었지만, 장개석은 겨우 상해, 남경, 항주, 강소와 절강 일대를 차지했을 뿐이다.

'장풍염계(蔣馮閻桂)', 이들 각 세력은 제각기 자기 지반에 도사리고 있으면서 서로 경계심을 늦추지 않고 있었다.

장개석은 독재통치의 목표를 한 걸음 더 추진시키고 풍, 염, 계 등 각 세력을 견제 약화시키기 위해 노력했다. 그러나 결과적으로 이 견제 계획은 실현되지 못했을 뿐만 아니라, 도리어 장개석과 각 파 세력간의 모순을 더욱 격화시켰다. 장개석에게 대항하고자 풍옥상은 서북에서 전투 준비에 박차를 가하고 있었고, 염석산은 산서에서 작전 연습을 벌였으며, 이종인(李宗仁)은 무한에서 병공 정책을 실시했고, 백숭희(白崇禧)는 하북에서 군사 대연습을 실행하고 있었다. 그리하여 언제라도 순식간에 대전이 터질 듯이 전국은 공포에 떨게 됐다.

마침내 새 군벌들의 혼전이 터지고 말았다.

1929년 3월, 장-계 전쟁이 터졌다.

1929년 11월, 장-풍 전쟁이 터졌다.

1929년 11월, 제2차 장-계 전쟁이 터졌다.

1930년 3월, 염석산은 왕정위, 풍옥상, 장학량 및 계계의 이종인, 장발규 등과 합동으로 장개석에게 선전포고의 통첩을 보냈는데, 이리하여 '중원대전'이 발발했다. 이 전쟁은 7개월 동안 계속됐고, 100만 대군이 전 중국의 천리전선에서 살육전을 벌여 30만 명이라는 살상자를 냈다. 이 전쟁은 중국 근대사에서 제일 규모가 컸던 군벌의 대혼전이었다.

이런 전쟁을 거치는 동안 장개석은 여러 파벌 세력들 사이의 모순과 각 파벌 내부의 모순을 이용했다. 그는 병력으로 누르고 돈으로 매수하는 등 갖은 수단을 다해, 마침내 염, 풍, 계 등을 일일이 격파하고 형식 면에서의 통일을 실현했다.

이상이 전국에서 터졌던 군벌들의 혼전 상황이었는데, 아래에서는 장-계 세력간의 싸움에 대해 알아보기로 하자.

이 같은 군벌 혼전 중에서 장개석과 계계 세력간의 싸움이 제일 먼저 전개됐다. 장개석이 독재 통치를 실현하는데 계계 세력의 위협이 가장 큰 걸림돌이었기 때문이다.

장개석과 왕정위 사이의 대치, 즉 영한 대치에서 장개석은 일찍이 계계와 합세해 무한을 진공한 적이 있었다. 후에 계계는 또 장개석과 합세해 북경과 천진에 도사리고 있던 봉계(奉系) 구군벌 장작림(張作霖)을 북벌했다. 이 두 차례의 싸움에서 계계 군대는 작전에 능했고 싸움에서 용감했다.

계계는 전쟁의 틈을 타 재빨리 세력 범위를 확장했다. 백숭희는 화북에 진주했고, 황소횡은 광서를 차지했으며, 이종인은 무한에 진주했다. 계계는 이제심이 광서 현지를 지키고, 이종인은 호북과 호남을 통치하며, 백숭희가 당산과 산해관에 진주해, 한동안 이들의 세력은 광동에서 시작해 장강까지 이르렀다. 계계 파벌은 이렇게 차지하고서도 성이 차지 않는다는 듯이 장개석의 심복인 호남성 주석을 폐위시키고 하건(何鍵)으로 대체해 그 자리에 앉혔다. 이 사건이 도화선이 돼 원래 송곳 끝에 놓인 모습처럼 불안했던 장-계 동맹을 마침내 분열시키고 말았다.

1929년 3월, 장개석은 계계 세력을 토벌할 명령을 내리고 무한에 협공을 가했다. 계계 측은 태세를 갖추고 무한 일선에 방어를 강화해 장개석과 결전할 준비를 했다. 바로 이런 일촉즉발의 시기에 계군 대장 이명서(李明瑞)가 소속군 제4여단을 효감(孝感)으로 철수시키고 장개석에게 투항했다. 이로 인해 대세가 기울자 계계 파벌군은 무한을 포기하고 형주(荊州), 사시(沙市), 의창(宜昌) 일대로 철수하고 말았다.

4월 4일 장개석 군대는 무한에 진입했고, 동시에 계계 세력에 대한 진공을 멈추지 않았다. 또한 장개석은 금전과 관직을 미끼로 많은 계계 세력의 군인들을 자기 쪽으로 끌어왔다. 장개석은 또한 평진 일대를 차지하고 있는 백승희를 토벌해 그를 홍콩으로 내쫓고, 계계 파벌의 대본영인 광서로 진격해 들어갔다. 결국 장-계의 싸움은 장개석의 승리로 막을 내렸다. 장개석은 유작백을 광서성 정부 주석으로 임명했다.

이번 싸움에서 계군을 패배하게 만든 주요 인물은 계계의 이명서와 유작백이었다. 이들 두 사람은 도대체 어떤 인물들인가?

유작백은 광서 북류현(北流縣) 사람으로 이종인과 육소(陸小) 동기생이었다. 그는 젊었을 때 광동의 원세개를 토벌하는 호국군에 가담했고 거기서 참모장과 중대장을 맡았다. 두 차례의 악-계 전쟁 후 악군은 광서를 점령했고, 이종인은 악계의 변방군 제3로 사령을 지냈다. 유작백은 이종인의 휘하에서 제1 통령을 지내면서 산하에 두 개 대대를 두고 있었다. 유작백은 이종인을 따라 악군의 소속에 수렴돼 있으면서도, 다른 한편으로는 광서에서 조용히 자신의 세력을 발전시켰다. 후에 악군(광동군)의 진형명(陳炯明)이 손문을 배반하고는 병력을 모으기 위해 악군을 광서에서 철수시켰다. 이렇게 되자 이종인은 그 기회를 빌어 악계와 관계를 끊는다고 선포하고는, 자기 나름대로 광서자치군 제2로로 재편성해 사령관으로 자칭했다.

이종인이 광서에서 계계 세력을 발전시키고 있을 때, 원래 악군의 통령이었던 황소횡과 백승희는 유작백과 합세해 이종인의 밑에서 이탈하기로 결정하고, 손문을 따라 계속 국민혁명을 하기로 약속했다. 1925년 6월, 손문은 황소횡을 광서 역적토벌군 총지휘로 임명하고, 유작백을 제1사단 사단장으로 임명했다. 손문의 국민혁명군이 광서를 통일하는 싸움에서 유작백은 작전 능력을 보여 이윽고 제3로군 사령관으로 부임했다. 유작백의 이러한 행동은 그와 이종인의 관계가 악화되는 계기가 됐다.

이명서는 광서의 북류현 사람인데, 유작백의 고종사촌 동생으로 어려서부터 외숙부(유작백의 아버지)의 도움으로 학교를 다녔고, 후일 유작백의 휘하에서 소대장, 대대장, 연대장 등을 지냈다. 이명서는 사촌형 유작백과 같은 길에 서서 손문을 따라 국민혁명에 투신했다.

1926년에 광동과 광서가 통일됐을 때, 국공합작은 마침 고조에 달해 있었다. 중국공산당은 황일규(黃日葵), 담수림(譚壽林), 진면서(陳勉恕) 등 공산당원들을 남녕에 파견해 중국공산당 광서성 준비소조를 두고 당 사업을 전개했다. 대혁명의 고조가 도래하는 정세하에서 광서에서도 혁명 기운이 나타나기 시작했다. 노동조합, 농민조합, 학생연합회, 부녀연합회 등 진보적인 조직들이 잇달아 생겨났다. 이 같은 혁명 정세를 두고 유작백과 이명서는 내심 기쁨을 금할 수 없었다. 그들은 손문의 주의를 옹호함으로써 계군에서 국민당 좌파 인물이 됐다.

이때 국민혁명군 제7군이 재편성돼 이종인이 군단장으로, 황소횡이 당대표로, 공산당원 황일규가 정치부 주임이 됐다. 이명서는 제2여단 여단장이었고 수하에 세 개 연대를 두고 있었다. 그리고 원래 군권을 갖고 있던 여단장 유작백은 도리어 중앙군사정치학교 광서분교 교장으로 전임됐는데, 이는 실로 군권을 박탈당한 것과 마찬가지였다. 이는 물론 유작백에게 불만을 품고 있던 이종인의 농간이었다.

1926년 7월, 북벌 선서 이후 전국적으로 국민혁명의 물결이 일기 시작했다. 북벌군은 승승장구 북진해갔다. 광동, 광서 통일 때 벌써 공훈을 세운 이명서는 북벌전쟁에서는 더욱 큰 공로를 세웠다. 제7군의 주력부대를 맡았던 그는 우군들과 함께 장사(長沙)와 함녕(咸寧)을 공략하고, 무한의 최후 방어선인 험관(險關) 하승교(賀勝橋)를 공략했으며, 이윽고 강서로 진격했다. 석 달도 안 되는 기간에 그는 전승을 올렸는데 나중에는 남경 부근의 용담(龍潭) 전역에서 손전방(孫傳芳)의 군대를 전멸시켰다. 이명서는 수많은 공훈을 세워 북벌군에서는 이름이 파다하게 알려진 작전 장군이었다.

원칙적으로 말하자면 이명서 같은 공신은 마땅히 훈장과 상금을 받아야 했지만, 이종인과 황소횡이 도리어 그를 시기할 줄이야 누가 알았겠는가. 그들은 이명서의 부관을 해임시켜 전력을 약화시키고, 군비를 제때 조달해 주지 않아 곤경에 빠지게 했다. 그리하여 이종인, 황소횡과 이명서 사이의 갈등은 차츰 극한 대결로 치닫게 됐다.

계계 내부의 이 같은 모순과 갈등을 장개석은 벌써부터 알고 있었다. 장개석은 이를 역이용하는 전술을 썼다. 그는 이종인과 황소횡, 백숭희를 쓰러뜨리자면 반드시 유작백과 이명서를 이용해야 한다는 걸 잘 알고 있었다. 그래서 장개석은 비밀리에 사람을 보내 이명서와 홍콩에 있는 유작백에게 은근히 추파를 던졌다. 장개석은 유작백과 세 가지 약속을 체결했다. 하나는 그를 해륙공 총사령 상장참의(上將參議) 및 광서성 주석으로 임명하며, 두번째는 군비 2백만 원을 지급하며, 세번째는 유작백과 이명서 두 사람이 광서를 맡으며, 계군을 그들이 장악하도록 해준다는 것이었다.

장개석의 사람 됨됨이가 음험하고 의심이 많으며, 궤계(詭計)가 많다는 건 다 아는 사실이다. 그가 어찌 주위의 다른 사람들이 발 뻗고 잠자도록 내버려두는 사람이었던가 말이다. 장개석이 유작백과 이명서를 이용해 계계를 전복시키기는 했지만, 그가 어느 때 누구를 이용해 다시 유작백과 이명서를 제거시킬 지는 몰랐다. 이처럼 장개석은 절대 믿을 수 없는 사람이었기에, 유작백과 이명서는 유작백의 동생 유작예를 통해 공산당을 찾았고, 공산당에서 사람을 파견해 그들을 도와 국면을 유지해 주길 바랐던 것이다.

사실 유작백과 이명서는 공산당과 생면부지의 모르는 사이는 아니었다. 제1차 국공합작 시기에 벌써 황일규, 강조무 등 공산당원들이 계계 군대에 들어가 요직을 담당하고 있었기 때문이다. 유작백은 대혁명의 진보적인 사조와 진보적인 인사들의 영향을 받아 노농과 학생운동을 지지했고, 1926년에 국민당 광서성 당부의 집행위원 겸 농민 부장과 노농 청장을 지냈으며 농민강습소도 설치했었다. 4·12사변 후 황소횡이 공산당 혐의를 걸고 유작백의 국민당 당적을 제명했기에 그는 부득불 홍콩으로 피신할 수밖에 없었다. 일이란 묘해서 유작백은 홍콩에 있는 동안에 홍콩의 공산당 인사들과 접촉이 많았으며, 홍콩의 외곽조직인 '중국혁명행동위원회'에 참가했다. 유작백은 또 동생을 통해 당에 무전수신기 한 대를 제공해 주기도 했다.

유작백은 원래부터 공산당에 대해 줄곧 호감을 갖고 있었다. 그리고 이명서 자신은 성격이 공명정대했기에 혁명에 쏠리고 있었다. 더욱 묘한 것은 유작백과 이명서의 신변에 비밀 공산당원이 잠복해 있어 매일 그 영향을 받지 않을 수 없었던 것인데, 그 사람이 다름 아닌 유작백의 친동생 유작예였다.

유작예는 일찍이 대혁명 시기에 북벌전쟁에 참가했고, 이명서의 여단 소속 제3연대 연대장을 지냈다. 대혁명이 실패한 뒤 유작예는 1927년 10월 홍콩에서 중국공산당에 가입했고, 그해 12월에 광주봉기에 참가했으며, 후에 광서로 파견돼 혁명활동에 종사하면서 농민운동을 지도했고, 농민자위대를 조직했다. 1929년 봄, 그는 명령을 받고 계군에 들어가 유작백과 이명서 부대에 대한 비밀공작을 시작했다. 유작백과 이명서가 공산당을 초청해 대업을 함께하고자 하는 생각을 언뜻 비쳤을 때, 유작예는 대뜸 당에 연락을 취했던 것이다.

그리하여 중공 중앙에서는 당 간부를 광서에 파견하기로 결정했고, 중앙 대표로 등소평을 파견했던 것이다.

28 광서에서의 비밀 공작

1929년 7, 8월 남방의 여름은 몹시 무더웠다. 아버지는 당 중앙과 중앙군사위의 파견을 받고, 아내와 작별한 후 남쪽으로 가는 배에 몸을 실었다. 홍콩을 거쳐 광서로 가는 길이었다.

이때의 등소평은 이미 소련에서 막 귀국한 등희현이 아니었다. 국내에서의 2년 남짓한 혁명 실천, 특히 대혁명이 실패한 후 온갖 고생과 백색테러 환경에서의 혁명활동을 거쳐 많은 투쟁 경력을 쌓았던 것이다. 8·7긴급회의 이전부터 당 중앙기관에서 일을 보기 시작했었고, 특히 중앙의 비서실장직을 맡으면서부터 그는 당 중앙의 각종 정상급 회의에 참석했었다. 이를 통해 당의 전국 각지의 사업과 일부 중대한 정책 제정에 관련된 기술적 작업에도 참여할 수 있었다. 이런 경력들은 사업 경험을 쌓고 체험을 통해 혁명사업의 상황을 이해하는데 큰 도움이 됐다.

아버지는 배편으로 홍콩에 도착한 후 곧 당의 남방국과 연락을 취했다.

당시 홍콩에 설치돼 있던 남방국은 광서, 광동 두 개 성의 사업을 맡고 있었다. 홍콩도 상해와 마찬가지로 조계구역이었으므로 당의 사업을 보호하기에 편리했던 것이다.

남방국의 서기는 하창(賀昌)이었고, 섭영진은 중공 광동성위원회 군사위원회 서기로 있었다. 하창과 그의 부인 황목란(黃木蘭), 섭영진과 그의 부인 장서화(張瑞華) 이 두 쌍의 부부는 홍콩 포마지(跑馬地)의 봉황대 근처에서 거주하고 있었다. 아버지는 홍콩에 도착하자 곧 그들과 접촉했다.

황목란은 당시를 이렇게 회고하고 있다. "그때 우리 부부와 영진, 서화는 한집에 살고 있었는데, 소평 동지는 홍콩에 온 후 어느 여관에 투숙했다. 그는 우리가 살고 있는 집에도 한 번 왔었는데 주목적은 하창, 섭영진 동지와 광서의 일을 의논하기 위해서였다. 그가 우리 집에서 저녁식사를 할 때 요리는 나와 서화가 맡아서 했다. 후에 하창도 광서 성위원회의 회의에 참석하러 갔고, 소평동지와 그는 모두 거기서 연설했다고 한다. 하창은 광서에서 며칠 묵고는 곧 돌아왔다."

중앙과의 연락선을 보호하기 위해 당 중앙에서는 특공과의 공음빙을 등소평과 같이 광서로 가게 했다. 공음빙은 전보암호를 휴대하고 갔는데 그는 기밀에 관한 일을 맡아 했다.

동시에 당에서는 몇 십 명의 군사 및 정치요원을 보내 여러 경로와 관계를 이용해, 유작백의 성 정부와 이명서의 부대에 들어가 공작하도록 했다. 그들 중에는 장운일(張雲逸), 진호인(陳豪人), 공학촌(龔鶴村), 서개선(徐開先), 이겸(李謙), 풍달비(馮達飛), 섭계장(葉季壯), 이건휘(李乾輝), 사혜(余惠), 이박(李朴), 심정재(沈靜齋), 허탁(許卓), 허진(許進), 하세창(何世昌), 완단평(宛旦平), 원임원(袁任遠), 원진무(袁振武 ── 也烈), 사거연(史遽然) 등이 있었다. 이들 공산당원들은 쥐도 새도 모르게 하나둘씩 당의 지시에 따라 광서로 왔다.

9월경에 아버지와 공음빙이 남녕(南寧)에 도착했다.

남녕에 도착한 후 아버지는 먼저 광서 특별위원회 서기 뇌경천(雷經天)과 연락을 가졌다. 9월 10일 중앙 대표인 아버지의 주최하에 중공 광서 제1차 대표대회가 열렸다. 남녕, 오주, 좌우강 지역 13명의 대표가 회의에 참석했다. 회의에서 아버지는 당면한 정세와 업무에 대해 소개했다. 회의에서는 토지혁명 문제, 노농 무력 건립 문제, 무장 폭동 준비 문제에 대해 중요한 결정을 채택했다. 동시에 뇌경천을 서기로 하는 광서 특별위원회를 선출했다.

아버지는 이때 일을 이렇게 회고하고 있다. "남녕에 간 후 나는 유작백을 몇 번 만나 중앙에서 지시한 방침에 따라 통일전선공작에 착수하는 동시에, 중앙에서 유작백 정부에 파견한 간부들을 마땅한 곳에 자리잡도록 했다."

아버지는 광서에서 등빈(鄧斌)이라고 이름을 바꾼 후 광서성 정부의 비서라는 공개 신분으로 자신를 보호했고, 실제로는 중공 중앙 대표 신분으로 광서에서의 사업을 책임 지도했다.

광서에서 아버지는 유작백과 밀접한 합작 관계를 맺었다. 당의 영향력이 발휘돼 유작백과 이명서는 먼저 정치범을 석방했다. 이 정치범들은 모두 대혁명 시기의 공산당원, 노동조합, 농민조합의 조합원들과 진보적인 청년들이었고, 모두가 4·12사변 이후 계계에 의해 체포 구속된 이들이었다.

군중들의 환영을 받으며 중공 남녕구 책임자인 나소언(羅少彦), 노동운동가 하건남(何健南), 공산당원 사학주(謝鶴籌), 오서(吳西) 등 많은 공산당원과 진보 인사들이 옥중에서 석방돼 나왔다. 이들 가운데는 많은 공산당원과 공청단원 간부들이 있었는데, 이들은 후에 모두 광서 홍군의 핵심적 간부가 됐다.

아버지는 이명서에게 총교도대를 만들어 하급군관을 훈련 양성시킬 것을 건의했다. 이런 방식으로 당에서는 백여 명의 간부학생들을 총교도대에 들여보내, 천여 명에 가까운 이명서 부대 내의 진보적 청년들을 훈련 양성시켰으며, 동시에 그 학생들 속에서 새로운 당원을 받아들였다.

다시 협상을 거쳐 한 무리의 공산당원들이 새로 건립된 경비부대에 들어갔다. 제4부대에서는 공산당원 장운일이 부대장을 맡았고, 공산당원 이겸이 부부대장을 맡았다. 제5부대에서는 공산당원 유작예가 부대장을 하고, 공산당원 사거연이 부부대장을 맡았다.

대중들의 적극적인 입대로 제4부대는 1천여 명에서 2천여 명으로 확대됐다. 유작예의 제5부대도 급속히 2천여 명으로 늘어났다. 그리고 총교도대에서도 공산당원 서광영(徐光英)이 책임자가 됐다. 이렇게 확

충된 신군은 후에 홍7군, 홍8군을 건립할 때의 기본적인 무장 기초가
됐다.

당의 영향으로 유작백은 광서에서 진보적인 대중운동을 할 수 있도
록 공산당원들을 풀어놓았고, 성 농협도 회복됐으며, 또 대표대회를
개최하기도 했다. 노조, 부녀자협회, 학생회 등 진보적인 조직이 계속
해서 회복됐다. 짧은 시간내에 광서는 또다시 대혁명 전의 생기발랄한
혁명 분위기로 되돌아간 듯했다.

당의 영향으로 유작백은 농촌에서 황소횡의 낡은 세력을 뽑아버리
고, 대혁명 시기에 배출된 농민운동 대표자들로 하여금 여러 현의 현
장을 맡게 했다. 그중에는 동난현의 위발군(韋拔群)도 있었다.

위발군은 부잣집 출신으로 어려서부터 애국에 뜻을 두고 일찍이 원
세개를 토벌하는 운동에 참여했고, 1925년 광주 농민운동 강습소에
들어갔으며 동시에 중국공산당에 가입했다. 1926년 대혁명이 전국적으
로 파죽지세로 발전할 때, 우발군은 광서 우강 지구에서 대규모 농민
운동을 일으켰었다. 위발군은 농민협회를 건립했을 뿐만 아니라, 동시
에 농민들의 자위 무장을 발전시켰으며, 탐관오리들을 반대하고, 각종
잡세에 대해 항거해 토호를 타도하고, 농민을 구속하는 계약서를 찢어
버리는 등 당시의 농민운동을 세차게 끓어오르게 했다. 그러자 1926
년 봄 계계 군벌들은 황급히 군대를 보내 탄압을 가했고, 그리하여
몸서리치는 '동란참안(東蘭慘安)'이 일어난 것이다. 위발군은 그야말
로 혁명의 영웅이었는데, 4·12사변 이후 광서의 혁명투쟁은 지하로
들어가게 됐지만 바로 이런 백색테러 속에서도 동란의 위발군이 인솔
한 농민부대만은 줄곧 실질적인 무장투쟁을 감행했다.

위발군은 광서 농민 대중의 영웅이었고 자랑이었다. 그가 우강 지역
에 세워놓은 무력과 두터운 대중적 기반은, 후에 홍군이 우강 혁명근
거지를 창건하는데 아주 유리한 환경이 됐다.

무력운동 외에 아버지와 광서 특별위에서는 빠르게 각 지방 조직을
회복 발전시켰다. 그리하여 지방 당 조직이 서둘러 세워졌으며, 동시

에 또 당원 강습반이 세워졌고, 당의 간행물이 출간되기도 했다.

남녕과 광서는 빠르게 변모해갔다. 새로운 혁명의 기운이 남녕과 광서에서 신속하게 일어나고 있었다. 전국적으로 혁명 정세가 저조한 상황에 처해 있었고, 반동파들의 백색테러 속에 빠져버린 상황에서도 유독 이곳에서만은 혁명의 새로운 고조가 도래하고 있었다.

아버지가 광서에 온 후, 이처럼 광서에서의 당의 활동은 활발히 진행됐고, 유작백 이명서와의 합작도 순조롭게 진행됐으며, 그와 함께 당 중앙에서 파견돼 온 동지들의 사업도 신속한 성과를 올렸다. 그렇지만 그때 광서 사람들은 아직 등소평이라는 인물이 있다는 사실을 알지 못했다.

중앙의 지시와 다년간 비밀공작의 경험에 근거해 아버지는 광서에 온 후 공개적인 장소에 나타나지 않았고, 다만 극히 작은 범위 내에서만 움직였으며, 극소수의 사람들과 접촉하고 연락을 가졌다. 이러한 활동 외에 아버지는 유작백과 몇 번 만나 그와의 관계를 더욱 강화하는데 열중했다.

광서 정세의 변화는 벌써부터 많은 인물들의 주의를 집중시켰다. 당에서는 공개적으로 활동을 벌이진 않았지만 그 활발한 혁명적 분위기는 반혁명분자들의 주의를 끌기에 족했다. 거기에 촉각을 세우고 있던 집단이 장개석의 무리였다. 이미 그 전부터 장개석은 광서 정세의 발전에 대해 더욱 신경을 곤두세우고 있었다.

장개석은 원체 의심이 많고 계략이 능한 사람이다. 일찍이 유작백, 이명서와 연합으로 계계를 토벌할 때, 그는 벌써 한수 더 떠서 이명서의 제15사단에 심복을 파견해 정치부 주임을 맡기면서 그들을 감시하게 했던 것이다. 그가 바로 이름난 국민당의 고급 특공대원이며 황포 제4기 학생인 정개민(鄭介民)이다. 광서에서 발생한 이 모든 상황에 대해 정개민이 장개석에게 빠짐없이 보고했음은 물론 자명한 일이다. 따라서 장개석도 광서의 이 사태를 어떻게 해결할 것인가 그 묘책을 세우기 위해 고민하고 있었다. 그런 가운데 장개석에게 문제를 해결할 수 있는 적당한 기회가 나타나기 시작했다.

1929년 8월, 줄곧 장개석과 맞서오던 왕정위는 풍옥상, 염석산, 당생지 등 일부 장개석의 행동에 불만을 품고 있던 군사집단과 연합해 공동으로 장개석 제거에 나섰다. 왕정위는 한쪽으로는 장발규의 제4군을 재촉해 호북에서 호남과 광서를 경과해 광동을 탈취함으로써 장개석을 반대하는 기지로 삼고자 했고, 다른 한쪽으로는 설악(薛岳)을 남녕에 파견해 유작백과 이명서를 설득시키고자 했다.

그때 유작백과 이명서는 장개석을 제거하는 것이 비록 그들의 목표이긴 했지만, 제반 사정과 문제들 때문에 이를 망설이고 있었다. 이들 두 사람이 망설이는 것을 안 왕정위는 계속 전보를 띄워 재촉하고, 동시에 설악을 시켜 적지않은 군자금을 미끼로 내밀면서 이 두 사람을 끌어들이고자 했다. 왕정위는 또 유작백을 '국민혁명군 제4집단군 장개석토벌 총사령'이라는 직무에 위임하기도 했다.

이 소식을 남경에서 듣고 장개석은 깜짝 놀랐다.

장개석은 정개민을 시켜 시급히 유작백, 이명서 두 사람을 설득케 하는 동시에, 다른 한편으로는 직접 이명서에게 전보를 보냈다. 장개석이 보낸 전보문에는 회유와 협박의 두 가지 의미를 띤 내용이 적혀 있었다.

왕정위의 거듭되는 재촉과 장개석의 회유와 협박을 받던 유작백과 이명서는, 장발규의 제4군과 연합해 광주를 탈취하면 광서 쪽에도 유리할 것이라고 판단하고는 뒤돌아볼 여지도 없이 단호히 장개석을 토벌하는 길을 선택했다.

1929년 10월 1일, 유작백과 이명서는 남녕에서 장개석을 토벌하는 대회를 거행한 후, 유작백이 장개석 토벌군 남로 총사령을, 이명서가 부사령을 맡았다는 전문을 보냈다. 이어 두 사람은 관할 부대에 전투 명령을 내렸고, 이명서는 또 직접 전선에 나가 군대를 지휘해 광동으로 진격했다.

한편 남경의 〈중앙일보(中央日報)〉는 이들 두 사람이 공산당과 결탁, 장개석을 반대한 것이라고 떠들어댔다. 장개석은 광서의 정세를 분석한 후 매수공작으로 유작백과 이명서의 부대를 와해시키기로 결단을 내렸다.

장개석은 확실히 일대(一代)의 효웅(梟雄)임에는 손색이 없다. 그는 언제나 연합, 분열, 이간, 포섭 등 온갖 비열한 수단을 동원하긴 했지만, 최종적으로는 자신이 목표하는 바에 도달할 수 있었다. 그는 그만큼 능수능란했고, 재략이 크게 뛰어났다.

장개석은 먼저 거금 200만 원과 제7로군 총지휘라는 관직으로 이명서의 수하였던 여환염(呂煥炎)을 매수했고, 또 30만 은화와 사단장직을 미끼로 이명서가 가장 믿는 심복 황권(黃權)을 매수했다. 결국 한순간에 이명서는 수중의 군사권을 모두 잃고 말았다. 그리하여 장개석 토벌은 열흘도 채 못 되어 실패했고, 이명서는 얼마 안 되는 수행원을 끌고 총망히 남녕으로 돌아오고 말았다.

유작백과 이명서가 통보를 띄우고 장개석 토벌에 나서려고 할 때, 공산당은 시국을 이렇게 분석했다. "이명서에게는 3개 사단의 병력밖에 없고, 또 내분의 기미도 있다. 게다가 광서에 온 지 아직 얼마 안돼, 정치와 경제적인 기반이 약하므로 이번 장개석 토벌은 틀림없이 실패할 것이다."

유작백과 이명서는 당의 이 분석과 권고를 받아들이지 않았다.

아버지는 혁명의 실력을 보존하고 만약의 경우에 대처하기 위해, 이미 당에서 통제하고 있던 제4경비부대와 제5경비부대, 그리고 총 교도대를 남겨 후방을 지키도록 결정하고 있었다. 아버지와 여러 당원들은 수차례의 설득을 통해 유작백과 이명서로 하여금 이 안건에 동의하게 했다. 결국 이들 부대는 후방에 잔류했다.

유작백과 이명서가 대부대를 따라 출발한 후, 아버지와 장운일(張雲逸) 등은 특수 상황에 대비해 응급조치를 취하고 있었다. 그들은 제4, 제5부대에서 각각 일 개 대대씩을 좌우강 지역에 파견해 먼저 준비공작을 폈다. 남녕 경비사령직을 맡고 있던 장운일은 즉각 군수품창고를 접수해 오류천 자루의 소총과 박격포, 기관총, 무전기 탄약 등을 통제했다. 동시에 발동선을 강변에 대기시켜 모든 상황에 대응할 수 있는 준비를 마쳤다.

이와 같이 아버지와 공산당원들의 앞을 내다보는 안목과 사전 준비가 있었기에 망정이지, 그렇지 않았더라면 유작백과 이명서의 이번 장개석 토벌은 전군의 파멸로 끝났을 것이며, 재기는 고사하고 발붙일 자리마저 찾기 어려웠을 것이다.

유작백과 이명서는 남녕에 도망해 온 후 다시 급히 우강으로 도망치려고 서둘렀다. 아버지와 그의 동지들은 의논을 통해 즉각 반란을 일으키기로 결단을 내렸다. 즉 부대를 남녕에서 끌어내 좌우강 지역으로 옮겨가 백색(百色)과 용주(龍州) 지역을 중점으로 새로운 국면을 개척하기로 했다. 이 결정은 비밀전보로 상해의 중공 중앙에 보고됐고, 또 즉시 허가를 받았다.

10월 중순 어느 날, 저녁 때쯤에 남녕 시내에서는 갑자기 총소리가 도처에서 울려퍼졌다. 반란부대는 돌발적으로 군수품창고의 문을 열어젖히고 무기와 탄약을 남김없이 운반해 내갔다. 제4부대, 제5부대와 총교도대에서는 반란을 선포하고 신속히 남녕을 떠났다. 제4부대와 총교도대 일부는 장운일이 인솔, 우강을 거슬러 서북쪽에 있는 백색 지역으로 들어갔고, 제5부대는 이명서, 유작예가 인솔해 좌강 연안의 서남쪽에 있는 용주 지역으로 철수했다. 아버지는 당 위원회와 지방의 비밀공작원들을 인솔, 군수품을 만재한 선박과 경호부대를 이끌고 우강을 거슬러 백색 지역으로 진격해갔다.

당시 반란에 참가했던 허봉상(許鳳翔)은 이렇게 회고했다. "10월 중순의 안개 자욱한 날 아침에 남녕 세관의 부두에서 동지들은 긴장 속에서도 질서 정연하게 무기와 탄약을 소형 배들에 옮겨 실은 후, 그 배를 타고 출발했다. 내가 탄 배는 발동선이었는데, 맨 나중에 배에 오른 한 동지가 있었다. 그는 키가 크진 않았지만 건장한 몸집의 20여 세쯤 된 사나이로 정력이 왕성해 보였다. 그는 미소를 짓고 배에 오르면서 먼저 탄 동지들에게 인사를 했다. 나는 그 동지가 안면이 없어 다른 사람에게 물어봤는데, 바로 이때 어떤 사람이 '서기가 왔는데 우리 자리를 내줘야지 않겠습니까?' 하고 말했다. 그 젊은이가 바로 우리 행동의 최고지도자인 등소평 동지였던 것이다. 당시 그의 공개적인 신분은 광서성 정부의 서기였다."[1]

당시 총교도대에서 정치교관을 지냈던 원임원은 이렇게 회고했다. "소평 동지는 군수품을 실은 선박과 경호대를 지휘하면서 수로로 우강을 향해 진격했는데, 마침 나와 사혜도 소평 동지와 같은 배를 타게 됐다. 전에 우리는 소평 동지가 우리의 지도자라는 것만 알았지 직접 만나지는 못했었는데, 바로 거기서 처음으로 그를 만났다. 그때 그는 등빈이라는 다른 이름을 사용하고 있었다. 이 첫만남에서 그는 나에게 아주 깊은 인상을 남겼다. 그는 일에 부딪치면 침착하고 기민하게, 그리고 아주 결단성 있게 처리했다. 그는 붙임성 좋고 허세가 없으며, 또 이야기를 잘했고 때로는 아주 해학적이기도 했다."[2]

아버지는 선박을 인솔해 도도히 흐르는 강물을 거슬러올라갔다. 강물은 뱃전에 부딪치면서 하얀 물줄기를 사방으로 날렸고, 남쪽 지방의 시월 강바람은 혁명투사들의 얼굴을 스쳐지나갔다. 당시 그들의 마음은 햇빛처럼 명랑하고, 그들의 격정은 그 강물처럼 출렁거렸으리라. 선발대는 가는 도중 별탈없이 순조롭게 나아갔고 얼마 후 우강 지역에 도착할 수 있었다.

장운일은 중앙 대표인 등소평의 이름을 벌써 오래 전부터 익히 들어왔지만, 비밀공작 때문에 직접 만나지 못하다가 부대가 전동(田東)에 이르러서야 비로소 처음으로 만나볼 수 있었다. 장운일은 회고록에 이렇게 쓰고 있다. "우리가 도착한 지 얼마 안 돼 군수품 선박도 도착했다. 잠시 후에 섭계장(葉季壯)이 내가 모르는 동지 한 분을 모시고 부대로 오고 있었다. 그 동지는 중등의 조그마한 키에 20여 세 돼 보였는데, 풍채가 늠름하고 행동이 온화했다. 우리가 급히 마중을 나가자 섭계장이 나에게 이렇게 소개하는 것이었다. '이분이 바로 등소평 동지오.' 나는 나도 모르는 사이에 소리를 질렀다. '아! 그래요? 당신이 바로 등소평 동지십니까!' 3, 4개월 동안 나는 늘 그의 귀중한 사업지시를 받으면서 어려운 문제들을 많이 풀어왔지만, 줄곧 그를 만나보지는 못했다. 소평 동지도 매우 흥분돼 나의 손을 꼭 잡고 놓지 않았다. 동지간의 따스한 감정이 서로의 가슴속에 넘쳐 흘러 우리는 일순간 무엇을 말해야 좋을 지 몰랐다. 자리에 앉은 후 뇌경천과 특별위원회의 몇몇 동지들도 와서 모두들 서로 소개하면서 흥분되어 마구 웃고 떠들었다. 이때 소평 동지는 내일 백색에 가게 되는데 군수품 다수는 가지고 떠나고, 일시적으로 쓰지 않을 중무기들과 탄약은 동란과 전동 지역에 보관해두는 것이 어떠냐고 말했다. 모두들 그게 좋겠다고 찬동해 즉시로 그 일을 끝냈다. 그뒤 이틀간 전진해 우리는 백색에 도착했다. 그때부터 소평 동지는 나와 한곳에 거주했다."[3]

바로 이 같은 계획과 과정을 통해 광서의 당조직에서는 혁명의 인적 전력을 효과적으로 보존할 수 있었다. 그뒤 백색과 용주 지역으로 옮겨간 이 병력은 얼마 후 붉은기를 휘날리며 홍군을 건립하고, 홍색혁명근거지를 창설하는 기반을 마련해 놓았던 것이다.

주 ─────────────────────────────────

1. 《광서당사연구통신(廣西黨史研究通信)》(백색봉기와 용주봉기 60주년기념 특호), '허봉상의 회고', 1989년, P. 51.
2. 원임원, 《백색에서 상간까지(從百色到湘贛)》. 《좌우강 혁명근거지(左右江革命根據地)》(하권), P. 621.
3. 장운일, 《백색봉기와 홍7군의 건립(百色起義與紅七軍的建立)》. 《좌우강 혁명근거지》(하권), P. 585.

29 백색봉기와 용주봉기

광서성의 모습은 한 장의 넓고 납작한 커다란 뽕잎과도 같다. 이곳의 물과 흙은 아주 붉어서 강물도 빨갛고 대지도 빨갛다. 그러나 그 대지를 뒤덮고 있는 식물들은 온 천지를 녹색으로 물들이고 있다.

성 소재지인 남녕은 광서의 서남쪽에 있다. 그 북쪽에는 호남과 귀주로 통하는 중요한 도시 유주(柳州)가 있고, 동쪽에는 광동으로 통하는 길목인 오주(梧州)가 있으며, 좌우강 지역은 그 서쪽에 위치해 있다.

남녕에서 서쪽으로 가면 옹강(邕江)이 바로 남북 두 줄기의 강으로 나누어 지는데, 서북쪽에서 백색으로 통하는 강을 우강이라 하고, 서남쪽에서 용주로 통하는 강을 좌강이라 하며, 이 좌우강 사이의 삼각지대를 좌우강 지역이라 불렀다.

백색은 남녕에서 대략 210킬로미터쯤 떨어져 있는데, 이곳은 광서의 중심부와는 많이 떨어져 있어 주위에는 큰 도시도 없고, 서쪽은 바로 운남성이다. 용주는 남녕에서 150킬로미터쯤 떨어져 있는데, 이곳은 우리나라 서남의 요새지 남관진(南關鎭), 즉 현재의 빙상(憑祥)시와 연계돼 있어 맞은편 쪽으로 약 10여 킬로미터를 더 가면 곧 베트남이다.

우강 지구는 광서, 운남, 귀주 3개 성의 접경지대에 위치해 있고, 또 장족, 한족, 요족 등 소수 민족이 거주하고 있는 다민족 지역이기도 하다. 대혁명시기에 위발군은 바로 이 지구의 동란, 봉산 등 두 현에다 농민혁명 무장을 건립했었다. 이곳에서 당이 이끌고 진행한 혁명투쟁은 대혁명이 실패한 후인 백색테러 시기에도 중단되지 않았다. 위발군과 그의 전우들이 우강지구에 닦아 놓은 대중적 기반은 등소평, 장운일이 인솔한 혁명 무장부대가 갈 수 있도록 지극히 유리한 여건을 마련해 주었다.

아버지는 일찍이 이렇게 회고했었다. "광서 우강 지구는 대중적 기반이 튼튼한 지역으로 위발군 동지와 같이 뛰어나고, 또 아주 위망이 높은 농민 대중의 지도자가 있었다. 동란, 봉산 지역은 위발군 동지가 장기간 사업한 지역으로 아주 훌륭한 혁명근거지였으며, 그리하여 홍7군의 건립과 그 활동에 지극히 편리했다."

아버지와 그의 동지들은 백색에 도착하자 곧 정치공작과 조직공작을 적극 진행하고, 당시 이 지역의 상황에 근거해 재빨리 무장봉기 계획을 수립해 나갔다.

원임원과 위국청(韋國淸)은 이렇게 회고했다. "등소평 동지는 당위원회의를 소집해 대중을 동원했고 당의 6차 대회의 주장을 선전했다. 또한 부대를 개조 확대하고, 정치공작 방안을 세웠으며, 사병위원회를 조직해 장병들의 평등 정책을 실시했다. 또 지방의 조직을 통해 농민들을 무장시키고, 토호들을 적극 타도하는 투쟁을 벌일 것을 결의했다. 그리하여 우강 지구의 혁명활동은 나날이 발전해갔다. 11월초에 이르러 당 중앙은 좌우강 지역에서의 무장봉기 계획을 허락했고, 홍7군과 홍8군의 번호를 발급해 그 지도자들을 위임했다. 등소평 동지는 덩 중앙의 지시에 따라 즉시 백색과 용주에서 모든 계획을 수립하고, 무장봉기의 여러 가지 준비공작을 구체적으로 조치했다."[1]

원임원은 이렇게 회고하고 있다. "백색에 도착한 후 등소평 동지의 지시와 배치에 따라 적극 사업을 추진했다. 첫째로 당의 주장을 선전하고 군중을 동원했으며, 둘째로 정권을 손에 넣어 우리의 힘이 미치는 지방의 일부 반동적인 현장들은 파면시키고, 우리 사람들을 추천해 그 자리에 올려놓았다. 셋째로 군대를 정돈하고 무력을 확대했다. 우리의 부대는 이명서의 구 부대에서 빼내온 것이었으므로 그 성분이 복잡했다. 이 낡은 부대를 혁명적인 군대로 개조시키기 위해 우리는 우선 일부 반동적인 군관들을 숙청했는데, 우리는 그들을 체포하거나 죽이지 않았다. 오히려 여비를 주고 예의를 갖추어 돌려보냈다. 그 다음 부대 내의 민주혁명을 실행해 사병위원회를 설립하고, 모든 장병의 일률적인 대우를 보장하는 평등 제도를 실시했으며, 때리고 욕하는 행위를 금지시켰다. 넷째로 당의 조직을 건립하고 발전시켰다. 다섯째로 지주와 토비를 궤멸시켜 근거지를 튼튼히했다. 여섯째로 간부를 훈련 양성시켰는데, 소평 동지는 이 사업을 매우 중시하면서 몸소 우리에게 강의도 해주었다. 당의 6차 대회 결정, 십대강령, 소비에트 정권 등의 문제는 바로 그가 몸소 우리에게 가르쳐준 것으로 기억된다. 그의 강의는 내용이 심오하면서도 알기 쉬웠고, 이론과 실제를 잘 결부시켜 아주 인기가 높았다."[2]

허봉상은 백색에서 보낸 시기를 이렇게 회고하고 있다. "나는 등소평 동지의 주변에서 일했다. 그때 우리는 우강 각지에 보낸 동지들이 등 서기에게 보내는 서신과 전보문을 자주 받았는데, 거기에는 낡은 정권의 잔혹한 압박과 토호들의 만행에 대한 내용과 인민들의 우리 군에 대한 열렬한 환영의 내용들이 씌여 있었다. 매번 내가 이런 서신과 전보문들을 갖다드리면 소평 동지는 여러 곳에서 전해온 이 소식들을 모두 아주 중요하게 간직했다. 봉기 준비를 위해 소평 동지는 밤낮없이 일했다. 낮에는 동지들을 만나 의논하고 회의를 열었으며, 밤이면 장운일 등 지도자들과 함께 계획을 검토했고 봉기에 대한 구체적 사항들을 논의했다. 얼마 후 우리 군은 반동적인 제3 경비부대를 궤멸시키고 여기서 진일보해 노농 대중을 동원하면서 계속해서 부대를 정돈하고 개조했다."[3]

바로 그즈음 상해에 사업지시를 받으러 갔던 공음빙이 비밀리에 백색으로 돌아와서 아버지 등에게 중앙의 지시를 전했다. 중앙에서는 아버지 등이 제기한 건의를 비준하고 그들더러 광서의 좌우강 지구에 근거지를 창건하고 홍군을 건립할 것을 지시했는데, 홍7군이라는 군사번호를 발급하고 장운일을 군단장으로, 등소평을 정치위원으로 각각 임명했다. 좌강 지역의 부대는 홍8군으로 편성됐다.

중앙의 결정을 들은 후 아버지 등은 아마도 매우 흥분했던 모양이다. 그 자리에서 또다시 공음빙을 상해에 보내 부대를 우강 지역으로 철수해 온 상황을 중앙에 보고하고, 이어 '우리는 중앙의 지시를 어김없이 실행할 것이며, 대략 40일 전후의 시간이면 준비가 다 될 것인데, 그때 즉시 봉기를 선포할 것'이라고 전달했다.

"등소평은 그 즉시 당위원회의를 개최하고 중앙의 지시를 전달했으며, 준비를 재촉해 12월 11일 광주봉기 2주년을 기념하는 그날 봉기를 선포하고, 홍7군과 우강 소비에트를 성립하기로 결의했다."4

1929년 12월 11일, 백색성 마루에는 무장봉기를 알리는 붉은 기가 높이 걸려 나부꼈다. 중국 노농홍군 홍7군의 정식 탄생이 선포된 것이다. 당 중앙의 임명에 따라 장운일이 군단장을 맡고, 등빈(등소평)이 정치위원을 맡았다. 군 아래에 3개 종대(縱隊)를 두었는데, 제1종대의 사령은 이겸(李謙)이, 정치부 주임은 심정재(沈靜齋)가 맡았다. 제2종대의 사령은 호빈(胡斌)이, 정치부 주임은 원임원이 맡았다. 제3종대의 사령은 위발군이, 정치부 주임은 이박(李朴)이 맡았다. 군부의 경리처장은 섭계장(葉季壯)이 맡았다.

그 이튿날 평마(平馬)에서 우강 지구의 제1기 노농병 대표회의를 소집하고 우강 소비에트 정부를 선출했는데, 뇌경천(雷經天)이 주석이 되고 우발고, 진홍도(陳洪濤) 등이 위원으로 뽑혔다.5

홍7군이 성립된 후 전방위원회를 설치해 중앙대표인 등빈이 서기가 되고, 장운일, 진호인(陳豪人), 뇌경천, 이겸, 하세창(何世昌) 등이 위원이 되어 부대와 지방의 사업을 통일적으로 지도하게 됐다.

백색봉기의 전야인 11월 하순에 아버지는 갑자기 상해 당 중앙에서 보내온 명령서를 받았는데, 그것은 아버지가 직접 상해에 와서 사업보고를 하라는 내용의 전보였다. 그리하여 아버지는 장운일 등이 사업일체를 대리하도록 조치해 놓고, 백색봉기가 있기 며칠 전인 12월 초에 백색을 떠나 장사꾼으로 분장하고 길잡이와 함께 먼저 용주에 가서 사업을 점검하고 그에 따른 조처를 취했다. 아버지는 용주봉기와 홍8군의 설립에 차질이 없도록 준비시켜놓은 뒤, 용주에서 베트남의 해방(海防)을 거쳐 배를 타고 홍콩을 거쳐 다시 상해에 가기로 계획하고 길을 떠났다.

아버지는 원임원, 사혜와 동행했다. 이들은 백색을 출발해 먼저 전동에 이르러 하룻밤을 묵은 다음, 이튿날 다시 길을 떠났는데 그 길에서 마침 이명서를 만났다.

알고 보니 이명서와 유작예는 용주로 간 후 군비를 모으는 한편, 부대를 정리해 놓았다 한다. 유작백은 그때 이미 광서를 떠나 홍콩에 가 있었고, 11월말에 이명서는 광동, 광서의 정치 국세가 혼란해 남녕이 비어 있는 틈을 타 남녕을 공격하려고 생각했다고 한다. 그래서 그는 유작예에게 좌강의 부대를 인솔해 숭선(崇善)에 대기해 있으면서 명령을 기다리라고 당부했고, 자신은 우강의 부대와 토의해 합동으로 남녕을 공격하기 위해 우강으로 가는 길인데, 우연히 등소평을 만났던 것이다.

등소평과 이명서는 일찍이 전부터 서로가 이름을 들어왔지만 직접 만나기는 이번 노상 해후가 처음이었다. 당시의 상봉이 있은 후 아버지는 이명서와 깊은 전장에서의 우정을 맺었고, 동시에 어깨를 나란히 하면서 생사를 같이 하는 투쟁의 길을 함께 걸어가게 됐다.

그때의 만남 이후 원임원의 회고에 따르면, 등소평은 이명서와 잠깐 이야기를 나눈 후 곧바로 같이 백색으로 되돌아가기로 결심했다고 한다. 왜냐하면 이명서와 만나 얘기를 나누면서 아버지는 이명서와 유작예가 적기를 내걸 것인지의 여부에 대해 아직 망설이고 있었고, 그렇다고 그가 걸어갈 그밖의 다른 길은 없을 것이라는 생각을 하고 있음을 발견했기 때문이다.

하가영(何家榮)의 회고에 따르면 이렇다. "이명서는 백색으로 가던 길에 노상에서 등소평 동지를 만났고, 등소평 동지와 이명서는 거기에서 백색으로 되돌아가 이명서에 대한 정치사상공작을 진행했다. 그는 이명서에게 혁명의 도리를 선전하고 군벌 혼전의 문제점에 대해 지적했으며, 당의 계획은 좌우강 혁명근거지를 건립하고 백색과 용주에서 봉기를 일으켜 홍7군, 홍8군을 성립하는 것이며, 그때 가서 그를 홍7군과 홍8군의 총지휘로 임명할 것이니, 그더러 공산당과 더불어 혁명의 길에 나서자고 권고했다. 이명서 동지는 등소평 동지의 권고를 쾌히 받아들이고 결연히 혁명의 길에 나섰다."6

결심을 굳힌 후 이명서는 곧 용주로 되돌아갔고, 등소평은 다시 중앙에 사업보고를 하기 위해 상해로 떠나갔다.

홍7군의 노 전사였던 황일평(黃一平)은 당시 이명서가 장개석을 토벌하다가 실패해 용주에 온 전후의 시기를 이렇게 회고하고 있다. "시국은 더욱 그를 혁명 쪽에 가까이가도록 강요했다. 등소평과 장운일은 여러 차례나 그를 찾아가 사상공작을 진행하고, 그가 혁명에 참가하도록 계도했다. 당의 영향과 교육을 통해 이명서는 우강 홍군의 역량이 날마다 확대되고 있고, 민중들이 열정적으로 당과 홍군을 옹호하고 있음을 보았다. 그는 공산당과 한길에 서서 혁명대오에 참가하는 것만이 유일한 출로임을 느끼게 됐다. 이 기간 장개석은 여러 차례나 심복을 파견해 이명서와 그의 가족들을 유혹하고 유인하는 온갖 수단을 다 썼지만, 이명서는 거기에 끌려들지 않고 단연히 거절해 버렸던 것이다.7

하가영의 회고에 의하면 이렇다. "용주를 광복한 후, 등소평 동지는 엄민, 하세창, 원진무 등과 함께 용주에 이르렀다. 그와 이명서, 유닥예 등 동지들은 용주봉기의 봉기 계획과 구체적인 부서 배치 등을 연구한 후, 월남을 거쳐 상해에 있던 중앙당에 보고하기 위해 떠났다. 좌강의 혁명분위기는 아주 높아지고 있었다. 질서도 신속히 화복됐고, 지방 정권이 건립됐으며, 공농적위대도 성립됐다. 또한 군중을 조직하고, 선전, 교육 사업도 적극적으로 진행됐다. 특히 등소평 동지가 개조한 부대에 대한 중요 지시를 받아들였고, 과거의 교훈들을 참고하면서 제5대대를 정돈 개조해 의지할 수 있는 혁명역량으로 만들었다."8

등소평의 의견에 따라 이명서 등은 봉기를 발동하기 전에 부대를 정돈 개편했고, 지방 정권을 건립하는데 대한 준비작업을 신속히 진행했으며, 동시에 원진무 등 공산당원들로 각급의 지도 역량을 충실히 다졌다. 이러한 절차를 거쳐 부대에는 신속한 변화가 일어났다. 사병위원회의 건립으로 부대의 혁명 정서는 더욱 높아졌다. 그와 함께 봉기의 준비공작을 적극 추진시키기 위해 부대에서는 또 군대를 파견해 토비와 불량배들을 숙청했고, 대중에 대한 선전과 조직공작도 적극 추진시켜 나갔다.

1930년 2월 1일에 광서 좌강 지역에서의 인민 혁명봉기는 먼저 용주에서 폭발했다. 그리하여 옛 용주성에는 낫과 망치가 그려진 붉은기가 나부끼게 됐다.

용주는 들끓었다. 가는 곳마다 적기가 나부끼고, 폭죽 소리와 노랫소리가 울려 퍼졌다. 국제공산당의 노랫소리와 시위하는 노, 농, 학생들과 홍군부대의 행렬은 보무도 당당했다. 이리하여 중국노농홍군 홍8군이 정식으로 창립됐다.

군단장 : 유작예.

정치위원 : 등빈(등소평).

정치부 주임 : 하세창.

그 산하에 2개 종대를 두었는데 제1종대 사령은 하자견(何自堅, 즉 하가영), 제2종대 사령은 완단평(宛旦平), 그리고 좌강 혁명군사위, 반동분자숙청위, 노동자, 농민, 부인 등 각 위원회도 잇따라 건립됐다. 용주봉기 후 홍8군에서는 토호와 토비를 숙청하는 투쟁을 벌였고, 8개 현에 노농민주정권을 건립했다. 홍색정권을 건립한 동시에 용주인민들은 공산당의 지도하에 프랑스 제국주의자들을 반대하는 투쟁을 벌이기도 했다.

용주는 청조 말기 이래로 줄곧 프랑스의 세력 범위에 속해 있었다. 용주봉기 이후 프랑스 제국주의 세력들은 "용주는 토비의 손에 장악됐다."고 모략함과 동시에 비행기를 용주 상공에 침투시켜 무력시위를 감행하기도 했다. 홍8군에서는 프랑스 측의 비방과 공갈을 준엄히 반박하면서 "중국에서의 제국주의의 모든 특권을 취소한다."는 명확한 성명을 발표했다.

프랑스 제국주의의 무리한 행위는 일찍부터 제국주의 침략에 시달리고 있던 용주 인민들을 격노시켰다. 수만 군중들이 잇따라 시위를 벌여 용주 주재 프랑스 영사관, 프랑스인이 권력을 잡고 있는 세관 빌딩과 천주교 성당을 포위했고, 그들의 무기와 기타 군용 물자들과 은화 15만 원을 노획했으며, 프랑스 영사와 전도사를 쫓아버렸다.

"세워진 지 며칠밖에 안 되는 정권이, 국민당 군벌정부가 수십 년 동안에 할 수도 없고 감히 엄두도 못냈던 일들을 해냈다. 이것은 중국공산당이 제국주의를 반대한다는 정치강령을 실천한 것이었고, 중국 혁명의 새로운 기원을 열어놓았다."9 이 말은 당시 중공 중앙의 책임자였던 이립삼(李立三)의 용주인민의 반제 애국투쟁에 대한 평가였다.

백색봉기와 용주봉기는 중국의 남쪽 대지에 붉은 깃발을 펄펄 나부끼게 함으로써, 반동 세력들을 크게 놀라게 했고, 혁명 세력의 사기를 격려해 주었던 것이다.

백색봉기와 용주봉기 이후 좌우강 지역의 20개 현과 백여 만의 인구는 당시 전국의 눈길을 모은 홍색 혁명근거지의 하나가 됐다. 중공 중앙과 중앙 군사위원회의 임명에 의해 이명서는 홍7군과 홍8군의 총지휘를 맡았고, 등빈은 홍7군, 홍8군의 총정치위원 겸 전방위원회의 서기직을 담당하게 됐다.

그때 이명서는 33세였고, 등소평은 25세였다.

주

1. 원임원 · 위국청 · 진만원 · 막문화 · 오서, 《백색봉기를 기념하며(紀念百色起義)》. 《광서 혁명투쟁 회고록(廣西革命鬪爭回顧錄)》, P. 1.
2. 원임원, 《백색에서 상간까지》, 《좌우강 혁명근거지》(하권), P. 655.
3. 홍7군 부관 허봉상의 회고.

4. 장운일, 《백색봉기와 홍7군의 건립》. 《좌우강 혁명근거지》(하권), P. 585.
5. 주1과 동일.
6. 하가영, 《중국 노농홍8군을 추억하며(回憶中國工農紅八軍)》. 《광서 문사자료(廣西文史資料)》(제10권), P. 1.
7. 황일평, 《홍7군 초창기의 몇 가지 정책(紅七軍初創時期的若幹政策)》. 《좌우강 혁명근거지》(하권), P. 687.
8. 하가영, 《중국 노농홍8군을 추억하며》. 《좌우강혁명근거지》(하권), P. 867.
9. 이립삼, 《적색의 용주(赤色的龍州)》, 1930년 3월 20일. 《좌우강혁명근거지》(하권), P. 251.

30 국사, 가사, 상심사

1930년 1월의 어느 날, 아버지는 사업보고를 하라는 중앙의 명령을 받고 상해로 돌아왔다. 그는 먼저 당 중앙과 중앙군사위원회에 광서의 사업을 보고했다.

중앙 문서국에 현존해 있는 〈군사통신(軍事通信)〉 제2호(1930년 3월 15일 발간)에는 '광서 홍군 사업의 배치에 대한 토론'이라는 제목의 글이 있는데, 그 고증에 의하면 토론회의의 개최 날짜는 1930년 1월이었다. 글에 나오는 인물들은 모두 가명인데 그중의 보고자는 등소평일 것이고, 토론에 참석한 사람들은 모두 틀림없이 당 중앙과 중앙군사위원회의 책임자들일 것이라고 여겨진다.

〈군사통신〉에서 이 '토론'을 발표하면서 실은 편집자의 말은 아래와 같다.

"우리는 원래 이 토론 기록의 전부를 발표할 생각이 없었다. 하지만 광서의 변화는 전국적으로 가장 조직적이고 의식적인 운동이었고, 목전에 전국적으로 운동의 범위를 확대해야 할 시대적인 의의가 여기에 있기에 이 기록을 발표한다. 이번의 폭동에서 얻은 경험과 교훈을 각 지방 당부에 전파하는 것은 아주 중요하다고 여겨짐으로 우리는 이 기록의 전문을 발표한다."

보고인(등소평일 것이다──지은이)은 지난 기간 광서의 사업에 대해 자세히 보고하고 있고, 동시에 앞으로의 사업계획도 제시하고 있다.

"지난 기간 광서의 군사공작을 4개 시기로 나눌 수 있다고 인정한다. 첫째 시기는 군사위원회가 건립되기 전으로 그때는 사병운동이 계획적으로 진행되지 못했다. 둘째 시기는 등빈[1]이 간 후로 군사위원회를 건립하고 계획적으로 사병운동에 관심을 돌렸다. 셋째 시기는 총교도대가 적색을 띠기 시작했고, 그들을 움직여 유격전쟁을 일으킬 가능성도 있었지만, 이때에는 이미 적들도 눈치를 채기 시작했다. 네번째 시기는 유작백의 장개석에 대한 토벌이 실패한 후로부터 현재까지로, 이미 경비부대의 제4, 제5부대를 움직여 우강의 백색에 집결시켰고 정식으로 홍7군을 건립하기로 결정했다.

전방위원회의 앞으로의 사업에 대한 보고에서는 계속 심도 있게 토지혁명을 진행하며, 민중이 직접 선거한 소비에트 혁명정권을 수립하고, 빈농들로 구성된 농민조직으로 맹목적인 살인 방화 현상을 방지하며, 모든 사업은 민중의 편에 서서 진행하고, 선전을 강화하고 노조를 발전시켜 소상인을 보호하고 대상인에 대해서는 세금 부담을 가중시키며, 가혹한 각종 잡세를 폐지하고 지방 당의 사업을 건전히 할 문제 등을 제시하고 있다.

군대 문제에 대해서는 전투력을 강화하고 유격전술을 세우며, 대우를 개선해 장병들을 일률적으로 평등하게 한다. 그리고 군대의 성분을 개조하고 군사훈련을 진행하며 군대 내에서의 정치공작을 강화하고 당의 기율을 엄수하도록 이를 지도하는데 주의를 돌려야 한다. 군사 발전의 방향은 좌우강이 상호 연계를 갖고 호남, 광동 쪽으로 발전해 주(朱德), 모(毛澤東)와 회합할 수 있어야 한다.

그밖에 홍7군에는 군사적 인재는 적지 않지만 당과 군대 내의 정치공작 인재가 부족하며, 지방의 당조직은 이전에는 거의 없었고 현재는 당조직 간부가 아주 부족하다. 그곳 농민의 생활 형편은 아주 어려우며, 대부분의 토지가 중, 소지주의 수중에 있다. 자작농은 많으나 거의 모두가 아주 빈곤하며, 농민에 대한 토호들의 압박이 아주 심해 토지혁명에 대한 농민들의 적극성은 아주 높다. 광서의 상품 교환은 아편이 위주가 되고 있어, 현재 한편으로는 일부 아편을 몰수하고 다른 한편으로는 아편거래에 대한 세금 징수를 가중시키고 있다."

이상은 보고자의 개략적인 보고 내용이다.

토론에서 발언자들은 광서의 사업에 대해 많은 의견과 건의를 제기했는데, 그중의 일부 의견들은 좌경적인 냄새가 짙게 배어 있음을 쉽게 발견할 수 있다. 예를 들면 광서의 홍군은 마땅히 유주와 계림 방향으로 발전해야 한다(즉 대도시 진격)는 주장 등이 바로 그것이다. 특히 몇몇 발언자들(광동의 대표자들)은 이명서에 대해 '추호의 환상'도 가져서는 안 되며, 그에 대한 감시를 강화하지 않으면 배반을 당할 것이라고 지적하고 있다. 이명서에 대해 극도의 불신과 배척을 하고 있음을 드러낸 것이다.

여러 발언자들이 발언한 후 보고자(등소평일 것이다)는 토론자들의 의견에 따라 보충 설명을 하고, 일부 공작의 중심 문제에 대해 거듭 지적했으며, 일부 사람들의 의견과 오해와 관련해 설명과 해석을 진행했다.

이명서에 대해서 아버지는, 그와 함께 백색과 용주봉기를 지도했고, 그는 비록 구 군대의 군관이지만 북벌의 명장이었고, 장개석 토벌에 참가했던 용사이며, 백색과 용주봉기의 지도자의 한 사람인 것이 사실이며, 게다가 그는 또 이미 공산당의 호소에 응하고 확실한 신념을 갖고 혁명대오의 행렬에 들어섰다고 주장했다. 아버지는 또한 자신이 그를 가장 잘 이해하고 또 그를 가장 믿는다고 주장했다. 중앙과 중앙군사위원회 일부 지도자들의 같지 않은 의견에 대해 그는 아주 성실하게 설명했다. "이명서에 대해 어떤 판단을 가져야 할지에 대해서 우리는 물론 아직 결론을 내리기는 어렵지만, 그러나 현재 우리의 주관적인 역량으로는 그를 쫓아낼 형편이 못 되므로, 잠시나마 그의 노선을 이용해 하층의 민중에 대한 공작을 시작하는 것은 괜찮다고 본다. 물론 중심적으로는 하층의 민중을 동원하는 것이지만, 그렇다고 상층 계층에 대한 우리의 공작을 너무 가볍게 생각해서도 안 될 것이다." 아버지는 후에 나에게 이렇게 말했다. "중앙에서 나를 광서로 파견한 것은 바로 거기에 가서 통일전선공작을 하라는 것이었다."

여기까지 당시의 보고서를 읽고나자 나는 이 보고자가 바로 나의 아버지며, 직접 홍7군, 홍8군을 창건한 정치위원 등소평이라는 것을 확신하게 됐다. 왜냐하면 이런 오류 앞에서 과감히 진리를 말하며, 착오적인 의견을 가지고 있는 상급자들 앞에서 대담히 자신의 의견을 진술하는 풍모는 바로 아버지의 평생토록 일관된 인격과 품격에 맞기 때문이다.

토론회의 마지막에 중앙군사위원회의 지도자 한 사람이 결론을 내렸다.

그는 이렇게 말했다. "광서는 혁명의 발전에 적합한 곳이지만 동시에 반혁명 세력의 생존에도 적합하다. 그러므로 우리는 '이 시기에 아직 그렇게 낙관할 수는 없다.'는 것을 알아야 한다. 정치 면에서 우리는 무력으로 소련을 보위하고 반군벌 전쟁을 하는 이 당의 2대 과업을 위해 일해야 하며, 동시에 홍군의 정치 강령에 대한 선전을 보다 높여 노농병 대중에 의해 선거된 소비에트 정권을 건립해야 할 것이며, 토지혁명을 보다 심도 있게 진행하고 노동자 농민에 대한 조직을 건립해야 한다. 군사 면에서 우리는 전방위원회가 군대 내 당의 최고 기관임을 명확히 하며, 사병운동을 진행하고 홍군을 확대해야 한다. 그리하여 홍7군의 병력을 상대적으로 집중시키고 또한 용주의 병력도 백색의 병력과 회합해 광동과 복건의 주, 모 홍군과 상호 호응해 나중에 회합할 수 있도록 해야 한다."

이 결론적인 발언은 비록 당시 중앙의 좌경적인 테두리를 벗어나지는 못했지만, 그러나 총체적으로 보면 그런대로 객관적이었고, 그리고 실질적으로 광서의 정세를 잘 분석하고 있다. 당시 군사위원회의 사업

을 주관한 사람이 주은래였으므로, 나는 이 결론적인 발언이 혹 그가 한 것인지도 모른다고 생각됐다.[2]

이 결론적인 발언에는 이명서의 문제가 언급되지 않았지만 아버지의 말에 따르면, 아버지는 이명서를 중국공산당 당원으로 받아들이자는 건의를 중앙에 제기했는데 이 건의는 결국 중앙의 허가를 받았다고 한다.

아버지가 중앙과 중앙군사위원회에 보고를 올린 지 얼마 안 되어, 즉 3월 2일에 상해의 당 중앙에서는 중공 광동성위원회를 통해 홍7군 전방위원회에 지시문 한 부를 보냈는데, 거기에는 이렇게 씌여 있다.

"소평 동지가 와서 지난날 광서 군대 내의 공작과 변화 상황에 대해 자세히 보고했다. 그리고 많은 구체적인 문제에 대해 그와 직접 토론했다. 이러한 문제와 관련해서 이제 또 아래의 지시를 전달한다."

지시에는 다음과 같이 지적되어 있다. 지금의 정세는 제국주의의 소련에 대한 공격이 보다 우려될 정도로 심화되고 있고, 전국의 군벌 혼전 상황도 더욱더 심각해져 통치계급의 위기를 가속화하고 있다. 홍7군의 사건은 전국의 객관적인 조건에서 출현한 것이며, 광서의 민중 투쟁의 결과로 나타난 것인 바, 비록 동떨어진 광서에서 나타났다고 하지만, 그렇다고 그 위대한 역할과 의의에 대해서는 절대로 낮게 평가할 수 없는 것이다.

지시에서는 "홍7군의 전 단계 사업에서의 장단점에 대해 종합 정리하고 나서 앞으로 사업의 주요 노선은 토지혁명을 보다 깊이 있게 진행해, 유격전쟁을 적극 진행하여 봉건세력을 철저히 뒤엎어 버리고, 광범한 민중의 신임을 받는 소비에트 정권을 건립해야 할 것이며, 홍7군의 발전 방향은 호남, 광동의 변두리를 거쳐 광동의 중심으로 밀고 나가 주, 모의 홍군 및 북강 지역의 폭동부대와 연락을 갖고, 광동 한 개 성 내지는 수개 성에서의 승리를 취득하는 것"이라고 지적했다.

지시에서는 또 홍7군 전방위원회의 명단을 인준했다. 즉 등소평, 진호인, 장운일, 이겸, 위발군, 뇌경천, 하세창 등 7명으로 전방위원회를 구성하고, 등소평이 서기를 맡도록 지시했다. 그리고 장운일로 하여금 홍7군 군단장을, 등소평을 정치위원으로 임명했다. [3]

당 중앙의 이 지시는 홍7군의 금후 과업과 방향을 지적해 주었다. 그중의 많은 지시 내용들은 아주 중요한 것이었는데, 예를 들면 토지혁명을 진행하고 소비에트 정권을 건립하며, 민중을 동원하고 제국주의에 대한 반대를 강화하는 것 등이 바로 그것이다. 하지만 그 내용에는 여전히 좌경모험주의 정신으로 꽉 차 있었다. 특히 소련을 보위하고 대도시를 공격하며, 한 개 성이나 몇 개의 성에서 먼저 승리한다는 이론 및 일부 좌경적인 정책적 조치 등을 제기하고 있다. 바로 이런 좌경적인 지시 방향이 홍7군, 홍8군이 걷지 않으면 안 되었던, 지극히 어렵고 또 위험으로 가득찬 길을 정해놓았던 것이다.

아버지는 상해에서 공무를 끝낸 후 이어 급히 집안 문제를 처리하지 않으면 안 됐다. 상해에 있을 때 아버지는 사적인 생활 면에서 한 가지 불행한 일에 부딪쳐야만 했다.

아버지는 사업보고를 마친 후 급히 아내를 만나러 갔다. 이때 장석원은 해산하기 위해 상해의 보륭병원에 입원해 있었다. 그러나 불행하게도 난산이었다. 겨우 아이는 낳았지만 장석원은 바로 그 때문에 산열병에 걸렸던 것이다. 아버지는 지극히 초조한 심정으로 밤낮으로 아내를 보살폈지만 며칠 후 장석원은 불행히도 세상을 뜨고 말았다.

아이는 낳자마자 서빙(徐氷)과 장효매(張曉梅) 부부에게 맡겨두었는데, 난산 때문인지 아이도 얼마 안 돼 죽고 말았다. 아이는 계집애였다.

등 아주머니의 말에 의하면, 장석원이 죽은 후 아버지는 더없이 비통해했다고 한다. 그러나 아무리 큰 불행이라 해도 그것은 개인적인 불행이었으므로 아무리 슬퍼도 마음속에 깊이 묻어두지 않으면 안 되었다.

전방의 정세가 그토록 급박했던 것이다.

장석원이 갑자기 죽었기 때문에 아버지는 상해에서 며칠간 더 지체

하지 않으면 안 됐다. I월말경에 그는 아내의 시신조차 미처 안장하지
못한 채 급급히 광서로 돌아가야 했다. 중앙에서는 그들의 계획을 이
미 허가했고, 광서의 부대와 동지들은 지금 아버지가 돌아와서 조치해
주기만을 고대하고 있었던 것이다.

아버지는 다시 홍콩을 지나는 길에 당시 홍콩에서 비밀전보국을 건
립하고 있던 이강(李強)을 만나 광서에 돌아간 후 어떻게 상해와 무전
연락을 가질 수 있을 것인지에 대해 알아보았다. 이강은 아버지에게
그와 관련한 호출번호 등 필요한 사항을 알려주었다. 이강은 그때를
회고하며 다음과 같이 말했다. "그때 자네 부친은 돌아가신 부인 문제
를 나한테 부탁했는데, 안장하는 일에 대해서도 얘기를 나누었지. 그
때 나는 처음으로 소평 동지를 알게 됐다."

이강은 특공과의 공작원으로 당시 일부 당내의 동지들이 죽으면 모
두 그가 책임지고 안장했다. 예를 들면 중앙정치국위원인 나역농이 적
들에게 살해당한 후에도 그랬고, 정치국위원인 소조정이 병으로 사망
한 후에도 다 이강이 가서 안장해 주었다.

1930년 봄에 이강은 상해로 돌아간 후 중앙군사위원회의 명으로 장
석원을 안장하는 일을 책임지고 해주었다. 아버지는 광서에 파견돼 일
하기 시작한 후로 중앙기관을 떠났으므로 중앙군사위원회의 지도를 받
았는데, 그때 중공 중앙군사위원회의 서기는 주은래였다.

이강 아저씨는 나에게, "우리는 장석원을 상해 강만에 있는 공동묘
지에 안장했지. 묘비에 쓴 이름은 상주(張周)였지만 묘지를 등록할 때
에는 본명 장석원을 그대로 썼다. 그때 동지들을 안장할 때는 대체로
가명을 썼는데, 예를 들면 나역농은 필각(畢覺), 소조정은 요유상(姚
維常)이라는 가명을 썼지. 장석원의 장례에는 등영초 동지와 그녀의
어머니, 그리고 한 처녀가 참석했었는데 우리는 안장을 끝낸 후 당시
의 관례대로 제사를 지냈지. 후에야 나는 그때 우리와 함께 간 그 처
녀가 바로 장석원의 여동생 장효매였다는 것을 알게 됐지."라고 알려
주었다.

나의 둘째 숙부인 등간(鄧墾)은 1931년에 상해에 가서 공부했다. 아버지는 5월달에 당시 상해에 머물고 있던 형님을 만났다. 아버지는 둘째 숙부를 데리고 강만 공동묘지에 가서 장석원의 무덤을 찾아보았다. 둘째 숙부는 그 묘비에 쓴 비를 세운 사람의 이름이 아버지의 본명이 아닌, 생각나는대로 지은 이름이었음을 기억하고 있었다. 이 모든 것이 다 지하공작의 필요에 의한 것이었다.

　1949년, 상해가 해방된 후 아버지는 시내에 들어서자마자 바로 장석원의 무덤을 찾아보았다. 전쟁 당시 일본인들이 공동묘지 부근에 비행장을 건설했기 때문에 많은 열사들의 묘지를 찾아낼 수 없었다. 나역농의 묘지도 찾지 못했다. 그래도 이강의 기억력이 좋아 그의 도움으로 장석원의 무덤을 찾아냈다. 아버지와 어머니가 함께 그곳에 가보니 묘지에 물이 잠겨 있었다고 한다. 그래서 아버지는 사람을 시켜 장석원의 유골을 찾아내 자그마한 관 속에 넣은 후 그때 찾아낸 소조정의 유골과 함께 관 두 개를 모두 아버지가 상해에서 거주하고 있던 이층집의 아래층에, 바로 과거 국민당의 여지사(勵志社)가 있던 그 집에 모셔두었다. 얼마 후에 아버지는 또 상해를 떠나 군대를 인솔해 남쪽으로 서쪽으로 대서남(大西南)으로 진군했고, 장개석의 마지막 잔여 부대들을 중국 대륙에서 완전히 몰아낼 때까지 싸웠던 것이다.

　장석원과 소조정의 관은 그렇게 해서 줄곧 상해 여지사의 옛터에 놓아둔 채로 있게 됐는데, 문화대혁명이 터지자 그걸 생각할 여지가 없게 되었다. 그러나 이상하게도 소조정, 장석원 등 혁명열사들의 유골들은 결국 1969년에 상해열사능원(上海烈士陵園)에 안장됐다.

　그때는 문화대혁명이 가장 기세 드높던 시기였고, 아버지는 '전국에서 둘째 가라면 서운할 정도'의 주자파(走資派――자본주의 길로 나아가는 집권파)로 몰려 이미 고욕을 치루고 있었는데도 말이었다. 나는 당시 상해열사능원을 건설한 사람이 틀림없이 장석원이 누구인지를 몰랐는데, 그녀와 소조정의 관이 한곳에 놓여 있으니까 그대로 함께 안장됐을 것이라 생각한다. 만일 그들이 이 장석원이 등소평의 아내였

다는 것을 알았다면 그녀를 안장하지 않았을 것은 두말할 것도 없거니
와, 등소평에 대한 철저한 비판의 뜻을 나타내기 위해, 또 얼마나 큰
계급적 적개심을 가지고 장석원의 유해를 내팽개쳤을지도 모른다. 물
론 그 어두웠던 세월 속에서도 정말 어떤 힘이 존재해, 미친듯한 혼
란 속에서 그렇게 장석원을 지켜주었을지도 모를 일이지만 말이다.

지금 상해열사능원은 용화혁명공묘(龍華革命公墓)로 개칭되어 있
다. 장석원의 그 소박하고 간단한 묘비에는 '장석원열사지묘(張錫瑗烈
士之墓)'라 새겨져 있고, 모스크바에서 찍은 그녀의 사진이 돌비석 속
에 끼워져 있다. 그녀는 소조정, 양현강(楊賢江), 고정홍(顧正紅) 등
혁명열사들과 함께 푸른 소나무 속에 조용히 누워 있다.

우리는 그녀의 묘지에 참배하러 가 수많은 생화를 헌화하면서 그녀
가 이 아름다운 생화 속에서 안식하기를 고이 빌고 빌었다.

1930년 1월 아버지는 아직 26세가 채 되지 않은 나이였다. 상해에
올 때 그는 아내와의 상봉만을 생각했고, 첫 아이를 어떻게 맞을 것
인지만을 생각했었다고 한다. 하지만 아버지가 상해를 떠날 때에는 아
내도 죽고 아이도 죽었다. 이 뜻밖에 찾아온 커다란 불행과 아버지가
감당해야 했던 슬픔에 대해서는 상상만 해도 알 수 있을 것 같다.

그러나 그는 이런 개인적인 슬픔에 빠져 있을 수만은 없었다. 그는
상해에 잠시만이라도 더 머물면서 아내와 아이를 묻을 수 있는 시간마
저 갖지 못했던 것이다. 그는 즉시 길을 떠나 광서로 돌아갔다.

공산당원이라고 해서 감정이 없고 눈물이 없는 것이 아니다. 얼마나
많은 공산당원들이 이렇게 친인들과 전우들을 잃어야만 했던가! 그러
나 그들은 그런 감정을 가슴속에 깊이 묻어두고 눈물을 속으로 삼켜야
만 했다. 그들의 가슴속에는 오직 혁명의 성공이 그 무엇보다도 필요
했던 것이다.

이런 혁명가들은 인민과 조국의 해방을 이룩해야 한다는 위업을 위
해서는 자신의 생명과 뜨거운 피마저 바칠 수 있었거니와, 앞으로 또
무슨 참지 못할 괴로움이 있더라도 이겨내지 못할 어려움은 없었던 것

이다. 또 어떤 힘이 그들을 무너뜨리고 그들을 이겨낼 수 있겠는가 말이다.

주

1. 글의 이 부분에는 ‥로 표기했는데, 나의 분석에 의하면 그것은 둥빈(鄧斌)일 것이라 여겨진다.
2. 《좌우강 혁명근거지》(상권), P. 174.
3. 같은 책, P. 218.

31 홍8군의 성쇠

1930년 2월 7일, 아버지는 다시 홍콩과 베트남을 거쳐 광서의 용주로 돌아왔다. 그는 베트남 국경을 채 넘기도 전에 벌써 멀리 진남관(鎭南關)에서 높이 나부끼고 있는 붉은기를 보고는 용주봉기가 이미 시작됐고, 홍8군도 이미 성립됐다는 것을 알았다.

용주에 와 보니 홍8군은 이미 몇 갈래로 나누어 각 현의 토비를 숙청했고, 가렴주구를 일삼던 토호들을 제거하고 있었으며, 제2종대 사령관인 완단평(宛旦平)만이 홍8군 사령부에 있었다.

완단평은 등소평에게 홍8군의 사업 상황과 용주의 정세에 대해서 자세히 보고했다. 그러는 중에 등소평은 홍8군과 좌강에서의 사업에 더러 문제점들이 있다는 것을 발견했다.

좌강 혁명위원회는 이미 성립됐지만 실제적으로는 아직 공작을 전개하지 않고 있었고, 정권도 아직 안정되지 않았다. 홍8군은 방금 건립되어 숫자도 많지 않고 무기도 천여 자루의 소총밖에 없었다. 부대의 기반은 완전히 구 군권들의 수중에 있있으며, 적지 않은 공산낭원늘은 아직 군내의 지휘권을 가지지 못하고 있었다. 그리고 대군이 출동한 후 후방을 지키는 병력은 믿음성이 그다지 많지 않았던 재편성된 인원들이었다. 동시에 좌강 지구는 원래 군중 기반이 튼튼하지 못했던 것인데, 용주봉기 이래로 홍색 정권과 반동 세력간의 모순은 가일층 심각해지고 치열해지고 있었던 곳이다.

2월 상순에 홍8군 제2지대(支隊) 유격 사령이며 용진현(龍津縣) 현장이었던 황비호(黃飛虎)가 변절했고, 또 좌강 혁명위원회 농민운동위원회 주임인 중공 당원 하건남(何健南)이 살해됐다. 동시에 정서(靖西), 진변(鎭邊), 천보(天保) 등 현의 반동 세력도 상호 결탁해 보안부대를 세워 홍군에 대항해 나섰다. 좌강의 정세는 점점 어려워져 갔던 것이다.

그리고 아버지는 바로 그 시각에, 홍7군, 홍8군의 총지휘자인 이명서와 홍7군 군단장인 장운일의 인솔하에 홍7군은 남녕 방향으로 진격하고 있었고, 도중 융안(隆安)에서 계군(桂軍)의 근 4개 연대의 병력과 치열한 전투를 치렀으며, 동시에 홍8군도 군단장 유작예의 지휘하에 역시 예정 계획대로 숭선(崇善) 방향으로 진군해 홍7군과 협동해 남녕을 공격할 준비를 하고 있다는 것을 알게 됐다.

아버지는 객관적인 여건에 비추어 남녕을 공격하면 반드시 실패할 것이고, 심지어 전군이 전멸될 가능성마저 있다고 판단했다. 당 중앙에서 내린 남녕 공격 중지의 지시에 따라 아버지는 즉시 이명서, 장운일에게 급전을 보내 남녕 공격을 중지할 것을 요구했으며, 동시에 유작예에게는 용주에 돌아와 회합하라는 통지를 보냈다.

등 정치위원의 지시를 받은 유작예는 곧 용주로 돌아왔다.

이어서 아버지는 광서 군사위원회와 지방 당위원회의 간부회의를 소집하고, 자신이 상해에 가서 사업보고를 한 상황에 근거해 몇 차례 자세한 연설과 함께 좌강의 사업이 여러 면에서 아직 중심적인 성과를 거두지 못하고 있다고 지적했다. 몇 차례 회의와 토론을 거쳐 농촌투쟁, 당조직 발전, 반제국주의 투쟁, 토지혁명, 홍군의 확대와 발전 등의 문제에 대한 해결 방침과 정책을 수립했다. 회의에서는 동시에 홍8군에 임시 전방위원회를 세우고 홍7군과 회합한 후 역량을 집중시켜 호남과 광동의 주변 지역으로 진격, 앞으로 주, 모의 홍4군과 회합하는 것이 총체적인 방향이라고 결정을 내렸다.[1]

회의가 있은 후에는 목표와 방침, 그리고 정책이 명확해졌기 때문에 좌강의 공작은 금방 뚜렷한 성과를 거두기 시작했다. 특히 프랑스 식민주의(아주 가까운 베트남에 있었다)를 반대하는 운동과 토지혁명을 결부시켜 진행하자 민중의 열렬한 환영을 받았다.

등 정치위원은 유작예에게 자리잡기가 어려울 경우에는 우강의 홍7군 쪽으로 오라고 지시했다. 그러나 그때 홍8군의 군사비용을 용주 지구의 세금 수입으로 해결하고 있었으므로 유작예는 당분간 우강 쪽으로 갈 결심을 내리지 못했다.

얼마 후에 아버지와 동지들은 홍7군이 우강의 융안 전투에서 실패해, 주력이 이미 우강에서 철수했고 어느 쪽으로 갔는지 모른다는 사실을 알게 됐다. 바로 그때 광서의 군정 대권을 장악하고 있던 계계 군벌이 4개 연대의 병력으로 용주로 쳐들어 왔다. 홍8군은 도무지 용주를 지켜낼 수 없음을 알고, 우강의 홍7군과 연락을 갖기 위해 좌우강 사이의 중요한 통로인 정서를 공격하기로 결정했다.

아버지는 용주에서 해야 할 임무에 대해 조치를 취해 놓은 후 급히 우강으로 갔다. 먼저 그는 3월 7일에 뇌평(雷平)에 있는 홍8군의 제1종대에 도착했다. 그는 부대 내에 당위원회를 설치하고, 부대 내에서 당의 절대적인 권력을 확보했다. 동시에 당 내외의 동지들을 단합시킴으로써 부대의 단합과 행동상의 일치를 실천하도록 했다.

제1종대 사령이었던 하가영(何家榮)의 회고에 따르면 이렇다. "등 정치위원은 3월 7일 뇌평에 도착해 제1종대 당조직을 건립한 후 직접 제1종대를 지휘해 정서에 있는 적을 공격했다. 그는 아직 체계가 서 있지 않은 제1종대에서 정치, 군사 면에서의 일을 모두 지시했다. 행군 도중에 호윤(湖潤)에 도착해 그는 제1종대의 징병들에게 다음과 같은 연설을 했다. '우리 홍군의 모든 전사들은 두 자루의 총을 쓸 줄 알아야 합니다. 여러분의 손에 있는 무기 외에 또 선전의 무기를 가지고 있어야 하는 것입니다. 그리하여 전투원이면 누구나가 동시에 선동원이어야 합니다. 적들과 싸울 때도 한쪽으로는 총으로 싸우면서, 한쪽으로는 구호를 외쳐 그들에게 왜 싸우는지 물어봐야 합니다. 자신의 이익을 위해서 싸울 것인가, 아니면 군벌의 도구가 되기 위해 싸울 것인가를 물어야 할 것입니다. 세상의 모든 가난한 자들은 다 같

은 한집 식구이며, 그런 가난한 자들끼리 서로 싸우지 말고 우리한테
넘어오라고 말입니다. 이런 도리를 잘 말하면 적들의 심리가 동요될
것이고, 우리에게 넘어오거나 그렇지 않으면 그다지 목숨 걸고 싸우지
않게 될 것입니다.' 등 정치위원의 지시는 그후 1종대의 행동에 커다
란 영향을 일으켰다. 특히 등 정치위원의 그런 근검소박하고 솔직하며
열성적이고 인자한 인격은 나에게 깊은 인상을 남겨주었던 것이다."[2]

그때 홍8군의 노전사였던 주지(周志)는 이렇게 회고하고 있다. "우
리 홍8군 제1종대의 천여 명은 총정치위원 등빈의 직접적인 지휘아래
용주를 출발해 정서로 진군했다. 그때 나는 제2대대에서 잡역부로 있
었는데, 행군 도상에서 등 정치위원께서는 우리와 함께 산을 넘고 고
개를 지나는 등 생사고락을 같이 했다. 그의 호방하고 붙임성 좋은
성품과 혁명에 대한 낙관주의는 우리에게 깊은 인상을 남겼다. 행군하
면서 그는 부대의 사상 및 생활 상황에 대해 친절하게 물으시면서,
전사라면 싸울 줄도 알아야 하지만 민중에 대한 선동공작도 할 줄 알
아야 하며, 그 어떤 어려운 형편에서도 투쟁심을 견지해야 한다고 격
려해 주었다. 등 정치위원의 말씀은 우리를 크게 일깨우고 또 고무시
켰다."[3]

제1종대는 3월 11일 정서의 적을 포위했다. 하가영은 당시의 상황
에 대해 이렇게 회고하고 있다. "등 정치위원은 친히 전선에 나와서
나와 함께 남문 밖의 진지(즉 지금의 정서대교 근처)에서 전투를 지휘
했다. 4일간이나 포위 공격해도 공략 못하게 되자 등 정치위원이 정서
에 너무 오래 머물러 있을 수 없었기에 나는 담진(譚晉) 중대장에게
제8중대를 인솔해 그를 모시고 우강을 건너가게 했다. 우리와 작별하
면서 그는 제1종대 간부들에게 정서를 반드시 공략해 좌우강을 잇는
장애물을 제거해야 하며, 동시에 수시로 용주 방면의 상황에 주의를
돌리라고 지시했다. 등 정치위원은 제8중대 전사들의 경호하에 대동,
파하, 동강, 파마, 사림, 무전을 거쳐 무사히 위발군 동지가 있는 곳
에 도착했다."[4]

아버지가 홍8군을 떠난 후 제1종대는 정서를 오랫동안 공격해도 정복하지 못하게 되자 용주로 철수하게 됐는데, 도중에 철교(鐵橋)에서 적들과 치열한 전투를 벌였다. 거기에서 엄민(嚴敏) 등 400여 명의 장병들이 희생됐다.

이때 적들은 이미 많은 병력을 집결시켜 놓았다가 용주를 습격했다. 홍8군은 적들보다 병력이 적은 상황에서도 용감히 저항하다가 최후에 용주를 버리고 유작예 군단장의 인솔하에 빙상(憑詳)으로 철수했다. 그 당시 적들의 추격으로 제2종대 사령 완단평, 대대장 뇌헌정 등이 희생됐으며, 유 군단장이 인솔한 부대는 700여 명밖에 남지 않았다. 또한 홍8군 제2종대의 정치부 주임이며 공산당원인 하세창도 포로가 돼 살해당했다. 그리고 많은 홍군 전사들과 농군 전사들이 희생됐다. 그리고 연대장 유서정(劉西定)이 혁명을 배반해 홍8군 제2종대를 잃게 됐다. 용주는 적들에게 점령되고 홍8군과 용주 혁명정권은 결국 실패하고 말았다.

홍8군 군단장이며 공산당원인 유작예는 당조직을 찾기 위해 홍콩에 갔다가 불행히도 변절자의 고발로 적에게 잡혀 광주(廣州)로 끌려왔다. 1930년 8월 18일, 유작예 군단장 및 요광화(瘳光華), 왕경헌(王敬軒) 등 3명의 동지들은 광주 홍화강(紅花崗)에서 진제당(陳濟堂)에게 살해됐다. 그때 유작예의 나이는 겨우 30세에 불과했다. 정의롭게 죽기 전에 유작예는 "마차 열 대에 실을 만큼의 영웅칭호는 내 마음 달래주기는 하나, 한 가슴에 흐르는 더운 피 헛되이 흐르는 것이 못내 아쉬울 뿐이다."는 비장한 시 한 편을 남겼다.

홍8군이 실패한 후 정서를 공격하던 제1종대는 사령 하가영과 참모장이며 공산당원인 원진무의 인솔하에 누차 홍7군과 연락을 맺으려 했으나 모두 적들의 드센 포위 공격 때문에 성공하지 못하고, 결국 귀주(貴州) 경내로 철수해 가야만 했다. 하지만 거기서도 전투를 멈출 수는 없었다.

이 홍군 부대는 수개월 동안 운남, 광서의 접경지대와 귀주, 광서의 접경지대를 옮겨다니며 싸웠다. 그러다가 약 반 년만에 300여 명밖에 남지 않은 전사들은, 마침내 같은 해 9월 광서의 하지(河池) 일대에서 이명서, 장운일이 인솔한 홍7군과 회합했다. 원진무가 이명서 총지휘관의 손을 힘주어 잡았을 때 두 군단의 전사들은 오랫동안 헤어졌던 친구들을 만난 것처럼 감동적인 눈물을 흘렸다.

홍8군 제1종대의 남은 부대는 이때부터 홍7군에 합병됐고 다시 평마(平馬)에서 재편성됐다.

주 ─────────────────────────────────────

1. 《좌우강 혁명근거지》(상권), P. 290.
2. 하가영, 《중국 노농홍8군을 추억하며》, 《광서 문사자료(廣西文史資料)》(제10권), P. 1.
3. 주지, 《광서 혁명투쟁 회고록(廣西革命鬪爭回憶錄)》, P. 53.
4. 위와 같음.

32 홍7군의 발흥

1930년 3월 아버지는 홍8군 제1종대의 1개 중대와 함께 정서 일대에서 우강으로 돌진해 갔다. 이때 우강 연안은 이미 적들에게 완전히 점령당해 있었고, 홍7군은 동난 일대로 철수해 있었다. 3월 하순에 아버지는 마침내 적들의 많은 병력이 겹겹으로 포위하고 있는 지역을 돌아 동난에 도착했다.

백색봉기 이래 우강의 정세는 커다란 변화가 일어났다.

처음 1929년 12월 백색봉기 이후 우강의 정세는 아주 좋았다. 그러나 이 아주 좋은 혁명 정세하에서 전방위원회는 공작의 중심을 민중동원에 의한 토지혁명을 진행하는 데 둔 것이 아니라, 남녕을 공격하는 데로 결정을 내리고 있었다. 그 결과 남녕으로 가는 도중인 융안에서 패전을 하게 되어 부대 병력이 많이 손실됐다. 부대가 평마로 후퇴해 온 후에도 적들은 계속 정사(亭泗)까지 추격해 와 쌍방은 치열한 전투를 계속했다. 그러나 손실이 너무 커서 쌍방은 모두 철수했다. 그리하여 홍7군 주력은 적들의 포위망에서 벗어나 2월 중순에 동난(東蘭), 봉산(鳳山) 일대로 들어가 휴식과 정비를 취했다. 약 반 달 동안 전방위원회에서는 유격전을 벌이기로 결정했다. 1종대, 2종대는 장운일 군단장이 인솔해 북쪽의 하지 방향에서 활동하고, 위발군이 인솔하는 제3종대는 동난의 우강에 남아 있기로 했다.

1종대와 2종대는 동난, 하지, 회원(懷遠)을 거쳐 4월초에 사은(思恩), 즉 지금의 환강(環江)에 이르렀다. 사은에서 계군의 갑작스런 습격 때문에 약간의 피해를 입은 후 부대는 묘산(苗山)을 넘어 귀주의 용강(榕江) 지역에 도착했다. 1930년 4월말에 홍7군은 용강을 공격 점령해 대량의 무기와 탄약, 그리고 기타 물자들을 노획했고 부대의 사기 또한 크게 높아졌다. 용강에서 얼마간 휴식 정돈한 홍7군 1종 대, 2종대는 다시 광서 우강 지역으로 회군했다.

1930년 4월 어느 날, 아버지는 동난현의 무전구(武篆區)에 도착해 괴성루(魁星樓) 근처에서 현 부녀연합회 일을 보고 있는 황미륜(黃美 倫)을 찾아갔다.

황미륜은 당시를 이렇게 회고했다. "그날 보슬비가 내리고 있었는 데, 등불을 밝힐 즈음에 단단하게 생긴 한 젊은이가 대나무삿갓을 쓰 고 미투리를 신고 바지가랑이를 쑥 걷어올린 채 홍군 전사 한 명을 데리고서 늠름하게 우리집 문앞에 나타났다. 그분이 바로 등빈, 등 정 치위원이었다. 나는 그 즉시 등 정치위원을 모시고 위발군을 찾아갔 다. 두 분은 서로 만나자마자 매우 반가워했다. 위발군은 등 정치위원 에게 젖은 옷을 갈아 입게 하고 식사를 대접한 후 우리 장족인(壯族 人) 집의 화롯가에 앉아 시간 가는 줄 모르고 이야기를 나누었다. 이 튿날 이른 아침에 위발군은 등 정치위원을 모시고 괴성루로 갔다. 괴 성루는 원래 사람들이 문신 괴성(魁星)을 제사 지내는 곳이었는데, 그 때는 이미 농협과 소비에트 정부에서 사무를 보는 곳이 돼 있었다. 등 정치위원이 무전에 오자 위 오빠는 2층 대나무 침대 하나와 낡은 팔선상(八仙床) 하나를 더 놓아 등 정치위원께서 공부하고 사무를 보 는데 쓰도록 했다. 이로부터 괴성루의 등불은 늘 심야까지 밝혀져 있 곤 했다."[1]

무전에 온 후 아버지는 북쪽 방향으로 행동을 개시한 홍7군의 주력 과 연락을 맺기 위해 노력하는 한편, 위발군과 함께 토지혁명과 관련 된 조사 연구와 시험적인 공작을 진행했다.

등소평과 위발군은 늘 괴성루에서 함께 군정 간부회의와 당원 지도 간부회의를 소집해 토지혁명과 관련되는 방침과 정책을 토의하고 제정 했다. 그는 제3종대의 당원 지도간부들에게 홍4군의 토지혁명 공작에 대해 소개하고 간부들과 열렬한 토론을 벌였다. 그는 또 늘 위발군과 함께 시골에 내려가 토지혁명의 정책을 선전하고 사업배치를 하기도 했다.

우강 지역에서 공작을 펴나가는데 가장 큰 어려움은 간부 역량이 너무 약한 데 있었다. 어떤 지방에서는 일정 수준의 지도간부를 찾을 수조차 없어 아버지는 실제적인 사업에 대해 지도하는 외에도 강습반을 세워 가난한 농민들을 참가시켰다. 홍7군의 노전사였던 강무생(姜茂生)은 이렇게 회고했다. "1930년 4월 전방위원회 서기인 등소평 동지는 직접 동난현 무전에서 강습반을 만들었다. 그는 직접 교재를 만들어 강의를 했는데, 마르크스-레닌주의의 기본 원리와 당의 여러 방침과 정책을 간단명료하게 해설했다."2

아버지는 일찍이 우강 지구에서 전개했던 토지혁명의 일부 방법들은 그가 상해 당 중앙에서 일할 때 모택동, 주덕의 지도를 받고 있던 홍4군의 보고와 홍5군의 동지가 상해에 와 당 중앙에 올린 구두 보고에서 배운 경험들이었다고 말한 적이 있다.

원임원, 위국청(韋國淸) 등이 이 시기를 회고한 바에 따르면 이렇다. "등소평 동지는 동난현에서 제3종대를 인술한 위발군 동지 등과 함께 근거지의 토지혁명을 힘 있게 진행했다. 등소평 동지는 간부들에게 정강산(井岡山) 지구의 토지혁명 상황과 경험을 소개하면서 토지혁명이 홍군을 확대하고 노농민주정권을 공고히 하는데 있어서 중요한 익익에 대해 설명했다. 위발군 동지는 광시에서 이름난 농민시도사로서 사업을 전개해 나가는 것이 아주 순리로웠다. 1930년 5월 1일에 우강 소비에트 정부에서는 '토지법 잠행조례(土地法暫行條例)'를 발표하고, 지주계급의 토지를 몰수해 가난한 농민들에게 나눠줘 경작하게 한다고 선포했다.3

아버지는 무전의 괴성루에서 2개월간 체류했다. 5월말에 그들은 홍7군의 주력이 하지 방향으로 이동했을 것이라 짐작하고 곧 하지 일대로 가서 홍7군을 찾아보기로 결정했다.

위발군이 등 정치위원을 호위하도록 파견했던 아미원(牙美元)은 이렇게 회고하고 있다. "그들이 등 정치위원의 숙소에 왔을 때, 25세밖에 안 되는 등 정치위원은 진한 회색 군복에다가 홍군모자를 쓰고 산다루를 신고 있었는데, 불그레하고 둥근 얼굴에는 자애롭고 영리하게 생긴 한 쌍의 눈이 반짝이고 있었다."4

날이 밝아지자 아버지와 수행원들은 위발군과 작별하고 말을 몰고 길에 올라 홍7군을 찾아나섰다. 그들은 건량(乾糧)과 샘물을 마시면서 산을 넘고 강을 건너 여러 곳을 찾아다녔다. 나흘만에 그들은 망치와 낫을 그린 커다란 붉은기를 든 부대가 하지에 도달했다는 소식을 입수했다. 엿새만에 아버지는 하지에 도착해 마침내 이명서, 장운일 부대와 회합할 수 있었다.

하지에 도착한 후 아버지는 홍7군의 지도자들에게 중앙의 지시를 전달하고 우강으로 회군할 문제를 의논했다. 아버지는 하지에서 당원대회를 소집하고 우강으로 회군해 우강에서 토지혁명과 홍군에 대한 개조를 심도 있게 진행하기로 결정했다. 그들은 궁극적인 방향은 여전히 외부로 신속히 발전해 나가는 것이라는 것을 재차 확인했다. 그리고 또 홍7군이 귀주에서 돌아오는 길에 이룩한 승리의 기세대로 백색으로 쳐들어가 백색을 수복하기로 결의했다.

회의 후 홍7군 상하의 사기는 크게 드높아졌고, 전군의 장병들은 만반의 출발 준비를 갖추고 있었다.

아버지와 광서에 돌아온 후 중앙에서 허가한대로 이명서의 요구에 따라 그를 중국공산당 당원으로 받아들였다. 아버지는 용주에 도착하자마자 이 결정을 곧 선포했다. 이때부터 이명서는 애국민주주의 사상을 가진 구식 장령에서 빈틈없는 공산주의 신앙을 갖춘 혁명투사로 성장했다.

이명서가 구 군인에서 홍군의 혁명적 장령으로 변화된 이 과정은 좀 특별한 점도 없지 않지만, 동시에 지극히 일반적인 의의를 띤 사례이기도 하다. 다시 말해 중국의 파란만장한 발전 도상에서 수많은 사람들이 분투, 실패, 방황 등의 과정을 거쳐, 나중에는 모두 각성해 진리로 통하는 길을 선택했고, 또 유일하게 중국 인민을 도탄 속에서 구원할 수 있는 이 길을 걷게 된 것이다. 왜냐하면 오직 중국공산당이 이끄는 혁명만이 진정으로 군벌과 외부 세력에서 이탈해 나올 수 있었고, 또 이 혁명만이 진정으로 고난 속에 허덕이는 중국 인민을 구원할 수 있는 진정한 인민 혁명이었기 때문이다.

중국공산당의 혁명부대에는 이명서와 같이 혁명의 길에 나선 사람들이 얼마나 많은지 모른다. 주덕(朱德), 팽덕회(彭德懷), 하룡(賀龍), 섭검영(葉劍英), 유백승(劉伯承) 등 미래의 중화인민공화국의 원수들은 모두 그런 길을 걸어왔다. 중국 노농홍군이 건립되면서부터 3년간의 해방전쟁에 이르기까지 그 얼마나 많은 사람들이 이런 길을 걸어왔는지 모른다.

높은 관직도 없고 두툼한 월급을 주는 것도 아닌데 그들은 무엇 때문에 혁명부대에 가입했는지에 대해 의문도 많겠지만, 그것은 무엇보다도 그들이 여기에서 진리를 찾았기 때문이다. 그것은 그들이 이 길에서 자신의 생명이 중국혁명의 전도와 4억 중국 인민의 운명과 긴밀히 관련돼 있다는 것으로써 자신의 사명감을 느꼈기 때문이다. 이리하여 그들은 혁명의 공신과 인민의 영웅이 됐던 것이다.

아버지와 이명서와의 친분은 단 1년도 채 안 됐지만 그들 간에는 벌써 참된 우정과 믿음이 이루어졌다. 이명서에 대해, 그의 출신 배경에 대해 많은 사람들이 의심을 갖고 있었고, 당시의 좌경적인 입삼(立三) 중앙에서는 더구나 내놓고 이명서에 대해 환상을 가지지 말라고 수차 지시를 내렸으며, 심지어는 '그의 입당을 절대로 반대한다.'고 명확히 지시하면서 '그곳에서 쫓아내라.'고 강제 명령을 내리기도 했다.[5]

광서와 중앙 사이에 소식이 끊어졌기 때문에 그때 아버지는 중앙의 이런 태도에 대해 알지 못하고 있었다. 그러나 알았다 해도 그는 압력을 무릅쓰고 결단성 있게 이명서를 혁명부대에 받아들였을 것이다. 그것은 그가 광서의 상황과 이명서에 대해 가장 잘 이해하고 있었기 때문이다. 그는 누구보다도 이명서가 혁명에 필요한 인물이며, 혁명도 이명서를 필요로 하고 있음을 잘 알고 있었던 것이다.

아버지는 바로 이런 사람이었다. 공산당의 한 성원으로서 그는 아주 강한 조직을 위한 규율성을 가지고 있던 동시에, 또한 여간해서는 오류에 대해 양보하지 않으며, 대담하게 진리를 견지하면서 실사구시하는 그 위에 자신이 한 일에 대해 책임을 지는 그런 사람이었다.

1930년 6월초에 홍7군은 이명서 총지휘자, 등소평 총정치위원과 장운일 군단장의 인솔하에 백색으로 전진했다. 6월 8일, 홍7군의 1종대, 2종대는 백색을 진공했다. 그러나 적들의 방비가 드세 이틀 동안 공격했으나 격파하지 못했다. 그래서 이명서, 장운일은 직접 전선에 나가 2종대 2대대장이며 공산당원인 풍달비(馮達飛)에게 대포로 폭격하라고 명령했다. 이러한 홍군의 맹렬한 공격으로 백색은 끝내 수복되고 말았다.

백색을 수복한 후 전방위원회에서는 계속 전쟁 성과를 확대하기로 결정하고 나아갔다. 홍7군은 승승장구해 연이어 봉의(奉議), 은융(恩隆), 사림(思林), 과덕(果德) 등 우강 연안의 각 현성을 수복하는 등 우강의 소비에트 구역을 전부 회복했다. 홍7군은 군사상에서 일련의 승전을 올린 동시에 우강 지역에서 계속 토지혁명을 진행해 민중기반을 확대하고 홍색근거지의 건설을 공고히 했다.[6]

한편 4월 초에 풍옥상, 염석산, 이종인, 장학량(張學良)과 장개석간의 중원대전(中原大戰)이 시작됐다. 계계(桂系)는 장개석 토벌전에 참여하기 위해 이종인, 백숭희(白崇禧), 황소횡 등 직접 계계의 주력을 인솔해 호북 쪽으로 북상해 중원대전에 뛰어들었다. 바로 이런 군벌간의 혼전의 틈바구니에서, 그리고 계계가 북상한 기회였기에 홍7군은 일련의 승전을 할 수 있었고 또 우강 혁명근거지를 튼튼히 다질 수 있었다.

그러나 훨훨 타오르는 우강의 홍색 불길은 벌써부터 장개석을 불안하게 했다. 7월초에 중원의 전황이 장개석에게 일방적으로 유리하게 되자 장개석의 남경정부는 곧 명령을 용운(龍雲)에게 내려 용주와 백색을 거쳐 좌우 2강을 따라 남녕을 진공토록 했다.

이것은 일석이조의 계책이었고 또한 어부지리의 수단이기도 했다.

용운으로 하여금 광서를 공격하게 한 주요 목적은, 계계가 북상한 기회에 그의 후방을 습격함으로써 장개석에 대한 계계의 토벌을 제지시키는 동시에, 우강의 홍색정권을 타격하는 데 있었다. 용운을 이용해 광서에 쳐들어가면 계계도 물리치고, 공산당도 공격할 수 있어 그야말로 이이제이(夷以制夷)의 방법으로써 장개석 자신의 세력에는 추호의 손해도 가지 않는 절묘한 계책이었다.

이런 정세를 간파한 홍7군은 백색에서 철수해 사림으로 갔다.

홍7군은 건립 초기부터 부대 개조에 힘썼다. 즉 부대 내에서 당원을 발전시키고 당의 조직을 건립하며 동시에 부대에 사병위원회를 세워 군벌작풍(軍閥作風)을 없애는데 노력했다. 홍7군은 각 중대에서 당원을 증가시키고 당지부를 건립해 당조직의 전투 보루적인 역할을 하도록 했다. 홍7군 전방위원회의 산하 각 종대에 종대 당위원회를 설치하고, 각 대대에 대대 당위원회를 두었으며, 각 중대에는 중대 당지부를 설치해 위로부터 아래에 이르기까지 온전한 당의 지도 체계를 형성해 놓았다. 당의 조직을 건립한 동시에 전방위원회에서는 당원들에 대한 사상교양과 이론 수준 제고에 큰 비중을 두었다.

홍7군 각 중대의 사병위원회는 보통 7명으로 구성됐는데, 중대 정치지도원이 군인대회를 소집하고 거기에서 선출했다. 사병위원회는 사병들이 민주적으로 중대를 관리하는 일종의 조직 형태로서 당지부의 지도하에 사업을 전개했다. 당시에 당조직은 아직 비밀리에 있었으므로 사병위원회에서 책임지고 당의 결정을 관철하고 정치 사상공작을 진행했으며, 정확한 장병 관계를 확립하고 군벌주의를 폐지했다. 부대의 규율을 보장하고 부대의 물질생활 문제를 관리하고 장병 평등 등의 원칙을 실행했으며, 동시에 또 주둔 지역의 민중에 대한 동원사업을 폈다. 당조직의 지도하에 세워진 사병위원회는 노농홍군이 구 군벌과 근본적으로 구별되는 하나의 표징이었으며, 홍군전사들이 스스로 자신을 관리하고 자신의 교양을 높이는 유력한 조직 형태였다.

평마에서 군대의 정치적 소질을 강화하기 위해 홍7군에서는 교도대(敎導隊)를 만들어 중대와 소대의 기층 간부를 양성했다.

홍7군 노전사인 마력(磨力)은 이렇게 회고하고 있다. "교도대에서는 모두 백여 명의 학원(學員)을 양성했다. 등빈 정치위원이 몸소 개학식을 주최했고, 또 친히 정세에 대한 연설을 했으며 직접 학생들에게 강의를 하기도 했다. 등 정치위원은 거의 며칠에 한 번씩 학생들에게 정치과목을 강의했는데, 그 내용은 노농민주정권 문제, 토지혁명, 무장투쟁, 제국주의 등에 관한 것이었다. 그는 강의를 할 때 학생들의 같지 않은 문화 수준을 적당히 고려했으며, 심오한 내용을 형상적으로 생동감 있게 강의해 알아듣기가 쉬웠다. 또 중국혁명의 구체적인 실제 문제와도 결부시켜 강의했다. 토지혁명 문제에 대해 강의할 때, 그는 현재 농촌의 토지는 지주계급의 수중에 집중돼 있는 대신 수많은 빈곤한 농민들에게는 토지가 없거나 있다해도 아주 적은데 이것은 농민들의 모든 고통의 근원이라고 명확히 지적했다. 그러므로 현재 혁명의 주요 내용은 토지혁명을 철저히 진행해 경작하는 자에게 자신의 땅이 있도록 하며, 봉건적인 기반을 뿌리 뽑아 버림으로써 광범한 농민들의 혁명적 적극성을 진일보하게 발전시키는 것이라고 말하던 일이 기억된다."7

홍7군은 우강에서 약 석 달 반 주둔해 있는 동안에 정돈과 훈련을 진행한 외에도, 한편으로는 토호, 토비들과 전투를 치르지 않으면 안되었다. 아버지의 말로는 그때 거의 무장행동을 하지 않은 날이 없었다고 한다.

토지혁명의 성과를 지키고 추수를 보장해 주기 위해 홍7군에서는 정돈과 훈련을 끝낸 후 10월초에 출발해 하지 지역으로 행동을 개시했다.

홍7군의 노전사 막문화(莫文驊)는 이렇게 회고했다. "정돈과 훈련이 끝날 즈음에 근거지의 토지혁명도 기본적으로 완성됐다. 광범하게 퍼져 있던 빈곤한 농민들은 정치적으로 주인이 됐을 뿐만 아니라, 경제적으로도 변신을 하게 됐다. 그리하여 광범한 농민들의 혁명열정과 생산에 대한 적극성이 크게 높아졌다. 변신한 수많은 농민들이 홍군과 적위대에 자원 입대해 나섰다. 몇 천 명의 농민들이 홍군에 입대하자 홍군부대는 3개 종대에서 4개 종대로 늘어났고 전 군은 8,000명에 달했다. 홍군은 전투력이 크게 강해져 팔을 걷어부치며 새로운 전투를 맞이했다. 그리고 나아가 새로운 국면을 타개하기 위해 만단의 준비를 갖추고 있었다."8

아버지의 표현을 빌면 이 시기는 '홍7군의 극성시기(極盛時期)'였다.

1930년 9월, 원진무가 인솔한 홍8군의 잔여부대가 6개월이 넘는 전전(轉戰) 끝에 마침내 하지에 도착해 홍7군과 성공적으로 합류했다. 이로부터 홍7군과 홍8군은 광서혁명의 용맹한 무장역량이 되어 새로운 투쟁의 길에 들어서게 됐다.

1930년 2월에 아버지가 상해의 당 중앙에 가서 광서의 사업을 보고하고 돌아온 후, 여러 가지 원인으로 인해 중앙과 광서의 연락은 끊어져 버렸다. 4월에 중앙에서 홍7군 전방위원회에 보낸 편지에는 "소평 동지가 돌아간 후 중앙에서는 그곳의 보고를 받지 못하고 있고, 다만 반동신문에서 당신들에 대한 일부 소식을 입수했을 뿐이다."9라고 기술하고 있었다.

같은 달에 중공 광동성 위원회에서 중앙에 보낸 보고에도 "그저께 광서 좌우강에서 소식이 와서야 비로소 오랫동안 끊어졌던 연락이 다시 연결됐다. 하지만 유감스럽게도 그들이 가지고 온 두 건의 보고는 모두 글자가 어렴풋하기에 대개의 내용만을 알 수 있었을 뿐이다."10고 씌여 있다.

6월까지도 중공 광동성 위원회에서는 경비의 궁핍 등 어려움 때문에 아직 광서 홍7군과의 연락망을 개통시키지 못하고 있었다.11

6월 16일에 중앙에서는 군사위원회 남방(南方) 사무소를 통해 홍7군 전방위원회에 지시 편지를 보내 "소평 동지가 홍7군에 돌아간 후 중앙에서는 홍7군의 문제에 대해 아무런 보고도 받지 못했다. 용주, 백색에서 철수한 후 용주에서 실패한 일부 상황에 대해 어떤 동지가 상해에 보고해 온 외에는, 백색에서 철수한 후의 여러 행적에 대해 중앙에서는 잘 모르고 있다. 근일에 상해의 한 서양인 신문에 그들이 유주(柳州) 근처로 갔다고 보도됐지만, 그 자세한 상황에 대해서는 역시 아직 모르고 있다."[12]고 했다.

이 편지에서, 중앙에서는 입삼 노선의 관점을 거듭 피력하면서 세계 혁명이 먼저 중국에서 폭발할 수 있으므로 "먼저 한 개 성 혹은 중요한 몇 개의 성에서 승리해야 한다."고 요구하면서 남(南) 중국에서는 광동에서의 승리를 쟁취하고, "유주와 계림의 적을 확실히 공격해 광동의 서북강(西北江) 쪽으로 발전해야 한다."고 요구했다. 그리고 홍7군 전방위원회의 이명서, 유작예에 대한 태도는 "아주 착오적이고 위험한 문제"며 "중앙의 정확한 지시대로 하지 않았기 때문에 기회주의의 실패를 초래했다."고 비판했다.

여기서 우리는 상해의 입삼 중앙에서는 홍7군 전방위원회의 행동에 대해 불만을 가지고 있고, 게다가 연락마저 되지 않아 매우 조급해하고 있었음을 찾아내기가 어렵지 않다.

그리하여 당 중앙에서는 광서에서 좌경적 방침을 보다 어김없이 실행하기 위해 등강(鄧崗, 다른 이름으로는 鄧拔奇)을 광서에 파견해 사업을 지도하게 했다.

9월 31일에 중공 남방국의 대표 등강이 홍7군에 왔다.

10월 2일에 홍7군 전방위원회는 평마에서 전방위원회의를 소집했는데, 회의에서 등강은 6월 11일 중공 중앙정치국회의의 지령을 전달했다. 홍7군의 전방위원회에서는 홍7군의 4개 종대를 3개 사단으로 재편성하고, 제19사단과 제20사단 이 두 사단은 하지 방향으로 북상해 하지에서 전군을 집결시켜 전국 소비에트 대표가 참석한 열병식을 거행함으로써 사기를 올리는 동시에 또 당원 전원대회를 소집하고, 제21사단은 위우발이 인솔해 우강 지역에 남아 우강근거지의 투쟁을 계속하기로 결정했다.

10월 4일에 홍7군의 주력 7,000여 명은 만단의 준비를 갖추고 기세 당당히 광서와 귀주의 접경지대에 있는 하지 지역으로 출발했다.

그러나, 그때 한창 사기가 왕성해 있던 홍군부대에서는, 그들의 총정치위원이며 전방위원회 서기인 등소평의 마음속에 근심과 걱정의 구름이 태산만큼이나 쌓여 있었다는 사실을 전혀 알지 못했을 것이다.

중앙의 남방국 대표인 등강은 광서에 온 후 당 중앙 정치국의 회의 정신을 시달하며, 새로운 혁명의 열기는 이미 고조에 달해 있으므로 한 개 성 혹은 몇 개 성에서 먼저 승리를 거둔 후에 이어서 전국적인 혁명정권을 건립해야 한다고 자신 있게 주장하고 있었던 것이다. 그리고는 홍7군에게 유주와 계림을 공격하고 나중에 광주를 탈취해, 홍3군의 무한(武漢) 탈취에 협조하라고 명령했으며 "무한에서 회합해 장강물에 목욕하자."고 요구했던 것이다.

군사적인 포진 외에도 등강은 광서 우강근거지의 토지정책에 대한 중앙의 비판 내용을 전달하며, 우강 특별위원회에서 실행한 토지정책은 우경 부농노선(右傾富農路線)이라고 질책했다. 이 같은 당 중앙의 새로운 전략적 배치와 우강의 토지개혁 공작에 대한 비판은 아버지를 깊은 생각 속으로 빠져들게 했고, 많은 걱정을 자아내게 했다.

혁명정세와 현단계 혁명의 과업에 대한 견해 차이, 그리고 홍7군의 7,000여 명이나 되는 인원의 전도와 운명에 대한 우려, 이런 문제들이 아버지를 심사숙고하게 했고 또 걱정에 빠지게 했다.

한 개 성 혹은 몇 개의 성에서 먼저 승리하고 나아가 혁명정권을 건립한다는 것, 그리고 혁명의 고조가 이미 다가왔다는 것이 바로 "입삼노선(立三路線)"의 전략이었다. 그러면 입삼노선이란 무엇이며, 또 그것은 어떻게 형성되고 발전했는가? 다음 장에서 나는 이 문제에 대해 자세히 소개할 필요가 있다고 생각한다.

주 ──

1. 황미륜, 《등정위내도무전(鄧政委來到武篆)》. 《좌우강 혁명근거지》(하권), P. 682.
2. 강무생, 《홍7군의 당조직과 사병위원회를 회고하며(憶紅七軍的黨組織化士兵委員會)》. 《광서 혁명투쟁 회억록》(제2권), P. 34.
3. 원임원·위국청·진만원·막문화·오서, 《백색봉기를 기념하며(紀念百色起義)》. 《광서 혁명투쟁 회고록》(제2권), P. 1.
4. 아미원, 《호송등정위(護送鄧政委)》. 《좌우강 혁명근거지》(하권), P. 795.
5. 《좌우강혁명근거지》(상권) P. 315.
6. 3과 같음.
7. 《좌우강 혁명근거지》(하권), P. 741.
8. 막문화, 《백색폭풍(百色暴風)》, P. 156-157.
9. 중공 중앙이 홍7군 전방위원회에 보낸 편지, 1930년 4월 20일. 《좌우강 혁명근거지》(상권), P. 258.
10. 중공 광동성 위원회에서 중앙에 올린 보고서, 1930년 4월. 《좌우강 혁명근거지》(상권), P. 264.
11. 중공 광동성 위원회에서 중앙에 올린 보고서, 1930년 6월 10일. 《좌우강 혁명근거지》(상권), P. 313.
12. 중공 중앙에서 군사위원회 남방사무소를 통해 홍7군 전방위원회에 보낸 지시 편지, 1930년 6월 16일. 《좌우강 혁명근거지》(상권), P. 315.

33 좌경모험주의의 유래

내가 취재한 많은 혁명 선배님들 가운데, 내가 어머니라고 부르는 어느 한 분은 나에게 당 역사에 대해 많은 것을 가르쳐 주었다. 그러면서 하는 말이 "그때 우리 당은 아직 유년기에 있었기 때문에 좌우 어느 노선을 택해야 할지 몰라서 흔들리곤 했지."라며 탄식조로 말하곤 했다.

당의 사정은 확실히 그러했다. 사람이 아무것도 모르는 유년기에서 점차 성숙된 어른이 되는 과정을 거치듯이, 당도 이와 마찬가지로 작은 데서부터 크게, 약한 데서부터 강하게, 좌우 쌍방의 사상적 갈등에 의해 흔들리던 유년기로부터 굳세고 강력한 성숙기에 이르는 이런 역정을 지내야만 했다.

중국공산당은 1921년에 창립된 후로부터 1935년의 준의회의에 이르기까지 진독수(陳獨秀), 구추백(瞿秋白), 이립삼(李立三), 왕명(王明) 등 몇 차례의 역사적인 단계를 거쳐야 했다. 14년에 달하는 이러한 당의 역정에서 중국공산당과 중국공산주의자들은 자기의 용감한 투쟁과 분투로 혁명적 성과를 이룩하긴 했지만, 당의 노선과 정책이 자주 변함으로 하여, 혹은 당의 지도자의 정책과 인식이 거듭 실패함으로 하여, 그와 동시에 국제공산당의 부당한 영향으로 하여, 중국혁명의 길은 그토록 많은 굴곡과 위험을 경험하지 않으면 안 됐고, 그처럼 가슴 아픈 손실을 받지 않으면 안 됐다.

아버지는 일찍이 준의회의(遵義會議) 이전에는 우리 당의 참된 영도적 핵심이 형성된 적이 전혀 없었다고 말했다. 1921년부터 1934년까지 중국공산당은 부단히 발전했고 장대해졌다. 또 홍군의 무력을 건립했고 홍색 혁명정권을 건립했다. 동시에 한편으론 진독수의 우경투항주의, 구추백의 좌경망동주의, 이립삼의 좌경모험주의와 왕명의 좌경기회주의에 의한 오류와 좌절도 경험했다고 아버지는 말했다.

1921년 7월 중국공산당이 창립된 후 총 당원수는 창립 시기의 50여 명에서 대혁명의 고조기에는 근 60,000명으로 급속히 늘어났다. 그러나 1927년 국민당 우파가 혁명을 배신했고, 중국공산당 총서기 진독수가 범한 우경투항주의의 그른 노선으로 말미암아 대혁명이 비참하게 실패하자 그 수는 약 10,000명으로 격감됐다. 진독수의 우경투항주의 노선을 비판한 후 당 중앙은 재조직됐으며, 백색테러의 열악한 환경 속에서 완강히 싸우면서 효과적이고 신속하게 조직을 복구하고 사업을 전개한 관계로 1928년 6월에 가진 당의 제6차 대표대회 때에는 그 수가 다시 40,000명으로 늘어날 수 있었다.

당의 영도하에서 주은래, 주덕 등이 남창봉기를 주도했고, 모택동이 호남에서 추수봉기를 성공리에 이끌었으며, 팽배(彭湃)는 광동의 해륙풍과 호북의 황마에서 봉기했다. 또 장태뢰(張太雷) 등은 광주에서, 주덕과 진의(陳毅)는 상남에서, 유지단(劉志丹)과 사자장(謝子長)이 섬서의 청간과 위화에서, 하룡(賀龍) 등은 상악변에서, 팽덕회(彭德懷) 등은 강서의 평강에서, 등소평과 장운일(張云逸) 등은 광서의 백색에서 각각 봉기를 일으키며 근거지를 만들어 나갔던 것이다. 이들 봉기에서는 당당하게 붉은기를 치켜 올렸으며 공산당이 영도하는 중국 노농홍군을 건립했고, 각 소비에트의 홍색 정권과 홍색 혁명근거지를 세웠던 것이다. 혁명 무장투쟁을 진행함과 동시에 중국공산주의자들은 홍색 구역에서 또 토지혁명운동을 진행했다. 중국혁명은 이때부터 무장투쟁과 토지혁명의 새로운 역사적 단계에 들어서게 됐다.

1927년 8월 7일 무한에서 소집된 당 중앙의 긴급회의에서 진독수의 우경투항주의를 시정했고, 토지혁명과 홍색 무장투쟁을 진행하는 문제에 대한 방침을 확정했다. 이같이 8·7긴급회의에서는 지워질 수 없는 역사적인 공훈을 남겼던 것이다. 하지만 당 중앙이 우경적 오류를 반대하는 데는 성공을 했지만, 동시에 좌경적 오류를 범하는 길을 열어놓았던 것이다.

1927년 11월 상순에 중공 중앙은 구추백의 주관하에 임시 정치국 확대회의를 소집했다. 회의에서는 '중국의 현황과 공산당의 과업에 관한 결의안'을 통과시켰다. 회의에서는 당시의 혁명 정세가 계속해서 상승되고 있다고 인정하면서 후퇴하는 것을 반대하고 계속 진공할 것을 요구했는데, 그 '총책략'의 핵심은 바로 무장폭동을 감행하는 것으로, 농촌에서의 폭동과 도시에서의 폭동을 합치시키려는 것이었다.

이번의 중앙 확대회의에서 구추백을 대표자로 하는 좌경망동주의는 당 중앙 영도기관에서 영도적 지위를 얻었으며, 국제공산당의 대표 로미나츠의 적극적인 지지를 받았던 것이다.

좌경망동주의의 잘못된 영도 아래에서 중앙의 중요한 사업은 모두 전국 총 폭동을 일으킨다는 전략을 실현한다는 차원에서 진행됐으며, 의흥, 무석, 상해, 무한, 장사 등에서 도시 폭동을 일으켰다. 그런데 광범위한 대중적 기반의 결핍으로 말미암아 이런 폭동들은 차례로 실패했으며 당조직과 혁명 역량도 심한 파괴와 손실을 입었다.

구추백의 잘못된 지도 방침은 일찍이 당내에서 많은 동지들의 비판과 공격을 받았으며, 동시에 국제공산당도 공산당 대표의 이런 오류에 대해 비판을 가했다. 1927년 11월부터 채택된 구추백을 대표자로 하는 좌경망동주의는 1928년 4월에 기본적으로 끝나고 말았다.

구추백은 강소성 상주(常州) 사람으로, 1899년에 출생했으며 5·4운동에 참가했고, 1922년에 중국공산당에 가입했다. 그는 당의 제4기부터 제6기까지 중앙위원을 역임했다. 그는 1927년 대혁명이 실패한 후, 8·7긴급회의를 주관하면서 진독수의 우경투항주의를 비판했으며 토지혁명과 무장봉기를 진행하는 방침을 확정했다. 그는 중앙정치국 사업을 주관하고 있던 기간에 좌경망동주의 오류를 범하기는 했지만, 중앙과 동지들의 비판을 받아들였으며 중앙을 영도하는 직무에서 해임된 후에도 계속 당을 위해 힘써 일했다. 그는 왕명의 좌경교조주의와 종파주의에 의해 타격을 받았고, 상해에서 노신(魯迅)과 함께 '좌익작가동맹'의 사업을 영도했으며, 약 500만 자(字)에 가까운 작품을 저술했는데, 후에는 중앙 소비에트에서 투쟁을 계속 견지했다. 1935년에 구추백은 복건성 무평에서 국민당에 체포됐으며, 6월 18일 장정(長汀)에서 장렬하게 희생될 때는 36살의 젊은 나이였다.

이유한(李維漢)은 이렇게 구추백을 평했다. "물론 우리도 그의 업적을 마땅히 인정해야 한다. 모든 걸출한 역사 인물들이 다 결함이 있듯이 추백 동지도 완전무결했던 것은 아니었다. 그가 비록 좌경망동주의의 오류를 범하긴 했지만, 그것은 그 개인만의 책임은 아니었으므로 그 혼자가 책임을 다 져야 하는 것은 잘못됐다고 본다. 책임 문제를 따진다면 주로 국제대표에게 있는 것이다. 하물며 당시 당이 아직 미숙했고 그가 중앙사업을 주관하던 시기는 겨우 28살밖에 안 됐으며, 오류를 범한 시간도 단지 몇 개월이란 짧은 시간일 뿐이었고, 또 이내 개정을 했기 때문에 그의 잘못은 적다고 할 수 있을 것이다. 그의 오류는 주로 인식 문제에 의한 것이었다. 구추백은 정직한 사람이고 야심이 없던 사람이다. 사람을 평등하게 대하며 다른 의견을 들으려 했고, 동지들과 단합해 종파주의를 드러내지 않았다. 다만 그의 약점이라면 실제 문제와 접촉할 때 교조주의가 좀 강했다는 사실에 대해서는 인정한다. 1935년에 체포된 후 그는 적들 앞에서 전혀 굽히지 않았으며 용감하게 희생됐다. 그렇기 때문에 바로 '역사 문제에 관한 몇 가지 결의'에서 언급했던 바와 같이 그의 '무산계급의 영웅적 기개'는 우리가 영원히 기념해야 할 것이다."

구추백은 우리 당의 초기 영도자의 한 사람이다. 그는 오류를 범했지만 그 오류를 솔직하게 승인했고 고치려고 했다. 그는 재능이 뛰어났고 또 죽음을 두려워하지 않았다. 그의 일생은 절대로 '노래의 흐름에 맞춰가는 장단'이 아니라, 한 편의 비장한 교향시라고 할 수 있다. 이런 사람은 후손들이 천추만대를 두고 길이 기념해야 할 것이다.

1928년 6, 7월경에 중국에서의 백색테러의 험악한 정세를 피하기 위해 중국공산당은 소련의 모스크바에서 당의 제6차 전국대표대회를 소집했다.

당의 제6차 전국대표대회는 기본적으로 정확한 노선을 확립했다. 대회는 지난 날 혁명공작에서의 경험과 교훈을 정확하게 종합해 우경적이고 좌경적인 두 가지 경향을 모두 반대하고, 중국사회의 성격과 중국혁명의 성격을 정확하게 분석해 중국혁명의 정치 정세를 정확히 평가했으며, 또 각 방면에서 당의 과업을 결정했다. 회의에서는 진독수의 우경투항주의와 구추백의 좌경망동주의를 비판했고, 현단계에서의 중국혁명의 성격은 여전히 자산계급의 민주주의혁명적 성격이 강한 바, 이러한 면에서 볼 때 당면한 혁명 정세와 당의 총체적 임무는 진공이 아니라 대중을 선동하고 폭동을 준비하는 것이 더 중요하다고 확정했다. 대회에서는 제국주의와 봉건주의를 반대하며 토지혁명을 실시해 노농민주정권을 수립하는 혁명적 강령을 제정했다. 하지만 이번 대회는 중국혁명의 장기적인 지연성과 농촌근거지의 중요성 등의 문제에 대해서 옳바른 인식이 부족했으며, 좌경 오류를 근본적으로 시정하지는 못했던 것이다. 따라서 좌경 오류를 재차 범할 수 있는 후환을 남겨놓았다.

당의 제6차 전국대표대회는 또 새로운 중앙위원과 정치국위원을 선출했다. 그러나 국제공산당의 영향을 전혀 받지 않을 수 없었다. 왜냐하면 지무 감당을 전혀 할 수 없는 노동자 출신의 항충발(向忠髮)이 중앙상무위원회 주석(총서기에 해당함)으로 선출됐기 때문이다.

일찍이 8·7회의 이전에 진독수는 당 중앙의 영도적 지위에서 물러났으며, 당의 제6차 전국대표대회 이후에 그는 중앙에서 그에게 맡긴 사업을 거부하고, 같은 견해를 가진 일부 사람들과 담합해 당의 제6차 전국대표대회의 노선을 반대하면서 당내에서의 그에 대한 비판을 거부했다. 그는 한 걸음 더 나아가 취소주의의 정치강령을 내놓고 남경정부의 국민당 통치가 이미 안정됐고 중국의 자산계급 민주주의 혁명이 이미 결정됐으며, 중국 무산계급은 장래에 가서 사회주의 혁명을 진행할 수 있을 것이라고 주장했다. 그는 또 당 중앙을 반대하기 위한 파벌활동을 조직했다. 그리해 1929년에 중공 중앙에서는 그를 출당시키기로 결정했다. 이후에 진독수는 별도의 파벌로 자처하고 각각 흩어져 있던 트로츠키 파를 단합시켜 통일적인 트로츠키 조직을 결성했다. 1932년에 진독수는 국민당에게 체포됐고 1937년에 출감했으나, 1942년에 사천성 강진현에서 62세를 일기로 병으로 사망했다.

진독수는 중국 신문화운동을 주도한 사람이었으며, 5 · 4운동 이후에 마르르크주의를 받아들였고, 중국공산당을 조직한 한 사람이었다. 그리고 그는 중국공산당 제1대 중앙국 서기(총서기)를 맡기도 했다. 그러나 진독수는 결국 비극으로 자신의 혁명인생을 마감할 수밖에 없었다.

앞에서 이미 언급했지만 1928년에 소집한 제6차 당대회에서는 진독수의 우경투항주의와 구추백의 좌경망동주의를 비판했으며, 기본적으로 정확한 노선을 확정했다. 그러므로 제6차 당대회 이후 당의 조직은 산만하던 상황에서 벗어나 가일층 발전할 수 있었다. 1930년 9월에 이르러 공산당원의 수는 12만 2,300여 명으로 증가했다.

1930년 중반기에 이르러서는 당이 영도하는 노농홍군이 비교적 빨리 성장했는데, 이를 토대로 농촌에서의 혁명근거지를 건립하고 공고히 다졌다. 전국적으로 정규적인 홍군이 모두 십여 개 군단으로 발전했고, 지방 무장력까지 합하면 모두 약 10만 명이나 됐으며, 크고작은 농촌혁명근거지를 십여 곳이나 새로 개척했다.

감남, 민서 지역에서는 모택동과 주덕이 영도하는 홍군 제1집단군 근 20,000명이 종횡으로 몇 백 리 이상을 휩쓸면서 비교적 공고한 혁명근거지를 형성했다.

상악감(호남, 호북, 강서) 변두리 지구에서는 팽덕회(彭德懷) 등이 인솔한 홍군 제3집단군이 산하에 2개 군을 두고 15,000여 명의 무력을 이루고 있었다.

상악서 지역에서는 하룽(賀龍)과 주일군(周逸群)이 영도하는 홍군 제2집단군이 10,000명의 병력을 기반으로 장강과 한수 사이에서 홍색 근거지를 구축하고 있었다.

악예환 지역에서는 허계신(許繼愼)과 서향전(徐向前)이 영도하는 홍군 제1군 5,000여 명이 20여 개의 현과 구를 망라한 홍색혁명근거 지를 창설했다.

감동북에서는 방지민(方志敏)과 소식평(邵式平)이 10여 개 현에 2,000여 명의 홍군을 영도하며 혁명근거지를 창설했다.

광서 우강 지구에서는 등소평과 장운일(張云逸)이 인솔한 홍7군 7,000여 명이 우강 11개 현을 망라한 혁명근거지를 창설했다.

그밖에 강소 중부, 광동 동부에서와 섬감변과 섬북 등 지구에서는 규모가 각기 다른 혁명근거지와 홍색정권을 건립했다.

군벌들이 할거하며 혼전하는 동안 전국 각지에서, 특히 군벌 세력이 약한 남방 각 성의 인접 지구에서 홍색혁명근거지와 중국노농홍군이 발전해 갔던 것이다. 조그마한 불꽃들이 이제는 중국의 넓은 대지를 타오르며 밝게 비쳐줄 그 날을 기약할 수 있게 됐던 것이다.

그와 동시에 각 혁명정권이 수립되자 각 근거지에서는 토지혁명이 신속하게 진행됐다. 당시의 중국은 뒤떨어진 농업국이었고, 민족공업 도 극히 쇠약한 상태에 있었다. 그렇기 때문에 혁명을 달성하자면 무 엇보다도 먼저 수억의 가난한 농민들을 해방하고, 그들을 주체로 하는 혁명대군을 이룩해야 했다. 중국혁명은 사실 농민의 혁명이라고 할 수 있다. 토지혁명 과정 중 많은 근거지들에서는 좌경 우경 파벌주의와는 관계없이 모택동이 제시한 빈농과에 의거해, 중농과 단합하며, 부농은 제한하는 가운데, 중소 상공업자를 보호하고 지주계급을 소멸하자는 노선을 실현하고 있었다. 수많은 농민들은 홍색혁명정권을 옹호했고 홍군에 열심히 뛰어들었으며 전선을 지원했다. 그리해 근거지의 혁명 정세는 크게 진작되기 시작했고, 홍군은 그에 힘입어 성장해 갔다.

그러나 국내에서 혁명 정세가 발전하고 혁명 역량이 성장하자 중공 중앙 내의 일부 영도자들에게는 재차 교만한 정서가 형성됐으며, 당내의 좌경사상이 또 머리를 쳐들기 시작했고, 나아가서 좌경 모험주의로 발전해 갔다.

1930년 6월에 중앙정치국회의를 소집했는데 향충발이 주관하고 이립삼이 작성한 '당면 정치과업에 관한 결의안'이 통과됐다. 이 결의는 중국혁명의 정세와 역량을 과장했고, 중국혁명 발전의 불균형성을 부정했으며, 도시 중심의 혁명론을 주장했다. 결의안은 '위대한 노동자 투쟁'을 폭발시켜 즉각적으로 혁명을 고조시키고 뒤이어 무장 폭동을 일으킴으로써, 무한을 중심으로 하는 부근의 '한 개 성 또는 몇 개 성에서 먼저 승리'를 달성, 나아가서는 전국적인 혁명정권을 수립하는 '당의 전술적 총노선'을 내놓았다.

이로부터 이립삼을 대표자로 하는 좌경모험주의가 형성됐다. 이 좌경모험주의 노선에 기초해 중앙에서는 무한을 중심으로 하는 일련의 전국 중심 도시에서의 무장봉기 계획을 결정했으며, 동시에 중심 도시로 진격해 나갈 것을 전국 노농홍군에게 명령을 내렸다. 중앙에서는 다음과 같이 명령했다. 홍군 제3집단군은 무한을 공격할 것, 홍군 제1집단군은 남창과 구강을 공격하고 강서 전 성을 탈취할 것, 홍군 제2집단군은 무한과 장사를 공격하는데 협력할 것, 홍군 제1집단군은 경한 철도선을 차단하며 무한에 접근할 것, 홍군 제10집단군은 구강을 공격할 것, 그리고 홍7집단군은 유주와 계림을 공격해 궁극적으로는 '무한에서 모든 홍군이 만나 장강에서 목욕하자.'는 모험적 계획을 실현하자는 것이었다.

동시에 이립삼 모험주의는 또 백색 구역의 각 대도시에서 총파업을 단행하고 무장봉기를 일으킬 계획을 결정했다.

다른 견해가 있는 당내 동지들에게 이립삼 중앙은 조화파(調和派), 취소파, 우경 세력 등의 허울을 씌워 제지했다. 운대영, 하맹웅(何孟雄), 임육남(林育南) 등 동지들은 모험주의를 반대했기 때문에 제재와 압력을 받았고, 심지어 중앙에서 배척되어 직무를 해임당하거나 직위가 강등됐다. 이러한 행위는 당내의 종파주의를 가져오게 하는 오류로 발전했다.

이립삼 모험주의의 총전술적인 집행을 관철시키고, 이것의 성공을 보증하기 위해 당 중앙은 또 많은 특파원을 각 소비에트 구역과 홍군에 파견해 지휘하고 감독하게 했다.

그중 광서 홍7군에 파견된 대표가 바로 등강(鄧崗)이었다.

34 홍7군의 운명

1930년 가을이었다. 7,000여 명의 홍7군의 용사들은 그들의 총지휘자인 이명서와 총정치위원 등빈, 그리고 군단장 장운일의 인솔하에 광서 북부에 위치한 광서와 귀주의 경계지인 하지에 도착했다.

10월 10일, 홍7군 전방위원회는 하지에서 전군 당원 대표대회를 소집했다. 회의에서 중공 남방국 대표 등강은 이립삼 중앙의 지시에 따라 홍7군에게 먼저 유주를 공격할 것을 지시했다. 홍7군의 참모장 공초(龔楚)와 정치부 주임 진호인(陳豪人)은 이 주장을 적극 지지하고 나섰다.

아버지는 그때의 상황에 대해 다음과 같이 말했다. "중앙의 대표로부터 전국적으로 혁명의 고조가 임박했다고 하는 상황을 전달받으니 확실히 크게 흥분됐다. 하지만 냉철하게 생각해 보니까 그 당시 광서에서는 계계 이종인과 백숭희의 군벌통치가 재차 회복되고 있었고, 홍7군이 우강 지구에서 근거지를 개척하고 대오를 성장시켰지만 군병력이 몇 천 명 밖에 안 됐기 때문에 당시 형편으로 백색을 치기도 매우 어려운 처지인데, 계림과 유주 심지어 광주와 같은 이런 대도시를 공략한다는 것은 이해할 수 없는 것이었다."

그렇지만 유주를 공격하라는 중앙의 명령을 아무런 동요없이 반드시 집행해야만 했다. 그리해 어떻게 할 것인가에 대해 아버지는 일부 동지들과 의견을 나누었는데, 어떤 사람은 안 된다고 말했고, 어떤 사람은 의견 표시를 하지 않는 등 여러 사람들의 생각은 전혀 통일되지 않았다. 나중에 아버지는 하지 동남쪽에 있는 유주는 큰 강 하나를 사이에 두고 있어 공격하기 어려우니, 먼저 동북쪽에 있는 계림을 공략한 다음 다시 유주를 공격하자고 제기했다. 이러한 의견은 다수 대표들의 동의를 얻었다.

아버지와 동지들이 서로 다른 의견을 제시했지만, 등강이 주도한 하지 회의는 이립삼 노선을 전적으로 받아들이고, 유주, 계림, 광주를 공격하기로 결정을 내렸다. 회의에서는 또 홍7군 전방위원회의 지난날의 행동에 대한 오류를 비판하고, 진호인을 서기로 하는 병사위원회를 조직했으며, 동시에 광서 당의 특별위 서기이며 우강 소비에트의 주석이었던 뢰경천(雷經天)의 직무를 해임시키고, 후에는 또 그의 당적까지 제명시키는 잘못된 결정을 내렸다.

11월 5일, 홍7군 7,000여 명의 장병들은 하지에서 열병식을 가졌다.

11월 9일, 홍7군은 모든 장비를 갖추고 동으로 진군했다. 이 혁명 대오가 씩씩한 기세로 전장으로 달려가 당 중앙의 좌경 결의에 대한 사항을 집행하고 있을 때, 즉 두 달 전 중공 남방국 대표 등강이 광서에 와서 중앙의 좌경 노선을 실시한 지 얼마 안 되는 바로 그 시각, 9월말경 당 중앙은 상해에서 당 중앙위원회 제6기 제3차 전원회의를 소집했다.

그 회의에서는 바로 이립삼 등의 좌경모험주의에 대한 오류를 비판하고 시정 결정을 번복했다. 따라서 그 회의가 소집됨으로 해서 집행 중에 있던 모든 모험적 행동들이 정지케 됐으며, 따라서 좌경모험주의가 빚어낸 손실을 제때에 감소시킬 수 있었다.

이 회의는 중국혁명에 있어서 극히 중요한 회의였다. 하지만 먼 거리에 떨어져 있고 소식이 두절되어 있던 서남 변강 지구에 있는 홍7군은 이 중요한 당의 회의와 방침, 그리고 정책의 전환에 대해 조금도 알지 못하고 있었다. 그리해 중앙에서 좌경모험주의 오류가 시정된 지 두 달 후에도, 그들은 여전히 원래의 지시 방침에 따라 출발하고 말았던 것이다.

그들은 군복과 붉은별 모표가 붙은 전투모를 쓰고, 붉은기를 높이 들고 보무당당하게 출발했다. 그들은 자기들 앞에 승리를 장담할 수 없는 전투가 놓여 있다는 것을 결코 모르고 있었다. 그들은 자신들이 앞날에 얼마나 크고 괴로운 패배의 아픔이 기다리고 있는지 결코 알지 못했다. 이러한 아이러니는 역사의 조롱으로만 돌리기에는 너무나 가슴 아픈 일이다. 그러나 역사는 어디까지나 역사이지 그 누구도 개작할 수는 없다.

마침내 홍7군은 출발했다. 그리고 동으로 계속 진군했다.

이튿날 홍7군은 작은 회원읍을 공략했고, 적들은 강남쪽의 큰 경원읍(지금의 의산현성)으로 물러갔다. 이때 홍7군 전방위원회 내부에는 두 가지 의견이 생겼다. 어떤 사람들은 남으로 강을 건너 경원을 공격할 것을 주장했고, 정치위원 등소평과 총지휘자 이명서는 경원이 적군의 중요한 진지이기 때문에 공격이 쉽지 않으므로 즉각 동쪽 나루터로 진군할 것을 주장했다.

부대는 경원 공략을 포기한 후 사파에서 적과 접촉이 있었고, 또 천하 부근에서 적과 3일간이나 대치했다. 이때는 하지를 떠난 지 수일이 지나고 있었는데도 50, 60킬로미터밖에는 나가지 못했고, 싸움의 승패율은 반반이었다. 홍7군은 북으로 방향을 꺾어 삼방에 이르렀다.

삼방에서 부대는 며칠간 내린 비로 인해 휴식을 취할 수 있었다. 이때 중앙 대표 등강과 공초, 진호인 등은 등소평이 중앙의 명령을 어겼다고 견책하면서 먼저 유주를 공격하자는 방안을 주장했다. 그리하여 삼방에서 대대급 이상의 간부회의를 소집하고 토론을 벌였는데 논쟁이 아주 격심했다. 나중에 사람들은 중공 남방국 대표의 지시에 복종하는 것으로 동의하고 말았다. 회의에서 고립감을 깊이 느낀 등소평은 전방위원회 서기직에서 사임하고, 중앙 대표 또는 다른 사람이 이 직무를 맡을 것을 청구했다. 그런데 등강과 공초, 진호인이 또 동의하지 않았다. 결과적으로 등소평은 여러 사람들의 결정에 따를 수밖에 없었다.

이 길고 어려운 행군 도중에 홍7군 전방위원회 내부에서는 논쟁이 그칠 새가 없었고, 의견의 차이가 없는 적이 없었다. 아버지의 말에 따르면 부대는 날마다 다투었으며 다툼으로 행군이 일관됐다.

삼방회의가 있은 후 홍7군은 즉시 동남향으로 진군해 유주를 공격할 준비를 차렸다. 중도에서 융강 기슭의 장안에 이르렀을 때 적 2개 사단의 주둔하고 있는 것을 발견했다. 12월 15일 홍7군은 주력으로 장안진을 공격했다. 이명서가 직접 지휘해 적들에게 연속 공격을 가했지만 적들의 진지가 견고하고 화력이 밀집돼 있어 계속해서 시내로 공격해 들어갈 수 없었다. 싸움은 점점 더 치열해졌고 장기화됐다. 결국 이 전투는 5일이나 지속됐고 홍7군도 사상자가 몇 백 명이나 발생했다. 이런 상황하에서 홍7군은 물러설 수밖에 없었다. 그러나 적들도 감히 추격해 오지 못했다.

장안에서 철수한 후 홍7군은 부득이 유주 공격을 포기할 수밖에 없었다. 하지만 등강을 위시한 사람들은 이립삼 노선을 포기하지 않았고, 계림을 공격하려는 계획도 버리지 않았다. 다만 당시 적들이 방어선을 늘렸기 때문에 홍7군은 북상할 수밖에 없었으며, 호남 남부로 우회해 계속 계림을 공격하고자 했다.

다시 홍7군은 북으로 직진해 호남 통도현을 거쳐 12월 21일에 호남성 서남의 작은 읍인 수녕을 점령했다. 홍7군이 호남성 수녕을 점령했다는 소식은 적의 신문에 이내 보도됐다. 또 당의 기관보 〈홍기보(紅旗報)〉도 이에 대해 보도했다. "24일 장사의 소식에 의하면 홍7군은 광서의 의녕, 삼강 일대로부터 상남의 통도, 수녕 각 현을 공격했다. 이명서의 지휘하에 약 3,000여 명이 20일 수녕을 공격했고, 계속해서 무강과 성보 두 현으로 진공했는데 그 기세가 대단했다. 소식을 접한 호남군벌 하진은 극도로 긴장해 왕가열(王家烈)에게 3개 연대의 병력을 파견해 통도와 수녕을 맹공격하라고 긴급 명령을 내렸으며, 장량기(章亮基) 여단에게 무강으로 가서 수녕의 귀주 부대와 연락을 맺으라고 명령했다. 또 단형(段珩)에게 광주로 군대를 파견해 신녕에 주둔하고 있으면서 무강과 성보 쪽을 경계하라고 명령했으며, 상향, 신화 각 현단(縣團)에게 보경에 집중해 저항하라고 명령을 내렸다."

그러나 홍7군은 적군과 아군의 쌍방 보도를 전혀 접하지 못했으며, 적군의 온갖 배치 상황도 전혀 모르고 있었기에 수녕에서 잠깐 휴식을 취한 후에 또다시 동북 방향으로 진군했다. 장안에서 출발한 이후 200여 킬로미터를 고생스럽게 걸어서 홍7군은 마침내 호남성의 서남 변경에 있는 무강에 이르게 됐다.

홍7군은 무강 지구에 도착한 후 즉시 무강을 공략할 것을 결정했다. 연속 며칠 동안이나 공격했지만 결국 성공을 거둘 수 없었다. 나흘째 이르러서는 부대에 상당한 사상자가 발생했다. 결국 이 전투는 실패로 돌아갔다. 이 무강전투에서 홍7군은 200여 명의 사상자가 속출했고, 제19사단 55연대장 하망(何莽)이 사망했다. 홍7군은 즉시 동남 방향으로 계속 이동할 것을 결정했다. 도중 호남과 광서의 변경지대인 팔십산(八十山)을 지날 때 또다시 적군의 작은 타격을 받았다. 나중에 홍7군은 광서로 돌아와 호남과 광서의 변경에 있던 조그만 읍 전주(全州)에 도착했다.

전주에 도착한 직후 홍7군의 지도자급 간부들은 회의를 소집해 홍7군의 전도를 토론했다. 10월 초에 홍7군이 하지에서 출발한 이후 적과의 네 번의 교전을 거쳐, 약 두 달밖에 안 되는 기간에 총 부대원은 삼사천 명으로 줄었다. 또한 장병들의 사기는 말할 것도 없고, 시기적으로 겨울철에 들어섰건만 부대는 아직 먹고 입는 문제도 해결하지 못하고 있었다. 이런 상황에서 다시 유주, 계림을 공격하고 '장강에서 목욕한다'는 것은 그야말로 쉬운 일이 아니었다. 이때에 이르러 홍7군은 이립삼의 모험주의를 완전히 포기할 수밖에 없었다.

회의 직후에 중공 남방국 대표 등강은 당 중앙에 그동안의 일을 보고하고자 상해로 돌아갈 것을 요청한 후 홍7군에서 떠났다. 그를 지지하던 홍7군 정치부 주임 진호인도 뒤따라 홍7군에서 떠나갔다. 아버지는 그후 진호인의 행방을 아는 사람은 없었다고 말했다. 그들이 떠난 후 홍7군의 이립삼 노선의 지휘권은 또다시 등소평, 이명서와 장운일의 수중으로 돌아오게 됐다.

등강과 진호인이 홍7군에서 이립삼 모험주의를 실천하면서 홍7군이 거듭 실패하게 만든 책임은 누구에게도 전가할 수 없는 것이었다. 하지만 그들도 사실은 이 노선을 만든 사람들이 아니었고 다만 시행자였을 뿐이다. 그러므로 홍7군의 운명에 대한 주요 책임은 중앙에 있었다.

잘못 없는 사람이 어디 있겠는가. 다만 잘못은 고치면 되는 것이다. 등강과 진호인은 홍7군에서 오류를 범했지만, 그들의 일생을 살펴보면 역시 혁명적인 일생이었다고 할 수 있으며, 당에 공로를 끼친 일생이었다. 이들 또한 혁명을 위해 목숨을 바쳤던 것이다.

홍7군은 전주회의 후 휴식을 취하면서 여러 면에서 보충해야 할 필요성을 깊이 느꼈다. 이때 계계 군대가 전주로 진군하고 있다는 소식을 들은 홍7군은 다시 동남쪽으로 광서와 호남 변경을 넘어 호남성 서남 변경인 도주 지구로 진군했다. 중도에서 적군과 작은 접전이 있었지만 홍7군은 곧 호남 경내로 들어섰다.

홍7군은 도주를 점령한 후 대중을 교육하는 한편 부대의 사기를 돋구기 위해 군중대회를 소집했다. 주둔한 지 이틀째 됐을 때 홍7군은 또다시 적군의 이동 소식을 접하고 부득불 남하해 호남 변경의 강화로 가야 했다. 이때가 한창 겨울인지라 눈보라가 심하고 북풍의 기승이 계속 이어졌다. 눈덮인 늘판을 90리나 행군했는데 기아와 주위가 극심했다. 옷이 없는 병사들은 홑옷에 짚신을 신고 있었으며 심지어 무릎이 드러난 바지를 입고 있는 사람도 있었다. 춥고 배고픈 고생이 이어졌다. 하루에 여러 명의 홍군 전사가 혹한에 목숨을 잃어버렸다.

강화의 환경은 도주보다도 더 험악했으며 게다가 당과 대중적인 기초가 조금도 없었다. 홍7군은 다시 광동의 연주로 전진했다가, 다시 호남, 광서, 광동 등 세 성의 인접 지역인 묘족을 거쳐, 결국 1931년 1월 중순경에 광서 변경의 계령산(桂嶺山) 지대에 이르게 됐다. 오는 도중에 지주들의 무장세력과 부닥치기가 일쑤였다.

계령에서 홍7군은 나흘간 휴식 정돈했다. 이때의 홍7군의 병력은 4,000명이 못 됐다. 등소평은 이명서, 장운일과 의논한 후 부대를 개편하기로 결정하고, 원래 2개 사단의 편제를 2개 연대로 개편했다. 그리고 원래의 제19사단을 55연대로 축소 개편하고 공초가 연대장을 담당했고 등소평이 정치위원을 겸임했다. 그 아래 두 개 대대를 두었는데 모두 1,200여 명이었다. 또 원래의 제20사단은 58연대로 축소 개편하고 총지휘관으로 이명서가 직접 연장을 겸임했으며, 그 아래 두개 대대에 1,300여 명의 병사를 두었다.

계령에서 다시 홍7군은 광동 방면의 연주 지구로 진군해 나갔다. 그들은 행군한 지 얼마 안 되어 광서의 성경을 벗어나 광동에 들어섰으며, 1월 19일에는 연주성에서 60리 떨어진 동파에 이르렀다. 그곳에서 홍7군은 연주를 공략할 것인가 토론했는데, 이해관계를 따져 그냥 지나치기로 결정했다. 1931년 1월 17일 홍7군은 다시 연주에서 80리 떨어진 성자(星子)에 이르렀다. 연주에 도착한 후 홍7군이 목표하는 바는 북진해 상남 지구로 가서 그곳에다 기반을 튼튼히 닦고 소비에트정부를 건립해 토지혁명을 진행하는 동시에 홍군을 보충한다는 것이었다. 그렇기 때문에 홍7군은 다시 방향을 돌려 북상했다.

1월 말에 홍7군은 광동의 성자를 거쳐 광동성의 유원현 매화촌 일대에 이르렀다. 그때는 아직 엄동설한이 다 지나가지는 않았지만 매화꽃이 한창 피는 계절이었다. 매화촌은 호남, 광동 변경에 있는 큰 마을이었고, 홍7군의 목적지인 의장과는 매우 가까웠다. 3년 전에 주덕과 진의가 의장봉기를 영도했을 때 매화촌에 홍군 부상병들이 많이 들어와 있었을 정도로 대중적 기초가 비교적 좋은 곳이었다. 그러므로 홍7군 전방위원회는 여기서 대중을 동원하고 소비에트를 창립하기 위한 준비를 할 것을 결정했다. 수일간의 사업을 거쳐 대중을 동원하는 일에 상당한 성과를 올리게 됐으며, 동시에 몇 십 명의 농민을 무장시키고 총 60자루를 지급했다.

매화촌에서 부대가 막 주둔하게 되자 중공 호남성 낙창현 위원회에서는 선전부장 곡자원(谷子元)을 파견해 홍7군과 연락을 가졌다. 곡자원은 당중앙위원회 제6기 제3차 전원회의의 긴급통고문 등 문건들을 가져왔다.

이런 문건들을 보고서야 아버지와 홍7군 전방위원회는 지난 해 9월에, 다시 말해 그들이 하지에 있을 때 당 중앙에서 이미 좌경모험주의를 비판하고 이립삼 노선을 취소했다는 것을 비로소 알게 됐다.

1930년 9월부터 1931년 1월까지 이 시간적 차이로 말미암아 홍7군은 수천리를 전전하면서 혁명근거지를 잃었고, 병력이 3분의 2가 줄어들었던 것이었다. 이처럼 큰 차질은 돌이켜 보면 참으로 슬프고 놀랍지 않을 수 없을 것이다. 이미 흘러가버린 것은 만회할 수도 없는 것이고, 만회할 시간도 없는 것이기 때문이다.

홍7군이 매화촌에 묵은 지 며칠 후인 2월 3일에 그들은 등휘의 1개 연대가 성자 방향에서 추격해 오고 있다는 보고를 받았다. 홍7군 전방위원회는 적군이 1개 연대밖에 안 되므로 적군을 소멸할 수 있는 좋은 기회로 여기고 작전을 결정하고 군사 배치를 했다. 그러나 싸움이 시작돼 쌍방이 접촉하자 비로소 적군 병력이 1개 연대가 아니라 3개 연대나 되며, 그중 2개 연대는 낙창 방향에서 온 것이라는 것을 알게 됐다. 잘못된 정보가 그런 결정을 초래하게 했고, 그 결정은 당연히 실패를 빚어낼 수밖에 없었다. 5시간에 걸친 처절한 접전 끝에 홍7군은 적 1,000여 명을 섬멸했으나 자제 병력의 손실도 매우 컸다. 황혼 무렵에야 홍7군은 이 싸움에서 퇴각했다.

이 전투에서 홍7군은 막대한 손실을 입었다. 부상병이 200명에 이르렀고, 제20사단 사단장 이겸(李謙), 55연대장 장건(章健) 등이 희생됐다. 또 홍7군 참모장 공초, 59연대장 원진무, 58연대의 대대장 이현(李顯) 등이 부상당했다. 이렇게 간부의 과반수를 손실했고 부대원 수는 2,000여 명밖에 남지 않았다.

매화촌 싸움을 아버지는 아직까지 정확하게 기억하고 있었다. 1992

년 광동에 갔을 때, 아버지는 감개무량해 광동에서 자신의 이런 전투 경험을 말했었다. 그는 매화촌 싸움에서 많은 중요한 간부와 이겸 같은 이들이 희생됐다고 극히 애석해 했다.

1931년 2월 5일, 매화촌 전투가 끝난 후 희생된 전우들을 매장하고 홍7군은 산지대로 퇴각했다. 매화촌 전투를 거쳐 홍7군은 막대한 손실을 입었고, 부대의 사기 또한 적잖이 저하됐다. 홍7군 전방위원회에서는 광동 북부, 호남 남부 일대에 근거지를 창설하려던 계획을 포기하고, 속히 낙창으로 나가 강서로 진군해 중앙 홍군과 회합해 중앙 소비에트 구역에서 부대를 휴식 정돈할 것을 결정했고, 동시에 장익(張翼)을 55연대장으로, 풍달비를 58연대장으로 임명했다.

200여 명의 부상병을 조치한 다음 홍7군은 등소평, 이명서, 장운일의 인솔하에 서쪽으로 떠났으며 낙창하(樂昌河)의 도하를 강행했다. 점심 때쯤에 등소평과 이명서가 55연대를 거느리고 먼저 낙창하를 건넜다. 그런데 뜻밖에도 적들이 낙창, 소주 두 곳에서 부대를 이동해 와 홍7군의 도하를 저지했다. 장운일이 거느린 58연대는 한 개 중대가 강을 건너고 나자 적의 포화로 인해 더 이상 강을 건널 수 없게 됐다.

낙창하 전투를 거쳐 홍7군은 두 부분으로 동강났는데, 55연대는 등소평, 이명서의 인솔하에 강서로 진군했으며, 58연대는 장운일의 인솔하에 계속 호남 광동 변경에서 우회하다가 나중에 낙창하를 건너 강서 방향으로 전진했다. 이 기간 홍7군의 두 부대는 연락이 두절되어 소식을 전혀 모르게 됐으며, 4월 중순에 가서야 두 부대가 강서성의 영신(永新)에서 만날 수 있었다.

홍7군 제55연대는 광동 북부 인화 지구를 거쳐, 2월 8일에 강서 근방 내량에 도착했다. 여기서 그들은 뜻밖에도 중앙 상감변 특별위원회를 영도하는 숭남 유격대와 만났다. 강서는 당의 첫 혁명근거지의 발상지이다. 이곳에는 당 조직이 있고 튼튼한 대중적 기초가 있으며 지방의 유격무장이 있고, 중앙 정규군인 홍군이 있었다. 광서와 비하면 그야말로 딴세상이었다, 그러므로 홍7군은 강서에 들어서자마자 자기 편을 만나게 된 것이다. 그것은 소규모의 지방 유격대라 해도 정말로 친근감을 주기에 충분했던 것이다.

홍7군이 몇 차례의 좌절을 겪었고 또 여러 차례 병력을 손실하는 경험도 맛보았지만, 위세를 날리고 싸움 잘하는 부대로 손색이 없었으므로 홍7군이 강서에 들어오자마자 적들의 신문에는 즉시 다음과 같은 소식이 실렸다.

"이명서가 홍7군을 거느리고 상감변에 들어갔다."

"이명서가 홍군을 거느리고 소로를 통해 낙창과 인화에 접근하고 있다".

"홍7군은 두 갈래로 나누어 상남에 들어와 강서를 공격하고 있다."

이때 와서도 적들은 홍7군에 지대한 주의를 가지면서 여전히 홍7군을 얕보지 못하고 있었다. 홍7군은 유격대의 조치하에 부상병을 안치시킨 다음 최근의 상황에 대한 자세한 소개를 들었다. 그들은 이 일대가 아직 유격 구역에 속하는 지역으로 대중적인 기초가 약하며, 60리 밖에 있는 숭의현은 아직 적의 점령 구역임을 알았다. 그리해 홍7군은 60리를 북진해 숭의현성을 공략하기로 결정했다. 홍7군은 비교적 강한 전투력과 병력의 압도적 우세로 숭의현을 이내 점령했다. 숭의는 강서성 서남부와 호남, 호북, 강서 등 세 성의 변경 지구에 위치하고 있고, 정강산과는 약 100킬로미터 떨어져 있다.

숭의에 있을 때 아버지는 딩 중잉에서 제6기 제4차 전원회의를 소집했으며, 왕명이 중앙의 영도 지위를 차지했다는 소식을 들었다.

이 소식은 아버지의 마음속을 잠시나마 뒤흔들어 놓았다. 그것은 왕명이란 사람에 대해 종래부터 호감을 갖지 못했기 때문이었다. 아버지는 상해로 가 당 중앙에 지금까지의 사업을 보고하기로 결정했다. 아버지는 전방위회의를 소집해 자신의 이 결정에 대한 동의를 받았다. 회의는 이후 허탁이 전방위원회 서기를 대리한다고 결정했다. 아버지는 이 회의에서 홍7군은 독자적 행동을 해서는 안 되며, 필요시에는 정강산 혁명근거지 방향으로 접근할 것을 재삼 당부했다.

　사업 인계를 끝낸 후 아버지는 이명서와 작별하고 숭의를 떠났다. 당시 아버지는 이 순간이 이명서와의 영원한 이별이 될 줄은 꿈에도 생각하지 못했다.

　아버지는 허탁과 함께 먼저 숭의에서 30여 리 떨어진 한 읍으로 갔다. 아버지는 그곳에서 허탁과 작별했다. 그리고는 산악 지대의 토산물을 파는 상인으로 분장하고 교통원을 따라 며칠 동안 걸어서 광동 강서의 인접 지대인 대유를 거쳐 광동의 남웅에 이르렀다. 남웅은 당시 당의 주요한 교통 연락처였는데 이씨 성을 가진 부부가 책임지고 있었다. 아버지는 교통 연락처에서 하룻밤을 지낸 후, 그들이 파견한 다른 한 교통원을 따라 소관으로 갔으며, 그 다음에는 기차를 타고 광주로 갔다. 광주의 한 여관에서 한나절 묵은 다음 아버지는 그날 밤 향항(香港)에 도착했고, 다시 향항에서 배 편으로 상해로 갔다.

35 홍7군의 빛나는 활약

아버지가 홍7군을 떠나 상해로 돌아간 후, 이명서와 허탁은 신풍근 거지를 건립하러 동쪽의 신풍으로 떠나갈 준비를 했다.

그러나 이명서와 허탁은, 바로 이때 남창에 진을 치고 있던 국민당의 '강서 비적토벌' 총사령 하응흠(何應欽)이 홍7군을 강서 남부에서 소탕하려고 감주의 장광정(蔣光鼎)과 장사의 하건(何鍵)에게 협공 명령을 내리고 있는 줄은 전혀 생각지 못했다. 적들의 두 개 연대와 약간의 민단이 이미 숭의성에 접근하고 있었던 것이다.

우리 측에서 정보, 정찰공작을 잘하지 못한 탓에 적들이 성 가까이에 다가 왔을 때에야 홍7군은 적의 대군이 삼면에서 습격해 오고 있다는 것을 비로소 알게 됐다. 그 당시에 안개가 짙게 끼어 있었는데, 이명서는 철수령을 내린 후 교묘하게 진을 꾸며 한참 동안 북쪽을 치다가 다시 남쪽을 치곤하며 철수에 성공했다. 그 결과 홍7군은 귀신처럼 깜쪽같이 짙은 안개 속으로 사라졌고, 적들은 저희들끼리 한참이나 신나게 싸웠던 것이다. 적들이 이 상황을 나중에 알게 됐을 때, 홍7군은 이미 북으로 나가 정강산 부근의 수천(遂川)에 이르고 있었다.

1931년 3월, 이명서는 홍7군을 다시 인솔해 북쪽의 영신에 도착했다. 영신에서 그들은 등대원(騰代遠)이 거느리는 홍군 제3군단의 한 부대와 만났는데, 이는 홍7군이 여러 차례 싸움을 거치면서 한 형제인 홍군 부대와 처음으로 만난 것이었다. 이때부터 홍7군은 강서 홍군과 합류했다. 영신에서 그들은 공작을 전개하는 한편, 계속 장운일

군단장과 58연대의 소식을 수소문했다.

봄빛이 무르익는 4월의 어느 날 오후 4시경이었다. 이명서와 허탁이 한 대오를 인솔하면서 어느 다리를 지나고 있을 때였다. 문득 앞에 한 부대가 마주오는 것이 눈에 띄었다. 그들이 바로 홍7군이 낙창하에서 잃어버렸던 58연대였다. 이명서와 장운일은 두 손을 꽉 잡았다. 그리고는 어린아이마냥 감격의 눈물을 쉬임없이 흘렸다. 홍7군의 55연대와 58연대는 드디어 영신에서 회합했다. 수천성 동쪽의 강 어귀에 있는 작은 나무다리에서 이명서 총지휘와 장운일 군단장은 2개월 남짓 헤어졌다가 끝내 만나게 된 것이다.

영신성 성벽 위에 '중국노농홍7군 사령부'라고 씌여진 큰 깃발이 펄럭였다. 홍7군의 전체 2,500여 명의 장병들이 이곳에서 승리의 만남을 축하하는 대회를 연 것이다. 곳곳에서 기쁨이 넘쳤고 저마다의 얼굴에는 웃음꽃이 활짝 폈다. 본부석에는 이명서 총지휘와 장운일 군단장이 즐거운 모습으로 단정히 앉아 있었다. 이때 폭죽소리가 귀청을 멍하게 만들 정도로 터져나갔고 나팔소리는 하늘 높이 울려 퍼졌다.

그뒤 얼마 지나지 않아 홍7군은 중앙 홍군 모택동 총정치위원, 주덕 총사령으로부터 하서에서 총지휘부를 세우고 이명서가 총지휘를 맡아 홍7군, 홍20군, 상감 소비에트 홍군 독립 제1사단 등 세 부대를 직접 지휘하라는 명령을 받았다.

영신에서 수일간 휴식과 정돈을 한 다음 홍7군은 분발된 기상과 앙양된 투지로 장개석의 제2차 반혁명 포위토벌작전을 분쇄하는 전선에 뛰어들었다. 홍7군은 강서 서부와 호남 동부 일대에서 활약했고, 안복, 다룽, 안인, 원주(지금의 의춘), 영현, 영강 등 여러 차례의 전투에 참가했으며, 중앙 홍군과 합작해 중앙 소비에트 구역에 대한 국민당 군대의 제2차 포위토벌전을 물리쳤으며 동시에 상감 혁명근거지를 확대했다.

1931년 6월 중순에 홍7군은 중앙 홍군의 명령을 받고 동쪽의 감강을 건너 홍국현으로 가서 중앙 홍군과 승리적으로 만났다.[1]

홍7군의 노전사들은 당시를 회고하면서 다음과 같이 감개무량하게 말했다. "홍7군은 1930년 9월에 우강을 떠나, 1931년 7월에 홍국현 교두진서 중앙 홍군과 회합할 때까지 10개월이나 되는 긴 시일에 걸쳐 광서, 호남, 광동, 강서 등 네 개 성을 전전하면서 적들의 포위, 추격, 저지, 차단을 용감하게 물리쳤다. 그리고 마침내 주덕, 모택동의 홍군과 합류하는 간절한 염원을 실현했다. 이때부터 홍7군은 중앙 홍군의 한 부분이 돼 모 주석, 주 총사령의 직접적인 지휘하에 남북을 전전했다."[2]

그렇다. 10개월 간에 걸친 7,000리의 전투 역정, 이것이 바로 홍7군이며, 중국노농홍군의 강철군대가 걸어온 빛나는 길이었다.

1931년 11월에 중앙 소비에트 구역의 '붉은도시' 서금(瑞金)에서 제1차 중국 소비에트 공화국 노농병 대표대회가 열렸다. 홍7군에서는 5명이 대회에 참석했고, 그중 장운일과 위발군은 임시중앙정부 집행위원으로 선출됐다. 홍7군의 혁명 정신과 탁월한 공적을 표창하기 위해 임시중앙정부 주석 모택동은 대회 폐회식에서 '천리를 전전하다(轉戰千里)'란 네 글자가 쓰여진 금기(錦旗) 한 폭을 친히 홍7군에 수여했다. 아버지는 70년대에 와서도 모택동이 자기에게 "홍7군은 잘 싸웠소." 하고 여러 차례나 칭찬했다고 말했다.

홍7군의 역사는 비장한 역사이며 기세 드높은 혁명적 전투사이다. 그 가운데는 빛나는 역사의 장, 혹은 개선가를 높이 올린 장이 있었는가 하면, 비참하면서도 장렬했던 역사의 장도 있었던 것이다.

아버지에게 있어서도 홍7군과 홍8군의 혁명 역정과 전투적 실천은 보다 많은 경험이 됐다. 경험이건 교훈이건 그 어느 것을 막론하고 그가 앞으로 더욱 광활한 분야에서 혁명투쟁 실천을 진행하기 위해서는 더욱 풍부한 경험을 쌓아야 했고, 보다 튼튼한 기초를 닦아야 했는데, 이러한 모든 것들은 그를 더욱 성숙되게 했다.

홍7군과 홍8군의 대오에는 혁명사업을 위해 자기의 목숨을 바친 혁명전사들이 수없이 많다. 한 예로, 북벌전쟁의 이름난 장령이었고, 홍

7군과 홍8군 총지휘였던 이명서는 모든 사회적 지위를 버리고, 또한 장개석이 주겠다던 높은 관직과 후한 봉록도 마다하고 더없이 험난한 혁명의 길을 서슴없이 선택했던 것이다. 이명서는 대담하고 지략이 있었고, 지휘에 능해 홍7군과 홍8군을 위해 지워질 수 없는 불멸의 공훈을 세웠다.

그런데 바로 1931년 10월 이명서는 왕명이 이끌던 좌경기회주의 노선의 통치하에서 왕명 노선을 집행하는 사람들에게 '개조파(改組派)의 우두머리'라고 모함돼, 불행하게도 총살될 줄은 천만 뜻밖의 일이었다. 그때 그의 나이는 35살이었다. 홍7군의 많은 지휘관, 전투원들에게도 개조파와 'AB단'이란 감투가 씌워졌다. 원래 우강 소비에트의 주석인 뇌경천은 모택동이 보호했기에 피살되지는 않았으나, 두 번씩이나 당적에서 제명됐다. 홍7군 정치부 비서처 사혜, 위백강, 여필성 등 일부 책임 동지들도 원한을 품은 채 죽고 말았다. 그러다가 1945년 당의 제7차 전국대표대회에 와서야 당 중앙에서 이명서의 누명을 공개적으로 벗겨주고, 명예를 회복시켜 그를 혁명열사로 추인했다.

1986년에 아버지는 광서에 갔었다. 아버지는 그때 홍7군 홍8군의 광경을 회상하고 특히 이명서를 회상하면서 이렇게 말했다. "내가 이명서와 맨 처음 만난 것은 백색에서 용주로 가는 길에서였고, 이명서가 입당한 것은 내가 상해에 가서 중앙의 허가를 받아왔기 때문이었지. 우리 두 사람은 줄곧 함께 강서를 향해 갔던 것인데, 당시 이명서는 홍7군과 홍8군의 총지휘였고 나는 총정치위원이었으며 소비에트의 주석은 뇌경천이었다. 홍8군은 싸움에서 패배했지만 홍7군은 싸움을 잘했지. 유작백(兪作柏)은 향항으로 달아났지만 이명서는 끝까지 사수했지."

아버지는 몇 십 년의 세월 속에서도 이명서에 대해서 줄곧 그리움에 가득 차 있었다. 아버지는 70년대에 모택동이 몇 번이나 "이명서는 잘못 죽인 것이야."라고 했었다고 말했다. 오늘까지도 이명서 말만 나오면 아버지는 가라앉지 못하는 그 격동스런 심정을 내비치곤 한다.

한편 거기 포함되는 또 한 사람이 위발군(韋拔群)이다. 위발군은 1932년 10월 19일 제3차 반포위토벌전 때에 변절자에 의해 암살을 당했는데, 그때 그의 나이는 38살이었다. 당시 우강 인민들은 목숨을 내걸고 그를 광서의 땅에다 묻어주었다.

위발군은 광서의 농민지도자이자 광서 인민이 우러른 영웅이었다. 위발군은 이렇게 쓴 적이 있다. "홍군에 있거나 홍군이 되는 것은 다 인민을 구원하기 위해 분투하는 것이다. 너도나도 모두 죽는 것은 우리 모두가 혁명을 위해 희생하는 것이다." 그는 이와 같은 정신으로 혁명투쟁에 참가했다. 1962년 12월에 아버지는 자기의 친밀한 전우인 위발군을 위해 제문을 썼다.

"위발군 동지는 자기의 일생을 당과 국민의 해방사업에 바쳤고, 후에는 목숨까지 바쳤다.

그는 적과의 투쟁에서 백절불굴 용감하게 싸웠다. 그는 무산계급과 근로시민의 영웅으로써 손색이 없다.

그는 대중의 고통에 관심을 돌렸으며 국민의 해방사업에 무한히 충직하는 숭고한 정신을 지녔다. 그는 인민 대중의 위대한 지도자다.

그는 일관적으로 당에서 조치한 사업을 신중히 지켰으며, 당의 규율을 엄격히 지켰다. 그는 모범 공산당원으로서 손색이 없다.

위발군 동지는 우리 맘속에 영원히 살아 있을 것이다. 그는 우리와 우리 후손들의 영원한 본보기다. 우리는 그를 영원히 기념할 것이다!"

오늘날의 사람들은 태평성세의 낙원에서 생활하고 있다. 당신들은 당신들의 발아래 황토 속에 오늘의 안일한 생활을 위해 희생한 영웅열사들이 그 얼마나 되는지 알고 있는가? 어떤 사람은 중국의 황토를 멸시하며 자기의 선조들이 개간한 이 고향을 얕보고 있다. 하지만 나는 이 땅이 수천 년을 내려오면서 우리의 선조들이 땀으로 가꾼 곳이고, 나라와 국민을 위한 무수한 선열들의 뜨거운 피가 스며 있는 곳이며, 가장 비옥한 땅이며 가장 자랑할만한 땅이라고 생각한다.

광서의 산과 물, 광서에서의 투쟁 경력, 홍7군과 홍8군의 혁명적 전우들을 아버지는 영원히 잊지 않고 있다. 광서의 수도 남녕시의 남호공원에는 이명서와 위발군 열사의 기념비가 있는데, 아버지는 비석에다 다음과 같은 제문을 썼다.

"이명서, 위발군 동지를 기념한다. 백색봉기의 선열들은 영원하리라!"

유작예(兪作豫)는 1927년에 중국공산당에 가입했고, 중국노농홍군 제8군 군단장이었다. 1930년 9월 6일, 그는 광주 홍화강에서 장렬하게 희생됐는데 그때 나이는 29살이었다.

완단평(宛旦平)은 1924년에 중국공산당에 가입했고, 홍8군 참모장 겸 제2종대 사령이었다. 그는 1930년에 전사했는데 그때 나이는 30살이었다.

이겸(李謙)은 1924년에 중국공산당에 가입했고, 황포군관학교 제1회생이며, 홍7군 제1종대 대장, 제20사단 사단장이었다. 그는 1931년 매화촌 전투에서 전사했는데 그때 나이는 22살이었다.

당극(唐克)은 1925년에 중국공산당에 가입했고, 홍군 제8군 정치학교 대대장이었다. 그는 1930년 전투중에 체포돼 희생됐는데, 그때 나이는 27살이었다.

허진(許進)은 1924년에 중국공산당에 가입했고, 홍7군 정치부 주임이었다. 1931년 10월 반혁명 숙청이 진행되는 중에 모함 살해당했다. 그때 나이가 35살이었다.

나소언(羅小彦)은 1925년에 중국공산당에 가입했고, 홍7군 제4종대 정치부 주임이었다. 1934년에 반혁명 숙청의 확대로 인해 옥에 갇혔다가 병사했다. 그때 나이는 37살이었다.

진홍도(陳洪濤)는 1926년에 중국공산당에 가입했고, 우강 중공 특별위 서기 겸 우강 소비에트 정부 주석 및 홍7군 제21사단의 정치위원이었다. 1932년에 유격대를 거느리고 동란에서 투쟁을 진행하다가 변절자의 밀고로 체포돼 죽었다. 그때 나이가 27살이었다.

허락(許卓)은 1924년에 중국공산당에 가입했고, 홍7군 정치부 주임, 홍7군 전방위원회 위원, 서기 겸 홍7군 정치위원이었다. 그는 1934년 무평의 전투에서 희생됐다. 그때 나이가 30살이었다.

이박(李朴)은 대혁명 시기에 중국공산당에 가입했고, 홍7군 제21사단 정치위원이었다. 1935년에 호남의 전투에서 사망했다. 그때 나이가 30살이었다.

풍달비(馮達飛)는 1924년에 중국공산당에 가입했고, 홍7군 대대장, 종대 사령원이었다. 1942년 적에게 살해됐다. 그때 나이가 43살이었다.

그밖에 또 여러 차례의 전투에서 용감하게 희생된 홍7군, 홍8군의 장병들도 수없이 많다.

홍7군, 홍8군은 영웅적 인민군대였다. 이 부대는 전투 과정에서 훌륭한 전사들을 많이 양성해 냈으며, 그들은 이후의 항일전쟁, 해방전쟁과 새 중국을 건설하는 각 시기의 군사장령과 지도간부가 됐다.

뇌경천은 해방 후 광서 인민정부 부주석 등을 맡았다. 섭계장(葉季壯)은 해방 후에 대외 무역부 부장 등을 맡았으며, 중국공산당 제8기 중앙위원이었다. 진만원(陳漫遠)은 해방 후 광서 인민정부 대리 주석을 맡았으며, 제8차 당대회의 후보 중앙위원이었다.

공음빙은 해방 후에 경공업부 부부장, 중앙 통일전선사업부 부부장을 맡았으며, 제2기 전국인민대표대회 상무위원회 위원이었다. 원임원(袁任遠)은 해방 후 내부부 부부장, 청해성 성장 등을 맡았으며, 제5기 전국인민대표대회 상무위원회 위원이었다.

원래 홍7군의 군단장이었던 장운일은 일찍이 이렇게 말한 적이 있다. "홍7군은 아마 장령이 50명은 더 나왔을 꺼야. 전투를 몇 번 거쳐서야 장령이 하나 나올 수 있을까말까 한데, 50명의 장령을 합친다면 과연 전투가 몇 차례나 됐겠는가?"[3]

1955년 중국인민해방군에서 군인에게 계급을 수여할 때, 원래의 홍7군과 홍8군에서 모두 대장 1명, 상장 2명, 중장 4명, 소장 12명이 나왔다.

대장은 장운일이고, 상장은 위국청과 이천우(李天佑)이다. 중장은 막문화, 담건(覃健), 위걸(韋杰), 선항한 등이다. 소장은 원야렬(袁也烈), 진무(振武), 위조진(韋祖珍), 노소무(盧紹武), 주학운(朱鶴云), 오서(吳西), 강무생(姜茂生), 황혜량(黃惠良), 황신우(黃新友), 담사면(覃士冕), 담국한(覃國翰), 황일평(黃一平), 구치부(歐致富) 등이다.

중국노농홍군 제7군, 제8군은 혁명 역정이 몇 년 밖에는 안 되지만, 그들은 중국혁명군대의 대표적인 부대로 손색이 없었으며, 중국혁명에 탁월한 기여를 했다. 그들의 백색봉기, 용주봉기는 중국공산당이 토지혁명 시기에 일으킨 많은 혁명 무장봉기 가운데서 역사 위에 영원히 기록될 것이다.

주
1. 강무생, 《낙창하에서부터 영신의 만남까지(從樂昌河被載到永新會師)》. 《광서 혁명투쟁 회억록(廣西革命鬪爭回憶錄)》, P. 123.
2. 원임원·위국청·진만원·막문화·오서, 《백색봉기를 기념하며》. 《광서 혁명투쟁 회고록》(제2권), P. 1.
3. 담국한·황초·담경영, 《혁명적 전투의 친선(革命戰鬪友誼)》. 《광서 혁명투쟁 회고록》(제2권), P. 162.

36 1930년대 초기의 변화

1931년 2월경에 아버지는 강서성에서 당의 비밀통로를 통해 상해로 돌아왔다.

아버지는 연락소에서 준 주소에 따라 재빨리 중앙의 연락원과 연락을 가지고 중앙에 도착했음을 보고했다. 아버지는 연락원이 배치해 준 노혜중여관에서 며칠 묵고 있다가, 다시 연락원이 구해 준 다락방으로 옮겨갔다.

상해에 이른 후 아버지는 이내 연락원을 통해 중앙 책임 동지에게 홍7군의 공작을 보고하겠다는 것을 제시했다. 중앙에 보고할 날을 기다리는 한편 아버지는 4월 29일에 '홍7군 공작 보고서'를 다 작성해 놓았다.

이 공작 보고서에서 아버지는 홍7군과 홍8군이 걸어온 과정과 전투 역정을 아주 자세히 서술했으며, 홍7군이 광서 우강에 있을 때의 사정과 7천리 길을 이동한 상황, 그리고 강서 숭의에서 지방당 공작과 토지혁명 공작을 전개한 상황 등을 서술했다. 마지막으로 아버지는 매우 정성스러운 태도로 이 시기 홍7군의 임무 수행 과정에서 느낀 체험과 교훈을 분석하고 종합했다.

아버지는 다음과 같은 사항을 인정했다.

홍7군의 공작 가운데 나타난 단점은 첫째로, 대중을 중심으로 해 문제를 제기한 것이 아니라 군사를 중심으로 한 것이다. 그 결과 늘 대원들이 피동적으로 움직여야만 하는 상황에 빠졌다. 우강에서 운남 군대를 공격했던 전투, 무강을 공격했던 전투, 연주를 공격했던 전투는 모두 다 그렇다. 대중과의 공작을 소홀히했기 때문에 어디로 가나 피동적인 위치에 처해야 했고, 발을 못 붙이게 돼 강서성 남부까지 내려가는 등 전전긍긍해야 했다.

둘째로, 홍7군은 보다 빨리 우강을 떠났어야 했다. 왜냐하면 우강에서 홍7군의 역할은 매우 작았기 때문이다. 홍7군은 광동성과 호남성의 접경 지대인 유원, 의장 일대의 매화촌에 도착한 뒤에도 북강에서 발붙일 생각을 말고 급히 강서성으로 가야 했다. 만약 이렇게 결정했더라면 매화촌 전투의 손실은 발생하지 않았을 것이다.

셋째로, 홍7군에 대한 좌경노선의 지휘는 몇 차례의 집중된 전투에서 실패를 초래했으며, 따라서 유주, 계림, 광주로 진공하는 것은 순전히 환상이 되고 말았다.

이밖의 전투에서 홍7군은 정찰이 부실했고, 적을 경시하는 관념이 생겨났다. 이는 구식 부대에서 전근해 온 지휘관과 전투원에 대해 개조공작을 제대로 하지 못했기 때문이다. 따라서 토지혁명을 심도 있게 전개하지 못했고, 사업을 힘 있게 추진시키지 못했다. 이 구식 군대와 새로 받아들인 농민들로 구성된 홍7군은 토대가 비교적 약했다. 게다가 이립삼 노선까지 집행 관철해야 했으므로 홍7군은 많은 좌절을 겪고 말았다.

이 '홍7군 공작보고서'는 무려 16,700여 자나 된다. 그러나 반 년의 시간이 지나도 당 중앙은 아버지의 공작 보고를 전혀 청취하지 않았다. 아버지는 상해에 거처하고 있는 기간에 그저 매달 연락원으로부터 생활비를 얼마간 받았을 뿐이며, 아버지와 중앙과의 연결은 연락원이 간간히 아버지를 한 번씩 찾아오는 것으로 그쳤다.

상해에서 아버지는 오래지 않아 이유한, 하창, 이부춘, 섭영진 등 낯익은 동지들을 만났다. 아버지는 이유한과 하창네 집에서 묵기까지 했다.

아버지는 1929년 여름에 그가 당 중앙기관을 떠나 광서에서 공작한 이후 오늘에 이르기까지 당 중앙과 당의 공작에는 매우 큰 변화가 일어났다는 것을 차츰 알게 됐다. 그 변화에 대해서는 이미 앞의 장에서 설명한 바와 같다.

1930년 9월, 구추백과 주은래는 국제공산당의 지시에 근거해 당 중앙위원회 제6기 제3차 전원회의를 소집하고, 이립삼 등의 좌경 오류를 비판했다. 또 이에 따라서 그의 모험적 계획을 중지시키고 중국공산당 중앙위원회의 영도기관을 개편했다. 이립삼은 자신의 오류를 승인했고 중앙의 영도적 위치에서 물러났다. 이렇게 돼 이립삼의 좌경모험주의는 종결됐다.

이립삼은 호남성 예릉 출신으로 그의 본명은 이륭질이다. 그는 1921년에 중국공산당에 가입했고, 1928년 당의 제6차 전국 대표대회를 통해 중앙정치국 후보위원, 중앙정치국 후보 상무위원의 직을 맡았고, 후에 중앙정치국 상무위원 직을 맡았다. 그는 결국 좌경모험주의의 실패로 인해 당 중앙의 영도 위치에서 물러났다. 후에 그는 소련에 가서 학습했으며 국제공산당 주재 중국공산당 대표가 됐다. 그후 그는 마르크스와 레닌의 저작을 번역하는 일에 종사했다. 1945년 당의 제7차 전국대표대회에서 그는 중앙위원으로 당선됐고, 1948년에 중국 전국 총공회 부주석으로 임명됐다. 해방 후 그는 중앙인민정부 위원, 정무원 위원, 노동부 부장의 직을 맡았다. 그뒤 문화대혁명 과정에서 임표, 강청 등 반혁명집단은 그에게 스파이 등 여러 죄명을 씌우고 가뒀다. 1967년 6월 그는 박해를 받아 68세를 일기로 생애를 마쳤다. 1980년에 당 중앙은 그의 명예를 회복케 주었다.

중국공산당은 그 발전 초기에 실로 운이 대단히 나빴다. 중국공산당은 자체적인 성장 과정에 그릇된 노선의 방해와 파괴를 거듭 받아왔다. 그리고 연소한 중국공산당은 국제공산당의 지지가 필요했었는가 하면, 국제공산당의 간섭과 그릇된 지휘를 거듭 받아야만 했다. 1930년 9월, 이립삼의 좌경망동주의가 종결된 후, 국제공산당에서 파견한 미브가 와서 중국공산당과 중국혁명을 지휘하는 데 직접 끼어들었다.

미브는 왕명의 손을 빌어 제멋대로 결단을 내리고, 왕명을 통해 보다 이론적이며 더욱 기세 당당하고 완벽한 좌경기회주의 노선을 주장했다.

왕명은 안휘성 금채(金寨) 출신으로 본명은 진소우(陳紹禹)다. 1925년에 중국공산당에 가입했고, 그해 가을에 소련 모스크바 중산대학에 가서 공부했다. 왕명은 소련에 있는 기간 미브로부터 각별한 중시를 받았으며, 중산대학에서 지부국의 책임자로 있을 때 벌써 미브의 지지하에 종파적 활동을 하면서 자기를 반대하는 중국 동지들을 박해했다. 1929년에 왕명은 중국으로 돌아와서 지하공작에 참가했다. 그는 원래부터 이립삼의 좌경적인 견해를 지지했다.

1931년 1월 7일, 중국공산당 중앙위원회 제6기 제4차 전원회의가 상해에서 비밀리에 소집됐다. 사회자는 명의상 총서기인 향충발이었으나, 실제 조종자는 미브였다. 회의는 처음부터 치열한 논쟁이 거듭됐다. 미브 등은 회의에서 겉으로는 이립삼 노선을 비판했지만, 사실은 중국공산당의 지휘부를 재조직해 왕명을 올려놓을 목적을 갖고 있었다. 미브의 독단하에서 회의는 '지금 당내의 주요한 위험은 우경'이라고 결정한 동시에 당의 중앙위원회와 정치국을 개선했다.

새로운 정치국의 이 명단은 국제공산당이 사전에 작성한 것이다. 총서기는 여전히 아무런 역할도 하지 못하는 향출발이었고, 왕명이 정치국에 들어가 중앙의 지휘권을 장악하게 됐다. 이렇게 '명분뿐이고 실제적으로 사업에 대한 경험이 없는' 왕명이 미브의 지지하에 중국공산당의 일을 맡아보게 됐다.

'백 퍼센트 볼셰비키'로 자처한 왕명은 마르크스주의를 교조화하고, 국제공산당과 소련의 경험을 신격화했으며, 민주주의 혁명과 사회주의 혁명의 단계적 실현을 혼돈하고 자산계급 심지어 중산계급을 반대하는 것을 반제, 반봉건과 같은 차원에서 실시했다. 그들은 전국적인 혁명 고조와 당의 '전적 범위에서의 진격 노선'은 '한 개 성 또는 몇 개 성에서 먼저 승리를 달성'할 수 있을 뿐만 아니라, 나아가서는 전국적인 승리를 달성할 수 있을 것이라고 계속 강조했다. 또한 '도시 중심설'

을 과장하느라 농촌혁명근거지와 홍군전사들을 경시하고 부정했으며, 당 내에서 '우경을 반대한다'는 깃발을 들고 종파주의를 실시하는 동시에, 같지 않은 의견을 가지고 있는 사람들에 대해서는 잔혹한 투쟁과 무자비한 타격을 가했다.

국제공산당의 지지와 교조주의의 사나운 자태, 그리고 당내의 좌경 정서로 인해 중국공산당 내에는 이립삼의 좌경 오류보다도 더 엄중하고 서슬이 등등한 왕명의 좌경모험주의가 재빨리 형성됐다.

1931년 4월, 당 중앙 정치국위원 고순장이 체포돼 변절했다. 6월 당의 서기 향충발도 체포돼 변절했다. 상해의 당 중앙기관이 막대한 파괴에 직면한 상황에서 임시 당 중앙이 형성돼 박고가 중앙 총책임자가 됐다. 왕명은 모스크바로 가서 국제공산당 주재 중국공산당 대표로 있으면서, 박고를 통해 당 중앙의 영도권을 조종하고 장악했다. 왕명의 좌경모험주의는 중국공산당 내에서 무려 4년 동안을 잔존했으며, 중국공산당과 중국혁명 사업에 극히 지대한 손실을 가져왔다.

왕명의 좌경모험주의가 중국공산당 내에서 판을 치기 시작한 것과 거의 때를 같이해, 1930년대 초기에 중국의 국토에서는 민족을 멸종의 구렁으로 몰아넣을 뻔한 다른 사건이 발생했는데, 그것이 바로 동쪽의 이웃이던 일본이 중국을 침략한 것이다.

1931년 9월, 영국과 미국 등 국가들이 자국의 문제 때문에 소홀한 틈을 타서, 또 중국의 장개석이 홍군을 포위토벌하느라고 전력을 다하고 있는 틈을 타서 일본제국주의는 중국 침략의 발걸음을 내딛기 시작했다.

1931년 9월 18일, 일본 침략군은 우리나라 동북 지방을 공격해 들어왔다. 장개석의 남경정부는 '충돌하지 말라'는 명령을 내리기까지 하면서 장학량의 동북군이 저항하는 것을 금지시켰다. 그 결과 수십 만에 달하는 동북군은 총 한 방 쏘지 못하고 산해관(山海關) 쪽으로 퇴각했으며, 장학량은 애매하게도 국민으로부터 '저항하지 않는 장군'이라는 오명을 얻었다. 5일도 안 되는 사이에 일본군은 요녕, 길림 두

성을 거의 점령했다. 결국 짧은 석 달 동안에 중국 동북의 요녕, 길림, 흑룡강 등 세 성은 완전히 일본군에 의해 점령되고 말았다.

1932년 1월, 일본군은 싸우지 않고도 우리나라 동북을 점령한 후, 나아가 아무런 거리낌없이 상해를 진공하기 시작해 3월 3일에는 마침내 상해를 점령했다. 5월 5일, 장개석은 일본과 '송호정전협정(淞滬停戰協定)'을 체결하고, 일본이 상해에 군사를 주둔시킬 수 있다는 것을 승인하는 한편, 전국의 항일운동을 금지시키는 데 동의했다. 또한 처음부터 상해에서 일본군에게 항거한 제19로군에 명령을 내려 상해에서 물러나 복건성으로 가서 '공산당을 토벌'하라고 명령했다.

장개석으로 말하면 일본제국주의가 가장 중요한 적이 아니며, 많은 국토가 점령당하는 것도 그는 대수롭지 않게 생각했다. 그가 가슴속에 품고 있던 적은 공산당과 공산당이 영도하는 홍군이었다. 1931년 11월 30일, 장개석은 도리어 "외적을 물리치자면 먼저 국내를 안정시켜야 한다."는 이론을 제기했다. 그 뜻은 먼저 공산당을 척결하지 않고서 외적을 막아낸다는 것은 운운할 여지가 없다는 것이다. 이러한 논리가 얼마나 괴상한 논리인지 독자들은 알고 있을 것이다.

9·18사변 후 전국은 이 소식을 듣고 소동이 일어났으며, 이에 분노한 국민들이 연이어 성토했다. 전국 각지에서는 노동자들이 파업하고, 학생들은 동맹휴학을 하면서 항일할 것을 정부에 요구했다. 1931년 9월 28일, 남경의 학생들은 의분을 참지 못해 국민당 정부의 외교부를 짓부셨다. 그 해 연말에 북경, 천진, 상해, 한구, 광주 등지의 학생들이 남경에 모여 항일시위를 하다가 장개석이 파견한 군대와 경찰에 진압돼 그 자리에서 30여 명의 학생들이 피살되고, 100여 명이 중상을 입었다. 외적에게 저항하지 않고 오히려 학생들을 처참하게 진압한 장개석 국민정부의 만행은 전국 국민들의 더욱 큰 분노를 자아냈다. 송경령(宋慶齡), 채원배(蔡元培), 노신(魯迅), 양행불(楊杏佛) 등은 '중국민권보장동맹'을 발기하고, 장개석에게 정치범을 석방하고 인민들이 항일할 수 있는 자유와 권리를 보장할 것을 요구했다.

1932년 9월, 중국공산당 임시 중앙은 결의를 다짐하고 일본제국주의의 침략에 저항할 것을 전국 인민들에게 호소했다. 이 중국공산당의 영도와 영향 아래 상해 등 지역의 항일을 요구하는 인민 대중의 운동이 연이어 고조되고 있었다.

장개석은 이 기회를 빌어 마구 진압해 왔다. 많은 공산원이 체포되고 살해당했으며, 당의 역량이 날로 약화됐다. 백색 구역의 당조직은 거의 파괴당했다. 1933년 초에 이르러 좌경분자가 통제하고 있던 당의 임시 중앙마저 상해에서 강서의 소비에트 구역으로 옮겨가지 않을 수 없게 됐다. 후에 무선전신국이 파괴를 당해 당 중앙과 국제공산당의 연락까지도 중단됐다.

1930년대 초 역사의 물결은 이렇게 흘러갔다. 나라에는 국치가 있었고, 당은 당으로서의 오류가 컸던 것이다.

아버지가 상해로 돌아온 1931년초는 바로 국난과 당의 오류가 착잡하게 얽히고 있던 아주 어려운 시기였다. 아버지가 상해로 돌아온 지 반 년이 지났어도 당 중앙과 중앙군사위원회는 그의 보고를 한 번도 듣지 않았고, 그를 한 번도 만나주지 않았다. 아버지는 그가 4월 29일에 중앙에 '홍7군 공작 보고서'를 써 보내기 전에, 역시 상해에 보고하러 온 원래의 홍7군 정치부주임 진호인과 염형(閻衡)이라고 홍7군 사람이 벌써 3월 9일과 4월 4일에 각각 중앙에 홍7군에 관한 보고서를 써냈다는 것을 모르고 있었다.[2] 그들은 홍7군의 경력을 상세히 서술한 외에, 좌경적인 견해로 홍7군의 승패득실을 분석했다. 특히 염형은 홍7군의 계급성이 매우 애매하다고 힐책하는 등, 그 견해가 아주 격렬했다.

왕명의 중앙은 이립삼의 중앙보다도 더욱 좌경적인 중앙이었다. 그들은 보고차 온 홍7군 정치위원 등소평을 거들떠보지도 않는 한편, 5월 14일에는 '홍7군에게 보내는 중국공산당 중앙위원회의 서한'을 발부하면서, 사실을 떠난 극히 훈계하는 말투로 홍7군의 공작에 대해 비판했다.[3] 이 서한은, 좌경적인 자세에 의거해 홍7군 전방위원회가 실패하게 된 주요한 원인은 계급노선이 결여됐기 때문이라고 힐책하고 있었다.

이 서한은 강서성의 홍7군에게 이미 이러한 내용으로 보내졌던 것이다. 그러나 상해에 있는 홍7군의 정치위원 등소평은, 중앙이 홍7군의 그 동안의 사업에 대해 그렇게 엄중한 비판을 가했고, 그 자신에 대해 불만을 품고 있다는 것조차도 전혀 모르고 있었다.

그러나 왕명의 중앙이 그에 대해 냉담하게 대하고 있다는 사실에 대해서는 이미 잘 알고 있었다. 그렇기 때문에 아버지는 상해에 있을 적에 중앙으로부터 생활비를 받아 쓰긴 했지만, 몇몇 옛 친구들과 어쩌다 만나면 불평을 토하곤 했다고 이야기한 적이 있다. 아버지는 이 시기가 그의 정치 행로에 있어 가장 곤란한 시기였다고 말했다.

한 사람의 공산당원으로서 하는 일 없이 이렇게 있을 수 없던 아버지는 연락원을 통해 홍7군으로 돌아가 사업에 임하게 해줄 것을 중앙에 요구했다. 그의 이 요구는 1931년 6월경에야 중앙의 허가를 얻을 수 있었다.

소비에트 구역으로 돌아가기 전인 대략 5월말 6월초에 중앙은 무호(蕪湖)에 위치한 안휘성 당위원회에 가서 공작을 순시하라고 아버지에게 명령했다. 아버지는 안휘성 출신의 한 연락원과 함께 안휘성으로 달려가 무호에 이르렀다. 육지에 올라선 후 아버지는 한 음식점에서 기다리고, 그동안 연락원이 먼저 성 당위원회 기관에 가서 연락하도록 했다. 얼마 지나지 않아 연락원이 돌아와 안휘성 당위원회 기관의 암호가 없어지고, 기관이 이미 파괴됐다고 아버저에게 알려주었다. 사태가 대단히 위험했으므로 그들은 그날로 즉시 상해로 돌아와 상황을 중앙에 보고했다.

7월 중순에 아버지는 상해에서 배를 타고 광동을 지나 강서로 갔다. 아버지와 동행한 김유영(金維映)이라는 여성 동지가 있었는데, 사람들은 다 그를 아금(阿金)이라고 불렀다.

김유영은 절강성 대산 출신으로 본명은 김애경(金愛卿)이다. 1904

년에 출생한 그는 아버지와 동갑이다. 아금은 1926년 중국공산당에 가입했고, 1927년에 주산 총공회 집행위원이 됐으며, 4·12반혁명사변 후에 체포됐다가 석방된 후 상해에서 비밀 노동운동에 종사했다. 아버지와 아금은 1931년에 상해에서 알게 됐다. 그들 둘은 강서성의 중앙 소비에트 구역에 파견돼 가는 길에 동행했고, 후에는 부부가 됐다.

아버지가 상해를 떠나기는 이번이 세번째였다.

첫번째는 1929년 여름이었는데, 그때 아버지는 25세의 나이로 중앙의 명령을 받고 무장봉기를 조직하러 광서로 떠났었다. 두번째는 1930년 1월말로 그는 총망히 왔다 총망히 돌아갔다. 올 때는 명령을 받고 공작을 보고하러 왔다가, 갈 때는 아내와 딸을 잃어버린 비통함 속에서 정세가 날로 긴급해지는 전방의 문제 때문에 급급히 되돌아갔던 것이다. 세번째는 1931년 7월 바로 이번이었다. 아버지가 배를 타고 재차 남쪽으로 나아갈 때는 이미 1년이 지나간 뒤였다. 홍7군이 7,000리 길을 전전하던 광경이 아직까지도 눈앞에 생생히 떠오르고 있었으며, 당의 전도와 운명에 대한 의문이 더욱 간절하게 생각되는 것이었지만, 중앙 소비에트 구역의 사업은 아버지를 동경케 하고 있었다.

2년이라는 시간, 비록 2년밖에 안 되는 시간이었지만, 아버지에게 있어서는 정말 눈 깜짝할 사이와 같이 짧은 시간이며, 한편으로는 그야말로 더없이 긴 시간이기도 했다. 이 2년이라는 기간에 아버지는 군인의 몸으로 전쟁의 시달림, 승리의 희열, 갖은 우여곡절과 번뇌를 모두 다 겪었던 것이다.

세월은 한 해 한 해씩 변함없이 지나가지만, 사람은 해마다 변해가고 해마다 성숙해지는 법이다. 이때의 아버지는 벌써 만 27세였다. 지나간 혁명의 역정 속에서 아버지는 풍부한 경험을 쌓았으며, 날로 더 성숙되고 속이 더 깊어 갔다. 이제 아버지에게는 전투를 향한 격정이 더욱 부풀어오르는 시간들이 다가오고 있었으며, 아버지는 그곳을 향해 서서히 다가가고 있었다.

주
1. 이유한, 《회억과 연구》, P. 323.
2. 진호인, 《7군공작보고》, 1931년 3월 9일. 임형 《관우제7군적보고》, 1931년 4월 4일. 《좌우강혁명근거지》(상권), P. 358 - 392.
3. '홍7군에게 보내는 중공 중앙위 서한,' 1931년 5월 14일. 《좌우강혁명근거지》(상권), P. 412.

37 서금과 중앙 소비에트 구역

1931년 7월 중순, 아버지와 아금은 상해에서 배를 타고 광동성 산두에 이르러 육지에 올라 연락소를 찾았다. 연락소에서는 한 광동의 동지를 파견해 길을 안내하도록 했다. 아버지와 아금은 연락원을 따라 곧바로 북상해 광동성 변경 지대에 있는 대포(大埔)를 거쳐 순조롭게 복건성(福建省)의 영정(永定)으로 들어섰다. 여기는 중앙 소비에트 구역 안이었다. 그들은 여기에서 또 서북으로 상항(上杭)과 정주(汀州)를 거쳐, 나중에는 서쪽으로 복건, 강서 두 성의 변경 지대를 지나 강서성 서금에 이르렀다. 이때가 벌써 1931년 8월경이었다.

서금은 중앙 혁명근거지의 중심이다.

1927년 8월, 남창봉기가 실패한 후 모택동은 9월에 호남에서 추수봉기를 영도했다. 추수봉기를 일으킨 후 모택동은 지금 중심도시를 쳐서는 승리할 가능성이 없으므로 부대를 적의 통치력이 비교적 약한 농촌으로 옮겨 역량을 보존하고 투쟁을 계속해 나가면서 혁명 역량을 키워야 한다고 생각했으며, 또한 호남과 강서의 접경 지대에 있는 정강산에 혁명근거지를 창설하기로 결정했다.

모택동은 무장투쟁을 전개하고, 토지혁명을 추진시키며, 혁명근거지를 창설해야 한다는 이 세 가지 과업을 결부시켜 제기했다. 강서성과 호남성 남부 사이에 놓여 있는 정강산은 적의 중심도시와 멀리 떨어져 있고, 산세도 험해 밖으로 공격하기도 쉽고 방어하기도 좋은 곳이었다.

정강산 혁명근거지의 창설은 '노농무장할거(勞農武裝割據)'의 불길을 지피는 계기가 되어, 무장으로 정권을 탈취하는 위대한 전환의 출발점이 됐다.

1927년 말부터 1928년까지 주덕이 영도하는 남창봉기 부대, 광주봉기 부대와 팽덕회가 인솔하는 평강봉기 부대가 잇달아 정강산 지구에 이르러 모택동이 인솔하는 추수봉기 부대와 합류해, 정강산에서 혁명적인 구역을 효과적으로 개척하는 동시에 홍색혁명정권을 수립했다.

1928년 4월, 모택동과 주덕, 진의 등은 중앙의 허가를 얻어 중국노농홍4군, 즉 홍4군을 창건했다. 주덕이 군장을 맡고 모택동이 당대표를 맡았으며, 진의가 정치부 주임을 맡았다. 전군은 3개 사단에 9개 연대로 편성됐고 모두 10,000여 명에 이르고 있었다.

정강산 혁명근거지의 창설과 발전은 장개석의 더없는 공포심을 자아냈다. 1928년 말, 적들은 호남과 강서 두 성의 토비토벌을 위한 총부를 세우고 25개 연대의 약 20,000여 명의 병력을 규합해 다섯 갈래로 나누어 맹렬히 정강산으로 달려들었다.

적들의 협동토벌을 격파하기 위해 1929년 1월에 홍5군은 팽덕회의 인솔하에 정강산을 지키게 하고, 홍4군 3,600명의 주력은 모택동과 주덕의 인솔하에 강서성 남부로 이동하기 시작했다.

2월에 홍4군이 강서성 동남부의 영도(寧都)를 공략했다. 그후에는 장개석파와 광서파 사이의 전쟁이 폭발해 장개석이 호남, 호북, 강서 등 3개 성의 군대를 무한 지역으로 이동시켰기 때문에 복건과 강서의 경내가 텅 비게 됐다. 이 기회를 틈타서 홍4군은 복건성 서부에 쳐들어갔다가 다시 강서성 남부로 돌아오면서 복건성 서부의 장정, 강서성 남부의 서금, 우도, 홍국, 영도 등 현을 연속 공략했다. 6월에 홍4군은 강서성 남부와 복건성 서부의 변경 지대에서 유격전을 펼치는 동시에 대중을 동원해 토지혁명을 전개했고, 홍군과 지방 무장을 확대시켰으며 십여 개 현의 홍색정권을 잇달아 수립했다.

1930년 홍군은 적들의 협동토벌을 물리치고 좌경모험주의의 장애를 제거했으며, 또한 강서, 복건, 호남 등 3개 성의 홍색 구역을 연결시켜 놓았고 강서성 남부의 넓은 땅을 해방시켰으며, 토지혁명 등 제반 공작을 줄기차게 전개했다. 1930년 초에 복건성 서부의 혁명근거지는 이미 85만여 명의 인구를 가지게 됐고 종횡으로 수백 리가 되는 광대한 지역으로 확대됐다. 80만 농민들이 토지혁명 과정에 토지를 분배받았으며 각 현에서 소비에트 홍색정권을 수립했다.

1930년 6월, 홍4군 전방위원회는 중앙의 지시에 따라 홍4군, 홍6군 등 부대를 재편성해 홍1군을 창건했으며 주덕이 총지휘를, 모택동이 정치위원을 맡았다. 이 1년 반 동안에 홍군은 강서성 남부, 복건성 서부에서 새로운 근거지를 형성했는데 이것을 중앙 소비에트 구역이라고 했다.

1930년 10월, 장개석과 염석산, 그리고 풍옥상과의 중원대전이 끝난 뒤 장개석은 그의 골수에 묻힌 원수인 홍군을 집중적으로 포위토벌하는 데 치중했다. 11월경에 국민당 병력 10만 명이 중앙 소비에트 구역에 대한 제1차 포위토벌을 감행하기 시작했다.

모택동과 주덕은 기민하고 민활한 전략 전술을 펴 적을 유인해 끌어들인 다음 중간을 돌파해 적을 하나하나 격파했다. 12월 30일에 적군 9,000여 명을 섬멸하고, 적의 최전선 총지휘자인 장휘찬을 사로잡았으며 제1차 반포위토벌전의 승리를 장식했다.

장개석은 참패를 당하고 나서도 다시 1931년 2월, 하응흠에게 명령을 내려 20만의 군대를 이끌고 중앙 소비에트 구역에 대한 제2차 포위토벌전을 발동했다. 그러나 모택동은 병력을 십중시켜 먼저 약한 적을 치며 이동전을 펼쳐 나갔다. 홍군 30,000여 명이 15일간 700여 리를 내달리면서 치열한 전투를 한 끝에 적군의 화기 20,000여 자루를 노획했고, 장개석의 제2차 포위토벌전을 아주 통쾌하게 짓부셨다. 이 소식을 들은 장개석은 1931년 7월에 다시 30만 병력을 집중시켜 자기가 직접 총사령을 맡고, 또 독일과 일본과 영국의 군사고문까지 데리고 강서성 성 소재지 남창까지 진군해 와 중앙 소비에트 구역에 대한 제3차 포위토벌전을 실시했다.

이 위급한 정세에 비추어 모택동은 '적의 주력을 피하고 약한 적을 치는' 작전방침을 세웠다. 묘한 선회전술을 썼기에 적들은 홍군의 주력을 찾아내지 못할 정도였고, 번번이 홍군 주력과 지방 무장의 습격을 받았다. 세 달이 지나서 적군은 끝내 철수했고, 아군은 적 30,000여 명을 섬멸하고 총기 20,000여 자루를 노획했다. 장개석이 직접 나서서 지휘한 제3차 포위토벌전은 이렇게 실패하고 말았다.

세 차례의 반포위토벌전에서 승리를 달성한 결과 강서성 남부와 복건성 서부 및 주변의 혁명근거지가 한데 연결됐으며, 21개 현에 250만의 인구를 가진 중앙 소비에트 구역이 형성됐다.

아버지가 강서성의 서금에 이르렀을 때는 바로 1931년 8월, 홍군 주력이 적의 제3차 포위토벌전에 반격을 가하고 있을 때였다.

서금은 중앙 소비에트 구역의 후방이었다. 아버지는 그곳에 이른 후 서금현의 당과 정부의 영도권이 이미 반혁명분자들에게 찬탈되고, 많은 혁명 간부와 혁명 군중들이 살해당했음을 알았다. 이때 홍군에서 공작하던 사유준(謝唯俊)이 마침 서금에 있었고, 상해 당 중앙에서 중앙 소비에트 구역으로 파견한 여택홍(余澤鴻)도 서금에 이르렀다. 당시 그들은 상급기관과 연락를 가지지 못했으므로 서로 상의해 등소평을 서금현 당위원회 서기로 천거했다.

등소평은 서금현 당위원회 서기를 맡은 후 사유준, 여택홍과 함께 먼저 반혁명분자들을 신속히 징벌하고 억울함을 당한 혁명 간부들의 명예를 회복해 주었다. 그 다음 현 소비에트 대회를 소집해 홍색혁명 정권을 수립하는 동시에 대중을 동원하기 시작했다. 얼마 지나지 않아 서금의 간부와 군중들의 적극성이 발휘되기 시작했으며, 특히 지방의 대다수 농민 간부들의 정서가 매우 높아졌다.

제3차 포위토벌전을 무산시킨 후 중화 소비에트의 정권 중심은 서금으로 옮겨졌으며, 이때부터 서금은 전국적으로 이름을 날리는 '홍색 도시'가 됐다. 세 차례의 반포위토벌전의 빛나는 승리를 축하하기 위해 홍색도시 서금에서는 50,000명이 참가한 성대한 축제가 벌어졌다.

승리를 축하하는 그 장면은 실로 붉은기와 플래카드로 바다를 이루었고, 구호와 환호로 들끓었으며, 온 서금이 혁명적 열정으로 흘러넘쳤다.

광서 혁명근거지에서 지방공작을 전개한 경험을 가지고 있던 아버지는 서금에서 무슨 일이든 아주 쉽게 해나갈 수 있었다. 아버지가 서금에서 현당위원회 서기로 있은 기간은 1년도 채 안 된다. 1932년 5월, 강서성 당위원회 서기 이부춘은 등소평을 서금 이남의 회창으로 이동시켜 현당위원회 서기를 맡게 했다.

1972년 가을, 아버지는 문화대혁명으로 인해 강서성에 가서 귀양살이를 했다. 그때 아버지와 어머니는 허가를 받고 강서성 경내에서 조사 연구를 했다. 두 분은 남창에서 남하해 먼저 정강산에 가서 정강산 혁명근거지의 유적지를 찾아 추도했다. 후에 동남쪽으로 서금, 회창, 심오 등지를 찾았다. 그가 서금에서 현당위원회 서기로 있은 때로부터 41년이란 세월이 지난 후였다. 그때 아버지의 공직은 아직 회복되지는 않았지만 강서성 옛날 혁명근거지의 간부와 군중들은 그를 열정적으로 맞이했다. 서금현의 한 동지는 그를 보고 "당신은 우리 서금현의 옛날 현당위원회 서기지요!"라고 말했다. 이 말을 들은 아버지는 더없이 감동됐다고 한다. 그가 억울함을 당하면서 타격을 받고 있을 때에도 옛 혁명근거지의 인민들은 그를 늘 생각하면서 그로부터 마음이 떠나지 않고 있었던 것이다.

중앙 소비에트 구역에서 세3차 반포위토벌선을 치부고 있을 때, 왕명의 좌경모험주의가 점차적으로 중앙 소비에트 구역과 기타 각 혁명근거지에까지 실시되려 하고 있었다.

1931년 6월, 좌경 오류가 지배하고 있던 당 중앙은 홍군과 각 지방당조직에 내린 훈령에서 반동통치의 정치 위기가 계속 증대되고 혁명역량이 차츰 발전하고 있으므로 당면한 당의 긴급 임무는 한 개 성또는 몇 개 성에서 승리를 거두는 일이라고 지시했다. 이 훈령은 홍군의 현상태를 보지 않고 우리의 역량보다 훨씬 더 강한 적을 공격해 호남, 호북, 강서를 모두 다 소비에트 구역으로 만들라는 것이다.

1931년 4월, 상해의 당 중앙이 파견한 중국공산당 중앙대표단이 중앙 소비에트 구역에 도착했다. 중앙대표는 중앙 소비에트 구역에 도착하자마자 태상황(太上皇)처럼 호령하고 마구 힐책했다. 그들은 홍1방면군의 전방위원회와 중앙소비에트 구역은 심각한 오류를 범했다고 힐책하면서, 가장 심각한 오류는 명확한 계급투쟁노선이 결여됐고 군중과의 공작을 충분히 이행치 못한 것이라고 지적했다. 혁명근거지의 공고화, 홍군, 토지, 당과 정부와의 관계, 노동운동 등 문제에서 중앙은 중앙 소비에트 구역과 중앙 홍군에게 힐책을 가했다.

1931년 11월, 강서성 서금에서 중국공산당 제1차 중앙 소비에트 구역 대표대회를 소집했다. 회의는, 중앙대표단의 통제하에서 중앙 소비에트 구역의 공작에 대한 중국공산당 중앙위원회의 비판에 전적으로 찬성했다. 회의는 다시 중앙 소비에트 구역 근거지, 홍군, 토지, 정권, 노조운동, 반제운동, 공산당과 공청단, 모든 반동파를 숙청하는 투쟁 면에서 '오류와 결함'을 범했다고 힐책했다. 또한 모택동이 제정한 토지혁명노선은 '부농노선'으로서 지주 토호 및 부농에게 양보하는 우경기회주의 오류를 범했다고 힐책했으며, 진정한 노농 홍군은 아직 창건되지 않았다고 모택동을 힐책했다.

이와 동시에 1931년 11월, 서금에서는 중국 노농 소비에트 제1차 전국대표대회를 소집했다. 회의에서는 모택동을 중국 소비에트 공화국 임시중앙정부 주석으로, 항영(項英)과 장국도를 부주석으로 뽑았다. 원래 이 회의는 승리를 축하하는 모임이었다. 그러나 중앙대표단의 주관하에 이 회의는 그릇된 계급노선을 원칙으로 해, '지주는 아무런 토지도 나누어 받을 권리가 없으며, 부농은 노동 몫으로 비교적 나쁜 토지를 나누어 받을 수 있다.'는 등 너무 좌경적인 경제 정책과 노동 정책을 규정했다. 좌경적인 압력으로 인해 이 대회에서는 무어라고 말할 수 없는 불길한 그림자가 던져지고 있었다.

아버지도 이 회의에 참가했다. 회의에서 아버지는 소비에트 구역의 많은 동지들을 알게 됐는데, 그 가운데는 '왕수염'이라고 불리는 이름 난 철도노동자 출신의 홍군 장령 왕진(王鎭)도 있었다.

아버지는 이렇게 말한 적이 있다. 이 회의가 있기 전 한 차례 회의에서 아버지는 이명서를 만났다. 그러나 그것은 만난 것이 아니었다. 당시 아버지는 중앙에서 자기를 좋아하지 않는다는 것을 알고 있었고, 또 그때의 좌경적 분위기를 보아서 이명서에게 영향이 미치지 않도록 하기 위해 그에게로 가서 아는 체를 하지 않았다. 그들 둘은 그저 멀리서 한 번 바라보았을 뿐이다. 이것이 아버지와 이명서의 마지막 대면이었다. 후에 이명서는 끝내 좌경적인 마수에서 벗어나지 못하고 원한을 품은 채 피살됐다.

일련의 좌경적인 그릇된 정책은 중앙 소비에트 구역의 제반 공작에 큰 해악을 끼쳤다. 또한 이런 그릇된 결정은 애초부터 모택동 등으로부터 배격을 당할 수밖에 없었다. 이때부터 중앙 소비에트 구역의 광범위한 홍군 지휘관과 전투원, 그리고 근거지의 광범한 간부들과 군중들은 적의 강대한 군사적 진공에 대처하는 한편, 그릇된 좌경노선과도 항쟁해야 했다.

중앙 소비에트 구역과 중앙 홍군은 일련의 위험 속에서 중대한 시련을 이겨내야 했다.

38 회창현 당위원회 초대서기

1932년 5월, 아버지는 강서성 당위원회의 인사 이동 명령에 따라 회창현(會昌縣) 당위원회 서기를 맡게 됐다.

회창은 서금 남쪽 50킬로미터 되는 곳에 자리잡고 있다. 1930년 4월, 모택동과 주덕이 인솔하는 홍4군은 회창에 와서 당의 조직을 발전시키고 중국공산당 회창현 위원회를 창건했다. 적의 제3차 포위토벌전을 물리친 후 회창현의 많은 농촌들은 이미 홍색 구역이 됐지만, 회창현의 현 소재지는 여전히 백색정권의 핵심 지역으로 남아 있었다. 1931년 11월, 홍3군은 회창현 소재지를 공략하고 12월에 중국공산당 회창 임시현위원회를 창건했다. 1931년 말에 홍1방면군 총전방위원회 비서장 고백(高柏)이 중국공산당 회창현 위원회 서기를 맡았다. 이때 전 회창현에는 당원 660명, 구역 당위원회 10개, 당지부 66개가 있었다. 1932년 5월, 고백이 강서성으로 이동돼 재판부장을 맡게 되자 아버지는 서금에서 회창으로 와서 회창의 지방 당, 정부, 군대 공작 등을 직접 영도했다.

아버지는 회창에 도착하자마자 적 단체인 '정위단(靖衛團)'을 제거하는 일부터 먼저 착수했다. 그때는 회창현 소재지가 해방된 지 몇 달밖에 안 되는 때여서 도시 밖에 위치한 조그마한 국민당 지방 정위단과 흩어진 패잔병들이 군중들을 불안하게 하고 있었다. 아버지의 주관하에 회창의 각 구역당 위원회 서기가 참가한 현당위원회 공작회를 열고 순찰과 수색을 강화할 것을 결정한 동시에, 적위대를 파견해 정위단의 잔여 세력을 소탕했다. 그리하여 국면이 안정되고 인민의 생명과 재산이 안전하게 됐다.

아버지는 현당위원회 조직부장 나병한과 공작을 구상할 때, 회창은 강서성의 중요한 길목이고 홍색도시 서금과는 50킬로미터밖에 안 되는 곳이며, 또한 열네댓 개의 구역이 있는 큰 현이므로 투쟁에 필요한 환경 조성을 위해서는 군사부를 설치해야 한다는 것을 제기했다. 그들은 원래 홍11군 독립 연대의 부연대장이었던 종아경(鐘亞慶)을 군사부장으로 임명했다. 종아경은 그때의 일을 회고하면서 다음과 같이 쓰고 있다.

때마침 내가 회창현 삼당구(杉塘區) 소비에트가 자리잡고 있는 곳에 이르렀을 때 갑자기 등소평 동지를 만났다. 그는 나를 보자 무척이나 큰소리로 물었다.

"어디서 오는 동지며 어디로 가오?"

"징강에서 왔는데 종아경이라고 합니다. 회창으로 가는 길입니다."

"당신이 종아경이요? 참 잘 됐소. 나 등소평이요. 자 우리 삼당구 소비에트에 들어가서 좀 앉으십시다."

나는 등소평 동지에게 경례를 하고 그를 따라 강 위쪽에 자리잡고 있는 삼당구 소비에트에로 갔다. 소비에트 주석이 우리를 맞이하며 차를 권했다. 등소평 동지가 비판조로 말했다.

"자네는 참 장난꾸러기요. 나병한 동지가 당신에게 몇 번이나 전화를 걸어도 오지 않고 있다가, 내가 또 전화로 주임을 비판해서야 왔지 안 그렇소. 당신 이걸 좀 보시오."

그는 벽에 걸린 문건을 가리켰다.

"당신을 회창현 군사부장으로 임명한 서류가 이미 다 발급됐는데 오지 않을 수 있는 거요."

그리고 나서 등소평 동지는 화제를 돌렸다.

"당신 절대로 돌아가려 하지 마시오. 내가 오늘 나당구로 가야 하니까 날 따라 가십시다."

나는 등소평 동지를 따라 도보로 나당구 소비에트에 도착했다. 저녁에 등소평 동지는 구당위원회 구소비에트의 지도자들을 소집해 회의를 열고 홍군을 확대하는 등의 과업을 조치했다. 이튿날 아침식사를 할 때 구당위원회 지도자는 돼지고기로 우리를 환대했다. 식사를 할 때 등소평 동지는 구당위원회 서기를 보고 물었다.

"돼지고기가 좋기는 한데 한 가지가 없구만."

"무엇이 없습니까?"

"고추가 없구만." 하고 등소평 동지는 대답했다. 구당위원회 서기가 이내 일어나 고추를 찾으러 나갔다. 이윽고 그는 생생한 고추 한 무더기를 가지고 돌아왔다. 등소평 동지는 고추 하나를 집어들고 한입 떼서 씹으면서 말했다.

"그리 맵지는 않구만, 그래도 괜찮소."

모두가 아주 즐겁게 식사를 했다. 회창에서 우리 군사부의 동지들은 늘 각 구에 내려가서 적위대를 조직했다. 18세에서 25세까지의 사람들이 주요 적위대원이 됐고, 기타 사람들은 일반 적위대원이 돼 각기 명단을 만들어 등소평 동지에게 보고했다. 그리고 홍군을 확대하는 등의 공작도 등소평 동지와 연구했다. 등소평 동지는 언제나 나의 공작을 열정적으로 지도했으며 생활 면에서도 붙임성이 좋았다.[1]

종아경의 회고는 28세의 회창현 당위원회 서기 등소평의 사업 모습과 생활 형상을 생동감 있게 그리고 있다.

1932년, 장개석은 일본제국주의의 침략에 대해서는 한사코 저항하지 않았지만, 항일민주운동에 대해서는 마구 진압하는 정책을 견지하면서 중국공산주의자와 홍색혁명근거지를 골수의 한으로 생각했다. 그는 중앙 홍군에 대한 지난 세 차례의 포위토벌전에서 실패한 이후, 6월에 다시 10여 만 대군을 집결시켜 호남, 호북 서부의 소비에트 구역으로 진공해 왔다. 그러나 형주, 사시로 진공하게 한 좌경적이고 그릇된 지휘로 인해 홍3군은 막대한 손실을 입었고, 호남과 호북 서부의 근거지를 잃었다.

장개석은 한쪽에서 승리를 달성하자 더욱 많은 병력을 집결시켜 중앙 소비에트 구역으로 대거 진공해 왔다. 남로에서는 광동성의 진제당(陳濟棠) 부대가 복건성의 상항과 광동성의 매현 일대를 점령했다. 회창과 그 남쪽의 심오(尋烏), 안원(安遠) 두 현은 우리 중앙 소비에트 구역의 변경 지대로서 복건성, 광동성과 접하고 있다. 이들 지역은 그 동쪽은 무이산(武夷山)이고 남쪽은 구연산(九連山)인데 뭇산들이 중첩돼 있고 지세가 험해 강서성의 중요한 남쪽 관목이기도 하다.

전쟁 형세의 수요에 응하고 중앙 소비에트 구역의 변경 지대의 공작을 강화하고, 또 남쪽으로부터의 적의 진공을 보다 효과적으로 대처하기 위해 중앙과 강서성 당위원회는 회창, 심오, 안원 등 세 현을 하나로 연결시켜 회창의 균문령(筠門嶺)에다 중국공산당 회창 중심현 위원회를 창건하기로 결정했다. 이 현당위원회는 회심안(會尋安) 중심현 당위원회라고도 하는데 회창, 심오, 안원 등 현의 혁명투쟁을 영도했다. 균문령을 옛날에는 군(軍)문령이라고 했다. 회창현 현 소재지에서 55킬로미터 가량 떨어져 있는 균문령은 복건성과 광동성으로 통하는 요충지로서 역대의 군사가들이 반드시 차지하려던 곳이었다. 이곳은 홍색도시 서금에서 100킬로미터밖에 안 되는 곳으로서 중앙 소비에트 구역을 지키는 남대문이라고 할 수 있다.

1932년 7월, 균문령의 도수만(倒水湾)에서 회창, 심오, 안원 등 세 현의 당열성자대회를 소집했는데 당원간부 100여 명이 참가했고 중앙 대표 노매(이유한)가 회의에 참석했다. 회의에서 등소평과 나병한 등이 연설을 했고, 중국공상당 회창중심현 당위원회를 정식으로 창건해 등소평이 중심현 당위원회 서기를 맡기로 결정했다.

8월에 회창 변방 유격대를 주체로 한 지방 무장은 강서성 군구 제3분구를 창건했으며, 회창현 군사부장 종아경이 제3분구 지휘원으로 취임했고, 회창중심현 당위원회 서기 등소평이 제3분구 정치위원을 겸임했다. 제3분구의 임무는 주로 주력부대와 협력해 동류(東留), 계갱(桂

坑) 일대에서 복건성 서부의 적을 견제하는 것이었다.

홍군을 확대하는 것은 중앙 소비에트 구역이나 각 혁명근거지를 막론하고 아주 중요한 사업이다. 회창중심현 당위원회도 마찬가지로 홍군을 확대하는 것이 중요한 공작이었다.

그때 홍군의 확대에 포함되는 대상은 주로 16세에서 25세까지의 농민과 노동자들이었다. 물론 강하게 명령하고 기만하고 뇌물로 매수하는 것은 금물이었다. 간부와 당원들이 솔선하여 지원하며, 친척이 친척을 설득하고, 이웃이 이웃을 설득하며, 부모가 아들을 설득하고, 아내가 남편을 설득해 동원사업을 광범위하고 줄기차게 진행하는 것이었다. 공작이 심도 있게 진행되고 각성이 높아졌기 때문에 수많은 청년들이 홍군에 들어왔다. 그리하여 1932년 7월부터 9월까지 석 달 동안에 회창 한 개 현에서만 1,000여 명의 병력을 확대했다.

회창중심현 당위원회는 홍군을 확대하는 동시에 당원과 당의 조직을 성장시키는 데 주의를 돌렸다. 그리하여 회창현에는 당원이 2,500여 명으로, 향당지부가 82개로, 구당위원회가 13개로 늘어났다. 심오현에는 당원 2,000여 명, 향당지부 45개, 구당위원회가 7개로 늘어났다. 안원현에는 당원 1,400여 명, 향당지부 16개, 구당위원회가 5개로 늘어났다. 이렇게 세 개 현 당원이 모두 6,000여 명으로, 향당지부가 143개로, 구당위원회가 25개로 늘어났다.

소비에트정권을 공고히 하고 발전시키기 위해 중심현 당위원회 서기 등소평의 주관하에 세 현 소비에트 주석과 각 부문 책임자 회의가 여러 차례 소집됐다. 이들은 각 방어선을 세워 적의 봉쇄를 타파해야 했다.

회창중심현 당위원회에서는 또 수공업을 계획적으로 복구하고 발전시켰으며, 회창 등지에서는 소형 병기공장을 차려놓기도 했다. 중심현 당위원회는 재정 수입을 개선하기 위해 균문령에다 관세처를 설치했으며, 가렴 잡세를 취소하고 통일적인 누진세를 실시했다. 또한 대외무역국을 설치해 소금, 천, 약재, 담배, 종이, 양곡 등 중요한 물품의 수출입을 맡아보게 했으며, 각종 방식을 이용해 적의 봉쇄를 돌파하고 물자가 끊임없이 교류되도록 했다.

회창중심현 당위원회는 또 지방 무장 조직을 발전시키는 사업을 폈다. 그때 회창, 심오, 안원에서 활동한 홍군 정규부대는 주로 홍군 독립 3사단이었다. 독립 3사단의 사단장은 왕운교, 정치위원은 이정천, 정치부주임은 나귀파, 참모장은 송시륜이었다. 독립 사단에는 두개 연대, 3,000여 명의 장병과 총 1,500여 정이 있었다. 소비에트정권을 유력하게 보위하기 위해 회창중심현 당위원회는 지방의 무장 조직을 적극 발전시켰다. 1932년 11월경에 와서 회창에는 4,970명의 적위군과 2,529명의 모범사가 생겨났는데, 그 주요 과업은 반혁명을 진압하며 소비에트구역을 보위하며 홍군을 도와 물건을 나르고 부상자와 병자를 나르는 것이었다.

1932년 7월 회창현 제1차 공산주의청년단 대표대회를 소집하고 중심현 당위원회 서기 등소평이 참석해 연설을 했다. 1932년 8월경에 와서 세 현의 공청단원은 모두 1,210명이나 됐다. 1932년 9월, 회창현에서는 7일을 기한으로 한 현, 구의 당간부 훈련반을 만들었는데 40여 명이 참가했으며, 중심현 당위원회 서기 등소평이 직접 훈련반 강습생들에게 강연했다.

1932년에 하반기에 회창현은 노동자운동위원회를 설치했으며, 그 해 12월에는 전 현의 노동자 대표대회를 열었고, 대회 후에는 수공업, 상점, 목선 등 업종의 노조를 설치했다.

1932년, 회창현은 부인지도위원회를 창건했으며, 또한 부인 훈련반을 만들어 여성 대중을 발동해 홍군을 위로하고 전선을 지원케 했다. 회창중심현 당위원회는 문화 건설에도 깊은 관심을 가졌다. 1932년 8월에 세 현에 소학교 73개소를 세웠고, 90퍼센트의 아동이 학교에 들어갔다.

1932년 11월, 심오현 현 소재지가 함락되자 회창중심현 당위원회는 균문령에서 회창, 심오, 안원 세 현의 현당위원회 서기, 현 소비에트 주석, 군사부장 연석회의를 열었다. 등소평이 사회를 맡고 새로운 군사행동과 지방무장을 확대하는 문제를 연구하고 조치했다.[2]

회창현의 중심현 당위원회 역사 자료에는 다음과 같이 기록돼 있다. "회창 중심현 당위원회 서기 등소평은 늘 회창, 심오, 안원 세 현에 내려가서 조사를 하고 각 현소비에트의 공작을 구체적으로 지도했다. 1932년 가을, 등소평은 안원현에서 공작을 시찰할 때 현당위원회와 현소비에트가 도시 남문패에서 가진 '만인 등불회'에 참가해 안원 적화 한 돌을 축하했으며, 또한 회의에서 중요한 연설을 했다. 그는 연설에서 적색 구역을 계속 확대해 무장력을 강화하고 경각심을 높여 적의 침범을 격퇴시키고 궤멸시켜야 한다고 지적했다."

당시 아버지는 말 한 필과 경호원 겸 마부 한 사람만을 데리고 서금, 회창 일대의 그 넓은 구역을 돌아다녔다고 우리에게 말해준 적이 있다. 아버지가 탔던 그 말은 설산을 넘기 전에 장정의 길에서 죽고, 그의 경호원은 장정 전에 바뀌었다. 아버지는 누구보다도 겉치레를 좋아하지 않았으며 골치 아픈 허식적인 문제들에 반대했다. 아버지가 말 한 필과 경호원 한 명을 데리고 있던 습관은 줄곧 항일전쟁이 시작될 때까지 계속됐다. 항일전쟁 기간과 해방전쟁 기간에 그에게는 개인 비서가 없었다. 해방 후부터 문화대혁명이 시작되기 전까지의 17년 동안 그에게는 비서 한 사람밖에 없었다. 그에게 있어서 중요한 것은 허식보다는 능률을 중요시하는 것이었다.

아버지는 실제적으로 일하는 사람이며 박력도 있는 사람이다. 그는 무릇 자기가 주관하는 곳에서 재빨리 국면을 타개하고 새로운 국면을 창조할 수 있었다. 광서의 좌강과 우강, 강서성의 서금과 회창에서 그는 다 이렇게 결단성 있고 확고부동하게, 그리고 조직력 있고 계획성 있게 공작을 했다. 이런 박력과 능력은 시일이 지나고 경험이 쌓이게 됨에 따라 부단히 커갔다. 수십 년 후 중국의 운명이 그에게 달려 있었을 때, 바로 이러한 박력과 능력, 그리고 평범치 않은 탁월한 식견으로 그는 중국 전체를 위해 참신한 국면을 개척할 수 있었다.

1932년부터 1933년까지 아버지는 회창 일대의 홍색 구역의 모습을 철저히 개변시켰을 뿐만 아니라, 그의 전우들 마음속에 깊은 인상을 남겨놓았다.

회창의 강서성 군구 제3작전분구 지휘원으로 있었던 종아경은 기억을 더듬으며 다음과 같이 말하고 있다. "1932년 9월, 나는 복건성 동류에서 복건성 종소규 부대의 수백 명과 한 번 싸웠다. 이 전투에서 나는 부상을 입었다. 부대는 참모장이 책임지고 나는 계갱으로 들려왔다. 그러나 그곳에 피가 부족해 나는 밤새 동안 회창의 나당구로 옮겨졌다. 이튿날에 나는 또 민감군구 균문령 수용소로 옮겨졌다. 등소평 동지(그때 제3분구 정치위원을 맡고 있었다)는 전투 보고를 받고 내가 중상을 입었다는 것을 알고는 직접 전화로 상태를 물어왔다. 나는 일어나서 전화를 받을 수 없었다. 수용소 소장 나천관이 전화를 대신 받고나서 등 동지가 배를 타고 회창에 와서 치료를 받도록 하라고 거듭 당부했다고 말해 주었다. 나는 나소장에게 부상이 심해 조금만 움직여도 피가 나오기에 며칠 기다려야 한다는 대답을 드리라고 말했다.

그때 등소평 동지는 날마다 전화로 나의 상처를 물어왔다. 나는 너무도 미안했다. 수용소에 나흘 동안 머문 후 나는 작은 배를 타고 회창으로 갔다. 이튿날 오후 등소평, 나병한 동지가 병원으로 찾아왔다. 등소평 동지는 친절하게 나를 위안시키면서 '당신이 전선에서 보낸 보고서를 보았소. 전선의 일은 책임질 사람이 있으니 근심말고 잘 휴양하오.'라고 말하고는 휴양비조로 50원을 내렸다. 나는 들먹이는 가슴을 오랫동안 진정시킬 수 없었다. 등소평 동지는 일이 바쁜데도 몸소 나를 찾아왔고, 우리 경제가 매우 어려운 형편인데도 내게 이 많은 돈을 내린 것이다. 나의 눈에서는 눈물이 흘러내렸다.

나는 1933년 3월까지 회창 병원에 있었다. 나는 퇴원하자 회창현 당위원회에 가서 나병한 동지를 만나 봤지만 등소평 동지가 보이지 않아 몹시 실망했다. 어느덧 50년이 지나갔다. 50년 동안의 변화란 참으로 크다. 나병한 동지는 다른 전투에서 장렬하게 죽었다. 등소평 동지는 다행히 아직까지 건재해 우리를 이끌고 네 가지 근대화 건설을 독려하고 있다. 지나간 일들을 생각할 때마다 혁명사업을 하는 동안 멀리 내다보고 깊이 생각하며 꼼꼼하고 착실하게 일하는 등소평 동지의 정신과, 동지들을 빈틈없이 알뜰하게 보살펴주는 등소평 동지의 말과 행동이 머리에 떠올라 대단히 감격해지곤 한다."3

그렇다. 종아경이 1933년 3월에 퇴원했을 때, 그는 회창중심현 당위원회 서기 등소평을 만나보지 못했다. 그것은 등소평이 좌경노선의 비판을 받고 회창에서 벌써 인사 이동돼 나왔기 때문이다.

주

1. 종아경, 《등소평 동지를 따라 회창에서 공작할 때(跟鄧小平同志在會昌工作的時候)》. 《사단 정치위원에서 총서기까지의 28년(二十八年間 – 從師政委到總書記)》, P. 256.
2. 《중국공산당 회창중심현 위원회 역사자료(中國共產黨會昌中心縣委歷史史稿)》.
3. 1과 같음.

39 등모사고 사건

왕명의 좌경모험주의와 종파주의는 중앙 소비에트 구역과 중앙홍군 부대에 주입되기 시작했으며, 여러 혁명근거지들에도 그 영향이 뻗치기 시작했다.

1932년 10월, 중앙 소비에트 구역의 중공 중앙정치국은 강소성 영도에서 회의를 열었다. 이 회의에서 좌경모험주의자들은 어디까지나 대도시를 공격해야 한다고 주장하는 한편, 모택동을 '당의 지도에 소극적으로 임하며 게으름을 피우고 있다.'고 매도하면서, 자기들의 '지도를 존중하지 않으며, 적군이 쳐들어오기를 기다리는' 우경적 오류를 범했다고 공격했다. 모택동은 회의에서 좌경적 오류와 단호히 투쟁했다. 이리하여 그는 당시 맡고 있던 홍군 제1방면군 총정치위원직에서 해임당하고, 근신의 의미로 '전문적으로 정부사업을 하도록' 전근하게 됐다. 그것은 모택동의 군권을 실질적으로 박탈한 것과 다름없었다.

1933년 1월, 좌경모험주의의 그릇된 정책으로 말미암아 백색 구역의 사업은 거의 백 퍼센트 손실을 보게 됐으며, 중공 중앙임시정치국도 더는 상해에 주재하지 못하고 중앙 혁명근거지인 서금으로 옮겨가게 됐다. 그후부터 중앙 소비에트 구역의 사업에서는 왕명노선을 집행하는 임시 당 중앙의 지도가 더욱 직접적으로 실행됐다.

9·18사변 후 장개석의 남경정부는 일본제국주의 침략에 대해 한사코 저항하지 않는 정책을 취했다. 그리하여 일본 침략자는 기탄없이 우리나라 동북 3성을 강점했고, 1932년에는 일본이 조종하는 만주국을 세웠다. 일본 침략군은 중국 동북땅에서 항일단체들과 항일 역량을 닥

치는대로 토벌했고, 잔혹한 식민통치를 통해 우리나라 동북 인민들을
도탄 속으로 빠트렸다. 1933년 1월, 일본 침략군은 계속 침략을 확대
해 우리나라 화북의 요충지인 산해관을 무력으로 강점했고, 3월초에는
열하성 소재지인 승덕을 강점함으로써 우리나라 중원으로 쳐들어 올
태세를 갖추었다.

이 국난에 직면해서도 장개석은 전국 각계 민중의 강렬한 반대에도
불구하고, 1932년 7월부터 1933년 3월까지 81개 사단, 29개 여단,
39개 연대를 망라하는 65만 병력을 동원해 홍군에 제4차 포위토벌전
을 발동했다. 그는 직접 무한에 주재하면서 '비적토벌 총부 총사령관'
겸 '예악환(豫鄂皖) 3성 비적토벌 총사령관'을 자처했다.

1932년 6월부터 10월까지 장개석은 먼저 10만 병력으로 상악서(湘
鄂西), 홍호(洪湖), 상악감(湘鄂贛) 3개 혁명근거지로 공격해 들어왔
다. 우리측의 여러 혁명근거지들은 큰 손실을 보았으며, 홍군은 하는
수 없이 근거지를 내주고 다른 곳으로 이동했다. 그때 장국도 등의
좌경 오류로 인해 홍군 제4방면군은 적군의 포위토벌전을 물리치지
못하고, 주력 20,000여 명이 악예환 소비에트 구역에서 물러나 사천
성 북부로 이동했다. 그리하여 이미 형성됐던 무한에 대한 홍군의 위
세와 역량은 기본적으로 무너지게 됐다.

1933년 3월 장개석은 더욱 기세등등해져 50만 병력을 출동시켜 중
앙 소비에트 구역에 대한 총공격을 감행했다. 그때 모택동은 이미 홍
군에서 밀려났고, 주은래와 주덕 등이 중공 소비에트 구역의 좌경모험
주의파들의 주장을 배격하면서 당시의 상황에 맞는 올바른 전략 전술
을 견지했다. 그리하여 황파, 초대강 등의 전투에서 묘한 계책으로 적
을 섬멸하므로써 제4차 포위토벌전을 분쇄시켰다. 이 전투는 적군 제
1종대의 3개 사단을 섬멸하고, 제25사단장 이명(李明)과 제59사단장
진시기(陳時驥)를 생포했으며, 10,000여 명을 생포하고 총기 10,000
여 정을 노획했다.

홍군의 제4차 반포위토벌전의 승리는 모택동이 지적한 바와 같이

전례없는 위대한 승리였다. 한편 장개석은 진성(陳誠)에게 편지를 보내 "난생 처음 이렇게 말 못할 아픔을 느꼈다."고 애탄했다.

제4차 반포위토벌전의 전투를 거쳐 중앙 소비에트 구역은 상, 감, 민, 월 등 4개 성으로 확장됐고, 민, 절, 감 소비에트 구역과 하나로 잇게 됐다. 그리고 중앙홍군은 10만으로, 전국의 공산당원은 30만으로 늘어났다. 이 네 차례의 반포위토벌전에서 승리할 수 있었던 것은 홍군이 기동적이고 영민한 전략 전술을 썼기 때문이다. 또한 중앙 소비에트 구역에서 홍색 혁명정권을 세운 동시에 토지혁명을 진행했기 때문이다.

그러나 세상일에는 탄탄대로만이 있을 수 없다. 진리가 있는 한 잘못도 있기 마련이다. 이 양자는 수학의 더하기 빼기와 같이 서로 떨어질 수 없는 것이다. 진리는 오직 잘못과의 겨룸에서만 그 빛을 나타낼 수 있듯이 역사의 발전은 항상 굴곡과 기복이 심한 법이다. 때로는 진리가 주도적 자리를 차지하기도 하고, 때로는 또 오류가 주도적인 자리를 차지할 수도 있는 것이다.

1933년초에 중공 임시중앙정치국이 중앙 소비에트 구역으로 자리를 옮긴 뒤 박고를 대표로 하는 좌경모험주의자들은 모택동 등이 소비에트 구역에서 실시하는 정책에 반대했다. 그들은 모택동을 홍군의 영도 지위에서 밀어냈을 뿐만 아니라, 좌경적 정책을 반대하는 다른 동지들을 배척하고 타격을 가했다. 그들은 또한 각 소비에트 구역에 대표를 파견해 이른바 '빈우경 투쟁과 긱급 덩의 영도를 개조'하는 투쟁을 벌였는데, 이것은 사실 종파주의를 실시하기 위함이었다.

1933년 2월 중공 복건성 위원회 대리서기 나명(羅明)은 좌경적이고 그릇된 정책을 받아들이지 않았다. 그는 '복건 서부의 상항, 영정 등 구역은 조건이 비교적 어려우므로 근거지가 탄탄한 지역에서의 당 정책과 똑같아서는 안 된다.'는 건의를 했지만, 좌경 지도자들에게 비판당했다. 그는 이른바 '나명노선' 때문에 해직 처분을 받는 등 여러 가지 타격을 받아야 했다.

3월 12일 중공 강서성 위원회는 강서성 남부의 회창, 심오, 안원 등 3현에 편지를 발송해 이 3현의 당과 단조직이 '나명노선 및 단순한 방어노선과 같은 기회주의'를 범했다고 힐책했다.

이는 이른바 아래에 설명하려고 하는 '심오사건(尋烏事件)'에서 기인됐던 것이다.

1932년 중앙 소비에트 구역에서 제4차 반포위토벌전을 벌이고 있을 때 광동 군벌은 소비에트 구역 남부로 조금씩 쳐들어오고 있었다. 소비에트 구역 변두리에 있는 중공 회창중심현 위원회는 적군이 강하고 아군이 약한 극히 어려운 전투 환경에서 3현의 민중을 이끌고 재물을 집중시켜 방어시설을 튼튼히 함과 동시에 민감한 유격전술로 적군의 공격을 물리쳤다. 그러나 왕명을 비롯한 좌경모험주의자들은 중앙홍군을 확대하는 것만을 일방적으로 강조하면서 회창, 심오, 안원 3현의 일부 지방 무장력을 정규적인 중앙홍군에 편입시켰다. 이리하여 소비에트 남부 변경지의 지방 무장력이 아주 약화됐다. 뒤이어 그들은 또 소비에트 남부전선의 홍군 제3독립사단을 균문령 일대에서 북부전선으로 이동시켰다. 이리하여 중앙 소비에트 구역의 남대문에는 얼마 안 되는 지방 무장력만이 방어를 맡게 됐다. 이 틈에 1932년 11월 광동 군벌이 대거 진공해 들어왔으며, 강서, 광동, 복건 접경 지역에 위치하고 있는 심오현 소재지가 적군에게 강점당했다.

왕명을 대표자로 하는 좌경적 지도자들은 이 심오사건을 구실로 '적군의 진공 앞에서 도주하거나 퇴각하려 했으며, 단순 방어노선을 집행했다.'고 중공 회창중심현 위원회를 모함했다. 이를 계기로 하여 회창, 심오, 안원 등 3현에서 '강서 나명노선'을 반대하는 서막이 올려지게 되었다.

심오사건은 도화선에 지나지 않았다. 기실은 좌경 정책과 반좌경 정책 양자가 투쟁하는 결과로 나타나게 되는데, 왕명을 비롯한 좌경적 지도자들이 당 내의 의견 차이가 있는 동지들에게 종파적인 타격을 가하기 시작했던 것이다.

1931년 11월 중앙 소비에트 구역 제1차 당대표대회 개막을 전후해 1932년 영도에서 열린 당 중앙정치국회의에서는, 모택동의 부농노선을 비판하는 동시에 홍군에 대한 모택동의 지도권을 박탈했다. 그러나 중앙 소비에트 구역과 중앙홍군의 광범위한 당원과 간부들은 왕명의 좌경 정책을 찬성하지 않고 단호히 배격하고 투쟁했다. 복건성에서는 나명이 그 대표자였고, 중앙 소비에트 구역에서는 등소평이 그 대표자였다.

《중국공산당 회창중심현 위원회 역사(中國共産黨會昌中心縣委史稿)》라는 책에는 다음과 같은 내용이 적혀 있다. "등소평이 서기직을 맡은 중공 회창중심현 위원회는 창립 첫날부터 모택동의 주장을 확고하게 옹호 지지하고, 왕명의 좌경 오류를 반대 배격하기 시작했다. 그들은 변두리 지역의 실정에 입각해 효과적으로 일을 잘했기 때문에, 회창, 심오, 안원 3개 현의 혁명투쟁 형세를 크게 호전시켰다."

중공 회창중심현 위원회가 좌경적 정책을 반대한 사실을 기록한 이 글은, 등소평을 서기로 하는 중공 회창중심현 위원원회가 왕명의 좌경적 오류를 어떻게 배격하고 투쟁했는가를 실증하고 있다.

이처럼 등소평을 서기로 하는 중공 회창중심현 위원회는 모택동이 주장하는 당시 변두리 지역의 특수성에 전적으로 알맞는 노선을 착실히 관철했고, 이론과 실제 사업에서 왕명의 교조주의를 단호히 배격함으로써 왕명의 오류로 인해 당에 빚어지는 손실을 줄이려 했다. 그리하여 등소평 등은 왕명을 비롯한 좌경 정책을 전면적으로 실시하는데 가장 방해가 되는 주모자로 찍히게 됐다.

홍7군에 있을 때 아버지는 다른 견해를 가지고 있더라도 피동적으로나마 좌경모험주의의 오류적인 정책을 집행했지만, 이번 중앙 소비에트 구역에서는 조금도 주저하지 않고 좌경적 오류를 투쟁해 나갔던 것이다. 좌경 정책을 반대하는 이 투쟁에 앞장선 사람들로는 등소평 외에 모택담(毛澤覃), 사유준(謝唯俊), 고백(古柏) 등이 있었다.

모택담은 모택동의 동생이다. 1923년에 중국공산당에 입당했고,

1927년부터 강서성 서남 지역인 정강산과 영강 등지에서 지도사업을 했다. 그리고 제1, 2, 3차 반포위토벌전에 참가했고, 영풍, 길안, 태화 중심현 위원회 서기를 지냈다.

사유준은 호남성 뇌양 출신이다. 1924년에 중국사회주의청년단에 가담했고, 1926년에 중국공산당에 입당했다. 중공 감동 특별위원회 서기, 강서성 소비에트 정부 위원, 홍군 제1방면군 총전방위원회 비서를 역임했으며, 1932년에는 강서성 제2군분구 사령 겸 홍군 제5독립사단장을 지냈다.

고백은 강서성 심오 출신으로 1925년에 중국공산당에 입당했다. 그는 중공 심오현 위원회 서기, 심오 소비에트 주석, 홍군 제1방면군 총전방위원회 비서실장을 역임했고, 1931년부터는 강서성 소비에트 재판부장 겸 내무부장 등을 역임했다.

이 셋은 모두 좌경 정책을 단호히 배격했기 때문에, 등소평과 함께 왕명종파주의의 잔혹한 투쟁과 무자비한 타격을 받아야 했다.

'등, 모, 사, 고'를 비판하는 투쟁은 이렇게 요란하게, 그리고 신속하게 그 서막을 올리게 됐던 것이다.

1933년 2월 중공 소비에트 중앙국 기관지 〈투쟁(鬪爭)〉에는 나명노선을 반대하자는 제목의 글에 '강서성 나명노선의 수령'들이라고 하면서 등소평, 모택담, 사유준, 고백 등 네 사람의 이름을 거명하고 있다.

좌경적 지도자들은 중공 강서성 위원회에게 등, 모, 사, 고 등 넷이 일하고 있는 지구와 부서에 거듭 기층의 간부와 당원들을 동원해 이들을 비판하고 이들에 대해 투쟁하라고 지시했다.

3월 12일 중공 강서성 위원회는 중공 중앙국의 의도를 받들기 위해 강서성 소비에트 구역의 전체 당원들 앞에서 회창, 심오, 안원에 관한 지시 문서들을 공표했는데, 여기에서는 등소평이 지도하는 중공 회창 중심현 위원회가 적군의 대거 진공 앞에서 '창황히 바라만 보고 있었을 뿐이었다.'고 하면서, 이들은 퇴각과 도주만 하는 '단순방어의 오류를' 범했으며 나명노선과 동일한 기회주의라고 비판했다.

3월말, 균문령에서 소집된 회창, 심오, 안원 세 개 현 당원 열성분자회의에서 중앙국대표 장문천은 회의를 맡아서 진행하는 동시에 정치보고를 하면서 결론을 내렸다. 결과 3월 31일, '회창, 심오, 안원 3개 현 당원 열성분자 회의 결의안'을 채택했는데, 이 결의안에서 장문천은 등소평을 마구 공격했다. 이 회의가 끝난 뒤 등소평은 즉각 중공 강서성 위원회 선전부장으로 인사이동 됐다.

1933년 4월, 좌경종파주의자들은 등, 모, 사, 고 네 명에 대해 계속 잔혹하게 비판하고 무자비하게 타격을 가했으며, 그들에게 '반성하고 태도를 분명하게 하라.'고 명령했다. 등소평을 비롯한 넷은 그래도 굴복하지 않았다. 그들은 원칙적 문제에서 조금도 물러서지 않았으며, 기치를 선명하게 하면서 좌경종파주의자들과 투쟁했다.

5월 5일, 중공 임시 중앙과 중앙국에서 파견한 사람의 사회하에 열린 중공 강서성 위원회의 사업총회의에서는 '등소평, 모택담, 사유준, 고백 동지의 제2차 성명서에 대한 중공 강서성 위원회의 결의안'을 채택하는 한편, 조직 차원에서 그들의 처리를 가결했다. 즉 그들의 일부분 혹은 전 직무를 해임시켰고, 그들의 총을 압수했다.

등소평은 중공 강서성 위원회 선전부장직을 해임당하고 당내의 최종적인 엄중 경고 처분을 받았고, 모택담은 군대 내의 직무를 해임당했으며, 사유준은 가벼운 처분을 받아 다른 일을 하게 됐으며, 고백은 직무를 해임당하고 최종적인 엄중 경고 처분을 받았다.[1]

이처럼 등, 모, 사, 고 4인은 비판받아야 했고, 투쟁의 대상이 됐으며, 심지어는 해직 처분까지도 받았지만, 그들은 확고한 공산주의자들이었고 오랫동안 시련을 격은 혁명가들이었기 때문에 끝까지 굴복하지 않고 시종 옳은 주장과 진리를 견지했다. 더욱이 상당히 오랜 기간을 그들은 억울함을 당하면서도 계속 중국공산당의 일원으로서 해야 할 의무를 빈틈없이 이행했으며, 기구하고 어려운 혁명투쟁의 길에서도 힘차게 전진해 갔다.

그러면 그들은 어째서 그래야만 했을까? 어째서 그들은 오류 앞에 굴복하지 않았던 것인가? 어째서 그들은 불공정한 처벌을 받고도 혁명대오에서 이탈하지 않았던 것인가?

그것은 그들이 중국공산당의 일원으로서 확고한 신념을 가지고 있었기 때문이었다. 그들은 자기들이 하는 일이 정의로운 사업이라는 것을 확신하고 있었다. 그들은 당이 때로는 오류에 의해 그릇된 길로 빗나가기도 하지만, 처음부터 끝까지 위대한 단체라는 것을 확신하고 있었기 때문이었다. 그들은 실로 중국공산당의 우수한 당원들이었으며 참다운 혁명자들이었던 것이다.

모택담은 중앙 홍군이 1934년 10월 호남성 서부로 이동함과 더불어 장정을 시작했을 때 중앙 소비에트 구역에 남아서 구역 분국위원과 홍군 독립사단장을 지내며 유격전쟁을 벌였다. 1935년 초에 그는 독립사단의 일부를 인솔해 복건성의 장정(長汀)으로 갔으며, 거기서 민감변계군구사령부의 지도부에 가담했다. 1935년 4월, 그는 강서성 서금지구의 홍림산(紅林山)에서 유격전을 펼치다 장렬하게 죽었다. 그때 그의 나이는 30세였다.

사유준은 좌경 오류의 타격을 받은 뒤, 1934년에 장정에 참가해 1935년 준의회의가 열린 뒤에는 홍군 총정치부 지방사업부의 비서로 일했다. 그뒤 섬서성 북부의 혁명근거지에서 중공 삼변(三邊) 특별위원회 서기를 맡았다. 그뒤 그는 보안으로 진격하는 도중에 토비의 습격을 받아 장렬하게 죽었다. 그때 그의 나이는 27세였다.

고백은 1934년 민월감 홍군유격종대의 사령관을 맡았다. 1935년 늦은 봄에 광동성 용천에서 변절자의 밀고로 반동민단에 포위돼 싸우다가 장렬히 희생됐다. 그때 그의 나이는 29세였다.

이들 세 사람은 모두 10대에 혁명에 투신해, 20대에 좌경적 오류의 타격을 받았으며, 30대 전에 혁명을 위해 자신의 젊은 생명을 바쳤던 것이다. 30대, 모두 아까운 나이이다. 누가 청춘을 소중히 여기지 않으며 누가 생명을 아까워하지 않겠는가? 하지만 그들은 혁명을 위해 이 모든 것을 서슴없이 다 바쳤던 것이다.

오늘의 10대, 20대, 30대의 청년들이여, 그대들은 지금 무슨 일을 하고 있는가? 학교에서 학습에 열중하고 있는가? 이미 사회에 진출하여 자기의 일터에서 부지런히 일하고 있는가? 아니면 하루 종일 하는 일 없이 지내고 있는가? 사회에서나 개인 생활에서 뜻대로 되지 않을 때 당신들은 어떻게 하는가? 과감히 극복해 나가고 있는가? 아니면 소침해져서 불만이나 부리고 있는 것은 아닌가? 당신들과 마찬가지로 청춘시절이 있었으나 당신들과는 전혀 다른 길을 걸었던 혁명 선열들을 생각할 때, 조금이라도 그 어떤 인생의 이치를 깨달아야 하지 않겠는가? 조금이라도 참된 인간의 준칙과 기질을 배워야 하지 않겠는가?

하긴 그 어떤 사람이라도 인생의 길에서 좌절과 곤란을 항상 피하기는 어려운 것이다. 어떤 사람은 좌절 앞에서 주저앉고, 어떤 사람은 곤란 앞에서 뒷걸음친다. 혁명가들에게 있어서나 혁명가 등소평에게 있어서도 그들의 기나긴 혁명 생애에서 곤란과 좌절이라는 것은 일찍부터 마음을 괴롭혀 온 일이긴 했으나, 그럴 때마다 그들은 좌절과 곤란을 이겨냈고, 그럴 때마다 그들은 또 앞으로 한 걸음 전진해 나가곤 했던 것이다.

중국 춘추시대의 사상가 노자는 일찍이 화 속에 복이 깃들어 있고, 복 속에 화가 숨어 있다고 말한 바 있다. 이 말은 즉 화와 복은 변증법적 관계를 가지고 있으며, 심지어는 서로 전환될 수 있다는 것이다. 어떤 일이 발생했다면 그것이 복인가 화인가 하는 것은 하나의 절대적인 개념인 것이 아니라 사람에 따라 다를 수 있고 시간에 따라 다를 수 있다는 것이다.

중앙 소비에트 구역에서 좌경적 오류의 타격을 받은 이 일이 당시에는 아버지에게는 무거운 부담이 됐던 것이지만, 40년이 지난 뒤에는 30년대에 발생한 이 사건이 오히려 아버지의 정치 생명을 결정하는 매우 중요한 요소로, 그것도 긍정적인 요소이며 적극적인 요소가 됐던 것이다.

1966년에 문화대혁명이 일어났고, 1967년에 등소평은 '자본주의 길로 나아가려는 최대 집권파의 이인자'로 몰려 숙청을 당했다. 1971년 모택동 계승자로 지명된 임표는 급히 그의 권력을 빼앗으려고 모택동을 살해하려다 미수로 끝났다. 임표는 죄가 폭로돼 비행기를 타고 도망가다 결국 비행기 사고로 자멸하고 말았다. 1972년 등소평은 강서성에 연금돼 있을 때 임표의 이 범죄 행위를 알게 됐다. 그는 몹시 격동돼 모택동에게 편지를 써서 임표 사건에 대한 자기의 견해를 서술했다. 8월 14일 모택동은 등소평의 이 편지를 읽어보고 나서 다음과 같은 서면 지시를 내렸다.

등소평 동지가 범한 오류는 엄중하다. 그러나 유소기와는 구별돼야 한다. 첫째, 중앙 소비에트 구역에 있을 때 그는 많은 타격을 받았다. 즉 그는 등, 모, 사, 고 네 죄인 중 한 사람이었고, 이른바 모택동파의 우두머리였다. 그를 타격한 자료는 두 갈래 노선에 관한 자료, 제6차 대표대회 이후에 쓴 두 책을 보라. 둘째, 그는 역사적으로 문제가 없다. 즉 적에게 투항한 일이 없다. 셋째, 그는 이전에 유백승 동지와 잘 협조했고 많은 전공을 세웠다. 이밖에 도시에 들어온 뒤에도 좋은 일을 많이 했다. 예를 들면 대표단을 거느리고 모스크바에 가서 담판할 때, 그는 소련의 수정주의에 굴복하지 않았다. 이런 사실을 나는 지난날 여러 번 말했었지만 지금 다시 한 번 언급해 둔다.

모택동
72년 8월 14일.

이것은 모택동의 서면 지시다. 당시에 있어서는 성스러운 최고 지시였다. 이 평가가 있은 뒤 철저히 비판받던 아버지의 정치 운명은 호전될 계기가 생겼으며, 마침내 1973년 3월에는 북경으로 돌아왔다. 그는 다시 중화인민공화국 국무원 부총리직을 회복했고, 주은래 총리를 협조해 국무원의 일상 사무를 주관했다. 1975년에 아버지는 또 중공중앙 군사위원회 부주석 겸 중국인민해방군 총참모장으로 임명됐다. 그후부터 그는 다시 광기어린 듯이 판을 치기 시작한 좌경적 광란을 해결하려고 전국의 모든 분야에 대한 사업을 정돈하기 시작했다. 이러한 과정에서 아버지는 두번째 타도되는 것이지만, 다시 모택동에 의해 등용될 수 있었다. 이것은 모택동이 그에 대한 평가에서 언급한 것들과, 모택동이 등소평을 '귀한 인재'라고 인정한 것 등의 요인들 이외에도, 30년대에 발생된 '등, 모, 사, 고' 사건이 무시될 수 없는 중요한 요인으로 작용했던 것이다. 이것은 당시 등소평이 받은 타격의 원인이 다름 아닌 모택동이 주장하던 정책과 방법을 그가 집행했었기 때문이다. 다시 말해 그는 '모파의 우두머리'였던 것이다.

"당 바깥에 당이 없어야 한다는 것은 제왕의 생각일 뿐이고, 당 안에 파벌이 없다는 것은 천만 번 괴상한 일이다." 이것이 모택동의 유명한 말이다.

30년대의 그러한 투쟁은 등소평을 결국 모택동 일파로 귀속시켰던 것이다. 이 일을 모택동은 기억하고 있었다. 근 40년이 지나도록 그는 잊지 않고 있었던 것이다. 이러한 일에 대해서는 당시 타격받고 있던 등소평으로서도 전혀 생각도 못했던 일이었다.

주

1. 《중국공산당 회창중심현위 사고》, 1984년.

40 〈홍성보〉의 주필

1933년 5월, 아버지는 왕명의 좌경모험주의와 종파주의의 비판을 받고 중공 강서성 위원회 선전부장직을 해임당한 뒤 낙안현 남촌(南村)에 순시원(巡視員)으로 파견돼 갔다. 그러나 낙안에 간 지 열흘도 안 되어 다시 성위원회로 되돌아오라는 지시를 받았다. 그 원인은 낙안은 변경 지역이어서 문제가 생길 수 있다는 것이었다.

다시 오래잖아 아버지는 총정치부의 비서실장으로 인사발령을 받았다. 그때 총정치부 주임은 왕가상(王稼祥)이었고, 부주임은 하창(賀昌)이었다. 왕가상이 전투에서 부상을 입어 몸이 편치 않았으므로 정치부의 일을 실제로는 하창이 책임지고 있었다.

하창은 중공 남방국의 지도자로 있을 때 아버지와 함께 광서성 백색에 가서 봉기를 일으킬 준비사업을 한 적이 있었다. 그 뒤에 상해에 가서도 둘은 자주 만났으며 한때는 아버지가 하창의 거처에서 숙식하기도 해 이들 두 사람은 매우 친숙한 사이였다. 아버지가 왕명 좌경모험주의의 타격을 받게 됐을 때, 아버지는 스스로 굴복하지 않았을 뿐만 아니라, 주위 동지들도 당의 결정을 불만스러워 했다. 하창은 아버지의 처지를 동정하는 입장이었기 때문에 그의 곤경을 벗겨주기 위해 총정치부로 전근시켜 비서실장을 맡겼던 것이다.

그때 총정치부에는 주월천이라는 한 여성이 있었다. 그녀의 남편 곽보청은 일찍이 상해에서 당 중앙 군사위원회에서 일한 적이 있었다. 그때는 곽보청 내외와 주은래 내외, 그리고 아버지와 장석원이 한 당소조에서 지부생활을 했었다. 후에 곽보청이 강서성 중앙 소비에트 구

376 나의 아버지 등소평

역으로 간 뒤에도 아버지는 그를 자주 만났다. 그들은 모두 사천 출신이고 또 둘 다 중공 현위원회 서기를 담임하고 있었기 때문에 서로 가까이 지냈던 것이다

주월천은 나에게 다음과 같은 이야기를 들려주었다.

"곽보청은 사천성 제강현 출신인데 자네 부친과는 같은 고향 사람이지. 둘은 강서성에 있을 때 모두 모젤총을 메고 짚신을 신고 각반을 두르고 다녔지. 그들은 서금에서 만날 때가 많았는데 어떤 때는 함께 가서 국수를 사먹곤 했지. 그때는 닭고기니 돼지고기니 하는 것은 먹을 수 없었고 국수면 좋은 음식이었지. 자네 부친은 젊지만 아주 쾌활했어. 그때 왕명노선에 의해 수많은 간부들이 박해를 받았는데, 소평 동지도 왕명의 극단적인 좌경을 반대해 의견을 제기한 원인으로 왕명에게 타격을 입게 됐지. 그런데 더군다나 가장 엄중한 당내 경고 처분을 받았지. 곽보청도 당내 경고 처분을 받았고. 그랬지만 자네 부친은 그런 일이 없었다는 듯이 늘 재미있는 이야기로 웃음꽃을 피우며 쾌활하게 지냈지. 한번도 얼굴에 그늘이 지는 것을 보지 못했으니까 말이야. 그들은 모두 당에 대해, 인민에 대해 충직한 분들이었지.

1933년 9월 곽보청은 병으로 세상을 떠났지. 그뒤 중공 복건성 위원회 서기인 진담추가 나를 총정치부로 인사 이동시켜 주었지. 그때 자네 아버지는 총정치부 비서실장이어서 무슨 일이나 다 돌봐야 했지. 그때 나는 곽보청이 방금 세상을 떠났고 또 임신한 몸이어서 기분이 좋지 않아 우울하게 지냈는데, 자네 아버지는 늘 그러지 말라고 권유하곤 했지. 장석원의 교훈이 있었던지라 자네 아버지는 나더러 아이를 낳을 때가 되면 미리 준비하도록 일찌감치 알려달라고 하곤 했지. 내가 해산할 무렵 자네 부친은 들것 하나와 세 사람 외에도 자기의 경호원까지 보내 나를 20리 밖에 있는 병원으로 데려가게 해주었지. 그리고 아이를 낳은 뒤 입힐 옷과 기저귀가 없었고, 내게는 번갈아 입는 옷 두 벌밖에 없어서 내 옷으로 아이를 싸주었지. 나는 소평 동지

에게 글쪽지를 써 보냈는데, 그 내용인즉 아이에게 입힐 옷이 없고 기저귀도 없으니 내 대신 홍군 공전(公田)의 한 몫을 타서 애 옷을 몇 벌 사게 해달라고 하는 것이었지. 그때는 홍군들에게 공전이 있어서 홍군전사들에게는 수확물이 한 몫씩 주어지고 있었다네. 자네 부친은 나한테 '월천 동지, 우리와 같은 간부들은 홍군 공전을 타지 말고 전사들에게 양보해야 하오.'라고 쓴 글쪽지를 보내면서, 대신 생산비 10원과 보육비 4원을 타가지고 경호원을 시켜 나한테 가져다 주었지. 그는 원칙을 지키면서 아랫사람의 곤란도 해결해 주었지만 자기만은 돌볼 줄 몰랐어. 자네 부친은 정말 훌륭한 간부였다네."

아버지는 바로 이런 사람이었다. 사업에서는 착실하고 원칙 문제에서는 양보할 줄 몰랐으며, 동지들에 대해서는 알뜰히 돌봐주고, 그런 일을 했다는 것을 나타내려 하지 않았으며, 자신에 대해서는 몹시 엄격하고 기쁜 일이 있건 슬픈 일이 있건 웬만해서는 얼굴에 표정조차 나타내지 않았다.

사실 그때 아버지는 정치적으로 타격을 받았을 뿐만 아니라, 생활면에서도 많은 우여곡절을 겪고 있었다. 한 예로 그가 비판을 받은 뒤 1933년에 아금도 그의 곁에서 떠나가 버렸다. 달도 어두워졌다 밝아졌다 하고 때론 둥글어졌다 이그러졌다 하듯이, 사람도 슬플 때와 기쁠 때, 그리고 헤어질 때와 만날 때가 있는 것이다. 누구에게나 항상 좋을 때만 있기는 어려운 것이다.

사람이 한平생 얼마나 많은 우여곡절을 겪어야 하고, 그리고 사업상 생활상에서 얼마나 많은 시련을 겪어야만 비로소 수행을 마치고 깨달음을 얻게 되는지, 또 얼마나 지나야만 세속에서 해탈해 열반의 경지에 이를 수 있는지, 이는 정말로 다 알 수 없는 일인 것이다.

정치적인 부각과 실각, 생활상의 순탄와 역경, 이러한 것들을 아버지는 모두 겪어 보았다. 생활상에서 그는 이미 두 번이나 아내를 잃었다(물론 그 원인은 같지 않지만). 그리고 정치적으로 첫번째라고 할 수 있는 시련을 겪고 있었다. 그의 평생에 이번 시련은 가장 작은 시련이었는지도 모른다. 33년 후에 그는 정치적으로 더욱 큰 타격을 받게 되니 말이다.

아버지는 세 번 실각했고, 또 세 번 다시 일어섰다. 그리고 다시 일어설 때면 그때마다 더욱 영예로워졌고, 그때마다 사람들의 심금을 더욱 세차게 울렸다. 이런 경력에 대해 실로 사람들은 경탄을 금할 수 없을 것이다. 세 번 나가떨어졌다가 또 세 번 다시 올라앉은 등소평의 일생에 대해 전설적인 일이라고 평가하면서 세상사람들은 경탄을 금치 못한다. 등소평의 전기를 쓴 독일의 작가 울리 프란츠(Uli Franz)는 다음과 같이 말한다. "등소평은 비상한 능력으로써 정치적으로 3번에 걸친 부침(浮沈)을 했던 것이며, 또한 수많은 음모를 받았다. 그러면서도 그는 그럴 때마다 매번 자기의 목표에 한 걸음씩 더 접근해 갔던 것이다. 금세기에 있어서 나는 동서양을 막론하고 등소평처럼 험난하고 굴곡이 심한 길을 걸어오면서도 탁월한 성과를 거둔 그런 정치가를 보지 못했다."[1]

시련과 좌절을 겪는다는 것은 절대로 호강스러운 일은 아니다. 그러나 한평생 그 어떠한 좌절과 시련도 겪어보지 못한 그런 사람의 삶은 틀림없이 무미건조하고 평범할 것이다.

아버지가 1933년에 정치적 생활적 좌절을 겪고 있을 때는 거의 30세가 될 무렵이었다. 공자가 "삼십에 뜻을 세운다."라고 한 말과 같이 일반적으로 사람들은 30세에 이르면 성숙된다는데, 등소평은 30세가 채 되지도 않은 그 시기에 겪은 일이 너무도 많았다. 정치적인 대 풍랑을 두려워하지 않았거늘 개인 생활상의 불쾌한 일로 하여 신경을 쓸 그가 아니었다.

아금은 아버지와 함께 중앙 소비에트 구역에 도착한 뒤 일찍이 중공 어도현과 승리현 위원회의 서기로 있으면서 두 현의 당, 정, 군, 민을 지도해 경제건설을 하고 홍군을 확대하며 전선을 지원했었다. 그는 홍군의 유능한 여성 간부였다. 아버지와 헤어진 뒤 그는 중앙 조직부로 이동돼 조직과장을 지내다가 이듬해에는 중앙혁명군사위원회 무장동원부 부부장을 맡았다. 1933년 10월, 아금은 서금현 홍군확대돌격대 총대장을 지내면서 임무를 뛰어나게 완수해 당 중앙의 호평을 받았다. 1934년 중앙 홍군이 장정을 시작했을 때, 아금은 홍군 제1방면군의 20여 명 여성전사들과 함께 중앙 제2종대, 즉 홍장종대(紅章縱隊)의 지방사업부에 배치됐는데, 그때도 연도에서 대중을 동원하는 임무를 수행했다.

후에는 중앙에 직속된 간부 휴양중대의 당지부 서기를 맡았다. 이 중대에는 대부분이 여성 병자들과 나이 많은 사람들이었는데 동필무, 서특립, 사각재, 채창, 등영초, 강극청 등이 있었다. 장정을 하면서 섬북 혁명근거지에 도착한 후 아금은 중앙조직부 조직과장, 항일군정대학 제4대대 여성구대 구대장, 섬북공학 생활지도위원회 부주임 등의 직책을 역임했다. 장기간의 전쟁 생활과 곤란한 생활 환경에 시달려 장정을 겪은 많은 여성들이 질병을 얻게 됐는데 아금 역시 그러했다. 그래서 1938년에 조직에서는 그를 소련에 보내 치료받게 했다. 1941년 소-독전쟁이 폭발했고, 머지않아 전화가 모스크바에까지 미치게 되자, 아금은 모스크바 교외의 한 병원에서 치료를 받고 있다가 불행하게도 전란통에 사망하고 말았다. 그때 그녀의 나이는 37세였다.

아버지가 총정치부 비서실장으로 있던 시간은 많지 않았다. 두서너 달이 지나서였다. 비서실장의 할일이 별로 많지 않았으므로 실제 사업을 보다 많이 할 수 있도록 다른 일을 하게 해달라고 아버지가 요구하자, 총정치부에서는 그를 하급기관인 선전부에 간사로 배치해 일반 선전사업을 하는 외에 총정치부 기관지 〈홍성〉을 주관하게 했다. 아버지는 이 사업을 장정 도중에 준의회의가 열리기 직전까지 계속 맡아 했다.

장문천의 부인 유영(劉英) 아주머니는 나에게 다음과 같은 이야기를 들려주었다. "1933년 나는 모스크바에서 학습하고 돌아왔는데 중앙 소비에트 구역에서 자네 부친을 만나곤 했지. 그때 그는 오류를 범해 해직당한 후 총정치부에서 〈홍성〉지를 편집했었지. 나는 소공(少共 : 청년단) 중앙에 선전부장으로 배치됐는데 우리 기관과 총정치부는 거리가 아주 가까웠지. 중앙국, 총정치부, 소공 중앙은 각각 집 한 채를 차지하고 있었는데, 모두 한 마을에 있어 몇 걸음만 걸으면 닿을 수 있게 서로 가까이에 있었던 거지. 그때 우리는 한창 젊은 나이에다 그곳이 농촌이었기 때문에 문화생활을 할만한 것은 없고 하여 저녁을 먹은 뒤에는 곧장 이웃에 놀러다니기를 즐겨했지. 우리 몇 사람은 하창씨의 방에 들어가 놀기를 좋아했는데, 지식이 많은 자네 부친과 갖가지 세상사를 이야기하는 것이 제일 즐거웠던 일이었지. 자네 부친은 정말 낙관적이었지. 그가 어떻게 타격을 받았고 어떻게 이혼을 했는가 하는 것들은 죄다 하창씨가 우리한테 들려주었지.

하창씨는 총정치부의 사실상 총책임자였는데, 그이는 소평 동지를 몹시 동정해서, 소평 동지가 일을 뛰어나게 잘했는데 억울함을 당했다고 말하곤 했지. 뒤에 나는 홍군확대대장으로 있으면서 임무를 초과완수한 일이 있었는데, 자네 부친은 농조로 나를 보고, '당신은 일을 하지 않으면 몰라도 일단 달라붙기만 하면 대번에 사람들을 놀래운다니까, 〈홍성〉지에 당신의 이름이 올랐다오 ! ' 하고 말하지 않았겠나."

〈홍성〉지는 제2차 국내혁명 시기 노농홍군 군사위원회의 기관지로서 1931년 12월 11일에 창간됐는데, 중국 노농홍군 총정치부에서 발간했다.

중앙문서국에서는 가능한 한 오 힘을 다 기울여 〈홍성〉지를 수집해다가 책으로 묶어 놓았는데, 완전하지는 못해도 그것이 지금은 대단히 귀중한 역사 자료로 쓰이고 있다.

1931년 12월 11일에 발간된 창간호는 첫머리에 〈홍성〉이라는 두 글자가 정중히 박혀 있고, 그 밑에는 '중앙 혁명군사위원회 총정치부 출판'이라고 밝혀져 있으며, 위의 전단 글씨는 '전 세계 무산자와 피압박 민족은 연합하라 ! '는 어구였다. 그리고 제1면의 첫번째 글이 창간사인데 〈홍성〉지의 취지를 다음과 같이 똑똑히 밝히고 있다.

"이 신문은 하나의 거울이다. 홍군내의 모든 사업, 모든 생활의 잘된 것과 못 된 것을 이 거울에서 똑똑히 볼 수 있다.

이 신문은 하나의 무전기다. 각 홍군부대의 전투 소식, 전국, 전세계 노동자, 농민의 생활 형편에 관한 소식들을 독자들에게 전할 것이다.

이 신문은 하나의 정치사업 지도원이다. 그리하여 독자들에게 군중사업과 홍군훈련사업의 방법들을 알려줄 것이며, 어떤 일이 잘못되고 있고 그런 일을 어떻게 해야 하는가를 알려줄 것이다.

이 신문은 홍군 당사업의 지도원이다. 독자들에게 부대의 당사업의 여러 가지 경험들을 알려줄 것이며, 잘못된 점들을 지적해 주고 시정방법을 알려 줄 것이다.

이 신문은 홍군의 정치사업을 토론하는 회의장소다. 그 누구라도 정치사업, 문화교육사업, 홍군 생활에 대해 의견이 있으면, 모두 이 신문에 문제를 제기해 주면 그에 답해 줄 것이다.

이 신문은 또한 우리 전체 홍군의 구락부다. 이 신문은 독자들에게 이야기를 들려주고 요술도 부리고 놀이도 해준다.

이 신문은 재판관이다. 홍군 내의 소극적이고 게으름을 피우는 자, 타락한 관료, 그리고 반혁명분자들은 모두 이 신문의 처벌을 받을 것이며, 그들의 죄악을 독자들 앞에 밝혀 놓을 것이다.

요컨대 이 신문은 중대한 임무를 담당하고 있는 것이므로, 홍군 내의 모든(당의, 전투원 대중의, 지방 노농의) 정치사업을 강화하며, 홍군의 정치 수준과 문화 수준을 높여 줄 것이며, 중국 공산당 소비에트 구역 대표대회의 결의를 실현해 홍군을 철과 같이 튼튼한 대오로 만드는 등의 임무를 수행할 것이다."

이 신문은 중앙 소비에트 구역 내 홍군의 광범위한 지휘원과 전투원들 및 지방의 간부와 민중을 대상으로 해서 만들어진 신문이었다. 그때의 홍군전사들과 그 지휘관들은 거의가 다 지극히 어려운 생활을 하던 노농출신들이어서 문화 수준이 매우 낮았으며 문맹자도 적지 않았다. 그때는 다른 신문이나 서적이 없었고, 방송도 없었으며, 텔레비전은 더더구나 없었다. 그러므로 〈홍성〉지는 두말할 것도 없이 중앙 소비에트 구역 내 홍군의 많은 지휘관과 전투원들에게 있어서 소식을 전해주고 학습의 자료가 됐으며, 당의 사상과 문화 지식을 전파하는 중요한 매체가 됐던 것이다.

1931년 12월부터 1933년 5월까지는 〈홍성〉지 역사의 첫 단계라 할 수 있는데 모두 35기를 출판했다. 그중 제1기부터 제12기까지는 활판 인쇄를 했고, 제31기부터 제35기까지는 등사인쇄를 했다. 중간의 제13기부터 제30기까지는 아직 문서국에 수집되지 않았다.

〈홍성〉지의 제2단계는 1933년 8월 6일부터 1934년 9월 25일까지인데 간행물의 순서를 새로 제1기부터 시작했고, 모두 67기를 출판했다. 지금 제67기를 제외하고는 모두 수집돼 있고 모두 책으로 묶어놓았다. 그 가운데서 10개 기는 외국에서 수입해 왔다. 이 67기는 활판 인쇄를 했다. 1934년 10월부터 1935년 1월까지 〈홍성〉지는 또 7, 8기 출판됐다. 홍군이 장정을 시작한 때였기 때문에 또 등사인쇄를 했다.

이 시기, 즉 1933년 8월부터 1935년 준의회의가 열리기 직전까지의 기간에 출판된 70여 기의 〈홍성〉지는 아버지의 주관 밑에서 편집 출판된 것이다.

준의회의가 끝난 뒤에도 〈홍성〉지는 10여 기가 출판됐고, 1935년 8월 3일부터 폐간됐다. 홍군이 아주 어려웠던 장정의 길에 들어섬으로써 신문을 계속 제작할 수 없게 된 것이다.

아버지는 문화계의 인사도 아니고, 신문계의 인사는 더구나 아니었다. 그러나 그에게 있어서 신문을 만드는 것, 특히 혁명적 신문을 만드는 것은 생소한 일이 아니었다. 그때부터 10년 전 프랑스 파리에 있을 때 그는 주은래 등과 함께 중공과 청년단의 프랑스 주재 단체의 간행물인 〈적광〉을 만든 일이 있다. 당시 그는 여러 사람들에게 등사 박사라고 불리기까지 했다.

그뒤 10년이란 세월이 흘렀다. 프랑스에 있을 때 20여 세밖에 안 됐던 그 청년 공산당원이 이때는 이미 성숙된 홍군간부로 성장했던 것이다.

이 10년은 그에게 있어서 눈이 어지러울 정도로 바쁜 세월이었다. 그 얼마나 많은 인물들이 그의 곁을 스쳐 지나갔으며, 그 얼마나 많은 생각들이 그의 가슴속에 쌓였을 것인가. 이런 경력과 경험들, 특히 정치 수준과 이론 수준의 제고로 인해 그는 신문을 쉽게 제작할 수 있었던 것이다.

〈홍성〉지를 펼쳐보면 곳곳에서 아버지의 필적을 발견할 수 있다. 활판인쇄를 한 것이지만 아버지가 손으로 쓴 표제들을 곳곳에서 발견할 수 있다. 손으로 표제를 쓴 것은 눈에 확 띄게 하고 지면을 생동감 있게 하기 위한 것이었다. 그때 아버지의 필체는 무척 곱고 힘이 있었다.

아버지가 우리에게 말해준 바에 따르면, 당시 그가 신문을 제작할 때 그의 수하에는 몇 사람밖에 없었으며 오랜 기간 둘밖에 없을 때도 있었다. 그러므로 원고를 선택, 편집, 인쇄하는 일이나 여러 가지 기사, 논설들을 집필하는 일 그 어느 것을 막론하고 아버지가 모두 직접 손을 대야 했던 것이다. 손으로 쓴 표제들은 그가 쓴 글을 다른 사람이 나무에다 새겨서 다시 종이에다 인쇄한 것이다. 필자의 이름을 밝히지 않은 소식, 신문, 기사들, 그리고 수많은 중요한 글, 논설들은 자기가 집필한 것이라고 아버지는 말한 바 있다. 언젠가 나는 문서국에서 수집해온 〈홍성〉지를 빌려다 아버지에게 보이면서 아버지가 쓴 글을 가려보라고 권했다. 그는 손을 휘저으면서 "수없이 많은 걸! 어떻게 일일이 가려낼 수 있겠냐?" 하고 말하는 것이었다.

실로 그렇다. 주필 한 사람이 수하 일꾼 두 사람을 거느리고 평균 5일에 한번씩 8절만한 크기로 4면의 신문을 출판했으니 얼마나 바빴겠는가?

〈홍성〉지는 중앙혁명군사위원회의 대변자이기 때문에 당 중앙위원회와 당 중앙군사위위원회의 명령, 주은래, 주덕, 박고, 낙보(장천문), 왕가상, 이유한, 나영환, 섭영진, 진의, 양상곤, 하창, 좌권 등 모든 지도자들의 글과 그들이 쓴 논설들을 자주 발표하곤 했다.

〈홍성〉지에 발표된 논설들은 집필자의 이름을 밝힌 것과 밝히지 않은 것이 각각 절반쯤 된다. 그중에서 이름을 밝히지 않은 것들은 대부분 아버지가 집필한 것이라고 나는 생각한다. 이름을 밝히지 않은 논설의 표제들 가운데는 다음과 같은 것들이 있다.

"홍군을 계속 확대하자!"

"정치 교양을 소홀히 하는 경향과 맹렬하게 투쟁하자!"

"5차 전역(戰役)에서의 우리의 승리!"

"유격을 향해 적위군이여 돌격하자!"

"5·l노동절의 사업."

"부대를 공고히 하는 사업을 강화하며 도주, 변절하는 현상을 철저히 없애자."

"유격전쟁을 정치의 최고봉으로 끌어올려야 한다!"

"우리의 무쇠주먹으로 장개석의 주력을 분쇄하고, 반격해 전면적인 승리를 거두자!" 등등.

수없이 많은 여러 글과 기사들을 제쳐 놓고라도 이러한 논설들만 보아도 아버지의 정치 수준, 이론 수준, 실천 수준이 모두 프랑스에 있을 때보다 훨씬 높아져 있음을 알 수 있다. 그가 집필한 글들은 정치 사상적으로 성숙했고 저항성이 강했던 것인데, 프랑스 유학 시기에 쓴 글들에서 볼 수 있었던 그런 애스러운 티는 이미 깨끗이 없어졌던 것이다.

〈홍성〉지는 갖가지 소식과 전쟁 실황 등을 보도하는 외에도 생활 상식을 비롯한 지식을 보급해 주는 글들도 많이 실렸다. 이를테면 군사 무기에 관한 지식, 위생예방 지식을 보급하는 글들도 많이 실렸으며, 심지어는 오락과 취미를 위한 문답과 수수께끼도 실려 있다. 별로 눈에 확 띄지 않는 이런 소소한 내용의 글들을 통해서도, 아버지가 이 신문을 제작할 때 온갖 심혈을 다 기울여 글자 하나 글귀 하나라도 소홀히 하지 않으며 일했다는 것을 엿볼 수 있다.

어느 연로한 선배가 나에게 자네 부친은 지도자로 있을 때나 하층 일꾼으로 있을 때나 항상 낙관적이었다고 말해준 적이 있다. 이 〈홍성〉지만 봐도 확실히 그렇다는 것을 알 수 있다. 아버지와 같은 공산당원들은 실로 자기희생적이었고, 개인의 명예와 득실 같은 건 도외시했었다. 그들은 해와 달을 휘어잡을 듯한 기개로 천군만마를 지휘할 수도 있었고, 일상적이고 평범한 일터에서 자질구레한 일을 해도 성실하게 잘 해내는 사람들이었다.

"당과 인민을 위해서라면 나 개인이야 아무것도 아니지." 어렸을 때 나는 아버지로부터 이 말을 자주 듣곤 했다. 지금 사람들은 이 말을 그전부터 써오던 상투적인 말로만 여길지도 모른다. 그러나 곰곰이 생각해 보면 나의 아버지와 같은 세대의 사람들, 그 세대의 혁명가들, 그 세대의 홍군전사들은 실제로 그러했다.

그때, 그렇게 어려운 환경에서도 중국의 건설을 위하여 자신의 이해관계를 생각지 않은 사람이 어디 나의 아버지 한 사람뿐이겠는가. 그 수없이 많은 혁명전사들이 모두 다 그렇게 굳세게, 그리고 낙관적으로 싸웠고 생활했던 것이다.

그 증거의 한 예로 이유한의 회상기 일부분을 아래에 소개한다.

"중앙 소비에트 구역의 생활이 얼마나 어려웠는지 오늘의 젊은이들은 잘 모를 것이다. 그때 중앙 소비에트 구역에서는 '모든 것은 전선을 위하여!'라는 구호를 내걸었다. 물론 전선에서 싸우는 전사들의 생활도 우리보다 나을 것이 없었다. 다만 후방 사람들보다 소금을 더 먹을 수 있을 뿐이었다. 그때 우리는 아직 스스로 생산할 줄 몰랐으며, 서금의 양곡도 어깨로 짊어지고 날라온 것이었다. 식량이 부족해 후방에 있는 사람들은 하루에 두 끼도 먹지 못했다. 밥을 지을 때는 사람마다 자기의 쌀을 부대자루에 담아 방앗간에 가지고 가서 찧어야 했고, 그리고 거기에 저마다의 이름을 써야 했다. 당시에 이렇게 쌀을 한 몫씩 나누어 밥을 짓지 않고, 큰 가마에 같이해서 먹으면 밥먹는 속도에 따라 많이 먹는 사람이 있을 것이고, 조금밖에 못먹는 사람이 있을 수 있었기 때문이었다. 그때는 군사적 공산주의를 실시해 물질을 공급해 주었다. 끼마다 반찬을 조금씩 주었고 반찬에는 기름기가 없었다. 반찬은 작은 통에 나누어 주었는데도 그 통의 밑바닥도 채 덮지 못했다. 매일 오전 10에서 12시 사이에는 모두들 배가 고파 참기 어려웠다. 저녁에도 역시 그랬다. 못 견딜 때는 침대 위에 한참 누워 있다가 다시 일어나 일을 하곤 했다. 그때 홍군의 생활을 오늘의 해방군과 비교하면 실로 천양지차다. 그때는 소금도 없어서 스스로 돌소금을 다려서 먹어야 했다. 적군의 봉쇄로 인해 중앙 소비에트 구역은 식생활이 어려운 외에도, 의복 문제도 대단히 어려웠다. 의복은 흰천을 남색으로 물들여 지은 것들인데 물이 쉽게 빠졌다. 어디를 가나 저녁에 잠잘 때는 수시로 행군을 하고 싸움을 했기 때문에 옷을 입은 채로 잤다. 탄알 사정은 더욱 어려웠다. 싸움을 할 때도 탄알 껍질을 주어모아야 했고, 낡은 탄알 껍질에 화약을 넣어 다시 썼다. 그때는 정치사상교양이 잘 됐기 때문에 모두들 그렇게 어려운 조건에서도 불평을 할 줄 몰랐고, 한마음으로 혁명에 몰두했었다. 백성들도 혁명의 승리에 대한 성과를 분배받고 이익을 보니 혁명을 적극 옹호하고 지지했다.

나는 백성들이 앞다투어 홍군에 입대하는 광경을 본 일이 있다. 홍군에 입대하는 사람들은 대부분이 주로 민병들이었는데, 가는 곳마다 부모가 아들을, 아내가 남편을 홍군에 보내는 상황을 볼 수 있었다. 홍군에 입대하는 사람들은 스스로 준비한 이불과 짚신을 짊어지고 왔다. 그때 당과 홍군은 군중과의 관계가 극히 긴밀했고 민중 속에서 위망이 대단히 높았다."[2]

그렇다. 그때는 생활이 상상할 수 없을 정도로 어려웠다. 하지만 군대가 백성을 위하고 백성이 군대를 옹호하는 군민일치의 훌륭한 작풍과 전통이 있었다. 그러나 만일 그렇지 않았으면 벌써 홍군은 강적에

게 망하고 말았을 것이다. 또한 이와 같은 역경에서도 변함없이 인민
에 충성하고 혁명에 충성하며, 당의 위업을 달성하고자 하는 사람들이
있었다. 그런 어디에도 비할 바 없는 용감하고 진정한 공산당원들이
없었더라면, 중국공산당과 중국혁명도 최종적인 승리를 거두지는 못했
을 것이다.

주

1. 울리 프란츠, 《등소평 중국식의 정치 전기(鄧小平 – 中國式的政治傳奇)》.
2. 이유한, 《회상과 연구》(상권), P. 341 –342.

41 전략적 대이동 장정

　1933년과 1934년은 중국공산당과 중국노농홍군의 역사에서 설상가상의 재앙이 많았던 시기다. 일 년 남짓한 기간 동안 외부로부터 더욱 조여오는 적군의 참혹한 포위토벌전에 직면해 있었고, 내부에서는 왕명의 좌경적 오류가 날로 더 엄중한 사태로 번져가고 있어 어찌할 수 없었다.

　1933년 3월, 북침한 일본 군대가 우리나라 열하성 소재지인 승덕(承德)을 강점했다. 만리장성 안팎에 주둔하고 있던 중국 수비군들은 전국적인 항일 열조의 지원하에서 저마다 자진해서 일어나 저항했다. 그 가운데서도 송철원(宋哲元)이 거느리는 제29군단은 희봉구(喜峰口)와 나문령(羅文嶺) 일선에서 일본 군대와 결사적으로 싸워 중대한 승리를 거뒀다.

　그러나 3월 상순에 국민당정부 군사위원회 위원장 장개석은 "항일을 떠벌리는 자는 사정없이 죽여야 한다."는 명령을 내렸으며, 하북성 각지의 의용군과 구국군 등 항일 단체들의 활동을 금지시켰다. 장개석의 이러한 행동하에, 5월에 이르자 일본군은 우리나라 찰합이성의 다륜과 장북 등 7개 현을 쉽게 강점했으며, 만리장성의 여러 출입구들을 강점했고, 또다시 옥전과 통주 등지를 점령했다. 그리하여 북경과 천진은 아주 쉽게 일본군의 손바닥 안으로 들어갈 수 있게 됐다.

　북경과 천진이 위급하게 됐음에도 불구하고, 국민당정부는 5월 31일 대표를 파견해 일본관동군 대표 오까무라 야스지와 당고에서 '당고협정(塘沽協定)'을 체결했다. 이 협정은 다음과 같이 규정하고 있었다.

1. 중국군대는 연경, 창평, 고려영, 순의, 통주, 향하, 보저, 임정구, 영하, 노대 등지로 연결된 일선의 서부와 남부 지역으로 철퇴하며, 그런 뒤에는 이 일선을 넘어서지 않으며, 그 어떤 도전이나 방해 행위도 하지 않는다.

2. 제1항을 실행하고 있는지의 상황을 확인하기 위해 일본군은 수시로 비행기나 기타 방법으로 시찰할 수 있다. 따라서 중국측에서는 이를 보호해주고 각종 편리를 제공해야 한다.

3. 일본군은 제1항의 규정을 중국군이 이미 실행했다고 확인하면, 그 즉시 다시는 경계선을 넘어 공격하지 않는다. 그리고 스스로 만리 장성 일선 밖으로 귀환한다.

4. 장성 이남 및 제1항에 규정된 일선의 북부와 동부 지역 내의 치안유지는 중국 경찰기관이 책임지되, 소속 경찰기관은 일본사람들의 감정을 자극할 수 있는 무력 단체를 사용해서는 안 된다.

이 협정에 근거해 국민당정부는 중국 강산의 4개 성을 고스란히 일본 침략자에게 바쳤고, 뒤 이어 화북의 대문을 활짝 열어놓아 한없이 탐욕스러운 침략자에게 전쟁을 확대하도록 최대한의 편의를 제공했다.

당고협정은 중영 남경조약, 중미 망하조약, 중불 황포조약, 중영불미러 천진조약, 중영불 북경조약, 중러 이리조약, 중영 연대조약, 중일 시모노세키조약 등 주권을 팔아먹는 치욕스러운 불평등조약을 체결한 후 또 한 차례의 나라를 팔아먹는 수치스러운 행위였다.

통계에 의하면 1840년부터 1949년까지 중국이 외국 침략자와 체결한 불평등조약은 무려 1,100개나 된다. 이런 조약을 봉건왕조가 체결했고, 국민당정부가 체결했고, 구군벌이 체결했고, 또한 신군벌도 계속 체결했던 것이다.

근 한 세기나 되는 기간의 중국 역사는 한 곡조의 슬픈 노래, 애절한 노래와도 같았다. 너무도 처참해 차마 계속 들을 수 없는 노래였다.

일본 침략자가 침략의 발걸음을 다그침에 따라 민족적인 위기감은 짙어 갔다. 그리고 국민당의 매국 정책에 전국 인민들은 드높은 항일반장(反蔣)의 뜨거운 열조를 일으켰다. 북경, 천진, 남경, 상해 등의 인민 대중은 연달아 집회와 시위를 벌였고, 국민정부에 전보문을 보내 일본에 선전포고할 것을 호소했다. 중화 소비에트 임시 정부와 중국노농홍군 혁명군사위원회에서는 모든 무장부대와 정전협정을 체결하고, 공동으로 항일하자는 내용의 선언을 발표했다. 1933년 5월 국민정부 요원인 풍옥상은 방진무(方振武), 길홍창(吉鴻昌)과 연합, 항일동맹군을 결성했고, 7월에 일본군과 괴뢰군을 찰합이성에서 몰아내겠다는 선언을 장가구(張家口)에서 전보문을 통해 공개 표명했다. 이 해 11월, 상해의 항일전선으로부터 복건성으로 이동해 홍군을 치라는 명령을 받은 국민당 제19로군은 복건성에 이른 뒤 복건성 정부와 함께 항일반장사변을 일으킨 뒤 이제심, 진명추, 장광내, 채정개 등을 추대해 복건성 인민정부를 세웠다. 그런 뒤 소비에트 중앙정부와 조약을 체결하고, 공동으로 장개석을 반대하며 항일하기로 약속했다.

항일의 열조가 이와 같이 앙양되고 있음에도 불구하고, 장개석은 회개하지 않고 여전히 "먼저 내부를 안정시키고 뒤에 외세를 물리친다."는 방침을 고집했다. 그는 계속 일본과 타협하면서 "절교하지 않으며, 선전(宣戰)하지 않으며, 화의하지 않으며, 조약체결을 하지 않는다."는 매국적인 외교 정책을 실행하고[1], "친구를 후하게 대하고 이웃과 화목해야 한다."고 떠벌려대며 "신의를 보여주기 위해 일시적인 충동 및 반일 행위에 대해서 제재를 가하겠다."고 표명했다.[2] 다른 한편 항일운동에 대해서는 극력으로 탄압했다. 그는 누구보다도 먼저 풍옥상의 항일동맹군을 분해시키고 와해시키려고 15만 군대를 끌어다 포위토벌해 결국 풍옥상으로 하여금 직무를 내놓게 했다. 항일명장 길홍창도 마지막에는 장개석한테 피살됐다. 11월에 장개석은 또 15만 병력을 끌어다 복건성 인민정부와 항일에 나선 제19로군을 포위토벌하여 이듬해 1월에는 두 달 동안 유지된 복건사변을 탄압했으며, 이제심, 장광

내, 채정개 등을 복건에서 몰아냈다.[3]

1933년 9월 장개석은 100만 대군과 비행기 200대를 출동시켜 여러 소비에트 구역을 동시에 공격했다. 말하자면 제5차 군사적 포위토벌을 시작한 것이다. 그리고 그 전에는 "장기적으로 구축해 나가면서 직진한다."는 전술을 썼는데, 이번에는 "한 걸음 나아갈 때마다 진을 치고, 그 보루에 의지해서 다시 전진한다."는 새로운 작전을 폈다. 그는 이러한 방법으로 소비에트 구역들을 조금씩 좁혀 가면서 홍군의 인적 전력을 소멸하려고 시도했다.

제5차 포위토벌전이 시작되기 이전에 네 차례의 반포위토벌전의 승리, 토지개혁 및 경제 발전 등의 유력한 추동하에서 홍군은 급속하게 발전해 이미 30만으로 늘어나 있었다.[4] 소비에트 구역의 광범위한 농민 대중은 땅을 분배받아 혁명에 대한 적극성과 전투에 대한 열정이 전례없이 높아져 있었다. 이런 형세였으니 장개석의 제5차 포위토벌전에 대해서도 얼마든지 전승할 수 있었던 것이다.

그러나 당 중앙의 영도권을 장악하고 있던 박고를 비롯한 사람들은 여전히 왕명의 좌경적 오류를 고집하면서, 모택동을 비롯한 사람들을 당 중앙과 군대의 영도 직위에서 몰아냈다. 이로 인해 중앙 혁명근거지의 군민들은 일 년 동안 어렵게 투쟁했지만 국민당의 제5차 포위토벌전을 끝내 이겨내지 못하고, 1934년 10월에는 대이동을 하지 않으면 안 되게 된 것이다.

왕명을 비롯한 사람들은 무엇 때문에 모택동을 반대, 배척했던 것일까? 이에 대한 해답은 극명하고 간단하다. 첫째, 군사노선과 토지정책을 비롯한 여러 가지 방침과 정책 면에서 모택동이 좌경모험주의를 찬성하지 않았기 때문이다. 둘째, 중앙 홍군과 중앙 소비에트는 모택동을 비롯한 사람들의 영도하에서 창설됐기 때문에 소비에트 구역의 당, 정부, 군대 내에서 그들의 위망이 대단히 높았기 때문이다.

좌경적 오류를 고집하는 지도자들은 자기들의 모험주의를 철저히 실시하려면, 무엇보다도 먼저 사상적, 조직적인 장애물을 제거하지 않으면 안 됐다. 속담에 뱀을 잡으려면 머리부터 족치라는 말이 있듯이 그들은 먼저 당 내와 홍군 내에서의 모택동의 권리를 빼앗아 그의 기초를 없앤 다음, 서서히 중앙 소비에트 구역에서의 당, 정부, 군대의 권리를 통제하려고 했던 것이다.

1933년 9월 말, 제5차 포위토벌전이 시작됐을 때, 중앙 소비에트 구역에는 국제공산당에서 군사고문으로 파견한 독일인 리더(Li Teh)라는 사람이 막 도착했다.

리더의 본명은 오토 브라운(Otto Braun)인데 독일 뮌헨 태생이다. 그는 일찍이 독일공산당에 가담했고, 1928년에 소련에 가서 모스크바 프룬제군사학원에서 공부했다. 그는 1932년에 국제공산당의 파견을 받고 중국 상해에 도착해 중공 기관에서 군사고문으로 있었다. 1933년에 북경, 상해, 산두를 거쳐 복건성에 이르렀고, 9월 말에 중앙 소비에트 구역에 도착했다. 서금에 도착한 뒤부터 그는 중앙 소비에트 공화국 중앙 정부와 혁명군사위원회의 고문을 지냈다. 그의 중국식 명칭은 이덕(李德)이었다.

이때부터 중국공산당 임시 중앙위원회에서는 이덕이 군사지도사업을 주관했다. 이렇게 소련 군사학원에서 몇 년 간 공부를 했을 뿐이고, 중국의 실정, 더욱이 중앙 소비에트 구역의 실정을 모르는 외국인이 중국노농홍군의 운명을 장악하게 됐다.

이덕은 오자마자 유격주의를 반대하고 당시의 상황에서는 부당했던 홍군부대의 정규화를 부르짖었으며, 진지전과 정규전을 진행할 것을 요구했고, 전략상의 속결전과 전쟁의 지구전을 주장했으며, 고정적인 작전과 집중적인 지휘를 주장했다. 이러한 군사 원칙은 우리 군대가 여러 차례의 전쟁에서 숙달시켜 운용한 유격전과 유격성을 띤 이동전을 배척하고, 약한 병력으로 거대한 적과 싸우는 실정을 완전히 무시한, 군사교과서의 내용을 기계적으로 옮겨놓은 군사상의 교조주의였다.

교조주의는 중국에서 종래로 성공한 일이 없었다. 정치적으로도 그랬고 군사적으로도 그랬다. 교조주의에 의해 당권력이 지배되면 혁명사업이 좌절되곤 했었고, 교조주의에 의해 군권이 지배되면 전쟁에서 거대한 손실을 볼 뿐이었다.

중국공산당, 중국노농홍군, 중국인민이여, 어느 때에 가서야 자기의 운명을 옳바르게, 그리고 자주적으로 주도할 수 있게 될 것인가?

1933년 9월 장개석은 50만 병력을 출동시켜 중앙 소비에트 구역에 대한 제5차 포위토벌전을 시작했다. 9월 하순에 그들은 중앙 소비에트 구역 북부의 여천을 먼저 점령한 뒤 남으로 직진할 태세를 취했다.

이덕 등은 우선 공격모험주의를 실시했다. 그는 홍군을 지휘하면서 '전체 전선에 걸쳐 출격'해 적군의 견고한 진지를 공격하게 했으며, 여천을 수복하고 '적을 국경 밖에서 막자'고 주장했다. 그들은 홍군을 지휘해 적군의 진지인 초석을 진공했지만 실패했고, 다시 자계교를 공격했지만 역시 실패했다. 그 뒤부터는 전략 전술상에서 완전히 피동적인 상황에 빠지고 말았다.

그 당시 모택동은, 복건성의 채정개와 장광내가 거느리는 제19로군과 손을 잡고, 불시에 절강성을 중심으로 하는 적군 심장부로 쳐들어가면 적군이 할 수 없이 되돌아가서 증원해야 하기 때문에 포위토벌전을 분쇄할 수 있다고 제의했다. 그들은 모택동의 이 대담한 건의는 들은 척하지 않고, 여천 일대의 적군 보루 사이를 전전하도록 했기 때문에 홍군은 전혀 전투력을 발휘할 수 없었다.

1934년 1월, 박고를 비롯한 중공 임시중앙위원회는 제6기 제5차 전원회의를 소집했다. 그런데 이 회의는 설상가상이라는 말 그대로 좌경적 오류를 절정에 이르도록 만든다.

그들은 내적(內敵)이 공격하고 외적(外敵)이 침략하는 엄연한 현실을 보지 못했다. 그들은 맹목적으로 '중국의 혁명 위기가 이미 첨예하고 새로운 단계에 이르렀다.'고 인정했고, 제5차 반포위토벌전의 험악한 국세를 '소비에트 중국의 완전한 승리를 이룩하기 위한 투쟁'이라고 그릇되게 평가했다. 그들은 공산당의 당면 과업은 사회주의혁명을 실현하는 것이라고 외쳐댔다. 특히 그들의 주장은 가장 주요한 위험이 우경기회주의이므로, 우경기회주의에 대한 타협적인 태도를 반대해야 한다고 주장하면서, 저들의 종파주의에 입각해 당내의 부동한 의견이 있는 사람들을 과격하게 타격했고, 그들에 대한 투쟁을 가일층 강화시켰다.

이처럼 제5차 중앙 전원회의의 소집은 좌경적이고 그릇된 영도자의 지위를 공고히 했고, 이는 종국적으로 제5차 반포위토벌전의 실패를 초래했다. 1934년 봄, 장개석은 11개 사단의 강대한 병력으로 진공해 중앙 소비에트 구역의 북문인 과창을 강점했다. 이덕를 비롯한 사람들은 "적을 범처럼 두려워하며 도처에 방어시설을 구축하고 방어에만 급급하면서도, 적의 후방을 치는 우리에게 유리한 공격을 실시하지 않았으며 또 대담하게 적을 깊이 유인해 병력을 집중시켜 섬멸하지도 않았다."[5] 원래 그들은 공격모험주의를 실시하던 것이 나중에는 방어보수주의로 넘어가 '갑작스런 돌격'을 하든가, 적군과 진지전을 하면서 전력소모만 할 뿐이었다.

더 이상 말할 수 없는 오류적인 군사적 지휘로 인해 홍군은 연속 패배하여 후퇴했고, 살상자도 엄청나게 증가했다.

적군은 광창을 점령한 뒤, 다시 홍국, 영도, 석성 등지를 점령했다. 중앙 소비에트 구역은 날로 더 축소되고 홍군의 병력은 심각하게 약화돼 갔다. 싸움은 할수록 피동적인 상황으로 빠져들이갔고, 손실은 날마다 커가기만 했다. 좌경적 오류를 고집하는 지도자들은 "병력을 나누어 방어할 것을 주장했기 때문에, 전적으로 피동적인 위치에 빠져 곳곳에서 막고 치고는 했지만 미처 적군을 대처하지 못해 병력은 날로 줄고, 땅은 날로 좁아가기만 했다."[6]

이 때에 모택동은 홍군 주력으로 즉시 호남성 중부로 진격함으로써 적군을 그쪽으로 유인해 섬멸해야 한다고 제의했다. 그러나 이덕 등은 모택동의 건의를 거절했다.

1년 남짓한 기간 싸웠으나 제5차 반포위토벌전은 실패로 끝났다. 유백승(劉伯承) 원수가 당시의 형편을 회상하면서 한탄한 말은 다음과 같다. "제5차 포위토벌전을 격퇴할 수 있는 희망은 이제 마지막 단계로 접어들어 장정이라는 한 길을 택하는 도리밖에 없게 됐다."[7]

1934년 10월, 왕명을 대표로 하는 좌경적인 당 중앙은 갑자기 홍군에게 중앙 혁명근거지를 떠나라고 명령했다. 그때 당 중앙 조직국 주임을 지낸 이유한은 자기의 회상기에 다음과 같이 썼다.

"그 당시 중앙홍군이 광창 보위전에서 실패한 뒤 여러 갈래의 적군이 중앙소비에트 구역의 중심부를 향해 전면적인 진공을 시작했기 때문에 정세는 이미 우리에게 대단히 불리했다. 홍군이 내선에서 적을 궤멸할 가능성이 이미 없어진 때인 1934년 7, 8월경에 박고가 나를 불러 지도를 가리키며 이렇게 말하는 것이었다. '이제 중앙 홍군이 곧 호남성 서부 홍강으로 이동해 새로운 근거지를 창설하게 됐소. 당신이 강서성에 있는 중공 월감위원회에 찾아가서 이 사실을 전달하고 성위원회에서 이동할 준비를 잘 하도록 하며, 데리고 떠날 간부와 남겨둘 간부의 명단을 중앙 조직국에 바치도록 하오.' 나는 박고의 이 말을 듣고서야 비로소 중앙 홍군이 이동하게 된다는 사실을 알게 됐다.

장정의 모든 준비사업은 비밀리에 진행됐다. 일반 대중들은 전혀 모르고 있었고, 소수의 지도자들만 알고 있었는데, 나 역시 개별적인 부분 밖에는 몰랐다. 그때 나는 중앙 조직국 주임이었지만 홍군의 이동과 관련된 구체적인 계획에 대해서는 전혀 모르고 있었다. 제5차 반포위토벌전의 군사 정황도 그들은 나에게 알려주지 않았다. 내가 알고 있는 바에 의하면 장정을 하기 전에 중앙정치국에서도 혁명의 승패와 관련되는 이 중대한 전략적 문제를 토의하지 않았다는 사실이다. 중앙 홍군이 어째서 중앙 소비에트 구역에서 물러나야 하는가? 당면 과업은 무엇인가? 어디로 이동하려 하는가? 이런 문제들을 당내 간부, 지휘관과 전사들에게 내려 주지 않았다. 이런 문제들은 군사비밀에 속하는 것들이므로 마땅히 비밀에 부쳐야겠지만, 필요한 선전과 동원은 해야 마땅한 것이었다."8

그때 홍군 제1방면군 제1군단의 정치위원이었던 섭영진도 회상기에서 다음과 같이 말했다.

"장정을 하기 직전에 제1군단은 복건에서 온방을 공략한 뒤 서금으로 되돌아가서 대기하고 있으라는 명령을 받았다. 나는 임표(제1군단 총지휘관)와 함께 하루 먼저 서금에 도착했다. 주은래 동지가 단독으로 우리를 불러놓고 담화를 했는데, 그는 홍군이 전략적 이동을 하기로 당 중앙이 결정했으니 비밀리에 준비를 하되 아직은 아래 사람들에게 소문 내지 말라고 했다. 또한 어디로 이동하는가에 대해서는 언급하지 않았다. 그때는 비밀에 관한 규율이 몹시 엄했기 때문에 우리도 더 이상 캐묻지 않았다."9

전략적 대이동을 하자면 누가 떠나고 누가 남는가 하는 것이 매우 중요한 문제로 나서게 된다. 이 문제와 관련해 이유한은 다음과 같이 회상하며 말했다.

"나는 서금에 되돌아간 뒤 장정을 위한 대오 편성을 하기 시작했다. 당 중앙의 지시대로 중앙기관의 사람들을 두 종대로 편성했다. 제1종대는 '홍성종대'라고도 했는데 수뇌기관, 말하자면 총지휘부였다. 이 종대에는 박고, 낙보, 주은래, 모택동,. 주덕, 왕가상, 이덕이 편성됐고, 다른 책임자들도 모두 이 종대에 편성됐다.10 등영초, 강극청 및 방송국과 간부 연대의 사람들도 이 종대에 편성됐다. 간부 연대는 사람이 별로 많지 않았지만 전투력이 강해 실제로는 수뇌기관의 경호부대로서 장정 도중에 큰 역할을 했다. 제2종대는 '홍장종대'라고도 했는데 당 중앙기관, 정부기관, 병참부대, 위생 부문, 노조 총부, 청년단 대오 등으로 편성되어 약 10,000명 가까이 됐다. 당 중앙은 나를 제2종대의 사령관 겸 정치위원으로, 등발을 부사령원 겸 부정치위원으로 임명했다. 이부춘은 총정치부 대리주임이었는데 역시 제2종대에 편성됐다. 제2종대 사령부에는 채창, 진혜청(등발의 부인), 유군선(박고의 부인), 아금(김유영) 등 네 여성이 동행하기로 했다.[11] 사령부 밑에는 여러 부서가 있었다. 첫째는 간부 대오 혹은 간부 중대(사업대라고도 했다)였는데 약 100명으로 구성됐고 이견정이 지도원을 담당했다. 이 간부 중대는 전투를 하는 대오가 아니고, 지방사업과 부상병들을 돌보는 일을 맡아했다. 둘째는 간부 휴양대인데 역시 100여 명으로 구성됐다. 서특립, 사각재 등이 모두 이 간부 휴양대에 편성됐다. 그들은 아무 일도 하지 않고 건강한 몸으로 부대를 따라가기만 하면 됐다. 셋째는 경호대대(대대장은 요철)이고, 넷째는 교도사단(사단장은 장건무)으로 약 5,000명 정도였는데 그들은 후위를 책임졌다. 제2종대가 거느리는 대오 가운데는 100여 명의 지방 간부도 있었다. 그들은 정권 건설에 경험이 많았기 때문에 새로운 곳에 가서 정권 건설에 이바지하기로 결정됐다. 이밖에도 또 운수대, 짐꾼 등이 있었다. 당중앙기관의 문서, 자료들은 많지 않았지만 중앙정부기관의 물건은 대단히 많았다. 예를 들면 중앙은행과 재정부에서는 많은 지폐와 은화를 짊어지고 가야 했고, 돈을 찍는 석판인쇄기도 메고 가야 했다. 군사위원회 병참부에서는 무기를 만드는 기계도 가지고 가야 했는데 일곱여덟 사람이라야 겨우 기계 한 대를 멜 수 있었다. 모든 부분이 다 기계를 메고 가야 했다. 위생부는 가지고 가야 할 물건이 더욱 많았다. 실로 한 차례의 대규모적인 이사를 하는 것이었다.

장정을 떠나기 전에 어느 간부를 보내고 어느 간부를 남기는가 하는 문제는 조직국에서 결정하지 않았다. 중공 성위원회에서 관할하는 간부는 성위원회에서 결정한 뒤 중앙에 보고하고, 당중앙기관, 정부, 공청단, 노조총부 등은 그 기관의 당단 책임자와 행정 영도자가 결정해 중앙에 보고했다. 중앙정부의 당단서기는 낙보였고, 노조 총부의 위원장은 유소기, 당단 서기는 진운이었다. 부대에서는 총정치부에서 결정했다. 예를 들면 등소평이 부대와 함께 장정을 하게 된 것은 총정치부에서 결정한 것이었다.

당 중앙정치국 상무위원회에서는 당 중앙이라는 영도기관을 남겨 투쟁을 계속하도록 했다. 그 성원 가운데는 항영, 진의, 구추백 등 동지들이 망라됐고 항영이 책임자로 임명됐다."

모택담, 하창, 강서성 소비에트 주석이었던 진정인(陳正人) 등은 박고가 동의하지 않아 장정 부대를 따라가지 못하고 남게 됐다.[12]

하창은 일찍이 아버지와 함께 광서성에 가서 백색봉기를 조직했고, 아버지가 그릇된 노선에 의해 타격받게 됐을 때 주동적으로 아버지를 총정치부로 전근시켜 준 그 사람이다. 그는 1906년 산서성 이석현에서 태어났고 1921년에 사회주의청년단에 가담했고, 1923년에 중국공산당 당원이 됐다. 그는 안원, 북경, 천진, 상해 등지에서 청년사업과 노동자운동을 지도했고, 1927년에는 상해 노동자들의 제3차 무장봉기를 조직, 발동하는 사업에 참여했으며, 이 해에 중공 중앙위원으로 당선됐다. 그리고 남창봉기에 참가했고, 광주봉기의 조직사업에도 참여했다. 1930년부터 중공 중앙 북방국 서기를 지냈고, 1931년에야 그는 중앙 혁명근거지에 도착했다. 그는 1932년부터 홍군 총정치부 부주임 등 직무를 맡았다. 그는 제5차 반포위토벌전을 할 때 부상을 입었다. 중앙 홍군 주력이 장정을 떠난 뒤 그는 강서성 남부에서 유격전투를 벌였다. 1935년 3월 홍군 두 대대를 거느리고 월감 변경의 포위망을 뚫고 나가기 위해 강서성 회창에서 국민당과 싸우다가 장렬하게 죽었다. 그때 그의 나이는 29세였다.

1934년 10월, 소비에트 구역의 군민은 적군과 싸우면서 대오를 정돈하고, 전략적 이동을 준비하느라 바삐 보내고 있었다. 그들은 이 시각이 세계적으로 유례 없는, 청사에 길이 남을 장거의 기점이 되고 있는 줄은 전혀 상상하지도 못했다.

싸늘한 가을바람이 불기 시작했다. 산천까지도 숙연해진 듯했다. 구름은 바람따라 낮게 퍼져 날아가고 있었으나, 구름 밖은 한없이 광활한 푸른 하늘이었다.

옛 노래에 이런 구절이 있다. "바람은 소슬하고 역수(易水)는 차갑구나, 장사(壯士)가 떠나가면 다시 오지 못하리."

2천여 년의 세월이 흘렀다. 때는 역시 찬 가을이고 장사들 역시 먼 길을 떠나게 됐다. 하지만 이들이 부르는 노래는 슬픈 노래가 아니었고, 이 장사들 역시 떠났다가 못 돌아오는 것도 아니었다.

소비에트 구역의 백성들은 눈물을 머금고 홍군을 전송했다. 그들의 반짝이는 눈물 방울에는 한 가지 기대가 어려 있었다. "홍군이여 다시 돌아오라!"

행장을 꾸려 출발을 대기하고 있는 홍군전사들도 어느새 눈 주위가 젖어 있었다. 그들은 마음속으로 이렇게 다짐하고 있었다. "서금이여, 우리는 꼭 다시 돌아오리라!"

1934년 10월 10일, 중공 중앙, 홍군총부는 붉은 도시 서금을 출발했다. 중앙홍군 제1군단, 제3군단, 제5군단, 제8군단, 제9군단의 80,000여 명은 복건성의 장정과 영하, 강서성 남부의 서금과 어도 등지로부터 각기 출발했다.

역사에 길이 남을 전략적 이동인 장정은 이렇게 시작됐다.

주

1. 《혁명문헌(革命文獻)》, '외교방침에 관한 총재의 훈시', P. 136.
2. 《화북사변 자료선집(華北事變資料選輯)》, P. 83-86.
3. 《중화민국 사강(中華民國史綱)》, P. 402-409.
4. 《중국공산당 역사(中國共産黨歷史)》(제1권), P. 461.
5. 모택동, 《모택동선집(毛澤東選集)》(제1권).
6. 모택동, 《중국혁명전쟁의 전략문제》, 《모택동선집》(제1권).
7. 유백승, 《회고 장정(回顧長征)》, P. 3-4.
8. 이유한, 《회상과 연구(回憶與硏究)》(상권), P. 343-344.
9. 섭영진, 《적군의 제1, 2, 3차 봉쇄선을 돌파하다(突破敵人第一, 二, 三道封鎖

錢)〉. 《회고 장정(回顧長征)》, P. 72.
10. 제1종대사령관은 엽검영이다.
11. 이유한, 《회상과 연구》(상권), P. 344 - 346. 낙보는 장문천을 말한다. 등영초는
주은래의 부인, 강극청은 주덕의 부인, 채창은 이부춘의 부인, 아금 즉 김유영은
이유한의 부인이다.
12. 주11과 같다.

42 장정과 준의회의

중국노농홍군의 25,000리 장정이라고 불려지는 원정이 시작됐다. 그러나 처음부터 이 원정을 장정이라 불렀던 것은 아니고 단순히 이동이라고만 했다.

원정의 노정 또한 처음부터 미리 25,000리로 예정한 것도 아니었다. 당시의 생각으로는 먼저 호남의 서부 지대로 이동해 그곳에 있는 다른 홍군부대인 홍2군과 홍6집단군 두 부대와 회합한 후에 다시 방안을 강구하려 했던 것이다.[1]

장정이 막 시작될 무렵 중앙의 지도자들은 다음과 같이 구성됐다. 박고(진방헌陳邦憲)가 당중앙의 총책임을 담당하고, 이유한이 중앙 조직부장을, 그리고 장문천(락보洛甫)이 중앙 선전부장을 맡도록 돼 있었다. 중화 소비에트 공화국 중앙정부의 주석은 모택동이었고, 중화 소비에트 중앙인민위원회의 주석은 장문천이었다. 중앙 군사위원회 주석과 중국노농홍군 총사령에는 주덕, 총정치위원은 주은래, 총참모장은 유백승, 총정치부 주임은 왕가상(이부춘이 주임직을 대리했다)이었으며, 중국노농홍군의 군사고문은 이덕이었다.

모택동은 당시에 실권이 없는 직무만 담당했고, 당 중앙의 지도권은 왕명의 통제를 받는 박고가 장악하고 있었으며, 군사지휘권은 이덕의 손에 쥐어져 있었다. 당시에 왕명은 이역만리 소련의 수도 모스크바에 가 있었으며, 그곳에서 국제공산당을 배경으로 해 중국의 당과 군대를 원거리에서 조종하면서 중국혁명의 명줄을 잡고 있었다.

드디어 중앙홍군이 근거지를 떠나기 시작했다. 섭영진은 당시의 광경을 이렇게 회고한다.

"홍1집단군 부대는 10월 16일 이후 선발대로 나서 서금(瑞金) 서쪽에 위치한 영배를 출발해 근거지의 인민들과 작별하고, 우도하를 넘어 대장정의 역정에 올랐다. 우도하를 넘을 때는 뉘엿뉘엿 해가 지기 시작하는 저녁 무렵이었는데, 나는 기타 수많은 홍군 지휘관들과 마찬가지로 설레는 마음을 달래며 몇 번이고 고개를 돌려 중앙 근거지의 산천수목을 바라보며 강변까지 전송 나온 전우들과 마을 사람들에게 작별인사를 했다. 이곳은 내가 2년 10개월 동안 싸워온 곳으로서, 중국 혁명을 위해 중앙 근거지의 인민들이 얼마나 많은 희생을 치루었고, 또한 수많은 위대한 공헌을 세웠던 사실을 직접 내 눈으로 목격했던 곳이다.

그들은 수많은 우수한 아들딸들을 홍군에 보내주었다. 홍군 전사들은 대부분이 강서와 복건으로부터 왔다. 근거지의 인민들은 최대한 정신적이고 물질적인 지원을 홍군에게 해주었다. 이런 모든 지나간 일들이 뇌리를 스쳐가자 나는 차마 발길이 떨어지지 않았다. 그리고 근거지의 인민들과 이곳에 남은 전우들이 반드시 적들의 잔혹한 탄압과 유린에 희생당할 것을 생각하니 도저히 근심스런 마음을 떨쳐버릴 수 없었다. 석별의 정을 나누느라 발걸음이 점점 늦어지자 '빨리 따르시오! 따르시오!' 하고 앞으로부터 나지막히 들려오는 전령 소리에 발길을 재촉하면서 서서히 원정 길에 오르는 수 밖에 없있다."[2]

주력부대를 따라 이동하기 시작한 홍군 전사들은 새로운 전투와 새로운 천지를 개척하러 떠났으나, 근거지에 남은 전사들은 상상하기조차 어려운 고통과 절망 속에서 적후 투쟁을 진행해야 했다. 그들 가운데 많은 사람들은 끝까지 투쟁을 하면서, 마침내 첩첩이 둘러싼 적들의 포위망을 뚫고 나와 새로운 혁명투쟁에 헌신하기도 했다. 그러나 대부분의 많은 사람들은 적들과의 치열한 격전에서 장렬한 최후를 마치면서 중앙 소비에트의 아름다운 청산녹수에서 고이 잠들어 갔다.

아버지는 총정치부 기관과 함께 홍장종대(紅章縱隊)에 편성돼 홍군의 주력부대와 함께 장정을 시작했다. 가상해서 만일 아버지가 당시 중앙 소비에트에 남았다고 한다면, 분명 아버지의 혁명 생애는 다른 길로 이어졌을 것이다. 이 두 갈래 길은 비록 종착점은 하나일지언정 그 결말은 전혀 달랐다.

첩첩한 산 속에서 중앙 홍군의 대부대는 소슬한 가을바람을 맞으며 조용하게 그러면서도 급속하게 서쪽으로 행군했다.

홍군의 생사 존망에 관계되는 이 중대한 전략적 행동은 이덕이라는 국제공산당에서 파견돼 온 군사고문에 의해 지휘됐다. 그처럼 많은 생사의 고비를 넘나들고, 그처럼 풍부한 전투 경험과 지휘 경험을 가졌던 중국 홍군의 장령들을 무시하고, 노농홍군의 전도와 운명을 아무런 경험도 없고 중국을 전혀 모르는 외국인 지휘관에게 맡겼다는 것은 그야말로 중국 노농홍군 역사 가운데서 하나의 비극이 아닐 수 없다.

이유한은 이 일에 대해 다음과 같이 회고하면서 한탄해 하지 않았다.

"장정 초기 전반적으로 중국 홍군이 실시한 작전 포석은 착오였다. 웃음거리라고 놀려도 지나친 말은 아니다. 중앙의 두 종대는 중간에 있었는데 제1종대가 앞에 서고 제2종대가 뒤에 섰다. 중앙종대의 양쪽은 홍1집단군 홍3집단군이 지켰는데, 그들은 전투대로서 주력 전투부대였다. 홍5집단군은 이 두 중앙종대의 후위를 책임졌다. 그외에도 제22사단과 홍9집단군이 있었는데 모두 신병들로 구성된 그들은 중간의 두 종대에서 멀리 떨어진 채로 뒤를 지키면서 적들을 견제했다. 몇 개밖에 없는 주력부대가 중앙종대를 보위하는 역할을 했으니, 이것은 기실 이삿짐을 보호하는 짓이나 다를 바 없었다. 그래 가지고서야 어떻게 이동 전투라 운운할 수 있었을까? 어떻게 기동성과 활동력 있게 적들을 패퇴시킬 수 있었겠는가? 이런 행군 대열은 순전히 자기의 수족을 얽어매는 것에 불과한 것이다. 그러므로 가는 곳마다 얻어맞지 않을 수 없었던 것이다."3

섭영진은 또 이렇게 회고하고 있다.

"출발시에 홍성종대는 그야말로 집을 옮기는 격이어서 돈과 선전물을 인쇄하는 인쇄기와 이미 찍어 놓은 선전물, 종이, 병기제조 기계들을 망라한 온갖 잡동사니들을 모두 가지고 떠났다. 그러니 부대 행렬은 아주 방만해졌고 짐 또한 대단히 많아 상당히 애를 먹게 했다. 오령산 지역의 좁은 길로 들어섰을 때는 모든 행렬이 한 곳으로 몰리게 되어 전혀 발을 떼어 놓을 자리도 없었기에, 하루에 겨우 십여 리 혹은 이삼십여 리를 갈까말까 했다."4

유백승의 회고 또한 이들과 비슷했다.

"장정 초기의 좌경노선은 군사 행동상 도망주의라는 오류를 범했기 때문에 홍군은 계속해서 막대한 손실을 입었다. 당시 중앙홍군 홍5집단군은 중앙 근거지를 떠나면서부터 줄곧 전군의 뒤를 엄호하고 노새나 수레 따위를 보호하며 광동, 광서, 호남 변경을 따라 서쪽으로 이동했다. 8만여 명에 이르는 전군의 인마가 산 속의 오솔길로 행군하다 보니 한곳에 서로 몰리게 돼, 언제나 하룻밤에 산마루 하나밖에 넘을 수 없었고 피곤하기 짝이 없었다. 그러나 적들은 큰 길로 다녀 속도가 대단히 빨라 우리는 쉽게 적들을 뿌리칠 수 없었다."5

이유한의 회억록에는 다음과 같이 써 있다.

"우리가 적들을 피하는 방법은 야간행군을 하고 큰 산을 넘는 것이다. 그러다가 전혀 피할 수 없을 경우에는 결전을 벌이는 수밖에 없다. 나는 제2종대의 사령원이었어도 군사 실정을 알지 못해 명령만 따를 뿐이었다. 군사위원회에서는 제2종대 참모장에게 명령을 하달하고, 참모장이 다시 명령을 나에게 전했다. 그러면 나는 명령의 내용에 따라 행군 방향을 분석하곤 했는데, 어떤 때는 큰 길에서 적들을 만나게 될 것 같아서, 오늘은 어떻게든 산을 넘어야 하겠는데 생각하면 과연 산을 넘게 되곤 했다.

길을 떠나기 전에 행동에 필요한 제반 설명이 없었기 때문에 행군은 말이 아니었다. 부대가 길게 늘어서서 어떤 때는 선두부대가 출발해서야 후속부대가 숙영지에 도착하곤 했다. 또한 거의 날마다 적들을 뒤에 달고 다녀야 했기에 대열에서 떨어지는 전사들이 갈수록 많아져 수용부대의 숫자는 부쩍부쩍 늘어난 반면 전투부대 숫자는 점점 줄어들었다. 내가 소속된 홍장종대도 피로해질대로 피로해져 걸을 수 없게 돼서야 물건들을 내던지기 시작했고, 소비에트 은행의 화폐를 한 묶음씩 태워버렸으며 기계들은 부숴 버렸다. 나는 나와 같은 젊은 전사들이 길가에 쓰러져 희생되어 가는 것을 보고 마음이 쓰라렸다. 후에 홍장종대의 인원이 많이 줄어들었기 때문에 세 개의 제대(梯隊)로 재편성해 교도사단을 전투부대에 보충시키고, 나도 종대 사령관 겸 정치위원에서 제대장이 됐다.

날마다 야간행군을 했으므로 너무 지친 나머지 걸음을 옮기면서도 꾸벅꾸벅 졸았다. 우리는 근 한 달을 걸어서야 겨우 호남의 여성(汝城)에 있는 문명사(文名司)에 도착했는데 걸어온 길은 1,000리 남짓밖에 되지 않았다. 그러니 매일 40여 리씩 밖에 걷지 못한 셈이다."[6]

홍군이 제5차 포위토벌전에 더 이상 지탱하지 못하고 주력을 이동하고 있었으므로, 승리의 환희로 가득찬 장개석은 홍군이 자기의 손아귀에서 고스란히 빠져나가도록 가만 놔두지 않았다. 그는 홍군이 서쪽을 향해 나아가자 세 겹으로 봉쇄선을 쌓고 홍군을 서진하는 과정에서 전멸시키도록 작전을 폈다.

홍군이 서금을 막 떠나 강서성의 성 경계를 벗어나기도 전에, 강서 남부 지역에 위치한 공주, 신풍, 안서 일대에서는 북에서 남으로 일자진을 치고 있는 적군의 첫 봉쇄선과 부딪치게 됐다. 10월 21일에 홍1집단군이 적들과 접전해 장정의 첫 싸움을 벌였다. 이틀 동안의 치열한 격전을 치루고서야 겨우 적군은 물러났다. 홍군은 적군 약 1개 연대를 전멸시키고 300여 명의 포로를 잡았다. 그런 다음에야 홍군 홍1집단군, 홍3집단군이 보위하는 가운데, 중앙 종대와 후속부대가 안전하게 그 지역을 통과해 계속 서쪽으로 진군해 갔다.

적군의 두번째 봉쇄선은 호남과 강서의 성 경계가 교차하는 지역에서 호남쪽에 위치한 계동과 여성, 광동의 성구 일선에 포진하고 있었는데, 역시 북에서부터 남으로 일자진을 쳐서 홍군을 단번에 섬멸하려고 했다. 11월 2일을 전후해 홍군은 기습작전에 의한 포위공격술로 교묘하게 적군을 격파하고, 전군의 인마가 길을 돌아갈 수 있게 했다. 그리하여 두번째 봉쇄선을 순조롭게 돌파한 후 다시 서쪽으로 진군했다.

적군은 호남의 요충지 임현과 의장 일선에 세번째 봉쇄선을 치고 있었다. 이곳의 적들은 방비가 물샐틈없이 완벽했을 뿐만 아니라, 강서와 복건으로부터 많은 적군이 추격해 오고 있었으므로 이곳에서 홍군을 전멸시킬 태세를 갖추고 있었다. 홍군은 섭영진을 비롯한 여러 명의 유능한 동지들의 지휘 아래, 11월 초 홍1집단군의 좌익부대가 적군보다 한 걸음 빨리 구봉산 진지를 점령했다. 이어 홍3집단군의 우익부대가 의장과 양전 등 진지를 점령함으로써 세번째 봉쇄선도 안전하게 통과할 수 있었다.

이렇게 해 적군들이 '강철 같은 봉쇄선'이라고 큰소리 치던 세 겹의 봉쇄선이 홍군에게 격파됐다. 홍군 주력이 세 겹의 봉쇄선을 돌파하자 장개석은 급히 재차 40만 명의 군대를 동원해 세 갈래 길로 홍군을 전격 차단하면서 상강 기슭에서 홍군을 섬멸시키려고 다짐하고 있었다.

정예부대로 포진된 네번째 봉쇄선에 맞부닥치게 되자 좌경노선을 추구하던 지도자들은 속수무책이 되어, 그저 결사적으로 포위망을 뚫고 나가 홍2군, 홍6집단군과 합세하는 데에 희망을 걸고 있었다. 광서의 전현 이남을 흐르는 상강 동안에서 일주일 동안의 격전을 치르면서, 대부대로 중앙종대를 에워싸며 보위하는 방법으로 적들의 네번째 봉쇄선을 돌파하고 상강을 넘기는 했으나, 엄청난 대가를 치루어야 했으므로 인원은 절반 이상 줄어들었다.[7]

상강을 넘은 후 중앙 홍군의 숫자는 장정이 막 시작됐을 때의 86,000여 명에서 30,000여 명으로 부쩍 줄었다.[8]

10월 중순에 출발해 12월 1일 상강을 넘을 때까지 근 45일 정도밖에 지나지 않았지만, 중앙 홍군은 계속되는 추격과 포위 속에서 차단당하는 피동적 상황에 있었기 때문에 막대한 손실을 볼 수밖에 없었다. 그리하여 인원은 태반이나 줄어들었을 뿐만 아니라, 부대 안에서는 회의와 불만의 심정들이 날로 높아졌다.

도망주의는 전군의 멸망만을 초래할 뿐이었다. 광범위한 체계의 홍군 지휘관들은 잘못돼 있는 지도방법을 변경할 것을 절박하게 요구했다.

12월 11일 홍군 주력부대는 호남 서남부 지구에 있는 도통현으로 진출한 후 호남 서부 지구로 북상하려 했다. 그러나 적들은 홍2군, 홍6집단군으로 통하는 길에 많은 군대를 포진시켜 막고 있었다. 그렇게 위태로운 상황에 직면해서도 박고를 비롯한 사람들은 원래의 생각을 고집하면서, 계속 호남 서부 지구로 북상해 홍2집단군, 홍6집단군과 회합하려고 했다.

홍군이 완전 패멸될 이 극단적이고 시급한 상황에서 모택동은 홍2집단군, 홍6집단군과의 회합을 포기하고, 적들의 방어력이 약한 귀주로 전진해 그 지역을 쟁취할 것을 제기했다. 이 주장은 즉각 주은래, 주덕, 낙보, 왕가상(王稼祥) 등의 지지를 받게 됐다. 이렇게 되어 홍군은 북상 계획을 변경시켜 귀주로 돌아서서 12월 15일에 귀주의 여평을 공략했던 것이다.

12월 18일 중앙정치국은 여평에서 회의를 열었다.

이 회의에서는 주은래가 사회를 봤는데 주요한 의제는 홍군의 전진 방향에 관한 건이었다. 회의에서 박고와 이덕은 여전히 북상해 홍2집단군, 홍6집단군과 회합할 것을 주장했으므로 치열한 논쟁이 벌어졌다. 나중에 절대 다수의 사람들이 모택동의 주장을 찬성하고 나서자, 북상하여 홍2집단군, 홍6집단군과 회합하려던 계획을 취소하고 적들의 방어 능력이 비교적 약한 귀주로 전진하기로 결정했다. 그런 뒤 준의를 중심으로해 사천 귀주성의 교체지에 근거지를 세우기로 결정했다.

근 60년이 지난 오늘에 와서도 그때의 일을 생각해보면 감탄하지 않을 수 없다. 만약 모택동이 장정 노선을 변경하자는 주장을 제때 내놓지 않았더라면, 또한 이 주장이 광범위한 홍군 지휘관들의 강력한 지지를 받지 못했더라면, 중앙 홍군의 주력은 패멸의 구렁텅이로 빠져 들어갔을 것이 뻔하기 때문이다. 그렇기에 사람들 모두가 모택동이 홍군을 구했다고 말하는 것이다.

왕명을 비롯한 중앙의 지도자들이 그동안 해왔던 좌경적인 오류는 소비에트 시기부터 많은 간부들의 의심을 받았다. 국민당의 제5차 포위토벌전에 대한 방어의 실패, 장정 이래 연속된 좌절, 홍군 부대의 중대한 인원 손실 등 일련의 뼈아픈 실패에 대해 많은 장병들은 갈수록 좌경적 중앙의 잘못된 지도력에 대해 회의와 불만을 가지게 됐고, 현재의 상태부터 그 잘못된 지도에서 탈피할 것을 요구하는 의견이 점점 높아갔다.

장정 도중에 모택동은 결핵 때문에 담가(擔架)에 실려갔고, 왕가상과 장문천도 중환자로 담가에 실려가는 도중에, 모택동은 왕가상 장문천 등과 반복해서 제5차 포위토벌전에 대한 중앙의 방어 실패와 장정에 나타난 군사 지도의 오류를 분석했다. 이러한 상황으로 인해 왕가상과 장문천이 점점 모택동의 견해를 받아들이는 계기가 됐다.

중앙의 일부 기타 지도자들도 행군 도중 박고와 이덕과의 사이에 의견 차이가 날로 커져 '노산계에서 여평까지, 다시 여평에서 후장에 이르기까지 줄곧 논쟁을 벌였다.'9 여평회의가 있은 후 부대를 정돈해 기구를 간소화하고 장비를 가뿐하게 했다.

1935년 1월 홍군은 오강의 도하를 강행했고, 1월 7일에는 귀주의 옛성인 준의에 입성하게 됐다. 이 기간 동안에는 부대의 작전이 순조롭게 진행됐고, 전반적으로 장정의 분위기도 점차적으로 안정돼 갔으며, 준의에 입성한 후 12일 동안은 휴식을 취했다.

1935년 1월 15일부터 17일까지 중공 중앙은 정치국 확대회의를 열었는데 이것이 바로 유명한 준의회의(遵義會議)다.

회의에 출석한 사람들을 보면 이렇다. 정치국 위원인 박고, 장문천, 주은래, 모택동, 주덕, 진운(陳雲), 정치국 후보위원인 왕가상, 유소기, 등발(鄧發), 하극전(何克全), 홍군 총부와 각 집단군의 책임자인 유백승, 이부춘, 임표, 섭영진, 팽덕회, 양상곤(楊尙昆), 이탁연(李卓然), 중앙 비서실장 등소평이다. 중국 주재 국제공산당의 군사고문 이덕과 그의 통역원 오수권(吳修權)도 회의에 참가했다.

준의회의는 매우 중요한 역사적인 회의다. 이 회의에 대해서는 이미 발표된 책과 논문이 매우 많으므로, 여기서 회의의 내용과 경과에 대해 더 이상 서술하는 않겠다.

이 회의에서는 두 가지 결의안이 채택됐다.

첫째, 국민당의 제5차 포위토벌전에 대한 총결산적인 의미를 갖는 결의안을 채택했다. 이 결의는 박고와 이덕이 군사적으로 단순한 방어노선을 채택해 홍군이 국민당의 제5차 포위토벌전에 대한 저항에서 실패했고, 전략적으로 이동하게 됐고, 그들의 포위망을 돌파할 때는 전략적인 퇴각을 했다고 명확히 지적했다. 이 결의는 군사노선 면에서 왕명의 좌경적 오류와 그 지휘 체계를 철저하게 부정하고 종말짓도록 한 것이다.

둘째, 중앙의 지도기구를 개조해 모택동을 중앙 정치국 상무위원으로 선출하며, 군사 면에서의 지휘는 주은래와 주덕이 책임지게 했다.

중국혁명이 매우 위태로웠던 역사적인 시점에서 열린 이 준의회의
는, 중국공산당과 중국노농홍군, 나아가서는 전체 중국혁명의 전도와
운명을 결정짓는 상당히 중요한 의의를 가지는 회의였다. 즉 준의회의
는 군사 지휘 면에서 좌경적 지도부의 오류를 종말지었던 것이다. 또
한 준의회의는 조직적인 면에서 중국공산당 내의 좌경적 교조주의의
통치를 종말지었다.

준의회의는 외래의 간섭이 없이 중국공산당이 조국과 당의 실제 상
황에 비추어 독립적이고 자주적으로 스스로의 문제를 처리하자는 것이
었다. 가장 중요한 것은 준의회의 이후 중국공산당 당내에 핵심 지도
부가 형성됐는데, 이 핵심 중에서도 가장 높은 비중은 모택동이었다.

아버지는 당의 역사상 준의회의에 이르러서야 비로소 핵심 지도부에
들어가게 됐는데, 이러한 핵심 지도부는 중국공산당에서 가장 처음 형
성됐다. 이전에는 이와 같은 진정한 핵심 지도부가 형성되지 못했다고
아버지는 여러 차례 이야기한 적이 있다.

아버지는 이 핵심의 건립을 높이 평가했다. 모택동이 이 핵심 지도
부에서도 핵심적인 지도위원이 된 것은 스스로 되고 싶어서 된 것도
아니고, 외국인이 베풀어 준 것은 더구나 아니며, 바로 중국혁명이 14
년 동안 혁명 실천활동을 거치는 가운데 자연스럽게 나타난 것으로,
중국의 공산주의자들이 천신만고 고생 끝에 얻어낸 선택이다.

위대한 국민의 수령이 나타나게 된 것을 중국혁명과 중국공산당을
놓고 말한다면, 결코 쉽게 성사된 것이 아니지만 반드시 나타나야만
했던 일이다.

사전 《사해》를 보면 수령이라는 단어를 국가, 정치단체, 군중단체
등을 이끄는 최고지도자라고 해석하고 있다. 그러나 이러한 정의는 모
택동에 대해 맞는 점도 있고 그렇지 않은 점도 있다. 모택동에게서
수령이라는 이 두 글자는 최소한 더욱 깊고 더욱 폭넓은 뜻을 포함하
고 있기 때문이다.

수령이며 위인으로서 모택동의 핵심적 지위는 형성된 후 그 위치가

41년 동안이나 변하지 않았다. 모택동은 정치가, 군사가, 사상가, 시인으로서 재질이 뛰어났다. 문무를 겸비한 그는 위대한 수령으로서의 큰 지략을 가지고 있었을 뿐만 아니라, 문인으로서의 소탈성과 낭만적인 면모를 지니고 있었다. 그는 조금은 기인적인 삶을 살아왔다고 할 수 있으며, 그의 전 생애를 놓고 볼 때 공로도 있었고 과오도 있었다고 할 수 있다.

모택동의 생애에 관한 논평은 지금 헤아릴 수 없이 많이 있다. 어떤 사람은 그를 이상적인 공산주의자라고 말하기도 하고, 어떤 사람은 그를 세기적인 인물이고 정치적인 위인이라고 인정한다. 또 어떤 사람은 그를 신처럼 떠받드는가 하면, 어떤 사람은 그를 동양적인 전제군주라고 비판하기도 했다. 내가 볼 때 모택동은 마르크주의자이자 이상주의자이며, 공산주의와 민족주의적 성격을 동시에 갖는 약간은 봉건적 색채를 띤 위인이었으며, 중국 역사가 낳은 시대적인 기백과 민족적 특색이 가장 뚜렷한 위대한 혁명 수령이라고 본다.[10]

모택동을 어떻게 평가하느냐 하는 것과는 상관없이, 준의회의 이후 그가 주도권을 장악한 중국 혁명은 피동적인 상황에서 능동적인 상황으로 전환돼 갔으며, 그 동안의 방황으로부터 승리의 길로 나아가게 됐다.

그러므로 준의회의는 중국공산당의 역사에서 '생사의 운명을 좌우한 전환점이었다.'라고 평하는 것이다. 준의회의로 인해 중국공산당은 무려 4년 동안 왕명의 좌경적 모험주의, 좌경적 교조주의, 좌경적 종파주의에 오염돼 왔던 해독에서 벗어나게 됐고, 외래의 간섭을 받아야 했던 피동적인 상황에서 벗어나게 됐다.

당시 위해성이 가장 컸던 좌경적 오류를 범한 주요 인물인 왕명(진소우陳紹禹라고도 부른다)은 모스크바에 상주하고 있었기 때문에, 이 장정에 참가해 전우들과 고락을 함께 하지도 않았거니와 그에 대한 중국공산당의 비판을 받지도 않았다. 1937년 11월 그는 중국으로 돌아와 불현듯 좌경으로부터 우경으로 돌아서서 우경 투항주의를 주장했다. 물론 이 시기에 와서는 그가 좌경을 주장하든 우경을 주장하든 그를 따르는 사람은 그다지 많지 않았다. 그러나 당 중앙에서는 그를 줄곧 성심성의껏 대하면서 분에 넘치는 직무와 지위를 그에게 주었다. 1956년 왕명이 소련에 간 후에도 중공 제8차 대표대회에서는 그를 중앙위원으로 선거했다. 그러나 왕명은 소련에 있으면서 줄곧 소련을 등에 업고 중국공산당과 자기의 조국을 반대하는 글을 썼다. 1974년 왕명은 소련에서 죽었다. 그의 죽음에 대해서는 10억의 중국 인민과 수천만의 중국 공산주의자들 중 거의 절대다수의 사람들이 알지도 못했거니와 알려고도 하지 않았다.

외국의 세력을 빌어 중국의 운명을 좌우하려던 사람은 마침내는 이렇게 중국 국민에게 버림받고 만 것이다.

30년대에 중국에서 왕명노선을 주도했던 주요 지도자인 박고는, 준의회의에서 중공 중앙 총책임자의 직무를 박탈당한 후에, 홍군 총정치부 주임대리와 국민당과의 중공 측 담판 대표, 그리고 신화통신사 사장 등을 역임했다. 박고는 사상적으로 당의 비판을 성실하게 받아들이고 진심으로 자신에 대한 비판을 가했으며, 모든 사업에 대해서 줄곧 공산주의자로서의 헌신적인 정신 자세를 보였다.

1945년 그는 중공 중앙 제7차위원회 위원으로 피선됐다. 박고는 당을 지도하는 데 많은 오류를 범했고 혁명사업에 지대한 손실을 가져다 주었지만, 사람 됨됨이가 공명정대하고 성실하며 자신의 잘못을 계속해서 수정해 나갔기에 당내에서는 좋은 성망을 가지고 있었다. 1946년 그는 왕약비(王若飛)를 비롯한 당의 고위 지도자들과 함께 비행기 조난사고로 순직했다. 연안의 당 중앙과 각계 인사들은 비통한 마음으로 장중하고 엄숙한 추도회를 열어 그들 모두를 추모했다.

국제공산당에서 파견돼 왔던 군사고문 이덕은 한동안 태상황(太上皇)처럼 떠받들어졌지만, 준의회의 이후로는 풀이 죽어 문턱에나 앉아 있을 뿐이었다. 그후 그는 홍군을 따라 섬북까지 장정했다가, 1939년에 소련으로 돌아갔다. 그는 자기에 대한 중국공산당의 비판을 속으로

삭이질 못하고 일련의 반중국적인 글을 써서 발표했는데, 70년대 들어 서도 글로써 중국혁명 역사에서 자신이 저지른 불명예스러운 행동을 변호하는 등 계속 중국을 공격했다.

무릇 중국에 와서 중국 혁명사업을 지지해 준 모든 외국사람들은 중국 국민들의 진정한 환영을 받고 있고, 또한 오래 기념되고 있다. 이를테면 캐나다인 의사 베쑨, 인도인 의사 코디화, 미국인 의사 마마 헤이더, 독일인 의사 뮬러, 미국인 기자 스트롱 등은 중국혁명을 동정 하고 지지했으며, 자기의 생명을 평생 중국 인민과 중국 혁명사업에 바쳤다. 따라서 중국 국민들은 그들을 사랑하고 영원히 추모하고 있 다. 그러나 중국의 나같이 젊은 세대들 가운데 이덕 같은 사람의 이 름을 알고 있는 사람들은 얼마 안 된다. 중국 혁명의 물결 속에서 그 는 영영 사라져 버리고 만 것이다.

준의회의 후, 홍군 주력은 군사적인 면에서 교조주의를 벗어나 답답 하던 분위기를 일신하고 활력 있고 기동성이 강한 대유격 전투를 전개 했다.

이때 장개석은 정예부대는 물론 사천, 귀주, 호남, 운남, 광서 등 다섯개 성의 지방 부대 수십만 명을 동원해, 사방에서 준의로 포위망 을 좁혀 들어오면서 홍군을 귀주 서부 지구에서 소멸시킬 계획을 펼치 고 있었다.

모택동을 비롯한 당 간부들의 지휘하에 홍군 주력부대는 1935년 1 월부터 3월까지 사천과 귀주에 위치한 적수(赤水)를 네 번 건너면서 귀주로부터 먼저 사천 남부의 자시에 들렸다가 다시 귀주로 돌아서고, 다시 사천 남부를 거쳤다가 또다시 귀주로 돌아와, 즉각 오강을 넘어 귀주성의 성 소재지인 귀양을 양쪽 측면에서 공격을 시도해 적들을 모 두 귀주로 끌어들였다. 운남에 있던 적군이 귀주로 몰려오자 홍군 주 력은 곧바로 운남으로 급진해 모습만 살짝 내보이고는 신출귀몰하듯 서북 방향으로 나아갔다. 5월 초 홍군 주력은 사천과 운남 경계의 금 사강(金沙江)을 넘어 적의 포위망을 단숨에 벗어남으로서, 적들을 금사강 남안에 뿌리쳐 전략적 이동의 활로를 찾는 최종 주도권을 잡기에 이르렀다.

홍군 주력이 동서남북에서 번쩍이며 나타나는 이러한 전술은 고금의 전 세계 전쟁사에서도 보기 드문 계책이다. 홍군은 이러한 전법으로 군사가로 자처했던 장개석의 포위 작전을 완전히 깨버렸다.

장개석은 자신의 정통성 명분과 함께, 또 백만 명의 군대를 동원하는 실력으로 봉건적인 군벌들을 손바닥 위에서 가지고 놀았지만, 그러한 수법으로 공산당과 모택동을 이기기에는 너무나 서툴렀다.

공산당과 국민당의 대결, 그리고 모택동과 장개석의 대결은 이제 서막을 연 데 불과한 것이고, 아직 진정한 대결은 뒤에 남아 있었다.

주

1. 섭영진, 《회고 장정(回顧長征)》, '적들의 1, 2, 3차 봉쇄선을 돌파하며'에서.
   p. 72 - 73.
2. 같은 책. p. 72.
3. 이유한, 《회억과 연구》(상권), p. 347.
4. 섭영진, 《회고 장정》, p. 75.
5. 유백승, 《회고 장정》(상권), 제4장 중에서.
6. 이유한, 《회억과 연구》(상권), p. 348.
7. 유백승, 《회고 장정》(상권), 제1장 중에서.
8. 장정귀·원위, 《중국공농홍군사략》, p. 118.
9. 《중국공산당역사》, p. 384.
10. 《중국공산당역사》, p. 388.

43 홍군의 만리 원정

나는 아버지에게 "장정할 때 무슨 일을 하셨나요?"라고 물은 적이
있다.

"그저 따라 걸었을 뿐이다." 아버지는 언제나 그렇듯 간단히 한 마
디로 대답해 버린다.

세상에 널리 알려지고 있는 장정에 참가했던 홍군들은 모두 수많은
장정 회고록을 썼고, 또한 많은 장정의 이야기들을 남겼다. 그러나 아
버지의 대답은 언제나 단 한 마디뿐이다.

아버지의 이 말 또한 솔직한 말이다. 장정 초기에 아버지는 '우경
착오(右傾錯誤)'의 오명을 아직 벗지 못했고, 후에도 그 어떤 군사 요
직에 있지 않았다. 그리고 장정이란 그 자체가 25,000리 길을 발로
걸어간 것이다.

아버지의 대답이 이처럼 석연치 않아, 나는 여기저기 수소문해서야
겨우 장정 당시의 아버지의 모습을 대략 알 수 있게 됐다. 1934년 10
월 아버지는 총정치부 기관과 함께 장정을 시작했는데, 그가 주필로
있는 〈홍성보(紅星報)〉는 행군 때문에 손으로 써서 등사했다.

아버지는 중앙종대를 따라 적들의 네 겹 봉쇄선을 넘고, 상강에 이
른 후 귀주의 여평에 도착했고, 오강 남쪽 강안에 있는 후장에 닿았
다가, 1935년 1월초 중앙을 따라 귀주의 준의로 들어갔다.

이 두 달 남짓한 동안 아버지는 대열을 '따라서 걸었을 따름'이다.
아버지는 따라 걸으면서 길고 긴 행군과 전투의 틈을 타 10월 20일부
터 1월 7일 준의를 점령하기까지 기간에 제7기와 제8기 〈홍성보〉를

찍었다.[1]

　준의회의 전인 1935년 1월 초에 아버지는 중앙 비서실장으로 임명됐고, 그 자격으로 유명한 준의회의에 참가했다. 아버지가 중앙 비서실장으로 임명될 수 있었던 원인은 준의에 도착하기 전 군내·당내의 절대다수 고위간부들이 좌경석 지도자들에게 강렬한 불만을 품었고, 모택동을 지도적 지위에서 배척하던 상황이 바뀌기 시작한 데 있다. 당시 많은 고위간부들이 자주 모택동을 찾아가서 각종 상황을 설명하고 의견을 나누었으며, 그렇기에 당내와 군내에서 모택동의 영향은 날로 커져갔다.

　모택동의 권위가 높아지기 시작하자 그의 영향력에 의해 중앙에서는 등소평을 중앙 비서실장으로 임명했다. 이는 등소평이 두 번째로 중앙 비서실장의 직무를 맡은 것이다. 대혁명이 실패한 후의 험악한 형편에서 처음 중앙 비서실장의 직무를 맡았었고, 장정의 중대한 전환점의 시기에 두 번째로 중앙 비서실장의 직무를 맡은 것이다.

　중앙 비서실장으로 임명된 지 얼마 안 되어 아버지는 준의회의에 참가했다. 회의에서 먼저 박고가 제5차 반포위토벌전 실행을 위한 중심 보고를 하고, 다음 주은래가 제5차 반포위토벌전의 군사 문제에 관해 보충 보고를 했다. 이어 모택동은 긴 발언을 통해 좌경적 모험주의의 '소극적 방어' 자세를 날카롭게 비판했다. 이 회의에서 장문천, 왕가상, 주덕, 주은래, 이부춘, 섭영진, 팽덕회 등은 모택동의 생각을 지지했고, 박고와 이딕의 좌경적 오류를 비판했나. 아버시는 이 회의에서 비록 발언은 하지 않았으나 의심할 바 없이 모택동의 단단한 지지자였다.

　준의회의 후 아버지는 부대를 따라 적수(赤水)를 네 번 건너고 오강을 다시 넘었다.

　한번은 아버지는 나에게 적군과 숨바꼭질을 하면서 기습전을 벌이는 것은 '고양이가 쥐잡이를 하고 쥐가 고양이잡이를 하는 격'이라고 말했다. 그 말뜻은 강대한 적군이 홍군을 잡으려 했으나 오히려 홍군에 끌려다니며 연속 커다란 타격을 받았다는 것으로, 큰 고양이가 작은 쥐를 잡으려다가 결국에는 작은 쥐한테 희롱당한 경우를 말한다.

나는 아버지의 말에 웃음을 터뜨렸다. 그것은 아버지의 비유가 너무나 생동적이고 형상적이기 때문이며, 또한 아버지의 이 비유법이 그의 손자들에게서 왔기 때문이다. 왜냐하면 나의 딸애 양양이와 동생의 아들 소제가 언제나 할아버지 방에서 만화영화 '고양이와 쥐'를 봤기 때문이다.

1935년 5월초에 홍군의 주력은 운남으로부터 북으로 금사강(金沙江)을 넘을 준비를 했다.

"금사강은 사천과 운남의 경계선의 심산협곡 사이를 꿰뚫고 지나는데 수면이 넓고 물세가 급하며 주위의 지형이 매우 험악하다. 아군이 북으로 금사강을 넘지 못하면 적들에게 심산 속에서 전멸될 위험에 있었다."[2] 앞에는 격류가 흘러가고 뒤에는 적군이 추격해 오고 있었다. 홍군은 백방으로 교평도(皎平渡)에서 배 일곱 척을 찾아내어 밤낮 9일 동안 35,000명이 모두 도하했다.

당시 홍1집단군 제1사단 사단장이었던 이취규(李聚奎)는 부대를 거느리고 용가도(龍街渡)로 몇 번이나 금사강을 넘으려 시도했으나 성공하지 못하고, 명령에 따라 120리를 강행군해 교평도로 달려왔다. 그는 당시의 광경을 다음과 같이 회고한다.

"나는 부대의 선두에 서서 걸었는데 교평도에 도착해 가장 먼저 만난 사람이 등소평이었다. 등소평은 첫 마디에 '부대가 다 도착했소.'라고 물었다.

'오기는 다 왔는데 너무 흩어졌습니다.' 내가 이렇게 대답하니 등소평은 '빨리 부대를 집합시켜 도강하시오.'라고 말하고는 '부대는 유백승이 지휘하고 가축과 짐은 나의 지휘대로 하시오.'라고 한 마디 덧붙였다.

우리는 대안에 도착한 후 모택동, 주은래, 주덕을 비롯한 지도자들이 나루터에 있는 산굴에서 도강 부대를 지켜보고 있는 것을 볼 수 있었다. 전하는 말에 의하면 그들은 이 산굴에서 며칠 동안 줄곧 도강 부대를 지켜보고 있다가 모두 다 강을 넘어서야 그곳을 떠났다 한다."3

1991년 초겨울에 나는 서쪽 교외에 있는 이취규 장군의 집을 방문한 적이 있다. 그때 이취규 장군은 반갑게 나의 손을 잡으면서 이렇게 일러 주었다. "나는 이전에 자네의 부친과 홍7집단군의 말만 들었지 정작 만나기는 금사강에서가 처음이었다. 그후 우리 사이는 익숙해졌고 난 자네 부친의 지도 밑에서 여러 해 싸워 왔다." 87세의 고령인 이취규 장군은 머리카락은 물론 눈썹까지 희었는데 웃을 때면 대단히 인자하고 자애로웠다.

금사강을 넘은 후 홍군은 계속 북으로 진군해 먼저 이족(彛族) 지역을 지나고 다음은 천험의 요충으로 소문난 대도하(大渡河)를 넘었다.

청나라 말엽 태평천국의 유명한 장군이었던 석달개(石達開)는 이 강을 넘지 못하고 항복했다. 그후 72년이 지난 후 젊고 용감한 홍군은 먼저 17용사가 일엽편주로 대도하를 강행 도하하였고, 그뒤로 22용사가 노정교를 탈취해 3만여 명의 홍군이 하늘에서 내려온 천병처럼 철삭교를 날아 넘음으로써 홍군을 두 번째 석달개로 만들겠다던 장개석의 망상을 깨뜨려 버렸다.

아버지는 이렇게 말한 적이 있다. "준의회의 후 한동안 중앙 비서실장의 신분으로 여러 차례 중요한 정치국 회의에 참가했는데 나는 그때마다 각 집단군의 군사 지휘관들과 회의에 참석했다. 지금도 기억에 뚜렷하게 남아 있는 회의는 5월에 금사강을 넘은 후 회리(會里)에서 열린 회의였다. 그 회의는 이틀 동안이나 열렸으며 주요 내용은 임표를 비판하는 것이었다."

아버지는 준의회의 기간에 모택동과 한방에 들었고, 준의회의 후에는 모택동, 장문천과 함께 장정했으며, 진종일 행군한 후 밤이 되면 너무 피로해 이내 잠자리를 잡느라 서둘렀는데 그들은 길도 같이 걷고 잠도 한방에서 잤다.

홍군의 장정은 한 고비를 넘으면 또 한 고비가 나오고, 위험에 위험이 따른다. 만약 인간의 상상을 초월하는 이런 지난한 곡절이 없었다면 당연히 장정이 장쾌한 역사로 청사에 길이 남을 수 없었을 것이다.

대도하를 지난 다음 홍군은 이어 천년 설산을 넘어야 했다. 이 설산은 장정의 길에서 처음 부딪친 높다란 설산으로 협금산(夾金山)이라고 한다.

협금산은 산세가 우람하고 일 년 내내 눈 속에 묻혀 있다. 공기가 희박해 사람이 발걸음을 떼기가 어렵고, 산이 가파라 말도 오르기 힘들었다. 그렇다고 자리에 주저앉게 되면 다시는 일어날 수 없다. 우리의 홍군전사들은 이미 오랫동안 사선을 헤쳐나오다 보니, 굶주리고 허약하고 옷도 겨우 몸이나 가리울 정도였다. 이런 몸으로 구름 위로 치솟은 대 설산을 넘기에는 자연 체력과 방한 능력이 너무나 모자랐다. 그래서 어떤 전사들은 주저앉아 협금산의 천년 묵은 백설 속에 고이 잠들었다.

아버지의 말에 의하면 설산을 넘기에 앞서 말이 죽었다. 그래서 설산을 넘을 때 남들은 그래도 말꼬리를 잡아 힘을 빌 수 있었지만 아버지는 진짜 한 걸음 한 걸음 천년 설산을 걸어 넘어야 했다.

지금 협금산에는 당시 홍군의 이 장거를 기념하는 금빛 찬연한 기념비가 서 있다. 푸른 하늘과 흰 구름을 머리에 이고 천년 적설을 발밑에 밟고 우뚝 솟은 이 기념비는 햇빛 속에서 유난히 그 찬연한 금빛이 눈빛에 반사돼 수십 리를 비추고 있어 일대 장관을 이루고 있다. 지금 사람들은 이 기념비를 바라볼 때, 마치 당시 홍군전사들이 새하얀 눈을 밟고 지난 그 구불구불 끝없이 뻗어나간 길이 눈앞에 보여지는 것처럼 느낄지도 모른다.

설산을 넘은 홍군은 당시 사천에서 가장 서쪽 변두리에 있는 무공 (懋功)에 도착했다.

6월 14일 홍1방면군은 천섬의 근거지에서 온 홍4방면군과 만날 수 있었다.

홍4방면군은 원래 호북, 하남, 안휘 세 성의 교차 지점에서 악예환 혁명근거지를 세웠다. 장개석이 많은 군대로 포위토벌하는 바람에 홍4 방면군은 부득불 악예환 근거지를 떠나 천신만고 끝에 사선을 뚫고 두 달 남짓한 동안 3,000여 리 길을 달려 1932년 섬서 남부와 사천 북부 근접지 일대에서 천섬(사천과 섬서를 한 데 묶어 약칭한 말——옮긴 이) 근거지를 창설했다. 그후 적들과의 반복적인 쟁탈전을 거쳐 약 200, 300리의 땅을 통제할 수 있는 지역을 차지하고 부대원 숫자도 8 만여 명으로 늘어났다. 이 무렵에 중앙 홍군이 제5차 반포위토벌전에 서 실패하고 강서 중앙 소비에트 근거지에서 물러나 서쪽으로 진출하 게 되자, 홍4방면군도 3월에 가릉강 도하작전을 벌린 다음 천섬 근거 지를 떠나 이동했으며 6월에 홍1방면군과 무공에서 만나게 된 것이 다.

무공에서 홍1방면군과 홍4방면군이 만난 직후 아버지는 함께 프랑 스에서 고학하고 일하면서 혁명에 종사했던 부종을 만났다. 그들 둘은 프랑스에서도 함께 지냈고 소련에서도 함께 지냈으므로 깊은 정을 맺 고 있었다. 홍4방면군은 천섬 근거지를 떠난 후 군대가 늘고 실력이 강해졌다. 홍4방면군에서 정치부주임을 담임하고 있던 부종은 권한이 컸던지 아버지의 말이 죽은 것을 알고 즉각 도와주었다.

아버지는 이렇게 말했다. "설산을 넘은 후 부종은 나에게 말 한 필 과 여우털 외투 하나, 그리고 소고기 건포 한 봉지를 주었는데 이 세 가지는 모두 나에게 매우 중요한 것이었다."

홍1방면군과 홍4방면군이 합쳐진 후 중국공산당과 홍군 앞에 절박 한 문제가 등장했다. 문제는 홍군을 어느 방향으로 발전시켜 나갈 것 인가 그 전략적 방침을 확정하는 것이었다.

당시 홍군이 위치한 사천 서북 지구는 소수민족이 모여 사는 지역으로서 적들의 통제권인 내지와는 멀리 떨어져 있으나 인가가 드물고 땅이 척박하며 교통이 불편해 보급 지원이 어려운 곳이었다. 따라서 10여 만 명의 대군이 이곳에서 오래 머물기는 근본적으로 불가능한 일이었다. 한편 때는 전국적으로 항일의 물결이 새롭게 높아져 화북 지구는 항일투쟁의 전초기지가 되고 있었다.

이런 국내외 정세 분석에 따라 중공 중앙은 홍군이 계속 북상해 섬서, 감숙 일대에 근거지를 세우기로 주장했다. 왜냐하면 섬서 북부지구는 지역이 넓고 물산이 풍부하며, 또 적들의 통치가 미치지 못하는 곳으로서 홍군의 생존과 발전에 유리했기 때문이다. 한편 그곳에 근거지를 세우면 북으로 항일투쟁의 전초기지를 건립하여 홍군이 항일 민주운동의 전선으로 쉽게 나갈 수 있었다.

중앙의 이 주장은 장국도로부터 반대를 받았다.

6월 26일 중공 중앙은 무공 북부에 위치한 양하구에서 정치국회의를 열고 토의를 거쳐 장국도의 의견을 마지 못해 동의했다. 그후 중공 중앙은 홍1방면군을 인솔해 계속 북상했다.

7월 10일 선두부대가 송번 부근에 있는 모아개에 도착했다. 이때 장국도는 자기 수하에 8만여 명의 군대가 있어 홍1방면군보다 실력이 배나 강하다는 것을 믿고 있었다. 그리하여 그 군력을 빌미로 중앙을 위협하면서 중앙 군사위원회와 총사령부를 개조할 것을 제기했고, 자신에게 군사위원회 주석자리와 '독단적 결정권'을 행사할 수 있는 권한을 요구했다. 이는 실제상 중앙의 군사 지휘권을 찬탈하려는 계획이었다.

그러나 중공 중앙은 장국도의 무리한 요구를 단호히 거절하고 그의 오류를 비판한 한편, 분열을 면하기 위해 장국도를 홍군 총정치위원으로 임명했다.

8월 3일 홍군 총부는 원래의 홍1방면군과 홍4방면군을 혼합해 좌로군과 우로군으로 재편성하기로 결정했다. 좌로군은 주덕, 장국도, 유백승이 인솔하고, 우로군은 모택동, 주은래가 인솔하기로 결정했다.

8월 4일 중공 중앙 정치국은 모아개 부근의 사와(沙窩)에서 회의를 열고 당면한 정세와 과업을 토의했다. 회의에서는 북상 전략 방침과 천섬감 근거지를 세울 것을 재언명하고, 홍군에 대한 당의 절대적 영도와 단결을 수호하고, 혁명의 앞날에 대한 실망과 우경적 오류를 시정할 것을 지적했다.

8월 20일 중공 중앙 정치국에서는 모아개에서 회의를 열고 북상 방침을 재언명하면서 홍군이 서쪽으로 황하를 넘을 것에 관한 장국도의 오류를 비판했다. 회의 후 좌로군과 우로군은 갈라져 북상하기 시작해 인적없는 망망한 초지로 들어섰다.

장정의 어려움을 이야기할 때면 사람들은 설산을 넘고 초지를 지난 것을 예로 드는데, 초지를 지나기는 설산을 넘는 것보다도 훨씬 어려웠다.

사천 서북에 있는 대초지는 들풀이 끝없이 깔려 있고 그 아래는 흙탕물로 질펀하다. 마을도 없고 인가도 없으며 사람들이 먹을 만한 것이란 거의 없고, 날씨마저 변덕스러워 순식간 비바람이 휘몰아치다가도 하늘이 맑게 개이곤 한다.

홍군전사들은 먹을 것이 부족해 말이 죽으면 말고기를 먹었고, 말고기가 떨어지면 말 뼈다귀를 씹었고, 뼈다귀마저 없으면 풀뿌리와 나무껍질을 먹었으며, 심지어는 가죽 혁대를 삶아 먹었다. 숙영지에 이르러서는 구덩이를 판 후 위에 마을 쳐서 비를 피했다.

초지를 지나는데 무려 7일이 걸렸다. 장정을 거친 많은 선배들은 가장 어려운 시기가 초지를 지날 때였으며, 전사들이 가장 많이 희생된 곳 역시 초지라고 말했다. 이렇게 홍군전사들은 굶주려 죽고 병으로 죽고, 독초에 중독돼 죽고 늪 속에 빠져 죽어 갔으리라.

아버지의 말에 의하면, 초지를 지날 때 주은래는 중환에 걸려 담가(擔架)에 실려 초지를 지났다고 한다. 또한 당시 담가를 들 사람이 부족해 해방 후 중국인민해방군 재정부장을 지낸 홍군 양립삼(楊立三)

도 당시 주은래의 담가를 들었다고 한다.

한편 초지를 지날 때 아버지는 이미 중앙을 떠나고 중앙종대를 떠났으므로 주은래와 함께 있지 않았다. 1935년 6~7월에 아버지는 중앙 비서실장에서 제1집단군 정치부 선전부장으로 전근됐다.

홍군전사였던 유도생의 회고에 따르면, 6월 26일 양하구회의가 있은 후 얼마 안 되어 그는 제1집단군 조직부에 가서 일하게 됐는데 그와 함께 제1집단군으로 간 사람들 가운데는 등소평도 있었다.

당시 홍1집단군 정치부에서 지도원으로 일했던 양필업(梁必業)은 나에게 이렇게 말해 주었다. "7월에 모아개에서 자네의 부친은 홍1집단군 정치부로 와서 선전부장으로 있었는데 줄곧 장정이 끝날 때까지 홍1집단군에서 지냈다."

내가 아버지에게 어째서 중앙 군사위원회의 비서실장에서 홍1집단군의 선전부장으로 됐는지 물으니, 아버지는 당시 날마다 행군을 하다보니 별로 할 일이 없었다고 대답했다.

당시 중앙종대에 있었던 유영(劉英) 아주머니는 나에게 이렇게 알려 주었다. "내가 중앙종대로 와서 사업을 할 때 자네의 부친은 이미 떠난 뒤였다. 내가 자네의 부친이 두고간 양철 궤짝을 정리하느라 열어 보니 안에는 책과 서류뿐이었다. 나는 원래 뒤의 제대에 있었는데 모 주석이 나를 중앙종대에 와서 사업하게 불렀다. 모 주석의 말에 의하면 뒤의 제대는 먹을 것도 없고 생활이 너무 어려우므로 여성들이 이런 환경에서 견뎌낼 수 없다는 것이었다. 그때는 기관이라 해도 아주 작아서 능력이 있는 사람들은 모두 전방에 보내 전투부대를 보충했다. 왕가상은 지금 중앙에 별로 할 일이 없어 등소평을 전방으로 보냈다고 말했다. 내가 모 주석에게도 왜 등소평을 내보냈는가 물어 봤는데 모 주석은 그저 전방에 수요되기 때문이라고 대답할 뿐이었다. 자네의 부친은 중앙에서 비서실장으로 있을 때 중앙 수장들의 생활을 관리하고 회의 기록을 하고 경비를 책임졌다."

내가 유영 아주머니를 보러 갔을 때 그녀는 주름 하나 없는 양복을 입고 색깔이 아름다운 스카프를 걸쳤는데, 자그마한 체구에 아직 정신이 맑아 보였다. 장정에 관한 말이 나오자 그녀는 흥미진진해 했다.

그녀는 계속 이렇게 말했다. "장정 초기에 나는 자네의 부친과 늘 함께 있었는데 휴식 날만 되면 우리는 함께 모여 하는 일없이 헛소리 했다. 우리는 장난으로 헛소리 회사를 세웠는데 진운이 사장이고 자네의 부친이 부사장이었지. 먹을 것이 없으니 입만 떼면 먹는 소리로 마음을 달랬다. 자네의 부친은 사천요리 소리가 입에서 떨어질 사이가 없었다. 사천 변경에 이르니 가난하기란 말할 수 없어 '사천, 무엇이 나지요? 숯찌끼뿐인 걸요.'라고 내가 자네의 부친에게 농담을 거니 자네의 부친은 '이곳은 변경이니까 그렇지, 세상엔 사천요리보다 맛있는 것이 없어.'라고 하더라. 자네의 부친은 시원시원하고 말하는 것이 아주 해학적이었다. 그때는 우리가 모두 젊었으므로 언제나 낙천적이었다."

8월 초에 모아개에 도착한 후 홍1방면군과 홍4방면군은 오락회를 가졌는데, 오락회에서 이취규 장군은 다시 등소평을 만났다. 그러나 이번은 초면이 아니라 구면이었다.

이취규 장군은 당시의 광경을 이렇게 회고했다. "강변에 막을 치고 가진 오락회에서 장국도가 연설을 했는데 우리 몇은 아래에서 말장난을 했지. 그중에 자네의 부친도 끼어 있었다. 그때 우리 제1사가 방금 엽초를 얼마간 구한 것을 알고 자네의 부친은 나에게 '담배를 좀 주면 좋은 소식을 하나 알려주겠소.'라고 했다. 내가 '무슨 소식인데?'라고 묻자 그는 '담배부터 내 놓아야 알려주겠소.'라고 하고는 입을 다물었지. '담배는 얼마든지 있소.' 내가 이렇게 말하며 호주머니에서 양철로 만든 담배갑을 그의 앞에 꺼내 '자, 피우시오!'라고 하자 자네의 부친은 시무룩하게 웃으면서 이렇게 알려주었다. '군사위원회에서는 당신을 홍4방면군 제31집단군 참모장으로 임명했소. 명령이 이미 내렸소.' 그때 홍1방면군은 간부가 많았으나 병사가 적고 홍4방면군은 병사는 많으나 간부가 적었다. 나는 자네의 부친에게서 이 소식을 듣고 섭영진에게 다시 이 소식을 확인했다."

북경시의 한 골목인 우아호동에서 나는 나영환(羅榮桓) 원수의 부
인 임월금(林月琴)을 찾았다. 우리와 나영환 일가는 아주 가깝게 지
냈었다. 두 집 어른들은 옛적부터 친구로 가깝게 지내왔고 우리 자녀
들 사이에도 가까운 친구로 사귀어 왔다. 임월금은 내가 장정의 이야
기를 들으러 온 내막을 알고 조금도 사양없이 "네 부친은 초지를 지
날 때 나 아저씨와 함께 지냈었다."라고 알려주는 것이었다.

나영환은 1932년 호남의 형산에서 출생했다. 그는 청년 시절부터
애국학생운동에 참가하고, 1927년에 중국공산당에 가입했으며, 호북남
부 폭동과 추수봉기에 참가했으며, 모택동과 주덕이 인솔한 홍4집단군
에서 요직을 역임하고, 후에 홍4집단군 정치위원과 홍1집단군 정치부
주임을 맡았었다. 장정 때 그는 좌경적 오류를 고집하는 지도자들로부
터 타격을 받고 직무를 박탈당해 순시원이 됐다가 1935년 9월에야 홍
1집단군 정치부 부주임으로 임명됐다.

임월금은 동그란 얼굴에 언제나 실눈을 짓고 있었다. 그녀는 차를
마시면서 나에게 다음과 같이 말했다. "나 아저씨와 자네 부친은 제각
기 말을 타고 1935년부터 줄곧 같이 장정했다. 나 아저씨는 말수가
적었으나 자네 부친은 잘 웃어 언제나 하하핫 하고 통쾌한 웃음을 짓
곤 했다. 그들 둘은 한 자리에 앉게 되면 각기 제 자랑을 했다. 자랑
이란 다른 것이 아니고 먹는 자랑이었다. 그들 둘은 다 고추를 먹기
좋아해 고추 이야기만 나오면 침을 흘릴 정도였고, 돼지고기 볶음 이
야기가 나오면 나 아저씨는 호남의 돼지고기 볶음이 맛있다고 떠들고,
자네 부친은 사천의 돼지고기 볶음이 맛 좋다고 떠들었다. 먹을 것이
없으니까 말로 배를 채우는 판이었다. 그들 둘은 또 담배 게걸이어서
피울 담배가 없으니 헌 종이를 주워다 마른 나뭇잎을 뜯어서 말아 피
웠다. 자네 부친은 '난 담배공장의 담배를 만드는 사람이오.'라는 농담
소리도 잘 했다. 초지를 지날 때 그들 둘은 도랑에 나가서 같이 목욕
을 하곤 했다. 호남 사람이든 사천 사람이든 다 남달리 깨끗하기를

좋아했다."

초지를 지나 아계에 이르렀다. 민산을 넘어 하다포에 이르렀다. 위하를 다시 건너 다음으로 육반산을 넘었다. 나중에 섬북의 오기진에 이를 때까지 아버지는 나영환과 줄곧 함께 있었다.

그들 둘은 함께 행군하고 일하고 장기를 두고 담배를 피웠다. 나 아저씨는 홍1집단군 정치부 부주임 겸 지방사업부 부장이고 아버지는 홍1집단군 선전부장이었는데, 나이도 그저 두 살 차이고 처지도 서로 비슷했다. 장정의 길에서 그들은 "행군 시에는 말고삐를 나란히 쥐고 걷고, 휴식 때면 이야기를 나누고, 숙영지에 들어서는 잠자리를 같이 하고, 늘 좌경적 모험주의가 혁명사업에 끼친 위해성을 담론했다."[4]

아버지도 "우리 사이에는 서로 못할 말이 없었다."라고 말했다.[5] 임월금도 "자네 아버지와 나 아저씨를 말하면 성격 면에서 하나는 주동적이고 하나는 피동적이었지만, 장정 시에 함께 행군하고 함께 숙영한 단짝이었다."라고 말했다.

아버지와 나영환 원수는 그야말로 의기가 일치했다. 전쟁 연대에 그들은 각기 다른 전선에서 어깨를 맞대고 싸웠고 해방 후에는 늘 서로 왕래했으며 나 아저씨가 중병이 들자 아버지와 어머니는 자주 병문안을 갔다. 50년대에 북경 동교민항에 주택을 네 채 지어 한 채를 아버지에게 주었는데 아버지는 "나는 싫소, 나영환 원수에게 드리오!"라고 하면서 한사코 나 아저씨에게 넘겨 주었다. 한번은 아버지와 어머니가 나 아저씨를 보러 가면서 아버지가 일찍이 소련에서 가져온 목욕하는데 쓰는 샤워꼭지를 가져다 준 적도 있었다. 1955년 원수 계급을 수여했을 때 나 아저씨가 집에서 손님을 청했는데 아버지와 아주머니도 초청을 받고 갔다. 섭영진 아저씨와 장서화 아주머니도 초청을 받고 한 자리에 모였다. 아버지는 옛 전우들과 아주 친밀한 관계를 가지고 있었다. 그러나 임표는 나영환 원수와 장기간 함께 일했으나 그들 사이의 관계가 썩 좋지 못했다. 아버지는 "임표는 나영환 같은 사람도 사귀지 못했다."고 말했다. 나영환 원수에 대해 아버지는 소박하고 성실하고 너그럽다고 평가했다. 아버지는 그를 몹시 존중했다. 1963년에 나 아저씨가 서거할 때 우리 집식구들은 큰 슬픔 속에 잠겼으며, 어머니는 나를 나 아저씨 집에 보내 그의 딸 교교와 며칠 지내게 했다. 지금도 우리 두 집은 아주 가깝게 지내고 있으며 어머니와 임월금 아주머니는 서로 보러 다니곤 한다.

화제가 또 다른 데로 옮겨졌다. 그러나 이런 일을 생각할 때마다 나의 마음은 언제나 아쉬운 감을 억제할 수 없다.

방금 어디까지 썼던가? 그렇지, 방금 홍군이 무려 7일 동안 어려운 행군을 거쳐서 그 가없는 초지를 끝내 벗어난 데까지 쓴 것이다.

초지를 지난 후 좌로군과 우로군의 10여 만 홍군은 사기가 훨씬 돋고 기세차게 전진해야 했을 것이다. 그러나 인간 세상에는 재난이 그칠 사이가 없는 것이다. 《서유기》에서 당삼장은 서천으로 진경(眞經)을 가지러 가면서 81난을 겪었지만, 공산주의자들은 진리에 대한 추구로부터 원정의 길에서 수없이 많은 곤란을 겪어야 했다.

홍군이 방금 초지를 벗어난 후 장국도가 공개적으로 당을 분열시키고, 홍군을 위험한 상태로 몰아넣었다.

초지를 지난 후 장국도는 중앙 및 우로군과 회합할 것을 거절하면서 중앙의 수차례 충고를 무시했다. 그는 우로군에서 정치위원으로 있은 진창호(陳昌浩)에게 비밀 전보를 보내 우로군을 끌고 남하하게 했으며, 중앙을 분열하고 위해하려 했다. 이 비밀 전보가 다행히 우로군의 참모장인 섭검영에게 발각되어 모택동에게 보고됐다.

모택동과 주은래, 박고를 비롯한 사람들은 긴급히 협상한 후 홍1집단군과 홍2집단군, 그리고 중앙종대를 끌고 신속히 이동해 먼저 북상길에 오름으로써 위험에서 벗어났다. 이때 중앙종대와 우로군은 칠팔천 명의 인원밖에 되지 않았다.[6] 그들은 9월 10일에 출발해[7] 감숙의 첩부현 아계에 도착했다. 9월 12일 중공 중앙 정치국은 아계에서 확대회의를 열고 '장국도의 오류에 관한 결정'을 지었다. 북상 방침을 반대한 장국도의 잘못은 정치적 정세에 대한 분석과 적 역량에 대한 잘못된 판단에서 비롯된 것이라고 지적하고, 홍4방면군이 일치하여 장국도의 오류와 투쟁하며 그가 북상의 방침을 따를 것을 호소했다.

아계회의가 있은 후 중앙은 홍1집단군, 홍2집단군과 군사위원회 종대를 인솔해 계속 북상했다. 그동안 그들은 '한 사람만 막으면 만 사람도 뚫고 나갈 수 없다.'는 천험의 납자구(臘子口)를 공략하고, 사천과 섬서를 횡단하는 민산을 넘어 감숙 민현 남쪽에 있는 하다포에 도착했다. 여기에서 부대의 번호를 중국노농홍군 섬감지대로 고쳤는데 팽덕회가 사령원으로 임명되고 모택동이 정치위원으로 임명됐다.

중앙과 섬감지대는 섬북의 홍군과 섬북 근거지가 여전히 존재하고 있다는 소식에 접하여 계속 북상해 감숙 서북지구의 육반산을 넘고, 10월 19일에 끝내 섬감 근거지인 오기진에 도착했다.

10월 22일 중공 중앙 정치국에서는 확대회의를 열어 지난 1년 동안에 걸친 장정을 결산했다. 그리고 이후의 과업은 서북에서 혁명 근거지를 건립하고 나아가서는 전국 혁명을 지도하는 것이라고 결론 내렸다.

1934년 10월부터 1935년 10월까지 근 1년 동안 중앙홍군은 강서 중앙 소비에트를 출발해 호남, 귀주, 운남, 사천, 감숙 등 11개 성을 지난 후, 종국적으로 중국 서북지구에 속하는 섬서에 이르렀다. 홍군은 도중에서 상상할 수 없는 수많은 고난을 이겨내고 수십만 명의 적군의 포위, 추격, 차단을 견뎌냄으로서 역사에 없는 위대한 장정을 성공직으로 끝맺었다.

모택동은 이렇게 말한다. 장정은 역사 최초의 일이다. 장정은 그 선언과 그 실천이며, 그 마지막 결실이다. 장정은 우리의 승리로 적들의 실패로 끝났다.[8]

장정이 세계적으로 소문난 것은 단지 그 행로가 멀어서가 아니다. 중국공산주의자들과 중국노농홍군이 영웅적 기백으로 강적을 물리치고, 지세의 불리함과 자신의 오류를 이겨내고, 피동에서 주동으로 실패에서 승리로 그 모든 과정을 이겨냈기 때문이다. 이를 토대로 완전히 새로운 혁명의 국면을 타개하고 나아가서 전국적 승리를 얻어냈기 때문이다.

장정의 매력은 중국인은 물론 외국인들에게도 대단한 감흥을 자아내게 한다. 이후 어떤 사람들은 장정에 관한 글들을 써 냈고, 어떤 사람들은 당시 홍군의 발자국을 따라 장정을 체험하고 있다. 이 매력과 정신은 역사적으로 영원히 남아 중국공산주의자들의 빛나는 업적을 보여줄 것이다.

1930년대의 장정은 중국 5,000년 역사에서 처음이기는 하지만 결코 마지막도 아니다. 40여 년이 지난 뒤 중국인민들은 또다시 새로운 장정을 시작했다.

첫번째 장정은 정권을 탈취하기 위한 인민혁명이었다. 두번째 장정은 중화민족에 더욱 찬란한 전도를 마련하기 위해 진행되는 사회주의 건설의 참신한 장정이다. 첫번째 장정은 1년의 시간밖에 걸리지 않았으나, 이번의 새로운 장정은 10여 년, 수십 년, 심지어는 수백 년의 시간이 걸리게 될 것이다.

그러나 첫번째 장정에서 보여준 기백만 보더라도 중국인민과 중국의 공산주의자들은 기필코 새로운 역사 사명을 완수할 수 있을 것이며 또 실현할 수 있는 능력이 있다. 그들은 자기의 나라를 더욱 강대하게 건설할 것이며, 자기의 인민들이 더욱 행복하게 살 수 있도록 할 것이며, 자기들의 후대들 나아가 후손만대가 길이길이 자기들이 개척한 사업을 이어가도록 할 것이다.

주

1. 보존되어 있는 〈홍성보〉는 지금까지 제8기가 없으므로 장정이 시작된 후 10월 20일자 제1기부터 준의회의 전까지 제7기까지 적었는지, 아니면 제8기까지 적었는지 확정할 수 없다. 제9기는 준의회의 이후인 2월 10일에 출판한 것으로서 아버지의 손에서 나온 것이 아니라는 것을 알 수 있다.
2. 유백승, 《회고 장정》(상권), 제1장 중에서.
3. 이취규, 《이취규 회억록(李聚奎回憶錄)》, p. 143-144.

4. 《나영환전(羅榮桓傳)》, p. 130−132.
5. 같은 책.
6. 유백승, 《회고 장정》(상권), 제1장 중에서.
7. 장정귀·원위, 《중국공농홍군사략(中國工農紅軍史略)》, p. 129.
8. 《모택동선집(毛澤東選集)》(제1권), '일본제국주의를 반대함을 논함'에서.

44 서북의 황토고원에서

1935년 10월, 모택동이 인솔하는 중국노농홍군 섬감지대가 섬북에 도착했다. 11월, 중공 중앙에서는 중국노농홍군 홍1방면군의 번호를 회복하기로 결정했다. 더불어 그 산하에 홍1집단군과 홍15집단군을 두기로 결정했는데 인원이 도합 11,000명이다.

11월 7일, 중공 중앙기관은 섬감근거지의 안정현(安定縣) 와요보(瓦窰堡)에 진주했다.

홍1방면군의 섬북에서의 동향을 보고 국민당은 가만 있을 수 없어 즉각 섬서에 있는 동북군 5개 사단을 두 갈래로 나누어 홍1방면군을 포위토벌했다.

11월 21일부터 24일까지 홍1방면군은 맹렬하게 국민당 군대의 포위토벌을 맞받아쳤다. 그리하여 직라진(直羅鎭)까지 반격을 펼쳐 결국에는 적군 1개 사단과 1개 연대, 도합 8,300여 명을 궤멸시키는 중대한 승리를 거둔다. 이는 중공 중앙이 전국혁명의 대 본영을 서북에 자리잡는 토대가 됐다.

아버지의 말에 의하면, 직라진 전투의 총성이 울린 후 그는 나영환을 비롯한 사람들과 함께 어느 산마루에서 적정을 관찰하다가 갑자기 적들의 습격을 받았다고 한다. 적의 밀집된 화력에 눌려 부종이 준 여우털 외투에 탄알 자국이 숭숭 날 정도로 아주 위태로운 처지에 놓였었는데, 그러나 부상은 입지 않았다. 위급한 이 순간에 홍7집단군 소속의 한 중대의 도움으로 무사히 포위를 풀었다.

아버지는 자기는 적후공작을 해도 체포된 적이 없고 수십 년을 전쟁터에서 굴렀어도 부상 한 번 입지 않았는데, 이는 쉬운 일이 아니라고 늘 말하곤 했다.

직라진 전투를 거친 후 홍군은 비로소 휴식할 수 있는 좋은 기회를 얻게 됐다. 그래서 이 기간은 행군은 물론 싸움도 없었다. 당시 홍1집단군 정치부에 있던 양필업은 같은 시기 정치부 선전부장이었던 아버지의 상황을 잘 기억하고 있었다.

그는 다음과 같이 말했다. "우리 선전부의 역할은 행군과 전투시에 부대를 돌보고 격려함으로써 전사들의 사기가 떨어지지 않고, 또한 전투 인원이 손상되지 않도록 하는 것이다. 그것은 주로 선동 공작을 통해 진행한다. 가장 어려운 상황에서도 우리의 혁명은 기필코 승리한다는 확고한 이상을 선전하고, 항일사상을 고취시킨다. 선전부는 장정 때부터 장정 후까지 〈전사보(戰士報)〉를 등사 출판했다. 선전부와 정치부의 기타 간부들은 또 사단과 연대에 내려가 정신교육을 하달하고 사업을 연구했다. 초지를 지난 후 간부들은 기본적으로 부대에 내려가 있었다. 그때는 부대 인원이 많지 않았으므로 아침에 내려갔다가 저녁이면 돌아올 수 있었다. 초지를 지난 후에 선동 공작의 내용이 많아졌는데, 주로 간부와 전사들의 교양을 위해 정세를 분석하고 영웅들의 사적을 이야기해 주는 것이었다. 오기진에 도착해 홍1집단군에서는 이부춘과 황극성(黃克誠)의 인솔하에 홍15집단군(홍15집단군은 악예환 근거지로부터 장정해 온 홍25집단군과 섬감 홍군들로 구성됐다)을 참관하는 참관단을 조직했다. 그리고 전시 연극단을 조직해 위문공연도 했다. 그때 자네의 부친은 따라가지 않고 우리에게 몇 가지 주의 사항들을 당부했으며, 중앙으로부터 예술인 한 사람을 데려와 우리의 공연을 지도해 주었다."

양필업은 강서의 파두 사람이다. 1930년 모택동과 주덕이 인솔하는 홍4집단군이 그의 고향으로 진출했을 때 혁명에 참가하여, 아동단 단장을 하면서 공산주의 청년단에 가입하고, 같은 해 홍군에 들어왔다. 홍군에는 어려서부터 부대에 참가한 '꼬마병'들이 적지 않았다. 해방 후 중공중앙 총서기를 맡았던 호요방과 중공중앙 정치국 위원이었던 진비현(陳丕顯)은 모두 꼬마병 출신이다.

1936년 1월, 당시 스무 살이었던 양필업은 병치료를 마치고 부대로 돌아오는 길에, 임진진에서 선동대의 연극을 보다가 아는 사람을 많이 만난다. 연극이 끝난 다음 연회를 마련했는데, 그는 이 자리에서 홍1 집단군의 정치부 주임 주서와 부주임 나영환, 선전부장인 아버지를 만났다. 이 연회에서는 양필업을 선동대 대장으로 임명하기로 결정했다.

양필업은 계속해서 다음과 같이 말한다. "그때부터 나는 줄곧 자네 부친의 직접적인 지도하에서 일했다. 그는 늘 선동대의 사업을 매우 중요시했으며, 선동대는 선동사업뿐만 아니라 간부를 예치하고 양성하는 역할을 맡아야 하며, 더불어 백성들을 공작하고 부대를 공작하고 또 적군을 와해하는 공작을 진행해야 한다고 말했다. 그는 또한 '선동대는 간부를 양성하는 가장 좋은 곳이다.'라고 늘 말하곤 했다. 한번은 공연에서 연대급 간부였던 장국화(張國華), 담관삼(譚冠三), 진웅(陳雄) 등이 모두 노래를 불렀는데, 그 노래는 대로가(大路歌), 소련 가곡과 프랑스 곡이었다. 선동대 안에서도 우리는 늘 정치학습을 진행하고 또 시험을 치렀다. 동정(東征)이 있은 후 정치적 교양이 더욱 많아졌고, 우리 선동대는 인원이 계속 모자랐다. 한번은 신병 가운데서 문화 지식을 얼마쯤 갖춘 사람을 물색해 왔는데, 그의 나이는 좀 많은 서른 살이었다. 자네의 부친은 경위원에게 '선동대에 배치하시오.'라고 지시했다. 한데 그 사람에게서 냄새가 심해 경호원은 이 일을 자네의 부친에게 보고했다. 그는 '좋든 궂든 그대로 하오.'라고 딱 잘라 말했다. 그는 문제 처리를 언제나 이처럼 간단하게 요약해 버리곤 했다. 결과 이 사람은 아주 쓸모가 있어 노친역을 하는데는 누구도 그를 따를 수 없었고, 사업도 부지런하고 됨됨이가 성해 선동대의 꼬마들은 그를 졸졸 따라다녔다. 우리 선동대는 항일을 선전하는 프로그램도 공연하고 '중앙홍군장정가(中央紅軍長征歌)'도 지었다."

여기까지 이야기하고 나서 양필업 장군은 눈에 광채가 돌면서 주먹을 흔들며 노래를 부르기 시작했다.

중국홍군 강서로부터 출발하여
열두 달 동안 천산만수 가로질러
백군과 토비 전승하고
2만 5천 리 길 걸어왔네.
대소 전쟁 500여 차례,
싸움마다 적들을 까부시니
적군 410개 연대 녹아났네.
영웅적인 홍군 필승불패 기개로
끝내 섬북에 다달았네.
홍15집단군과 회합하여
포위토벌 짓부시고
승리를 향해 나아가네!

내가 양필업 장군을 찾아간 해는 1991년 초겨울이었다. 이 노래는
그와 그의 전우들이 오륙십 년 전에 엮은 것인데 지금까지 한 글자도
빠뜨리지 않고 그처럼 씩씩하게 부르는 것을 보니 마음속에 숭경의 감
정이 저절로 생겨났다.

홍군이 동쪽으로 진출하기 전에 홍1방면군 정치부는 줄곧 섬북의
도통(道通) 일대에 주둔했다.

1935년 정세는 급격히 변화되고 있었다. 일본 제국주의는 중국의
동북 3개 성을 강점한 후 하북, 산동, 산서, 찰합이, 수원 등 화북 5
개 성을 삼킬 목적으로 침략 준비를 다그치고 있었다.

일본의 압력하에 국민당 남경정부는 1935년 6월과 7월 연속 일본
측과 진토협정(秦土協定), 하매협정(何梅協定)을 체결했다. 이 협정
은 일본의 영토확장 요구에 굴종해 중국 군대를 하북성으로부터 철거
시키고, 전국의 항일 활동을 금지하는 것이었다. 이는 실제상 북경과

천진을 망라한 하북과 찰합이 이 두 개 성의 대부분 주권을 일본에 양도하는 것이다.

일본 침략자들은 화북 지구에 대한 경제적 통제와 수탈을 다그치는 한편, 화북 자치법을 서둘러 실시했다.

화북에 대한 일본제국주의의 침략 행위와 나라의 주권을 파는 국민당의 정책은 중국 인민들로 하여금 민족 위기의 절박감을 강력히 느끼게 했다. 그때부터 국민당 정부의 굴욕적인 자세를 수정을 요구하는 각계 각층의 목소리가 높아지게 됐다.

민족 존망의 비상 시기에 직면해 중국공산당은 "항일 구국을 위해 전국 동포들에게 알리는 글(8월)", "일본제국주의의 화북 침탈과 그것에 앞장선 장개석에 대한 선언(11월)", "항일구국선언(11월)"을 연속 발표했다. 그 요지문은, 모든 정치적 견해와 이해타산에서 벗어나 서로 적대적 행동과 싸움을 전면 중지하고, 모든 국력을 항일에 집중시켜 나라 구하는 일에 앞장설 것을 전국 각 당파, 각 군대, 각계 동포들에게 호소하는 내용이었다. 그리고 항일구국전선에 모든 당파, 단체, 학자, 정치가, 지방 군대, 정부기구가 참가해 새로이 정부를 성립하고, 항일 연합군을 구성할 것을 촉구했다. 이 성명은 우선적으로 중국공산주의자들이 항일 연합군에 참가해 항일구국의 천직을 다할 것을 표명했다.

중국공산당의 호소는 전국에서 강력한 반향을 불러일으켰다.

1935년 12월 9일 북경에서 12·9운동이 일어났다.

장기간 억눌렸던 분노와 애국심은 화산이 터지듯 일어났다. 망국의 위기를 자각한 수천 명의 북경 청년학생들은 플래카드를 들고 거리로 뛰쳐나와 항일구국 시위행진을 단행하고, 국민당 북경당국에 청원했다. 시위대열은 국민당 군대와 무장경찰의 잔혹한 탄압을 받아 30여 명의 학생들이 체포되고 수백 명이 부상을 입었다.

이튿날 북경의 학생들은 일제히 동맹휴학을 단행했다. 12월 16일 학생들은 다시 거리로 나섰고, 많은 시민들이 합세해 약 만여 명의 민중이 거대한 시가행진을 단행했다. 국민정부는 이에 또다시 탄압으로 맞서 수십 명의 학생들이 체포됐고 수백 명의 부상자가 속출했다.

12·9, 12·16 북경 학생들의 애국투쟁의 영향을 받아 천진, 보정, 태원, 항주, 상해, 무창, 성도, 중경, 광주, 남녕 등지의 학생들이 앞다투어 항일집회와 시위행진을 단행했다. 광주와 상해의 노동자들은 대회를 열어 통문을 띄우고 항일의 구호를 외쳤다. 상해의 유명인 심균유(沈鈞儒)를 비롯한 몇몇 사람들은 구국연합회를 구성했다. 삽시간에 분노의 외침, 애국의 외침, 항일의 외침이 중국의 장강 남북, 황하 상하에서 일어나 막을 수 없는 항일구국 운동의 물결을 이루었다.

1935년 12월 17일, 중공중앙은 섬북 와요보에서 정치국회의를 열었다. 와요보회의의 결의는 광범위한 항일 민족통일전선을 세울 것을 호소했다. 모든 중국인들의 출로는 바로 일본제국주의 및 그 주구와 매국 역적을 향하는 성스러운 민족혁명 전쟁에 있음을 가리키는 것이었다.

섬북에 주둔한 중국공산당과 홍군은 통일전선을 이룩할 목적으로 섬서에 있는 동북군에 대한 공작을 강화했으며, 모택동과 주은래는 장학량(張學良)에 대한 공작을 강화했다. 1936년 2월, 홍군과 동북군은 상호불침범의 구두 협정을 맺었다. 그후 주은래와 장학량은 비밀회담을 갖고 쌍방간 서로 침범하지 않으며 서로 대표를 파견할 것을 상의했으며, 장학량은 또 장개석을 항일에 끌어들이겠다고 제기했다.

이와 동시에 중국공산당은 섬서에 주둔하는 서북군의 양호성(楊虎城) 장군과 연락을 강화해, 쌍방이 적대적인 상태를 중지하고 서로 대표를 파견하며 연합 항일하기로 했다. 장학량, 양호성과 협력관계를 세운 것은 중공 중앙과 중국노농홍군이 섬북에 튼튼한 근거지를 세우는데 유리한 외부적 여건을 마련했다.

거국적인 항일의 외침 소리가 날로 높아지는 때에 장개석도 비밀리에 공산당과 담판을 진행했다.

실제 행동으로 항일의 결심을 보여주기 위해 1936년 2월 20일 홍방면군은 중국인민 항일선봉군의 이름으로 모택동과 팽덕회를 비롯한 사람들의 직접 인솔하에 동정(東征)을 시작했다. 홍군 항일선봉군은 산서의 군벌 염석산(閻錫山)의 방어선을 돌파하고 황하를 성공적으로 넘었다.

그러나 장개석이 홍군과 담판을 벌인 것은 진심이 아닌 것으로 판명됐다. 장개석의 진짜 목적은 담판을 빌미로 공산당을 자기 손아귀에 넣으려는 데 있었다. 그는 공산당이 정말 항일을 목적으로 황하를 넘자 급기야 20만 명의 대군을 동원해 산서의 염석산을 증원하고, 홍군을 황하 동쪽에서 소멸해 버리고자 덤벼들었다.

홍군의 동정부대는 황하를 넘은 후 사흘만에, 황하 남북으로 50여 킬로미터, 동서로 35킬로미터가 되는 지구를 통제하고 관상촌 전역에서 염석산의 1개 연대 병력을 궤멸시켰다. 3월 말까지 홍군은 좌·중·우 세 개의 길로 나누어 작전하면서 신속히 전과를 확대했다.

양필업 장군은 이렇게 말했다. "동정 도중에 우리 선전부는 자네 부친의 인솔하에 공산당의 주장을 선전하고 항일을 선전했다. 우리는 또 적군과 포로를 대상으로 공작했다. 자네의 부친은 동정의 길에서 직접 선동 강령과 교재를 엮었다."

1936년 5월, 내전을 면하기 위해 중공중앙은 홍군을 황하 이서의 섬북 지구로 철수하기로 결정하고 두 달 동안 진행한 동정을 끝냈다.

동정에서 돌아온 지 얼마 안 되어 홍1집단군 정치부 부주임 나영환은 명령을 받고 홍군대학에 공부하러 갔고, 아버지는 홍1집단군 정치부 부주임으로 임명돼 나영환의 사업을 인계받았다. 당시 정치부는 섬북의 우주(雨珠)에 주둔하고 있었다.

이 기간 중앙은 대상사(大相寺)에서 회의를 열어 사업을 총화하고, 그 방법을 시정했다. 아버지와 홍1집단군, 홍15집단군의 기타 고위간부들도 이번 회의에 참가했다. 이 기간에 아버지는 또 나서경(羅瑞卿)과 함께 중앙의 직접적인 파견을 받고 홍1집단군의 부분적 부대들에 내려가 조사 연구를 진행하고 간부를 심사할 임무를 받았다.

당시 제4사단의 연대 정치위원으로 사업하던 왕평 장군은 이때 처음으로 아버지를 알게 됐다. 왕평 장군은 나에게 이렇게 말했다. "중앙에서는 중앙보위국장 나서경과 자네의 부친을 파견해 상황을 이해하게 했다. 자네의 부친은 많은 간부들을 찾아 담화를 나누었다. 나는 담화에서 생각나는대로 구김없이 말했다. 그랬더니 자네의 부친은 나를 보고 아주 솔직하다고 말했다. 후에 나서경이 우리들에게 연설을 했다. 당시 자네의 부친에게서 받은 인상이라면 냉정하고 엄숙하고, 깐깐하며 말이 적으나 간단하고 무게가 있었다. 자네의 부친은 말 구절이 짧아 기록하기에 아주 편리하고 관점이 명석하고 쓸데없는 말이 없었다."

중앙에서 직접 등소평을 파견해 조사 연구를 진행하기는 이번이 처음이었다. 조사 연구가 끝난 후 나서경과 등소평은 중앙에 조사 결과를 보냈다.

홍군이 섬북에서 철수한 후 장개석은 16개 사단과 3개 여단의 병력을 동원해 홍군의 섬북근거지에 새로운 포위토벌을 감행하려 했다. 이런 정세하에서 중공 중앙에서는 국민당의 군사력이 약한 섬서, 감숙, 녕하 이 세 성의 교체지로 서정(西征)을 진행하기로 결정했다.

1936년 5월부터 7월말까지 홍군은 섬감녕 교체지에서 신속히 가로세로 400여 리나 되는 새로운 근거지를 창설해, 섬감 옛 근거지와 같은 모습을 이루었다. 이는 홍군과 지방무력이 모두 증강한 것이다. 그 후 한동안 국면이 안정돼 전방에서도 별다른 싸움이 없었다. 홍군은 이 기회를 빌어 부대에 훈련과 교양을 행했다.

양필업 장군은 이렇게 회고했다. "동정에서 돌아온 후 우리는 자금과 식량을 조달하고, 또 산서로부터 적지않은 나귀를 끌고 왔다. 서정이 끝난 다음 싸움이 적어지고 장학량과 양호성의 부대도 우리와 통일전선을 이루었다. 이 기간 자네의 부친은 홍1집단군 정치부 부주임직을 담당했고, 주임은 주서였다. 자네의 부친은 당의 기관공작과 선동공작, 교양공작 그 가운데서도 간부들에 대한 교양공작을 책임졌다.

우리처럼 어려서 참군했지만 비교적 체계적으로 정치 상식을 배운 것은 바로 이때였다. 학습반에서는 정당, 수령, 대중, 사회발전사에 관한 내용으로 강의를 듣고 토의하고 시험을 쳐서 점수를 매기는 등이었다. 주서와 자네의 부친이 모두 학습반에 와서 강의를 해주었다. 많은 부대의 전우들이 여기에서 혁명에 참가한 소박한 계급각성을 점차 이성의 높이로 올렸으며 각성의 계기가 됐다. 우리가 학습반을 꾸린 지점은 녕하의 칠영천(七營川) 일대였다."

당시 홍1집단군에서 정찰사업을 하던 소정(蘇靜) 장군은 다음과 같이 말했다. "1936년에 등소평은 우리 둘에게 한 달 남짓한 동안 강습반을 꾸려주었다. 학습내용은 주로 세계 지식을 배우고 사회발전사와 마르크스주의를 배우는 것이었다. 자네의 부친은 우리에게 강의를 하고 학습자료를 발급해 주고 시험문제를 내어 시험을 치르고는 점수를 매겼다. 어떤 때는 토론회를 가져 우리가 문제를 제기하면, 자네의 부친이 우리들에게 해답을 주었다. 이전에 우리는 대부분의 시간을 싸우고 행군하는 데 소모했지만, 이번에 자네의 부친이 조직해 준 학습을 통해 적지않은 것을 배우게 됐다."

양필업은 나에게 또 다음과 같이 말하기도 했다. 정치부에서는 학습 교양을 틀어쥐는 외에도 적군공작과 동북군에 대한 통일전선공작을 진행했다. 그리고 녕하는 회족이 많이 살고 있는 곳이므로, 또 민족 문제를 해결하기 위해 회족에 대한 공작도 필요했다. 이런 공작들은 모두 나의 아버지가 책임지고 있었다 한다.

양필업 장군은 아직 1936년 8월과 9월 사이에 집단군정치부가 녕하의 예왕지구 오리동에 주둔하고 있을 때, 중앙 군사위원회에서 아버지에게 검찰단을 위탁해 홍15집단군에 가서 검사하게 한 일을 기억하고 있었다.

그는 다음과 같이 말했다. "자네의 부친은 나와 당량(唐亮), 채원홍(蔡元興)을 데리고 12명으로 구성된 정예 경호반의 엄호를 받으며 섬북의 홍15집단군 제81사단과 제75사단에 가서 검사를 진행했다. 자네의 부친은 주로 사단의 간부들과 이야기를 나누고, 우리는 기층의 간부와 전사들과 이야기를 나누었다. 자네의 부친은 홍1집단군에서 파견한 것이 아니라 중앙과 중앙 군사위원회에서 파견했다. 이것은 아주 중요한 과업으로서 검사를 마치고 돌아온 후 자네의 부친이 중앙에 검사 결과를 회보했다."

이것은 중앙에서 두번째로 아버지를 파견해 조사 연구를 진행한 것으로, 이는 모택동과 주은래를 비롯한 중앙과 중앙 군사위원회의 지도자들이 아버지를 매우 신임했다는 사실을 설명한다. 양필업과 소정의 말에 의하면, 이 시기 홍1집단군의 많은 중요한 문건서류와 전사보의 논설은 모두 아버지가 직접 쓴 것이다.

양필업은 이렇게 말했다. "자네의 부친은 글을 아주 빨리 썼다. 우리는 '말고삐를 쥐고 그 자리에서 기다리면 된다.'고 말했다. 한번은 주서 주임이 그에게 연설할 원고를 써 달라고 했다. 자네의 부친은 '잠깐만' 하더니 종잇장과 연필을 찾아 책상도 없이 무르팍에 올려놓고 대뜸 써냈다. 그의 글은 빠른 것이 특징이다."

홍1방면군이 섬감녕 근거지에 주둔하고 있을 때 홍군 역사에는 매우 중요한 사변이 일어났다. 1936년 10월, 홍군 제2방면군과 제4방면군은 극히 어려운 행군을 통해 장국도의 분열주의를 이겨내고, 끝내 섬감녕까지 장정해 홍1방면군과 성공적으로 조우했다.

장국도는 장정 도중에서 당 중앙과 분열한 후, 홍4방면군을 사천 서부 지구와 서강 지구도 끌고 갔다. 그곳에서 그는 군내가 많고 실력이 강하다는 것을 믿고 따로 '중앙'을 세웠으며 자기를 당 중앙 '주석'으로 앉혔다. 그러나 국민당이 대군을 휘몰아 포위토벌하는 바람에, 홍4방면군은 사천 서부 지구에서 발을 붙이지 못하고 하는 수 없이 서강에서 물러나와 감자 지구에 이르렀을 때는 군대가 40,000여 명밖에 남지 않았다. 이 같은 정세 변화로 인해 장국도는 부득불 자기의 제2중앙을 취소했다. 1935년 7월, 홍4방면군과 하룡이 인솔하는 홍2방면군이 만났다. 그후 주덕, 유백승, 임필시, 하룡, 관향응(關向應)

을 비롯한 사람들의 강력한 주장하에 장국도는 부득불 북상해 중앙과 회합하는데 동의했다.

석 달 동안의 행군과 전투를 거치면서 홍2방면군과 홍4방면군은 이루 헤아릴 수 없는 어려움을 겪으며 끝내 섬감녕에 도착해 홍1방면군과 회합했다.

회합 후, 홍4방면군의 주력은 감숙 녕하 일대에서 황하를 넘어 인가가 아주 드문 감숙의 하서주랑(河西走廊)으로 진출했다. 이곳에서 홍4방면군은 지방 국민당 군대인 마보방(馬步芳) 군대로부터 중대한 손실을 입어 서쪽으로의 진출이 실패로 끝난다. 당시 많은 지휘원과 전투원들이 피해를 입었으며 유명한 홍군 장령들이 장렬하게 희생됐다. 홍4방면군에서 수백 명이 이선념(李先念)의 인솔하에 감숙 서부에 도달한 후, 진운이 신강으로 데려가고 나머지 흩어진 천여 명은 서정 원조부대의 도움을 받아 섬감녕 지구로 돌아왔다.

장국도가 중앙을 분열시키고 홍군을 분열한 중한 책임에 근거해, 1937년 3월 중공 중앙은 확대회의를 열고 '장국도 동지의 오류에 관한 결정'을 내렸다.

장국도는 자기의 오류를 인정하는 척했으나 기실은 자기에 대한 당의 배려를 거절했다. 1938년 4월, 그는 슬그머니 홀로 섬감녕 혁명 근거지를 탈주해 국민당 품 속으로 뛰어들어 인간 대접을 받지 못할 반공졸개로 전락하고 말았다. 같은 해 4월 18일, 중공 중앙에서는 장국도의 당적을 제명하고 혁명 대열에서 제명한다고 선포했다.

중국공산당은 그 발전 과정에서 진독수의 우경투항주의, 구추백의 좌경적 망동주의, 이립삼의 좌경적 모험주의, 왕명의 좌경적 교조주의와 종파주의를 앞뒤로 극복하고, 그 나중에는 장국도의 분열주의를 이겨냈다. 이 시기 중국공산당은 창건된 지 불과 16년밖에 안 되는 짧은 세월을 지낸 것이다. 이 16년이 얼마나 짧고 또 긴긴 세월이었던가 !

공산당의 적대 계급과의 투쟁은 자연스럽고 불가피한 일이다. 또한 공산당이 자체 내부에서 올바른 것과 그른 것, 진리와 오류의 투쟁 역시 마찬가지로 자연스럽고 불가피한 것이다. 중국공산당이 위대하다고 하는 것은 바로 이런 결함을 과감히 집어내고 시정하는 데 있다. 당 창건 이래 16년 동안 이러했고, 그후의 긴긴 혁명과 건설사업에서도 역시 이러했다. 만약 이런 사실들이 없었다면 중국혁명의 큰 물결 속에서 중국공산당은 필시 매몰되고 꺾어지는 사멸의 길로 나갔을 것이다.

아버지는 여러 번 이렇게 이야기한 적이 있다. 우리 당의 역사에서 수시로 좌적이거나 우적인 것들이 우리에게 영향을 주었다. 그러나 진독수의 우경기회주의를 제외하고는, 뿌리가 보다 깊게 내린 것은 좌적인 것들이었다. 좌적인 것들이 우리 당 역사에 얼마나 두려움을 끼쳤는지 모른다. 아무리 좋은 것이라 하더라도 좌적인 것에 부닥치면 부숴지고 만다. 우적인 것이 우리의 사업을 매장할 수 있으며, 좌적인 것도 우리의 사업을 매장할 수 있는 것이다. 이러한 문제에 대해서 우리는 반드시 명석한 판단을 해야 한다. 그렇게 해야만 큰 오류를 범하지 않고 문제들을 쉽게 잡아내고 개정할 수 있다.

이것이 바로 변증유물주의의 사상과 철학이다.

중국공산당과 중국 공산주의자들은 한 차례씩 좌절과 오류를 이겨내고 한 걸음 더 진리를 찾는 길로 나아갔다. 그들이 이처럼 강대한 생명력을 가지고 절대적인 약한 세력으로도 거대한 성과를 이룩할 수 있었던 것은, 바로 그들이 자신을 징시하고 자체의 오류에서 빗어나 계속 진리를 향해 나아갈 수 있었기 때문이다.

한 개 정당, 한 가지 사업, 한 사람은 끊임없이 자기 갱신을 할 수 있어야만 진보와 비약을 이룩할 수 있다. 교조주의와 경직된 의식은 자기를 질식시키고 나아가서는 자기를 죽음에로 몰아넣는다. 다른 면으로 비현실적이고 부정확하게 정세를 분석하는 망동성과 소극성 역시 사업을 실패로 이끌어가게 된다. 시시각각 명석한 두뇌를 통해 정확히 판단하며 이에 근거하여 실천을 행해야 하는 것이며, 언제나 좌경적인 오류와 우경적인 오류를 방지하고 시정하기는 그만큼 어렵고 또 책임이 중대한 것이다.

현재 사람들과 미래의 사람들은 이 16년의 역사로부터 또한 70여년 당이 걸어온 노정으로부터 그 무엇을 배우고 느끼는 것이 있어야할 것이다.

1930년대 중국 노농홍군 제1방면군, 제2방면군, 제4방면군이 회합한 후, 장국도의 분열주의와 국민당 군대의 진공을 극복하고 섬감녕 근거지에 발을 붙이게 됐으며, 중국 서북의 이 황토고원을 시발점으로하여 새로운 역사적 단계로 뛰어넘게 됐다.

바야흐로 중국 공산주의자들은 항일 민족해방의 기치를 더욱 높이 치켜들었고, 아버지와 그의 전우들 역시 불꽃 튀는 항일 전장으로 진출했다.

45 서안사변 전후

　중국의 1936년은 그야말로 연속 풍파와 정세가 급변하는 시기였다. 일본제국주의가 침략을 서두는 까닭에 중국의 대다수 민중들은 망국과 멸족의 위험을 더욱 절박히 느끼고 날로 항일의 목소리는 높아갔다.

　여기저기서 항일 구국운동이 일어났다. 서북 지구에서는 장학량의 동북군, 양호성의 서북군과 공산당의 홍군이 삼대 항일 주력으로 연합했다. 동북에서는 공산당이 지도하고 창설한 항일연합군 7개 군단이 기타 항일 역량과 합세해 장백산, 흑룡강 일대에서 유격전쟁을 벌이면서 일본 침략군에 대항했다. 화남에서는 광동의 진제당(陳濟棠)과 광서의 이종인(李宗仁), 백숭희(白崇禧)가 연합 출병해 항일을 선포했으며, 화동에서는 상해의 각계 구국연합회가 성립돼 유명인사들인 송경령, 하향응, 추도분을 비롯한 40여 명을 집행위원으로 선거했다. 이 연합회에서는 전국 각 당파들이 군사적 충돌을 중지하고 구국 강령을 공동으로 제정할 것을 호소했다. 수원에서 부작의(傅作義) 장군 산하의 부대들은 수원 동부 지구와 북부 지구에서 일본군과 괴뢰군의 침공을 물리쳐 항일의 기세를 크게 북돋았다. 이와 동시에 중국에서의 일본 세력의 급격한 팽창은 역시 영국과 미국의 불안을 자아내고, 국민당 내부에서는 친영친미파와 친일파 간의 갈등이 끊임없이 커지고 있었다.

　한편 장개석은 대외적으로 일본과의 타협을 통해 안정을 도모하려는 환상 속에 빠져 있었다. 그는 "평화는 아직 완전히 절망의 시기에 이르지 않았으므로 평화를 포기하지 말아야 하며, 막바지에 이르지 않고

서는 희생이란 말을 쉽사리 입밖에 내지 말아야 한다."고 떠벌리기도 했다. 또한 대내적으로 항일운동을 탄압하고 광서·광동의 항일 연합에 대한 와해공작을 폈으며, 내전을 중지하고자 한 서북의 장학량과 양호성의 요구를 거절하고, 심균유·추도분·이공복(李公僕)·사천리(沙千里)·사량(史良)·장내기(張乃器)·왕조시(王造時)를 비롯한 애국인사를 체포해 '7군자사건(七君子事件)을' 조작했다. 장개석은 공산당과 홍군을 '마음속의 우환'으로 여기고 "적비(홍군을 가리킴)를 깡그리 소멸하겠다."[1]고 맹세하면서, 장학량과 양호성이 즉각 부대를 인솔해 포위토벌할 것을 압박했다.

민족의 존망이 위태롭고 내환까지 겹쳐 드는 이 위기일발의 시각에 서안사변(西安事變)이 발발했다. 사변은 이렇게 시작됐다.

서북 지구에서 군대를 주둔하고 있는 장학량과 양호성이 민족의 존망을 위해 공산당과 연합할 것을 주장하자 장개석은 이에 커다란 분노를 느꼈다. 이 사태가 반란으로 발전하지 못하도록 제지하기 위해 1936년 12월 4일 장개석은 직접 서안을 방문했다.[2] 장개석은 장학량과 양호성이 즉각 모든 부대를 일으켜 섬북의 공산당을 토벌할 것을 명령하면서, 이에 따르지 않으면 이들의 군대를 섬서로부터 이동시키겠다고 위협했다. 하지만 장학량과 양호성은 나라와 민족의 운명을 전제로 계속 장개석을 설복했으나 오히려 그에게 욕만 호되게 먹었다.

12월 9일, 서안의 10,000여 명 애국학생들이 청원을 하고, 시위행진을 단행하면서 내전을 중지하고 항일투쟁에 합력할 것을 요구했다. 국민당 첩보원이 총을 발사해 학생들이 부상을 입자, 극도로 분노한 학생들은 임동의 화청지(華淸池)에 있는 장개석에게 몰려가 청원하려 했다. 장학량은 이들 학생들의 열정에 깊은 감동을 받고 즉시 학생들의 요구에 답변을 주겠다고 약속했다.

10일과 11일에 장학량과 양호성은 재차 장개석에게 건의했으나, 거절과 함께 장개석으로부터 욕을 먹었다. 이에 이르러 장학량과 양호성은 내전을 면하고 항일을 위해서라면 다른 길이 없다고 인정하고, 즉

각 병란을 일으키기로 단호히 결정했다.

1936년 12월 12일, 장학량 양호성은 서안사변을 일으켜 화청지에서 장개석을 잡아 구속했다. 다음 그들은 전국에 전보를 쳐서 국난의 시기에 서안사변을 발동한 것은 장개석에게 대일항전을 촉구하기 위해 부득이 취한 행동이라 설명하고, 내전을 중지하고 상해의 애국동지들과 모든 정치범들을 석방하며, 민주주의적 애국운동을 지지하며 즉각 구국회의를 소집할 것 등 8항의 주장을 제기했다.

서안사변은 삽시간에 전국을 뒤흔들었다.

남경의 국민당 정부는 온통 혼란 속에 빠지고 사회의 여론은 떠들썩했다. 장개석 계열의 사람들은 사태를 평화적 방법으로 해결해 장개석의 목숨을 구하려 했고, 다른 마음을 품은 국민당 정부의 관원들은 서안을 폭격할 것을 주장하면서 친일파의 거두 왕정위의 귀국을 서둘렀다. 영국과 미국은 장개석의 통치권을 수호키 위해 공산당과 모종의 합작을 통해 일본에 대항하는 것이 무방하다고 인정했고, 소련은 사변을 평화적으로 해결할 것을 바랐으나 장학량과 양호성을 친일파로 오해했다. 그러나 일본은 장학량과 양호성이 적화됐다고 선포함으로써, 중국에 내전이 계속되도록 사태를 끌고나갔다. 서안사변이 장차 어느 방향으로 나갈 것인지는 중국은 물론 전 세계인의 관심사로 떠올랐다.

섬북의 중국공산당 중앙에서는 반복적인 규명을 통해 다음과 같이 결론지었다. 즉 서안사변은 항일과 구국을 위해 발생한 것으로 전적으로 정의로운 것이다. 그러나 장학량과 양호성의 방식은 남경 정부를 서안과 적대적인 위치에 올려놓아 새로이 대규모 내전을 야기시킬 수 있다. 이는 바로 일본이 바라는 결과다. 이런 분석을 통해 중공 중앙에서는 서안사변을 평화적으로 해결하려는 기본 방침을 확정지었다.

중국공산당은 이렇게 결정했고 행동에 옮겼다.

12월 15일, 중국공산당 측에서는 장학량과 양호성에게 공개 전보를 보내 그들의 8항의 주장을 지지함을 밝히고, 친일파들이 이 기회를 빌어 내전을 일으키는 것을 반대했다.

12월 17일, 중국공산당 대표 주은래가 서안으로 가서 항일투쟁을 지속시키고 더 큰 내전을 막는 방법에 관한 중국공산당의 입장을 설명해 장학량과 양호성의 찬동을 받았다.

12월 19일, 중공 중앙정치국에서는 평화적 해결 방침을 공식으로 제기했다. 12월 22일, 남경 측 대표 장개석의 부인 송미령(宋美齡)과 그의 오빠 송자문(宋子文)이 서안에 도착했다. 장학량, 양호성, 주은래, 송미령, 송자문은 이틀 동안 담판을 거쳐 다음과 같은 6항을 결정지었다.

1. 국민당을 개혁해 친일파를 구축하고 항일 정책을 용납한다.
2. 상해의 애국동지와 모든 정치범들을 석방하고, 인민의 자유권을 보장한다.
3. 공산당을 포의토벌하는 정책을 중지하고, 홍군과 연합해 항일한다.
4. 각 당파와 각 군이 참가하는 구국회의를 소집하고, 항일구국운동의 방침을 결정한다.
5. 중국의 항일을 지지하는 나라들과 협조 관계를 맺는다.
6. 기타 구체적인 구국의 방법을 실천한다.

12월 24일 저녁, 주은래는 직접 장개석을 만나 중국공산당의 주장을 천명하고 그 뜻을 밝혔다. 끝내 장개석은 포위토벌을 중지하고 공산당과 연합해 항일할 것에 관한 제반 조건들을 접수했다.

12월 25일, 장개석은 비행기 편으로 남경으로 돌아갔다. 이때 장학량은 혼자서 장개석을 따라 남경으로 가서 '국민들에게 사죄하기로' 결정했다. 결국 13일 동안의 서안사변은 이에 이르러 막을 내렸다.

서안사변의 평화적 해결은 일본의 음모를 분쇄하고, 전국 인민들의 관심과 지지 속에 장개석으로 해금 내전을 중지하고 공동 항일의 주장을 받아들이게 했다. 이로서 항일이라는 대 전제 아래 공산당과 국민당이 손문의 국민혁명 이래 두번째로 합작을 실시하게 됐다.

제2차 국공합작과 항일의 새 국면이 펼쳐지게 됐으나 장학량은 이 때부터 자유를 잃었다. 그는 나라를 위한 뜨거운 피를 안고 양호성과 함께 단호히 장개석에게 항일을 요구했다. 사변이 끝난 후, 그는 또 자기의 진실한 마음으로 조금의 주저함도 없이 장개석의 비행기에 올랐다.

그는 장개석에게 이렇게 대했으나, 장개석이 자기를 원한으로 대할 줄은 꿈에도 생각지 못했으리라. 장개석은 사람을 한 번 미워하면 한 평생 미워했던 것이다. 장학량 장군은 이렇게 간 후 다시는 돌아오지 못했다.

장학량 장군이 장개석을 가둬 놓은 시간은 13일밖에 되지 않았다. 그러나 장개석이 장학량 장군을 가두어 놓은 지는 50여 년이 넘었다. 1975년, 장개석이 대만에서 병으로 세상을 떴어도 장학량 장군은 의연히 그곳에 갇혀 있다.

지금 장학량은 백발이 성성한 노인으로 당시처럼 기백과 젊음이 넘치는 모습은 찾아볼 수 없을 것이다. 하지만 그가 아는지 모르는지, 그의 10억 동포들은 수십 년 이래 줄곧 당시의 마음으로 그를 걱정하고 있다. 그의 고향에서는 그가 돌아오기를 간절하게 기다리고 있다. 그림 같은 풍경을 가지고 있는 임동의 화청지는 맑디맑은 샘물이 해를 두고 졸졸 흐르면서, 이곳에 오는 관광객들에게 줄곧 당시 인심을 뒤흔들던 그 비장하고 감동적인 이야기를 전하고 있다. 서안사변과 장학량 장군, 양호성 장군의 이야기를.

장학량 장군은 장개석에게 수십 년 동안이나 감금됐으나, 양호성 장군은 장개석에게 잡혀 12년 동안 감금된 후, 장개석이 대만으로 달아난 전야에 살해됐다. 장개석은 양호성 장군을 살해했을 뿐만 아니라, 그의 열일곱 살 된 아들과 아홉 살 된 작은 딸도 죽였으며, 비서 부부와 그들의 열 살도 안 되는 아이를 죽였다. 이에 앞서 옥중에서 병사한 양 장군의 부인과 두 부관, 도합 아홉 명이 장개석의 손에 죽었다.

장개석은 이런 방식으로 장학량과 양호성에게 서안사변의 분풀이를 했다. 장학량은 감금되고 양호성은 살해되기는 했으나 그들의 행동으로 인해 제2차 국공합작이 실현되고, 전국적으로 새로운 항일의 국면이 도래하는 전환점이 됐다. 서안사변의 발발과 장학량과 양호성의 장거는 역사에 길이 빛날 것이다.

아버지는 12월 12일 혼수상태에서 서안사변의 발발 소식을 접했다. 1936년말에 아버지는 심한 장티푸스에 걸렸던 것이다.

1991년 어느 날, 나는 양상곤 아저씨를 보러 갔었다. 나는 어려서부터 그 집 딸이나 다름없이 지냈으므로 그에게는 아무 말이나 해도 구애가 없었다. 내가 당시 아버지가 병에 걸렸던 일을 아는지 물었더니 양상곤 아저씨는 "알고 말고!" 하면서 다음과 같이 알려주었다.

"그것은 감숙성 경양 일대에 있을 때 일인데, 자네의 아버지는 심한 장티푸스에 걸렸다. 그는 혼수상태 속에서 아무 것도 먹을 수 없었고, 속에 무엇이 좀 들어가면 오장육부가 뒤집히는 듯해 겨우 미음으로 연명했다. 마침 이때 장학량이 우리와 통일전선을 맺으면서 부관을 보내 홍군을 위문하러 오는 편으로 먹을 것과 담배, 그리고 기타 물품을 보내왔다. 그 가운데는 깡통우유도 있었다. 섭영진은 이 우유를 몽땅 자네의 아버지에게 주기로 결정했다. 자네 아버지는 이 우유 때문에 살아난 셈이다. 담배를 잘 피우는 우리 같은 사람들은 여러 명이 궐련 한 대를 가지고 번갈아 피웠는데, 섭영진은 담배에 표시를 해놓고 누구도 더 피우지 못하게 했다. 이것이 서안사변이 일어나기 전 일이다."

내가 소극(蕭克) 장군을 찾아가니 그는 나에게 이렇게 말해주었다. "나와 자네의 아버지는 1931년 중앙 소비에트 당대표대회에서 알게 됐다. 우리 둘은 모두 강판 글씨를 쓸 줄 알았으므로 재빨리 익숙해졌다. 우리는 같이 있을 때면 농담을 잘 했는데, 자네의 아버지는 내가 상해에 가 보지 못했다고 놀려댔었다. 1936년 11월과 12월경 우리 두 부대가 한 곳에 모이게 돼 자네의 아버지를 보러 갔더니 심하게 병에 걸려 담가에 누워 있는데, 즉시 사람도 알아보지 못할 정도로 위험했다."

아버지 역시 그때 중병에 걸려 하마터면 죽을 뻔했다고 말했다. 서안사변 당시, 그는 혼수 속에서 어렴풋이 몇 마디 알아듣고는 다시 혼수상태로 들어갔다. 아버지는 평생에 두 번, 프랑스에서와 사변 당시 장티푸스에 걸렸었는데 모두 죽다가 살아났다고 말했다.

서안사변이 발발한 후 홍군 주력은 12월 말에 먼저 감숙의 경양지구로 진출했다가, 다시 서안 북쪽에 있는 삼원(三原) 일대로 나갔다. 양필업 장군의 회고에 의하면, 홍1집단군은 1937년 1월 8일에 동리보에 주둔했다가 2월 22일에 감숙의 궁하진 일대에 도착했으며, 집단군의 정치부는 왕가루에 있었다.

항일 전쟁터로 나갈 준비를 하기 위해 홍군은 집중적으로 군사정치 훈련을 했다. 1937년 1월, 정치부의 주서 주임이 홍2방면군의 정치부 주임으로 임명되면서, 아버지는 그 자리를 인계받아 홍1집단군 정치부 주임이 됐다.

집단군 정치부에서는 정치 훈련반을 꾸렸기 때문에, 집단군 직속 기관의 간부들은 이 학습반에서 계획적으로 마르크스의 철학과 정치경제학, 사회발전사를 배울 수 있었다. 양필업 장군은 그 한 단락의 생활을 아직 똑똑히 기억하고 있었다. 그는 다음과 같이 말했다.

"우리는 군사훈련과 성지훈련에서 중앙의 와요보회의 결의를 학습하고, 통일전선의 방침과 정책을 학습했다. 학생들은 날마다 아침에 일찍 일어나 조련과 달리기를 하고 군사 지식, 병장기 지식, 운동전의 지식을 배웠으며 군사 기능경기를 했었다. 정치과는 자네의 아버지가 강의했다. 그는 매일 아침 일찍 일어나 책을 보며 강의 준비를 했으며, 그때마다 우리가 떠들지 못하게 했다. 그는 우리에게 정치경제학을 강의할 때 상품의 이중성부터 이야기하면서, 무엇을 노동이라 하는가, 노동의 가치는 어떠한가 하는 것을 강의하고, 어째서 사회주의는 기필코 자본주의를 대체하게 되는가 하는 것을 말해주었다.

우리는 일주일에 한 번씩 그의 강의를 들었다. 교실은 울안에 자리로 막을 크게 쳐서 만든 것이었고, 시설이라고는 칠판 하나와 민가에서 빌려온 20여 개의 긴 걸상밖에 없었다. 그는 시간이 되면 어김없이 강의를 시작했다. 한번은 공급부 사람들이 채 오기 전에 자네의 아버지는 학과를 시작하고, 분필로 칠판에 '공급부 사람들 지각'이라고 크게 써 놓은 다음 강의를 시작했다. 공급부 사람들은 지각해 칠판의 글을 보고는 무안해하며 살며시 제자리에 가서 앉았다.

자네의 아버지가 우리에게 강의하는 것은 모두 소박한 기초 지식이었다. 노동자, 농민 출신의 많은 간부들은 처음으로 이처럼 체계적인 교양을 받았다. 그는 또 우리에게 국제가(國際歌)를 배워 주었다. 국제가는 외국 노래여서 많은 사람들이 부를 줄 모르거나, 안다 해도 그리 확실하지 못했다. 나도 자네의 아버지에게서 국제가의 율동을 배웠다."

그는 계속 이어서 이렇게 말했다.

"왕가루에서 우리는 한 울 안에 있었다. 자네의 아버지와 나는 두 개 요동(섬북지방 가옥의 한 형태로 흙의 한쪽면을 깎아 홈을 파서 만든 움집) 가운데 북쪽의 요동에 들고 경호반은 남쪽의 요동에 들었다. 주위에는 담장을 쳤고 동쪽에는 야채밭이 있었는데, 우리는 그 야채밭을 세내어 운동장을 만들었다. 우리의 한 달 생활비는 일인당 5원씩 나왔다. 자네의 아버지 돈은 내가 맡아 관리하면서 그가 코코아가루를 즐기는 것을 알고 삼원에 갈 때마다 그것을 사다주곤 했다. 식사는 정치부 사람들이 모두 함께 했으며, 반찬은 아주 간단했으나 간혹 고기가 있을 때도 있었다. 우리 정치부의 요리사는 강서 사람으로 홍소육(紅燒肉)을 만드는 데 솜씨가 있었다. 그래서 우리 집단군에 회의하러 오는 간부들은 모두 정치부에 와서 식사하기를 즐겼다.

자네 아버지의 생활은 아주 간단하고 규칙적이었다. 식사를 하고는 밖에 나가 산책하고, 돌아와 책을 보고, 피로하면 딱딱이를 치던가 전사들이 공을 치는 것을 구경했다. 그는 총부와 연락이 많았는데, 그중에서도 총정치부 부주임으로 있던 양상곤과 연락이 밀접했다. 그래서 양상곤의 편지가 올 때면 편지 봉투가 언제나 불룩했다. 그는 거의 날마다 궁하진에 있는 집단군 사령부로 가서 전보를 보던가 섭영진 또는 좌권(左權)을 찾아 이야기를 나누었다. 그는 간부들을 아주 엄하게 단속했으며 '사단장들도 이 주임의 말을 들어야 한다.'고 했다. 홍l집단군의 사단장과 정치위원들도 누구를 막론하고 사령부에 왔다가는 꼭 정치부에 들러 등소평 주임에게 부탁하곤 했다. 그때 나는 총무처 처장이었다. 기관의 일부 사람들은 물건을 살 때면 서로 좋은 것을 사려하고, 편지봉투나 편지지를 살 때도 될수록 고급인 것을 고르고, 풀도 만들어 쓰던 것을 나중에는 사서 썼다. 그러나 등소평 주임의 비판을 받고는 감히 누구도 다시 그러지 못했다.

1937년 상반기에 유백승, 소극이 서정부대 원조군을 인솔해 궁하진을 지나면서 왕가루에 와서 등소평 주임을 찾아보았다. 등소평 주임은 그들에게 '아주 어려운 임무를 받았구만!' 했다. 서로군이 실패한 후 서로군 지원군은 경양 일대에서 머물다가 섬북으로 철수했다. 중앙에서는 양상곤과 나서경, 등소평에게 위탁해 홍l방면군과 홍4방면군 연대장 이상급 간부회의를 열고 장국도의 오류를 비판하게 했다. 회의장소는 바로 우리의 주둔지인 왕가루였다. 양상곤이 도착한 후 양상곤과 자네의 아버지, 나는 셋이서 한 방에 들고, 나서경은 키가 커서 경호원이 들었던 방에 혼자 들게 했다. 이번 회의의 준비는 우리 정치부에서 책임지고 그 안전을 보장했다. 이번 회의는 아주 중요한 회의였으니까."

양필업 장군은 잠시 침묵에 잠겼다가 다시 입을 열었다.

"우리 홍l집단군은 전후로 정치부 주임이 다섯 번 바뀌었다. 나영환이 두 번으로 임기가 가장 길었고, 자네의 아버지가 2년 동안 했는데 그 기간 동안 집단군의 정치사업은 주로 정치부 주임이 책임졌다. 주서도 주임으로 있었고 이탁연도 주임으로 있었는데, 이탁연의 임기

가 가장 짧았다. 나는 정치공작을 처음 나영환 원수에게 배웠고, 다음
으로는 등소평 주임한테서 배웠다. 등소평 주임은 이론 수준이 높고
글을 잘 썼으며, 정력이 왕성하고 문제의 중심을 잘 포착해 원칙적인
문제는 단단히 틀어쥐고, 기타 문제는 그냥 흘려버렸다."

양필업 장군의 소개에 의하면 홍1집단군 정치부의 인원은 도합 백
여 명이었으며, 그중 칠팔십 명은 간부였다. 정치부 산하에는 조직부,
선전부, 보위부, 민운부, 파괴부와 총무처가 있었다. 그리고 간부 순
시단이라는 기구를 설치해 간부를 양성했는데, 여기의 간부는 직무가
높은 간부도 있었고 낮은 간부도 있었으며, 인원이 많을 때도 있고
적을 때도 있었다.

1937년 6월말 아니면 7월초의 어느 날, 등소평이 양필업을 찾아와
말했다.

"나의 사업터가 바뀌었소."

"어디로 가게 됐습니까?"

"총부로 가오."

"정치부 주임은 누가 하지요?"

"나영환이 올 것이오."

"언제 떠납니까?"

"곧 떠나게 될 거요."

"화식비가 아직 몇 원이 남았는데 어떻게 하지요?"

"뭘 그렇게 샅샅이 따지오!"

양필업은 후에 남은 화식비 몇 원으로 햄을 몇 개 사서 아버지에게
가져가게 했다. 양필업 장군은, 아버지는 나영환을 만나지 못하고 먼
저 갔으며, 나영환은 아버지가 떠난 다음에 부임했다고 말했다(《나영
환전》을 보면 나영환은 7·7사변 후 3일만에 홍1집단군 정치부 주임
으로 부임했다). 후에 홍1집단군은 안오보(安吳堡)로 자리를 옮겼다.
8월 22일, 부대가 이동하기에 앞서 아버지는 삼원으로 가서 나영환을
찾아봤다.

1937년 6월과 7월 사이에 아버지는 부종의 뒤를 이어 중국노농홍군 전방위 총정치부 부주임으로 임명되고, 동시에 중국노농홍군 총정치부 부주임으로 임명됐다.

전방위 총지휘부는 이렇게 구성됐다. 팽덕회가 총지휘를 담임하고, 임필시가 총정치위원 겸 정치부 주임을 담임하고, 좌권이 참모장을 담임하고, 등소평이 정치부 부주임을 담임했다.

서안사변 후 중국공산당의 앞에는 인민들의 민주주의를 쟁취하며, 항전을 하루 속히 실현하는 것이 주요한 과업으로 나섰다.

1937년 1월 13일, 중공중앙 기관은 보안에서 연안(延安)으로 옮겼다. 이때부터 옛성 연안은 전국혁명의 심장이 되고, 모든 애국적 진보 청년들이 갈망하는 혁명의 성지가 됐다.

1937년 상반기에 제2차 국공합작의 정세가 얼마간 발전돼 주은래를 대표로 하는 공산당과 고축동(顧祝同)을 대표로 하는 국민당은 세 차례에 걸쳐 담판을 진행했다. 같은 해 6월 상순에 장개석은 여산에서 주은래와 담판을 진행했다. 이 담판에서 국민당 측은 성의가 부족하고 여러 가지 장애를 조성하며, 심지어 모택동과 주덕을 외국 시찰 보내야 한다는 터무니없는 요구를 제기해 실질적인 결과를 보지는 못했으나, 국공합작은 그래도 역전할 수 없는 추세가 되고 있었다.

이 시기 홍군과 전국 각 혁명 대열은 무려 10만 명 이상으로 늘어나고, 전국적으로 공산주의자들은 40,000여 명으로 늘어났다.[3] 당시 섬감녕 근거지는 동으로 황히에 닿고 북으로 장성까지 뻗었으며, 서로는 고원현에 이르고 남으로는 순화에까지 이어져 도합 36개 현에 총면적이 13만 평방킬로미터나 되고 인구는 200만에 달했다.[4]

혁명 근거지의 기반 확대, 혁명 군사력의 계속 확대, 국공합작 정세의 부단한 발전, 특히 중국노농홍군의 왕성한 투지는 중국노농홍군이 전국의 항일 전선으로 나갈 그 출발점을 마련해 주었다.

주 ─────────────────────────────

1. 장헌문 편, 《중화민국사강(中華民國史綱)》, p. 440.
2. 장개석, 《중국에서의 소비에트 러시아(蘇俄在中國)》, P. 74.
3. 중공중앙당 역사연구실, 《중국공산당 역사(中國共産黨歷史)》, p. 449.
4. 장정귀·원위, 《중국공농홍군 사략(中國工農紅軍史略)》, p. 152.

46 항일의 싸움터로

1937년 7월 7일, 일본침략군의 책동으로 노구교사변(盧溝橋事變)이 터졌다. 그후, 일본침략군은 화북에 병력을 증파해 중국에 대한 전면적인 침략전쟁을 시작했다.

7월 하순, 일본침략군은 북경, 천진으로 대규모 병력을 이동시켜 북경, 천진을 점령했다. 그리고 이어 화북의 내지로 대거 진격해 들어왔다. 8월 13일, 일본침략군은 전선을 화동까지 벌리면서 화동의 가장 중요한 도시 상해를 진격했다. 그리하여 남경의 국민당 정부는 직접적인 위협을 받게 됐다. 적군이 대거 침공해 오고 나라가 위기에 처해자 장개석은 그제서야 마지못해 항일 결심을 내리게 됐다.

노구교사변이 발발하자 중국공산당은 그 이튿날 전국에 선언을 발표했다. "오직 전 민족적인 항전만이 우리의 출로이다!" 같은 달 공산당은 전국의 육해공군을 총동원하고 전 인민을 총동원해, 통일적이고 적극적인 저항을 펼치자고 호소했다. 또한 여러 전선에서 통일된 지휘체계를 세우고, 침략군의 후방을 노리는 항일유격전쟁을 대규모저으로 일으킬 것을 주장했다.

화북, 화동 지역의 긴박한 정세에 못이겨 국민당 정부는 하는 수 없이 국공합작이라는 중요한 사안에 눈을 뜨게 됐다. 8월경, 국민당은 남경에서 국방회의를 소집했는데, 초청을 받은 공산당은 주은래, 주덕, 섭검영이 인솔하는 대표단을 남경에 파견했다. 그들은 군정부(軍政部) 담화회의에 참석했고, 또한 국민당과 담판을 가졌다. 아버지도 대표단자격으로 남경에 갔다. 아버지는 자기들은 막후에서 일했고 주은래, 주덕, 섭검영 등은 앞에 나서서 활동했다고 말한 적이 있다. 양필엽 장군은 그때를 두고 이렇게 말했다. 당시 회의에서, 항전에서의 정치사업이라는 문건을 작성해야 한다는 말을 들었는데 국민당측에선 쓸 사람이 없었다. 후에 들으니 등소평의 집필하에 쓰여졌는데 국민당측에서도 그 문건을 접수했다. 그리고 대표단이 남경에 체류하는 동안 늘 일본 폭격기의 공습을 받았는데, 폭격기가 날아올 때마다 국민당측 사람들은 대피소로 내뺐지만, 공산당측에서는 예전부터 국민당 군대의 공습을 받아왔기에 끄떡없이 그 자리에 남아 있었다.

이 회의는 나중에 섬감녕 지구의 홍군을 국민혁명군 제8로군으로 재편성하고, 그 밑에 3개 사단을 두기로 합의를 맺었다.

8월 22일, 남경 국민당 정부 군사위원회는 홍군을 국민혁명군 제8로군으로 재편성하고, 주덕을 총지휘로 팽덕회를 부총지휘로 임명한다는 명령을 공식적으로 발표했다.

8월 22일부터 25일까지 중국공산당 중앙위원회는 섬서성 북부 낙천(洛川)에서 정치국 확대회의를 열었다. 회의는, 중국의 정치 정세는 이미 새로운 단계——말하자면 전국적 항전의 단계——에 들어섰으며, 이 단계에서 가장 주된 임무는 모든 역량을 동원해 항전의 승리를 쟁취하며, 항전의 승리를 쟁취하는 과정에 민주주의의 쟁취를 완수하는 것이라고 지적했다.

낙천회의에서는 또한 '항일구국 10대강령'을 채택했다. 그 주요 내용은, 일본제국주의 타도, 전국의 군사적 총동원, 전국 인민의 총동원, 정치기구의 개혁, 인민생활의 개선, 민족반역자 친일파의 숙청, 항일을 위한 민족적 단결, 항일을 위한 외교정책, 항일을 위한 재정, 경제 정책 등이다.

8월 25일, 중공중앙 혁명군사위원회는 재편성 명령을 내리고 섬서성 북부의 홍군을 국민혁명군 제8로군으로 재편성하며, 홍군 전투지휘부를 제8로군 총지휘부로 고치며, 주덕을 총지휘로, 팽덕회를 부총지휘로, 섭검영을 참모장으로, 좌권을 부참모장으로, 임필시를 정치부 주임으로, 등소평을 부주임으로 임명한다고 선포했다. 팔로군 밑에는 제115사단, 제120사단, 제129사단 등 3개 사단을 두었다. 1937년 12월, 남방의 홍군 유격대를 신4군으로 재편성했다.

국민당과 공산당의 제2차합작은 신성한 항전을 토대로 한다. 한편이 합작은 전국 인민과 각계각층 애국인사들로부터 열렬한 환영을 받았다. 국민당의 좌파수령이며, 손문의 미망인인 송경령 여사는 이 소식을 듣고 너무나 흥분해 "나는 이 소식에 감동되어 눈물을 흘릴 뻔했다."[1]라고 말하기도 했다.

7월 31일, 상해의 '7군자'는 감옥에서 석방돼 나온 뒤, 이내 국공합작을 기초로 한 전국적 항전과 단결을 지지한다고 표했다. 중국의 각 정당, 각 사회단체들은 앞다투어 국공합작과 정부의 항전을 지지한다고 표했으며, 항일 구국에 매우 높은 열정을 나타냈다. 중국 민족 공상업계의 인사는 구국공채를 용약 구매하고, 전선의 장병들에게 물자를 증여하는 실제적인 행동으로 지구적인 항전을 지지했다. 또한 조국과 멀리 떨어진 이국땅에 살고 있는 천백만의 화교들은, 아무리 멀고 구석진 곳에 있더라도 불타는 애국심에서 막대한 자금을 보내오는 등 여러 방식으로 조국의 항전을 지원했다.

서북의 홍군전사들은 붉은별 팔각모를 벗고 팔로군의 새로운 전투복으로 갈아 입었다. 기세당당한 수만 명의 대오는 명령만 내려오면 즉각 항일의 싸움터로 나아갈 수 있도록 만반의 준비를 갖추고 있었다. 그때 모택동, 주덕, 주은래와 당 중앙은 혁명의 심장인 연안에 있었고, 팔로군총부는 섬서성 서부 삼원에 자리한 운양진에 있었다.

홍군은 팔로군으로의 재편성을 접수한 후, 한편으로는 전군이 낙천회의 정신을 학습하면서 항일전투에 나가기 위해 준비하고 있었으나, 다른 한편으로는 많은 지휘원과 전투원들이 팔로군으로의 재편성과 그 복장을 갈아 입는 데 내켜하지 않았다. 그들이 10년 동안 사랑하면서 착용해 온 붉은별 팔각모를 벗어 놓고, 원래 자기들을 미친듯이 소탕하던 국민당 군대의 군복을 입으라니 그들이 어찌 마음을 진정시킬 수 있었겠는가!

이 시기 팔로군 정치사업의 매우 중요한 내용은, 국공합작과 항일 통일전선에 관한 중국공산당 중앙위원회의 방침, 정책을 옳게 학습하고 체득하는 것이었다.

노장군 왕평은, 그때 팔로군 총부의 정치부에서 조직부 부장을 맡고 있었다. 이 시기 그는 등소평과 접촉이 많았다. 팔로군 총부에 있을 때의 아버지의 상황을 알기 위해 특별히 그를 찾아가 취재했다.

노장군 왕평은 우리 집과 몇 다리가 넘는 먼 친척관계여서 나를 친절히 대해 주었다. 그 노인은 워낙 술을 좋아해 주선(酒仙)이라는 별명을 갖고 있었다. 나는 그를 만나러갈 때 특별히 좋은 술 한 병을 들고갔다. 나를 보자 기쁘게 맞이하던 노장군은 좋은 술이 눈에 들어오자 더욱 통쾌하게 웃었다. 그러니 이야기도 할수록 더 많아졌다.

그는 말했다. "그때 중앙은 연안에 있었고, 우리 전방 총지휘부는 삼원의 운양진에 있었다. 우리 사령부와 정치부는 한곳에 있으면서 한솥밥을 먹었다. 우리 정치부에는 백여 명이 있었고, 그 밑에 조직부, 민중운동부, 적군공작부, 총무처를 두었다. 임필시 동지는 연안에 있었기에 정치부의 사업은 주로 등소평이 주관했다."

그는 나에게 이런 사정을 알려주었다. "우리가 출발하기 반 달 전에 한 번은 자네의 부친이 나를 불러 '출발하기까지는 아직 여유가 있으니 당신은 부대에 내려가 형편을 좀 알아보오. 특히 재편성을 접수한 후 부대의 사상 형편이 어떤가 하는 것을 알아보고, 무슨 문제가 있는가 알아보오.'라고 말했다. 그래서 나는 제30군에 가서 소극, 이취규 등을 만났다. 나는 거기에서 우리의 부대는 아직, 팔로군으로 재편성되고 홍군의 모자를 국민당 군대의 모자로 바꾼 데 대해 언짢아 하고 그 감정이 아직 가라앉지 않았으며, 많은 사람들이 붉은별 팔각모를 감춰놓았다는 사실과 그들의 속은 영원히 붉다는 것을 알게 됐다. 총부에 돌아와서 상황을 등소평에게 보고했더니, 그는 내가 요해한 상황이 매우 진실되고 참 좋다고 했다."

노장군은 기억을 더듬어 가면서 나에게 말했다. "연안은 후방이고 우리가 있는 곳은 전방이었는데, 마침 항전이 시작되는 때여서 우리의 사업은 정말 바빴다. 우리는 인원을 조정하고 배치해야 했고, 간부들을 관리하고 부대에 사상교양을 펴야 했고, 통일전선공작을 해야 했으며 일본군에 대한 와해공작도 책임져야 했으니 항시 바삐 돌아쳐야만 했다. 전국 각지의 많은 청년학생들이 항전의 영향을 받은 데다, 항전에 뛰어들자는 공산당의 호소에 감동돼 섬서 북부로 찾아와 참군하겠다고 나섰다. 찾아온 학생들은 정말 많았다. 그러니 우리 조직은 특별히 바삐 돌았다. 우리 정치부에는 위에서 내려오는 사람도 있고 다른 데서 오는 사람도 있고, 온종일 오고가는 사람들이 많아서 쉴 새가 없었다. 팔로군은 신문을 냈는데 논설은 다 등 주임의 비준을 받아야 했다. 우리는 온종일 사업했는데 조금 쉬면서 트럼프를 칠 시간도 없었다. 우리의 목표는 사상 면에서, 조직 면에서, 모든 면에서 항일전으로 나가기 위한 준비를 잘 하는 것이었다."

노장군의 이야기를 들으면서 불그레하게 상기된 그의 얼굴을 지켜보노라니, 내 마음도 드높은 항일 격정에 감화되는 것을 금할 수 없었다.

노장군은 하던 말을 끊었다가 다시 이었다. "한번은 우리의 군대와 국민당의 군대가 환영 모임을 가졌다. 국민당 군대는 옷차림이 한결같았지만 우리 부대의 의복은 남루했다. 그러나 우리의 전사들은 노래를 부르기도 하고 구호를 외치기도 하면서 그 기세가 대단히 높았다. 주위에서 보고 있던 민중들은 이 둘을 대조해 보고 나서 '국민당의 군대는 보기는 좋아도 맥이 없고, 공산당의 군대는 보기는 나빠도 기백이 있다 !'고들 했다. 그때 당시 백성들은 국민당의 군대를 무서워했다. 국민당의 군대는 군중들 앞에서 거만했다. 늘 거들먹거리고 물건을 빼앗고 사람을 잡아가기에, 백성들은 그들을 보기만 하면 내빼곤 했다. 팔로군은 재편성된 후 국민당의 군복을 입었지만, 백성들은 그들을 보아도 한눈에 홍군이라는 것을 알고 달아나지 않았다."

공산당의 군대와 국민당의 군대는 기질과 품격에서, 특히 인민을 대하는 태도에서 이렇게 판관 다르고 차이가 엄청나게 크니 사람들이 그들을 한눈에 알아볼 수 있었던 것이다.

같은 모자를 쓰고 동일한 싸움터에 나선 이 두 군대는 다 같이 피흘려 싸우고, 강적에 대항해 나섰다. 그러나 이 두 군대는 끝내는 서로 상반되는 길로 나아가고 말았다.

그것은 무엇 때문인가? 그것은 그들의 생각하는 바가 다르기 때문이며, 그들의 종국적 취지가 다르기 때문이며, 그들을 영도하는 당이 다르기 때문이다.

중국노농홍군, 가난한 대중이었고 의복이 남루할 뿐만 아니라 장비까지 나쁜 이 노농대오가 일본침략자를 물리치고 국민당을 물리치고, 나아가 인민 대중의 지지 속에서 최후로 천하를 얻으리라고 그때 누가 생각이나 할 수 있었으랴!

1937년 8월 하순, 팔로군은 드높은 사기 속에서 출발했다. 그들은 동쪽을 향해, 일본침략자들에게 유린당하는 화북대지를 향해 힘차게 나갔다.

9월 초에는 팔로군총부가 출발해 동쪽으로 나아갔다. 그들은 주 총사령의 인솔하에, 삼원에서 출발해 말을 타고 가다가 풍릉 나루에서 동쪽으로 황하를 건너 산서성의 후마(候馬)에 이르렀다고 아버지는 말했다.

왕평 장군의 말에 의하면 후마에서 등소평은 부대의 상황을 알아가지고 오도록 그를 파견한 적이 있으며, 등소평과 그는 특무연대가 소집한 열성자회의에서 연설한 적도 있었다. 등소평은 이번 회의에서 정세를 말했고 통일전선사상을 말했으며, 무엇 때문에 홍군을 팔로군으로 재편성했는가 하는 것을 말했고 당의 낙천회의 정신을 말했다.

9월 21일, 주덕, 팽덕회, 임필시, 좌권, 등소평 등이 기차를 타고 태원(太原)에 도착했다. 태원의 팔로군 사무소는 성성중학교 안에 있었다. 이때 주덕, 팽덕회, 주은래, 임필시, 유소기, 등소평, 서향전 등 팔로군과 중국공산당 북방국의 고위급 지도자들이 선후하여 태원에 도착했다. 그야말로 많은 뛰어난 인재들이 한자리에 모였다.[2]

태원에서 팔로군총부와 중국공산당 북방국의 주요지도자들이 회의를 소집하고 화북의 항전 정세와 팔로군의 행동 방침을 토론했다. 회의는 화북 전역이 적에게 점령될 위험이 있다는 것과, 우리 당과 군은 유격전쟁을 광범위하게 펴고, 빠른 시일 내에 팔로군을 강대한 집단군으로 확대하고 많은 혁명근거지를 창설해야만 독자적으로 화북의 항전을 견지하는 중대한 임무를 수행할 수 있다는 것을 지적했다.

9월 23일, 주덕 총사령이 팔로군총부를 거느리고 산서성 오태현 남여촌에 도착했다. 이때로부터 팔로군의 총부는 오태현 현 소재지에 설치하고 정치부는 현 소재지 가까이에 있는 남여촌에 설치했다. 이제부터 공산당이 합도하는 팔로군은 일본침략자를 저지하는 최전선에 정식으로 진입해 항일전쟁의 거센 불길 속에 뛰어들었다.

7월에 일본침략군은 화북의 대도시 북경과 천진을 점령한 후 살기등등한 군사적 우세를 앞세워 중국에 대한 대규모적인 침략전쟁을 진행했다. 일본군의 침략에 대항하기 위해 중국 군대는 각 전선에서 전면적 항전을 전개했다. 전화는 날마다 확대되고 널리 번져 나갔다. 전쟁은 시간이 갈수록 더 잔인하고 치열했다. 8년 동안이나 지속될 항일전쟁이 전면적으로 벌어지기 시작했다.

9월에 일본군은 몇 갈래로 나누어 남하했다. 진포선을 따라서 하북성의 옛도시 칭주를 점령했고, 경한신을 따라서는 하북성의 요충인 보정을 점령했으며, 경수선을 따라 서쪽으로 산서성에 진입해 산서성의 유명한 도시 대동을 점령한 동시에 대동 동남쪽의 평형관을 향해 진공했다.

9월 23일, 일본군은 평형관에서 중국의 수비군과 격전을 벌였다. 25일, 증원 온 팔로군 제115사단의 주력은 유리한 지형을 이용해 적진에 기습을 가했다. 팔로군은 접근전과 산지전에 능한 특성을 이용해 적군에게 커다란 타격을 가했으며, 마침내 적군 천여 명을 섬멸하고 자동차 백여 대를 파괴하고 많은 군수품과 무기를 노획했다.

평형관 대첩은 중국 군대가 화북전쟁에서 주동적으로 적군을 찾아 싸워 이긴 중대한 승리다. 이 승리는 일본군의 불패의 신화를 깨뜨리고 중국 군대, 특히 팔로군의 명성과 위엄을 크게 떨쳤다.

장성(長城)은 고대 중국의 용사들이 강적을 막아내는 군사적 장벽이다. 그 장성에서 중국 군대, 용맹한 팔로군 장병들은 침범해 들어오는 적들에게 또 한번 커다란 타격을 가했으며, 중화민족을 보위하는 또 한 번의 전공을 세웠다.

10월 2일, 산서성 북부의 요새인 안문관이 함락됐다. 다시 남쪽으로 들어오는 적을 막아내기 위해 중국 군대는 태원을 보위하고, 태원 이북의 지역에서 흔구 전역을 방어하기로 결정했다. 21일 동안 지속된 흔구전투는 화북 지역에서 규모가 제일 크고 치열한 격전지였다.

국민당과 공산당의 긴밀한 배합 속에 중국 군대는 산서성 북부 대지에서 일본군과 결사전을 벌였다. 산서성 동북부에서, 산서성 서북부에서, 낭자관 남부에서 국민당과 공산당의 군대는 서로 지원하면서 적군과 힘차게 싸웠다. 국민당 군대 위립황부(衛立煌部)는 일본군 사까모도 사단에 매우 큰 피해를 입혔으며, 팔로군 115사단과 120사단은 적의 측면과 후방에 빈번히 출격해 후방 교통선을 여러 번 차단하고, 많은 군용차를 쳐부수고, 적의 부대를 습격했다. 팔로군 129사단은 야간에 적군의 양명보(陽明堡) 비행장을 습격해 적기 20여 대를 파괴했으며, 그밖에도 팔로군은 평정, 석양, 유차에서 일본군을 여러 번 매복 습격했다.

일본군은 큰 공세를 가해 11월 8일에 태원을 공략했다. 흔구전투는 이렇게 끝났다. 이때에 와서 일본군은 북쪽으로는 귀수와 포두를 강점하고, 동쪽으로는 제남과 청도에 접근했으며, 남쪽으로는 태원, 석가장, 덕주 일선에 이르렀다. 화북의 광대한 지역이 일본군에게 점령되자 전쟁의 중심이 차츰 화중의 전선으로 옮겨갔다.

전쟁의 위급한 형세하에서 장개석은 일본군의 계속되는 남진을 막기 위해 70만 병력을 집결하여, 상해를 작전권에 포함하는 송호 전투를 벌이기로 결정하고 그가 직접 작전총지휘를 맡았다. 세 달 동안에 걸친 송호 전투에서 중국 군대는 피흘려 싸우면서 적을 완강하게 막아냈다. 그러나 11월 12일, 일본군이 상해를 점령하고 송호 전투는 끝났다. 이 대전에서 일본군은 4만여 명의 사상자를 냈고, 중국측에서는 20만여 명의 장병들이 전사하거나 부상을 입었다.

12월 13일, 일본군은 국민정부의 수도인 남경을 점령했다. 잔인무도한 일본침략자들은 옛도시 금릉에서 6주일간 백성들을 닥치는대로 살해했다. 침략자들에 의해 집단적으로 총살당하고, 불에 타죽고, 생매장을 당한 중국의 무고한 백성들이 30만여 명이나 된다.

나라를 위해 싸우다가 희생된 중국의 군대와 인민들의 붉은 피는 황포강을 붉게 물들였고, 도도하게 흐르는 장강을 붉게 물들였으며, 화동의 대지를 붉게 물들였다. 선혈로 붉게 물든 이 역사의 한 페이지는 중화민족이 자손만대로 결코 잊지 않을 것이다.

팔로군은 산서성의 오대현에 들어간 후 일본군에 맞서 무장투쟁을 진행하는 한편, 전면적인 항일 활동을 전개하기 시작했다.

9월 20일, 주은래, 팽덕회가 제2전역 사령 염석산에게 제기해 태원에서 통일전선조직인 제2전역 민족혁명전쟁전선 총동원위원회가 창립됐다. 이 위원회는 전시 정권의 성격을 가진 조직으로서, 그 동원 구역에 수원, 찰합이, 산서성 서북부, 안북과 산서성 동북부 등지가 포함됐으며, 주임위원은 국민당의 애국군 속범정(續範亭)이었고 팔로군 대표는 등소평이었다.

각급 전시동원위원회는 대중을 끌어들여 항일전쟁을 지원하며, 그들을 항일전쟁에 참가하게 하는 선도기관이었다.

당시 아버지는 제115사단, 제120사단의 사단 정치부문 지도자회의에서, 전쟁의 정세와 결부해 시급히 전시동원위원회를 이용해 대중사업을 전개하라는 등의 상세한 지시를 내렸다고 한다. 아버지는 또 하북성 주재 지방 임시성위원회에 파견하는 왕평을 비롯한 동지들에게 구체적인 지시와 사업배치를 했다. 전시동원위원회는 항일을 선전하며 대중을 조직하고 무장시키며, 간부를 양성하고 유격전을 벌이며 근거지를 창설하는 등 다각적인 면에서 많은 사업을 펼쳤다.

아버지의 옛 전우인 부종의 회억에 의하면, 그 당시 팔로군 정치부의 일상사업은 등소평이 주관했다. 부종은 다음과 같이 썼다.

"등소평은 갓 서른을 넘은 한창 젊은 나이인데, 군대사업을 하나 지방사업을 하나 모든 일에 다 풍부한 경험을 가지고 있었다. 그는 일을 진행하는 모양이 세련되고 침착하며, 언제나 사람을 뜨겁게 대해주고 부하를 돌봐주어 동지들로부터 깊은 신뢰를 받았다. 그는 무릇 당의 정책과 책략에 관계되는 문제에 대해서는 일관적으로 요구가 엄격했으며, 우리에게 실제사업에서 꼭 깊이 유의하라고 지시했다."

전시동원위원회의 조직사업에서 등소평은 구급과 촌급의 조직사업에 중시할 것을 강조했고, 각계각층의 대표적 인물들을 받아들이고 참가시킬 것과 또 대중의 이익을 수호하는 열성분자들이 선거에 참가하고 골간이 되게끔 힘껏 부축해 주어, 낡은 정권을 점차적으로 개조하며 항일 민주정부를 세우기 위한 토대를 마련해 놓을 것을 강조했다.

대중에 의거해 대중을 조직하며, 대중을 동원하는 것은 예로부터 홍군의 훌륭한 전통이었다. 염석산은 원래 대중을 동원하는 사업이 빨라도 석 달이 걸려야 하리라고 단정했는데, 결과는 생각 밖으로 팔로군이 짧은 20일 기간에 대중을 묶어 세웠고 무장시켰다. 염석산과 그의 부하들은 팔로군만큼 못함을 자탄하며 "팔로군이 일을 너무 빨리 한다."고 했다.

동여촌에서 아버지는 취재하는 많은 기자들과 방문온 애국지사들, 그리고 항일을 위해 먼 곳에서 찾아온 열혈 청년들을 접견했으며, 동시에 당 중앙과 북방국에서 맡긴 많은 사업들을 완수했다.

평형관의 큰 승리가 있기 전에 우리 군이 산서성 오대 일대에 더 발을 붙이고 있기가 어려웠다. 모택동은 응당 산서성 서북부, 산서성 동북부, 산서성 동남부, 산서성 서남부 이 네 개로 국면을 개척해, 서로 뿔처럼 밀접하게 협력하며 발을 튼튼히 붙여야 한다고 지적했다.

10월 12일, 팔로군총부의 파견 명령이 떨어졌다. 아버지는 부종, 류정일, 황진 등을 비롯한 간부 오륙백 명을 데리고 주력부대를 멀리 떠나 산서성 서남부에 가 사업을 개척했다.

부종은 다음과 같은 일들을 회고했다.

"우리는 태원을 거쳐 남쪽으로 나아갔다. 대오는 이르는 곳마다 선전을 펼쳤으며 연도에서 군중들의 정열적인 접대를 받았다. 비록 대오는 작았지만 홍군의 영향력이 아주 실감나게 믿받침돼, 우리가 태원 등지에서 학원의 학생모집 포고를 붙이자마자 청년 지식인들이 신청하고 대오에 가담해 나중에 대오는 3개 대에서 4개 대로 확대됐다. 분양현 삼천진에 도착하자 그곳의 구국희생 동맹회 책임자들과 산서성위원회의 동지들이 끊임없이 등소평 동지를 찾아와 형편을 보고하고 지시를 받았다. 며칠이 안 됐는데 흔구전선에서 퇴각하는 국민당 부대가 산과 들을 뒤덮었다. 염석산도 태원을 떠나 여량산 지역으로 들어갔다. 11월 8일 태원이 함락됐다. 태원 지구로부터 퇴각하는 여러 갈래의 국민당 군대는 큰 길에서도 작은 길에서도 모두 불안에 빠져 내닫고 있었다. 주은래는 분양으로 가 전시동원회의 동지들에게 패전군이 민가에 피해를 입히지 못하게끔 그 방법을 요구했고, 염석산이 그의 간부들을 철수시키면 우리가 사업터를 고수하며 화북의 인민들과 생사를 같이하라고 했다.

등소평도 아주 침착하게 여러 사람들을 격려했다. 그는 다음과 같이 말했다. '국민당이 국토를 버리고 백성을 버렸으며 이제 항일의 책임은 우리의 어깨 위에 놓여졌다. 우리는 해야 할 일을 회피하지 말고 군은 결심과 백 배의 용기로 최전선에 나서서 일본침략자들과 결사전을 벌이며, 산서성의 인민들과 함께 항일전쟁을 끝까지 진행해야 한다.' 국민당과 염석산의 몇 만 명 되는 패전군이 물러간 후, 등소평 동지가 인솔하는 우리의 팔로군과 간시동원총회의 간부들만이 태원 서남 방향의 큰길에 거연히 서 있었다."

부종은 다음과 같은 사실도 회고했다.

"등소평 동지와 우리는 삼천진을 떠난 후 효의현의 하보진에 갔다. 하보진은 여량산 기슭에 위치해 있는 산서성 서남부의 대문이었다. 그 때 한 무리의 일본군이 평요현에 진격해 오자 염석산의 평요현 현장은 화살에 놀란 새처럼 문무관원들과 물자만 가지고 다른 현으로 도망쳤 다. 이것을 알게 된 등소평 동지는 한편으로 우리측 사람들을 그곳에 배치해 민심을 수습케 했고, 다른 한편으로 그 현장을 불러다 책임과 도리를 일깨워주고 평요에 되돌아가 유격투쟁을 벌일 것을 타일렀다. 그렇지 않으면 국토를 보호하며 항전하는 행동이 아니라고 했다. 등소 평 동지는 다음과 같이 준열하게 말했다. '일본군이 쳐들어올 때 모두 버리고 도망가는 행위는 백성들이 허락하지 않을 것이다. 총 한 자루, 탄알 하나, 돈 한 푼에도 모두 백성들의 피와 땀이 배어 있는데, 항 일전쟁에 그것을 이용하지 않으면 백성들이 말할 권리가 있는 것이 다!' 그 현장은 그래도 권고를 듣지 않고 망명도주했으며, 나중에 우 리측의 압력에 의해 총과 탄알 등 물자와 인원을 내놓았다. 그후 등 소평 동지는 남겨 놓은 부대에 팔로군 간부를 몇 명 파견해 부대를 정돈 훈련시켰다. 이 부대는 평요에서 싸우면서 급속히 성장해 인원이 오륙백 명 정도가 되는 한 갈래의 항일유격무장역량으로 확장돼, 결국 도망을 반대하는 투쟁이 승리를 달성했다.

그후 등소평 동지는 또 효의의 하보진에서 계엄을 실시하고, 도망치 는 현장과 경찰들의 총과 탄약을 해제하고 팔로군 간부들을 파견했다. 그런 다음 등소평 동지는 염석산에게 보내는 전보문 한 부를 작성해 평요현 현장과 효의현 현장이 함부로 직책과 국토를 버리고 도망한 행 위를 폭로했으며, 동시에 일본침략군이 경내에 들어왔으므로 우리는 '죽음을 각오하고 도망칠 여지는 없다.'고 발표했다. 팔로군이 항일하려는 결심과 그 과단성 있는 행동은 재빨리 수많은 대중들 속으로 퍼졌으며 사람들은 '팔로군의 간부들은 무쇠와 강철로 이루어진 사람들이고, 염석산의 관리들은 진흙으로 빚은 사람들이다.'라고 칭찬을 아끼지 않았다."

산서성 서남부에서 아버지는 한 걸음 더 깊은 배치를 해 각계각층의 애국지사들을 단합시켜 통일전선을 확대했고, 청년들을 동원하여 참군하게 했으며 당원을 발전시키고 당조직을 세우게 했다. 그의 군대기풍과 군사 규율 및 군중들에 대한 요구는 아주 엄격했다. 그는 친히 마을에 가 시찰하면서 사업을 검사했고 신병을 동원했다. 사업이 심도 있게 전개되고 그곳 군중들의 항일 열정이 높았으므로 군대를 확대하는 사업이 충천한 기세로 진행됐다. 효의현에서만 두 달도 못 되는 기간에 3,000여 명의 청년들이 팔로군의 대오에 들어갔다.

1937년 말에 이르러 팔로군 115사단의 부대가 효의현에 이른 다음에야 아버지는 산서성 서남 지구를 떠나 팔로군총부로 돌아갔다.[3] 그때 팔로군총부는 이미 남부로 옮겨 진중(晉中) 동부의 화순현에 자리잡고 있었다.

10월말부터 11월초까지의 전투에서 팔로군은 산서성의 여러 전쟁터에서 주동적으로 출격해 도합 적군 2,000여 명을 섬멸했으며, 동시에 많은 무기와 말, 그리고 물자를 노획하는 전과를 남겼다.

11월 8일 태원이 함락된 후 팔로군은 산서성 서북부, 산서성 동북부, 산서성 동남부, 산서성 서남부에서 새로운 국면을 개척했다.

제115사단의 일부는 섭영진 사령원의 인솔 밑에 부평과 오대 일대를 중심으로 하는 진찰기군구를 창설하고, 일본군 20,000여 명의 포위공격을 분쇄했으며, 일본군과 괴뢰군을 2,000여 명 살상했다.

제120사단은 사단장 하룡과 정치위원 관향응의 인솔 아래 산서성 서북부의 광대한 산간지대와 향촌에서 유격전쟁을 벌이고, 산서성 서북부의 근거지를 창설하는 사업들을 했다.

제129사단은 사단장 유백승과 정치위원 장호의 인솔 아래 태항산맥과 태악산맥을 의탁하는 진기예 근거지를 창설하라는 중앙의 지시를 좇아 산서성 동부지역에서 유격전쟁을 널리 벌이고, 항일 민주정권을 창립했으며 동시에 12월 하순에 수양 지구와 석양 지구에서 여섯 갈래로 쳐들어오는 일본군 기병 5,000여 명의 포위공격을 물리쳤다.

제115사단의 일부는 사단장 임표의 인솔 아래 남하해 여량산맥에서 진서남 항일근거지를 개척할 준비를 했다.

1937년 년 말까지 팔로군은 중앙의 통일적 영도 아래 각 제대의 전쟁터에서 항일의 새로운 국면을 열어 놓았으며, 중화민족이 일본 침략자를 항격하는 한 갈래의 단단한 무장력으로 성장해 나갔다.

주

1. 송경령, 《국공 통일운동 감언(國共統一運動感言)》, '저항 3일 간 제12기, 1937년 9월 26일'에서.
2. 중공 중앙당사연구실, 《중국공산당 역사(中國共産黨歷史)》(상권), p. 479.
3. 부종, 《항일전쟁의 시작(初上抗日戰場)》.

47 제129사단 정치위원

1938년 1월, 팔로군 총부는 장호의 후임으로 등소평을 제129사단 정치위원으로 임명했다. 그때 그는 34살도 못 됐다.

1월 18일, 아버지는 제129사단 사단 본부가 주둔하고 있는 산서성 요현의 서하두촌(西河頭村)에 이르렀다. 요현은 태항산맥의 동남단, 산서성 동부에서 남쪽으로 치우친 곳에 위치해 있다. 그리고 서하두는 지명조차 지도에 오르지 않은 작은 마을이었다. 팔로군 제129사단 사단 본부는 여기에 자리잡고 있었다.

때는 엄동설한이어서 땅은 꽁꽁 얼었고 날씨는 몹시 추웠다. 제129사단 사단장 유백승은 회의 때문에 낙양으로 가고 없었다. 그 회의는 장위원장이 소집한 제2전구 사단장급 이상 고급 장령들의 회의였다.

그날 아버지는 이 작은 마을에 도착했다. 당시 기요과에서 사업한 양국우는 그날의 일기에 다음과 같은 기록을 남겼다.

"1월 18일 맑음. 서하두에서.

18집단군(즉 팔로군) 총정치위원 등소평이 사령부에 왔다. 키가 크지 않으며, 우리를 볼 때면 언제나 웃는 얼굴이다. 모두들 유 사단장이 방금 떠나니 그가 왔다고들 논했다. 정치부에 들지 않고 사령부에 드는 걸 보니, 아마 사단장을 대체하려는가 보다고 말하는 사람도 있었다. 우리의 정치위원인 장호가 언제 가버렸는지 누구도 모르고 있으니 이상한 일이다."

양국우는 이틀 후에 또 다음과 같이 썼다.

"20일 요현에서 정치공작회의가 열렸다. 전 사단의 대대급 이상 간부들이 모두 출석했는데, 나는 일 때문에 참가하지 못했다. 후에 듣자니 등 주임이 연설했다 한다."

"21일 전방에서는 싸움이 아주 치열하게 벌어지고 있었는데 정치공작회의는 여전히 계속됐다."

"24일 정치공작회의가 끝났다. 서하두 모래톱의 사람들은 잇달아 대오로 돌아오고 있다. 보건대 대장이 본부에 있는 것 같지 않았고 등 주임이 모든 일을 맡아 처리하고 있었다."[1]

1월 27일 유백승 사단장이 서하두로 돌아왔으며 새로 온 정치위원과 대면했다. 유백승과 등소평은 원래부터 알고 있어 낯선 사이가 아니었다. 이날부터 그들은 정식으로 같이 사업했다. 한 사람은 사단장으로 군사를 주관하고, 한 사람은 정치위원으로 정치를 주관하며 이렇게 한 팀이 되어 13년간 같이 사업했다.

유백승은 1892년에 태어났으므로 아버지보다 열두 살 더 많다. 둘 다 모두 사천 사람이며, 용띠다. 유백승에 대한 말이 나오고 보니 이야기가 길어진다.

1911년 유백승은 사천성의 만현에서 신해혁명의 학생군에 참가했고, 1912년에 중경 군정부의 고급 군관학당에 시험쳐 들어갔으며, 그후 원세개를 토벌하는 호국전쟁에 참가하는 등 20년대 초기에 벌써 사천에서 이름난 장령이 됐다. 유백승은 1926년에 중국공산당에 가입했고, 사천의 노순봉기에 참가했으며, 1927년에는 남창봉기에 참가했다. 그는 일찍이 소련에 유학해 프룬제군사학원을 졸업했다. 귀국한 후에는 중앙 군사위원회에서 사업했고, 1932년에는 중앙혁명군사위원회 참모총장 직무를 맡았다. 장정 때 그는 부대를 지휘해 오강을 강행 도하하고, 준의를 탈취하고 교평도를 점령하고 대도하를 건넜다. 제1방면군과 제4방면군이 회합한 후 그는 좌로군에 배치됐는데 장국도의 분열주의와 단단한 투쟁을 진행했다. 이 홍군 명장은 항일전쟁이 발발한 후 팔로군 제129사단 사단장으로 임명받고 이 부대를 통솔하며 항일의 싸움터를 누볐다. 항일전쟁 시초에 그는 뛰어난 기동력의 탁월한 전략 전술을 운용했다. 부대를 조직해 양명보 비행장을 야간 습격했고, 칠환촌의 일본군을 매복 습격했으며, 동시에 정태 철로 남쪽에서 적을 1,000여 명 섬멸했다. 1937년 10월 유백승은 모택동과 중앙의 명령을 받고 제129사단을 거느리고 태행으로 돌진해 진기예 방면의 항일근거지를 창설했다.

유백승은 일찍이 전쟁에서 오른쪽 눈을 잃었기에 외눈장군으로 불렸고, 용병술이 귀신같아 상승장군으로 불렸다. 또 지략이 남달리 뛰어나 명나라 때의 이름난 대신 유백온에 비유하기도 했다. 어떻게 불렸던 간에 아무튼 그는 홍군과 팔로군 내에서 명성이 대단한 장군이었으며, 인민군대 가운데의 아주 드문 대군사가였다.

아버지는 1931년에 중앙 소비에트 구역에서 유백승을 알게 됐다. 아버지는 "처음 만났을 때, 나는 그가 충직하고 온후하며 성실하고 진지하며 상냥하다는 인상을 깊이 받았다."고 말했다. 또 공교롭게도 항일전쟁이 시작된 지 얼마 안 돼서부터 아버지는 13년 동안이나 유백승과 함께 사업하게 됐다.

아버지는 그들 둘 사이를 "감정이 아주 잘 어울리고 사업이 아주 조화적이었다."고 형용했다. 아버지는 후에 이렇게 말했다.

"내가 유백승보다 10여 살이나 아래고, 성격과 기호도 같지 않았지만 아주 잘 일치했다. 사람들은 습관적으로 '유·등'을 한데 연결시켰는데, 우리 둘도 어쩐지 서로 떨어질 수 없다고 생각됐다. 백승과 함께 사업하고 싸움할 때 나의 마음은 아주 유쾌했다."2

아버지와 유 원수 간의 두터운 우정은 줄곧 몇 십 년 동안 지속됐다.

1986년에 유백승이 병으로 서거한 후 아버지는 추도문 한 편을 썼었다. 그 추도문에는 이렇게 씌여 있었다. "나와 유백승은 오랜 기간 함께 사업했기에 서로 아주 잘 알고 있다. 백승은 우리 군의 대지식인이며, 대군사가다. 백승은 소년 시대 때부터 '인민을 재난으로부터 구원하려'는 뜻을 두었으며 궁극적으로는 자기를 잊는 경계에 도달했다. 백승의 서거로 나는 더없는 비통을 느낀다."

아버지는 일생 동안 말과 웃음이 적고 어느 때나 엄숙했으며, 웬만해서는 감정에 흐르지 않고 굳은 마음으로 충만돼 있었다. 아버지가 유 원수를 추도하는 글에서처럼 그렇게 깊은 정과 금할 수 없는 비통한 마음을 토로하기는 실로 드문 일이다. 여기에서 아버지와 유 원수 사이의 전투적 우정이 얼마나 두터운가를 알 수 있다.

1938년 1월에 아버지는 제129사단에 도착한 후 사단장 유백승과 함께 아주 복잡하고 비길바 없이 힘든 항일전쟁에 즉시 뛰어들었다. 1월 28일에 요현에서 군민대회를 열고 송호항전 여섯 돌을 기념했는데, 연설도 하고 시위행진도 했다.

2월 3일 제129사단에서 간부회의를 열었다. 이때 "후방에서는 회의를 열어 대사를 토의하고, 전방에서는 작은 싸움을 벌였다."[3]

2월 5일과 6일에 제129사단에서는 고위급 간부회의를 소집했는데 등소평이 사회를 맡았다. 유백승 사단장이 전술에 대해 강의하고, 서향전 부사단장이 전투에 대해 강의했으며, 등소평 정위가 중앙정치국의 회의 정신을 전달했다. 회의는 태원이 함락된 이래의 공작을 총화하고, 전략적 전개를 실시하고, 유격전쟁을 실시하고 근거지를 개척하는 사업을 표의했다.

2월 15일에 제129사단 지도부는 북으로 이동하기 시작했다. 이때부터 시작하여 1938년의 반 년 동안에 일본군대와 일련의 치열하고 결렬한 작전을 벌였다.

태항산을 의지하고 있는 진기예 지구는 태항산맥 남단에 위치하고 있다. 주요 구역은 산서성의 태항산 중부에 속하고, 동북부는 형대·한단과 인접한 하북성에 속하며, 동남부는 안양·임현에 가까운 하남성에 속한다. 당시 이 지구는 이미 일본군의 삼면 포위 속에 들어 있었는바, 그 서쪽의 평요, 분양, 동쪽의 안양, 신향과 북쪽 지구는 다 일본군대가 점령하고 있었다.

1938년 2월 중순에 일본군 3만여 명이 산서성 남서부를 향해 진격을 시작했으며, 동시에 동관, 서안 및 섬서성 북부에서 싸움을 일으켰다.

장개석은 태원에 대해 반격하라고 명령했다. 팔로군의 임무는 적의 후방 교통을 차단해 우군의 행동을 자유롭게 하는 것이었다.

제129사단은 명령을 받고 주력을 적당히 집중해 제115사단의 한 부대와 협력하여 정태 철도의 양천에서 정형지구의 적을 향해 진격했다.

제129사단 지휘부는 유백승, 등소평의 인솔하에 북으로 진군해 찬 바람 속에서 밤낮없이 산을 넘고 또 넘었다. 그들은 꼬불꼬불한 오솔길을 걷기도 하고 거친 개펄과 자갈밭을 지나기도 하며, 길가에 일본군들에 의해 타버린 마을과 집을 잃고 헤매는 남녀노소를 보았다. 그것은 눈뜨고 볼 수 없는 참상이었다.

2월 21일에 장생구(長生口) 전투가 일어났다. 아군은 먼저 구관을 습격하고 형경에 주둔하고 있는 적군이 증원해 오도록 유인했다. 그리고는 장생구에다 매복진을 펼쳐 놓았다. 적 증원병 200여 명이 자동차 8대에 갈라 타고 왔을 때 매복한 아군부대가 불의의 공격을 가했다. 다섯 시간의 치열한 전투를 거쳐 아군은 적 130여 명을 섬멸하고, 차량 5대를 격파했으며 많은 무기를 노획했다.

장생구 전투는 이처럼 뚜렷한 전과를 얻었다. 2월 27일에 제129사단 지휘부는 요현 서하두로 기세등등하게 돌아왔다.

3월 4일에 제129사단은 재차 출발했다. 이번에는 한단과 장치 이북 지구에서 적을 섬멸할 기회를 얻으려고 남진했다. 하북성 한단에서 산서성 장치에 이르는 도로는 일본군의 중요한 교통선으로 그 연선에 있는 현성은 다 적군이 수비하고 있었다. 그가운데 요현 남쪽에 있는 여성현은 적군의 중요한 병참기지였고 보병·기병 1,000여 명이 주둔하고 있었다. 제129사단의 지도자들은 이곳에서 싸움을 벌이기로 결정했다. 먼저 여성을 공격해 노성의 적을 증원하러 오도록 끌어낸 후, 도중의 지형이 복잡한 신두령에 매복진을 펴 적을 격파할 계산이었다.

3월 16일 새벽 4시에 전투가 시작됐다. 전투는 전적으로 아군의 계획대로 진전됐다. 아군이 먼저 여성을 공격하니 노성의 적 1,500여 명이 즉각 증원하러 나왔다. 이때 아군은 신두령과 여성 사이의 교통을 차단하고 있다가 적들이 오자 이내 다리를 절단하고, 적들이 아군이 삼면에 매복해 주머니 모양을 이룬 매복지구에 들어서자 삼면에서 출격해 백병전을 벌였다. 2시간 동안의 격렬한 전투를 거쳐 적 1,500여 명을 섬멸했고, 총 수백 자루와 노새, 말을 많이 노획했다.

신두령 매복전은 이러한 전과를 올렸다. 신두령 전투가 있은 후 그 뒤를 이어 유백승, 등소평과 서향전은 한단─장치 간 대로에서 싸움을 한 번 더 하기로 결정지었다.

3월 31일에는 향당포(響堂鋪) 전투가 시작됐다. 일본군은 산서성 남서부의 적들이 황하 각 나루터를 침범하는 것을 돕기 위해 한단─장치 대로를 통해 군수지원을 서둘렀다. 그리하여 대로에는 날마다 자동차들이 꼬리를 물고 내달렸다. 아군 제129사단은 섭현 향당포 일대에 매복해 있다가 산세와 지형을 이용해 일본군 운수부대를 습격하기로 결정지었다. 31일 오전에 일본군 2개 자동차 중대의 차량 180대가 부대의 엄호 속에 여성 방향으로 들어왔다. 적들이 매복권 내에 들어서자 전투가 시작됐다. 아군은 맹렬한 화력으로 적을 억누르고 무찔렀으며 뒤따라 돌격해 적들과 육박전을 벌였다. 2시간 후에 전투가 끝났다. 아군은 적 400여 명을 섬멸하고 차량 180대를 불사르고 많은 무기와 장비를 노획했다. 그와 동시에 여성, 섭현에서 증원하러 온 적군을 도합 1,000여 명이나 물리쳤다.

유백승은 향당포 전투는 매복전의 범례라고 인정했다. 한 달 반밖에 안 되는 짧은 기간에 제129사단은 장생구, 신두령, 향당포 세 차례의 전투에서 연속 승리했으며, 유격전, 운동전의 전략 전술을 영활하게 적용하고 절대적 우세의 병력을 집중해 적을 공격했다. 싸움은 그야말로 멋들어졌고 전사들은 용감하게 싸웠다.

산서성, 하북성, 하남성에서의 제129사단의 전투는 일본 침략군을 유력하게 타격했을 뿐만 아니라, 또한 적후 항일근거지를 창설하고 공고히 다지는 계기를 제공해 주었다. 동시에 팔로군이 산서성 동남부에서 승리를 달성한 것은 또 일본군을 못내 불안하게 만들었다. 후방에 대한 위협을 제거하기 위해 일본군은 4월초 산서성 동남부를 포위공격하기로 결정했다.

3월말 팔로군 총사령 주덕, 부총사령 팽덕회는 동로군 장령들의 회의를 소집하고 반포위공격 작전 방침을 연구하고 배치했다.

4월 4일에 일본군은 10여 개 부대 30,000여 명 병력으로 아홉 갈래로 나누어 산서성 동남부지구에 있는 팔로군과 국민당 군대를 향해 대거 진공했다. 10일 전후에 동, 서, 북 3면으로 쳐들어온 적들은 연이어 우리 근거지까지 진격해 들어왔다. 팔로군 총부와 동로군 총부의 배치 하에 중국 군대는 앞뒤 여섯 갈래로 침범해 오는 적군을 저지시켰다. 세 갈래의 적군은 우리 근거지의 가까이에 들어와 육속, 심현, 무향, 요현 등 성을 점령했다. 하지만 침범해 온 적들은 더없이 고립됐으며, 게다가 아군부대와 유격대의 끊임없는 저격과 습격을 받았으며 기아와 피로가 겹쳐 몹시 불안한 지경에 빠졌다.

이런 상황에서 제129사단은 섬멸전의 기회를 노리고 있었다.

4월 16일에 이군은 무향 동쪽의 장락촌 지구에서 저군을 협격했다. 반복적이고 치열하고 결렬한 전투를 거쳐 적 2,200여 명을 섬멸했다. 아군의 사상자도 800여 명이 났다.

장락촌 전투는 일본군의 아홉 갈래 포위공격을 물리치는데 있어서 결정적 의의를 가진 싸움이었다. 그 이후로 적의 예봉은 완전히 꺾였다. 아군은 적들이 배치를 조정하는 사이에, 선후하여 요현, 여성, 노성, 양원, 둔유, 심현, 고평, 진성, 섭현, 장치 등 현성을 수복했다.

23일 동안의 반포위공격 작전을 펼쳐 아군은 산서성 동남부에서 아군을 소멸하려는 일본군의 시도를 타격하고, 일본군 4,000여 명을 소멸했고, 18개 현성을 수복했으며, 산서성 동남부 지구에서 일본군을 모조리 몰아냈다. 산서성, 하북성, 하남성 지구 북부(태북)는 기본적으로 우리에게 통제됐고, 따라서 팔로군의 명성은 전례없이 높아졌다. 일본군의 참혹한 학살과 유린을 받을대로 받은 수많은 인민 대중은 항일의 결심을 더욱 굳게 가지게 됐다. 이 모든 것들은 산서성, 하북성, 하남성 근거지를 창설하는 데 극히 유리한 조건이 됐다.

4월 22일에 제129사단 지휘부는 자기들의 본부, 요현 서하두로 돌아왔다. 요현 인민들은 환희에 들끓었으며 각계 인사들은 너도나도 사령부로 찾아와 유백승, 등소평, 서향전에게 경의를 표했다.

아버지로서는 1월에 제129사단에 도착했는데 어느새 3개월이란 시일이 지나간 것이다. 이 석 달 동안 부대일로 바삐 돌아치고 전투에 참가하고 진행하다보니 한가한 때라고는 전혀 없었다.

4월 25일에 제129사단 정위인 등소평은 사단 군정위원회를 소집하고 산서성, 하북성, 하남성 군구를 세우기로 결정했다. 사단의 주력으로 평한철도 노동종대(路東縱隊), 노서(路西)종대 둘을 구성했다. 노동종대는 서향전 부사단장이 인솔해 하북성 남부로 가고, 노서종대는 진갱 여단장이 인솔해 하북성 서부로 전개했다. 유백승, 등소평은 전제대 지휘기관과 제386여단을 지휘해 하북성 형대 서북지구로 나아가 산지대와 평원에서의 투쟁을 조직, 지휘했다.

4월 하순 사단의 지휘하에 제386여단을 경한(북경-한구)철도 서쪽에 있는 하북성 서부 형대지구에 진입했으며, 여기에서부터 남으로 형대, 사하, 무한, 자현 서쪽에 있는 괴뢰군을 휩쓸었다. 5월말에 이르러서는 일본군 점령하의 무안-성현 도로를 접수하고 혼란한 국면을 타개했다.

1938년 6월 12일, 제129사단 아래 새로이 제385여단을 창립했는데, 진석련이 여단장으로, 사부치가 정위로 임명됐다. 그리하여 제129사단은 제385여단, 제386여단 2개 여단에 도합 13,000여 명이 됐다.

제385여단은 원래 홍군제4방면군 제4군을 개편한 것으로서 여단장은 왕굉곤(王宏坤), 부여단장 왕유주(王維舟), 참모장 경표(耿飇), 정치위원은 소정성(蘇精誠)이었다.

제386여단은 제31군을 개편한 것으로서 여단장은 진갱, 부여단장이 진재도(陳再道), 참모장 이취규, 정치위원이 왕신정(王新亭)이었다.

4월에 주력을 정돈 개편해 노동·노서 2개 종대로 구성한 후, 6월에 제385여단을 재건한 것이다. 제385여단은 창립된 후 하북성 서부 일대에서 활동하면서 괴뢰군을 대량으로 소멸했고, 적들의 공격을 여러 차례 물리쳤다.

이때에 와서 제129사단은 근 1년간 발전해 산하에 제385여단, 제386여단, 산서성, 하북성, 하남성군구, 기남유격구(후에는 기남군구로 칭했다) 동진종대, 청년항일종대 등을 두었으며, 동시에 제115사단 제344여단과 팔로군 제5지대의 지휘를 대행했다.

팔로군의 많은 이름난 고급 장령과 인재들이 태항산과 산서성, 하북성, 하남성의 항일의 싸움터로 운집됐다. 그들은 제129사단 참모장 이달(李達), 정치부 부주임 채수번(蔡樹藩), 고위급장령 진석련(陳錫聯), 사부치(謝富治), 진갱, 진재도, 송임궁(宋任窮), 단해주(段海洲), 이취규, 예지량(倪志亮), 황진(黃鎭), 왕굉곤, 왕유주, 경표, 소정성, 허세우(許世友), 왕신정, 주희한(周希漢), 서립청(徐立淸), 유지견(劉志堅), 전신충(錢信忠), 왕근산(王近山), 장남생(張南生), 오부선(吳富善), 왕수성, 뇌제발(賴際髮), 진기위(秦基僞), 계간생(桂干生), 장이상(張貽祥), 장현약(張賢約), 당천제(唐天際), 그리고 서해동(徐海東), 양득지(楊得志), 황극성(黃克誠), 한선초(漢先楚), 유진(劉震), 최전민(崔田民), 담보인(譚甫仁), 위걸(僞杰), 담건(覃健), 증국화(曾國華), 유현권(劉賢權) 등이었다.

제129사단의 이런 장령들과 기타 부대의 고위급 장령들은 거의 모두가 오랜 세월을 전쟁판에서 보낸 홍군 장령들이었는데 대부분이 30세 미만이었고, 한창 기개를 떨칠 때였다. 모택동 당 중앙과 팔로군

총부의 영도와 유백승, 등소평의 직접적인 지휘하에 그들은 전쟁관에서 막을 자 없는 기세로 영용하게 싸웠다. 한창 때의 좋은 나이에 풍부한 경험을 소유한 그들에게 있어서는 화북의 항일전장이 자기의 재능을 떨칠 수 있는 좋은 장소였다. 미래의 싸움들에서 전 중국을 해방하는 진군 속에서, 그리고 새 중국의 인민군대를 건설하는 사업에서 그들의 영웅적 모습을 또 많이 보게 될 것이며, 그들의 위엄과 명성을 수없이 듣게 될 것이다.

1938년 6월경에 아버지는 요현에서 출발해 동북 방향에 있는 하북성 서부 지구로 떠나 기서군분구 사업을 시찰하러 갔다.

기서 지구는 하북성 석가장과 형대 사이에 위치하고 있으며 원씨, 찬황, 고읍, 임성, 내구 등 현이 있다. 1938년 3월에 유백승과 등소평은 장이상 등을 하북성 서부에 보내 항일근거지를 개척하게 했다. 두 달이 지난 후 아버지는 사업을 지도하러 직접 하북성 서부로 갔다.

기서군구에 이른 후 아버지는 먼저 장이상 등에게서 총화 보고를 들었다. 그는 적을 타승하기 위해 유격대 무장을 한층 더 갖추고 군중을 동원하라고 지시했다. 이어 그는 또 석가장 남첨 산림에 있는 제385여단에 가서 사업을 시찰했다. 기서에서 아버지는 도합 일주일간 머물고는 이내 산서성 요현의 제129사단 사령부로 돌아왔다.[4]

적들의 보급로를 파괴하기 위해 제129사단의 각 부대는 사단의 통일된 지휘하에 경한철도, 정태철도, 도청철도 등에 대해 선후로 대규모적 파괴 공격을 10여 차례 감행했고, 소규모 파괴 공격을 수없이 벌였다. 총 길이 500여 킬로미터의 철도선상에서 파괴 공격작전이 이곳저곳에서 끊임없이 일어났는데, 수많은 대중이 이에 적극적으로 참가했다. 그리하여 일본군의 교통과 보급로는 끊어졌다 이어졌다 했으며 회복하기 어려운 마비상태에 처했다.

제129사단 각 주력은 각지에서 계속 적극적으로 활동하면서 일본군을 강력하게 타격했으며, 동시에 지방 당조직의 지원하에 대중을 광범위하게 동원하고, 군대 확충사업을 순조롭게 진행했다. 9월에 이르러 제385여단과 제386여단은 모두 다 7,000명 정도 규모로 발전됐으며 부대의 군사적, 정치적 자질도 크게 성장했다.

1938년 7월 5일에 아버지는 태항산에서 남하해 기남 항일근거지에 이르러 시찰을 했다. 기남 항일근거지는 1937년에 진재도가 인솔한 제129사단 정진지대가 하북성 남부에 창설한 것이다. 1938년 5월에는 제129사단 부사단장 서향전이 직접 하북성 남부에 가서 항일투쟁을 선도했다. 형대 지구의 남궁현을 중심으로 한 기남근거지는 급속히 발전해 짧은 몇 달 동안에 20여 개 현의 항일 정권을 건립했고, 부대는 500여 명에서 10,000여 명으로 발전했으며, 동진종대는 원래의 5개 중대로부터 3개 연대의 약 7,000여 명으로 성장했다.[5]

1991년 가을에 나는 취재를 위해 진재도 장군의 집을 찾아갔다. 한 가을이어서 국화꽃들이 울긋불긋 피어 있었다. 진재도 장군은 반가워 하며 나의 손을 덥썩 잡고 연신 흔들며 "부친은 잘 있느냐?"고 물었다.

홍군의 유명한 진재도 장군의 이름을 들은 지는 오래지만 직접 만나는 기회를 가지기는 이번이 처음이었다. 머리와 눈썹이 하얗게 세고, 얼굴이 검실검실한 그는 웃을 때면 얼굴에 주름살이 가득 퍼져 그 소문난 곰보마저 사라진 듯했다.

진재도 장군은 두 발을 높이 의자 위에 걸쳐놓고는 말을 떼었다. "나는 항일이 시작돼 항하를 건널 때 자네의 부친를 알게 됐다." 그는 천정을 바라보면서 우렁우렁한 목소리로 이야기했다.

"1938년 7월, 자네 부친이 하북 남부 지역을 시찰할 때이다. 우리는 특별위원회와 부대 연대급 이상 간부회의를 열었다. 회의에서 등소평 정치위원이 형세를 분석하는 보고를 했다. 그는 장개석은 항전에서 타협하거나 또는 항복할 위험성이 아주 크다는 것, 그리고 일본군은 지금 무한을 들이치느라고 화북의 병력을 줄였으니 지금은 우리가 적후 유격전투를 시작할 절호의 기회라는 것을 지적했다. 또한 화북성 주석 녹종린과의 관계에서 그와 단결해 같이 항전하되 경각성을 높이고, 통일전선에서의 독립자주 원칙을 견지하며, 우리 군대의 역량을 발전 향상시켜야 한다는 것도 이야기했다. 등 정치위원은 회의를 마친 뒤 우리와 같이 아주 간단하게 식사를 했다. 그의 말 속에는 버릴 말이 없었다. 그후 유백승, 등소평은 나의 4개 연대를 달라고 했다. 우리 기남에서는 태항산에다 옷이며 천이며 이부자리 같은 것을 잔뜩 지원했다. 우리 자신도 상당히 어렵게 지내면서 말이다! 바람이 세고 흙먼지가 많은 벌판에서 지낸 우리는, 바람이 불어오기만 하면 무명옷 하나에 모래가 한 근이나 들러붙었다. 그래도 우리는 될수록 우리보다 더 고생하는 태항산의 그들을 지원했다."

진재도 장군은 부인이 병원에 입원하고 혼자 집에 있었는데, 내가 찾아가서 각별히 반가워했다. '술독'이라고 소문난 그는 나를 끌어당기며, "내가 있는 데는 여기저기 맨 좋은 술이다!" 하고 가만히 알려주었다. 아닌 게 아니라 침대 옆에까지 큼직한 술독이 놓여 있었다. 진재도 장군은 유리항아리를 가리키며 이야기했다.

"이 안에 든 세 마리는 제일 독이 많은 뱀이다. 이 뱀술은 제법 좋은 거지. 내가 술을 부어줄테니 자네도 여기서 밥을 먹게!"

그렇게도 열정적인 진재도 장군의 호의를 나는 후배로서 사양하지 말아야 했지만, 독뱀이 들어 있는 술을 보고는 연신 고맙다고 사양하며 떠나려고 했다. 나중에 진재도 장군은 나를 문밖까지 배웅하며 뜨락에 서서 후에 다시 놀러오라고 거듭 당부했다.

그가 이렇게까지 기뻐한 까닭은 등소평의 딸인 나를 만나보아서가 아니라, 그가 내 아버지와 몇 십 년을 같이 싸우면서 두터운 정을 맺었기 때문이라는 것을 나는 알고 있다.

1938년 중기에 우리 팔로군 제129사단의 성과적인 작전으로 인해, 산서 동남부, 하북 서부, 하북 남부에서 거듭되는 전과를 거두는 새로운 국면을 열어나갔으며, 적 수천 명을 섬멸하고 넓은 지역에 항일민주정권을 창립했으며, 태항산을 의지하고 있는 산서―하북―하남 항일근거지를 가일층 공고하게 발전시켰다. 이 시기, 8월 하순부터 9월 상순까지 제129사단 진재도 부대는 동관, 낙양을 진공하고 있는 일본 군대를 견제하기 위해 하남 북부에서 장남 전투를 벌여 괴뢰군 4,000여 명을 소멸하고 적 1,500여 명을 포획했으며, 하남 북부에서 안양, 내황, 탕음 등 현의 항일 민주정권을 세우고, 하남 북부 지구에서 남북으로 50킬로미터 되는 새 구역을 개척했으며, 하북 남부와 하남 북부 접경지대의 30여 개 현에 항일 민주정권을 세웠고, 더불어 하북 남부 항일근거지와 하북, 산동, 하남과 태항산의 연결을 강화했다.

진기예 항일근거지를 발전시킴과 더불어 우리 팔로군의 다른 여러 부대들도 적극적으로 적과 싸워 또 다른 지구에서 항일 국면을 열어놓았다.

제120사단은 적의 측면 뒤쪽인 산서 서북의 넓은 지역에서 유격전쟁을 벌여 일본군과 괴뢰군 만여 명의 포위공격을 물리치고 현 소재지 7개를 회수했으며, 적 1,500여 명을 섬멸했다. 그리고 부대는 8,000여 명에서 시작해서 무려 25,000여 명으로 성장했고, 산서 서북 지구와 안북 지구에 항일근거지를 창설했다.

제115사단은 산서 서남부의 여량 지구에 돌진해 적극적으로 대중을 동원하고 유격전쟁을 벌여, 적 1,000여 명을 섬멸함과 동시에 적의 운수부대를 연신 매복 습격해 진서남근거지를 개척하는 기초를 만들어 냈다.

항일의 불길은 산서, 하남, 하북의 온 누리에서 막아낼 수 없는 기세로 타올랐다.

이와 더불어 산동에서는 팔로군 동진 항일돌격종대를 세우고, 평원 유격근거지를 개척했다. 또 화중에서는 섭정, 항영, 진의 등이 영도하는 신4군이 일본군의 여러 차례 소탕을 철퇴시키고 주동적으로 출격해, 적에게 중대한 손실을 안기고, 이 지구의 항일 국면을 최초로 열어놓았다.

항일 국면이 가일층 가열되는 정세 속에서 1938년 9월 29일부터 11

월 6일까지, 중국공산당은 연안에서 중국공산당 중앙위원회 제6기 제6차 확대회의를 소집했다. 이번 회의는 중앙위원과 후보중앙위원 17명과 중앙 각 부문과 여러 지구의 지도간부 30여 명이 참가했다.

8월 25일, 아버지는 태항을 떠나 6중전회에 참가하려고 연안으로 갔다. 6중전회에서 모택동은 '새로운 단계에 대하여'라는 제목으로 정치 보고를 했다. 그는 다음과 같이 지적했다. 당면한 항일전쟁은 방어단계에서 적과 대치하는 과도단계에 처해 있다. 일본군은 무한, 광주 등지를 점령한 후 병력이 모자라고, 병력이 분산된 그의 근본적인 약점이 더욱더 드러날 것이다. 따라서 국제, 국내의 여러 가지 모순도 심화돼 적의 전략적 공격이 불가피적으로 극도에 달하게 될 것이다. 우리는 정면 방어와 저항을 계획적으로 배치하고, 적후 유격전을 널리 전개하며, 적의 약점을 틀어쥐고 더욱 적의 많은 소모를 유도해 각 전선이 대치의 새로운 단계에 들어가도록 해야 한다. 이것은 전국적으로 당면한 긴급임무로서 간고하게 싸울 준비를 해야 한다. 이와 더불어 항일민족통일전선을 계속 다지고 확대하며, 장기적인 합작으로 장기적인 전쟁을 지지해야 한다.

회의에서 팽덕회, 진방헌(박고), 하룡, 양사곤, 관향응, 등소평, 나영환, 팽진 등이 15개월 동안의 경험을 둘러싸고 발언을 했다. 또 6중전회에서는 모택동을 핵심으로 하는 당 중앙정치국의 노선을 비준하는 정치 결의를 채택했다.

12월 중순에 제129사단 사단장 유백승이 사단 지휘부를 인솔해 하북 남부로 전진, 하북 남부와 산동 서북부의 투쟁을 직접 지휘했다. 등소평 정치위원은 12월말에 연안에서 돌아와 하북 남부 지구로 갔다.

12월 30일 제129사단은 하북 남부의 남궁현 낙호장장(落戶張莊)에서 군정 간부회의를 열었다. 회의에서 등소평 정치위원이 당 중앙위원회 제6차 전원회의 결의를 전달했다. 그리고 하북 남부의 투쟁 형세에 비추어 노농대중에 의거하고 광대한 농촌에 의거해, 기남평원의 유격전쟁을 견지하고 항일 민주진지를 확고히 세우는 투쟁 방침을 확정했다.

1937년 11월부터 1938년말까지 제129사단은 산서, 하북, 하남, 산동 네 성이 엇갈린 화북의 광대한 지역에서 큰 성과를 이룩했으며, 동으로는 진포철도, 서쪽으로는 동포철도, 북쪽으로는 정태, 창석, 남쪽으로는 황하에 이르기까지의 광대한 지역에서 진기노예 항일근거지를 개척했다. 근거지의 인구는 2,300만 명이 달했으며, 부대의 인원수는 13개 연대로 늘어났고, 무장력은 근 3만 명이 됐다.

1938년 10월부터 시작해 중국군은 힘껏 저항했다. 그리하여 중국을 침략하는 일본군은 40여 만 명이 살상되고 군수물자가 대량으로 소모됐으며, 병력이 갈수록 분산됐다. 일본침략자들은 '두 달이면 전쟁을 끝낼 수 있고, 세 달이면 중국을 멸망시키겠다.'던 어리석은 꿈이 사라지자 부득불 정면전쟁의 전략적 공격을 중지하는 수밖에 없었다. 바로 모택동이 예언한 바와 같이 중국의 항일전쟁은 전략적 방어단계로부터 전략적 대치단계로 넘어갔다.

역사의 시침은 벌써 1939년을 가리켰다. 항일전쟁이 세 번째 해에 들어선 것이다.

제129사단 지휘부는 하북 남부 위현 장가장에 자리잡고 있었다. 1월 1일, 눈꽃이 흩날리며 추위가 뼛속까지 스며들었다. 제129사단 지휘부를 이끌고 하북 남부에서 사업을 지도하고 있던 유백승과 등소평은 새해 원단에 적들에게 심각한 타격을 가할 명령을 내린다.6

통일전선의 방침을 관천하며 단결할 수 있는 모든 역량을 단결해 항전하며 내전의 마찰을 피하기 위해, 유백승과 등소평은 하남 남부에서 국민당 하북성 주석 녹종린과 국민당군 제10군단 사령 석우삼과 회담을 가지고 그들이 함께 항일하도록 힘썼다.

유백승이 녹종린과 수차 회담을 가짐과 동시에, 등소평은 1월 16일과 25일 두 차례에 걸쳐 석우삼과 면담을 하면서 민족의 대의를 깨우쳐주고, 팔로군이 우군과 단결해 항일하려는 뜻을 계속 가지고 있다는 사실과 팔로군은 절대 항일근거지에서 물러나지 않을 것이라는 엄정한 뜻을 똑똑히 밝혔다. 등소평의 공작은 석우삼으로 하여금 잠시 중립적인 입장을 지키게 했으며, 녹종린을 비롯한 완고파들의 반공행위를 고립시켰다.

1939년 원단이 갓 지나가고, 구정이 아직 돌아오지 않은 때에 일본군은 병력을 동원해 우리 항일근거지에 대한 대규모의 소탕작전을 시작했다. 일본군의 소탕은 점점 더 발광적이었고 잔인했다. 우리 항일근거지의 군민들은 1939년 한 해를 내내 소탕과 방어전투를 벌이며 일본 강적과 억세게 맞서 싸웠다.

1월 7일, 일본군 3만여 명이 여덟 갈래로 나누어 하북 남부를 향해 대규모 소탕을 감행했다. 1월 21일에는 일본군 6만여 명이 태행 중부와 순현, 요현에 대한 소탕을 감행했다. 2월 12일, 2,000명의 일본군이 하북 남부 위현의 향성고 지역에서 소탕을 감행했다. 2월 21일에는 일본군은 쾌속부대로 하북 남부의 남궁, 위현, 청하 사이의 지구를 향해 소탕을 감행했다.

3월 10일, 일본은 산동 서남부의 거야 지구를 소탕했다. 4월 1일, 일본군 2,000여 명이 산서성 중남부의 평요 이남, 심원 이북 지구를 소탕했다. 4월 10일에는 일본군 화북파견군 사령부에서 '치안숙정' 계획을 발표해 소탕의 기세를 다그쳤다. 4월 23일, 일본군 1,000여 명이 네 갈래로 나누어 산동 서북부의 고당, 우성 지구를 공격했다.

5월 2일, 일본군 1,000명이 하북 남부의 남궁 지구를 소탕했다. 6월 1일, 일본군과 괴뢰군 3,000명이 하북 남부의 노라 등지를 소탕했다. 7월 1일, 일본군 만여 명이 일곱 갈래로 나누어 산동 서남부를 소탕했다. 7월 3일, 일본군 5만 명이 진기로예 지구를 향해 대소탕을 감행하여, 우리 근거지의 대부분의 현 소재지를 차지하고, 백진철도 북쪽 구간과 한장, 평료 등 철도를 통제했다.

적의 집중되는 미친듯한 소탕에 직면한 진기예 근거지와 제129사단은 방어를 강화하고, 우회적으로 항쟁하면서 기회를 살펴가며 적에게 단호한 타격을 가했다.

1월 12일, 적군 3만 명이 하북 남부를 향해 소탕을 감행하자, 유백승과 등소평은 하북 남부에서 간부회의를 열고 반소탕사업을 명령을 내렸다. 1월부터 3월까지 하북 남부의 군민들은 유백승과 등소평의 직접적인 지휘 밑에 비교적 큰 전투를 100여 차례 벌여 적과 괴뢰군 3,000여 명을 살상하고, 하북 남부평원을 통제하려던 일본군의 계획을 분쇄했다.

3월 이후에는 전투의 중심이 점차 산지대로 옮겨져 유백승과 등소평은 제129사단의 주력을 인솔해 3월 7일에 태항으로 되돌아갔다.

3월 18일, 제129사단은 군대를 정돈했다. 4월 3일, 제129사단 직속부대 등은 여성현 상조잔촌에서 열병식을 했으며, 주덕 총사령이 열병식에 참가해 검열했다.

7월, 일본군이 진기예 근거지를 향해 대규모의 소탕을 감행하자 유백승, 등소평은 광범위한 지방 무장력과 민병유격대를 조직해 산발적이고 지구적인 유격전으로 적을 지치게 만들고, 적들이 소모됨과 동시에 그 주력을 섬멸하기로 결정했다. 적들이 쳐들어오기 전에 우리 군민은 전투적 이동을 하고, 집을 비우고, 농작물을 없애버렸으며, 적들이 쳐들어온 후에는 민병유격대를 조직해 끊임없이 매복 습격하고 저격함으로써 적들을 지쳐버리게 했고, 적당한 시기에는 우리 주력이 적을 매복 습격하고 공격했을 뿐만 아니라 적들이 점령하고 있는 교통선에서 습격과 포위전투를 벌여 적들에게 심각한 타격을 주었다.

일본군은 근거지에 쳐들어온 후 우리 군의 주력은 찾지 못하고 결국 타격만 받다가 하는 수 없이 8월 하순에 근거지에서 물러났으며, 적들의 소탕은 이로써 끝나게 됐다. 이 기간 제129사단은 적극적으로 싸우면서 크고작은 전투 칠팔십 차례를 통해 적 2,000여 명을 섬멸하고, 중요한 현 소재지를 되찾았으며, 일본군의 기세 사나운 대규모 소탕을 짓부셔버렸다.

이와 더불어 제129사단은 끊임없는 반소탕전투를 벌였다. 그리하여 1월부터 8월까지, 적들이 점령하고 있는 철도와 도로의 중요한 길목을 끊임없이 파괴 습격하여, 적들의 교통과 보급에 막대한 차질을 가했다.

1938년 1월에 제129사단의 정치위원을 맡은 이후 1년 동안, 아버지는 작전을 지휘하지 않으면 행군하면서 싸웠고, 군무가 바쁘고 사무가 그칠 새가 없었다. 전선에서의 생활은 긴장되고도 바쁘며 또한 무척이나 다양했다.

아버지의 발자취를 찾아 진기로예 대지를 걷게 되면, 당신은 나의 아버지와 그의 전우들이 평원에 나타났다가도 급변하는 군사형편에 따라 험산준령의 산길을 달렸으며, 군무가 다망한 가운데서도 강적을 두려워하지 않았고, 뛰어난 지략과 담력과 필승의 신념을 굳게 가졌다는 것을 알게 될 것이다.

강적 일본을 물리친다는 것이 절대 쉬운 일이 아니며, 절대 하루 아침에 될 일이 아니라는 것을 그들은 알고 있었다. 하지만 비할 수 없는 영웅적 기개를 가지고 있는 중국공산주의자들은 강한 적의 손아귀에서 중국인민을 꼭 구해내야 했고, 또 구해낼 수 있었다. 이에 대해 그들은 지금까지도 추호의 동요와 의혹이 없다.

1939년 8월에 아버지는 재차 태항산을 잠시 떠나, 그의 친근한 선배 유백승과 함께 정치국 확대회의에 참가하고자 연안으로 갔다.

연안에 이른 후 아버지는 그의 오랜 전우 등발과 한 땅굴집에 들어 있었다. 등발은 남달리 활약한 사람이었다. 등소평과 정분이 깊었던 그는 사업하고 회의를 하는 여가에 등소평에게 부인을 얻어 준다고 열정적으로 나섰다.

유영 아주머니는 "그때, 연안에서 등발은 자네의 부친을 데리고 둘이서 무엇이 그렇게 좋은지 사처로 돌아다녔다. 사람들은 모두 그들 둘은 마치 떠돌아다니는 신 같다고들 했단다 !" 하고 나에게 알려주었다.

1939년 9월초에 아버지는 여러 벗과 전우들의 열성적인 도움으로 결혼을 했다.

신부의 이름은 탁림(卓琳)이었다.

그녀가 바로 내가 가장 친애하는 어머니다.

주 ────────────────────────────────────

1. 양국우, 《유백승 등소평을 따라 13년(劉鄧摩下十三年)》, p. 36－37
2. 등소평, '유백승을 추모하며(悼伯承)', 《유백승 회억록(劉伯承回憶錄)》(제3집),
   p. 5.
3. 양국우, 같은 책, p. 39.
4. 장이상, 《태항산의 10년 동안 적과의 접촉(太行十年的幾次接觸)》, P. 14－17.
5. 진재도, 《진재도 회억록(陳再道回憶錄)》, p. 362, p. 376.
6. 양국우, 같은 책, p. 93.

48 나의 외조부 포재정

나의 어머니의 이름은 탁림(卓琳)이지만, 그녀는 원래는 탁씨가 아
니라 포경영(浦璟英)이며, 운남의 어느 이름 있는 실업가의 가정에서
태어났다.

나의 어머니에 대해 이야기하자면 반드시 그의 가정, 그리고 그의
아버지인 포재정에서부터 이야기를 시작해야 한다. 지금 와서 포재정
이라면 아마 아는 사람들이 얼마 안 될 것이지만, '운남의 햄 통조림'
이라면 모르는 사람이 없을 것이다. 특히 동남아 일대의 중국인들 속
에서 이 운남의 햄 통조림은 오랜 세월을 두고 이름을 날렸다.

햄은 자고로 운남 사람들만이 만들 줄 알았다. 그러나 햄을 통조림
으로 만들어 하나의 식품제조 공업으로 발전시키고, 그 생산품을 내외
적으로 상업화시켜 판매하기는 나의 외조부 포재정이 처음 시작했다.

나는 외조부를 본 적이 없고, 어머니도 어려서부터 집을 떠나다보니
외가에 대해 아는 게 적었다. 나는 여기저기서 각종 자료들을 긁어모
으면서 외조부에 대해 다만 얼마간이라도 인상을 가지게 됐다.

포재정은 대략 1870년 전후에 태어난 것으로 추산된다. 그는 운남
성 선위현(宣威縣) 태생으로 한족이었다. 운남성은 다민족 지역이어서
그가 한족이라는 사실을 여기에 밝힐 필요가 있다.

외조부의 고향은 강소성 상숙(常熟)이라고 한다. 명나라 홍무(洪武)
연간에 집안의 어느 조상이 조정으로부터 무략(武略) 장군으로 책봉되
고, 명태조 주원장(朱元璋)의 파견을 받아 운남·미얀마 쪽으로 남정
하다가 선위에 이르러 그곳에 터를 잡았다고 한다. 그뒤 몇 백 년을

두고 내려오면서 선위의 포씨 가족은 여러 대를 뻗어왔다. 큰 씨족으로 말할 때 지금까지 모두 수천 명이 넘게 뻗어왔다고 말하는 사람도 있다.

포씨 후손네들의 말에 의하면 포재정의 아버지는 청나라 때 향공(鄕貢)에 입시했고, 후에 그곳에 학당을 열고 수업해 왔다고 한다. 지금으로 치면 글을 가르치는 훈장인 셈이다.

이 훈장에겐 아들 넷이 있었는데, 아들 셋은 아버지의 뒤를 계승해 글쟁이가 되어 팔고문에 매달렸지만, 유독 포재정만은 성격이 사나워 어려서부터 글에 재미를 붙이지 못했다. 그는 열네 살 되던 해부터 집안 몰래 행상을 다니는 친구의 행상 대열에 끼여 장사를 배우기 시작했다. 포씨네는 세세대대 서생 출신인지라 아들의 이 같은 행위는 실로 가문의 치욕이었다. 그래서 포재정은 한때 부친한테 잡혀가 한바탕 훈계를 받았다. 그러나 포재정은 벌써 뜻을 세웠는지라 아무리 얼르고 다그쳐도 막무가내였다. 그러다가 얼마 뒤 그는 다시금 가출해 또 그 행상대에 가담했다.

중국 대륙의 서남 변두리에 자리잡고 있는 운남성은 산수가 푸르고 맑아 어느 곳이든 녹색으로 덮여 있는 곳이다. 거기에는 여러 민족이 집거해 있고 베트남, 라오스, 미얀마와 이웃하고 있으며, 외계와의 통상이 아주 발달된 곳이다. 동시에 운남은 중원 일대와는 멀리 떨어져 경제와 문화가 뒤떨어져 있고, 봉건적인 색채가 어디보다도 농후했다.

청조 말년까지만 해도 운남에는 도로가 없었으며, 성내외 통상 무역은 주로 말짐 대상(隊商)에 의해 진행됐다. 그러다보니 운남 경내의 그 첩첩산중에 난 오불꼬불한 길들에선, 한 무리의 대상들이 단조로우면서도 듣기 좋은 방울소리를 울리면서 실북 나들듯이 오가고 있었다.

포재정은 처음엔 말을 몰고 현내에서 행상하다가 세가 좀 펴자 말을 사 남들과 짝을 지어, 무려 동남아 지역까지 내려가 장사에 달라붙었다. 그때는 운남성 서북에 자리잡고 있는 선위에서 인도지나 쪽으로 남하하자면 아주 힘들었다. 울창한 아열대 삼림을 지나서 수백 수천 킬로미터나 되는 먼 길을 걸어야 했고, 도중에 독사, 맹수와 토비, 강도와 마주치기가 일쑤였다. 포재정은 한창 젊고 고집도 세고 총명했기에, 그의 마상 행렬은 갈수록 불어났고 장사도 할수록 잘 됐다. 포재정은 차츰 선위에서 갈수록 명성이 높아갔으며, 선위현 상회 회장을 두 번이나 연임하기도 했다.

이렇게 천하를 나돌다보니 포재정은 담이 커졌고 견식도 넓어졌다. 그는 선위에서 많이 나오는 햄이 빛깔 곱고 맛이 좋지만, 원시적인 농가의 식품인 돼지의 옹근다리를 그대로 제조한 것이기에, 부피가 크고 보존하기도 힘들고 장사하기에 불편하다는 걸 알아냈다. 그래서 그는 이 햄들을 통조림식으로 만들면 저장도 편리하고 판매도 편리하지 않겠는가 하는 생각을 해내게 됐다.

포재정은 선위의 일부 인사들과 자금을 모아 공장을 꾸릴 일을 상의했다. 이렇게 여러 사람들의 지지를 얻자, 그는 사람을 광주로 견문 보내 통조림 제품을 만드는 기술을 배우게 했다. 자금이 모아지자 그는 홍콩으로부터 통조림을 만드는 기계를 사들였다.

1920년에 선화회사(宣和公司)가 정식으로 성립됐고, 포재정이 이사장겸 총사장을 맡았다. 선위의 첫 햄 통조림은 이렇게 해서 탄생했다. 이로부터 포재정은 일개 상인에서 실업인이 됐다. 그리고 가난하고 낙후한 선위 땅에 처음으로 기계작업으로 생산하는 공장이 나타난 것이다.

운남은 서남쪽에 위치하고 있어 태국, 미얀마와 이웃한다. 이 지역은 또한 아편 재배와 판매가 가장 활동적인 곳이다. 운남에선 동남아로부터 아편을 날라다 매매하기가 식은죽 먹기고, 장사꾼들의 돈벌이에도 가장 좋은 곳이었다. 선화 햄 통조림회사는 설립 후 원래 햄 통조림만을 운영했어야 했는데, 욕심이 지나쳐 통조림 통에 아편을 담아 동남아 각지에 내다 팔았다. 세상의 일이란 십중팔구 뜻대로 이루어지지 않는 법이다. 그때 동남아 일대는 프랑스의 식민지였고, 운남도 프랑스의 세력 범위에 들어 있었다. 선화회사의 통조림 수작은 프랑스 경찰에 적발돼 아편이 몰수당한 것은 물론이고, 회사조차도 운영이 어려워 문을 닫게 됐다. 회사의 각 주주들이야말로 닭 쫓던 개 지붕 쳐다보는 격이 되고 말았다. 그렇게 아글타글 광동에서 운반해 온 통조림 생산 기계도 한 무더기 폐철이 되어 버리고 말았다.

포재정은 아마 확실한 사업관이 있는 사람이었고, 역시 고집이 센 사나이었다. 회사의 파산이 그에게 준 타격은 컸지만 그는 수그러들지 않았다. 공장을 꾸리며 실업체를 꾸리려는 그의 마음은 여전히 살아 있었다. 포재정은 회사의 주요 주주들을 모아놓고 이렇게 말했다. "회사가 파산되다보니 이 기계들을 누구도 가지려 하지 않고 또한 아무 쓸모없게 됐는데, 이렇게 방치해 두기보다 나한테 주어 다시 햄 통조림 공장을 세우게 하는 게 나을 것이 아닌가. 만일 내가 실패해 돈을 벌지 못하면 모두들 이런 일이 없었던 것처럼 쳐버리고, 반대로 공장 운영이 잘 돼 돈을 벌게 되면, 앞으로 여러 주주들이 선화회사에 낸 입주금을 그대로 돌려드릴 테니."

다들 그의 말을 듣고 보니 일리가 있었다. 이대로 내버려둬도 폐철 덩어리나 다름없는 기계가 아닌가. 그래서 포재정에게 그 기계를 맡겨 시험삼아 해보게 했다.

포재정은 선위에 포재정형제 통조림회사(浦在廷兄弟食品罐斗公司)를 다시 세웠다. 일명 대유항쌍돼지햄통조림회사(大有恒雙火腿罐斗公司)라고 한다.

이때 포재정은 벌써 나이 50을 넘겼다. 처음 공장을 꾸리면서 경험을 쌓은 데다가 이번은 자신의 개인회사고 그자신이 좌지우지할 수 있었으니, 그 두번째 공장은 문을 열자마자 성공을 거둔다. 이때부터 그 원시적인 선위 햄은 한 통 한 통 양철통 식품이 됐고, 시장에 내놓자 평가가 아주 좋았다.

포재정은 장사를 업으로 한 그의 생애에서 천하를 오가며 보고들은 것이 많았다. 그렇다 보니 시장을 넓혀야만 판매량을 높일 수 있기에 선위 햄 통조림을 동남아에 수출하고, 그러면서 그는 보다 넓은 국제

시장에 진출시켜야 한다는 사실을 잘 알고 있었다.

광주에 이른 포재정은 광주에다 회사의 사업 범위를 넓혀 놓았으며, 동시에 생산품을 수출해 재빠르게 국내외 시장을 일구어 놓았다. 선위 햄 통조림은 이로부터 홍콩, 마카오, 싱가포르, 미얀마, 해방(海防), 파나마, 일본, 독일, 프랑스 등 지역에서 판매되게 됐다. 대유항회사의 업무는 신속히 발전돼 국내외에 26개 지사를 두었다. 이 지사들은 동남아뿐만 아니라 심지어 서방의 파리에서도 활약했다. 1923년, 광주에서 열린 전국식료품 평가회에서 선위 햄 통조림은 호평을 받았다.

포재정이 이렇게 선코를 떼자 그 영향을 입어 선위에서는 앞다투어 햄 통조림공장이 여러 개 섰다. 햄 통조림의 발전은 햄 염제업, 채탄업 및 주조제조 공업의 발전을 이끌었다. 선위현의 민족공업의 지위도 차츰 올라가 1939년에 이르러 현의 공상업 종사 인구는, 전체 인구 45퍼센트 이상을 차지하는 선까지 이르렀다.

선위의 햄 통조림이라면 어머니가 자꾸 외는 걸 들어왔기에 나 역시 아주 어려서부터 알고 있었다. 이 햄은 확실히 맛이 좋았다. 특히 그 햄으로 호박국을 끓이면 유달리 구수했다. 후에야 나는 선위 햄은 절강의 금화 햄과 어깨를 겨루는 중국의 2대 햄 품종 가운데 하나라는 걸 알게 됐다. 80년대초 미국주재 중국대사관에 가서 일할 때, 많은 해외 교포들을 만나봤는데, 그때 그들의 입을 통해서 운남 햄의 명성을 다시 새기게 됐다. 아직까지도 나이든 세대의 화교와 중국교포들은 순수한 중국 음식을 대단히 즐겨하고 있다는 걸 알게 됐다.

포재정은 젊어서부터 상업에 종사했기에 견식이 넓고 사상도 비교적 개방적이었다. 동시에 민족자산계급의 주장을 아주 쉽사리 받아들였다. 손문의 자산계급혁명 주장이 나오자 그는 대뜸 나서서 찬성했다. 그가 손문의 동맹회에도 참가한 적이 있다고 말하는 사람이 있는데, 이에 대해서는 그 본인이 일찍 세상 떴기에 고증해 볼 데가 없다. 하지만 그가 신해혁명과 손문의 국민혁명을 지지한 것만은 사실이다.

자산계급 민주주의 혁명의 선봉인 채악(蔡鍔) 장군이 곤명에서 의병을 일으켜, 마적 원세개(袁世凱)의 제왕복벽 음모를 반대하는 호국운동을 벌였을 때, 포재정은 선뜻 나서서 지지했고, 앞장서서 의연금을 보냈으며, 동시에 선위상회 안에 병참을 세워 채악 장군의 호국군에 식량과 자금을 마련해 주는 일을 했다.

호국군이 중경에서 개선해 돌아올 때, 호국군 대장군 당계요(唐繼堯)는 선위에 이르러 개명상인들의 진보적인 행동을 표창하고자 포재정에게 은제 매화 메달을 특별 수여했다. 당계요는 또 '급공호의(急公好義)'라는 편액을 직접 써서 포재정에게 주었다.

나라를 보호하고 원세개를 토벌하는 행동에서 포재정은 차츰 운남의 많은 군정계 인사들과 사귀게 됐는데, 그중에서도 운남군 장령 범석생(范石生)과의 관계가 가장 가까웠으며, 이와 때를 같이해 군정계의 모임에 참가하기 시작했다.

그뒤 1917년, 손문이 호법운동을 일으켜 북양 군벌정부를 반대하자 운남군 내부는 분열되기 시작했다. 운남군 당계요는 겉으론 손문을 지지하는 척하면서 뒤로는 북양군벌에 쏠리고 있었다. 1921년에 고품진(顧品珍)이 운남에 돌아와 범석생과 동맹을 맺어 당계요를 운남에서 축출했고, 고품진이 총사령으로 자칭하며 운남의 군정 대권을 혼자 총괄했다.

얼마 뒤 손문이 북벌을 진행해 북양군벌을 뒤엎을 것을 호소했다. 고품진은 적극 나서 범석생을 운남군 북벌 선봉군 사령으로 임명했고, 손문은 고품진을 북벌군 운남군 총사령으로 임명했다.

바로 이러한 때에 뜻밖에도 당계요가 운남에 돌아와 복벽을 시작했는데, 고품진마저 전사하고 말았다. 이처럼 형세가 급변하는 바람에 운남의 북벌군은 부득불 운남에서 철수하게 됐다. 그중 운남군의 부사령 장개유가 한 부대를 거느리고 선위 지역까지 퇴각해 와서, 뒤미처 귀주성의 반현(盤縣) 일대로 진입했다. 장개유는 군대를 정돈하는 한편 손문에게 전보를 쳐 북벌의 선봉이 될 뜻을 표시했다.

고품진이 순직한 뒤 포재정은 범석생과 함께 장개유를 따라 귀주까지 철수해 운남군 소속의 이 북벌군 대오에 가담했다. 장개유는 범석생을 제8여단 여단장으로 임명하고, 포재정을 '재광동 운남군 군수총국 및 술담배 전매국' 국장으로 임명했다. 이로부터 포재정은 정식으로 군계에 개입했다.

북벌군 운남군 부대는 광동 군벌 진형명이 혁명을 배반한 소식을 입수하자 이내 진형명을 징벌하러 광주로 떠났다. 운남군은 원래부터 작전에 날쌔고 용감했기에 광동에 들어선 후 파죽지세로 곧장 광주까지 진격해 나가자 진형명은 창졸히 도주해 버렸다.

1923년, 손문은 광주에 이르러 대원수부를 세우고, 영을 내려 운남군, 광서군, 광동군 및 해군이 합세해 진형명을 징벌한 공훈을 표창하고 공을 세운 장령들에게 계급을 수여했다. 포재정도 이때 소장으로 승급했다.

그후 손문은 비록 광주에 진입했지만, 정세는 다변했고 시국은 혼란스러웠다. 손문은 군대를 거느리고 광동의 반란군을 패멸시켰고, 북양군벌 오패부(吳佩浮)의 군대를 격퇴시켰으며, 진형명의 진격을 격퇴시켜 광주를 보위하는 승리를 거뒀다. 운남군은 이 일련의 전투에서 뛰어난 활약을 보여 손문으로부터 깊은 찬사를 받았다.

1924년 1월, 중국 국민당은 광주에서 대표대회를 소집했고, 손문은 연소, 연공, 부조농공이라는 3대정책을 내놓고 국민당을 재편성했으며, 광주에다 황포군관학교를 창설했다.

포재정은 운남군을 따라 광주에 있는 동안, 맏아들에게 광주에 와 회사업무를 개척하도록 하는 한편 군무에도 참가시켰고, 또 둘째아들을 새롭게 창설된 황포군관학교 제1기 학생반에 넣어 공부시켰다.

이 무렵 손문은 포재정이 민족공업을 발전시켜 온 성과를 격려하고자 그에게 친필로 글을 써 주었다.

"음화식덕(飮和食德)."

외가집 사람들의 말에 의하면, 외조부 일가는 손문의 제자를 보물로 여기고, 편액을 커다랗게 만들어 줄곧 대청에 높이 걸어 놓았다고 한다. 포재정은 처음엔 행상으로 있다가 후에 실업체를 꾸리고, 나중엔 손문을 따라 북벌군에 가담했으니, 이때로 말하면 그는 인생의 최고점에 도달한 셈이다. 그뒤 그의 사업은 심한 타격을 받았고, 그로부터 그는 원기를 잃고 말았다.

1925년 3월 12일, 손문은 병으로 북경에서 사망했다.

5월에 운남의 군벌 당계요가 광주 혁명정부를 뒤엎으려고 시도하고 있었는데, 광주에 주재하고 있는 운남군의 총지휘 양희민(楊希閔)이 그와 내통해 혁명을 배반했다.

이러한 시기에 포재정은 체포되어 연금됐다. 그의 연금을 두고 여러 설이 있는데, 어떤 사람은 그가 북벌군을 지지했기에 양희민이 꼴사납게 보고 그를 모함하여 투옥시켰다 하고, 어떤 이는 그가 군수총국과 술담배전매국 국장으로 있을 때 탐오한 죄로 투옥됐다고도 한다.

낡은 군대에서 군수총국과 술담배전매국 국장직은 비계 덩어리와 같은 요직이었다. 관직이 있는가 하면 권세도 있었으니까 자연 돈이 있게 되는 법이다. 포재정한테 탐오 행위가 있었다면 그건 별로 이상할 것 없는 일이다. 그가 비록 실업의 발전에 진력했고, 그가 비록 국민혁명을 지지하고 거기에 가담하기까진 했지만, 그는 필경 낡은 사회 속의 구식 인물인 것이다. 이런 낡은 사회의 군인과 상인에게 청렴을 바란다면, 그건 너무나 천진스런 생각일 것이다. 하지만 그의 연금은, 그가 국민혁명을 지지하는가 아니면 배반하는가 하는 운남군 내부의 모순과 연관돼 있는 것만은 사실이다. 그것은 그의 석방이 후에 범석생이 북벌하고 돌아온 뒤에 이루어졌기 때문이다.

광주에 있는 기간 외조부는 한때 돈도 벌었고, 벼슬도 해보았다. 그래서 그는 외조모에게 광주에 와서 함께 영화를 누리자고 편지를 띄운다. 그래서 외조모는 운남에서 광주로 외조부를 찾아 떠났다. 그녀는 막내딸인 나의 어머니를 데리고 이 길을 떠났던 것이다.

어머니는 그때 네댓 살이었는데, 자신의 어머니를 따라 운남에서 먼저 베트남에 이르고, 베트남에서 다시 홍콩에 이른 후에야 광주에 도착할 수 있었다. 그때 어머니는 어린 나이였기에 다른 일은 기억 못하고 있지만, 홍콩에 이르고 보니 집들이 층층 일어서고 골목들이 비좁던 것이 깊은 인상으로 남아 있다고 했다.

광주에 도착한 후 외조모와 나의 어머니는 외조부와 함께 지냈다. 그 기간은 1925년 외조부가 연금당할 때까지다. 후에 범석생이 나서서 외조부를 보석함으로써, 외조부네는 나의 어머니와 함께 세 식구가 홍콩, 베트남을 거쳐 곤명으로 돌아왔다.

포재정은 국민혁명군에 가담해 밖으로 나돌아쳤지만, 모함을 입어 군계를 떠나게 됐을 뿐만 아니라, 광주에 모아둔 재산마저도 모조리 손실을 보았다. 그때부터 그는 더는 타지로 나가지 않고, 주로 운남의 곤명과 선위 사이에서 공상업 활동에 종사했다. 그러나 설상가상처럼 포재정은 광주에서 금방 봉변을 겪고나자, 곤명에서 또 위기에 직면하게 됐다.

앞에서 말했지만 포재정의 대유항회사는 파산된 선화회사의 기계들을 토대로 설립된 것이다. 그때 그는 이제 돈을 벌게 되면, 선화회사 주주들의 입주금을 돌려주겠다고 장담했다. 그런데 그는 후에 와서 늘 자금이 부족한 관계로, 줄곧 주주들의 입주금을 질질 끌면서 돌려주지 않고 있었다. 이렇게 되자 선화회사의 주주들은 잠자코 있지 않았다. 그들은 단합해 포재정을 기소했다. 운남 당국은 포재정을 투옥시킴으로써 빚을 대체한다는 판결을 내렸다. 투옥 시기가 눈앞에 닥치자 포재정은 서둘러 관청을 매수해 집의 하인을 대신 투옥시키는 것으로 일을 마무리졌다.

30년대 중엽에 이르러 항일전쟁이 터지면서 국세는 갈수록 험악해졌다. 더욱이 일본이 동남아에 침입하고 중국의 상해, 광주 등 대외 통상구를 강점하면서부터 운남의 햄 통조림은 해외 판매가 전부 중단됐고, 국내 판매 범위도 대폭 줄어들게 됐다. 게다가 해상선이 막히는 바람에 원래 수입 양철판만 쓰던 통조림통 원자재가 끊기면서 생산이 중단됐다. 이름을 날린 운남의 햄 통조림 생산공업은 커다란 타격을 받고 그로부터 더는 살아나지 못했다.

포씨 가문은 대가족인데 포재정만 해도 그의 형제가 넷이었다. 포재정 자신은 아들 셋과 딸 넷을 두었다.

포재정의 맏아들은 그의 아버지의 팔이 되어 줄곧 대유항회사를 경영하고 있었다. 둘째 아들은 황포군관학교 제1기로 들어가 졸업 후 국민혁명군 북벌에 참가했고, 북벌군 중대장을 맡았다. 포재정은 마음이 담대하고 깊은 사람이었다. 그는 군벌이 판치는 사회에서 치부하려면 군대 안에 자기 사람이 있어야 한다는 걸 잘 알고 있었다. 그래서 그는 둘째 아들이 군계에서 영향력 있는 인물이 되기를 은근히 기대했다. 그런데 그의 아들은 부친의 기대를 저버리고 군대 생활을 이겨내지 못하고 집으로 돌아왔다. 그때부터 그는 운남에서 아버지의 사업을 경영했다.

셋째 아들은 1927년 일본에서 유학했는데, 그곳에서 진보사조의 영향을 입어 일부 진보적인 조직에 참가해 애국활동을 폈다. 그는 귀국 후 1928년에 저명한 학자이자 운남사람인 정이리(鄭易里)의 소개로 중국공산당에 가입해 당의 지하공작원으로 활동했다. 후에 그는 탈당하고 고향으로 돌아와 아버지 밑에서 일을 배웠다.

그의 네 딸 가운데 맏이는 어려서 시집을 갔고, 포대영(浦代英), 포석영(浦石英), 포경영(浦璟英) 세 딸은 앞뒤로 집을 떠나 북방에 공부하러 떠났고, 후일 공산당에 참가해 혁명가가 됐다.

해방이 될 무렵 포재정은 이미 나이가 많아 퇴직했고, 곤명에서 선위로 돌아가 만년을 보냈다. 그의 가업은 세 아들이 나눠 경영했다. 그 무렵 햄 통조림 장사는 겨우 이름이나마 이어나갈 뿐, 더 확장되지는 않았다. 그러니 20여 명 식구들의 지출을 감당하기에도 힘에 부치는 상태였다. 다행히도 집에 부동산이 있어 탄광을 꾸렸기에, 해마다 거기서 나오는 돈으로 겨우 살림을 유지해 나갈 수 있었다.

1950년에 포재정은 80세의 나이로 죽었다. 그 무렵, 중국인민해방군이 중국의 남쪽 대륙을 휩쓸고 지나갈 때라, 나의 어머니는 자신의 둘째 딸을 데리고 선위로 돌아가 임종을 앞둔 포재정을 만났다.

해방 후 선위 햄공업은 정부에서 접수했다. 그뒤 몇 십 년의 곡절을 거쳐 지금은 일정한 규모를 갖춘 현급 기업으로 확장됐고, 그 생산품들이 내외 널리 팔리면서 미처 공급이 따라가지 못하고 있는 상태다. 현재 선위 햄공업은 끊임없이 재투자를 하고 있고, 판매망을 넓혀가고 있다. 이는 포재정이 오매불망 기대하던 일이며, 동시에 그가 일생 동안 분투했지만 실현하지 못한 일이다.

포재정의 일생은 확실히 개인 분투사이며, 중국 민족공업 개척자의 분투사이다. 그는 담대한 큰 뜻을 품고 있었고 담략과 경영술을 갖고 있었다. 그는 혁명을 마음을 두었고, 봉건제를 반대하는 진보적인 사고를 갖고 있는 동시에, 또 반봉건 반식민지적 사회의 제한을 받았다. 그는 공상업을 발전시키는 한편, 군계 쪽으로도 뛰어들었지만 동시에 군벌관료 세력의 이중 속박을 받았다.

포재정의 일생은 성공과 실패가 반반이다. 그는 평생을 분투했지만 끝내 자신의 뜻을 이루지 못했다. 그의 분투 경력은 수천만의 중국 민족자산계급 개척자들과 비슷한 데가 상당히 많다. 물론 그를 연해 지구와 중심 도시의 성과 있는 중국 민족자산계급 대표 인물과 유능한 실업가들과 비교해 볼 때 아무것도 아니지만, 중국의 모든 민족자본주의 개척자들은 많든 적든 모두 포재정과 비슷한 경력을 갖고 있다.

중국이라는 나라는 5,000년 문명 역사에서 봉건사회 단계가 장장 2,000년을 차지한다. 진시황이 중국을 통일한 후 중국은 줄곧 강력한 중앙집권제와 전제 제도가 고도로 발전한 봉건국가로 내려왔다. 비록 왕조가 여러 번 바뀌고 광음이 빛마냥 흘러갔지만, 중국의 이 어마어마한 몸체 위에선 봉건주의, 봉건제도, 봉건사상, 봉건세력이 마냥 부적처럼 고집스럽게 서성거려왔다.

19세기 중엽에 이르러 자산계급 사상이 중국 땅에서 움트기 시작함과 동시에 제국주의 세력이 침습해 왔다. 이들은 극히 횡포하고 거리낌없이 엄습해왔다. 그러므로 중국의 민족자산계급과 민족자본주의는 발전 첫걸음부터 봉건주의와 제국주의라는 이 두 강권 세력의 압박과 제한을 받아왔다. 따라서 그 과정은 어렵고도 험난한 가시덤불로 뒤덮여 있었다.

1911년에 이르러 중국에는 자산계급이 영도하는 신해혁명이 발발해서 국민 정권을 세우긴 했지만, 이 정권은 도리어 그 혁명성을 상실해가면서 차츰 부패적인 봉건성으로 변질돼 갔다. 그 이후로 중국의 민족자본주의는 비록 일부 발전을 가져오기는 했지만, 그 운명은 마치 돌 틈을 비집고 간신히 돋은 들풀처럼 유약하고 굽어 있었다.

중국의 자산계급이 정권을 잡은 38년 후, 아직 중국은 제대로 규모를 갖춘 공업체계를 못 이루고 있으며, 여전히 봉건성이 짙은 사회형태 속에서, 극히 생산력이 낮고 낙후한 농업국가로 있었으며, 여전히 반봉건 반식민지 국가로 있었다. 1949년 새 중국이 창건되기 전까지의 중국의 경제 형태는 아래와 같다.

외국 자본주의 세력이 낡은 중국의 금융업, 부동산업, 대외무역업, 공업, 광업, 교통 운수업 등 광범위한 영역에 침투해 중국의 경제 명맥을 기본적으로 통제하고 있었다.

진정한 민족자본은 다만 공업, 수공업, 상업 및 금융업 등의 영역에만 곁들어 있는 형편이었는데, 순수자산이 다해서 겨우 오늘의 20억원(인민폐)에 달했다. 뿐만 아니라 이런 민족자산계급은 정치적인 권력이 없었고, 그 토대가 박약했기에 부득불 봉건 지주계급과 서로 의존해야 했을 뿐만 아니라 제국주의와 관료자본의 세력에 기대야 했다. 그들에게는 뒷심이 될만한 강권 세력이 부족했던 것이다.

포재정의 일생은 초기의 분투로부터 시작하여 성취와 좌절이 반복되는 길이었는데, 이는 절대 대부분의 민족자본주의 개척자들에게서 전형적으로 나타나는 대표적 사례이다. 그들은 한때 득세했지만 결국 제국주의와 봉건주의와 관료자본주의에 의해 압제되고 잠식당하고 말았다.

포재정은 한낱 작은 민족자산계급의 대표 인물에 지나지 않았다. 연해 대도시의 일부 성과가 뚜렷한 큰 민족자본가들처럼 줄곧 허리를 펴고 살지 못했으며, 자유롭게 발전할 수 있는 광활한 무대가 주어지지 않았으며, 줄곧 남의 손에 쥐여 사는 굴욕적인 지위에 처해 있었다. 이것이 바로 포재정의 비극이며, 동시에 중국 민족자본주의의 비극이기도 하다.

49 나의 어머니 탁림

　내가 짧은 두 가닥의 머리를 땋고, 세상 물정을 좀 알기 시작한 여자아이로 자란 후부터 나는 이 세상에서 나를 제일 사랑하는 분이 아버지와 어머니라는 것을 알게 됐다.

　아버지는 항상 일이 분망해 별로 우리를 돌보지 못했다. 그러니 우리에게는 자연히 아버지보다 어머니가 더 친근했다.

　우리 오빠와 언니들은 전쟁의 어려운 환경 속에서 태어났다. 아버지와 어머니는 행군과 전투를 그만둘 수 없는 상황이기 때문에, 그들은 태어난 지 얼마 안 되어 모두 농촌의 할머니네 집에 보내 키워졌다. 우리 다섯 형제와 자매 가운데, 나와 남동생 하나만이 해방 후에 태어나 어머니의 손에서 자라났다. 그래서인지 어머니는 나와 남동생을 특별히 더 생각한다. 어려서부터 내가 응석이 많은 것은 어머니의 편애 때문이라고 사람들은 말한다. 그들의 말대로 사실 어머니는 나를 좀 편애한다. 하지만 내가 말을 잘 안 들을 때마다, 어머니가 나를 제일 많이 때렸다는 것은 누구도 모를 것이다. 그리해 사람들이 나를 두고 이렇게 말하는 것을 나는 지금까지도 속으로 긍정하지 않고 있다.

　어쨌든 간에 우리 가정에서는 아버지가 핵심인 것만은 틀림없다. 하지만 어머니 역시 가정의 중심이어서 우리 형제 자매들은 그녀의 슬하에 있다. 우리들의 교육을 맡은 사람이 바로 어머니였다.

　생활 면에서 어머니 자신이 지식인이었기 때문에, 그녀는 어려서부터 우리에게 과학 지식을 주입시키기에 특별히 주의를 기울였다. 오빠와 언니들은 학교에 기숙하다가 토요일에 집으로 돌아오곤 했다. 우리 집 식구들은 저녁식사가 끝나면 상에 둘러앉아 어머니가 '강의'하는, 예를 들어 핵분열이란 무엇인가, 연쇄반응이란 무엇인가 하는 등등의 지식을 듣곤 했다. 우리 꼬맹이들은 알아듣건 알아듣지 못하건 가만히 앉아서 귀를 기울여야만 했다. 이야기를 듣고 나서 우리들은 서로 의논을 나누었으며 때로는 논쟁을 벌이기도 했다. 그리하여 수십 년 동안을 식당의 이 상은 우리집의 '자유논단' 장소가 됐다. 지금도 마찬가지로, 의제를 발표하는 사람들 가운데 손자 세대의 맹장들이 더 늘었을 뿐이다.

나는 여기서 어머니는 항상 우리를 돌보았을 뿐만 아니라, 사상 면, 나아가서는 인생의 길을 선택하는 면에서 어머니의 영향이 이만저만 큰 것이 아니었다는 사실을 말하고 싶다. 어머니는 북경대학 물리학과 학생이었다. 그리하여 오빠, 둘째 언니, 남동생까지 모두 물리학을 선택했을 뿐만 아니라, 모두 다 북경대학 물리학과에 진학했다. 이 한 가지 사실만으로도 무의식 중에 우리에게 준 어머니의 영향력이 얼마나 컸는가를 가히 알 수 있다.

나는 진심으로 우리 어머니를 사랑한다. 그리하여 이 책을 쓰기 시작할 때 벌써 나는 독자들에게 어머니에 대한 이야기를 하려고 단단히 준비했었다.

사실 나는 어머니에 대한 이 단락을 하루 빨리 쓰기 위해 조급히 기다려왔다. 그러나 이 이야기는 아주 소박하면서도 평범하다. 어머니의 경력은 아버지처럼 그렇게 규모가 크거나 사람의 마음을 감동시키지는 않지만, 마찬가지로 곡절이 많아 의미심장하다. 이는 전혀 다른, 그러나 그 시대에 있어서는 아주 대표적 성격을 띠는 인생의 길이다.

포경영이라고 하는 한 계집아이가 있었다. 1916년 4월에 그녀는 운남성 선위현 한 공상업가의 가정에서 태어났다. 그는 그 집안 형제들 가운데 일곱째이자 막내였다. 그의 가정에 대해서는 앞의 장에서 소개했기에 독자들의 읽음을 염두해 여기서 더 이상 쓰지 않겠다.

그녀의 집은 호사스러운 집이거나 문인 가족은 아니었지만, 마을에서는 이름난 명사였고 갑부였다. 그녀의 아버지는 운남성에서 이름난 '햄 대왕' 포재정이다. 포경영에게는 오빠 셋, 언니 셋이 있었다. 그녀는 집의 막내딸이었으므로 자연히 그 부모들이 애지중지하는 귀염둥이였다. 포경영은 아버지를 많이 닮아 피부색이 건강했으며, 발그레한 얼굴은 햇빛을 받은 사과 같았다. 검은 두 눈썹은 이마 밑에 난 아치형의 두 문 같았다. 쌍겹진 커다란 두 눈은 속눈썹이 길었으며, 웃을 때면 아무 구속없이 상쾌하게 웃어 사람들의 사랑을 받았다.

그녀는 세상에 태어난 날부터 먹을 걱정 입을 걱정 없이 호강하며 자랄 수 있었다. 그것도 그럴 것이 위로는 아버지가 보호해주고 어머니가 사랑해주었으며, 아래로는 오빠들이 보살펴주고 언니들이 같이 놀아주었기 때문이다. 이런 유족한 생활은 그녀에게 어렸을 때부터 낙관적이고 활발하며, 무슨 일이나 따지지 않고 대충하는 성격을 키워주었다. 다 좋은데 약간의 결함이라면 총애를 받다보니 응석을 좀 부렸다. 그녀의 둘째 언니 포대영은 그 꼴이 보기 싫어 부모 몰래 혼내주곤 했다.

학교 갈 나이가 되자 그녀는 언니들과 함께 서당선생을 청했다. 《삼자경(三字經)》, 《백가성(百家性)》, 《사서》, 《오경》, 《여아경(女兒經)》을 배웠다. 이상하게 그들의 선생은 글을 외게 했지 글자를 가르치지 않았다. 그리하여 그들은 암기만 할줄 알았지 글자는 몰랐다.

그녀가 좀 큰 다음 아버지가 성 소재지 곤명으로 옮겨가는 바람에 그녀의 온 가족도 곤명으로 이사갔다. 곤명에서 포씨네 세 딸 대영, 석영, 경영은 함께 소학교를 다녔다. 소학교를 졸업한 후 그들 셋은 또 곤명 여자중학교에 붙어 함께 중학교를 다녔다.

그들의 생활이 평온하고 근심과 걱정이 없었지만, 고인 물마냥 고요하지는 않았다. 생활에서의 이러저러한 파도들은 그 소녀들의 마음에 마찬가지로 충격을 주었다.

우리나라 서남쪽에 위치한 운남성은 중화 내지와 멀리 떨어져 있어 옛날부터 오랑캐들이 사는 곳이라 했고, 근대에 와서도 여전히 문화가 낙후하고 생산이 아주 뒤떨어졌다. 그곳 사람들이 사상적으로 새 사조와 자산계급 민주주의 혁명의 충격을 받기는 했지만, 아직 연해 지역에 비하면 많이 낙후되고 보수적이었다. 그곳에는 봉건적인 세력이 더욱 완고하고 강대했다. 포재정이 국민혁명에 참가하기는 했지만, 그 가정은 아직 전형적으로 봉건적인 구식이었다.

독자들은 아마 명작인 《집(家)》, 《봄(春)》, 《가을(秋)》을 보았을 것이다. 파금(巴金)이 이 책들에 묘사한 주씨 관저는 전형적인 사천성의 봉건가정이다. 모두 서남쪽에 위치해 있는 탓이어서 그런지 운남성의 포씨네 가정에서 일어난 일들도 문호 파금이 묘사한 전형과 너무나 비슷했다.

포씨네 가정에서 국민혁명에 참가한 사람은 한두 사람이 아니다. 그런데 그들이 일단 고향에 돌아와 예전 생활로 돌아가 그 환경에 포위되면 혁명의 열정이 사라지고 아무런 빛도 뿜지 못하는 평범한 사람으로 전락하고 만다. 둘째는 북벌혁명에 참가했다가 돌아와 조그마한 탄광의 주인이 됐고, 셋째는 공산당을 이탈한 후 고향에서 아무런 성과도 내지 못하고 마누라와 같이 약담배만 피웠다. 포재정 역시 고향에 돌아온 후 사업이 쇠락해 다시는 그 전날의 명성을 회복하지 못했다.

포씨네 가정은 대가족이어서 포경영 세대에 와서는 사촌자매들만 해도 여자아이들이 열셋이나 됐다. 포경영은 그 열세번째로 제일 어렸다. 그에게는 고모, 숙모, 이모, 언니들이 수없이 많았다. 포씨 가정의 이 여성들은 모두가 봉쇄된 감옥과 같은 봉건적인 환경에서 생활했다. 그들 가운데 어떤 사람은 이 답답한 생활 체계의 최하층에서 살았다. 이런 구식 가정에서 사는 여성들은 자립해서 살아갈 수 없었고, 자주적으로 혼인할 수 없었으며, 내내 부귀영화나 누리는 아버지, 남편, 아들의 예속물에 불과했다. 그들 가운데는 계모에게서 학대를 받아 평생 불구가 된 사람이 있는가 하면, 남편이 첩을 얻어 우울증에 걸린 사람도 있으며, 결혼한 후 시집의 능욕을 견디지 못해 끝내 약을 삼키고 자살한 사람도 있다.

포경영과 그의 두 언니는 어려서부터 주위에서 일어난 이런 일들을 직접 목격하고, 인간 세상에서 여성들의 이런 불평등한 운명에 대해 분개했다. 선생과 앞세대로부터 그들은 《여아경》과 삼종사덕을 배웠으며, 생활 속에서 그들은 손위 여성들의 불행한 비극이 바로 그들 앞날의 운명이라는 것을 배웠다. 그들의 어린 마음속에는 반항의식이 싹트기 시작했다. 그러나 어떻게 반항해야 하는지 그들은 아직 몰랐다.

오직 시대의 물결만이 사회의 침울한 분위기를 가셔 버릴 수 있었다. 포씨 자매의 오빠가 일본에서 돌아오며 혁명서적과 공산주의를 선전하는 소책자들을 많이 가져왔다. 세 자매들은 그 책을 보고 대단히 신기하게 생각했다. 책에 씌여 있는 그 혁명 도리와 진리의 계시를 다 알 수는 없었지만, 책을 읽은 후 그들은 마치 시원한 봄바람을 만난듯이 마음이 후련하고, 이목이 새로워졌다. 그때부터 그들은 혁명사상의 영향을 받기 시작했다.

곤명에 와 학교를 다니면서 그들은 선위에서보다 많은 새로운 사물을 접하게 됐다. 중학교에 다닐 때 한 음악 여선생은 수업시간에 늘 학생들에게 혁명을 선전하고 공산주의를 선전했다. 즉 밭을 가는 자가 밭을 지녀야 한다는 이치를 설명하곤 했다. 세 자매는 그 선생에게서 깊은 감동을 받았다. 하루는 이 선생이 갑자기 체포됐다. 족쇄와 수갑을 찬 이 여선생은 압송돼 사형장으로 가는 길에서도 줄곧 강개하고 비장하게 노래를 부르며 공산주의 구호를 소리높이 외쳤다. 정의를 위해 희생을 두려워하지 않는 그 선생의 늠름한 자세는 수많은 학생들의 마음을 크게 감동시켰다. 그때부터 공산주의자의 위대한 이상이 세 자매의 가슴속에 깊이 새겨졌다.

그들 고향집의 봉건적 여성들의 운명과 비교해 볼 때 공산당원인 이 여선생의 모습은 얼마나 위대하고 훌륭한가. 자유를 추구하고 여성해방을 추구하는 개념이 점차 포씨 자매들 마음속에 자리잡았다.

1931년에 북경에서 전국체육대회가 열려 각 성에서는 운동선수들을 뽑아 보냈다. 포경영은 소년부 60미터 단거리선수로 뽑혀 운남성 대표팀이 됐다. 그의 대표팀이 운남에서 출발해 홍콩에 도착했을 때, 공교롭게도 9·18사변이 일어났다. 일본제국주의는 대규모로 침입해 재빨리 우리나라의 동북 삼성을 점령했다. 국난에 직면해 체육대회를 열 수 없게 되자 운남팀은 모두 돌아올 수밖에 없었다.

체육대회에 참가하는 것은 물론 자랑거리였지만, 포경영의 목적은 체육대회에 참가하는 기회를 타 집을 떠나 북경으로 가 공부하려는 데 있었다. 그런데 누가 알았으랴, 금방 홍콩에 도착하자마자 다시 돌아가야 할 줄을. 그녀는 정말 마음이 내키지 않았다. 이때 포경영은 15살 난 소녀로 자신의 주견이 아주 뚜렷했다. 그녀는 운남에 돌아가지 않기로 결심했다. 그녀는 오빠에게 편지를 써 북경에 가 공부하겠다는 것과, 운남으로 돌아가지 않겠다는 결심을 밝혔다.

그녀의 결심은 끝내 집의 동의를 얻었다. 포경영은 기쁜 마음으로 즉시 배를 타고 상해로 가 정역리를 찾았다. 정역리는 그녀 오빠의 일본유학 때의 동창이며, 오빠의 입당 소개인일 뿐만 아니라 포씨 가정과 장사 거래가 있는 사람이다. 그리하여 그때부터 정역리는 책임지고 북경에 가 있는 포경영의 생활비를 매달 보내주었다.

북경에서 그녀는 먼저 외사촌언니네 집에 있다가 얼마 지나지 않아 기독교청년기숙사로 자리를 옮겼다. 운남의 문화 수준이 북경의 수준보다 낮았으므로, 포경영은 보습반에서 몇 달 학습한 후 1932년에 북경 제1 여자중학에 입학했다. 여자1중은 북경에서 이름난 학교로 교풍이 바르고 사상이 활약적이며 성적이 으뜸이었다. 포경영은 이 새로운 환경에 이내 적응했다.

그녀는 나서부터 총명하고 슬기로웠으며, 활발하고 명랑했다. 그녀는 학습 여가에는 같은 고향의 좋은 벗들을 더러 사귀었다. 예를 들면 이름난 영화배우 장서방(張瑞芳), 진운의 부인 우야목(于若木), 호교목의 부인 곡우(谷雨) 등 많은 저명한 인사들이 다 포경영의 동창생들이다. 그녀는 학교에서 장서방과 함께 극을 한 적도 있다. 장서방은 계집종역을 하고 포경영은 아가씨역을 했다.

학습 여가에 그녀는 몇몇 운남 고향사람들과 함께 늘 교외에 소풍도 가고, 찻집에도 가고 극장에 가 극도 보고 하면서 아무런 구속없이 자유롭게 보냈으며, 고향의 그런 침울한 기분을 샅샅이 던져 버렸다.

북경에서 그녀는 경극에 흥미를 가지게 됐다. 그리하여 그녀의 한 동향 사람은 그녀에게 노래를 가르치는 선생까지 소개해 주었다. 그런데 애석하게도 그녀는 음정이 틀려 노래를 배울 수 없었다. 그러나 그녀는 나이가 어리고 기억력이 좋아 다른 사람들 뒤에서도 유명한 극의 주요한 단락들을 몽땅 외웠는데, 몇 십 년이 지난 후에도 그걸 잊어버리지 않았다.

중학교를 다닐 때 포경영은 폐병에 걸려 남경에 가 입원하게 됐다. 그때 상해에도 갔다 왔는데 이 모든 일을 정역리가 다 돌보았다. 집에서는 포경영에게 매달 생활비로 은전 10원을 보내주었는데, 이것은 적지않은 돈이었다. 그때 은전 1원이면 밀가루 한 포대를 살 수 있었다. 나이가 어리고 놀기를 좋아하는 포경영은 돈이 적지 않았는데도 매달 어디다 썼는지 모를 정도로 다 써버리곤 했다. 어려서부터 돈을 잘 쓰고 관리할 줄 모르는 성품은 그때 만들어졌고, 그녀 자신도 평생 그 성격의 영향을 받았다. 해방 후 우리집 생활은 군사공산주의식 공급제로부터 노임제로 바꼈다. 여덟 식구나 되는 우리 큰 식구를 다루던 어머니는 한때 어떻게 생활을 해야 할지 몰랐다.

포경영은 가정의 속박에서 벗어나 한때 북경에서 이렇게 살았다. 그러나 그 당시는 국난에 직면해 시국이 급변하고 있었으며, 민족의 생사존망의 위험감은 많은 청년 학생들의 마음에 강한 충격을 던졌다. 포경영도 예외가 아니었다.

동북이 함락된 후 동북의 많은 학생들이 북경으로 망명해 왔다. 그들은 고향을 잃고 육친을 잃었다. '우리집은 동북 송화강가에 있다네.'라는, 낮고 격분에 찬 노랫소리는 이 옛 도시의 거리와 골목들에 울려퍼졌고, 대학과 중학의 교정에 울려퍼져 사람들의 마음을 뒤흔들어 놓았다. 항일 구국운동의 외침 소리가 끊임없이 높아가는 정세 속에서 중국사회의 각계각층 인사들은 저마다 호응해 여러 형태로 의연금을 모아 항일군대를 지원했으며, 일본 상품을 배격하는 것으로 그들의 침략에 항의했다. 내전을 중지하고 일본의 침략을 저항하는 신성한 전쟁을 벌이자는 요구는 절대다수 중국인의 마음속에서 우러나오는 한 목소리가 됐다.

1935년, 일본 침략자는 남경 국민정부를 부단히 협박했으며, 하매협정(何梅協定)과 진토협정(秦土協定)을 등에 업고 그들은 침략의 마수를 화북 다섯 개 성에 뻗치고, 이른바 '화북의 자치'를 일방적으로 선포했다. 일본 침략자의 야심이 백일하에 드러나고 당장 식민지로 전락될 위기에 직면해 북경의 학생들은 더는 침묵을 지킬 수 없었다.

1935년 12월 9일, 북경의 수천 명 학생들은 거리로 나가 "더는 망국노가 되지 않겠다."는 구호를 소리높여 외쳤다. 19살 난 포경영과 그의 동창생들도 항의 물결에 가담했다. 그들은 시위행진 대열에 끼어들어 항일 플래카드를 들고 애국의 구호를 외치며, 일본제국주의의 침략 폭행과 남경 국민정부의 매국적 행위를 성토했다.

학생들은 손에 손을 잡고 어깨에 어깨를 걸고 행진했다. 그들의 가슴속에서는 애국의 격정이 끓어 번졌고, 그들의 몸에서는 민주주의를 요구하고 자유를 요구하고 망국노가 되지 않겠다는 뜨거운 피가 흐르고 있었다. 북경 당국은 당황해 군경을 풀어 탄압했다. 군경들은 고압 물호스로 학생 대오를 저지했으며, 경찰봉을 애국청년들의 머리 위에다 마구 휘둘렀다.

대오는 무너지고 학생 30여 명이 체포됐고 수백 명이 부상을 입었다. 그러나 그들의 항일투쟁은 전국적으로 번져나가 보다 기세 드높은 항일 구국 대중운동의 물결을 일으켰다.

포경영과 그의 동료들은 12·9시위 행진에서 북경 당국 군경들의 고압 물호스에 의해 흩어졌다. 며칠이 지난 12월 16일, 그들은 또다시 교문을 나서 보다 큰 규모의 항일 활동에 참가했다. 그러나 군경들이 도시를 봉쇄해 그들은 전체 학생 대오에 접근할 수 없었다. 그리해 그들은 시위하는 학생들의 사기를 올려주기 위해 성벽에 올라가 멀리 외쳐댔다.

12·9, 12·16 두 차례의 학생운동을 통해 북경의 수많은 학생들의 투쟁에 대한 각성은 날로 높아갔으며, 그들 가운데 많은 사람들은 그 때부터 항일의 전투 마당으로, 혁명의 길로 나아갔다.

12·9학생운동에 참가한 포경영은, 운동을 통해 사상 면에서 질적인 향상을 이뤄냈다. 단순히 봉건주의적 속박에서 벗어나는 것을 추구하고, 또 혼인 자유와 개성의 해방만을 추구하던 그녀의 순결한 마음은 더욱 넓은 정치 및 사상 분야로 상승해, 그녀가 멀지않은 장래에 혁명의 길로 나아가도록 기초를 닦아주었다.

1936년에 포경영은 중학교를 졸업하고 우수한 성적으로 북경대학 물리학과에 입학했다. 여자로서 그 시대에 무엇 때문에 북경대학 물리학과에 응시했을까? 그것은 북경대학이 중국의 유명한 대학으로서 5·4운동과 12·9운동의 발상지이며 중국의 새 사조, 새 문화가 활약하는 곳이며, 또한 이름난 학자와 새로운 인물들이 모이는 곳이기 때문이다. 또한 그것은 이공과를 배워 실업으로 나라를 구하고, 과학으로 나라를 구하려는 것이 진보적 청년들의 이상이었기 때문이다.

포경영은 총명하고 배우기를 즐길 뿐만 아니라 열심히 공부했다. 전국에서 이름난 대학에 붙었다는 깃은 그녀에게 있어서 뜻이 깊나. 그녀는 말하자면 운남성 전체에서 북경의 이름난 대학에 입학한 첫 사람이었다.

이상하게도 북경대학 물리학과는 그녀와 커다란 인연을 갖고 있었다. 몇 십 년 후에 그녀의 세 자녀들도 그 뒤를 따라 북경대학 물리학과에 입학했다.

당시 북경대학은 문학원과 이학원으로 갈라져 있었는데, 이학원은 동성구의 사탄 부근에 있었다. 포경영이 북경대학에 들어갔을 때, 그녀는 여기서 또 새로운, 중학교와는 아주 다른, 그러나 더욱 사람을 흡인하는 생활 공간이 있다는 것을 발견했다. 그곳은 학습과 생활 이외에 정치적인 분위기가 무척 짙었다. 교정 안에서는 항일 민족해방 선봉대란 조직이 활약하고 있었다. 포경영은 진보적 사상의 영향을 받아 이 선봉대의 외곽 활동에 참가했다. 그러나 그녀는 그때까지만 해도 공부를 통해 과학기술을 발전시킴으로써 장차 나라를 위해 힘을 바치겠다고 생각하고 있었다.

이 해에 포경영의 두 언니 포대영과 포석영도 끝내 가정의 동의를 얻어 북경에 공부하러 왔다. 세 자매가 또다시 한자리에 모이게 된 기쁨이 얼마나 컸었는가를 누구든 가히 알 수 있으리라. 그러나 시국의 급격한 변화는 그들의 아름다운 염원은 물론, 모든 사람들의 아름다운 염원을 깨뜨려버렸다.

1937년 7월 7일, 일본 침략군은 북경 부근의 노구교에서 사변을 일으켰다. 7월 하순에 일본 침략군의 총포는 옛 도시 북경을 거침없이 짓밟고 들어왔다. 북경은 일본 침략군의 총검의 통치 밑에 빠졌다. 엄청난 공포와 혼란도 함께. 사람들의 물결이 북경에서 밀려나오기 시작했다. 누구든 이곳에서 더는 배겨날 수 없었다.

온 도시가 공포에 휩싸였으며, 사람들은 나라의 망국을 바라보며 침통해 했다. 세 자매는 컴컴한 방 안에서 머리를 파묻고 통곡했다. 세 자매 중 큰언니 포대영은 어려서부터 의지가 굳고 반항심이 강했다. 일본의 침략이 나날이 심해지자 그녀는 북경에서 이내 공사당의 외곽 조직인 민족해방 선봉대 조직에 가입했다. 이렇게 혁명의 길을 확고히 선택한 그녀는 당시 중국청년들이 동경하던 혁명의 성지, 연안으로 달려갔다.

한편 북경에 잔류했던 포석영과 포경영은 후일 고향사람의 도움을 받아 변복을 하고 일본 침략군의 삼엄한 시선을 피해 북경에서 빠져나왔다. 완전무장한 일본 병사들이 손에 총검을 들고 학생들과 진보적인 인사들을 수사하는 삼엄하고 위험한 장면들은 내내 포경영으로 하여금 잊지 못하게 했다.

북경은 빠져나왔으나 또 어디로 갈 것인가? 청년 학생들의 전도는 분명 어디에 있는가? 그 대답과 출로는 연안의 팔로군을 찾아가 혁명에 투신하는 길밖에 없었다.

당시 선천성 심장병이 있는 포석영은 심장이 확장되 행동하기가 아주 어려웠다. 때문에 포경영은 그녀를 말렸다.

"언니는 연안에 가지 않는 것이 좋겠어요."

"나는 기어서라도 연안에 가겠다. 죽어도 연안에서 죽겠다!" 포석영의 말이었다.

길이 통하지 않아 그들은 먼저 북경에서 천진으로 가 배를 타고 청도에 이른 후, 청도에서 기차를 타고 제남으로 갔다. 제남에서 그들은 혼잡을 이룬 피난민들 속에서 겨우 기차표를 구해 끝내 서안에 도착해, 서안에 주재하고 있는 팔로군 사무처를 찾아갔다.

그들은 시험을 치르고 민족해방 선봉대 조직의 소개를 받아 연안에서 운영하는 섬북공학에 입학했다. 그들은 너무도 기뻐 어쩔 줄 몰랐다. 갖은 곤란을 다 겪으면서 수천 리 여정을 거쳐 끝내 귀착점을 찾은 셈이었다. 그들은 많은 청년 학생들과 함께 걸어서 연안으로 갔다.

그들은 몸에 작은 보따리를 지고 섬북 황토고원 특유의 탁상고원과 골짜기를 지났다. 그들은 밤낮을 쉬지 않고 걸었다. 연안이 가까워질수록 마음은 더욱 격앙됐다. 일본 침략군의 총검의 공포에서 벗어난 그들은 도처에서 만나는 항일 근거지를 보고 아주 분명하고 참신한 감동을 느꼈다. 포석영이 심장병이 발작해 걸을 수 없게 되자, 사람들은 섬북의 작은 나귀를 구해 그녀를 태웠다. 그녀는 정말 죽는 것도 두려워하지 않았다. 밤낮으로 칠 일 동안을 걸어 그들은 끝내 연안에 도착했다.

섬북, 연안, 팔로군, 혁명, 항일.

그야말로 새로운 천지, 새로운 세상이었다. 집이 없고 나라가 없는, 일본군의 총검 밑에 놓인 북경과는 비교가 되지 않았다. 또한 이곳 사람들을 만나보니, 오는 길에서 만난 목숨을 부지하기 위해 허둥지둥 도망치던 사람들이 참으로 안타깝고 한심스럽게 느껴졌다. 그것은 비교할 가치조차 없었다. 여기는 하늘이 맑고, 달이 밝고 마음조차도 상쾌했다.

섬북의 성지——연안에 도착했다. 때는 1937년 11월, 겨울이 아직 오지 않은 가을 날씨는 의연하고 포근했다.

보탑은 산꼭대기에 우뚝 서 있었고, 연하는 청석판 강바닥을 흐르고 있었다. 황토산 아래에는 토굴집이 줄지어 있었고, 마찻길에서는 방목하는 노인이 소와 양떼를 몰며 웅혼하고 호방한 섬북 민요를 소리높이 부르고 있었다. 산비탈 아래위 그 어디에서나 팔로군 군복을 입은 혁명 군인들이 오가면서 서로 이야기하는 것을 볼 수 있었다.

여기서 두 자매는 듣고 보는 것이 새로웠고 그리하여 정신이 분발됐다. 더욱 그들을 기쁘게 한 것은 그들의 언니 포대영이 여기에 있었기 때문이다. 그녀는 이미 항일 군정대학을 졸업하고 중국공산당에 가입했으며, 결혼까지 했다. 그의 남편은 바로 중국에서 이름난 노동 운동가이며 노홍군 전사인 악소화(樂少華)이다.

또다시 만난 세 자매는 기뻐 어쩔 줄 몰랐다. 북경에 있을 때 마음이 그렇게 무겁던 그때의 정경을 돌이켜보고, 곧 시작될 전혀 다른 생활을 내다보는 그들은 나누어야 할 말이 얼마나 많은지 며칠을 두고도 다 할 수 있을 것 같지 않았다.

포석영과 포경영은 둘 다 섬북공학에 들어갔다. 섬북공학은 간부를 양성하기 위해 연안에 세운 학교로 1937년 9월에 문을 열었다. 이 학교는 전국 각지에서 오는 진보적인 청년들을 전부 받아들였다. 여기서 학생들은 마르크주의 철학, 정치경제학, 대중운동 등의 과목을 배웠다. 여성운동 과목은 이름난 여성 수령인 채창(蔡暢)이 직접 강의했다.

약 삼사 개월 후에 두 자매는 졸업했다. 포경영은 섬북공학의 도서관에 배치받고, 포석영은 몸이 좋지 않아 잠시 소매부(小賣部)에 배치뤘다.

1938년초, 두 자매는 중국공산당에 가입했다. 포경영은 섬북공학에서 12대 대장을 한 기 한 후에 섬감녕특구 정부 보안처의 특별 훈련반에 가 학습했다. 포경영은 천성이 활발하고 총명하여 학습을 잘 했다. 상급 지도부에서는 그녀가 적후방에서 비밀공작을 할 수 있는 여러 가지 장점을 가지고 있다고 인정하고, 그녀를 특별 훈련반에 보내 훈련시킨 후 일본 점령구, 즉 적후방에 보내 항일공작을 전담케 하려 했다.

이때 사업으로 인해 포경영은 이름을 탁림(卓琳)으로 고쳤다. 시간은 빨리 흘러갔다. 어느새 2년이라는 세월이 거의 흘러갔다.

전국 각지에서 연안으로 달려와 혁명에 투신한 진보적 청년들은 간고하지만, 생기가 차 넘치고 전투적인 연안의 생활에 재빨리 익숙해졌다. 그들은 이내 신성한 항일사업과 혁명사업에 휩쓸어들었다. 이런 혁명 청년과 지식 청년들의 참여와 가입은 중국공산당과 팔로군에 새로운 활력을 보태주어, 혁명 대오와 항일 대오를 크게 강대하고 풍부해지게 했다.

활발하고 낙천적이며 근심 걱정을 모르는 청년 대학생이던 원래의 포경영도, 이제 자기의 일생을 혁명 사업에 바친 공산주의 전사로, 의지가 굳은 혁명 일꾼이 됐다.

포경영이 탁림으로 된 경력은 많은 노혁명가에 비하면 별로 전기적 색채를 띠거나 사람의 마음을 감동시키지는 못한다. 그러나 평범하지만 평탄하지 않은 이 길은 수많은 진보적 청년들이 광명을 추구하기 위해, 항일에 투신하기 위해, 혁명을 하기 위해 걸어간 공동의 길이었다. 또한 이 길은 정강산의 길처럼 휘황하거나 장정의 길처럼 장렬하지는 않지만, 이것은 한 시대의 진리와 혁명으로 통하는 환한 길이었다. 이 길을 만들어낸 것은 청춘의 힘이며, 끓어 번지는 피이며, 많은 사람들이 한 마음이 된 강대한 정신이었다.

1939년, 여름이 거의 다 갈 무렵에 탁림은 다른 사람의 소개로 등소평이라는 인물을 알게 됐다. 세상물정을 아직 잘 모르던 그녀는 그 사람이 노홍군 전사이며 전선의 장령이라는 것만 알았지, 그 사람이 대체 무슨 일을 하며 무슨 책임을 지고 있는지 아무것도 몰랐다. 어쨌든 혁명에 대한 공동의 이상, 공동의 추구가 그들을 하나로 연결시켜 놓았다.

1939년 9월초, 어느 날 저녁에 연안 양가령 모택동의 토굴집 앞에서 회식모임이 있었다. 그때 연안에 있는 중앙의 고급지도자로서 올 수 있는 사람은 다 모였다. 모택동과 그의 부인 강청, 유소기, 장문천과 그의 부인 유영, 박고, 이부춘과 그의 부인 채창 등 모두가 왔다.

이날 밤에 두 쌍의 신혼부부가 결혼식을 올렸다. 한쌍은 등소평과 탁림이었고, 다른 한쌍은 공원(孔原)과 허명(許明)이었다.

공원은 1924년에 혁명에 참가한 공산당원으로서 그때 중공 중앙 특별위원회 부주임직을 맡고 있었다. 해방 후 세관총서 서장, 대외무역부 부부장, 중공중앙 조사부 부장 등을 역임한 그는 유명한 혁명 활동가이다. 갓 결혼한 그의 아내 허명은 재간이 있고 능력이 있는 여성간부며, 해방 후에는 중화인민공화국 국무원 부비서실장직을 맡고 있었다. 이 두 사람은 성격과 붙임성이 좋으며 모두 연안의 활약가이다.

연안에서 행한 이 특유한 회식 겸 결혼잔치에는 그 무슨 산해진미도 없었고, 사치스럽고 호화로운 장면도 없다. 황토 토굴집 앞에 나무판자로 상을 만들고, 그 위에다가는 역시 평소에 먹는 연안의 특유한 노란 좁쌀밥을 올려놓았다. 연회에 참가한 사람들은 다 연안에서 명성을 떨친 인물들이지만, 마찬가지로 다 무명으로 지은 팔로군 군복을 입고, 발에는 헝겊신을 신고 무릎을 기운 바지를 입었다.

두 쌍의 신랑, 신부는 함께 사진을 찍었다. 그런데 촬영 기술이 좋지 못해 그 사진은 희미하다. 사진에는 그들 네 사람이 어깨를 나란히 하고 서 있었으며, 누구 하나 면사포도 쓰지 않았고 예복도 입지 않았다. 무명으로 지은 팔로군 군복은 소박한 정서를 보여주고, 명랑

한 웃음은 혁명자의 행복하고 숭고한 심정을 보여주고 있다.

이것은 확실히 연안에만 있을 수 있는 특유한 회식과 결혼잔치였고, 거기 참석한 모든 손님들은 모두 앞날 중화인민공화국의 기둥들이었다. 그들은 모두 위무당당한 위인들이며, 오랫동안 싸움을 해온 용사들이며, 형제와 같이 가까운 전우들이다. 이 두 쌍의 결혼식을 빌어 그들은 간단하고 소박하지만, 즐겁고 다정하게 한 자리에 모여 회식을 한 것이다.

즐거운 분위기가 넘치는 그 자리에는 또 익살꾼이 없지 않았다. 혁명 노전사가 동심이 동해 보통 사람들과 마찬가지로 신랑을 놀렸다. 공원은 술에 취해 첫날 밤에 허명에게 책망까지 받았다. 등소평은 다행히도 권하는 술을 다 마셨는데도 취하지 않았다.

사후에 유영이 장문천에게 "소평의 주량이 대단하던데!"하고 말하니, 장문천은 웃으며 "그 안에 가짜가 들어 있었다오!"라고 했다. 원래 이부춘이 등소평과의 우정을 생각해 물 한 병을 가져다 술처럼 권했으므로, 그의 옛친구 등소평은 그날 밤 술에 취하지 않을 수 있었다.

미풍이 술솔 불어오고, 밤이 이슥하니 달빛도 차가웠다. 연안성 안은 점점 인적이 적어졌고, 군대 신호 나팔소리가 먼 산에서 메아리쳤다. 모두 술이 거나해지니 심정이 유쾌했다. 연안 양가령 모택동의 토굴집 앞에서 중국공산당과 팔로군의 이 노전사들은 꾸밈없는 소박한 방법으로 그들의 오랜 전우의 결혼식을 치렀으며, 멀지않아 전선으로 달려갈 전우들을 위해 술잔을 들었다.

주은래와 등영초는 오지 못했다. 그 이전 주은래가 말을 탈 때, 강청이 다른 사람은 생각지 않고 채찍을 휘두르며 질주하는 바람에, 주은래의 말이 놀라 그는 부상을 입었기 때문이다. 그때 그는 소련으로 가 상한 팔을 치료하고 있었다. 그렇지 않았다면 그는 틀림없이 왔을 것이며, 자기의 친밀한 전우를 위해 연신 통쾌하게 술을 마셨을 것이다.

며칠이 지났다. 가을의 아침 햇빛이 연안의 황토산을 비추고, 그 아래 대지는 온통 황금빛으로 물들었다. 탁림은 갓 결혼한 남편과 함께 전방 태항으로 떠나갔다.

이때 등소평은 35살이었고, 탁림은 23살이었다.

50 태항산 항일투쟁 시절

붉은 해 동방을 비추니
자유의 신 목청껏 노래 부르네.
보아라, 천산만학과 금성철벽,
항일의 봉화 태항산에서
세차게 타오르네.
들으라, 어머니는 아들을 왜놈 치는데 보내고
아내는 남편을 싸움터에 내보내네.
우리의 태항산은, 우리의 태항산은,
산 높고 수풀 우거지고
병사와 군마 건장하네.
적들이 어디서든 쳐들어 오면
우리는 어디서든 소멸해 버리리!

이는 태항산 사람들이 부르는 씩씩하고 호방한 항일의 노래이나. 이 노래는 지금까지도 애국적 격정이 드높은 중국사람들이 목청껏 부르고 있다.

북에서 남으로 700여 킬로미터나 뻗어 있는 태항산은 화북 대지에 우뚝 솟아 있다. 해발이 1,500미터내지 2,000미터가 되는 태항산은 천연 병풍마냥 화북 대지를 둘로 갈라 놓았다. 서쪽은 산악이 가로세로 뻗어 있는 산서성의 고원산지이고, 동쪽은 하북성과 하남성의 끝없이 넓은 화북대평원이다.

화북의 태항산에는 주덕과 팽덕회가 인솔하는 팔로군 총부가 있었으며, 총부는 항일전선에서 팔로군의 항일투쟁을 굳건히 이끌고 있었다. 또한 태항산에는 유백승, 등소평이 인솔하는 팔로군 제129사단이 있었다. 그들은 중공 중앙과 모택동, 팔로군 총부의 지휘 아래 침략군과 단병 접전하며, 견고하고 완강하게 정의의 전쟁을 벌였다. 태항산은 이처럼 화북 지역의 튼튼한 민족항일투쟁의 척추마냥 우뚝 서 있었다.

1930년대말의 마지막 몇 페이지는 정세가 극히 복잡하고 사방에 위기가 가득 찬, 연달아 위험한 양상이 발생하는 분위기 속에서 번져나갔다. 중국의 무한과 광주가 앞뒤로 함락된 후 일본군은 거침없이 화북과 화중 내지로 침공해 들어와 지금의 하북, 산서, 산동, 강소성 전부와 하남, 안휘, 호북, 강서, 절강, 광동 일부 및 해남도 전체를 통제했다.

일본 침략군이 우리의 동북, 화북, 화중, 화동 및 화남의 광대한 영토를 점령하기는 했지만, 전선이 길고 병력이 부족하고 인력과 물자의 소모가 너무 커서 점차 그 약점이 드러나기 시작했다. 1939년에 우리의 팔로군, 신4군은 화북, 화중의 광대한 적후 전장에서 항일근거지를 수십 개 개척하고, 적후 각 전선에서 활약하고 있었으며 당시 일본군과 견아상착(犬牙相錯)의 전쟁 형태를 이루었다. 아군은 주동적으로 공격해 일본군의 많은 병력을 소모시키고 견제함으로써, 침략군의 발걸음을 앞으로 더 내딛지 못하게 했다.

이처럼 중일전쟁은 전략적 대치 단계에 들어갔다.

일본 침략군이 중국 침략전쟁을 발광적으로 진행하고 있을 때, 유럽의 파쇼 독일도 전세를 대외로 확장시키고 있었다. 그때 세계의 전반적인 국면을 보면, 그야말로 검은 구름이 하늘을 뒤덮고 곧 폭풍우가 휘몰아치려 하는 때였다. 서방의 주요 나라의 지도자들은 눈을 크게 뜨고 긴밀히 상의했으며, 미친듯이 드러낸 히틀러의 확장 야심을 압살시킬 방법을 찾고 있었다.

서방 세계의 변화는 모름지기 동방의 전쟁 국면에 영향을 주었으며,

국제적인 음모와 타협은 필연적으로 중국에까지 파급되 국내 각 파벌 세력의 성쇠에 영향주지 않을 수 없었다.

1939년 9월 1일, 독일 파쇼는 영국과 프랑스의 보호를 받는 폴란드를 침공했다. 9월 3일 영국과 프랑스는 독일에 선전포고를 했다. 제2차 세계대전은 유럽에서 이렇게 시작됐다.

독일과 이탈리아 파쇼를 전력으로 대처하기 위해 영국, 미국, 프랑스 등 서방 국가는 동방에서의 일본과의 직접적 충돌을 피하는 방침을 취했으며, 일본 제국주의에 대해 무마주의 정책을 실시하면서 '동방 뮌헨 음모'1를 적극 획책했다. 일본의 전면적, 대규모적 침략의 일시 정지와 영국, 미국 등 나라의 음모 활동은 중국의 항일전쟁 정세에 중대한 영향을 주었다.

일본은 '국민정부를 적으로 간주하는' 입장을 고치고 국민당을 정치적으로 유인해 투항하게 했다. 그것은 국민당이 공산당을 저지하도록 격려함으로써 '중국인이 중국인을 제제하는' 큰 목적이 숨어 있었다. 이와 동시에 일본군은 점령구를 고수하는 것을 위주로 그 방침을 확정하고, 점차 그 주력을 팔로군과 신4군을 타격하는 데로 돌려 공격의 중점을 화북 지구에 두었다.

이런 복잡다단한 정세하에 중국의 항일전쟁에는 타협과 투항과 분열, 그리고 퇴보의 위험이 나타나기 시작했다. 1938년 12월, 국민당의 부총재 왕정위는 하노이로 도망해 가 공개적으로 나라를 배반하고, 저에게 투항해 비열한 매국자가 됐으며, 후일 남경에서 중경과 대립하는 왕정위 괴뢰정권을 수립했다.

장개석을 대표자로 하는 친영미파는 배후로 여러 세력의 영향을 받아 점차 소극적으로 항전하고, 적극적으로 공산당을 반대했다. 그들은 1939년 1월에 열린 국민당 제5기 제5차 중앙전원회의에서 '공산당을 용해(溶解)하고, 방비하고, 제한하고, 반대하는' 방침을 확정하고, 그 후부터 팔로군, 신4군을 공격하도록 국민당에 비밀리에 명령했다. 1939년 12월, 국민당의 호종남 부대는 중공 중앙 소재지 섬감녕 변구를 서슴없이 대대적으로 공격하고, 염석산 부대는 산서 전 경내에서 공산당이 인도하는 신4군을 공격함으로써 제1차 반공 전투를 일으켰다.

국민당 완고파의 행동에 비추어, 중공 중앙은 '항전하고 투항을 반대하며, 단결하고 분열을 반대하며, 진보하고 퇴보를 반대하는' 주장을 내세우고 반공 완고파와 싸우도록 전국 인민을 향해 호소했다. 이와 동시에 중공 중앙에서는 '국부적인 무장 충돌에 대한 우리 당과 우리 군대의 입장은 명확한 자위원칙으로써, 남이 나를 건드리지 않으면 나도 남을 건드리지 않으며, 남이 나를 건드리면 나도 반드시 남을 건드린다.'는 지시를 내렸다.

한쪽에서는 일본 침략자가 대규모적인 토벌 소탕작전을 펴고, 다른 한쪽에서는 국민당 완고파가 분규를 일으켜 공격했다. 등소평이 연안에서 정치국회의를 끝마치고 태항 전선으로 돌아왔을 때, 그는 바로 이런 험악한 전쟁 국면에 직면했다.

아버지 일행은 1939년 9월 태항산으로 돌아왔다. 어머니는 팔로군 총부에 남아 여성 훈련반 대장으로 있었다. 아버지는 거기서 머물지 않고 즉시 요현 동욕촌에 있는 제129사단 사단 본부로 급히 돌아왔다. 사단 본부로 온 아버지는 즉시 다급한 사업에 뛰어들었다.

10월초에 아버지는 제129사단 간부회의에서 중앙 정치국회의 정신을 전달하는 보고를 하고 사업을 배치했다. 아버지는 사업 보고에서 우선 목전의 정세를 밝히고, 반공사상 투항을 위한 준비 절차를 지적했다. 그는 중국, 일본, 국제, 국내 등 여러 방면에서 이같은 국면이 이루어지게 된 원인을 상세히 분석했다. 뒤이어 그는 항전 대치 단계의 특점 및 국제 국내 조건의 발전 변화가 중국의 항일전쟁에 주는 유리하고 불리한 여러 가지 영향을 밝혔다. 그는 보고에서 이 단계에 당과 전 민족 앞에는 3대 과업이 놓여 있다고 지적했다. 그 첫째는 모든 애국 역량을 동원해 투항을 반대하는 투쟁을 벌여 최후 승리를 쟁취하는 것이고, 둘째는 중국공산당은 자체의 건설을 강화해 수시로 모든 뜻밖의 사변에 대처할 준비를 하는 것이며, 셋째는 어떤 상황의 발생을 막론하고 당의 기본과업은 여전히 항일 통일전선을 강화하고 국공합작을 견지하고 항전하는 것이다. 마지막으로 그는 화북의 적후 방에서의 항전의 중요성을 지적하고, 광범위한 인민대중의 지지 아래 항전을 계속 할 수 있는 여러 가지 유리한 조건을 분석했으며, 또한 정치, 군사, 조직, 규율, 경제 등에서 앞으로 해야 할 사업을 상세히 배치했다.

상세한 이 보고 기록은 그때 제129사단에서 조직부장직을 맡고 있던 노홍군 장남생이 기록한 것이다. 오늘 우리가 이 기록을 볼 수 있는 데는 또 하나의 감동적인 이야기가 있다.

장남생은 복건성 연성사람으로 청년 시기에 혁명에 참가했다. 힘든 군대 생활 속에서도 그는 일기를 쓰는 습관을 길렀다. 홍군시기부터 그는 그치지 않고 계속 수십 년간 일기를 써 왔다. 1989년, 그는 북경에서 병으로 죽었다. 그의 부인 임인리는 중환에 있으면서도 장남생이 이루지 못한 소원을 풀기 위해 70여 세의 나이에, 유백승과 등소평, 그들이 존경하는 이 두 지휘관의 연설, 즉 장남생이 10년 동안 기록해 온 두 사람의 연설을 수십 권 책으로 베껴냈다. 그녀는 남편의 그 많은 일기에서 한 자 한 자를 찾아내 베꼈다. 그녀는 이것을 무려 몇 년 동안 정리했으며, 그 모두 10만여 자나 됐다.

1992년 5월, 어느 화창한 봄날 임인리 아주머니는 제129사단 정치부 부주임이었고, 우리나라의 유명한 외교가인 황진의 부인 주림 아주머니와 함께 우리 어머니를 만나러 왔다. 탁림, 주림, 대림은 태항산에서 유명한 '3림'이다. 옛 친구들은 또다시 한 자리에 모였다. 세 노인은 키도 비슷하고 몸집도 비슷하고, 머리칼도 이미 다 세었다. 그러나 웃고 떠들며 기뻐하는 모양은 그들이 태항산에 있을 때와 꼭 같았다.

임 아주머니는 가방에서 그가 베낀 등 정치위원의 연설을 꺼내 우리 어머니에게 주었다. 7만여 자나 되는 무겁고 두터운 이 기록책을 손에 든 나는 눈물이 핑 돌았다. 내가 감동한 것은 첫째로 장남생이 10년 동안이나 세심히 기록한 것이 간단치 않게 여겨졌기 때문이며, 둘째는 임 아주머니가 정성들여 한 자 한 자 베껴낸 그 정성 때문이며, 셋째는 유, 등 지휘관에 대한 제129사단 전우들의 진지한 전투적 감정과 존경의 마음 때문이었다.

임 아주머니는 자기가 베껴낸 유백승 원수의 연설을 이미 유 원수의 부인인 왕영화 아주머니에게 주었다. 등 정치위원의 7만여 자에 달하는 이 연설기록은 실로 아주 고귀했다. 이 기록은 10년에 걸친 항일전쟁과 해방전쟁 시기의 나의 아버지의 허다한 역사 자료의 공백을 메꿔 주었다. 이 원시적 연설 기록을 나는 지금 전문가를 청해 정리하고 있다. 앞으로 등소평 문선에 보탬이 되기를 바란다.

다시 본래의 이야기로 돌아오자. 아버지와 그의 사령 유백승은 중앙정치국회의의 정신을 적극 관철하는 한편, 일본군과 괴뢰군의 공격과 국민당 완고파의 집탈을 막아내기 위해 바쁘게 사업했다.

망국인이 되지 않기를 원하는 수많은 적 점령구 인민대중의 지지와 직접적인 참여 아래 제129사단 여러 부대들은 장기적인 작전에서 부단히 적을 타격하고, 마지막 승리를 얻기 위해 주동적으로 침략자에게 공격을 가했다.

8월 하순부터 12월초까지 1939년 하반기의 석 달 남짓한 동안에 제129사단은 크고작은 전투 200여 차례를 진행해, 일본군과 괴뢰군 2,800여 명을 살상하고 적기 한 대를 격추시켰다. 이런 타격으로 인해 일본군은 후송로가 막히게 되어 점차적으로 행동이 곤란하게 됐다.

12월, 팔로군 총부는 한장도로에서 일본군이 교대한 후 병력이 감소된 기회를 이용해, 한장 전역을 점령하도록 제129사단에 명령했다. 12월 8일에 시작된 전투는 연속 수십 차례에 걸친 치열한 격전을 거쳐 12월 26일 전투가 종결될 당시, 일본군과 괴뢰군을 도합 700여 명 살상하고, 거점 23곳을 수복했다. 보다 중요한 것은 우리 군대가 태항산 구역의 여성과 섭현을 도로 빼앗은 것이다.

1940년 양력 설이 닥쳐왔다. 태항산 요현의 자그마한 산간마을인 동욕진에서, 제129사단 직속부대 전체 장병들은 넓은 훈련장에 모여 하례식을 가졌다. 그때 유, 등 지휘관으로부터 훈시가 있었다. 즐거운 분위기 속에서 유백승과 등소평은 전체 직속부대와 함께 회식했다. 회식 후에 유백승과 등소평은 또 연설했다.

등정치위원은 이 연설에서 제129사단의 1940년도의 사업강령, 즉 정치, 군사, 위생, 공급 등 모든 면에서 건설을 진행하며 간부의 정치적 책임감을 높일 것을 제기했다. 등 정치위원은 1940년은 투쟁이 가장 격심한 해라고 지적했으며, 새해인 오늘부터 만물이 새로워야 하고 낡은 결함을 없애야 한다고 했다.[2]

그렇다, 새해가 시작됐다. 1940년대의 첫해가 닥쳐왔다. 어느 각도를 막론하고 이 한 해는 전면적 항전에서 보다 큰 성과를 따내는 기점이 됐다. 그런데 국민당은 나쁜 버릇이 되살아나 일본군이 대규모적 공세를 중지했으므로 공산당을 칠 수 있는 여유가 있다고 여겼다.

시국은 공산당과 팔로군에게 더욱 험악했다. 1940년 1월, 장개석은 팔로군에게 백진철도, 한장도로 이북으로 철퇴하도록 요구했다. 국민당 군대는 즉시 병력을 분산해 몇 갈래 길로 우리 근거지의 군민을 압박하고 진공했다.

장개석과 염석산의 공격을 분쇄하기 위해 제129사단은 국세를 연구하여, 국민당 군대 내부의 모순을 이용해 반공에 제일 적극적인 손초를 먼저 치고 태악을 단단히 지키기로 결정했다. 제386여단 여단장이자 제129사단 명장인 진갱의 지휘 아래 제129사단은 장개석 군대에 단호하고도 심각한 타격을 가함으로써 태악 근거지를 방어했으며, 아울러 태남의 부분적 지역을 수복함과 동시에 아군의 인적 병력을 증가시켰다.

염석산 역시 한 지역의 패자로서 예로부터 중앙의 장개석과 서로 적대시해 왔다. 그는 이번에 공산당을 공격하는 음모를 성공시키지 못한 데다, 또 장개석이 작전에 끼어드는 바람에 커다란 손해만 보았다.

끝내 2월 하순 염석산은 모택동이 파견한 대표와 화해협정을 맺었다.

이것이 1940년 국공마찰 가운데 하나의 회합이다.

주회빙이 인솔하는 국민당의 한 부대는 녹종린 등과 연합해 1939년 말에 태항산 북부 항일근거지를 공격하고 항일민주정권을 유린했다. 유백승은 직접 하북성 서부로 가 주회빙과 녹종린에게 민족의 대의를 알려주었으나 그들은 전혀 듣지 않았다. 반공 완고파가 대대적으로 무력진공하는 형세하에서 팔로군은 하는 수 없이 반격을 가해, 1940년 1월, 국민당 군대의 한 부대 8,000여 명을 대부분 소멸시켰다. 막대한 실패를 본 주회빙과 녹종린은 부대를 거느리고 2월에 남쪽으로 퇴각했다.

이것은 또 하나의 회합의 마찰이었다.

1940년 2월초에 국민당 석우삼 부대는 하북성 남쪽의 팔로군을 대대적으로 공격함과 동시에 공개적으로 일본 침략군과 결탁해 일본군의 소탕작전에 합류했다. 모택동은 이를 철저하게 소멸시키라고 제129사단에 명령했다. 제129사단은 하북성 남부에서 국민당 군대를 반대하는 전선을 조직했다. 2월 9일부터 16일까지 벌어진 격전 뒤에 막대한 타격을 받은 석우삼 주력군은 일본군의 엄호 속에 창황히 퇴각했다. 하북성 남부에서 국민당군을 반격하는 전선은 석우삼을 그곳에서 몰아내는 승리를 거둔 것이다.

이것은 세번째 회합 마찰의 결말이다.

모택동은 "항일 통일전선 시기에 있어서 투쟁은 단결의 수단이고, 단결은 투쟁의 목적"이라고 말했다. 국민당군의 반공진격태세를 철저히 격파하기 위해 팔로군 총부는 위동 전선과 자무섭림 전선을 벌이기로 결정했다.

2월 22일, 위동 전선이 시작됐다. 제129사단의 17개 연대는 연속 과감한 전투를 벌여 4월 8일까지 경한선 지역에서 석우삼 등 국민당군 6,000여 명을 소멸하고, 하북성 남부와 기로예 항일근거지를 수호했다. 이번 전투를 지휘하고 이 전투에 참가한 사람들로는 정자화, 송임궁, 양득지, 이취규, 진재도, 유지견 등 중요한 장령들이다.

3월 5일 자무섭림 전선이 시작됐다. 제129사단 정치위원 등소평이 직접 전선에 나가 지휘했다. 자현, 무안, 섭현, 임현 지구에는 국민당 군 22,000명이 주둔하고 있었으며, 그 가운데는 주회빙 부대의 두 개 사단 8,000여 명이 있었다. 등 정치위원은 "주회빙은 우리를 공격하는 선봉이므로 목전의 국민당군의 상황을 주시했다가, 우리의 주력을 집중해 주회빙 부대를 섬멸해야 한다."고 말했다. 제129사단은 13개 연대의 병력만으로 국민당 군대 내부의 모순을 이용해, 가장 반동적인 자를 타격해 불과 닷새 동안에 국민당 군대 10,000여 명을 섬멸했다. 공산당을 반대하는 선봉인 주회빙은 거의 전군이 전멸당했다. 자무섭림 전선은 모택동의 말대로 "싸우지 않으면 몰라도, 싸우면 필승했다." 이 전투에는 이달, 계간생, 주희한, 왕수성 등 고급장령들이 참가했다.

자무섭림 전선에서의 중대한 전과는, 제129사단과 진기로예 근거지 인민이 국민당 완고파와의 제1차 반공투쟁에서 결정적 승리를 쟁취했음을 상징한다.

이때 모택동은 투쟁을 적당한 선에서 그치라는 지시를 제때 내리고, 국민당에 크게 양보할 것을 결정함으로써 긴장한 전세를 어느 정도 완화시켜 놓았다. 이렇게 하는 최종 목적은 쉽게 이루어지지 않는 항일민족통일전선을 공고히 하며, 단합할 수 있는 모든 역량을 모아 중화민족 공동의 적인 일본 침략자를 격퇴하기 위해서였다.

공산당을 반대하는 국민당군과의 일련의 투쟁에서 유백승, 등소평이 인솔하는 진기로예 근거지는 한층 더 공고해지고, 전 구의 무장력은 11만 명으로 확대되어, 부대의 군사, 정치 자질도 크게 높아졌다. 제129사단은 기남 전부, 태항 북부, 태악 북부, 도합 71개 현의 약 800만 인구를 가진 광대한 지역을 완전히 통제했다.

1940년 4월 11일, 태항, 태악, 기남 세 구역의 영도를 통일하기 위해 태항군정위원회는 등소평을 서기로 임명했다. 4월 11일, 중공 중앙 북방국은 태항산 여성에서 태항, 태악, 기남 지구의 고급간부회의를 소집했다. 북방국 서기 양상곤이 정세와 통일전선의 책략 문제에 관한 보고를 했다. 회의에서는 항전 3년 이래 화북 적후항전의 경험을 총화하고, 건당, 건군, 건정의 3대 방침을 제기하고, 일본 침략군의 '감금 정책'을 적극 타격할 과업을 제기했다.

국민당 반동 완고파에 대한 투쟁이 끝난 지 며칠 안 되어 제129사단은 유, 등 지휘관의 지휘하에 즉시 또 일본 침략자에 대한 전투에 뛰어들었다.

일본 침략군은 항일 근거지를 파괴하기 위해 철도를 기둥으로, 도로를 사슬로, 토치카를 자물쇠로 하고, 그 외에 봉쇄용 골짜기와 담을 만들어 항일 민주근거지를 포위하고 그물로 덮듯 했다. 이런 방식을 유백승 장군은 감금정책이라고 했다.

적들의 철도, 도로 등 교통을 파괴하며 감금정책을 괴멸시키기 위해 유백승과 등소평은 전구 군민에게 '교통선에 눈을 돌릴 것'을 호소했으며, 철도와 도로를 무너뜨리는 작전 행동을 세우고 경한선, 백진선, 덕석선을 파괴했다. 뒤이어 유, 등이 직접 5월에 백진 전선을 지휘했다. 이 전선에서 하루 낮 이틀 밤 동안에 백진철도 50킬로미터를 철저히 파괴하고, 교량 50여 곳을 짓부시고, 적군의 열차 하나를 폭파하고, 적 350여 명을 살상했다. 이 전투가 있은 후에 제129사단은 3개월 동안의 연속 크고작은 파괴전을 40여 차례 진행했다.

파괴전을 진행함과 동시에 제129사단은 괴뢰군의 오만한 기염을 단호히 꺾어버리는 한편, 여러 차례 일본군의 소탕을 반격했다. 이와 같은 전투에서 용감한 태항산 사람들은 일본군의 감금정책을 효과적으로 타격했다.

1940년 여름과 가을, 국제 시국은 악성으로 변했다. 독일, 이탈리아 파쇼는 유럽 대륙에서 놀라운 전쟁 성과를 거뒀다. 9월에 일본은 독일, 이탈리아와 3국 군사동맹을 결성함과 동시에 중국 침략과 통제를 강화했다. 국민당은 일본의 강대한 정치, 군사적 압력 밑에 더욱 동요했다.

모택동은 "우리가 가장 어렵고, 위험하고, 곤란해질 수 있다는 것을 예견해야 한다."[3]고 지적했다.

화북의 아군에 대한 일본군의 전면적 공격을 분쇄하며, 그들의 감금정책을 타격하고, 국민당의 투항 위험을 극복하기 위해, 1940년 8월부터 팔로군은 총사령 주덕, 부총사령 팽덕회의 지휘하에 적이 점령하고 있는 화북의 교통선과 각 거점을 향해 대규모적인 공격, 즉 국내외를 놀라게 한 '대병단작전'을 벌였다.

석 달 반의 긴 시간 동안 두 개 전선과 일본군의 보복적 소탕을 반격하는 작전에서 아군은 105개 연대 20여 만 명의 병력으로 1,824차례의 작전을 거쳐, 일본군 20,000여 명, 괴뢰군 5,000여 명을 살상하고, 철도 474킬로미터, 도로 1,500킬로미터, 철교와 터널 260여 곳을 파괴했다. 당시 우리 군의 사상자는 17,000여 명이나 됐다.

대병단작전은 항일전쟁 시 우리 군이 화북 지구에서 활동한 규모가 제일 크고 시간이 제일 긴 전략적인 공격전선이었다. 수십만에 달하는 우리 화북의 군민들은 일본 강적과 결사적이고 피어린 투쟁을 진행했다. 이 전선은 규모가 크고 성세가 대단해 중국의 대지 전체를 감동시켰다.

제129사단은 대병단작전에서 다른 형제부대와 어깨 걸고 싸웠으며, 습격 파괴하는 반소탕전에서 빛나는 승리를 거두었다. 제129사단은 도합 철도 240킬로미터, 도로 500킬로미터를 파괴하고, 크고작은 전투를 무려 529회를 벌여, 한때 현성 9개를 수복하고 일본군과 괴뢰군 7,500여 명을 살상했다.

석 달이나 되는 지리한 기간에 유백승과 등소평은 제일선에 나가 싸움을 직접 지휘했다. 그들은 태항산을 넘나들기도 하고 수십 리 길을 행군하기도 했다. 하루는 적 전투기가 폭탄을 그들이 위치한 산굴 근처에 떨구었다. 유백승과 등소평은 전선을 나와 살피고 적의 밀집사격을 피해 그곳을 뚫고 나왔다. 위험이 지나면 그들은 다시 병영을 짓고 주둔했으며, 등 정치위원은 또 회의를 열어 보고를 하고, 상황과 정책을 의논했다.

그것은 11월, 송가장에서의 일이었다. "온 밭에는 황금같이 노란 조 이삭이 바람과 햇볕에 장작처럼 말라 있었고, 옥수수는 땅바닥에 넘어져 있었으며, 거두지 않은 콩은 비를 맞아 온통 밭에 쓰러져 있었다. 마을마다에서는 집 한 채 찾아볼 수 없었고, 토지신사당(土地神祠堂) 마저 포격을 맞아 파괴됐다. 적들이 불사르고 죽이고 유린한 근거지의 참상은 실로 형용하기 어려웠다. 등 정치위원은 즉시 여러 부대를 동원해 집을 짓고, 곡식을 거두어 군중을 돕게 했으며, 누구도 이 일에 빠지거나 게으름을 피워서는 안 된다고 했다."⁴

1940년의 가을과 겨울은 재빨리 지나갔다. 시간이 빠르다고 느끼는 것은 전투일이 분주하고 소탕과 반소탕 투쟁이 빈번하기 때문이다. 이해에 있었던 전쟁 외 몇 가지 일도 언급할 만하다. 그 한 가지는 영화를 찍는 일이었다.

2월 23일, 동욕에서 "양국우는 유 사단장, 등 정치위원, 이달 참모장 등과 함께 마을 밖에 나가 영화를 찍었다. 대다수 사람이 영화를 처음 찍으며, 어떤 사람은 영화를 아직 보지조차 못했다. 촬영사는 연안에서 왔는데 소련에서 보냈다고 한다. 우리더러 앉으라 하고 누우라 하고 또 일어나 종이에 글을 쓰라 해 우리는 목석같이 얼굴 표정이 굳어져 버렸다. 촬영사가 우리더러 자연스럽게 포즈를 취하라고 할수록 우리는 더 자연스럽게 되지 않아 결국은 찍지 못하고 말았다. 유 사단장이 촬영사에게 '자연스럽게 하자니 더욱 자연스럽게 되지 않는다.'고 해 등 정위와 모든 사람들이 와 하고 웃었다. 그런뒤 조금은 자연스럽게 됐다."⁵

우리 아버지가 영화를 찍기는 이것이 처음일 것이다. 이 영화 필름은 지금 어디 있는지 모른다. 아버지는 평소에 사진찍기조차 싫어했으니 영화를 찍는다는 것은 더 말할 것도 없었다. 그에게 그런 일을 위해 자연스럽게 하라는 것은 결코 쉬운 일이 아니다.

다른 한 가지는 집을 구한 일이다. 9월에 우리 어머니는 팔로군 총부에서 제129사단 본부로 전근되어 비서과에서 일하게 됐다. 이때부터 어머니는 아버지와 함께 행군하고 싸움하고 반소탕 전투에 참여했다. 그들은 전쟁으로 인해 합치기도 하고 갈라지기도 했지만, 아버지에게 있어서는 집이 생겼다고 할 수 있다. 물론 이 집이 항시 고정된 장소에 있지 않았고 전선에 있기는 했지만 말이다.

1940년 12월 4일, 제129사단 본부는 산서성 경내의 태항산에 있는 섭현 적안촌에 이르렀다. 이때부터 산봉우리가 중중첩첩한 태항산의 자그마한 산간마을인, 지도에서도 찾아볼 수 없는 적안은 제129사단 지휘부의 소재지가 됐다. 그후 5년 동안 이곳은 진기로예 근거지의 심장 및 소재지가 됐다.

유백승과 등소평은 이 자그마한 마을의 아주 작은 사당 뜰 안에 주둔해 있었다. 유백승과 등소평은 이 초라한 주둔지에서 태항산 사람들을 지휘해 더욱 많은 전투를 진행했으며, 태항산 사람들과 함께 더욱 어렵고 더욱 처절한 전투 생활을 보냈다.

주

1. 뮌헨 음모는 1938년 영국과 프랑스 등 나라들이 독일, 이탈리아 파쇼와의 협상을 말한다.
2. 양국우, 《유승백 등소평을 따라 13년간》, P. 139-141.
3. 모택동, 〈정세에 대한 평가 및 국민당의 진공에 대한 징책〉, 1940년 10월 25일.
4. 양국우, 《유승백 등소평을 따라 13년간》, P. 181-182.
5. 양국우, 같은 책, P. 153.

51 어려운 나날들

1937년 7·7사변이 폭발한 때부터 1940년말까지, 중국은 이미 3년 남짓한 동안 일본 침략자들과 전쟁을 치렀다. 국내의 복잡한 정치 형세로 하여 항전국면은 상당히 복잡하게 번져갔다. 뿐만 아니라 이 몇 년간 국제적으로 발생한 형세의 거대한 변화도 중국으로 하여금 더욱 전도가 묘연하게 했다.

그러나 일본 침략자의 야만적 침략과 국민당 완고파의 소극 항전, 적극 반공의 비열한 행위는, 그것에 항전하는 공산당 군대의 결심을 막지 못했고 또 막을 수도 없었다.

공산당 군대는 지난한 전투를 거쳐 화북 적후의 항전을 공고히 했을 뿐만 아니라, 화중과 화남의 항전을 성공적으로 이끌었다. 2년 동안 그리 강대하지 못한 무장 역량과 보잘것없는 무기와 장비로 일본 침략군 및 괴뢰군을 저격했으며, 1,000명 이상 50,000명에 달하는 적들의 100여 차례 소탕작전을 분쇄했고, 만여 회의 전투를 벌여 대량의 일본군과 괴뢰군을 섬멸했다.

정면으로 일본군과 싸우는 동시에 공산당 군대는 배후로부터 습격해오는 국민당 완고파들의 도발에 대처해야 했으며, 국민당 완고파들이 일으킨 제1차 반공 전투를 물리쳤다.

공산당은 조국을 사랑하고, 고향을 사랑하고, 가정을 사랑하는 광범위한 항일민중의 직접적인 지원과 참여하에 밀려드는 적을 격퇴하고 항일 민주근거지를 창설했다. 1940년말에 이르러 아군 부대는 50만 명으로 발전했고, 근거지 인구는 1억여 명에 달했다. 화북, 화동에서 각 근거지는 연이어 항일 민주정권을 세운 동시에, 때를 맞춰 농촌에서 감조감식(減租減息) 정책을 실시했다. 이 정책은 인민군중, 특히 수많은 가난한 농민들의 지지를 받았으며, 인민의 옹호와 지지는 또 아군 적후의 항일역량을 가일층 증강시켰다.

그러나 중화의 대지에서 민족항전의 역량은 아직까지 강대하지 못했다. 즉 적은 강하고 우리는 약한 기본적 형세는 아직 그대로였다. 화북 전선에서, 일본군의 방침은 당연히 공산군 토벌이 중점이었다. 일본군은 화북 지역에서의 병력을 30만 명으로 늘렸으며, 괴뢰군 10만 명까지 동원해 우리 각 항일근거지에 연속적이고 더욱 잔혹한 소탕과 잠식(蠶食)을 진행했다. 뿐만 아니라 '치안강화운동'을 실시해 공산당의 항일역량을 사경으로 몰아넣으려 꾀했다.

화북 전선에서 국민당 군대는 거의 50만 명으로 일본군보다 더 많았다. 그러나 국민당 완고파는 공산당과 손잡고 항일하지 않았을 뿐만 아니라, 도리어 공산당을 심복지환처럼 여기고 끊임없이 항일 민주근거지에 대한 군사작전과 경제적 봉쇄를 가했다. 일부 후안무치한 사람들은 '곡선구국(曲線救國)'이라는 것을 떠벌리면서 적에게 투항하고 나라를 배반하는 구실로 삼았다. 그리하여 길지 않은 기간에 이 구실을 빌어 또 30,000여 명에 달하는 국민당 군대가 공개적으로 적의 품에 안겼을 뿐만 아니라, 거리낌없이 공산당의 항일 민주근거지에 진격을 가했다.

일본이 중국을 침략했는데 중국인이 일본인을 치지 않고 도리어 같은 중국인을 치다니, 이 세상에 무슨 공정한 이치를 운운할 수 있으랴! 1941년, 일본군과 국민당 완고파의 협공 속에서 공산당의 화북 적후항전은 8년 항전의 가장 지난하고 가장 어려운 시기에 들어섰다. 1941년 양력 설이 갓 지나자 안휘성 남부에서 항전을 계속하던 공산당 신4군은, 장개석의 장강 이북으로 물러가라는 명령에 따라 강소성 남부로 이동했다. 그런데 국민당 장개석의 비밀 명령하에 그들이 돌연 신4군을 향해 대거 진격해 올 줄은 생각도 못했다. 일주일 동안의 격전 끝에 1월 14일, 우리 신4군 6,000여 명의 항일전사들은 국민당 완고파군에 살해당했다. 항일의 명장 엽정(葉挺) 장군도 이때 국민당에 붙잡혔다.

이것이 바로 전국을 들끓게 한 '환남사변(皖南事變)'이다. 바로 국민당이 일으킨 제2차 반공전투 가운데 가장 놀라운 사건이다. 이것은 중화민족의 항일전쟁사에서 극히 침통한 한 페이지이다.

공산당을 살해함에 있어서 장개석은 좀처럼 사정을 두지 않았다. 어디서든지 어떤 방식이든지 가리지 않고 결코 사정을 두지 않았다. 1941년 2월, 일본군은 '숙정건설계획(肅正建設計劃)'을 하달했다. 이때부터 일본침략군은 우리 노서(魯西 : 산동성 서부), 기노예변(冀魯豫邊 : 하북성, 산동성, 하남성 변두리), 기동(冀東 : 하북성 동부), 기중(冀中 : 하북성 중부) 등 평원 항일근거지에 대해 반 년간 소탕을 시작하여 아군의 주력과 지휘기관을 잡으려 기도했다.

진기노예 지구에서 일본군은 1월부터 행동을 개시했다. 1월 10일부터 15일까지, 일본군 5,000명이 유사, 요현, 화순, 석양 지구를 소탕했다.

1월 15일부터 2월 6일까지, 일본군 7,000여 명이 노서 지구를 소탕했다.

1월 24일부터 2월 4일까지, 일본군 4,000여 명이 태항을 소탕했다.

3월 3일, 일본군 1,000여 명이 복양 동남 지구를 소탕했다.

3월 21일, 석양의 일본군이 태항 지구를 진격했다.

3월 29일, 일본군은 화북에서 제1차 '치안강화운동'을 실시했다.

4월 3일, 일본군, 괴뢰군 도합 1,400여 명이 남궁 이남, 광종 동부, 무성 서부, 형제로 이북 지구를 소탕했다.

4월 10일부터 20일까지, 일본군, 괴뢰군 10,000여 명이 탱크 100여 대를 앞세우고 기로예변 사구근거지에 대해 전면적인 소탕을 진행했다.

5월 7일부터 25일까지, 일본군 6개 사단 약 50,000명이 중조산의 국민당 군을 진격했다. 중조산 지구는 적의 수중에 들어갔다.

5월 27일, 일본군 2,000여 명이 수장, 범현 지구를 침범했다.

5월 29일, 일본군 1,000여 명이 태악 지구를 소탕했다.

5월, 일본군이 경한로 서측에 두번째 봉쇄선을 구축했다.

6월 18일, 일본군과 괴뢰군 5,000여 명이 태서 지구를 토벌했다.

6월 19일, 일본군 1,000여 명이 태항 지구를 소탕했다.

6월 28일, 일본군 2,000여 명이 기남 지구를 소탕했다.

춘계와 하계 소탕에서 일본 침략군은 화북의 각 항일 민주근거지에 대해 반복적인 토벌을 진행했으며, 모조리 불사르고 죽이고 빼앗는 이 세상에는 없었던 엄청난 비극 세 가지 모조리 정책, 일명 '삼광정책(三光政策)'을 실시했다. 사구(沙區)의 140여 개 마을에서만 중국인 3,400여 명을 학살했고, 15개 마을에서 농민들의 명줄인 5만 그루에 달하는 대추나무를 모조리 찍어버리고, 그외 촌민들의 집을 불살라 버린 것은 부지기수다.

일본군은 치안강화운동을 추진하기 위해 화북 지구를 등급에 따라 다른 치안구로 나누고 철도, 도로를 구축했을 뿐만 아니라, 길 양편에 봉쇄구와 봉쇄벽을 만들어 놓았다. 일본군은 경한로 북측에 500킬로미터에 달하는 봉쇄구를 구축하여 북악, 태항산 지구 근거지와 기중, 기남 평원근거지와의 연락을 끊어 놓고, 산간 지구 근거지의 물자보급선을 단절시켰다. 평원에서 일본군은 3리에 망루 하나, 5리에 거점 하나씩 세워놓고 평원근거지를 바둑망 형태로 분할하고 엄격히 봉쇄했다.

일본군의 소탕, 봉쇄, 잠식으로 인해 우리 화북 항일 민주근거지에는 위축된 상황이 전개됐다. 어려운 국면에 직면하여 중공 중앙은 정치공세와 군사진격을 결합한 반잠식 투쟁을 진행했다. 4월 28일, 제129사단 정치위원 등소평은 "태항산의 어려운 국면을 타개하자."는 글을 발표했다.

등 정위는 다음과 같이 지적했다. "서로 일치단결 재무장하여 곤란을 극복하고 적들의 교통선을 향해 완강한 대적 투쟁을 전개해야 한다. 굳은 의지, 용감한 정신, 피로를 모르는 사업으로 눈앞의 엄중한 국면을 극복해 나가야 한다.”

5월말, 제129사단은 연속 명령을 하달해 유격부대를 강화시켰다. 그리하여 유격전투를 전개해 적극적으로 근거지를 방어하고, 동시에 주동적으로 적군에 대한 격파전을 여러 차례 전개했다.

이처럼 국내 상황이 어려운 시기에, 세계 정세는 보다 급속하게 변화되고 있었다. 6월 22일, 파쇼 독일은 2,000여 킬로미터의 전선에서 돌연히 소련을 향해 대규모 진공을 시작했다. 소독전쟁이 발발한 것이다.

창궐하는 국제 파쇼 침략행위가 극도에 달한 시각에 일본 침략군의 기염도 더더욱 살기등등하기 시작했다. 6월에 일본군은 대동아공영권 건설 방침을 제정했다. 그들은 관동군을 70만 명으로 늘리는 한편, 프랑스 식민지 인도지나의 남부를 점령했다.

남진의 후방을 안정시키고 공고한 대동아전쟁의 병참기지를 건립하기 위해 일본군은 중국점령구에 대한 치안숙정작전을 강화했으며, 광란적이고 잔혹한 추계, 동계 소탕작전을 시작했다. 이번 소탕의 중점은 화북의 평원으로부터 산구로 옮겨졌으며, 창과 총구멍을 화북 항일 근거지의 중심을 향해 겨누었다.

1941년의 하반기에 일본군은 ‘철벽으로 포위하고, 빗으로 훑는 토벌’의 잔혹한 작전 방식을 취해, 오랜 기간 동안 공산당의 화북항일민주근거지에 대해 미친듯한 소탕작전을 진행했다.

8월 12일, 일본군 40,000여 명이 진찰기변구에 대해 철벽포위의 대소탕작전을 진행했다.

9월 22일, 일본군 20,000여 명이 악남 지구를 소탕했다.

10월 6일, 일본군 30,000여 명이 악북 지구를 소탕했다.

10월 17일, 일본군 1,500여 명이 기남 지구를 소탕했다.

10월 25일, 일본군과 괴뢰군 3,000여 명이 기로예 지구를 소탕했다.

10월 31일, 일본군 7,000여 명이 태항 지구에 소탕을 실시, 팔로군

총부 및 제129사단 지휘부 기관를 야간 기습했다.

11월 1일, 화북의 일본군이 제3차 치안강화운동을 실시했다.

11월 25일, 일본군 4,000여 명이 기남을 소탕했다.

12월 9일, 일본군 6,000여 명이 기남 남궁, 위현 지구를 소탕했다.

12월 26일, 일본군 3,000여 명이 기남 지구를 토벌했다.

이처럼 빈번하면서도 미친듯한 일본 침략군의 대규모 소탕에 대비해, 팔로군 제129사단은 유백승, 등소평의 인솔하에 군중을 인솔하여, 진지를 굳게 지키고 물자를 단단히 감추고 유격전을 펼치는 한편, 주력부대와 지방무장을 조직하여 적들에 대해 대 반격전과 반소탕작전을 진행했다. 이와 동시에 국민당 완고파 염석산의 수차례 침공을 물리쳤다.

1941년은 화북 적후항전투쟁의 제일 엄혹한 1년이었다. 이 1년 동안의 전투는 힘들고 잔혹했으며, 부대는 빈번히 이동하면서 싸웠다. 그러나 적들의 봉쇄는 심하고, 근거지에는 자연재해가 발생해 항일군민의 생활은 무척이나 힘든 상황이었다.

이 해 9월에 나의 큰 언니 등림(鄧林)이 적안에서 태어났다. 그러나 전쟁이 긴박한 시기였기에 어머니는 이 아이를 낳은 지 7일만에 여성현의 한 민가에 맡겨 기르게 했다. 아이를 그곳에 맡긴 어머니는 고개 한 번 돌리지 않고 즉시 부대를 따라 떠나갔다.

1941년, 우리 화북의 적후군민들은 적들의 크고작은 소탕을 69차례나 분쇄하고, 적들의 치안강화운동을 3차례나 분쇄함으로써 항일근거지에 대한 일본군의 잠식과 봉쇄를 깨뜨렸다. 그러나 일본군의 강대한 공세 아래 항일근거지의 면적이 축소됐고, 팔로군의 병력이 줄어들었고, 재정 경제는 극단적인 곤란에 처했다. 이 같은 어려운 상황에서도 항일군민들은 의연히 고향을 보위하고, 나라를 보위하는 영웅적 기개로 1942년 새해를 맞이했다.

1942년이 임박할 즈음 국제 정세는 또 놀라운 격변이 발생한다. 1941년 12월 8일, 마구 날뛰던 일본군국주의는 돌연 미국의 태평양

해군기지, 진주항을 습격했다. 이것이 태평양전쟁의 시작이다.

1941년 12월 9일, 일본이 중국을 침략한 지 무려 6년이 지나간 후에 중국의 국민당정부는 드디어 일본을 향해 선전포고를 했다(물론 독일과 이탈리아에 대해서도 선전포고를 했다).

태평양전쟁이 발발한 후 중공 중앙은 정세를 분석하고 이렇게 지적했다. "태평양전쟁이 우리의 항전에 유리한 것은 의심할 바 없다. 일본은 지금 20여 개 나라와 적대 관계에 있는데, 때문에 중국에 대한 침략 역량은 얼마간 감소되지 않을 수 없다. 그러나 일본은 태평양전쟁의 공급을 위해 더욱더 중국의 자원을 약탈해 갈 것이다. 또한 자원 확보를 위해 그들의 소탕작전과 경제적 봉쇄는 더더욱 강화될 것이다. 우리는 적후에서 장기적으로 항전을 계속해 승리를 쟁취할 마음을 다지는 한편, 또한 날로 높아가는 곤란한 상황에 적극 대처해야 한다. 모든 방침은 당연히 장기적으로 유격전을 계속해 앞으로의 반공격을 준비하는 것이다. 전당 전군은 이를 악물고 향후 2년의 제일 어려운 투쟁을 넘겨야 한다."[1] 그것은 1941년의 마지막 며칠이었다. 적들의 소탕이 끝난 후 제129사단 지휘부는 섭현 적안으로 돌아왔다. 겨울의 태항산은 땅이 꽁꽁 얼고, 난데없는 북풍이 살을 에었다.

무려 1년을 분망히 보내고 난 유백승, 등소평은 연말이 되어 전투가 없자 사령부에서는 회식을 열었다. "네모넙적한 비계, 사천식 야채 요리 열 몇 사발을 상 위에 차려놓았다. 등소평의 부인 탁림 동지가 있고 우리 전체 대원들이 있었다." 양국우는 그의 일기에서 이와 같이 쓰면서, 여러 사람들 모두가 한 끼 배불리 잘 먹었다고 했다.

12월 31일, 이 날은 1941년의 마지막 날이다. "정부에서 한턱을 내고, 각 계의 유명한 인사들이 부인과 동반해 적안으로 와서 유, 등을 만나보고, 여럿이서 함께 회식했다. 사천요리인데 먹고픈대로 실컷 먹을 수 있었다."[2]

1942년이 왔다. 1월 1일, 적안.

"올해 설은 작년보다 못하다. 작년에는 노래를 부르고 집단 하례를 하고, 돼지를 잡고 회식을 했었다. 올해는 양고기에 죽, 홍당무에 고구마뿐인데 그것도 괜찮다."3

1942년의 새해는 1941년보다 더 어려웠다. 그러나 새해는 1941년과 마찬가지로 분망히 보냈다.

1월 3일, 제129사단은 1942년 군사사업실시요강을 하달했다.

1월 7일, 유 사단장은 '정병간정(精兵簡政)'에 관한 보고를 했다. 정병간정은 우리 항일근거지에서 실행한 극히 중요한 조치다. 적군의 날로 미친듯한 소탕과 잠식에 대비하고, 날로 어려워지는 근거지의 경제 상황에 비추어, 새로운 전쟁 정세에 적응하기 위해 중공 중앙은 각 근거지에서 정병간정을 실행할 것을 지시했다.

모택동은 이렇게 말했다. "지금 우리는 조화를 부려, 우리의 몸을 보다 조그맣게 만들되 더 튼튼하게 만들어야 한다. 이렇게 하면 우리는 불패의 역량이 될 것이다."4

정병이란 바로 주력부대와 지휘기관을 축소 개편해 연대를 충실히 하는 것이다. 주력군을 부분적으로 지방화해 지방무장과 민병을 강화하고 정체훈련을 강화하고 전투력을 높이는 것이다. 간정이란 기구와 조직을 정돈해 기관과 인원 편제를 줄이고, 기층을 강화해 효율을 높이고 인력, 물력을 절약하며, 관료주의를 반대하는 것이다.

정병간정은 기구가 방대한 것과 결핍된 경제의 모순을 해결하는 방법이었다. 또한 각 항일근거지로 하여금 극단적인 난국을 이겨내도록 하는 중대한 조치다.

등소평 정치위원은 제129사단 전체 장병들에게 다음과 같이 경고했다. 지속되는 전쟁과 일본 강도들의 약탈, 천재(天災)와 인재로 하여 생활에 곤란이 막심하다. 그러나 우리는 인민의 군대이므로 마땅히 민간의 고난에 특별한 관심을 돌려야 한다. 우리는 정병간정을 이행해 인민의 부담을 덜어주어야 한다. 그리하여 우리는 더욱 인민의 지원 아래 일본침략자들을 물리칠 수 있을 것이다.5

1월 15일, 유, 등은 정병간정을 실시하는 명령을 하달했다. 군령은 산이 무너져내리듯 무서웠다. "등소평 정위가 앞장 서는데 더욱이 어느 기관에서 감히 거역할 수 있으랴. 그리하여 기관원들이 각기 군분구 단위로 내려갔다. 이삼 일 사이에 각기 출동했는데 떠나기 직전에 등소평 동지는 4가지 규정을 지었다. 첫째, 편제를 조절해 기관을 줄이고 인원을 줄여 전투연대를 충실히 한다. 둘째, 재능 있는 간부를 지방무장위원회에 보내 지방무장을 강화하고 유격전쟁을 전개한다. 셋째, 병약한 전사들과 영예(榮譽)군인들을 배치해 생산에 종사하고 일하면서 배우도록 한다. 넷째, 이 세 가지 전부를 소홀하게 생각해서는 안 된다. 이 규정들은 지구적인 항전과 군민생활에 관계되는 중요한 사항이다."6

1월 중순, 등 정위는 청장하 서쪽 강변에 위치한 칠원촌에 가서 중요한 연설을 했으며, 형세와 결부해 정병간정의 중요성을 강의했다. 1월 25일, 그는 또 소조를 거느리고 적안에서 출발해 무안, 사하 일대의 태항군구 제6분구에 가서 정간사업을 구체적으로 지도했다.

제129사단과 진기로예 변구는 도합 3차례의 정간을 진행했다. 유, 등이 지휘했기에 정간사업은 순조롭게 완수되어 부대는 전투력이 강화되고, 인력과 재력이 절약됐으며, 인민의 부담을 덜어주었다. 동시에 기관을 간소화해 사업 효율이 높아졌다. 이 모든 것이 다 작전과 형세에 적응하는 준비 작업이었다.

모택동은 진기로예 변구의 정병간정사업을 표창했다. 그는 이렇게 말했다. "진기로예 변구의 지도자들은 이 사업을 단단히 실행에 옮김으로써 정병간정의 모범적 실례를 만들어냈다."7

정병간정사업, 나아가서 건국 이후의 간소화 문제에 대해 아버지는 매우 큰 관심을 가졌다. 그는 간소화를 강조하고 추진하는 것을 단 한 번에 그치지 않았다. 1992년 5월 정년퇴직한 후에도 그는 국무원 체제 개혁에서 간소화 문제에 매우 큰 관심을 갖고 이렇게 말했다. "간소화는 우리에게 아직 가장 중대한 문제다."

1942년 1월 13일, 팔로군 총부는 태항, 태악 두 군구 소속부대에 명령을 내려 생산에 힘써 난국을 극복하라고 지시했다. 이는 항일근거지 인민들의 어려움을 더는 일이었다. 한편 지하에 적이 있는가 하면, 하늘에도 적이 있었다. 작년 한 해 동안 수재, 한재, 충재, 우박 등 자연재해도 걸왕(桀王)을 도와 잔악한 짓을 하듯이 연속 발생했다.

1942년 봄은 '전대미문의 춘멸(春滅)'로 불렸다. 일본 침략군들이 가는 곳마다 불사르고 죽이고 빼앗는 행위는 근거지 인민들의 끝없는 분노를 불러일으켰으며, 동시에 팔로군에 대한 인민들의 비할바 없는 애정을 불러일으켰다. 당시 태항산의 어떤 군 간부들은 매 끼니마다 간도 없는 무우를 다섯 쪼각씩밖에 먹지 못했고, 뉘가 섞인 조밥도 배불리 먹지 못했다. 이를 본 인민들은 숨겨두었던 유일한 물건인 곶감, 옥수수떡을 바구니에 담아들고 찾아왔다. 이것은 그들에게 겨우 남은 제일 좋은 음식들이었다. 이처럼 인민들에게는 아무것도 없었다.

아버지는 이렇게 말한 적이 있다. 1942년 9월, 유소기가 화중에서 연안으로 돌아가던 도중 태항에 들렸을 때, 적안의 제129사단 사무실에서 유, 등이 유소기한테 한 끼 식사를 대접했는데 그때 역시 마른 양고기뿐이었다. 아버지는 "그것도 그때에는 제일 좋은 음식이었다. 우린 오랫동안 고기는 구경도 못했단다!"라고 말했다.

당시 진기노예변구 정부 부주석 융자화는 다음과 같이 회상했다. "제일 어려운 시기에 간부들의 식량은 일일 좁쌀 한 근 반에서 7냥으로 줄었다. 한 예로 내 체중도 125근에서 100근으로 줄었다. 한번은 등소평 동지가 변구 정부의 양수봉, 나, 그리고 이일청 동지와 토의를 했는데, 나와 이일청은 정력부족으로 그 자리에서 졸았다. 이를 본 등소평 동지는 크게 걱정하며, 그 자리에서 양수봉 동지에게 변구 정부청의 1급간부들의 한 달 생활보조금을 10원으로 올려주라고 했다."[8]

청급간부의 보조금을 10원으로 올려주어도 근본적인 문제를 해결할 수는 없었다. 어떻게 할 것인가? 그렇다고 앉은 자리에서 적들에게 갇혀 죽을 수는 없지 않은가! 연안에서는 이미 1940년에, 연대장 왕진(그의 별명은 왕털보이다)의 인솔하에 팔로군 제359여단은 남이만

(南泥湾)으로 진군해 가 둔전(屯田)정책과 황무지를 개간하여 큰 생산을 거두었다.

태항산에서 유, 등은 진기로예변구 각 근거지에 생산운동을 전개하라고 지시했다. 등 정위가 친히 그 동원 보고를 했다. 당시 항일근거지 군민들의 항일 정서는 매우 높았다. 대생산을 전개하라고 동원하자마자 각 근거지는 분분히 호응했으며, 제129사단 지휘부의 간부들마저 앞을 다투어 개간대에 참가하는 것으로 적들의 정책에 반격을 가하겠다고 나섰다.

유백승의 부인 왕영화와 등소평의 부인 탁림은 여성동지들의 신청을 책임졌으며, 그들 또한 여성동지들을 이끌고 산에 올라가 황무지를 개간했다. 이 해 지휘부의 수확은 정말 괜찮았다. 제일 큰 무우는 여섯 근이나 됐는데, 이것을 본 등 정위는 "이건 무우대왕이구만!" 하며 기뻐했다.9

경제 생산을 전개하니 군대 생활이 개선됐을 뿐만 아니라 인민의 부담도 경감됐다. 이리하여 총을 멘 팔로군은 또 호밋자루를 들었다. 이 세상에서 이런 군대를 또 찾아볼 수 있는가? 홍군, 팔로군은 본디 중국 농민의 아들이라는 사실을 알아야 한다. 조국을 보위하는 것은 중국 군인의 신성한 천직이며, 생산을 전개하는 것은 인민의 부담을 덜어주는 애민 전통이다. 이는 인민과 인민해방군이 물과 물고기와 같은 친밀한 관계를 지속시킨 원인의 하나다. 이는 세계의 어떠한 나라의 군대에도 없는 특이한 일이다.

1942년, 태항산에서 제때 효과적으로 정병간정과 생산운동의 두 조치를 취했기 때문에, 진기로예변구의 군민들은 일본 침략군의 더욱 미친듯한 수차의 크고작은 소탕을 견실히 견뎌내 전승할 수 있었다. 2월 초부터 3월초까지, 일본군은 춘계 소탕작전을 진행했다. 12,000여 명이 태항을 소탕하고, 7,000여 명이 태악을 소탕했다.

춘계 소탕작전 후 일본군은 경한선 서측에 세번째 봉쇄선을 구축했다.

5월, 일본 침략군은 태항, 태악에 대한 하계 소탕작전을 시작했다. 38일간의 소탕작전에서 일본군은 전쟁을 3기로 나누고 더욱 많은 병력을 출동시켰다. 태항에만 해도 한 번에 25,000여 명을 출동시켰다. 일본군은 병력을 집중해 '이곳저곳을 들쑤시며 소탕하는' 지독한 전법을 사용했다. 그들은 이런 수법으로 팔로군 총부와 제129사단 수뇌부를 기습했으며, 또다시 각종 치열하고 잔악한 방법으로 도처에서 중국인민을 학살하고 재물을 약탈했다. 이것이 바로 그 악명 높은 5월 대소탕작전이다.

1942년 하계와 추계, 일본군은 제4차 제5차 치안강화운동을 추진했는데 그 수단이 더욱 잔혹했다. 일본 화북방면군은 일찍이 "무릇 적구역 내에 있는 사람이면 남녀노소를 불문하고 전부 죽이고, 모든 가옥은 마땅히 불사르며, 군량과 마초는 운반하지 못할 경우에는 모두 태워버리며, 가마와 사발은 전부 부숴버리고, 우물은 모두 파묻거나 독약을 뿌려야 한다."[10]는 명령을 내려 화북 지구에서 끔찍한 '무인구역'을 만들어 놓았다.

가을이 닥쳐왔다. 추계 소탕작전이 다시 시작됐다.

9월 27일, 일본군과 괴뢰군 10,000여 명은 기노예에 대규모 소탕과 토벌을 진행했다.

10월 20일, 일본군 16,000여 명이 동시에 태항, 태악을 향해 출동했다.

1942년, 일본군의 화북 적후 항일근거지에 대한 소탕은 시간이 길고 수단이 잔혹하기로 역사에 유례가 없다. 그 괴상한 전법은 이름을 달면 달수록 더욱 많고 더욱 괴상했다. 이런 전법은 중국의 이름난 손자병법에서도 찾아볼 수 없다. 중국사람들은 예로부터 이렇게 괴이한 군법이 없었고 이처럼 잔폭한 살인 방법은 더더구나 없었다.

팔로군은 쓰러지지도 퇴각하지도 않았다. 유, 등은 이렇게 말했다. "적들이 기세등등한 것만 보지 말라. 사실 겉으로는 강해 보이나 속은 텅 비어 흙보살이 강을 건너는 것과 같다."[11] 정병간정을 실시했기에 아군은 그 '몸이 작아지고' 기동성이 높았다. 하여 대담히 '적이 치면 우리도 치는' 작전방식(즉 적이 우리 근거지를 공격할 때 우리는 적의 후방을 향해 진격하는)을 사용했다. 우리의 반소탕작전에서는 물론 아슬아슬한 장면이 적지 않다.

6월의 소탕작전에서 한번은 적의 한 부대가 돌연히 습격하면서 우리 제129사단 지휘부를 포위하는 바람에 위험한 상황이 발생했다. 유백승은 태연자약하게 지휘했으며, 지형과 적정에 익숙한 것을 이용해 밤을 타 단숨에 적들의 포위망을 뚫고 나왔다. 당시 이 돌격전에서 앞장을 선 사람들 가운데는 유백승의 부인 왕영화, 등소평의 부인 탁림, 이달의 부인, 황진의 부인 주림 등이 있다.

전투가 그칠새 없는 이 1년간 제129사단 등소평 정위는 일찍 3월달에 태악에 가서 제385연대 등 부대를 지휘했다. 4월 15일, 16일 이틀 동안 아군을 공격하는 염석산 군과 반격전투를 벌여 승리를 얻어냈다. 목숨을 걸고 싸우는 가운데 유, 등 두 사람은 더욱 친밀해졌고, 더욱 떨어질 수 없는 사이가 됐다. 얼마 뒤 등소평은 중조산으로 가고, 유백승은 태항산에 남았다.

유, 등이 갈라진 후 "유 사단장은 함께 사업을 토의할 친밀한 전우가 없어서 매일 이달, 채수번 등이 그와 함께 의논했다."[12] 등소평은 3월말에 적점령구 백진선을 넘어섰고, 유백승은 작전과에 앉아서 전보를 기다렸다. 전보가 오자 그는 한 글자 한 글자 뜯어보면서 등소평이 안전하다는 사실을 알고서야 시름을 놓고 잠자러 갔다.[13] 유와 등이 갈라진 후 제129사단 본부에서 발송하는 전보는 으레 '유, 등'으로 서명했다.

양국우는 이렇게 쓰고 있다. "그들은 사업에 대해 그같이 엄숙하고 참답게 대했다. 또한 그들은 일치단결해 남의 본보기가 됐다. 따라서 그들 두 사람 이름으로 발부한 모든 훈령, 호령 또는 명령에 대해 각 부대는 정확히 집행하지 않는 사람이 없었다. 그러니 존중을 받지 않을 수 있겠는가! 적들은 유백승을 무서워하고, 등소평도 무서워했으며, 등소평의 사진을 인화해 적부대에까지 내려보냈다."

1942년 연말이 닥쳐왔다. 제일 어려웠던 이 1년도 곧 지나게 됐다.

태항산 사람들은 의연히 태항산 위에 우뚝 서 있었다. 12월 16일, 제129사단은 그들의 사단장인 유백승의 50회 생일을 경축했다. 적안에서는 경축대회를 열었고, 중공 중앙은 축전을 보내왔으며, 주덕, 팽덕회는 축시를 썼다. 각지 각처에서는 축전과 축하편지를 보내왔으며 섭현의 군중 대표도 축하 선물을 보내왔다.

제129사단 정치위원 등소평, 참모장 이달, 정치부주임 채수번, 정치부부주임 황진도 이 자리에 출석했다. 이 기꺼운 축수회에서 등소평은 열정에 끓어넘치는 장편 축수사를 발표했다. 그는 다음과 같이 말했다.

"나라를 사랑하고 인민을 사랑하고, 자기의 당을 사랑하는 것은 공산당원이 반드시 갖추어야 할 우수한 성품이다. 우리의 유백승 동지는 이러한 품성을 갖추었을 뿐만 아니라, 자기의 모든 정력을 조국과 인민과 당에 바치고 있다. 혁명의 전반 행정에서 그는 불멸의 업적을 쌓았다. 유백승 동지의 50회 생신에 즈음하여 나는 그의 건강을 축복하며, 우리가 함께 노력하고 있는 사업의 승리를 축복한다!"[14]

1941년과 1942년, 화북 적후에서의 항전은 팔로군의 8년 항전 가운데서 제일 어려운 2년이었다. 오늘에 와서도 태항산 사람들은 그 2년의 잔혹한 전쟁과 어려웠던 나날을 똑똑히 기억하고 있으며 두고두고 잊을 수 없어 한다.

그들은, 우리는 견뎌냈다고 말한다! 태항산 사람들은 이 엄청난 시기를 끝내 버텨냈다. 암흑이 지나면 광명이 온다. 태항산 사람들은 광명으로 나아가자면 그 길은 평탄치 않고 투쟁을 계속해야 한다는 것을 알고 있다. 그 승리로 곧추 뻗은 큰 길이 이미 사람들의 눈앞에 펼쳐지기 시작했다.

주 ———————————————————————————————

1. 중공 중앙, '태평양전쟁 폭발 후 적후항일근거지 공작 지시(太平洋戰爭爆發後敵後
   抗日根據地工作的指示)', 1941년 12월 17일. 《중국인민해방군전사(中國人民解放
   軍戰史)》(제2권), P. 309-310.
2. 양국우, 《유백승 등소평을 따라 13년간》, P. 195-196.
3. 같은 책.
4. 모택동, 《모택동선집)》(제3권).
5. 《중국인민해방군 제2야전군 전쟁사(中國人民解放軍第二野戰軍戰爭史)》(제1권),
   P. 221-222.
6. 양국우, 《유백승 등소평을 따라 13년간》, P. 197.
7. 모택동, 《모택동선집》(제1권).
8. 진동, 《등소평 동지와 진기노예변구 건설(鄧小平同志與晉冀魯豫邊區建設)》, P.
   19.
9. 장이상, 《태항산의 10년 동안 적과의 접촉》.
10. 《태항혁명근거지 사고(太行革命根據地史稿)》, P. 118.
11. 《중국인민해방군 제2야전군 전쟁사》(제1권), P. 228.
12. 양국우, 《유백승 등소평을 따라 13년간》, P. 207.
13. 양국우, 《위엄적산(威嚴的山)》.
14. 《유백승 회억록》(제3권), P. 107.

52 회복과 발전 단계

　제일 어려웠던 1941년과 1942년이 드디어 지나갔다. 역사의 시침은 1943년을 가리켰다. 1943년은 국제 반파쇼 전쟁이 승리를 거둔 한 해이며, 또한 중국의 항일전쟁이 곤경에서 벗어나 회복과 발전 단계로 나간 분명한 한 해다.

　정의는 어디까지나 정의이고, 정의는 결국 사악함을 이기기 마련이다. 또한 어떤 것이든 극에 이르면 반드시 쇠하게 된다. 국제 파쇼의 침략적 기운이 극도에 달한 것을 보면, 그 종말이 곧 닥쳐옴을 알 수 있다. 1943년 봄의 도래는 전 세계 인민들에게 승리의 희소식을 예고했다.

　소련은 스탈린그라드 전투에서 승리를 얻었고, 이어 독일 파쇼에 대해 전략적 반격을 시작했으며, 독일은 다시 전략적 방어단계로 들어갔다. 5월 13일, 북아프리카전쟁에서 독일과 이탈리아 파쇼군대는 동맹군에 투항했다. 7월 10일, 미영 연합군은 시실리 섬에 상륙해 이탈리아 본토로 접근해 갔다. 9월 3일, 이탈리아는 동맹국에 투항하고, 유럽 파쇼전선은 철저히 와해됐다. 태평양전쟁에서, 2월 미군은 과달카날 섬을 공략하고, 일본은 전략적 방어로 들어갔다.

　태평양전쟁에서 패배하고 중국전쟁에서 질질 끈 소모전쟁은 일본 국내의 모순을 격화시켰다. 1943년, 일본 내각은 두 번이나 개편됐다. 그러나 정국은 불안하고 인심이 황황했다. 일본 경제는 파산 직전에 이르렀고 국내 사정과 병사들의 감정은 격앙됐다.

　갈수록 불리한 국제 국내 형세에 직면해 일본은 중국전쟁을 하루

속히 결속지음으로써, 중국 전선에 동원된 병력을 끌어다 태평양전선에 미군의 반격을 막으려 했다. 중국에서 일본 침략군의 첫째 임무는 점령구를 확보하고 중요자원과 중심도시와의 교통선을 확보하는 동시에, 60만 명의 예비병력을 확보하는 것이었다.

그렇다면 당시 중국국민당은 어떤 계획을 세우고 있었을까? 장개석은 또 어떤 생각이었을까? 그렇다, 장개석은 어디까지나 장개석이다. 그는 영원히 공산당을 소멸하려는 의지를 바꿀 수 없었으며, 또한 그 뜻을 영원히 굽히려 하지 않았다.

일본 침략군에 대해 장개석은 항일도 하고, 구경도 했다. 1943년에 국민당군대는 인도-버마 원정군이 버마 북부 반격전투에서 간단한 승리를 거둔 외에, 국내 전투에서는 근근히 제한된 몇 차례의 방어작전을 폈을 뿐이다. 그는 그러나 모든 방법을 다해 공산당을 치려 했다.

정확한 객관적 분석이 있어야만 전쟁에서 승리를 얻을 수 있다. 1943년 1월, 모택동은 다음과 같이 분석했다. "히틀러가 망할 날도 멀지 않았으며 중국의 시국도 호전될 것이다. 우리는 마땅히 이런 정세를 이용해 군심과 민심을 고무 격려해 눈앞에 둔 목적에 도달해야 한다. 그러나 항전을 아직 2년 정도 더 치를 준비를 해야 하며, 방법을 다해 그 2년을 견뎌내야 한다."

후에 그는 또 다음과 같이 분석했다. "우리 당은 마땅히 3년간 공고한 기반을 닦도록 힘써야 한다. 일본군과의 대항에서는 모든 방법을 다해 근거지를 지켜야 하고, 국민당에 대해서는 적극적인 군사적 충돌을 피해야만 한다. 또한 적후 항일근거지에 대해서는 생산을 대대적으로 발전시키고 정권 건설을 지속시켜야 한다."

중국공산당은 국민당정부를 향해 4가지 건의를 제기했다. 하나는 작전을 강화하고, 둘째는 단결을 강화하고, 셋째는 정치를 개선하고, 넷째는 생산을 향상시키는 것이다. 물론 최종 목적은 일본제국주의를 타도하는 일에 있다.

1942년 이래, 진기로예의 상황은 호전됐지만, 아직 눈앞의 모든 상황이 다 해결된 것은 아니다. 일본 침략군은 여전히 곳곳에서 소탕작전을 벌이고 있었다. 진기로예 근거지의 형세는 유리한 국면으로 돌아섰지만, 아직은 만족할 만한 사정이 아니었다.

1943년 1월 25일, 중공 중앙 태항분국은 태항산 섭현 온촌(溫村)에서 고위급 간부회의를 소집했다. 이 분국 산하의 태항, 태악, 기로예, 기남 및 산하 근거지 항일 민주정권의 각 군 고위급 지도원이 회의에 참가했다. 태항분국 서기 등소평이 5년간 대적 투쟁 결과와 금후 투쟁 방침에 관한 보고를 했다.

등소평은 다음과 같이 분석했다. "지금까지의 투쟁은 있는 모든 수완을 필요로 하는 투쟁이며, 금후의 투쟁은 더욱더 교묘하고 첨예해질 것이다. 적이 강한 만큼 우리는 약점을 보완하고 모든 역량을 축적해, 반공격태세를 준비해야 한다. 인민은 모두의 어머니임을 인식해야 한다. 대적투쟁에 있어서도 인민의 그 힘에 의해 승부가 결정된다. 우리는 옳바른 정책을 펴고, 항일 민족통일전선을 발전시키고, 각 계층의 인민들을 단결하여 적과 투쟁해야 한다. 근거지를 창설해야 하며, 유격전을 진행하는 동시에 유리한 조건하에서의 운동전을 놓쳐서는 안 된다. 군중을 일으켜 감조감식하며 생산을 발전시켜 자급자족의 경제를 세워야 한다."[1]

온촌회의는 금후 사업의 기본 방침을 확정했는바, 이 회의는 진기로예 지구가 회복과 재발전 단계에 들어선 중요한 징표가 된다. 이 회의는 가 근거지와 각 항일 민주정권의 금후 사업 방향을 제시하고 있으며, 대적투쟁의 승리를 탈취하는데 정치, 사상, 조직 면에서 중요한 사안을 제시하고 있다.

중국공산당의 전통은 역래로 정세를 분석하고 정책을 제정하고, 사상을 통일하고 행동을 통일하고, 일치단합해 인민군중을 이끌어 승리를 쟁취하는 것이다. 그 첫째로 실사구시에 힘쓰며, 둘째로 정확한 정책을 제정하기에 힘쓰며, 셋째로 사상 통일에 힘쓰며, 마지막으로 행동 일치에 힘쓰는 것이다. 이런 성격과 전통은 중국의 기타 정당과 비교해 볼 때 분명한 장점을 가지고 있으며, 국민당에서는 더구나 구비하지 못한 것이다.

본디 장개석은 이 같은 점들을 알고 있었다. 그가 제일 분통해 하는 것은 예전 공산당의 세력이 약소했을 때, 요람 속에서 압살시키지 못한 그것이다! 정세를 정확히 분석하는 것은 정책을 정확히 제정하는 담보며, 정책을 정확히 제정하는 것은 또한 승리를 쟁취하는 담보가 된다.

사상이 명확하고 정책적인 조치가 적확했기에 1943년, 유, 등 지휘관의 인솔하에 진기로예 군민들은 무수한 곤란을 이겨내고 매번 새로운 승리를 취득했다.

1943년 상반기, 일본 침략군은 항일근거지에 대해 다시 춘계, 하계 소탕작전을 진행했다.

5월초, 일본군과 괴뢰군 20,000여 명이 태항근거지를 소탕했다. 일본군은 빽빽한 대열을 지어 조금씩 근접해 오면서 팔로군 총부와 제129사단 주력을 요현과 섭현 사이에 있는 청장하 강변의 좁은 지역에 가둬놓고 섬멸하려 했다. 팔로군은 상황을 판단하고 미리 주력을 이동시켰다. 팔로군 주력은 이곳에서 반소탕작전을 시작해 5월 하순 작전이 끝났을 당시 적군 2,500여 명을 섬멸했다.

5월, 예북에 있는 국민당 방병훈, 손전영 부대는 적에게 투항한 후 일본군과 연합해 항일 구역으로 쳐들어왔다. 제129사단은 위남 전선과 임남 전선으로 이동했다. 아군은 기습 공세와 분할 포위하는 전술을 운용해 두 차례 전투에서 일본군과 괴뢰군 도합 12,000여 명을 섬멸하고 동시에 위남, 예북의 광대한 지구를 개척했다.

전쟁은 마땅히 용감한 자가 이기고 지혜로운 자가 이기고, 또 정의로운 자가 이겨야 한다. 하반기, 일본군은 또다시 우리 화북 적후의 각 근거지를 향해 추계와 동계 소탕작전을 발동했다.

9월 21일, 일본군과 괴뢰군 30,000여 명이 기로예근거지를 소탕했다. 10월 12일, 일본군과 괴뢰군 15,000여 명이 재차 이 지구를 소탕했다. 11월 중순에야 소탕작전은 끝났다. 아군은 먼저 이동하고 제때 출격했다. 도합 300여 차 크고작은 전투에서 적 4,000여 명을 섬멸하고 부분적 지구를 회복하거나 개척했다.

10월 1일, 일본군과 괴뢰군 20,000여 명이 전투기의 지원하에 '철통 굴리는 식'의 새로운 전법으로 태악근거지에 전면적 소탕작전을 폈다. 11월말에 소탕작전이 종결됐는데, 아군은 적과 700여 차의 전투를 벌이고 적군 3,500여 명을 살상했다.

소탕을 반격하는 동시에 팔로군은 광범위한 유격전투를 적극 벌였으며, 적구에 침투해 도처에서 적군을 타격했다. 또한 국민당 완고파에 대한 투쟁도 계속됐다. 1943년 3월, 장개석은 《중국의 운명(中國之命運)》이란 책을 써서 '1개 주의(삼민주의), 1개 정당(국민당), 1개 수령(장개석)'을 고집함을 드러냈다.

이는 사마소(司馬昭)의 야심이다. 필자가 이 지면에 이런 시각의 여론을 조성하는 심보를 사람들은 잘 알고 있으리라. 장개석은 예견력을 갖춘 인물이다. 그는 항일전쟁에서 일단 승리한 후 공산당을 이겨내지 못할까봐 겁냈던 것이다. 장개석은 일평생 미워한 것도 공산당이고, 두려워한 것도 공산당이다.

장개석은 여론을 조성하는 동시에 국민당 각 부로 하여금 항일민주근거지를 포위하고, 화중, 화동 항일근거지에 대한 공격개시 명령을 비밀리에 내렸다. 그리하여 국민당군은 섬감녕 항일근거지를 향해 대규모의 공격을 시작함으로써 제3차 반공투쟁을 기도했다.

이와 같이 외적을 쳐 없애기도 전에 먼저 동포를 치는 장개석의 비열한 행위는 즉시 사회여론으로부터 힐책받았다. 영국, 미국 등 나라마저도 공개적으로 반대를 표했다.

서북, 화북, 화중 각지에 파급될 것으로 예측되던 이 제3차 반공투쟁은 1943년에 철저히 파산되고 말았다. 그야말로 나무는 조용히 서있으려 하나 바람이 자지 않는 격이다. 공산당과 국민당의 투쟁은 항일전쟁 전에도 진행됐고, 항일전쟁 중에도 끝나지 않았고, 항일전쟁 후에도 여전히 계속됐다. 이는 모든 사람들의 의지대로 끝나는 것이 아니다. 이 점에 대해서는 국민당도 잘 알고 있고, 공산당도 잘 알고 있다.

1943년은 각 적후 항일 민주근거지에 있어서, 진기로예근거지에 있어서, 태항산의 유, 등에게 있어서 쌓아둔 중대한 임무가 있는 한 해였다. 그것은 바로 생산을 지속시키고 경제를 발전시키고, 재해를 방지하고 이재민을 구하는 것이다. 1943년의 자연재해는 어쩌면 그리도 많았을까 !

1942년과 1943년 들어 50년만에 제일 극심한 한재가 들었다. 가을 한재가 지나면 겨울 한재가 들고, 겨울 한재가 지나면 봄 한재가 들고, 봄 한재가 지나면 또 여름 한재가 들었다. 진기로예 일부 지구의 농업작황은 평년의 2, 3할밖에 안 됐다. 각 마을에서는 심지어 낱알 한 알도 거두어 들이지 못했다. 모든 구에서 구제해야 할 이재민은 약 150만 명내지 160만 명이 넘었다.

1943년 여름, 가을에는 전례없던 병충해가 들었는데 이 엄청난 재해는 1944년까지 계속됐다. 이 훼멸적인 재해는 거의 절반되는 변구에 파급되, 근거지의 농작물은 거의 하나도 거두어들이지 못했다.

같은 해 8, 9월 사이 또 폭우가 쏟아져 태항의 탁장하와 청장하 양안의 백사장이 떠내려 갔으며, 기남 기로예의 위하, 운하, 부하 등은 여러 곳에 제방이 터졌으며, 적지 않은 현, 구가 망망한 물바다로 변하고 3,000내지 4,000여 개의 마을이 물에 잠겼다.

"자연재해에 직면하여 적들은 더더욱 성난 도둑처럼 날뛰었다. 재해지역 이재민들은 커다란 비관과 실망에 빠졌다. 시장 물가는 변동하고 식료품 가격은 폭등하고 옷과 가구 등의 가격은 폭락했다. 질서가 문란하고 인심이 황황했다. 이런 형세에 직면해 중공 중앙 북방국, 태항 분국, 팔로군 전방총부, 제129사단 지휘부, 변구 정부 등 당, 정, 군 영도기관은 재해복구와 물자 확보에 앞장섰다."2

당시의 처지는 확실히 막심했다. 그렇지 않아도 근거지에 먹을 것과 입을 것이 모자라는데, 게다가 경한선 적 점령구의 이재민들이 매일 부단히 몰려들었다. 근거지 간부들은 자신들의 식량을 줄여 매일 이재민 구호에 나섰다.

기근을 극복하기 위해 팔로군은 들나물과 나뭇잎을 뜯어다가 낱알과 함께 섞어 먹었다. 고위급간부들의 식기에도 알곡이 많지 않았다. 제129사단 지휘부의 식당에 들어가 솥뚜껑을 열어 보아도 역시 들나물이 섞인 죽뿐이었다.

정치위원 등소평은 외부에서 온 사람들에게 이렇게 상황을 설명했다. "태항산구에 여러 해 계속 재해가 들어 작황이 줄었고, 특히 적들의 연속적인 소탕으로 파괴가 심한 데다 태항구의 본 인구가 적어 그 부담을 감당하기가 어렵다. 태항의 인구는 150만 명으로서 항일부대 3만 명밖에 부담할 수 없다. 그러나 우리 부대의 숫자는 이를 훨씬 초과하고 있다. 태항구 인민들은 부대와 지방간부를 부담해야 할 뿐 아니라, 제129사단, 태항분국, 진기로예변구 정부기관 등을 부담해야 한다. 화북과 기타 근거지도 마찬가지로 재해가 들고 게다가 적들의 봉쇄로 인해 태항을 지원하기가 매우 어렵다. 내가 판단하기에는 우리 모두가 자체 생산을 향상시키는 수밖에 없다는 생각이 든다. 이렇게 한다면 이 곤란을 극복할 수가 있다. 구태여 들나물만을 먹는 것에 대해 말한다면, 태항 인민들은 이 몇 년 동안 모두 들나물로 살아가고 있다."[3]

아버지의 말은 모두 다 사실이다. 당시 태항산에서 절대 대다수 사람들은 모두 들나물을 캐다가 양곡을 대신했다. 재해가 심한 일부 지구는 처음에는 그래도 느릅나무 열매나 느릅나무 잎을 뜯어 굵은 수수가루에다 섞어 먹을 수 있었지만, 후에 와서는 홰나무, 버드나무, 백양나무의 잎마저 보배가 됐다.

아버지는 다음과 같이 지적했다. "작년 겨울과 금년 봄, 태항구의 한재 면적은 근거지의 5분의 1을 차지했지만, 적 점령구에서 몰려들

어오는 이재민은 매우 많다. 이는 몇 년 사이의 제일 어려운 고비이
다. 우리의 구제책은 부분적 원조 외에 기본적으로 생산에 의거하는
일이다."

그는 또 다음과 같이 말했다. "우선, 우리는 생산을 발전시키는 것
은 경제건설의 기초이고, 농업과 수공업을 발전시키는 것은 생산의 중
심이라는 사실을 알고 있었야 한다."[4]

그는 모택동과 팽덕회에게 다음과 같이 보고했다. "태항의 경제는
이미 고갈점에 달했으며, 금후에는 반드시 생산에 주의를 돌리고 축적
에 힘써야 한다. 인민들만이 3년 경작해 1년분을 축적할 것(耕三餘
一)이 아니라, 군정 모두가 양식과 물자의 축적에 절실한 주의를 돌려
야 한다."[5]

절약을 엄격히 실시해야 한다 ! 유, 등의 명령이 떨어지자마자 전
구는 즉시 실행에 들어갔다. 부대의 좁쌀 공급을 주력부대는 1근 반에
서 1근으로 줄이고, 기관인원은 1근에서 13냥(그때는 16냥이 1근이었
음)으로 줄였다. 전사로부터 사급간부에 이르기까지 일인당 매달 생활
보조금을 1원 50전에서 5원까지 줄였다. 사무비, 판공비는 일률적으
로 발급을 중지하고, 각 단위에서 생산해 자체적으로 해결하게 했다.
식량이 모자라면 들나물로 보충하게 했다. 유, 등 두 사람은 이 규칙
을 지켜 마찬가지로 양식을 절약했다.

당시 전 부대와 간부들은 모두가 기아 상태에 처해 있었다. 그러나
군사규율이 엄격해 민중의 것은 털끝만큼도 건드리지 않았다. 1943년
의 가을, 태항산의 산과 들에는 진붉은 감이 주렁주렁 열렸지만 팔로
군의 전사들은 어느 누구도 그것을 따지 않았다.

겨울이 시작됐다. 부대는 겨우 무명천과 솜을 구했는데 솜옷을 지을
시간이 없어 천과 솜을 각 단위에 나누어주어 사람마다 제 옷을 지어
입게 했다. 염색료가 없으니 초목회와 나무뿌리로 염색했다. 재단할
줄 모르니 백성들한테 도움을 청했다. 총만 만져 버릇했던 거친 손도
바느질을 배웠다.

유, 등도 여러 사람들과 마찬가지로 염색이 고루 되지 않아 얼룩덜룩한 잿빛 무명솜옷을 입었다. 언젠가 한번은 공급처에서 그들 둘에게 발이 가는 잿빛 무명천으로 솜옷 한 벌씩을 지어주었다가 유, 등한테 퇴짜를 맞았을 뿐만 아니라, "이건 우리를 사랑하는 것이 아니라 우리더러 군중과 이탈하라는 것이다."라는 질책을 받았다.

유, 등은 여느 사람들과 똑같이 입고 똑같이 먹었다. 간부들과 전사들은 입는 것도 먹는 것도 같았다. 즐거움이 있으면 같이 나누고, 어려움이 있으면 같이 겪었다. 그러니 제129사단과 진기로예근거지의 군민들의 마음이 단합되지 않을 리 있으며, 그 힘을 한곳으로 쓰지 않을 리 있으랴?

근본적인 출로는 역시 생산 향상에 있었다. 등소평은 중공 태항분국 회의를 소집해 전문적으로 태항구의 경제 건설 문제를 연구했다. 등소평은 근거지와 부대의 생산회의에서 '생산에 힘써 곤란을 이겨내고 승리를 맞이하자.'는 제목의 보고를 했다. 그는 이렇게 말했다. 반드시 생산사업에 대한 영도를 강화해야 하며, 금후에는 생산을 근거지 모든 사업의 중심으로 두어야 한다.

재해 구제에서 변구 정부는 최대의 능력을 다해, 이재민들에게 구호양식과 구호금을 지급하는 외에 특별히 자구적인 생산을 강조했다. 이리하여 태항에서, 태악에서, 기남에서, 전 진기로예 대지에서 생산의 열기가 일어났다.

아버지는 1943년 7월 2일 연안의 〈해방일보(解放日報)〉에 '태항구의 경제 건설'이라는 글을 발표했다. 글은 생산과 구재의 과정을 생동하고도 상세하게 소개했다. 그는 다음과 같이 썼다.

"농업 생산은 일 년 내내 계속되는 일이며, 엄격히 말하면 이른바 농한기가 없는 것이다. 밭갈이, 선종, 파종, 씨속음, 김매기, 여름걷이, 가을걷이를 해야 하고 또 제때에 거름을 모으고 거름을 내야 한다. 우리는 봄갈이, 가을갈이, 여름걷이, 가을걷이 때마다 많은 사업을 했다. 우리는 인민들의 생산 의욕을 불러일으키고, 종자를 개량하고, 부림짐승과 농기구에 대한 수요를 해결하며, 어린이들을 동원해 거름을 줍게 하고, 여성들이 생산에 참가하도록 호소하며, 소작 관계와 고용 관계를 조절했으며, 나무를 심고 물도랑을 치고 우물을 파고 수차를 만드는 등 사업을 했다. 우리가 바로 생산에 주의를 돌렸기 때문에 인민들의 많은 곤란이 극복됐다. '생산을 늘리고 생활을 향상시키고 반공격을 준비하자.'는 구호가 태항산의 곳곳에서 메아리쳤으며, 생산 전선에서 해마다 연속되는 승리를 거뒀다."[6]

유, 등은 직접 앞장서서 생산노동에 참가했다.

8월초, 오랜 가뭄 끝에 한바탕 비가 내렸는데 등 정위는 변구의 각 기관, 학교에 지시해 전부 동원해서 군중을 도와 종자를 보충하고 종자를 개량하라고 했다. 그는 친히 기관사업 일꾼을 조직하고 지도해 군중을 도와 가을걷이를 다그치도록 했다.

등 정위의 사무실에는 수공 물레가 있었는데, 그는 친히 앞장서서 실을 뽑는 것을 배웠다. 그의 부인 탁림과 기타 여성동지들도 밭에 나가 농사를 짓고 집에서 물레를 잣았으며, 뽑아낸 실로 부대의 옷을 짰다.

우리 어머니가 잰 솜씨로 곱게 털실을 짜는 기술도 바로 태항산에서 배운 것이다. 해방 후 우리 집의 크고작은 식구들이 아래위로 입은 털실 스웨터와 털실 내의는 모두 우리 어머니가 그때 배운 솜씨로 짠 것이다.

유, 등의 솔선수범하에 태항산 구만 해도 각 부대는 1943년에 10만 무(畝) 땅에 농사를 지었는데, 그중 개간지가 8만여 무에 달하며 총수입은 1,500만원 이상에 달한다. 뿐만 아니라 자체로 만든 궐련은 자급하고도 남았으며, 포목과 타올 등 자체 생산물은 외지로 운송되기도 했다.

생산을 발전시키는 동시에 화폐와 물가를 안정시키기 위해 10월경

기남은행에서는 기남지폐를 발행했다. 이 지폐는 점차 전 진기로예 지구에서 유통하기 시작했다. 화폐의 발행은 재정의 부족을 보조했고 또 생산을 효과적으로 도왔다.

이 일 년 사이 등소평의 직접적인 독촉과 참여하에 진기로예변구는 또 '통일누진세'를 채택하고 실시했다. 이 세제는 각 계층의 이익을 돌보았으며, 재정의 기초를 가일층 닦아놓았을 뿐만 아니라, 각 계층의 생산 열기를 높였다.

아버지는 일찍이 아래와 같은 글을 남겼다.

"팔로군이 4년 동안 돈 한푼, 탄알 한 개 도움받지 않고, 그렇게 저열한 힘을 가지고 온갖 곤란을 이겨내면서 강대한 적들과 맞서 백열전을 벌여 왔다는 것은 기적이 아닐 수 없다. 도대체 그 비결은 어디에 있는가? 주지하다시피 우리에게는 모택동의 전략 전술의 지도 원칙이 있다. 이 원칙을 좇아 수많은 전투를 벌임으로써 각 근거지를 창설하고 보위하고 공고히 했다. 또한 중국에 있는 일본 침략자 총병력의 절반을 견제했으며 그리하여 대후방 정면작전의 부담을 덜어주었다. 주지하다시피 우리는 적들과 준엄한 정치, 문화 투쟁과 반간첩 투쟁을 벌여 근거지 인민과 적 점령구 인민의 항일 적극성을 크게 발양시키고, 인민들의 민족 자존심을 굳게 했다. 그리고 또 주지하는 바와 같이 우리는 적후의 극히 어려웠던 조건하에서 경제전선의 투쟁을 벌였을 뿐만 아니라 이 투쟁에서 큰 승리를 거뒀다. 다름 아닌 이 경제전선에서 승리를 거뒀기 때문에 우리는 적후 항전을 6년 동안이나 견지할 수 있었다."[7]

이는 비할바 없는 호언장담이다. 그러나 그 시대를 지나보지 않았고 그런 생활을 겪어보지 않은 사람이라면, 이 짧은 한 단락의 말 속에 들어 있는 전부의 함의를 영원히 체험할 수 없을 것이다.

가을이 왔다. 태항산의 석두산에 가을 기운이 완연했다.

10월 6일, 중앙은 중공 북방국과 태항분국을 합병하고 팔로군총부와 제129사단을 합병하기로 결정했다. 북방국이 직접 진기로예구의 태항, 태악, 기남, 기로예 4개 구의 당위원회를 영도하고, 팔로군총부가 직접 제129사단 부대와 태항, 태악, 기남, 기로예 4개 군구를 영도하게 됐다.

등소평이 팽덕회를 인계하여 중공 북방국 대리서기를 맡았다. 8, 9월 사이, 팽덕회, 나서경은 연안으로 학습하러 떠났다. 10월 9일, 유백승 사단장은 연안에 중국공산당 제7차 전국대표대회에 참가하기 위해 떠나갔다. 채수번, 진갱, 박일파, 진재도, 진석련, 양득지 등 고위급간부들도 선후로 연안으로 떠나갔다.

나의 어머니는 나의 큰 언니를 시골에 있는 민가에서 데려와 채수번의 부인 진수련한테 맡기고 연안으로 데리고 가게 했다. 전방은 너무나 어려워 아이들을 키울 수 없었다. 나의 언니는 연안에 도착한 후 연안보육원에 들어갔으며, 상당히 오랜 기간 진수련이 줄곧 보살폈다. 후에 채수번과 진수련은 나의 큰 언니의 양아버지와 양어머니가 됐다.

태항산에서 나의 아버지 등소평은 북방국과 진기로예 지구의 전면적 군정사업을 책임지게 됐다. 대리북방국 서기가 진기로예 지구의 군정사업을 책임진다는 것은 그렇게 가벼운 짐이 아니었다. 아버지에게 이런 짐을 맡긴 것은 그의 정치와 능력에 대한 당 중앙의 이중적 신임이다. 이때 아버지는 이미 서른아홉이 넘은 정치, 군사 등 여러 면에서 상당한 경험을 갖춘 영도간부가 돼 었었다. 그에게는 능력이 있었고 신심도 있었으므로 이 중임을 감당할 수 있었다. 1943년 10월부터 1945년 6월, 거의 2년 기간에 그는 당 중앙과 중앙군위가 맡겨준 중임을 출중하게 완수했다.

1943년 12월 6일, 중공 북방국은 대리서기 등소평의 사회하에 위원회를 열고, 1944년의 사업을 토의, 확정했다.

1944년, 전 화북의 사업방침은 전 화북인민의 역량을 단합해 일체

의 곤란을 극복하고, 화북항전을 견지하고, 항일근거지를 견지하고,
역량을 축적해 반공격을 준비하며 승리를 맞이하는 것이다. 항전승리
의 마음은 갈수록 명확해졌다.

항전의 서광은 검은 구름이 뒤덮인 하늘에서 반짝이며 무지개를 드
러내기 시작했다.

주 ────────────────────────────────

1. 《중국인민해방군 제2야전군 전쟁사》(제1권), 항일전쟁시기, P. 257-258.
2. 진동, 《등소평 동지와 진기로예변구 건설》. 《28년간-정치위원에서 총서기로(二十
   八年間-從師政委到總書記)》(속편), P. 28-29.
3. 진학교, 《북방국에서의 등소평 동지(鄧小平同志在北方局)》. 《28년간-정치위원에서
   총서기로》(속편), P. 103.
4. 진동, 《등소평 동지와 진기로예 변구 건설》. 《28년간-정치위원에서 총서기로》(속
   편), P. 29.
5. 진학교, 《북방국에서의 등소평 동지》. 《28년간-정치위원에서 총서기로》(속편), P.
   76.
6. 《등소평 문집(鄧小平文選)》(1938년-1965년), P. 81-82.
7. 《등소평 문집》(1938년-1965년), P. 78.

53 성스러운 항일전쟁의 승리

승리의 서광은 이미 하늘 저편에서 반짝이고 있었다.

세계 전쟁의 급속한 형세 변화는 국민들 앞에 승리의 희망을 더 환하게 펼쳐 주었다. 1944년, 세계의 반파시즘 전쟁은 대규모적인 반공 체제의 단계로 들어섰다. 유럽 전선에서는 독일에게 연속해서 결정적인 타격을 준 소련군이 전쟁의 주도권을 완전히 장악했다. 태평양 전선에서는 미군이 바야흐로 마닐라 섬을 탈취하고 필리핀으로 박두하고 있었고, 동시에 일본 본토를 폭격하기 시작했다.

남아시아 전선에서는 인도와 미얀마를 지원하는 영국군과 중국원정군이 바야흐로 일본군에 대규모적인 반격을 전개했다. 중국 전선에서는 거의 7년 동안 항일전쟁을 견지해 온 중국 군민이 피동적인 상태에서 주동적인 태세로 전환해 적후에서 반격전을 진행했다. 정세는 중국의 항일 군민에게 유리한 방향으로 전환되기 시작했다.

하지만 전쟁에 눈이 어두어진 무모한 침략자는 막다른 골목에 이르지 않고서는 절대로 자기 스스로 전쟁을 포기하지 않았다. 정세가 극히 불리하게 되자 일본 침략군은 피동적인 국면을 타개하기 위해 1944년 1월 24일에 중국대륙의 교통선을 관통시키라는 작전명령을 내렸다.

정세가 나날이 유리해져가는 상황하에서 국민당정권은 실력을 보존했다가 내전을 일으킬 궁리만 하고 있었다. 일본군이 대규모로 정면공격하리라고는 생각하지 못했던 그들은 일본군이 파죽지세로 밀고오자 대항도 못해보고 허겁지겁 퇴각하고 말았다.

10월에 이르러 일본군은 중국의 남북과 서남으로 통하는 일부 중요한 교통선들을 관통시켰다. 이어 정주, 허창, 낙양과 화남의 장사, 형양, 계림, 유주, 남녕, 용주 등 중요한 도시를 점령함으로써 베트남으로부터 북상하는 일본군과 회합하려는 목적을 실현시켰다.

일본군의 정면공격에 연속 패배한 국민당은 짧은 몇 달 내에 수천 리 땅과 수십만 군사를 잃었다. 적이 강대했던 것만은 사실이지만, 국민당군대가 이같이 무력했던 것은 실로 이해될 수 없는 일이어서 국민들 모두를 기가 막히게 했다. 백 년 간에 걸친 억눌리고 침략당하고 굴욕받아온 중국의 역사 속에서, 싸워보지도 않고 패배하게 된 눈앞의 이 참혹한 현실을 지켜보는 중국인민들은, 싸움의 아픔보다도 이렇게 무참하게 패하기만 한 국민정부에 대한 분개로 치를 떨었다.

중국의 항일전쟁은 약소한 대국과 강대한 소국간에 진행된 전쟁이라고 누군가 말했다. 그 옛날의 강대했던 중국이 오늘날 이와 같이 '약소한 대국'이 된 원인은 어디에 있었을까? 중국의 전도와 운명을 좌우하고 있던 사람들은 응당 어떠한 책임을 져야 했는가? 적이 강대했던 것이 불행한 일이었다고는 하지만, 그보다도 자기 스스로 약하다고 여기는 것은 더욱 불행한 일이다.

다행히 중국의 역사가 국민당 하나만 있었던 것이 아니고, 그들에 의해 통제되어 온 하나의 정부만으로 이루어진 역사가 아니었기에 망정이지, 그렇지 않았다면 그 무슨 중국의 전도니 희망이니 하는 것들을 언급할 수 있었겠는가.

광활한 화북의 적후방에서 활약하고 있던 팔로군은 국민당군대와 뚜렷한 비교가 됐다. 팔로군은 1944년부터 난국을 전환시키고 일본 침략군에게 적극적이며 주동적인 공세를 펼치고 있었다.

나는 이 책을 쓰기 위해 상세한 전쟁사 연대표를 작성했다. 나는 연대표에서 일본 침략군이 우리를 향해 소탕을 시도했던 곳과 점령했던 곳을 파란색으로 표시하고, 아군이 습격하고 공격했던 곳을 붉은색으로 표시했다.

앞의 두 해는 페이지마다 연대표에 파란색 기호뿐이어서 온통 암담한 색깔로 뒤덮여 있었는데, 1944년부터 붉은색 표식이 점점 많아져 나중에는 전 페이지가 붉은색으로 물들여지게 됐다.

1944년 4월 모택동은 "지금의 목표는 지난날보다 더 중대한 책임을 짊어질 각오를 하는 것이다. 우리는 어떠한 상황하에서도 일본 침략자를 중국에서 몰아낼 준비를 해야 한다."고 강력하게 주장했다.

태항산과 화북의 산지와 평원에 있는 진기노예 지구에서는 공격작전을 발동해 국부적인 반격을 전개하며 적 통치구역을 줄여나갔다. 1944년, 진기노예 지구에서는 적군에게 춘하기 공세와 추동기 공세를 발동하고 국부적인 저항을 하기 시작했다. 춘하기 공세의 목표는 근거지 중심에 들어온 일본군과 괴뢰군의 거점을 되찾고, 각 근거지에 대한 적의 분할과 봉쇄를 파괴하며, 적 통치구역을 줄이고 근거지를 넓히자는 것이었다. 태항, 태악, 기노예, 하북성 남부의 각 근거지의 군민들은 일본 침략군에 대한 국부적 반공세를 과감히 진행해 나갔다.

춘기 공세에서 태항군구는 반용읍, 유사현 성과 임현현 성을 연이어 수복했고, 더불어 일본군과 괴뢰군의 거점들도 파괴했다. 기노예군구, 하북성 남부군구 및 태악군구의 작전은 순조롭게 진행되어 연속 승리를 거뒀다. 이 전투에서 그들은 조성, 심수 두 현과 거점, 그리고 200여 개소의 토치카를 회복했다. 뿐만 아니라 일본군의 수차례에 걸친 소탕전을 말끔히 척결해 태악 지구에 대한 염석산 군대의 공격도 물리쳤다.

여름에 들어선 후 일본군은 자신들이 지배하고 있던 화북 후방을 공고히 하기 위해, 또 적후방에 있는 항일근거지를 자주 습격함으로써 식량과 공급품을 빼앗아가며 아군의 공세를 막으려고 시도했다. 5월부터 진기노예 군민들은 적들의 습격에 대처하기 위한 하기 공세작전을 진행하는 동시에 여름 수확을 보호하는 투쟁을 폭넓게 전개했다.

기노예 지구에서 아군은 연속적으로 전투를 벌여 적 1,000여 명을 섬멸하고, 산동 경내의 곤산과 장추 지구를 되찾았다. 그리하여 중심 구역이 동으로 50여 킬로미터로 늘어났다. 또 하남성 남쪽 끝에 있는 청풍현 성을 공략하고 적 1,000여 명을 궤멸했다. 이어 산동성 경내의 미산호 서남 지역을 되찾았고, 적 1,000여 명을 궤멸시켰다. 뒤이어 산동성 서남부의 양산에서 견성에 이르는 50킬로미터 되는 지역을 향해 공세를 펴, 30여 개의 거점을 되찾았고, 적 3,000여 명 가량을 궤멸시켰으며, 동시에 하택 지역에서 20여 개의 거점을 되찾았다. 그리하여 기노예 지구의 동북 지역과 산동성 서남 지역의 국면이 풀리게 됐고 근거지도 확대됐다.

태항 지구에서는 중심 지역에 있는 현성과 소도시의 적들 거점에 대한 포위와 공세를 강화했다. 전투 결과 적의 거점을 여러 개 점령했고, 하남성의 신형과 휘현 지구를 탈환했으며, 경한철도 서쪽에 진을 치고 있던 적의 제3봉쇄선 대부분을 공략했으며, 나아가 아군은 경한선을 따라 10킬로미터 넘게 밀고들어갔다.

태악 지구에서는 아군이 태악 지구의 동남부에 위치하고 있는 왕옥산 일대와 제원 이남 지역의 거점 28개를 점령했고, 적 800여 명을 궤멸했으며, 2,600평방킬로미터의 국토를 되찾았다. 동시에 태악 지구한 구역에 있는 황하 나루터를 통제했다. 이와 더불어 태악서 남부의 중조산구에서는 인구가 70,000여 명 되는 6개 현 정권을 전후하여 세웠다.

아군의 춘하기 공세에 일본군은 여지없이 패배해 병력이 나날이 부족해 갔다. 그리하여 일본군은 7, 8월에 병력을 화북으로 집중시켜, 9월부터 12월까지 50,000여 명의 병력을 동원해 진기노예 지구에 대한 잔혹하고 광적인 국부적인 소탕을 14차례나 감행함과 동시에, 비인간적인 삼광 정책을 실시했다.

진기노예 지구에서는 적의 소탕을 쳐부시고 적에게 중대한 타격을 안겨주는 한편, 적의 후방이 텅 빈 틈을 타서 출격해 추동기 공세작전을 벌였다. 정태선, 백진선, 동포선, 진포선에서 빈번히 출격해 적군과 적의 주요한 교통선을 크게 쳐부쉈다.

근거지를 확대하는 동시에 북방사업과 팔로군 총지휘부의 사업을 책임진 등소평의 지시에 따라 북에서 남으로, 황하를 건너 300여 만 인구를 가진 20개 현을 망라한 하남성 서부 항일근거지를 개척했다.

중공북방국은 또 농해선 남쪽, 경한선 동쪽의 광활한 지구에서 황하 동쪽 지역을 강화하고, 황하 서쪽 지역을 개척해 하남성 동부의 해방구역을 확대시키라는 지시를 내렸다. 기노예군구는 그 지시를 받고 즉시 남하했다. 하남성 동부에서 출발한 그들은 일본군과 괴뢰군 및 완고한 국민당군과 치열하게 싸워 하남성 동부의 광활한 지역을 통제권에 넣었다. 진기노예 군민들은 북방국과 팔로군 총지휘부의 직접적 지도 밑에 장렬히, 그리고 주동적으로 적을 향해 공세를 취했다. 그들은 1944년말에 이르러 적 76,000여 명을 섬멸하고, 11개 현성을 수복했으며, 500여 만의 인민을 해방시켰으며 침략자의 손에서 60,000여 평방킬로미터나 되는 국토를 되찾았다. 그리하여 전쟁의 국세는 우리에게 유리하게 변화되어 갔다.

아버지는 북방국 서기대리를 담당하게 된 후부터 어깨에 짊어진 짐과 책임이 더욱더 무거워졌다. 아버지는 중공 북방국사업과 팔로군 총지휘부사업과 진기노예구의 당, 정부, 군대의 전반사업을 맡아 진행했다.

하남성 서부 지역의 항일지대를 세울 때 아버지는 북방국회의에서 피정균, 서자영 등 사람들에게 친히 임무를 알려주고 당시의 형세와 임무, 그리고 하남성 서부지역의 항일근거지를 세우는 중요한 의의와 곤란한 점, 세울 수 있는 조건이며 정책에 대하여, 나아가 일본군과 괴뢰군에 대한 사업, 정권건설, 경제문화, 선전정책, 간부정책 등 일련의 문제에 대해 일일이 상세하게 지시했다. 심지어는 황하를 건널 때 비밀을 지키는 문제, 정찰하는 문제, 사상준비 등 문제에 대해서까지도 명확히 지시했다. 하남성 동부지역을 개척할 때에도 아버지는 사전에 곽임상을 찾아서 중앙정신을 전달하고 하남을 개척하는 의의와 정책에 관계되는 내용에 대해 친히 지시하면서 기율문제와 당의 사업과 군중사업에 대하여 특별히 강조했다.

그때 북방국에서 일했던 진학교는, "소평 동지는 자기가 앞장서서 친히 대생산운동을 끝까지 지휘했다."[1]고 쓰고 있다. 등소평은 북방국 회의에서 재정경제사업을 전문 연구하고, 대생산운동에 대해 구체적으로 지시했을 뿐 아니라 직접 황무지를 개간하고 곡식을 심었다. 그의 솔선적 역할하에 진기노예구 내의 각 근거지에서는 모두 다 일어나 대생산운동을 벌였다. 2년간을 연속해서 자연재해가 가져다준 곤란을 극복하기 위하여 1944년 봄에 각 부대에서는 또다시 황무지 개간 활동을 대규모로 진행했으며, 동시에 부업과 수공업도 발전시켰다. 한 해 동안에 전 구역의 생산활동은 크나큰 성과를 거뒀다.

11월 21일 태항산 여성현에서 성대한 영웅대회를 열었다. 등소평은 회의에서 감격에 부풀어 이렇게 말했다. "우리도 화북, 화중, 화남 등 기타 항일근거지와 마찬가지로 하늘과 땅을 뒤흔드는, 위대한 영웅적 사업을 이뤘습니다. 지난 두 해 동안 우리는 사람들이 상상할 수조차 없는 대단히 큰 한재와 수재와 충재를 입었지만, 우리는 이 곤란도 이겨냈습니다. 금후 우리는 더 많이 싸우면서 생산도 보다 많이 할 것입니다."[2]

아버지는 정치사업을 책임졌을 때 중앙의 지시에 근거해 정당 정풍운동을 지휘했다. 정풍운동이란 1942년에 중앙에서 발기한 당내 정치교양운동이었다. 일찍이 1935년도 준의회의에서 중국공산당은 교조주의와 좌경모험주의에 종지부를 찍었다. 그후 6년간 중국공산당의 조직은 훨씬 크게 발전했고, 군사력과 혁명사업도 훨씬 크게 성장했다. 그러나 그칠줄 모르는 전쟁으로 인해 당 내에는 사상상, 정치상, 조직상에서 정돈해야 할 불량한 경향과 작품들이 많이 존재하고 있었다. 40년대초에 진행된 정풍은 주관주의를 반대하며, 종파주의를 반대하는 것을 취지로 한 마르크스주의 교양운동이었다. 1943년 4월, 중앙은 정풍운동을 계속 전개한다는 결정을 내렸다.

아버지는 팽덕회, 유백승을 비롯한 많은 고위급간부들이 연안으로 떠나간 형세에서 기타 전우와 함께 북방국, 팔로군 총지휘부, 제129 사단과 진기노예 전 구를 영도하여 군사적, 정치적, 생산 건설적인 면에서 중앙이 맡겨준 과업을 성과적으로 완수했다.

"그때 아버지 혼자 전방에 계셨으니 여간 힘들지 않았겠어요." 하고 나는 아버지에게 물은 적이 있다.

"난 별로 한 일이 없어. 그저 고생과 싸웠을 뿐이다." 아버지는 미소를 머금고 이렇게 대답했다.

이런 이야기를 할 때 나는 아버지와 함께 북대하(北戴河) 정원에 앉아 있었다. 주위는 녹음이 우거진 나무들로 빼곡히 둘러싸여 있었고, 맑은 바람에 꽃향기가 그윽했다. 이따금 바닷바람이 불어왔고, 파도소리가 그칠 줄 모르고 들려오고 있었다.

팔십고개에 오른 아버지는 등나무의자에 앉은 채 이 한 마디를 들려준 후로는 잠자코 있었다. 온통 비취색으로 물든 바다를 바라보며 아버지는 깊은 생각에 잠겨 있었다. 아버지 옆에 앉아 나도 입을 다물고 있었다.

나는 아버지의 사색을 깨뜨리고 싶지 않았던 것이다. 아버지의 사념은 지난날 어려웠던 그 시절로 나래쳐 갔는지, 아니면 태항산으로 나래쳐 갔는지 알 수 없었다.

태항산에는 다시 한겨울이 다가왔다. 살을 에는 듯한 찬바람이 기승을 부렸고, 어찌나 추운지 침을 뱉으면 곧 얼어붙었다. 태항산은 추운 한겨울이었지만 봄기운을 듣고 볼 수도 있었다. 병풍처럼 둘러선 산과 들에 수북히 쌓인 눈이 사람들 가슴속에서 녹기 시작했다.

태항산은 드디어 1945년도를 맞이했다.

1945년도는 세계 반파시즘 국민들이 승리한 해다. 또한 8년 항전에서 억세게 투쟁한 중국인민이 승리한 해다.

오랜 전쟁을 끈 일본군의 형세는 더욱더 불리해졌고, 각 전역에서도 연이어 패배를 거듭했다. 이에 반해 공산당 팔로군은 국부적으로 반격을 하면서도 정당정풍과 생산운동을 한 후 정치, 군사, 경제 면에서 매우 큰 발전을 거뒀다. 팔로군에게는 9,000여 만의 인구를 가진 근거지가 있었고, 200만 민병과 78만의 정규군이 있었다.

일본군과 괴뢰군을 궤멸하고 해방구를 넓히며 적 통치구역을 줄이는 것이 해방구 군민들의 첫번째 목표였다. 태항산에 있는 중공북방국, 팔로군 총지휘부, 제129사단 지휘부는 우세한 병력을 집중시켜 적의 수비가 취약한 곳을 공격하라는 명령을 전 진기노예구에 내렸다.

연초, 즉 1월에 아군은 춘기 공세를 발동했다. 봄이 오기 전에 벌써 춘기 공세의 포성이 울려퍼졌다. 이 진군의 열정은 봄의 발걸음보다 더 빨리 달렸고, 봄소식보다 더 크게 사람들의 마음을 격동시켰다.

기노예구에서는 대명 전투를 벌여 옛성인 대명을 탈취했다.

태항구에서는 도청 전투를 벌여 적 2,500여 명을 궤멸시키고, 2,000여 평방킬로미터나 되는 국토를 되찾았으며, 75만 명의 인구를 해방시켰다.

태악구에서는 예북 전투를 벌여 거점 40여 개를 탈취했고, 적 2,800여 명을 궤멸시켰다.

기노예구는 승승장구로 출격해 또 남악 전투를 벌여 남악 현성과 그 주위에 있는 거점 32개를 빼앗고, 적 3,400여 명을 궤멸시켰다.

아군은 춘기 공세에서 승리를 거듭했고, 일본군의 병력은 부단히 줄어갔다.

봄이 가고 여름이 다가왔다. 날씨가 더워졌다. 사람들의 가슴도 불타는 듯이 뜨거워졌다. 승리의 희소식이 항일전선에 파다하게 퍼짐에 따라 전투 열의도 한결 높아졌다. 화북 대지에서 활약하는 팔로군은 춘기 공세에 이어 번개같이 하기 공세로 들어갔다. 하기 공세에서도 춘기 공세와 마찬가지로 거듭 승리해 뛰어난 전과를 올렸다.

진기노예구는 춘기와 하기 공세작전에서 크고작은 전투 2,300차례를 벌여 적의 거점 2,800여 개를 점령했고, 28개의 현성을 되찾았으며,

적 37,800여 명을 궤멸시켰다. 태항구와 태악구는 한 덩어리로 이어
졌고, 산지구와 평원간의 연락이 더 잘 통하게 됐다. 근거지는 더욱
확대됐고 인력과 물자도 훨씬 늘어나 항일군민의 신심은 배로 높아졌
다.

1945년 5월 8일, 유럽에서 독일 나치스가 무조건 투항했다. 일본군
은 중국과 미국, 영국 등 나라와 동시에 벌인 전쟁에서 독 안에 든
쥐처럼 얻어맞기만 했다.

1945년 4월 23일부터 6월 11일까지 중국공산당은 섬북 연안에서
제7차 전국대표대회를 열었다. 이 회의는 역사를 돌이켜보고 각개 전
선의 과업과 정책을 구체적으로 제기했다. 회의는 다음과 같이 결론내
렸다. 중국인민 앞에는 광명이냐 암흑이냐 하는 두 운명이 놓여 있으
며, 자유롭고 민주적이고 통일되고 부강한 새 중국을 건립하느냐 그렇
지 않으면 반식민지, 반봉건적인 분열되고 빈약한 중국으로 남아 있을
것이냐 하는 두 개의 전도가 놓여 있다. 중국공산당의 과업은 어두운
전도를 반대하고 온갖 힘을 다해 광명한 전도를 쟁취하는 것이다. 중
국공산당의 정치노선은 군중을 대담하게 동원하고, 국민의 역량을 성
장시키며, 우리 당의 영도 밑에 일본 침략자를 때려부수고, 전국 국민
을 해방시켜 신민주주의 중국을 세우는 것이다.

회의는 민주적이고 단결된 분위기 속에서 생기발랄하게 진행됐으며,
믿음으로 가득 차 있었다. 중국공산당은 외부의 간섭이 없는 정황하에
서 새 중앙위원회를 선출했고, 당의 새로운 영도핵심을 구성했으며,
주석으로 모택동을 선출했다. 7차 대표대회에서 선출된 중앙위원 44명
가운데는 등소평의 이름도 있었다. 아버지는 내내 전방에서 전투를 지
휘하다보니 7차 대표대회에 참가하지 못했다.

1945년 2월, 그는 중앙의 지시에 따라 북방국의 사업일꾼들을 데리
고 요현 마전을 출발해 경한철도 연선에 있는 적의 봉쇄선을 넘어, 3
월에 기노예 지구에 도착해 사업을 시찰하고 조사 연구를 마쳤다. 6월

중순에 아버지는 연안으로 와서 당의 7기 1중 전회에 참가하라는 중앙의 통지를 받았다. 6월 29일, 아버지는 기노예를 떠나 연안으로 갔다.3 중앙위원회 위원으로 당선된 것은 아버지의 혁명 생애에서 또 하나의 중요한 시발점이 됐다.

1945년 여름, 삼복더위가 시작됐다. 그러나 시국의 정세는 이 여름의 날씨보다 더 타는 듯했다.

7월 26일 중, 미, 영 세 나라 정부는 일본정부에게 즉시 무조건 항복을 선언할 것을 요구하는 '포츠담선언'을 발표했다.

8월 8일, 소련이 일본을 향해 선전포고를 했다.

8월 9일, 소련은 중국 동북에 있는 일본 침략군을 향해 공격을 개시했다.

8월 6일, 미국은 일본 본토 히로시마(廣島)에 원자탄을 투하했다.

8월 9일, 미국은 다시 나가사키(長崎)에 원자탄을 투하했다.

8월 9일, 모택동은 중국인민에게 '일본 침략자에 대한 최후의 일전'이라는 글을 발표했다.

8월 10일, 팔로군 총사령원 주덕이 대반격의 제1호 명령을 발표했다.

같은 날, 유백승과 등소평이 연안에서 전보로 진기노예 각 군구에 구체적인 행동 배치를 내렸다. 전보를 받은 각 구의 부대는 재빨리 행동을 개시했다.

8월 15일, 일본이 결국 항복을 선언했다.

9월 2일, 일본정부는 투항서에 도장을 찍었다.

이로써 제2차 세계대전은 끝났다. 이로써 중국인민이 악착스럽게 견지해온 8년간의 성스러운 항일전쟁은 승리로 끝났다. 이로써 제국주의의 잔인한 침략에 굴욕당했던 중국의 역사는 마침내 종지부를 찍는 새로운 역사의 장으로 넘어가게 됐다.4

8년의 항일전쟁, 모든 사람들의 가슴은 감출 수 없는 기쁨으로 부풀어올랐다. 어머니의 이야기에 의하면, 연안에서 승리의 소식을 들었을 때 온 연안이 들끓었다는 것이었다. 모두들 환성을 울리며 춤을 췄고, 징소리, 북소리, 폭죽소리로 온 산이 떠들썩했다고 한다. 북이 없고 폭죽이 없는 사람들은 그 대신 옷에서 헝겊오라기를 찢어내거나 이불솜을 뜯어내 불을 피우고 경축했다고 한다.

온 연안이, 온 중국이 순식간에 파도치는 바다처럼 기쁨으로 들끓었다. 8년 항전, 8년 동안 중화민족이 침략자와 싸운 피어린 전투에 몸소 참가한 사람들은 다 그때의 일을 영원토록 가슴속에 새겨두고 있을 것이다.

8년 항전에서 중국 군민은 많이 희생됐다. 중국 민중의 사상자가 1,800만여 명에 달하며, 중국 군대의 사상자는 근 400만 명에 달한다.

8년 항전에서 중국 군민이 쟁취한 승리는 정말 값진 것이다. 특히 중국공산당이 영도하는 인민군대는 적후 전선에서 적과 12만 5,000번이나 싸워 일본군 52만 7,000여 명, 괴뢰군 118만여 명을 궤멸시켰다.

역사는 중국의 8년 항전을 이렇게 평가하고 있다.

"중국인민의 항일전쟁 승리는 인류 전쟁사의 장관이며, 중화민족의 기상이다. 이는 중국인민이 100여 년에 걸쳐 제국주의 침략을 반대하여 진행한 투쟁들 중에서 가장 큰 투쟁이었으며, 동시에 처음으로 완전히 승리한 민족해방전쟁이다. 이는 중국혁명역사의 전반기에 아주 중대한 의의를 가지고 있다."5

이 평가는 객관적이고 정확하다고 본다. 8년 항전은 드디어 끝났다. 그러나 중국에서 정의와 비정의, 광명과 암흑간의 투쟁은 끝나지 않았으며, 여전히 계속되고 있었다.

주 ────────────────────────────

1. 진학교, 《북방국에서의 등소평 동지》. 《28년간─정치위원에서 총서기로》(속편), P. 76.
2. 같은 책.
3. 《중국인민해방군 제2야전군 전쟁사》(제1권), 항일전쟁시기, P. 313.
4. 같은 책, P. 506.
5. 중공 중앙당사 연구실, 《중국공산당 역사》(상권), P. 659.

54 첨예한 대립과 저항

항일전쟁은 끝났다.

그러나 중국의 대지 위에서는 싸움이 아직 끝나지 않았다. 전쟁은 여전히 계속되고 있었다. 그것은 국민당의 장개석이 자기들의 봉건적인 부패 통치를 유지하기 위해서 자기들의 중요한 적인 중국공산당 및 그 산하에 있는 군대를 궤멸시켜야 했기 때문이다.

하지만 공산당은 창립한 그날부터, 또 공산당원은 공산당에 가입한 그날부터, 국민당 반동 통치를 전복시키고 민주주의적인 새 중국을 세우는 것을 최종 목표로 삼고 있었다. 따라서 이 대결과 투쟁은 한 개인의 의사에 의해 바뀌어질 수 있는 그런 성질의 것이 아니었다.

항일전쟁이 끝난 후 중국의 국내 정세는 다음과 같다.

공산당이 영도하는 군대는 120만 명으로 발전했고, 민병은 220만에 달했다. 또 19개 성과 구에 걸친 총 해방구의 면적은 100만 평방킬로미터에 달했고, 인구는 1억여 명에 달했다.[1]

국민당이 영도하는 군대는 440만 명이었는데 중국의 대부분의 영토와 인구를 차지하고 있었으나, 그 주요 병력은 화동과 화북에서 멀리 떨어져 있었고, 항일전선에서 멀리 떨어진 서남과 서북의 아주 먼 후방에 있었다.

중국에서 오랫동안 전쟁의 시련 속에서 시달려 온 인민대중은 보편적으로 내전을 반대하고 독재를 반대하면서 평화를 요구했으며, 민주를 갈망하는 외침이 날로 높아갔다. 국제적으로는 미국, 영국, 소련 등 세 나라도 자신의 이익을 고려해 중국에서 내전이 일어나는 것을 찬성하지 않았다.

장개석은 준비가 미비한 데다가 여론의 압력 때문에 당장 내전을 일으키지는 못하고 있었다. 그리하여 장개석은 한편으로는 '국제 국내의 각종 중요한 문제'를 공동 토의하자면서 모택동에게 중경에 와달라는 초청 전보를 보내 짐짓 평화를 주장하는 체하면서, 다른 한편으로는 서둘러 병력을 집결시켜 전략 요지를 점령했으며 경제를 인수하는 기회를 이용해 인민의 재산을 수탈했다.

장개석은 대도시와 교통 요로를 강점하려고 미국에서 공급해 준 비행기와 군함으로 병력을 북으로 집결시키는 한편, 중국을 침략한 일본군과 결탁했으며, 심지어 일본 침략자를 고문으로 초빙함으로써 공산당의 팔로군과 신4군이 일본의 항복을 받는데 참가하지 못하게 했다.

장개석은 모택동의 담이 아무리 크다 해도 담판을 위해 감히 중경까지는 오지 못하리라고 생각했다. 그런데 장개석의 생각과는 달리 모택동은 웅대한 담략과 기백으로 주은래와 왕약비 등을 데리고 중경으로 와서 장개석과 담판 석상에 마주앉았다.

물론 공산당과 모택동은 문제를 단순하게 보지는 않았다. 내전이 일어날 위험이 있다는 것을 그들은 똑똑히 예견하고 있었다. 그들은 전당과 전 군에게 모든 사업을 국민당이 내전을 일으킨다는 상황하에서 진행시켰으며, 해방구에 대한 국민당의 공격을 자위의 입장에서 반격해야 한다고 거듭 일깨우고 있었다.

먼저, 중공 중앙은 아군의 주력을 신속히 정규병력으로 조직하고 집중 강화시키라고 명령했다. 다음으로는 연안에서 중앙회의에 참가한 각 구의 고위급지휘관들은 신속히 전선으로 돌아가 전투준비를 마쳤다.

8월 25일, 미국 비행기 한 대가 연안 비행장에서 이륙 준비를 하고 있었다. 한데 비행기에 오른 사람들은 저마다 낙하산을 메고 있었고, 무슨 영문인지 비행기 문도 닫지 않고 있었다. 그리고 조종사는 미국인이었는데 중국어를 한 마디도 할 줄 모르는 사람이었고, 비행기에 오른 사람은 전부 중국인인데, 그중 한 사람을 제외하고는 영어를 아는 사람은 없었다. 양상곤은 영어를 할 줄 아는 황화에게 미군 조종사와 대화하도록 했다. 잠시 후 이 미군 DC-9 군용수송기는 시동을 걸고 흔들거리며 이륙했다.

후일 생각해 보면 이 일은 정말 '위험한 일'이었다. 만일 사정이 긴급하지 않았더라면 이런 위험한 짓을 하지 않았을 것이다. 이 비행기에 앉은 사람들은 모두가 중국공산당 각 구 전선의 최고지휘관들이었다. 유백승, 진의, 임표, 등소평, 박일파, 진갱, 진석련, 진재도, 장제춘, 등대원, 양득지, 소경광, 등화, 등극명, 송시륜, 이천우 등 모두 20여 명이었다. 그날 비행기는 태항산 여성현의 장녕 비행장에 착륙했다. 이달 참모장은 기병대 일 개 소대를 비행장에 파견해 그들을 영접하도록 했다.

유백승과 등소평은 잠시도 지체하지 않고 군구주둔지인 적안으로 갔다.

유백승과 등소평은 태항에 돌아오자마자 분망하게 군정사업에 임해야 했다. 당시 중앙의 결정에 근거해 태항, 태악, 기노예, 하남성 남부 해방구의 지휘를 통일하기 위해 특별히 중공 중앙 진기노예국을 만들어 등소평이 서기를 담당하도록 했던 것이다. 동시에 제129사단을 진기노예군구로 개편하고, 산하에 5개 종대와 기노예, 하북성 남부, 태항, 태악 4개 군구를 설치해 유백승을 사령관으로, 등소평을 정치위원으로 임명했던 것이다. 전 군구에는 야전부대 모두 80,000여 명, 지방부대 23만여 명이 있었다.

항전은 끝났으나 중국 대지 위의 정치적 정세는 여전히 복잡하게 얽히어 갔다. 국민당은 한편으로는 평화 담판을 하겠다고 떠들어대면서도, 다른 한편으로는 적극적으로 전쟁 준비를 하며 기반을 강점해 나가고 있었다. 눈치 있는 사람은 국민당이 담판하겠다는 것은 거짓말이고 전쟁 준비를 하고 있다는 것을 대뜸 알 수 있었다.

8월 28일, 모택동이 중공대표단을 인솔하고 중경으로 가서 국민당의 장개석과 담판했다. 모택동의 이 과단성 있는 행동은 세인들을 자못 놀라게 했다. 모택동이 개인의 안전을 돌보지 않고 몸소 중경에 갔던 것은 중국공산당이 평화를 갈망하고 있다는 성의를 세계에 알리기 위한 것이었다. 이 장엄한 거사는 전쟁 준비를 적극적으로 하고 있는 장개석에게 일격을 가한 것이라고 세인들은 평했다.

예상대로 담판은 쉽지 않았다. 즉 그들은 담판을 질질 끌고 방해할 것이라고 미리 생각했었다. 한편 장개석은 담판 석상에 앉아 있었지만, 그 시각에도 국민당의 군대는 철격철격 움직이고 있었다. 많은 사람들은 이런 일이 있을 줄은 전혀 생각하지 못했다.

중경에서 담판을 진행시키면서, 동시 9월 중순에 국민당은 화북과 화동의 전략요지를 재빨리 공략해 동북쪽의 진로를 열고 동북을 강점했다. 그들은 강대한 군사적 압력으로 담판해서 중공을 굴복시키려는 의도하에 36개 군단과 73개 사단을 동원해 해방구를 공격했다.

물론 중국공산당은 평화를 쟁취하는 순간에도 전투 준비를 천진스럽게 포기하지 않았다. 모택동은 장개석의 야욕을 이미 예견하고 있었다. 국민당 군대는 해방구를 공격하고 있었고, 내전의 위험성은 날로 증대되고 있었다. 진기노예 해방구는 화북 전략 구역의 중앙문에 위치하고 있었다. 그 사면에는 태항, 태악, 중조산맥이 둘러서 있고, 그 동쪽은 넓은 하북과 산동의 평원지대이고, 남쪽은 소용돌이치며 흐르는 황하가, 그리고 북쪽에는 정태교통선이 꾸불꾸불 뻗어 있었다.

유백승은 옛날의 연(燕)과 조(趙)의 땅이었던 이곳을 '사전(四戰)의 땅'이라고 말했다. 그래서 그의 야전군을 '사전의 사단'이라고 불렀다. 이곳은 군사가들이 기어코 다투는 중요한 작전 지역이었다. 또한 이 전략요지는 국민당이 공격하는 주요 목표가 되고 있었다.

산서성 동남부에 상당(上黨)이라는 곳이 있다. 이곳은 태항산, 태악산, 중조산 사이에 있는데, 장치현을 핵심으로 한 험산준령 속에 들어 있는 예전부터 군사요새지였다. 8월 중순에 국민당 염석산은 16,000명의 병사들을 이끌고 태항산 중심지인 상당 지구로 쳐들어와 양원, 노성, 장치, 장자, 호관, 돈류 등지를 점령했다.

삽시간에 국민당 군대는 기세 당당하게 공산당의 해방구를 사면팔방에서 공격해 들어왔다. 이리하여 내전의 위기는 전례없이 드높아 갔던 것이다.

모택동은 "국민당은 우리와 담판하면서, 해방구를 적극적으로 공격하고 있다."고 말했다. 그는 "태항산, 태악산, 중조산 사이에 분지 하나가 있는데 그곳은 바로 상당구를 말한다. 그 분지 안에는 어육(魚肉)이 풍부한데, 염석산이 13개 사단을 파견해 이 분지를 빼앗으려고 하고 있다. 그러나 이에 대비한 우리의 방침도 이미 오래 전부터 결정되어 있다. 그것은 즉 끝까지 대항하며 한 치의 땅이라도 반드시 다투는 것이다."2라고 말했다.

진기노예 지구의 주요 과업은 경한과 동포 이 두 개 방면으로 공격해 온 국민당을 궤멸시키는 것이다. 그런데 지금 상당구로 쳐들어 온 적들을 신속하게 치지 않으면, 국민당 주력이 북상할 때 앞뒤에서 적의 공격을 받게 될 처지에 놓이게 되는 것이다. 이런 판단에 입각해 유백승, 등소평은 상당 전역에 진군해 오는 염석산의 병력을 확실하게 궤멸시키겠다는 계획을 중앙에 보고했다.

상당 전투를 시작하려고 결심한 것은 식은 죽 먹기처럼 쉽게 할 수 있는 일은 아니었다. 항일전쟁에서 아군은 민활한 작전을 위해 주력부대를 분산시켜 싸우다가 항일전쟁 후기에 이르러서야 점차 병력을 집중해 싸우기 시작했다. 분산적인 유격전투는 점차적으로 집중적인 이동전으로 전환되고 있었다. 그런데 이때에 아군은 편제가 충실하지 못해 많은 단위의 인원이 고작 1,000명이 안 됐다. 그리고 부대의 장비도 변변치 못했다. 즉 전 군구에 산포는 6문뿐이었고, 근 반수나 되는 단에는 박격포 2내지 4문 정도, 중기관총 4정 정도가 고작이었다. 새로 참군한 전사들 대부분이 칼과 창을 가지고 적과 싸워야 했다. 소총도 부족했지만 탄약은 그보다 더 부족했던 시기였다. 아군은 이런 형편이었지만 장비가 훌륭한 염석산의 주력부대와 싸우기로 결심했다.

중앙은 진기노예군구의 이러한 작전 방침을 승인했다. 유백승과 등소평은 즉시 전 구의 전투 형태를 배치했다. 태항, 태악, 하남성 남부 등 세 구의 주력 및 일부 지방병단은 모두 31,000명이었다. 지휘관들로는 이달, 진석연, 진경, 사부치, 왕신정, 진재도, 진기위 등 유명한 장령들이 있었다.

9월 7일, 유백승과 등소평은 상당 전투의 실행 명령을 내렸다. 그때 모택동은 이미 중경에 가서 담판하고 있었으므로, 많은 사람들이 모택동의 안전에 대해 걱정했다. 등소평은 "우리가 상당 전역에서 잘 싸워 적을 철저히 섬멸하면 모 주석이 안전할 것이고, 또 담판하는데 더 힘이 생길 것이다."[3]라고 말했다.

9월 10일, 전투가 시작됐다.

아군은 먼저 돈류, 노성, 호관, 장자, 양원을 점령하고 장치를 고립에 빠지게 했으며, 적군의 손에서 많은 무기와 탄약을 노획했다. 이 초기 전투에서 아군은 장치를 포위했다. 유백승과 등소평은 용맹하고 신속하게 장치를 점령하는 동시에, 장치를 포위하고 적의 병력을 궤멸시키라는 명령을 내렸다. 아군에게 포위당한 적의 며칠간 격전을 치룬 후 북으로 포위를 뚫고 도망쳤다. 아군은 신속히 적군을 쫓아가며 계속 공격했고, 일부는 우회작전을 펴 적의 전방을 차단하고 맞받아 공격했다. 마침내 적군을 추격해 끝내 심수 근방에서 적군의 주력을 섬멸했다.

10월 12일에 상당 전투는 승리로 끝났다. 이 전투에서 적 11개 사단, 정진종대, 모두 35,000여 명을 궤멸시켰고, 산포, 기관총, 소총, 권총 등을 수없이 노획했으며, 염석산 군대의 제19군단 군단장 사택파(史澤波)를 생포했다.

상당 전투 후 모택동은 다음과 같이 말했다. "이번에 우리는 아주 잘 맞서 싸웠고 아주 잘 해냈다. 우리는 그들의 13개 사단을 모조리 궤멸시켰다. 공격해 온 그들의 군대는 모두 38,000명이었으며, 우리는 31,000명을 출동시켰다. 그들의 38,000명 중 35,000명이 궤멸됐고,

2, 000명이 도망쳤으며 1, 000명은 흩어져 버렸다. 이러한 싸움은 앞으로도 계속될 것이다."[4]

상당 전투는 항일전쟁 승리 후 국민당 군대에 대한 아군의 첫 전투였다. 또 아군이 진행한 규모가 비교적 큰 첫 섬멸전이기도 했다. 결국 이 전투는 중경 담판에서 당의 지위를 강화시켰으며, 해방구 군민들에게 믿음감을 심어 주었다. 또한 아군이 유격전에서 대규모적인 이동전에 적응할 수 있는 정규 전쟁으로의 전환을 가속화시켰다.

상당 전역이 끝난 후 진기노예 야전군은 산하의 4개 군구의 병력을 1, 2, 3, 4종대로 편성하고, 또 포병부대를 설치했다. 전선에서 직접 상당 전역을 지휘한 아버지와 유백승은 전투가 끝나자 적안으로 돌아왔다. 이때 온 산천은 승리의 환호 소리로 덮혀 있었다. 아버지는 누구보다도 더 기뻐했다. 그것은 아버지가 또 딸을 보았기 때문이다.

적안은 나의 두 언니가 출생한 곳이다.

나의 큰 언니의 이름은 등림(鄧林)인데, 아이 때에는 임아(林兒)라고 불렀다. 앞에서 말했지만 큰 언니는 가장 어려운 시기였던 1941년에 태어났다. 또 낳자마자 일반인의 집에 보내져 자라게 됐고, 네 살때 연안으로 보내져 보육원에서 자랐다.

나의 오빠 등박방(鄧樸方)은 아명이 뚱보다. 아마 금방 태어났을 때 통통하게 생겨서 그렇게 부른 것 같다. 그는 1944년에 태항산 요현 마전에서 태어났다. 어머니는 오빠 또한 마전읍 강 건너에 있는 한 농가에 보내 기르게 했다.

1945년, 상당 전역 후에 출생한 것이 나의 둘째 언니 등남(鄧楠)이다. 그때는 남남(南南)이라고 불렸다. 남남이라는 이름은 오빠가 지었다고 어머니는 말했다. 그때 한 살밖에 안 된 오빠는 발음이 제대로 되질 않았다. 그는 여동생을 보고 자꾸 "남남, 남남" 하고 소리칠 뿐이었다. 그래서 어머니는 둘째 언니의 이름을 남남이라고 지었다. 둘째 언니도 태어나자마자 곧 농민 출신의 유모에게 길러졌다.

나의 오빠와 두 언니는 태어나자마자 곧바로 태항산의 일반 농가에 보내졌다. 그들은 태항산 사람의 젖을 먹고 자랐던 것이다. 태항산은 우리 집과는 특별한 의의와 인연이 있는 곳이다. 칠십고개를 넘은 어머니는 근년에 들어서 좀처럼 외출을 하지 않는다. 하지만 태항산 노해방구에서 사람이 오면 아무리 추운 겨울에라도 그들을 만나러 가곤 한다. 내가 이 장을 쓰고 있을 때도, 어머니는 어떻게 하면 아직도 빈곤한 태항산 노해방구를 위하여, 노해방구의 인민을 위해 무슨 일을 해야 할 것인가 하고 골똘히 궁리하고 있었다.

1945년 10월 10일, 중국공산당과 중국국민당은 중경에서 '정부와 중공대표 회담 요지', 즉 '쌍십협정(雙十協定)'을 체결했다. 쌍방은 장기간 합작하고 전쟁을 피할 것을 협의했다.

10월 11일, 모택동이 연안으로 돌아왔다. 모택동은 연안에 돌아오자마자 아주 예견하듯이 지시했다. "이미 협의를 달성하긴 했으나 이것은 아직은 종잇장에 쓰여 있는 것에 불과하다. 이 종잇장이 곧 현실인 것은 아니다. 우리의 임무는 이 협정을 견지하면서 국민당에게 그것의 실현을 요구하며 계속 평화를 쟁취하는 것이다. 그러나 만일 그들이 싸우려 든다면 그들을 철저히 궤멸해야 할 것이다."[5]

그렇다. 협의는 체결했지만 싸우는가 싸우지 않는가 하는 것은 그 어떤 사람의 의사에 의해 결정되는 것이 아니며, 어느 한 당의 염원에 의해서 결정되는 것도 아닌 것이다.

아니나 다를까, 모택동의 말과 같이 쌍십협정에 사인한 먹물이 채 마르기도 선에 국민당은 해방구에 내한 공격 규모를 진일보 확대했다. 국민당은 미국의 협조 아래 비행기, 군함으로 부대를 북경과 천진으로 실어날랐다. 동시에 해방구를 공격할 병력을 80만으로 증가시켰다. 국민당의 첫째 목표는 북경, 천진을 강점하고 나아가서 동북을 탈취하는 것이었다.

10월 중순 국민당은 몇 개 노선으로 출동했다. 호종남, 부작의, 손연중 등 대장군들이 영솔한 부대가 4개 노선으로 화북을 공격했다. 그 기세야말로 실로 막을 수 없을 것처럼 당당했다.

이 4개 노선 대군 중에서 손연중 부대의 45,000여 명은 부사령원 마법오와 고수훈의 인솔하에 하남성 신향에서부터 경한선을 따라 북쪽으로 공격했다. 하북성의 중요 도시인 한단을 협격할 차례였다.

유백승은 "장개석이 공을 해방구의 중앙 대문에 대고 찬다."[6]고 형상적으로 말했다. 한단은 하북성 제일 남쪽에 있는 도시로서 경한철도선에 위치한 화북경원의 전략지다. 한단은 고대 조나라의 서울이었는데 3,000여 년의 유구한 역사를 가지고 있는 도시다. 옛날에 여기에서는 사람을 감동시키는 전기적 색채를 띤 이야기와 역사 사건이 얼마나 많이 발생했는지 모른다. 화북의 이 이름난 도시를 강점하려고 국민당 부대가 다가오고 있었다.

중앙군사위는 국민당의 북진을 저지하고 지체시키는 것이 지금의 중대한 전략 임무라고 지시했다. 다가올 경한 전역에서의 승부는 전반적 국면에 관계되는 의의가 아주 중요한 전투였다.

중앙군사위는 상당 전역에서 얻은 경험으로 전체 역량을 동원해여 유백승, 등소평이 친히 지휘하며 모든 전투를 정밀하게 조직하여 두번째의 상당 전역의 승리를 쟁취하라고 지시했다. 유백승과 등소평은 명령을 받는 즉시 형세를 분석했다.

적군은 병력이 많고 장비가 좋기는 하지만 그 약점도 아주 많았다. 첫째 원정하여 금방 도착했기 때문에 지리와 백성들의 정황을 잘 모르며, 후방과 멀리 떨어져 있고 야전에도 능숙하지 못했다. 둘째, 적군 내부에는 여러 파벌이 있는데 그들 사이의 모순이 많았다. 특히 그중에서 '잡패'군인 신8군과 40군은 장개석 직계부대와 반목이 있었다.

한편 아군은 야전부대로 조직한 지 얼마 안 되며 장비가 부족했고, 연속 작전한 후 휴식 정돈을 갖지 못했다. 그러나 금방 상당 전역에서 승리를 거둔 뒤여서 사기가 높은 데다가 근거지 인민이 전력으로 지원하고 있었다. 유백승과 등소평은 아군의 우세로 보다 더 큰 규모의 섬멸전을 할 조건이 전적으로 구비됐다고 판단했다.

10월 6일, 군구는 경한 전역의 발동 명령을 내렸다. 제1종대, 제2

종대, 제3종대 등 병력 60,000명과 10만이 넘는 민병을 동원해, 두 달 동안 연속 작전하여 경한선을 따라 공격해 오는 적을 섬멸할 결심을 내렸다. 더불어 전역에 대한 군사 배치를 주밀하게 했다.

10월 20일, 유백승과 등소평은 지휘부를 거느리고 섭현 저간촌에서 떠나 태항산 기슭 한단 부근에 있는 봉봉탄광으로 진출해 경한 전역의 전선 지휘를 개시했다. 경한 전역은 한단 전역이라고도 하는데, 상당 전역이 있은 뒤 또 한 차례의 대규모 섬멸전이었다. 이번 전역에 대해 유백승과 등소평은 세밀하고 주도하게 전략 포치를 했다.

10월 중순에 전역이 시작됐다. 아군은 먼저 1종대를 파견해 하남성 신향에서 북진하는 적을 한단 남쪽에 저지시켰다. 24일, 적의 3개 군이 장하를 건너왔다. 아군은 적군을 번개같이 포위하고 간단없이 공격을 가했다. 적군은 급급히 후퇴했고, 장개석에게 원조를 요청하는 급전을 쳤다. 26일, 아군은 부대를 집중해 석가장, 안양에서 증원차 오는 적부대를 저격했다. 그때 전쟁 형세는 매우 준엄했으며 전투도 치열했다. 아군은 한편으로는 포위된 적을 공격하면서 한편으로는 증원군을 쳤으며, 또 적군을 분화, 와해시켰다. 군구참모장 이달은 직접 적 신8군에 찾아가 군단장 고수훈(高樹勳)을 적극적으로 공작했다. 28일, 아군은 포위된 적군을 향해 총공격을 시작했다. 결국 신8군 군단장 고수훈은 10,000여 명의 병력과 함께 아군 쪽으로 넘어왔다. 신8군이 기의(起義)를 일으킨 바람에 적 병력은 줄어들었고, 작전 배치에도 구멍이 생겨났다. 31일, 적군은 남쪽으로 포위망을 뚫고 나왔다. 아군은 미리 예측한대로 적군의 퇴로 양측에 앞서 도착해 있다가 사면에서 공격을 감행했다. 11월 2일, 아군은 포위망에서 빠져나간 소수 병력 외에 청장하 북에서 적군을 몽땅 궤멸시켰다.

이 전역에서 아군은 신8군을 기의시켰고, 적군 3,000여 명을 살상했다. 또 적 제11전구 부사령원 겸 제40군 군단장인 마법오를 비롯한 17,000여 명을 생포했으며, 많은 무기와 물자를 노획했다.

상당 전역과 경한 전역은 결국 승리로 끝났다.

지금도 이 두 전역에 대한 말이 나오기만 하면 아버지는 여전히 감개무량해 한다. 그는 "우리 이 야전군은 항일전쟁 때부터 하루도 싸우지 않은 날이 없었다. 불과 한 주일 정도만 정돈 훈련했을 뿐이다. 열흘 동안 쉬어본 일도 없었다."고 여러 번 우리에게 말했다. "그 두 번의 전투는 참 아슬아슬했지. 총 한 정에 탄알 몇 알뿐이었다. 그래서 공격전을 하기가 참 어려웠다. 결정적인 고비마다 돌격해 육박전을 벌였다. 그 두 전투는 다 섬멸전이었다. 승리하니 무기도 많아지고 인원도 많아졌다 !" 아버지는 그때의 일을 아직까지 생생히 기억하고 있다.

워낙 과묵한 아버지는 자기 개인의 역사에 대해서는 한번도 말하지 않았다. 하지만 전쟁 이야기만 나오면 조금 말문을 연다. 아버지는 늘 이렇게 말했다. "나면서부터 싸울 줄 아는 사람이 어디 있겠니 ! 모두들 싸우면서 싸우는 것을 배우고, 패배하는 가운데서 싸우는 것을 배웠지. 내가 홍7군에 갓 갔을 때에는 아무것도 몰랐다. 군사를 티끌만큼도 몰랐다. 내가 상해에서 중앙 비서실장으로 있을 때, 진의가 중앙에 와서 홍4군의 사업을 보고할 때에야 많은 것을 알게 됐다. 이것 역시 일종의 학습이었지. 후에 전투를 많이 하고 패배도 하면서 차차 전투하는 것을 배우게 됐다." 언젠가 나의 단짝 친구인 진의 원수의 막내딸 산산이 우리집에 놀러왔다. 아버지는 산산을 보더니 "난 너의 부친에게서 적잖은 것을 들었는데 그것을 후에 홍7군에서 써먹었단다."하고 말했다.

아버지가 한 이 말들은 다 진심에서 우러나오는 말이다. 아버지는 한 걸음 한 걸음 걸어서 군사가 됐던 것이다. 아버지는 일찍이 상당, 경한 이 두 전역을 자세히 돌이켜보며 이런 이야기를 남겼다.

1989년 11월 20일이었다. 제2야전군 전쟁사를 기술하기 위해 옛 동지들이 인민대회당에 모였다(유, 등 야전군이 나중에는 제2야전군으로 편입됐기 때문에 유, 등 부대 사람들은 이 부대를 제2야전군이라고 부르게 됐다). 유백승은 이미 서거했고, 아버지 등이 참석했다. 인민대회당에서 옛날 전우들을 만난 아버지는 연설을 했다.

"전쟁 연대에 제2야전군은 매 단계마다 중앙군위에서 맡긴 임무를 잘 완수했습니다. 이것이 제2야전군에 대한 평가입니다. 해방전선에서 제2야전군은 전쟁의 시작부터 끝까지 내내 적과 접전한 국면에 처해 있었습니다. 시종 이런 국면 앞에 놓여 있었습니다. 처음에는 진기노예구에 있었습니다. 유백승 동지의 말마따나 거기는 화북해방구의 한 대문이어서 적들이 맨 먼저 이 대문으로 들어올 것이라고 생각했습니다. 아나나 다를까 모 주석이 중경에 가서 쌍십협정을 체결할 때, 적들은 두 갈래 노선으로 쳐들어왔습니다. 한 개 노선으로는 염석산이 상당으로 쳐들어와 상당 전역을 했고, 다른 한 노선으로는 마법오, 고수훈이 한단으로 쳐들어와 경한 전역을 했습니다. 이보다 더 전에 있던 일을 보아도 그렇습니다. 항일전쟁 때에도 우리는 적과 맞닥뜨린 맨 앞에 있었습니다. 다시 말해서 대문과 다름없는 위치에 놓여 있었습니다.

그때 국민당과의 마찰은 몇 개 큰 구에서도 있었지만, 제일 집중된 곳은 산서성, 하북성, 산동성으로부터 하남성에 이르는 진기노예구 일대였습니다. 여기는 대문이었습니다. 적들이 제일 먼저 공격한 것이 이 대문입니다. 그런데 이 문을 지키고 있는 우리는 세력이 강대하지 못했습니다. 염석산이 30,000여 명을 풀어 상당구를 공격할 때 우리의 병력은 얼마였습니까? 그의 병력보다도 더 저었습니다. 인원수나 편제를 볼 때 여러 유격대를 모아놓은 집단이라고 할 수 있었습니다.

게다가 장비도 변변치 못했고 탄약도 아주 적었습니다. 그리고 적들이 공격해 오는데 지휘할 장군이 없었습니다. 그때 전선에는 이달이 있었지만, 다른 장군들은 다 없었습니다. 진재도도 없었습니다. 그는 우리와 같이 비행기를 타고 태항으로 돌아왔던 것입니다. 유원수도 나도 진석련도 진갱도 다 태항으로 돌아왔습니다. 이밖에도 제2야전군의 일부 지도자들과 기타 야전군의 일부 지도자들도 태항으로 돌아왔습니다. 송임궁은 그때 하북성 남부에 남아 있었습니다. 싸움은 벌써 치열해졌는데 그때에야 우리는 태항산으로 돌아왔습니다. 미국사람들이 도왔습니다. 우리는 연안 주재 미군관찰소의 운송기를 타고 태항산으로 돌아왔던 것입니다. 우리는 비행기에서 내리자마자 전선으로 갔습니다. 이런 형편에서 적을 완전히 궤멸한다는 것은 쉬운 일이 아니었습니다. 임무를 초과완수했다는 것이 지당할 것 같습니다. 뒤이어 국민당 11전구(戰區)의 마법오, 고수훈 부사령원의 3개 군단과 교명례의 하북민군종대가 쳐들어왔습니다. 마법오의 제40단군과 제30군단은 다 병력이 강한 부대였습니다. 석련이 그와 마두읍에서 접전했다가 수백명이 희생되고 부상당했던 것입니다. 고수훈은 큰 공을 세웠습니다. 물론 고수훈이 기의하지 않았더라도 적은 승리할 수 없었지요. 그러나 그렇게 쉽사리 패배하지는 않았을 것입니다. 고수훈이 기의하는 바람에 마법오의 두 개 군단이 몽땅 궤멸됐지요. 도망친 자는 3,000명밖에 안 됐습니다.

하지만 우리는 상당 전역에서보다 경한 전역 때 더 곤란했습니다. 탄약은 전보다 많아지고 장비도 좀 개선된 유리한 점은 있었지만, 부대는 여전히 유격대를 모아놓은 집단에 불과했습니다. 상당 전역에서 쉬지도 못하고 경한 전역에 들어섰습니다. 경한 전역을 벌였을 때 우리의 후속대오가 미처 도착하지 못해서 대오가 다 차지 못했습니다. 나는 소진화에게 우리의 후속부대가 지정한 곳에 도착할 때까지 닷새 동안 견지하라고 전화로 이야기했습니다. 그러나 우리 대오가 다 도착하기 전에 적이 들어왔습니다. 그때 1종대가 저격전을 잘 했기 때문에 닷새 동안 견지하라는 임무를 완수했습니다. 그래서 우리 대오는 그 동안에 도착할 수 있었습니다. 그때 우리는 주요하게 정치 싸움을 잘 했던 것입니다. 다시 말해서 고수훈더러 기의하도록 설복했습니다. 만약 강다짐으로 싸웠더라면 우리는 살상자만 많이 내고도 그 전역에서 승리하지 못했을 것입니다. 고수훈이 주력을 남으로 석성, 안양으로 철수시킬 수 있었으니까요. 이렇게 말하는 것이 비교적 그에 대한 공경한 평가지요.

정치전을 할 때 우리는 위험을 무릅쓰고 했습니다. 여러분이 기억하고 있는지는 모르겠는데, 고수훈이 당은백의 지휘를 받을 때 우리하고 연락이 있었습니다. 그와 오랫동안 연락을 가지고 있었기 때문에 참모장 이달을 직접 마두읍에 파견해 그의 사령부에 찾아가서 설복했던 것입니다. ……우리는 고수훈이 기의할 의향이 있는데 주저하고 있다는 것을 잘 알고 있었습니다. 그때 국민당이 서북군을 삼켜버리려고 했기 때문에 모순이 있었던 것입니다. 이달이 마두읍에 가보니 차량이건 마차건 다 남쪽으로 향해 서 있었습니다. 철퇴할 준비를 하고 있었던 것입니다. 그들은 만나서 이야기하자 의향이 같아서 고수훈은 기의하기로 마음먹었습니다. 기의한 이튿날에 유백승 동지가 마두읍에 가서 고수훈을 만나보고 부대를 서북의 해방구로 보내기로 했습니다. 이리하여 마법오의 두 개 군은 여지없이 패배하여 후퇴했는데 우리가 남쪽 장하 북안에서 적을 가로막고 쳤습니다. 이것은 일대 정치전이었습니다.

그러므로 항일전쟁에서나 반마찰투쟁에서나 우리는 적과 접전하는 전선에 있었다고 말하는 것입니다. 마찰전은 전국 각 지구에서도 다 있었습니다. 하지만 진기노예구에 집중되어 있었습니다. 장개석이 공격을 발동할 때 어디보다도 먼저 제2야전군이 주재하고 있는 이 지구를 진동했습니다. 전쟁이 시작되어서야 우리는 진짜로 야전군의 규격을 갖추기 시작했습니다."[7]

그때 85세가 넘은 아버지는 이런 이야기를 할 때 격정에 부풀어 있었다. 제2야전군에 있었던 백발이 성성한 옛 장군들도 아버지의 연설을 듣고 가슴이 벅차올라 옛날로 사색의 나래를 폈다.

11월의 북경은 가을 기운이 다분했고 이따금 싸늘한 바람이 불었지만 인민대회당 안은 오히려 밝고 맑은 따스한 기운이 내리고 있었다. 지난했으면서도 빛나는 이 역사의 한 토막을 돌이켜보는 칠순이 넘은 노전사들의 가슴속에는 봄날 같은 산뜻한 감회가 맴돌이쳤다.

경한 전역이 끝난 후 봉봉탄광에서 아버지의 사회하에 중공 진기노예국의 전체회의가 있었다. 회의에서는 전 구의 사업을 통일적으로 포치하고 군중공작, 경제공작을 배치했다. 이 회의가 있은 후 진기노예 근거지는 중앙의 지시에 따라 25개 연대에 맞먹는 병력을 파견해 동북을 지원한 동시에 본구의 부대를 진일보해 편성했다. 전 군구는 모두 6개 종대로 나누었다.

제1종대 : 사령원 양득지, 정치위원 소진화.

제2종대 : 사령원 진재도, 정치위원 송임궁.

제3종대 : 사령원 진석련, 정치위원 팽도.

제4종대 : 사령원 진갱, 정치위원 사부치.

제6종대 : 사령원 왕웅곤, 정치위원 단군의.

제7종대 : 사령원 양용, 정치위원 장임지.

전 진기노예해방구는 100여 개 도시를 가진 200개의 현, 시 정권을 건립했다. 전 구의 부대는 31만여 명으로 성장했고 무장장비도 개선됐다. 분산적인 유격전에서 벗어나 집중적인 운동전을 할 수 있게 된 것이다.

11월 중순, 유백승, 등소평은 전방지휘부를 거느리고 섭현 적안으로 돌아왔다. 적안에서 성대한 승리경축대회를 열었다. 한편 자위 전쟁 형세의 수요에 근거해 진기노예중앙국과 진기노예군구는 섭현을 떠나 한단 서쪽에 있는 무안현 하백수, 용천 일대로 옮겨갔다.

12월말 어느 날이었다. 야전군사령부는 열을 지어 출발해 태항산의 이 자그마한 산간마을과 해빛에 물결이 반짝이는 청장하를 떠났다.[8] 유백승, 등소평과 그들의 부대는 이 자그마한 산간마을 적안에서 5년 넘게 주재하고 있었다. 5년 동안이란 기간에 그들은 이 자그마한 산간마을에서 형세를 연구하고 적의 정황도 연구하고 회의도 많이 열었고 작전명령도 많이 내렸다. 이 고장은 일본 침략군을 항격해 싸운 중국

공산당 부대의 심장이었고 영혼이었다. 그 얼마나 참혹하고 치열했던 전투도, 그 얼마나 어렵고 간고했던 생활도 이 산간마을과 연결돼 있었다. 오늘, 그들은 이 고장을 떠나 더욱 큰 전선을 향해, 더욱 휘황한 승리를 맞이하러 가고 있다.

태항산과 태항산 인민들이 이 인민의 군대를 키웠고 많고 많은 영웅인물을 길러냈다. 유백승, 등소평과 그들의 부대 전체 지휘원과 전사들은 웅위로운 이 태항산을 영원토록 잊지 않을 것이며, 근로하고 소박한 태항산 인민들을 영원토록 잊지 않을 것이다. 유백승이 세상을 뜬 후 그의 일부 유골을 옮겨다 태항산에 묻었다. 그는 자기의 염원대로 태항산의 품 속에 길이길이 고요히 누워 있을 것이다.

나는 태항산 사람이 아니다. 하지만 나의 오빠와 언니들은 모두 다 태항산 사람이다. 나는 어렸을 때부터 아버지와 어머니에게서 태항산에 대한 이야기를 많이 들었다. 그들은 태항산의 산과, 태항산의 물과, 태항산의 백성들과, 입으로 형용할 수 없이 간고했던 태항산에서의 전투 생활을 나에게 들려주었다. 나의 마음속에서 태항산은 그토록 친절하고 태항산의 일목일초가 다 나와 갈라놓을 수 없는 인연이 있는 것처럼 느껴진다.

나는 옛날에 태항산에서 싸운 적이 있는 노전사들을 찾아가 이야기를 들었다. 그들은 저마다 남 없는 긍지에 차서 뜨겁게 태항산을 이야기했고, 태항산의 산과 돌, 태항산의 황금빛 감, 빨간 대추를 이야기했고, 태항산에서 벌어졌던 전투생활을 이야기했다. 그들의 격정에 나는 얼마나 감동됐는지 모른다. 내 마음은 저도 모르게 태항산으로 달리고 있었다.

1945년 12월, 유백승과 등소평은 자신의 부대를 거느리고 드높은 사기로 동쪽으로 줄기차게 전진해 갔다. 그들은 가없이 넓은 화북 대평원으로 달리기 시작했다.

주 ─────────────────────────────────────

1. 장헌문 편, 《중화민국 사강(中華民國史綱)》, P. 631.
2. 모택동, 《모택동선집》(제4권).
3. 《날카로운 대치─상당 전역 자료 선편(針鋒相對─上黨戰役資料選編)》, P. 78.
4. 모택동, 《모택동선집》(제4권).
5. 같은 책.
6. 《중국인민해방군 제2야전군 전쟁사》(제2권), 해방전쟁시기, P. 20.
7. 이 연설은 그 자리에 참석했던 기록자들의 노트에서 인용한 것이다.
8. 중공 섭현 당위원회 당사 사무실 편, 《섭현의 제129사단 자료 선편(一二九師在涉
   縣─資料選編)》, P. 245.

55 내전의 전야

　1945년이 지나갔다. 항전 승리 이후 국민당과 공산당은 줄곧 평화 담판과 국부적 전쟁 이 두 전선에서 엇갈아 싸움을 벌였다.

　공산당은 상당, 한단, 수원 지역에서 국민당의 대거의 공격을 물리쳤고, 적 70,000여 명을 섬멸했다. 1946년 1월에 이르러 해방구에는 239만여 평방킬로미터의 땅과 1억 4,900만의 인구와 506개의 도시가 망라됐다. 공산당은 일본 침략군의 첩첩한 포위토벌 속에서도 궤멸되지 않았거늘, 국민당 장개석의 공격은 더구나 겁나할 리 없었다.

　그러면 국민당은 어떠한가? 국민당은 공산당과의 대결에 바삐 서두르는 외에 일본이 투항한 후에는 즉시 지반을 강점하고 이른바 '접수'를 맡는데 급급해했다. 국민당은 접수를 어떻게 했는가?

　소절환, 상악감, 월계민, 기찰열, 노예진, 동북과 대만 7개 구에서 국민당은 20억 달러의 가치에 달하는 일본군과 괴뢰군의 공장 2,411개소를 접수했으며, 10억 달러에 상당하는 대량의 물자, 금, 은, 부동산 등을 접수했다.

　접수 과정을 보면 국민당의 별의별 접수원들이 천지가 좁다하게 숱하게 쓸어나와 접수원끼리, 접수기구끼리 서로 다투면서 각지의 금괴, 방산, 자동차를 약탈하고 일본군과 괴뢰군의 자산을 나눠가졌다. 그들은 공적의 명의를 빌어 사복을 채웠는데, 이름이 접수였지 사실상 제 배를 불리는 것이었다. 북경만 실례로 들더라도 그들이 접수한 물자의 5분의 4가 국고에 들어가지 못했다. 국민당 상해시 당부 주임위원 오소주는 공직을 이용해 일본군과 괴뢰군 가옥 1,000여 채, 차량 800여

대, 그리고 금괴 만여 개를 침점했다. 상해시 시장 전대균은 일본군과 괴뢰군 물자를 훔쳐 팔아 법폐(法幣)로 42억을 챙겼다. 국민당 관원들은 이렇게 접수라는 허울 아래 버젓이 약탈을 감행했던 것이다.[1]

국민당 관원들이 돈과 재산을 탐욕스럽게 거둬들일 때, 국민당 정부는 재정을 확대하고 거액의 군비를 유치하려는 목적에서 다음과 같은 조치를 취했다. 첫째는 피점령구에서 유통되는 위폐의 가치를 절하시키고 정부의 법폐와 바꾸게 했으며, 둘째는 응급용으로 대량의 지폐를 인쇄 발행했으며, 셋째는 가연 잡세를 늘렸다. 이런 조치들은 심각한 인플레이션을 일으켜 백성들 수중에 있는 재산 가치가 떨어졌다. 따라서 원 적점령구의 공장, 광산 기업소 중 3분의 2가 생산을 하지 못하고 민족 공상업이 분분히 도산됐으며 농촌경제가 조락하고 말았다.

항일전쟁에서 승리했을 때 중국인민은 얼마나 기뻐했던가! 그들은 평화와 안정을 바랐으며 희망찬 생활을 기다렸다. 그런데 반 년도 채 안 돼 그들은 자기들의 희망이 산산조각 난 걸 발견했다. 그들은 "그날을 그리고 그날이 오기를 바랐건만, 그날이 오니 오히려 재앙을 당하게 된"것이다. 그들은 "이 일대의 수많은 백성들이 승리를 축하하며 기뻐했는데, 지금은 깊은 고난의 심연에 빠져 살길이 막막하다. 고통스럽기가 그지없다. 승리 전보다도 더 고통스럽다."[2]고 놀라움에 차 말했다.

1945년 11월 중경 각계 대표 500여 명이 국민당의 내전 정책을 반대하고, 미국의 내정 간섭을 반대하는 대회를 가졌다. 다시 11월 25일 곤명의 대학생과 중학생 6,000여 명이 집회를 가졌는데 국민당 군대는 학교를 포위하고 총을 쏘아대며 그들을 위협했다.

11월 26일 곤명의 대학생, 중학생 30,000여 명이 동맹휴학을 선포했다.

2월 1일 국민당 당국은 군경과 스파이를 풀어 서남연합대학에 뛰어들어 교원과 학생들을 구타했으며, 심지어 수류탄을 던져 4명이 죽고 수십 명이 부상을 당했다. 12월 2일부터 20일까지 곤명의 군중들은 이 4명의 열사를 위해 제를 지냈다. 당시 15만 명에 달하는 사람들이 영당에서 제를 올리며 국민당 정권의 잔폭한 행위에 지대한 분개를 표했다.

국토는 수복됐지만 민심은 도리어 잃고 말았다!

이것이 국민당 정권이 최종적으로 망하게 된 근본적 원인이다.

국민당의 행패를 미국인들이 모르고 있었던 것은 아니다. 몇 년 후 미국 국무장관 애치슨은, 당시의 대통령 트루먼에게 보낸 편지에서 이렇게 명백히 말하고 있다. "국민당 관원들이 일본의 수중에서 수복한 지구에서 취한 거동으로 인해 이 지역들에서 인민의 지지와 저들 자신의 성망을 신속히 잃고 있다."[3]

미국 정부는 비록 이렇게 개탄하고는 있었지만, 그들은 국민당이 군사적 수단으로 공산당을 억누르지 못할까봐 두려워했고, 중국에서 내전이 일어나 공산당이 전 중국을 통제하게 될까 두려워했다. 이와 동시에 미국은 또 중국 문제를 소련과 다루기 위해 전 육군참모장 마셜 장군을 대통령 특사 자격으로 중국에 보냈다.

마셜의 사명은 첫째, 국민당과 공산당의 분쟁을 중재하는 것이고, 둘째, 국민당을 도와 그 군대를 중국의 동북과 화북 지구에 수송하는 것이었다. 미국의 최종 목적은 바로 중국에서의 친미정권의 수립이었다. 이것이 바로 미국의 속셈이었다.

이런 여러 가지 배경과 제약과 추진 아래 1946년 1월 5일, 국공 쌍방은 군사 충돌을 중지하는 협약을 맺는다. 1월 7일 국민당 대표 장군(張群), 공산당 대표 주은래, 미국 대표 마셜이 회담을 통해 군사충돌 및 기타 관계 사항을 해결하기로 협상을 맺었다. 1월 10일 국공 쌍방은 정전협정을 정식으로 체결했다.

같은 날 정치협상회의가 중경에서 소집됐다. 중공은 주은래, 동필무, 왕약비, 섭검영, 오옥장, 육정일, 등영초 등으로 대표단을 구성해 회의에 참가했다. 회의 내용은 정치민주화와 군대의 국가화에 대한 것이었다. 회의는 31일에 폐막됐다. 공산당과 각 민주인사들의 정중한 독촉하에 회의는 기본적으로 전국 인민의 평화 민주 염원에 부합했으며, 평화적으로 나라를 건립하기 위한 관한 강령, 군사 문제, 헌법 초안 등에 관한 협의를 통과했다.

한편 위의 3자회담도 긴밀한 협상을 거쳐, '중공 부대의 국군으로의 재편성 및 통일적 편성에 관한 기본 방안'을 작성했다.

한 달 남짓한 동안의 정세를 살펴보면, 이 땅에 마치 내전이 중지되고 평화와 민주가 실현되는 것만 같았다. 그런데 사실은 그게 아니었다. 국민당 장개석은 진정한 민주 개혁을 용인할 수 없었으며, 접수할 수도 없었다. 장개석은 이렇게 말했다. "나는 헌법 초안을 만족스럽게 생각하지 않는다. 그러나 일이 이렇게 경과된 이상, 그걸 뒤엎을 수도 없다. 먼저 그대로 통과시키고 이후에 다시 보기로 하자."4

공산당도 여기에 대해서 명석한 인식을 가지고 있었는데, 중국 민주화의 길은 여전히 곡절적이고 장기적이라고 그들은 인정하고 있었다. 이에 비추어 중공 중앙은 진지를 확보하는데 주의를 돌리며, 군사 훈련, 소작료 감소, 그리고 생산활동을 당면 해방구의 3대과업으로 포치했다.

현실은 왕왕 사람들의 아름다운 염원과 상반된다. 국민당이 정전협정을 체결한 것은 거짓이었고, 전쟁준비를 한 것은 진실이었다. 미국의 중재는 또한 거짓이었고, 국민당을 도와 전쟁 준비를 한 것이 진실이었다.

1945년 9월부터 1946년 6월까지 미국은 비행기와 군함으로 국민당 군대의 14개 군단 약 54만 명을 화북, 화동, 화남, 동북 각지로 수송했다. 이 일을 지원하기 위해 미국 해병대 90,000명이 중국으로 들어왔다. 당시 중국에 주둔한 미군의 숫자가 가장 많았을 때는 11만 3,000명이나 됐다. 미국 정부는 또 거액의 경비를 아끼지 않고 국민당의 45개 사단의 병력을 무장시켰고, 15만의 군사인원을 훈련시켰으며, 공군 비행기 936대를 지원했다. 미국정부는 또 국민당정부에 대량의 경제원조와 군사원조를 제공했다. 1946년 상반기만 해도 미국은 5,

170만 달러에 달하는 군용품을 제공했다.

미국은 또 2,000명으로 구성된 군사고문단을 구성해 실제적으로 중국 내전에 직접 참여했다.5

당시 미국정부는 자신들의 뜻이 이루어지리라고 믿었다. 2차 세계대전이 끝난 후 미국은 세계의 정상에 있었다. 따라서 그들은 중국 사태 해결에 자신감을 보이고 있었다. 하지만 하늘은 그들의 염원을 모르고 있었던 모양이다. 사태의 발전은 결국 그들의 생각이 잘못된 것이었음을 쉽게 증명하고 만다.

하늘의 뜻이란 무엇인가? 하늘의 뜻이란 바로 백성의 뜻이다. 많은 시련을 겪은 중국인민들은 더 이상 남들에게 자신의 운명을 내맡기지 않았다. 미국의 제일 큰 실수는 중국인민들에게 일찍부터 버림받아 온 정권에게 손을 내민 것에 있다. 그들은 잘못된 길을 택했던 것이다.

정전협정은 체결됐지만 전쟁은 종래로 중지된 적이 없었다.

1946년 1월부터 6월까지 국민당 군대는 해방구에 대해 대소 규모의 공격을 4,365차례나 감행했는데, 그들은 연인원 270만 명을 동원해 해방구의 도시 40개, 촌과 읍 2,577개를 점령했다.

1946년 3월 소련 군대가 중국 동북으로부터 철수했다. 국민당 군대는 동북의 중요 도시 심양을 점령했고, 그후 5개 군단의 병력으로 남쪽의 본계, 사평의 공산당 군대를 공격했다. 한 달 동안의 치열한 격전 끝에 송화강 이남 지역이 국민당 군대의 통제에 들게 됐다.

진기노예구에서는 1946년 1월 14일부터 4월말까지 국민당 군대가 920여 차례의 크고작은 공격을 발동했다. 다시 말하자면 매일 평균 여덟 차례나 공격을 감행한 것이다. 그중 만여 명 이상의 병력이 투입된 전투가 4차례, 천 명 이상의 병력이 참가한 전투가 40차례, 100명 이상의 병력이 동원된 전투가 110여 차례다.

1945년 12월 유, 등 사령부가 무안현으로 옮겨간 후 아버지와 어머니는 무안에 잠시 거주하게 됐다. 이때 어머니는 세 아이를 모두 신변으로 데려왔다. 1939년 이 가정이 이루어진 이래, 처음으로 다섯 식구가 한데 모인 것이다. 어머니는 아버지와 결혼하고 나서 연안을 떠났는데, 어느 틈에 벌써 다섯 해 남짓한 세월이 흘렀다. 이 다섯 해 동안 어머니의 생활은 실로 순탄치 않았다.

혁명의 전당에 발을 들여놓은 지 오래지 않아 이 젊은 혁명자는 단번에 태항산맥으로, 항일전쟁의 포탄연기 속으로 뛰어들었다. 그녀는 추호의 주저심도, 추호의 두려움도 없이 전쟁의 세례를 받아들였다. 그녀는 부대와 함께 행군하고 전전하고 소탕에 대처했다. 처음에 그녀는 요현 마전의 팔로군총부에 있었다. 그곳은 전방 가운데 작은 '전방'이었다. 얼마 지나지 않아 그녀는 이불짐을 꾸려가지고 섭현 적안으로 가서 아버지와 함께 제129사단 전선지휘부에 남아 있었다.

첫 아기 때부터 그녀는 자신의 혈육을 신변에 둘 수 없었다. 그녀는 아이를 인근 농가에 맡기고 부대를 따라 이동해야만 했다. 언젠가 한번은 그들의 부대가 아이가 있는 마을 근처를 지나게 됐다. 그때에야 비로소 그녀는 자기의 아이를 볼 수 있는 기회를 갖게 됐다. 그 당시 어머니는 제129사단 정치부 부주임 채수반의 아내 진수연과 함께 그 농가에 들렀다고 한다. 집안에 들어서 보니 아이는 빼빼 여위고 키도 크지 못했으며, 몸에 걸친 옷도 더럽기 짝이 없고 너덜너덜 해져 있었다고 한다. 그녀는 쓰려오는 마음을 달래며 진수연 아주머니와 함께 아이를 목욕시키고 옷도 새로 장만해 갈아 입혔다고 한다.

부대는 그 고장에서 사나흘 묵고 다시 출발했다. 어머니는 다시 아이 곁을 떠나갔다. 나의 언니 등림이 한살 반이 됐을 때 그 유모가 임신을 해서 어머니는 다시 아이를 데려왔다고 한다. 어머니의 말에 의하면 그때 언니는 몸이 어찌나 허약했던지 팔을 들어 파리를 쫓을 힘조차 없었다고 한다. 그럼에도 어머니는 결국 아이를 또다시 다른 집에 맡길 수밖에 없었다. 그 이듬해 채수반이 연안에 회의차 떠나게 되자 어머니는 그편에 등림 언니를 연안 보육원으로 보냈다. 이 같은 사정은 나의 오빠와 둘째 언니도 마찬가지다. 이처럼 어머니의 세 아이들은 포연이 자욱한 전쟁의 세월에 태어나 가혹한 전쟁의 환경 속에서 자라났다. 그들은 세상에 태어난 첫날부터 태평스러운 날이라곤 만난 적이 없으며, 그 어떤 기본적인 생활도 접해보지 못했다. 그들은 태항산 백성들의 젖과 태항산 백성들의 좁쌀죽을 먹으며 자랐다.

무안에 온 후 다시 한 가정을 이루게 되자 아버지는 더없이 기뻤다. 그런데 어머니는 도리어 걱정에 싸이게 됐다. 어머니의 걱정거리가 무엇이었는가?

당시 큰 언니 둥림은 연안에서 데려왔을 때 말도 않고 먹지도 않았으며 손에 사과를 쥐어줘도 먹을 줄 몰랐다고 한다. 어머니는 큰 언니가 영양실조라는 것을 알았다. 또 둘째 아이는 설사가 잦아 밤잠을 제대로 자지 못했고, 셋째가 그때 겨우 한 살 반이었는데 어머니의 젖이 나지 않아 좁쌀죽을 먹이자니 좀체로 먹으려들지 않았다고 한다.

생활이란 본시 이런 법이다. 그러나 다행스럽게도 시간이란 어쨌든 흘러가기 마련이었다. 무슨 일이든지 습관이 되면 되는 것이다. 무안의 우리집도 마침내 자리잡혀 가고 평온한 생활을 하게 됐다. 세 아이도 함께 즐겁게 놀기 시작했다. 햇볕에 까맣게 그을은 그들은 저마다 몸도 실팍해지고 키도 부쩍 자라났다. 그들은 부모 곁에서 재롱을 부리며 커갔다. 아버지는 아이들을 몹시 사랑했다. 시간에 쫓겨 아이들을 어를 짬이 얼마 되진 않았지만, 내가 보기엔 아버지처럼 온 몸과 마음으로 아이들을 사랑하는 사람도 이 세상엔 드물다고 생각한다.

1946년 3월 2일, 진기노예군구 영도기관은 무안에서 한단(邯鄲)으로 옮겨갔다.[6] 이때부터 옛적 조나라의 도읍이었던 이 도시는 진기노예변구의 수부로, 유, 등의 지휘중심으로, 화북해방구의 남대문으로 변해갔다.

아버지와 어머니도 나의 오빠와 언니들을 거느리고 한단시로 이사했다. 아이들은 물론 아무것도 모르고 예나 다름없이 날마다 장난질에 여념이 없었다. 그러나 어른들은 무척 즐거운 심정이었다. 그것도 그럴 것이 군구기관이 처음으로 비교적 큰 도시에 주둔하게 됐으니 말이다. 어머니는 장난이 심한 세 아이들을 보살피느라 바삐 돌고, 아버지는 군정대사를 돌보기에 바삐 보냈다.

도시에 주둔하게 되자 등 정위는 모든 직속기관 부대들은 될수록 백성의 집에 들지 말고, 창고 같은 곳에 주둔할 것을 지시했다. 사령부도 지난 시절 일본 군대의 한 병영에 들었다.

도시에 들어온 후 부대는 정치훈련을 시작했다. 등 정위는 첫째는 시국을 똑똑히 인식하고, 둘째는 기율을 정돈해야 한다고 명했다. 시국을 똑똑히 인식해야 한다는 것은 대규모 내전의 위기가 엄중하게 존재하며, 단호히 투쟁하는 것만이 평화와 민주를 쟁취할 수 있는 중요 담보임을 똑똑히 인식해야 한다는 것이다. 규율을 정돈한다는 것은 정책 법령을 집행하고 인민군대의 본질을 확보해야 한다는 것이다. 그는 또 도시정책을 준수해야 할 중요성에 대해 특별히 강조했다.[7]

5월에 부대는 정치훈련과 군사훈련을 실시했다. 각종 형식의 훈련은 부대의 군사기술을 새로운 수준으로 끌어올렸다. 이런 훈련을 실시함과 동시에 해방구의 중심지구에서 토지개혁운동을 벌였다. 6월 중순 등소평의 주도하에 토지회의가 소집됐다. 회의는 빈농에게 땅을 배분하기로 결정했다. 이는 땅을 가는 자에게 땅을 맡기는 것이다. 이로써 해방구의 빈농들은 토지를 분여받고 열정이 높아졌으며, 혁명전쟁을 지원하는 그들의 힘을 아끼지 않게 됐다.

1946년 6월말에 이르러 진기노예해방구는 부단히 장성 발전했다. 전 해방구에 군대가 27만 명, 민병이 60만 명으로 늘어났다. 총 인구는 3,000만여 명으로 늘어났으며, 산하 현성이 80여 개에서 110여 개로 늘어났다.

한편 반 년 동안 국민당 군대는 11개 재편성사와 3개 군단의 병력으로 진기노예해방구에 대해 빈번히 잠식, 침범해 왔다. 전쟁의 검은 구름은 갈수록 짙어지며 중국 대지의 상공에서 꿈틀거리고 있었다. 1946년 6월 중순, 진기노예구는 한단에서 고위급간부회의를 소집했다. 회의에서 유, 등은 다음과 같이 지적했다.

"내전의 위험성은 엄중히 존재하고 있다. 부대는 반드시 전면적 내전의 발발에 대처할 만단의 준비를 갖추고 있어야 한다."

미국인들의 중재활동은 여전히 계속되고 있었지만, 그 중재가 진짜든 가짜든 어쨌든 중국의 전면적 내전은 코앞에 닥치고 있었다.

주

1. 중공 중앙 당사연구실 저, 《중국공산당사》(상권), p. 687-688.
2. 〈대공보(大公報)〉, 논설 '강서, 절강 인민을 위하여 호소한다!'에서. 1945년 10월 24일.
3. 미국 국무장관 애치슨이 1949년 7월 30일 미국 대통령 트루먼에게 보낸 서신.
4. 양수명, '내가 국공평화담판에 참가한 경과(我參加國共平和談的經過)'. 《중화민국 사료 총고(中華民國史料叢稿)》(증보판 제6집).
5. 중공 중앙 당사연구실 저, 《중국공산당사》(상권), p. 700-701.
6. 진비금, 《그는 바로 이런 사람이었다(他就是這麼一個人)》. 《28년간──정치위원에서 총서기로》, p. 135.
7. 같은 책, p. 135-137.

56 전면적 내전의 발발

1946년 6월 하순, 전 중국의 대지 위에는 뜨거운 뙤약볕이 내리쬐이고 있었다.

국민당 장개석은 공산당의 중원 해방구에 대한 대규모 진공을 시작으로 해방구에 대한 전면적 공격을 시작했다. 중국의 전면적인 내전의 막이 올랐다.

이때에 이르러서는 그 무슨 평화담판이니 중재니 하는 것들은 모두 까마득히 먼 곳으로 날아가 버렸다. 전면적 내전은 더 이상 위기도 아니요 서류상의 계획도 아닌 너무나도 냉혹한 현실이 되고 말았다.

장개석이 엄청난 병력으로 중공 해방구를 대거 진공하리라는 것은 가히 상상할 수 있었던 것이었다.

왜냐하면 그는 430만의 대병력을 가지고 있고 일본침략군의 수중에서 접수한, 100만 명이 사용할 수 있는 완전한 장비를 가지고 있었으며, 각종 명목으로 미국의 원조를 제공받고 있었기 때문이다. 그의 88개 재편성사단 가운데 22개 사단이 미국 장비로 무장하고 있었다. 그에게는 많은 포병이 있었고 그외에 비행기, 군함, 탱크가 있었다. 그리고 또 상대방보다 엄청나게 많은 전쟁자원을 가지고 있었는데 전 국토 면적의 76퍼센트와 총인구의 71퍼센트를 보유하고 있었다. 전국의 거의 모든 대도시들, 전국을 종횡으로 연결하는 주요 교통선, 모든 근대 공업시설이 그의 통제하에 있었다.

그러나 공산당측은 이때 총병력이 127만명 밖에 안 됐고 군사장비도 일본군, 괴뢰군의 수중에서 노획해 온 보병 무기와 소량의 대포가 있었을 뿐이었다. 공산당이 통제하고 있는 지역은 230만 평방킬로미터 밖에 안됐고, 인구는 1억 3,600만에 불과했으며 근대화 공업시설이란 거의 없었다.

국민당과 공산당의 세력 비율은 3.4 : 1이었다.

국민당의 우세는 한눈에 드러나는 것이었으나 절대적인 것은 아니었다. 그런데 장개석은 이러한 것을 모르고 있었다.

일본이 물러가자 장개석은 이제는 마음놓고 전력을 기울여 공산당을 칠 수 있다고 생각했다. 공산당을 치려는 것은 그가 20년 가까이 품어온 앙심이었다. 이젠 수중에 병졸 장군이 있겠다, 무기가 있겠다, 남의 원조가 있겠다, 가슴속에 쌓이고 쌓인 원한을 풀 때가 됐다. 그는 속전속결의 방침을 취했다. 전체 정규군의 80퍼센트를 동원해 전국적인 범위에서 공산당에 대한 전면적인 진공을 발동함으로써 가급적 3～6개월 안에 우선 관내의 공산군을 소멸하고 연후에 동북문제를 해결하려고 생각했다.

장개석은 이렇게 결심하고 즉시 행동을 시작했다. 그는 자기의 이 걸음이 필연적으로 잘못되리라는 것을 조금도 생각지 못했다. 그의 이 한 걸음은 전면적 실패로 향하는 것이었으며, 자멸의 길로 이어진 것이었다. 국민당 장개석의 전쟁 의도를 공산당과 모 주석은 일찍이 예견하고 이에 대비하고 있었다.

중공 중앙은 전 당에 다음과 같이 통지했다. "장개석은 비록 미국의 원조가 있지만 인심을 얻지 못하고 사기가 높지 못하며 경제적으로 어렵다. 우리는 비록 외국의 원조는 없지만 인심이 우리한테 쏠리고 있고 사기가 높으며 경제 면에서도 방법이 있다. 그러므로 우리는 능히 장개석을 누를 수 있다. 이에 대해 전 당은 충분한 믿음을 가져야 한다."[1]

모택동은 다음과 같이 말했다. "우리가 의지하고 있는 것은 비록 좁쌀과 소총일 따름이지만, 이 좁쌀과 소총이 장개석의 비행기와 탱크보다 강하다는 것을 역사는 최종적으로 증명할 것이다. 중국인민의 앞에 아직도 허다한 난관이 가로놓여져 있으며, 중국인민이 미국제국주의와 중국 반동파의 연합 진공으로 장기간 고생을 하게 되겠지만, 그러나 이런 반동파들은 꼭 실패할 것이며 우리는 반드시 승리할 것이다. 그 원인은 다른 데 있는 것이 아니라 반동파는 반동을 대표하고, 우리는 진보를 대표하기 때문이다."[2]

1946년 6월 대규모적인 내전이 시작됐다.

전면적 내전의 첫 총성은 중원에서 울렸다.

6월 26일 장개석은 20여 개 사단을 집결해 공산당의 중원 해방구로 대거 진격해 왔다. 이선념이 지휘하는 중원 해방군은 중공 중앙의 지시에 따라 단호히 포위를 뚫고 나와 성공적으로 섬서 남부 등지에 도착했다.

이와 동시에 국민당군은 58개 여단의 병력으로 공산당의 화북 해방구를 공격했다. 진의가 지휘하는 산동야전군 4만여 명과 속유, 담진림이 영솔하는 화중야전군 3만여 명이 각각 적군과 맞받아 싸워 1946년 10월까지 모두 7만여 명의 적군을 섬멸했다.

대전은 이미 시작됐고, 정세는 매우 심각해졌다.

진기노예 해방구는 서쪽의 동포선에서 시작되어 동으로 진포선에 닿고 북으로는 정태선과 덕석선에 이르고, 남으로는 황하를 가로질러 농해선에 걸쳐 있는데 섬감녕, 진수, 진찰기, 화동의 여러 해방구들과 서로 연결되 있으며 중원 해방구와 제일 가깝게 자리잡고 있다. 진기노예 해방구는 우리 각 해방구의 중추였으므로 국민당의 중점적인 진공 대상의 하나가 됐다.

장개석은 진기노예 주위에 병력 30여 만을 집결해 호종남, 염석산, 설악, 손연중, 유치 등 여러 대군으로 포위토벌을 실시하고, 교통선을 통제하거나 관통시킴과 아울러 황하의 물을 끌어들여 해방구를 분할시키고 수장시켜 버리려 했다.

전쟁의 주도권을 장악하고 화동의 작전을 돕기 위하여 유, 등은 중앙의 동의를 거쳐 야전군 주력을 집중해 적들을 주도적이고도 기동적으로 섬멸하기로 결정했다. 아울러 전 야전군을 두 방면으로 나누어 4만여 명으로 구성된 한 방면은 유, 등이 직접 영솔해 예동 방향에서 작전하고, 2만여 명으로 이루어진 다른 한 방면은 진갱이 영솔해 중앙 군사위의 직접적인 지휘하에 산서 남부 방향에서 작전을 펴기로 했다.

1946년 6월 28일, 태양이 막 동쪽 지평선 위로 머리를 내밀었다. 아침 햇살 아래 광야는 눈이 부시게 빛났다.

한단 이남의 마두역에는 전투 준비를 마친 진기노예 야전군들이 정연하게 줄지어 서 있었다. 작은 기차의 차체에는 유, 등 지도자들이 연설을 할 수 있게 단상이 준비됐다.

진기노예 야전군 궐기대회가 여기서 열리게 된 것이다.

등소평 정위가 연단에 올라섰다. 그는 이렇게 말했다. "장개석은 정치협상회의와 정전협정을 지키지 않고 이미 공개적으로 정전협정을 폐기했을 뿐만 아니라 해방구를 전면적으로 공격하기 시작했다. 우리는 급히 모든 준비를 갖추고 장개석의 공격을 물리쳐야 한다. 장개석은 비록 미국의 원조를 받고 있기는 하지만 반인민적 내전을 발동했기에 전국 인민의 반대를 받고 있다. 그의 군대는 사기가 저하돼 있고 경제 또한 어려운데 이는 그가 해결할 수 없는 문제이다. 우리는 비록 외국의 원조는 없지만 인심이 우리한테 향하고 있고 사기가 높고 경제적으로 보장돼 있다. 우리는 반드시 장개석을 타도할 수 있다. 우리는 이러한 믿음으로 이번 자위반격전을 훌륭하게 수행해야 한다!"[3]

중원 대지에는 남북으로 경한선이, 동서로는 농해선이 십자가처럼 놓여 동서남북을 연결하는 교통 동맥을 이루고 있다.

유, 등이 우선 선택한 것이 바로 농해선이었다.

1946년 8월, 중앙은 유, 등의 작전 계획을 허가했다. 8월 10일 진기노예 야전군은 농해 전역을 개시했다.

유, 등은 전체 야전군을 좌로군, 우로군으로 나누었다. 좌로군은 7종대 사령원 양용, 정위 장임지가 통솔했다. 우로군은 3종대 사령원 진석연, 정위 팽도가 영솔했다. 6종대 사령원 왕근산, 정위 두의덕도 우로군의 지휘에 참가했다.

8월 10일, 각 방면의 부대는 30킬로미터를 급히 행군해 세로로 깊숙이 들어가 농해선의 개봉에서 서주에 이르는 150킬로미터에 달하는 넓은 구간에서 갑자기 적들을 공격했다. 12일까지 하남의 난봉과 산동의 탕산 등 시가지와 기차역 10여 개를 점령하고, 적 5,000여 명을 섬멸했으며 100여 킬로미터에 달하는 철도선을 지배하게 됐다.

탕산성은 맹장 양용과 장임의 지휘하에 공략했다. 부대가 한창 승리를 경축하고 있을 때 등 정위가 흙탕물을 밟으며 전선으로 왔다. 승전을 거뒀으니 의례히 표창을 받아야 하건만 양용과 장임은 도리어 등 정위로부터 준엄한 대비판을 받았다. 양용의 부대는 워낙 용맹스럽기로 유명했지만 전투중 규율이 엄격하지 못해 군중의 가구와 솥이며 사발 같은 것을 망가뜨렸던 것이다.

등 정위는 오자마자 종대 연대급 이상의 간부회의를 소집했다. 모두들 시멘트 바닥에 깔아놓은 밀짚 위에 잠자코 앉아 있었다.

등 정위가 엄숙한 표정으로 말했다. "농해 전역이 시작된 지 이미 나흘이 지났다. 첫단계에 당신들은 잘 싸웠다. 탕산을 해방하고 몇 천명을 사로잡았으며, 무기도 적지않게 노획했다. 그러나 당신들 가운데 어떤 사람이 군중 규율을 범했다는 걸 반드시 지적해야 하겠다. 당신들은 숱한 사람이 희생되면서 싸우고 있는데 왜 싸우는지 아는가? 왜 이렇게 군중의 이익을 해치는가, 동무들은 군중의 손실을 모두 배상해야 한다."

한창 말하고 있는데 적들의 비행기가 또 머리 위로 날아왔다. 모두들 등 정위의 안전을 걱정했다. 양용이 높은 곳에 올라가 비행기의 동향을 살폈다.

등 정위는 양용을 보고 큰소리로 외쳤다. "양용씨, 뭐가 두렵다고 그러오? 괜찮소. 비행기는 날마다 오는 게 아니오?"

그는 계속 엄숙한 어조로 말을 이었다. "군중 규율을 범하면 인민군중의 지지를 얻을 수 없고, 인민의 지지가 없으면 승리를 얻는다는 것은 불가능한 일이오!"

양용과 장임은 그 자리에서 잘못을 시인하고 즉시 군중 앞에 사죄하고 배상할 것을 부대에 명령했다.4

당의 기풍에 비추어 줄곧 부하들에게 부대의 기율을 극히 중시할 것을 엄격하게 요구했다. "인민은 모든 것에 우선하며 적대투쟁에서 모든 역량의 원천이다."5 이것은 곧 그의 신념이었다.

인민군대의 근본적 취지는 바로 오로지 인민을 위하는 것이다. 다름 아닌 이 취지로 인해 인민의 군대가 필연코 최종적 승리를 거두는 것이다. 때문에 아버지는 군중 기율을 수호하고 엄격히 준수하는데 있어 조금도 소홀하게 넘어가지 않았다.

농해 전역은 계속됐다. 우리 군의 급속하고도 돌연적인 진공으로 적군은 한창 중원야전군을 추격하던 3개 사단을 급히 돌려 개봉을 원조하는 한편 회남을 진공하는 1개 사단과 다른 2개 사단을 탕산과 서주 지구를 지원하는데 파견했다. 유, 등은 부대를 지휘해 기현, 통허, 오성 등지를 연이어 점령하고 적의 일부분을 섬멸했다. 적군의 동, 서 두 방면의 원군이 가까이 다가왔을 때 아군은 농해선 이북으로 재빨리 이동하여 휴식 충전을 했다.

8월 22일, 농해 전역이 종결됐다. 이번 전역에서 아군은 적 16,000여 명을 섬멸하고 현성 5개 기차역 10개를 탈환했으며 철로 150여 킬로미터를 파괴했다.

유, 등의 치밀하고도 대담한 전략하에 아군은 불의의 습격을 가하고 신속하게 직진하며 갑자기 습격하는 전술을 취해 유력하고도 빠르게 전과를 거뒀으며, 기타 해방구를 진공하는 적들을 유인한다는 목적을 효과적으로 달성했다.

이번 전역은 기습의 전술로 승리를 거둔 전형적인 일례였다.

아군이 성공적으로 농해선을 출격한 후 국민당은 큰 충격을 받았다. 장개석은 신속히 정주, 서주 일선에 14개 재편성사단, 32개 여단 도합 30여만 명을 집결하여 아군이 휴식보충을 채 마치지 못한 틈을 이용해 절대적으로 우세한 병력으로 농해선 이북 산동성 경내의 정도, 조현 지구를 진격했다.

적들은 여섯 갈래의 대군으로 나누어 아군을 향해 다가들었다.

8월 22일, 중공 중앙은 무릇 자신이 없는 싸움은 하지 말며 싸울바에는 반드시 이겨야 한다. 무릇 적 정규군과 작전할 때에는 각 작전마다 반드시 우세한 병력으로 적을 치며 하나하나씩 격파해야 한다는 지시를 내렸다.

유, 등은 진기노예 야전군 사령부 작전실에서 한창 적정을 연구하고 있었다. 등소평은 지도 앞에 나가 말했다. "진포선으로부터 북상한 적은 도합 3개 사단인데 그중 두 개 사단이 가장 강력한 부대다. 장개석은 가장 강력한 부대 도합 다섯 개(신1군단, 신6군단, 신5군단, 제11재편성사단, 제74재편성사단)를 보유하고 있는데 이번에 그중 두 개를 내놓았다. 신5군단과 11사단은 완전히 미국 장비로 무장해 전투력이 강하기 때문에 대처하기가 비교적 어렵다. 서쪽에서 파견된 적군은 수적으로 많기는 하지만 전투력이 강하지 못하다. 이런 정황에 비추어 나는 두 가지 방안을 고려했다. 하나는 잠시 적들의 예봉을 피해 우리의 주력을 황하 이북으로 신속히 철수하여 한동안 휴식 충전하다가 다시 기회를 보아 남하해 적을 섬멸하는 것이다. 이것은 우리가 처하고 있는 부분적 상황에서 고려할 때에는 비교적 유리한 방안이다. 그러나 이렇게 되면 반드시 진의, 이선념에게 압박이 가해지게 되므로 전반적 국면에는 불리하다. 다른 하나는 이를 악물고 또 한 번 싸우는 것이다. 이렇게 하면 우리의 부담은 커지지만 진의, 이선념 쪽은 훨씬 가벼워진다! 나의 의견은 두번째 방안을 취하는 것이다."

유백승이 웃으며 말했다. "나도 당신의 의견에 전적으로 동의한다. 장개석은 연회석 전술을 쓰고 있다. 한 상을 차려와 우리가 다 먹기도 전에 또 한 상을 차려와 우리더러 먹으라고 압박한다. 오는 정이 있는데 가는 정이 없으면 예의에 어긋나지 않는가. 상을 차려온 이상 배를 두드리며 먹어줘야지!"

유백승의 말에 모두들 웃음을 터뜨렸다.

전쟁 정세에 의하여 팽팽해진 긴장 상태는 이러한 웃음 속에서 다소 풀리게 됐다. 유, 등은 두 방면의 적들 중 서쪽에서 오는 적들이 비교적 약하니 주력을 집중해 서쪽의 적을 치는 것이 바람직하다고 분석했다.

유, 등은 정도(定陶) 전역을 진행하기로 결정했다.

작전 명령을 작성하고 난 후 등소평은 감탄하여 말했다. "우리 부대는 밖에서 큰 명성을 가지고 있다. 모두들 우리를 그 무슨 유, 등대 군단이라 부르는데 실상 우리의 밑천이라 해야 병력이 5만 명도 안되고, 거기에 몇 문 안되는 산포, 박격포에 탄약도 많지 않다. 우리 부대의 전사들은 태반이 억압에서 해방된 농민의 자제들이라 자질이 아주 좋다. 농해 전역에서 5,000명의 사상자가 나왔는데 아직 제대로 보충하지 못했으므로 핵심적인 병력을 투입시켜야 한다. 그러자니 아닌게 아니라 가슴이 좀 아프다."6

전쟁은 잔혹한 것이다. 그러나 전쟁을 지휘하는 사람은 이렇듯 정이 많다.

1946년 9월 2일 전역이 시작됐다.

서쪽 방면의 적군들이 아군이 사전에 배치해 놓은 전장으로 어깨를 으쓱이며 다가왔다. 아군은 적들보다 4배 많은 병력으로 적군의 제3재편성사단을 포위했다. 적군의 지휘관인 유치는 기타 4개 사단에 양쪽으로 증원할 것을 급히 명령했다. 아군의 강한 진공차에 포위당한 제3사단은 남쪽으로 포위를 뚫고나가려 했다. 아군은 모든 전선에 출격하여 그 사단을 전부 섬멸했다. 원조하러 오던 적군은 가망이 없음을 알고 즉시 철퇴했다. 우리 군은 신속히 병력을 이동해 증원부대를 퇴각하는 길에서 일부 섬멸했다.

9월 8일 정도 전역이 종결됐다. 아군은 사상자 500명의 대가로 적 4개 여단의 약 17,000명을 섬멸하고 적 제3재편성사단 중장급 사단장 조석전을 사로잡았다.

이번 전역과 소중(蘇中)에서의 우리 군의 승리는 전반적인 공산당 해방구의 남방전선에서의 심각한 정세를 반전시켰다.

이번 전역으로 인해 국민당 정주 수서(綏署) 주임이며 장개석의 심복이던 유치가 파면됐다.

모택동은 유, 등에게 전보를 띄워 당신들이 제3사단을 섬멸한 승리를 경축하며 전군에 표창할 것을 약속한다고 말했다.[7]

정도를 공략한 전투에서 부대는 아주 용감하게 싸웠다. 등소평 정위는 왕군산과 두의덕 등 맹장을 표창했다. 그런데 공신으로 자처하는 현상이 나타나 개별 부대의 기율이 다소 해이해졌다. 등소평은 군대를 다스림에 있어서 엄하기로 유명했다. 전투가 끝난 후 그는 고위급간부 회의를 소집했다. 회의에 참석한 각급 간부들은 저마다 만면에 웃음을 띠었다. 그들은 등 정위가 이렇게 단도직입적으로 말할 줄은 생각지도 못했다. "오늘 회의에서는 악수를 나누지 않습니다. 그래야 승전을 좀 거두고는 서로 손을 잡고 기뻐 어쩔 줄 모르는 걸 방지할 수 있지요."

'악수를 하지 못하게 한 회의'와 등소평의 군대 통치의 스타일을 회의 참석자들은 지금도 잊지 못하고 있다.

연속 두 차례의 전투를 했는데 두 차례 다 승전을 거뒀다. 그것도 대승이었다. 그러나 내전이 일어나면서부터 두 달 남짓한 동안 부대는 계속 전투하다보니 아닌게 아니라 매우 지쳤다.

부대는 휴식 충전해야 했으나 적들은 그것을 허용하지 않았다.

정도 전역이 막 끝나자 국민당은 그의 주력인 신5군단과 제11재편성사를 동원해 정도, 하택을 향해 진공을 개시했다. 그 주력을 피하기 위해 우리 군은 하택에서 철거하고, 주력을 이북의 거야 서남에 이동시켜 휴식 충전하게 했다.

적들은 우리 군을 절대 휴식을 취하지 못하게 하려는 심산으로 10월초에 거야 지구로 진공했다. 적군의 부단한 전진을 저지시키기 위해 유, 등은 10월 3일에 거야 전역을 시작하기로 결정했다.

거야 전역에서 우리 군의 적수는 머리부터 발끝까지 완전히 미국 장비로 무장한, 전투력이 아주 강한 국민당 주력군 신5군단이었다. 나흘 동안 격전한 끝에 적군은 5,000명이 살상됐고 우리 군도 4,000여 명의 살상자를 냈다. 쌍방은 대치 상태에 들어가게 됐다. 우리 군은 피동적인 입장에 처하지 않기 위해 진공을 중지했다.

이 전역은 유, 등야전군이 처음으로 강적과 겨룬 전투였다. 비록 작은 승리를 거두었고, 적군의 진공을 저지시키려는 목적을 달성하기는 했지만 경험과 교훈도 얻게 됐다.

유백승은 공산당군대의 대군사가로서 '상승(常勝)장군'이라 불렸다. 그의 거시적 전략과 전술은 늘 세계적으로 공인되고 있다.

그는 종래는 실사구시의 정신으로 문제를 처리하고 이익과 폐단, 장점과 약점을 능란하게 총화했다. 이 점에서 그와 등소평의 작풍은 완전히 일치했다.

유, 등은 거야 전역을 참담게 총화하고 실사구시하게 이익과 폐단, 득과 실을 분석하고 경험과 교훈을 종합적으로 평가했다.

결산 후에 유, 등은 중앙에 이렇게 보고를 올렸다. "우리는 큰 걸음으로 활보하고자 한다. 기회가 있으면 어디에서든 싸우려 한다!"[8]

적들은 정말 우리 군에 잠시도 숨돌릴 기회를 주려 하지 않았다. 10월 중순에 적 제27재편성군 군단장 왕경구(王敬久)가 부대를 이끌고 공격해 왔다. 이번에 유, 등은 적의 주력인 왕경구를 피하고 기회를 보아 정주로부터 오는 손진(孫震)이 부대를 공격하기로 했다.

10월 29일 우리 군은 산동 거야의 동북에서 견성 지구 전역을 개시했다. 우리 군은 강적을 제쳐놓고 적의 병력보다 4배 강한 병력으로 불시에 적 손진부대를 포위, 공격했다.

10월 31일 전역이 종결됐다.

우리 군은 적군 9,000여 명을 섬멸하고 적 여단장 유광신(劉廣信)을 사로잡았으며, 미제 유탄포 8문, 산포 7문, 박격포 37문, 소포 95문, 경기관총 208정을 노획했다. 이번 전역은 적들의 인적 역량을 섬멸하고 진공 태세를 저지시켰을 뿐만 아니라, 무기 장비 면에서도 크나큰 수확을 거뒀다. 맛좋은 음식을 한 끼 잘 먹은 듯 부대는 삽시에 날개달린 호랑이가 된 듯했다.

이번까지 하여 전역을 세 차례 치렀다. 유, 등야전군은 능동적으로 출격해 기동성 있게 적군 섬멸의 기회를 노려 도합 적군 10개 여단 50,000여 명을 섬멸했다. 이 승리는 적의 병력이 강하고 우리가 약한 형편에서 거둔 것이다. 우리 구는 17개 시가지가 적군에 의해 점령됐지만 적들의 병력을 분산시켜 놓았기 때문에 그 공세가 수그러들기 시작했다. 우리 군은 도시나 지역을 얼마나 잃는가를 따지지 않고 주로 기동전에서 적들의 인적 역량을 섬멸하는데 주력을 기울여 전략상의 주도권을 장악하게 됐다.

유, 등의 하남 산동 전장에서의 작전에 호응해 진경부대는 산서성 남부에서 연이어 문하(聞夏), 동포(同蒲), 임부(臨浮) 제 전역의 승리를 거뒀다. 그들은 석 달 동안 적 50,000여 명을 섬멸했다.

기타 전장에서 진수의 하용, 진찰기의 섭영진이 지휘하는 부대도 적 38,000여 명을 섬멸했다.

모택동은 1946년 10월 1일에 '3개월의 결산'을 발표했다.

중앙은 다음과 같이 지적했다. 석 달 동안에 우리 군은 국민당군대 25개 여단을 섬멸했다. 우세한 병력을 집중해 적들을 각개 격파하는 것은 유일하게 정확한 작전 방법이다. 금후에도 이런 작전 방법을 계속 견지해야 할 것이다. 석 달 동안에 또 적군 23개 여단 좌우(즉 매달 평균 적 8개 여단 정도를 섬멸함)를 섬멸하는 것이 적아의 정세를 변화시키는 관건이다.

유, 등야전군은 4개월의 전투를 거쳐 27만 명에서 31만 명으로 늘어났고, 민병은 60만 명에서 74만 명으로 늘어났으며, 무기 장비도 국민당군대의 '헌납'으로 많이 개선됐다. 그리고 대규모적인 기동전의 경험도 얻게 됐으며 전군의 사기가 높아졌다. 진기노예 해방구는 전구의 3분의 2의 지구 200만에 달하는 인구가 토지개혁을 진행해 직접 농민에게 토지를 분배하게 됐는데, 이에 따라 전쟁을 지원하는 해방농민들의 열정과 열성이 크게 높아졌다.

1946년 11월 유, 등은 전 구적으로 3, 4개월 내에 적군 6, 7개 여단을 더 섬멸하기로 결정했다.

양국우는 당시 다음과 같이 썼다. "유, 등은 무슨 일을 하든지간에 온갖 경우를 다 따져보고 나서야 결정한다. 유, 등은 기노예 전장의 정세를 군위에 보고할 때 금후 3, 4개월 내에 적 6, 7개 사단을 섬멸할 계획을 제기했다. 만약 자신이 없었으면 그들은 이같은 전보문을 보내지 않았을 것이다."9

11월 4일 등소평은 또 몇 차례의 대승리을 거둘 것을 전 구 부대에 호소했다.10

국민당도 하북, 하남, 산동 등지에서 병력을 집결하고 있었다. 유여명 집단군, 손진 집단군, 왕경구 집단군, 거기에다 왕중염, 손연중까지 그들은 형대를 진공하고 한단을 탈취하며 경한선을 소통하고자 각각 작전 계획을 세우고 군사배치를 했다.

유, 등야전군은 11월 18일 경한선 동쪽에서 골현 전역을 개시했다. 나흘 낮과 닷새 밤 동안에 적 12,000명을 섬멸하고 왕경구, 왕중염 두 집단군이 동, 서로부터 증원을 오게 함으로써 북으로 진군해 경한선을 관통시키려는 적들의 계획을 혼란시켰다.

이번 전역의 전술은 절묘한 것이었다. 유백승은 이렇게 해학적으로 말했나. "우리의 전두 방법은 이상하기 짝이 없있지. 그들이 내민 손은 보는 척도 않고 그들의 손을 살짝 스쳐지나 그들의 작은 거점을 관통해 허리를 덥썩 끌어안고 맹호가 염통을 끄집어 내듯 그 뿌리를 송두리째 뽑아버렸거든."11

이번 전역 후에 우리 화동야전군은 숙천 부근에서 적 50,000명을 섬멸하는 대승리를 거뒀다.

적들은 경한선을 관통시키려는 계획을 계속 실시하기 위해 왕경구, 왕중렴, 손진, 유여명 부대 등 9개 여단의 50,000여 명의 병력이 골현에서 기세등등하게 북으로 진공했다.

유, 등대군은 중앙의 지시에 의거해 우리의 중심지대에 대한 적들의 진공에는 아랑곳하지 않고 적이 진공하면 우리도 진공하며 우리의 주력으로 크게 전진해 적의 후방 서주의 서북 지구를 진공하기로 했다.

1946년 12월 30일부터 1947년 1월 16일까지 거야(巨野), 금향(金鄕), 어대(魚台) 전역을 치렀다. 이번 전역에서 유, 등은 뛰어난 솜씨를 보여주었다. 부대는 20여 일을 계속 행군해 200여 킬로미터를 전전하면서 적후방에 불의의 습격을 가해 도합 16,000여 명을 섬멸하고 대량의 무기를 노획했으며 현성 9개를 수복했다. 그리하여 적들이 급급히 후방으로 증원오게 함으로써 경한선을 관통시키려던 적들의 계획을 다시 한번 파괴시켰다.

이번 전역은 유, 등은 물론이고 각 부대의 장령들의 역할 또한 컸다. 유, 등은 중앙에 올린 보고에 다음과 같이 썼다. "각급 지도자들은 정황의 변화를 예견하고 정세에 맞게 인도하며 임기응변으로 적 섬멸의 과업을 완수하는데 진력했다. 상술한 전역 정황이 어떻게 변화했든지간에 각급 지휘원들은 총체적인 계획하에 스스로 주도권을 장악해 승리의 전과를 올렸다. 특히 전역의 마지막 단계에 승리로 진군할 때 각 종대는 여러 방면으로부터 중점을 향해 집중작전을 하며 역량을 십분 발휘했으므로 이러한 전과를 거둘 수 있었다. 전투시에 적들은 싸움마다 패배했는데 교활하기가 마치 토끼와 같아 포착하기 어려웠다. 이는 각급 지휘원들이 작전중에 자기측의 타산을 잘하며 토끼가 잡히기를 기다릴 줄 알아야 할 뿐 아니라, 적극적인 행동으로 전황을 개척하여 적들을 섬멸할 것을 요구한다. 다시 말해 어떻게 적의 약점을 조장하며 어떻게 적이 전진하도록 유도하며 어떻게 적을 뒤쫓으며 어떻게 적을 우회적으로 진공하는가를 알아야 한다. 기동전이었기 때문에 전선지휘관들은 전쟁의 주도권을 장악하는 기민성과 책임감을 발휘시켜야 한다. 때문에 상급 지휘원은 지휘함에 있어 훈령(임무만 제시하고 방법은 제시하지 않음)의 방식을 취함으로써 하급이 상황을 보아가며 행동을 취하게 해야 한다."12

내가 단순한 군사 보고를 이렇게 한 단락 서술한 것은 주로 유, 등의 지휘 솜씨를 설명하기 위해서다.

전역에서 승리하려면 훌륭한 지휘에 의거해야 한다. 그러나 단지 개별적인 지휘관의 뛰어난 지휘만 가지고서는 어림도 없다. 각급 지휘관의 주관적인 능동성을 발휘시키고 각각의 지휘관과 전투원의 용감성과 소질을 발휘시킬 수 있어야 훌륭한 지휘관이라 할 수 있다.

유, 등은 바로 이렇게 지휘했다.

모택동 또한 그러했다.

그러므로 중국공산당의 모든 군대는 집단체적인 지혜로 가득찼고, 능동적이고 적극적인 정신으로 충만됐으며, 상호 연합하고 상호 지지하고 심지어 전반적 국면을 위해서는 자신을 희생시킬 수 있는 전투적 집단이라 할 수 있었다.

이런 정신은 중국공산당군대가 적을 물리치고 승리를 거두는데 있어 큰 역할을 했다.

1946년이 지나갔다. 전면적 내전이 일어난 지도 반 년이란 기간이 지났다. 국공의 내전은 갈수록 치열해졌다. 그러나 시국과 전쟁은 장개석이 의도하는 대로 발전되지 않았다. 심지어 형언할 수 없는 조짐이 그 속에 숨어 있었다.

1947년은 이런 분위기 속에서 시작됐다.

장개서은 다급해졌다. 그는 그의 심복 장군 진성을 급급히 정주, 시주에 파견해 '노남회전(魯南會戰)'을 준비토록 했다. 그들은 53개 여단 30여 만 명의 병력을 집결시켜 산동 남부를 진공했다.

중앙의 명령을 좇아 전과를 확대하고 노남을 진공하는 적군 주력을 끌어오고자 유, 등은 1947년 1월 24일 예환변(豫皖邊) 전역, 즉 두번째 농해(隴海) 전역을 개시하기로 결정했다.

이번 전역은 유, 등야전군이 농해선 남북 양측의 드넓은 지역에 전개한 기동전이었다. 등소평은 직접 양용(揚勇)이 통솔하는 남쪽 집단군의 작전을 지휘했다. 그는 부대와 함께 적기의 폭격과 소사, 그리고 포화를 무릅쓰고 행군하거나 전투하고 전장 지휘를 했다. 안휘성 북부 호현(毫縣)을 해방한 후 당지 민중들이 기아에 시달리는 것을 본 등소평은 즉시 창고를 열어 가난한 백성들을 구제할 것을 명령했다. 그곳 민중들은 삽시에 들끓었다. 그들은 국민당군대는 약탈하고 공산당군대는 구제한다고 말했다.

2월 11일 두번째 농해 전역은 성공적으로 끝났다. 유, 등 대군은 농해선 양측의 광활한 지역을 수복하고 적 16,000여 명을 섬멸함으로써 중대한 전과를 올렸다.

1946년 11월부터 1947년 2월까지 유, 등야전군은 기노예 전장에서 대규모로 기동 작전을 벌여 적 8개 여단 도합 44,000여 명을 섬멸하고 현성 25개를 수복하고 24개를 포기함으로써 경한선을 관통시키려던 적들의 계획을 분쇄하고 왕경구 집단군주력을 저지해 산동, 소북(蘇北)에서의 아군의 작전에 효과적으로 배합했다.

전면 내전이 발발한 후 8개월이 지났다. 이 8개월 동안 전쟁의 급박함 긴장, 그리고 인민해방군이 획득한 찬란한 전과는 사람들의 상상을 초월했다.

장개석은 석 달 내지 여섯 달 동안에 관내의 공산당군대를 소멸해 버리겠다고 큰 소리를 쳤었다. 석 달이 지나갔다. 여섯 달이 지나갔다. 여덟 달이 지나갔다. 그러나 관내의 공산당은 소멸되지 않았을 뿐만 아니라 오히려 시간이 지날수록 강대해졌다.

1947년 2월까지 8개월 동안 공산당군대는 국민당군대 71만 명을 섬멸하고 총병력이 160만 명으로 증강됐으며 대규모 섬멸전의 풍부한 경험을 쌓고 무기 장비를 충실히 갖추어 갔으며 또한 포병을 건립했다.

그러나 국민당은 오히려 71만 군대를 잃고도 저들의 야심만만한 계획을 실현하지 못했다. 이 기간에 국민당군대는 해방구의 현성 105개를 점령했다. 그러나 각 현성을 점령할 때마다 평균 7,000명을 잃는

대가를 치렀다. 또한 하나의 현성을 점령할 때마다 그것을 지켜야 하는 부담을 안게 됐다. 그리하여 제1선 공격에 투입할 병력이 1946년 10월의 117개 여단으로부터 85개 여단으로 줄어들었다.

8개월이 지나갔다. 거듭되는 전면적인 대결 끝에 국민당군대는 비록 공산당의 군대에 비해 아직 총병력상의 우세를 차지하고 있었지만 해방구에 대한 전면적 진공을 실시할 능력은 이미 상실하고 있었다.

이런 정세에 비추어 모택동은 이렇게 말했다. "금후의 몇 달 동안에 또 장개석 군대 40개 여단 내지 50개 여단을 섬멸해야 한다. 이것은 일체를 결정하는 관건이다."[13]

주
1. 중공 중앙, '자위전쟁으로 장개석의 진공을 분쇄하자', 1946년 7월 20일.
2. 모택동, 《모택동선집》, '미국 기자 스트롱과의 담화', 1946년 8월 6일.
3. 장운헌, 《등 정위가 부대를 교육한 이야기(鄧政委教育部隊的幾個片斷)》, 《28년간—정치위원에서 총서기》(3권), p. 291.
4. 단군의·교명보, 《실사구시, 원칙을 견지한 영도(實事求是, 堅持原則的領導)》, 《28년간—사단정치위원에서 총서기로》, p. 61-81.
5. 양국우, 《유, 등 휘하에서의 13년》, p. 216.
6. 왕문정, 《과감히 중임을 지고 과감히 새로운 것을 창조하는 사람》, 《28년간—정치위원에서 총서기로》, p. 212.
7. 《중국인민해방군 제2야전군 전쟁사》(제2권), 해방전쟁시기, p. 58.
8. 같은 책, p. 63.
9. 양국우, 《유, 등휘하에서의 13년》, p. 281.
10. 《중국인민해방군 제2야전군 전쟁사》(제2권), 해방전쟁시기, p. 90.
11. 같은 책, p. 92.
12. 진비금, 《그는 이런 사람이었다》, 《28년간—정치위원에서 총서기로》, p. 140.
13. 모택동, 《모택동선집》(제4권).

57 황하 방어선 돌파

8개월 동안 국공 쌍방이 중화대륙에서 차례로 군사적 역량을 겨루게 되자 국민당 군대는 극히 불행하게도 공산당에 대한 전면 진공의 능력을 상실하게 됐다.

이에 조바심이 난 국민당은 평화적 화해를 위하여 성립된 군사3인 소조를 해산한다고 선포했으며, 미국도 연안 연락단에 파견했던 인원을 섬북에서 철수시켰다. 그리하여 국공 협상은 완전히 결렬되고 말았다.

국민당은 자기들만의 힘만으로는 공산당과 싸워 도저히 이길 수 없으며 그들은 반드시 큰 후원자, 미국에 의지해야만 한다는 것을 점차 깨닫게 됐다.

미국의 지지를 얻기 위해 국민당은 그 어떠한 대가도 아끼지 않았으며 국가와 민족의 이익마저도 아낌없이 팔아먹었다. 그리하여 국민당은 미국과 아래와 같은 협정을 체결했다.

중미 상무중재회(中美商務仲裁会) : 미국인이 중국에서 죄를 범하면 미 당국에 맡겨 재판한다.

중미 경헌연합근무협정(中美警憲聯合勤務協定) : 미군이 법을 어기면 미국측에서 처리하고 중국측은 방청할 권리만을 갖는다.

중미 우호통상항해조약(中美友好通商航海條約) : 미국인은 중국 영토의 어떠한 곳에서도 거주할 수 있으며 상업, 제조, 가공, 금융, 과학, 교육, 종교 및 자선사업 등에 종사할 권리가 있다. 미국 상품은 중국 상품과 동등한 대우를 받을 수 있다. 미국의 어떠한 농산물, 제조품이든지 중국에 수출할 때 그 어떠한 금지와 제한을 하지 못한다. 미국 선박은 중국의 개항장, 지방, 영해 수역에서 자유롭게 항해할 수 있으며 유사시에는 군함도 이에 해당된다.

중미 항공운수협정(中美航空運輸協定) : 미국 비행기는 중국 영공에서 마음대로 비행할 수 있으며 필요시에는 군사적인 착륙권도 갖는다.

줄만한 것은 다 주었다. 중국 주재 미군은 완전히 떳떳하게 점령자의 자세로 중국땅에서 마음대로 할 수 있게 된 것이다. 미국 군인들이 어떤 만행을 저질렀는가는 모두 잘 알고 있을 것이다.

1945년 8월부터 1946년 11월까지 상해, 남경, 북경, 5개 도시에서만 해도 미군이 저지른 폭행은 최소한 3,800여 건 이상이다. 이로 인한 중국인 사상자 수만도 3,300명 이상에 달했다.

1945년 8월부터 1946년 7월까지 미군 군용차가 저지른 사고는 1,500여 건에 달하며 미군은 중국부녀자 300여 명을 겁탈했다.[1]

자기 본국에서는 감히 엄두도 못낼 이 같은 행위를 미군들은 저질렀던 것이다. 미국 군인의 이러한 야만적인 행동을 중국인민은 눈으로 똑똑히 보았고 마음속에 깊이 새겨두었다.

1946년 12월 24일, 미군은 북경에서 북경대학 여학생을 강간했다. 마침내 이 사건이 도화선이 되어 중국인민의 마음속에 쌓였던 분노를 폭발시켰으며 미군의 폭행에 대해 거세게 항의하는 군중운동이 일어났다. 12월 30일, 북경대학과 청화대학의 5,000여 명의 학생들은 시위 행진을 단행해 미군의 폭행에 항의했다. 분노에 불타는 학생들은 팔을 휘두르면서 "미군은 중국땅에서 물러가라!", "주권 독립을 수호하자!"고 소리 높이 외쳤다.

북경 학생들의 반미 애국투쟁은 전국 학생들의 즉각적인 호응을 받았다. 천진, 상해, 남경, 개봉, 중경, 곤명, 무한, 광주, 항주, 소주, 대북 등지의 50만 학생들이 연이어 시위운동을 전개했다. 많은 교수와 학계, 문화계, 상업계 인사들 또한 잇달아 성명을 발표해 학생들의 애국운동에 대한 지지를 표시했다.

한편 국민당의 정치, 경제 정책은 미국의 상공업을 거침없이 중국에 끌어들여 중국 상공업에 심각한 타격을 주었으며, 이로 말미암아 다른 많은 산업이 쇠퇴하고 노동자는 일자리를 잃게 됐으며 시장은 침체됐다.

1946년, 국민당 정부의 재정 수입은 1조 9천억 원(법폐)이었는데 군비 지출은 6조 원이나 됐다. 1947년에는 더욱 약하되어 재정수입은 13조 원이었고, 총지출은 40조 원으로서 적자는 총지출의 67.5퍼센트를 점했다.

심각한 재정 적자에 대한 보완책으로 국민당은 지폐를 마구 찍어냈으며 이로 인해 화폐가치는 폭락했고, 악성 통화 팽창을 초래하게 됐다. 1947년 7월에는 물가가 6만 배 올랐고 연말에는 14만 5천 배나 폭등했다.

동시에 미국 상품은 중국시장을 거의 독점하다시피 했다. 1947년 말에 이르러 20여 개의 대도시 중에서 중국 상공업 시설은 2만 7천여 개소나 파산했고 수많은 노동자들이 실직당했으며 도시 서민들의 생활은 궁핍하게 됐다.

국민당은 농촌에서 제멋대로 식량과 돈을 긁어모았으며 도처에서 강제로 사람을 뽑음으로서 심각한 전원의 황폐, 인구의 유출 현상을 초래했다. 하남, 호남, 광동 3성의 황무지의 전체 넓이는 5천 8백만 무(畝)에 달했다. 미국 농산품이 대량으로 중국에서 팔림으로서 중국의 농업 생산에 심한 타격을 가했다. 중국은 원래부터 낙후된 농업국인데다 농업 경제마저 쇠퇴하니 농촌에서는 몇 십 년 동안 없었던 기근이 일어나 수천 만 명에 달하는 난민이 발생하게 됐다.

1947년, 중국의 30여 개 대도시에서 쌀을 약탈하는 난리가 일어났는데 참가자 수는 3백 20만에 달했다. 얼마 지나지 않아 40여 개 중소도시도 이 폭동에 말려들었다. 굶주린 백성들은 곡물점과 정부기관을 파괴했으며 어떤 지방에서는 현장마저 생포됐다.

국민당은 전쟁에서 얻은 것이 없었고 민심 획득 역시 완전히 실패했다. 이러한 사실에 대해 장개석은 아무것도 인정하려 들지 않았다. 그는 마음속 깊이 그의 독재통치가 능히 인민의 저항을 진압하리라고 믿었고 그의 군대가 능히 공산당을 패배시키리라 믿었다.

장개석은 할 수 없이 공산당에 대한 전면적인 진공을 포기하고 진기로예, 진찰기, 동북 전선에서는 방어 태세로 전환했으며, 병력을 선발해 남부 전선의 공산당에 대하여 집중 공격을 시도했다. 즉 동으로는 산동 진의부대를 진공하고 서쪽으로는 섬북의 중국공산당의 중앙 핵심부를 공격하려 했다.

장개석은 94개 여단의 병력을 집중시켜 동서 두 길로 진공하려고 준비했으며 동시에 황하로 하여금 화원구에서 합쳐 옛길로 돌아오게 함으로서 서쪽으로는 풍릉도, 동쪽으로는 산동 제남에 이르는 1,000킬로미터의 '황하방어선'을 구축하려 했다.

1947년 3월, 국민당군 34개 사단, 25만 병력은 여러 방면으로 나누어 공산당의 심장이며 중공 군대의 총지휘부인 연안을 향해 진공을 감행했다. 그들은 기세등등하게 공산당의 수뇌기관과 모택동을 황하 서쪽에서 소멸해 버리겠다고 큰소리쳤다.

모택동과 중앙 수뇌기관의 소재지 섬북에는 4개 여단 17,000명의 병력과 세 개 지방 여단만 있을 뿐이었다. 모택동은 중앙을 보호하고 부대를 보존하며 국민당의 대부분 군대를 섬북 전쟁터로 끌어들이기 위해 잠시 연안을 포기하기로 했다.

모택동은 연안에서 철수하여 소부대를 거느리고 섬북 고원에서 우회 작전을 폈다.

모택동은 연안을 떠났지만 결코 섬북을 떠나지는 않았다. 많은 사람들은 중앙과 모택동의 안전을 위해 동으로 황하를 건널 것을 권고했다. 그러나 모택동은 기어코 섬북에 남았다.

적들이 대거 침범하고 매일 추격군이 뒤쫓는 위험한 시각에도 모택동은 의연히 당황하지 않고 소탈하고 여유있는 태도를 보여주었으며 장래의 전망에 대한 필승의 믿음으로 충만되어 있었다. 그는 다음과 같이 말했다. "변구 지역은 땅이 넓고 지형이 험준한 데다가 훌륭한 인민들까지 있으니 적군을 견제하고 또한 점차적으로 섬멸할 자신이 있다."[2]

연안을 점령한 후 장개석은 여간 기뻐하지 않았다. 그는 연안에 직접 가서 모택동이 활동하고 있는 핵심지에서 뚜벅뚜벅 걸어다녔다. 이때 장개석의 흥분되고 의기양양한 심정이 어떠했는가는 것은 가히 짐작할 수 있다.

하지만 모택동은 아직 섬북에 있었으며 여전히 전국 공산당 부대의 군사 지휘를 담당하고 있었다.

산동에서 장개석 군대는 3월 하순에 진공을 개시해 60개 여단의 약 45만 명의 병력을 투입시켰으며 육군 총사령 고축동이 직접 부대를 거느리고 작전했다. 산동의 정세는 아주 위급했다.

적들은 두 주먹을 내밀어 섬북을 치고 동시에 산동을 쳤다.

유, 등의 부대는 중부 지역에 있었다. 중앙의 지시에 따라 유백승과 등소평은 반격전을 전개하기로 결정하고 2개월 동안 연속 작전을 벌임으로써 적들이 이 지역에서 이미 전략 방어에 넘어간 기회를 빌어 대량으로 적들의 인적 병력을 섬멸하고, 수복할 수 있는 모든 땅을 다시 찾아 해방구를 확대하며 적들의 집중 공격을 분쇄하기로 했다.

유, 등이 선정한 반공격 지점은 하나는 하남 북부이고 하나는 산서 남부였다. 하남 북부에는 적군 왕중렴, 손전영, 손진 부대의 95,000여 명이 경한철도 동쪽과 황하 이북 지역을 수비하고 있었다.

유, 등은 제1, 제2, 제3, 제6 종대 등 10만 명의 병력으로 하남 북부에 대한 반공격을 개시하기로 결심했다.

전역은 3월 23일에 시작됐다. 아군은 연속해서 복양 등지의 도시와 읍을 점령함으로써 적들의 지원병을 유인했다. 아군은 기민하게 적들을 피하고 북상하여 위하 이북, 경한철도 양측의 광활한 지구를 해방시켰으며, 주력은 안양(安陽)에 다가들어 탕음(湯陰)을 포위 공격했다. 적군이 가까이 쫓아오면 아군은 깊이 유인한 후 미리 매복해 있던 많은 병력으로 기습했다. 적군은 기습을 받고 남으로 철수했으며 아군은 승승장구로 추격하면서 적을 섬멸함과 동시에 잃었던 도시와 읍을 수복하면서 최후로 탕음을 함락했다.

하남 북부의 반격은 5월 25일에 끝났다.

2개월간 유, 등 대군은 하남 북부의 광활한 전쟁터에서 활동하면서 기동전을 감행했다. 이번 전역에서 적군 40,000여 명을 섬멸했으며 9개 현성을 해방시켰고, 남북 150킬로미터의 경한 철도를 지배함으로써 빛나는 전과를 올렸다.

산서 남부에서 진갱은 제4종대 등 5만 명의 병력을 거느리고 산서 남부에 대한 반격을 개시했다. 한 달 반의 작전을 거쳐 아군은 14,000명의 적군을 섬멸했으며 22개 현성 및 3백만 인구의 광활한 지역을 수복했다. 또 2백 30여 킬로미터의 동포선을 지배함으로써 산서 남부의 형세를 완전히 바꾸었고 호종남, 염석산의 연합 방어 체제를 강력하게 분쇄했고 아울러 섬북으로 진공하는 호종남의 측면을 엄중하게 위협했다.

진기노예 유, 등부대의 전과에 호응하여 산동의 진의 부대는 맹량고에서 장개석의 직계 부대인 정돈 개편 74사단 등 32,000여 명을 전부 섬멸했으며 장개석이 신임하는 제자인 74사단장 장령보(張靈甫)를 사살했다.

진찰기에서 섭영진 부대는 정태 전역을 발동하여 적군 35,000여 명을 섬멸했다. 동북에서 임표, 나영환 부대는 50일의 공세작전을 벌여 적들의 정규군 4개를 섬멸했는데 비정규 부대까지 합하여 80,000여 명을 섬멸했다.

1947년 3월부터 6월까지 4개월간의 전투를 거쳐 아군은 적군 40만 7,000여 명을 섬멸했으며 58개 도시를 수중에 넣었다. 적군은 섬북, 산동 두 개의 큰 중점 진격에서 연이어 실패하고 많은 군사를 잃었으며 헤어나올 수 없는 곤경에 빠져들어갔다.

전략적인 측면에서 전쟁의 주도권은 이미 점차적으로 공산당 부대의 수중으로 넘어가고 있었던 것이다. 내전이 시작된 1년내 유, 등의 부대는 적군의 공격을 여러 차례 분쇄했으며 국지적인 전략 반격을 진행했고 43개 현성을 해방했으며 30개 여단의 30만 명을 섬멸했다.

전쟁을 진행하는 동시에 진기노예 해방구에서는 토지개혁을 견결히 진행했다. 광대한 농민들은 아군을 지지하는 적극성이 높아갔으며 24만의 농민들이 자원적으로 참군했고 10만 명의 적군 포로도 개조를 거쳐 아군에 편입됐다. 해방구 부대의 총인수는 1년 전의 27만 명에서 42만 명으로 발전했으며 그중에서 야전군은 8만 명에서 28만 명으로 발전했다.

유, 등은 원래의 기초 위에서 부대를 10개 종대로 확대했다. 새로 건설된 종대는 아래와 같다.

제8종대 : 사령원 겸 정치위원 왕신정.

제9종대 : 사령원 진기위, 정치위원 황진.

제10종대 : 사령원 왕웅곤, 정치위원 류지견.

제11종대 : 사령원 왕병장, 정치위원 장림지.

제12종대 : 사령원 장재천, 정치위원 류건훈.

서북민주연군 : 군장 공종주, 정치위원 왕봉.

첫해의 작전에 대하여 아버지는 후에 다음과 같이 회고했다. "해방전쟁 첫해에 우리는 군위에서 설정한 적 섬멸 목표를 완성했다."

그는 다음과 같이 말했다. "전쟁이 시작된 지 3개월이 지난 후 모 주석은 이렇게 말했다. 매달 적군 8개 여단을 소멸하기만 하면 이 전쟁에서 반드시 승리할 것이다. 아나나 다를까 첫해에 벌써 약간을 초과하여 적군 97, 98개 여단을 섬멸했다. 이때에 모 주석은 전쟁은 기필코 승리할 것이라고 말했다. 제2야전군은 할당된 목표를 완성했으며 더 나아가 목표를 초과달성하여, 마침내 성공적으로 임무를 수행했다. 전국의 노력에 제2야전군의 몫도 있었던 것이다!" 이것은 그의 회고 중에서 몇 구절만 간단하게 기록한 것이다. 그렇지만 여기에는 일 년간의 끊임없는 전투와 수많은 고뇌, 그리고 심혈이 포함되어 있다.

1947년 중순, 중화대지의 전쟁 정세는 이미 근본적으로 변화했다. 1년 동안의 전쟁의 결과는 다음과 같다.

국민당측 총병력은 4백 30만에서 3백 70만으로 감소됐는데, 그중에 정규군은 2백만에서 1백 50만으로 줄어들었다. 많은 병력이 섬북, 산동 두 개 전쟁터에 파묻혀 들어갔으며 중부 지구의 병력은 매우 빈약하여 두 쪽이 강하고 중간이 약한 전황을 형성했다. 구체적으로 말하면 바로 '아령형'의 형세였다. 장개석은 이미 대규모의 진공 능력을 상실했다.

공산당측 총병력은 1백 27만에서 1백 95만으로 늘어났는데, 그중 정규군은 61만 명에서 100만 이상으로 발전했다.

아군은 섬북 산동에서 적들의 집중 공격을 좌절시켰으며 진기노예, 진찰기, 동북 등 전쟁터에서 이미 국부적인 반격 태세로 들어갔다.

전쟁의 승패는 흔히 예측을 빗나갈 때가 많아 종종 희극적인 결과를 낳기도 한다. 바둑을 둘 때와 마찬가지로 검은 돌을 쥐고 먼저 둔다고 다 이기지는 않으며 또한 기세 사납게 달려든다고 승리하는 것이 아니다.

모택동은 소부대를 거느리고 섬북의 큰 산에서 침범해 온 장개석의 대군과 우회하면서 싸웠다. 그와 중앙은 아직 위험한 처지에서 벗어나지 못했지만, 그의 머릿속에서는 이미 전략적 반공격을 전개할 계획이 르익어가고 있었다.

중공 중앙의 진략적 배치는 이미 구체화됐다.

유, 등야전군은 남쪽으로 황하를 건너 중원으로 출동하며 포위작전으로 넘어간다. 진의, 속유야전군과 유, 등은 협력하여 국민당군 고축동 계통을 격파한다. 산서 남부의 진갱 부대와 섬북 두 부대는 협력하여 호종남 계통을 격파한다. 유, 등은 황하를 넘은 후 황하 이남, 장강 이북의 지구에서 민첩하게 움직이면서 중원을 도모한다.

전략 계획을 총괄하면 다음과 같다. 적들의 집중 공격이 전부 분쇄되거나 아군의 총병력이 적군을 초과하기를 기다리지 않고 즉시 중국

인민해방군의 주력을 조직하여 전략 진격으로 넘어가며, 적들의 병력이 빈약한 중원 지구를 주요 돌파구로 하여 중앙에서의 돌파를 실시한다.

병력 측면에서 열세에 처한 상황으로 중앙기관이 여전히 포위, 공격을 받고 있는 형편에서 단연히 전략적 공격을 결정한 것은 오직 모택동, 그 위인의 기백으로서만이 내릴 수 있는 결정이었다.

모택동과 중공 중앙은 그들의 부대를 지휘하여 반격을 시작했다.

황하의 원류는 중국 서부의 곤륜산맥에서 뻗어나와 한길로 굽이쳐 흐르면서 동쪽으로 황해를 향해 내닫는다. 황하는 5,464킬로미터의 체구로 중화대지를 남북으로 갈라놓고 있다.

황하, 쉴 줄 모르고 세차게 내닫는 도도한 물결로 중화민족의 5천년 문화와 역사를 탄생시켰다. 황하는 중화민족의 어머니다.

전략상으로 황하는 하나의 천연적인 요새이기에 장개석은 의기양양하게 40만 대군이면 충분히 막을 수 있다고 했다.

유, 등은 부대를 거느리고 황하를 넘어가려 했다.

유, 등은 강행 도하할 지점을 산동 서부의 장추읍으로부터 인복집에 이르는 150킬로미터의 구간으로 선택했다.

6월 3일, 중앙은 유, 등에게 6월말에 황하 방어선을 돌파할 것을 명령했다. 유, 등대군은 즉시 도하전의 적극적인 준비 단계에 들어섰다.

첫째, 대반격의 상황 교육을 진행하며 군사훈련운동을 크게 전개한다. 둘째, 모든 방도를 채택하여 배를 급히 건조하며 반드시 도하전에 크고작은 배 3백 척을 준비한다. 동시에 신속하게 뱃사공과 조선공을 조직하여 훈련시킨다. 셋째, 유, 등은 전역 작전 명령을 발포하고 전술지도 명령을 발포한다.

도하 전야에 유, 등은 매우 분망히 보냈다.

등소평은 부대에 내려가 작업을 검사했으며 장병들에게 다음과 같이 말했다. "중국인민이 국민당 통치를 뒤엎을 혁명 고조는 이미 다가왔다. 우리 군이 전략적 공격으로 넘어갈 시기는 이미 기본적으로 성숙 됐다. 우리는 꼭 이 극히 유리한 시기를 잘 이용해 우리 군의 총병력 이 적군을 초과하기를 기다리지 말고 또한 적들의 집중 공격이 분쇄될 때까지 기다릴 필요없이 즉시 전략적 방어에서 전략적인 공격으로 넘 어감으로써 적들로 하여금 숨쉴 기회를 주지 말아야 한다.

우리는 응당 전쟁을 장개석의 관할구로 밀고 나아가야 하며 적들로 하여금 우리집의 살림도구들을 마구 짓밟게 해서는 안 된다. 우리 진 기노예 지구는 하나의 멜대처럼 섬북과 산동 두 개의 큰 전쟁터를 짊 어지고 있다. 우리는 꼭 당 중앙과 모 주석의 전략방침을 단호히 집 행하여 책임지고 싸워나가야 한다. 우리들의 짐이 무거울수록 전반적 인 국면에는 더욱 유리하게 될 것이다."3

유, 등은 명령을 내려 6월 30일 저녁에 정식으로 도하 전역을 개시 했다. 마침내 6월 30일은 다가왔다.

그날 저녁은 남풍이 불고 휘영청 밝은 달이 하늘에 떠 있었고, 황 하는 도도하게 동으로 흐르고 있었다. 인적도 없고 말의 울부짖음 소 리도 없는 시각에 다만 강안의 드넓은 갈대숲만이 바람에 사락사락 소 리를 내고 있었다. 전투전의 황하가의 밤은 더없이 고요하기만 했다.

유, 등대군의 천군만마는 기세등등하게 각 도하구를 향해 급행군을 하고 있었다.

연도에 있는 황하 북쪽 연안의 인민 군중들 또한 역시 잠들지 않고 있었다. 그들이 수백 리를 행군하는 도중 모든 현읍의 남녀노소가 모 두 뛰어나와 열정적으로 환송했다. 그들은 더운물을 끓이고 군화를 만 들어 놓고 음식을 만들어 직접 전선으로 나가는 자식과 같은 병사들에 게 가져다 주었다. 그들은 수레를 끌고 가축을 몰고 담가를 들고서 대오를 뒤따라 도하 지원에 나섰다. 황하 북쪽은 마치도 명절을 쇠는 듯 떠들썩했다. 해방된 농민들은 그들의 자제병들이 황하를 도하하여 떠나는 것을 전송하고자 했다.

저녁 12시 정각, 아군의 대포는 불을 토했다. 우레와 같은 포소리는 밤하늘을 진감했으며 황하 맞은편 강안은 삽시에 불바다로 변했다.

이미 갈대숲에 매복하고 있던 몇 백 척의 나룻배들은 일시에 강변으로 내달았다.

그제서야 강대안의 적군들은 큰 재난이 박두하고 화가 하늘에서 떨어진 줄 알고 황망히 반격을 가했다. 뜻밖에 나타난 공격대군을 보고 "천병이 하늘에서 내려왔다."고 말하는 사람도 있었다.

천병일진대 누가 당할 수 있으랴.

하룻밤 사이에 유, 등대군의 4개 주력 종대의 12만여 명은 150킬로미터의 지역에서 천험을 돌파하고 황하를 강행 도하해 황하 이남의 땅을 밟기 시작했다.

장개석이 "40만 대군이면 당할 수 있다."고 자처하던 천연방어선은 유, 등대군에게 일거에 돌파되고 만 것이다.

결국 국민당군의 '황하전략'은 삽시간에 수포로 돌아갔다.

유, 등대군의 황하 강행 도하는 중국인민해방군의 전략적 반격의 서막을 열어놓았던 것이다.

주

1. 중공 중앙 당사 연구실, 《중국공산당 역사》(상권), P. 730.
2. 《중국인민해방군 전쟁사》(제3권), '전국 해방전쟁 시기', P. 101.
3. 두의덕, 《도하 반공격 전후》. 《28년간－정치위원에서 총서기로》, P. 151.

58 대별산으로의 진군

유, 등대군이 일거에 황하의 천연요새를 돌파한 것은 사람들로 하여금 놀라움을 금치 못하게 했다.

중국주재 미국대사 스트로덴은 놀라움을 금치 못하면서 다음과 같이 말했다. "이것은 그야말로 대단한 사건이다! 전에 프랑스의 '마지노선'이 무너졌던 것 못지않다. 당신들(국민당)은 매달 평균 3천만 은화의 미국 원조를 군비에 소비하고 세계적으로 가장 우수한 미국의 군사장비를 사용하면서도, 총 한 발 쏘지 않고 40만 대군을 저지할 수 있다던 방어선이 돌파됐으니 국부군의 힘은 날로 무력해지는구려!"[1]

장개석은 초조해졌다. 그는 친히 정주에 가서 작전회의를 소집했다. 그의 수하 대장들인 고축동, 백숭희, 유치, 손련중, 왕경구, 왕중렴, 호련, 구청천, 손원량, 이미 등이 모두 참석했다.

장개석은 명령을 내려 왕경구가 14개 여단의 병력을 지휘하여 운성, 하택, 정도를 사수하게 했으며 각로 군대가 나란히 진격함으로써 유, 등으로 하여금 부득불 결사전을 하게 하여 종국에는 죽음으로 몰아넣으려고 했다.

배수진은 전략가의 금기사항이다. 그러나 배수진은 병사들의 용감성을 배가시킨다.

등소평은 다음과 같이 말했다. "우리는 절대로 한신을 모방해서는 안 된다. 생사에 대한 문제에 있어서는 한 가지 선택밖에 없다. 인민의 이익을 위하여 우리는 생존해야 하며, 적들을 황하에 뛰어들게 해야 한다."

유백승도 "지금 치지 않으면 어느 때를 기다리랴?"[2]고 말했다.

예로부터 군사의 싸움은 신속성 용감성 결단성 지략이 중요하다고 했다. 유백승은 대군사가이고 등소평은 대정치가로서 두 사람의 결합은 참으로 이상적인 것이었다. 그들 두 사람이 결심을 내리고 수행한 전쟁은 꼭 승리하고야 만다.

유, 등은 노서남 전역을 개시하기로 결정했다.

유, 등대군은 신속히 움직이면서 늠름하게 출격했다.

7월 8일, 제1종대는 운성을 함락했다.

7월 10일, 제2종대는 조현을 수복하고 제6종대는 정도를 함락했으며 제3종대는 운성 동남으로 진출했다.

이렇게 하여 단 10일간 유, 등대군은 이미 황하 이남에서 광활한 전쟁터를 열어놓았으며, 배수진을 치고 전투하는 위험한 상황에서 벗어나게 됐다.

일련의 전투를 거쳐 적 왕경구의 주력은 아군 남부의 거야로부터 금향에 이르는 일선에서 한 갈래의 고립된 일자형의 장사진으로 변했다. 이때 적군은 아군이 되돌아가 하택을 점령하거나 그렇지 않으면 앞으로 진격하여 제녕을 칠 것이라고 생각했다.

그러나 뜻밖에도 유, 등대군은 이미 은밀하면서도 과감한 진격으로 왕경구의 장사진을 타격하여 7월 13일에는 재빨리 적군 3개 사단을 분할 포위했다.

유, 등은 적군의 극단적인 저항을 피하기 위해 6영집(六營集)의 적들에 대하여 '3면을 에워싸고 한 면을 터주는' 책략을 취함으로서 적들로 하여금 동쪽의 포위를 돌파하게 했다. 14일, 동쪽의 포위를 뚫고 나가던 적들은 대기하고 있던 아군에게 전멸됐다.

이로써 적 왕경구 부대는 이미 대부분이 아군에게 섬멸됐고 나머지 한 개 반의 여단도 양산집에서 아군에게 포위됐다.

7월 19일, 장개석은 직접 개봉에 와서 왕경구에게 비행기, 탱크의 엄호하에 양산집의 포위에서 빠져나오라는 엄명을 내렸다. 양산집의 적들은 한 개 반 여단의 병력밖에는 안 되지만 왕경구의 정예부대여서 아군은 공격을 거듭했으나 한동안 점령하지 못하고 있었다.

중앙군사위에서는 유, 등에게 전보를 띄워 양산집의 적들에 대하여 확실한 자신이 있으면 진공하여 섬멸하고, 그렇지 않으면 즉시 10일 정도 집중적으로 휴식 충전할 것을 명령했다. 그뒤 용해 신황하 이동 평한철도도 공략하지 말고 동시에 후방을 포기하며 보름 안에 바로 대별산으로 들어가라고 지시했다.

중앙이 아군의 남진 계획을 지연시키려고 한 것은 아니었다.

유, 등은 생각에 잠겼다.

등은 양산을 공격하는 부대는 절대로 철수할 수 없다고 했다. 또한 유도 우리는 장개석이 갖다바친 고기덩어리를 앞에 놓고 절대로 젓가락을 놓을 수 없다고 했다. 유, 등은 기어코 이 완강한 적들을 섬멸하려고 했다.

7월 27일, 아군은 양산의 적들에게 총공격을 퍼부어 하루 동안의 격전에서 적 66사단을 전부 섬멸했다.

그당시 제2종대 사령관이었던 진재도 장군은 일찍이 나에게 다음과 같이 말한 적이 있다. "양산집 전투는 나에게 있어 가장 힘든 전투였다. 희생된 전사들도 가장 많다."

이로써 28일간의 연속 작전을 끝내고 노서남 전역은 막을 내리게 됐다.

유, 등은 15개 여단의 병력으로 적 4개 개편사단 및 9개 여단의 60,000여 명을 섬멸하고 많은 군용물자와 각종 대포 872문을 노획했으며, 적 7개 개편사와 17개 여단의 병력을 노서남 지원으로 끌어들였다.

유, 등부대는 마치 예리한 칼과 같이 적군의 전략부서를 철저히 혼란시켰다. 장개석은 두 차례나 직접 왕림하여 지휘했지만 역시 아무런 소용도 없었다.

공산당의 중앙기관과 모택동은 이 시각 의연히 섬북의 산고개와 계곡에서 호종남의 부대와 엎치락뒤치락하고 있었으나, 중공 중앙은 이미 더욱 완전한 전략적 반공격 계획을 세우고 있었다.

유, 등은 대별산 지구로 진격하여 장강 이북의 악예완변구에서 전략적 전개를 실시한다.

진갱과 사부치는 산서 남부로 황하의 도하를 강행하여 예섬악변 지구에서 전략적 전개를 실시한다.

진의 속유는 예완소변구에서 전략적 전개를 실시한다.

이상 세 개 부대는 중원으로 전진하여 중원 지구에서 '품(品)'자형의 진세를 취하여 서로 협력작전하며, 민첩하게 적들을 섬멸하고 새로운 중원 해방구를 창건한다.

중원 지구는 동으로부터 서에까지 강소, 안휘, 하남, 호북, 섬서 등 5개 성을 포함하고 있으며, 남쪽으로는 양자강을 바라보고 북쪽으로는 황하에 닿았으며, 동으로는 남북대운하로부터 시작하여 서에는 복우산(伏牛山)과 한수(漢水)에 이르는데 우리나라 동부의 양자강과 황하 사이에 있는 요충지이다.

중원의 바로 앞에는 국민당 통치의 중심도시인 남경, 무한이고 한걸음 더 나아가면 강남의 중부 지역에 들어서게 된다.

전체 중국의 모양을 수탉과 같다고 한다면, 중원 지구는 바로 수탉의 심장과 폐에 해당한다고 하겠다.

자고로 중원의 쟁탈전에서 승자는 직접 강남이나 전국을 호령할 수 있었으며 적어도 국토의 반은 차지할 수 있었다.

공산당은 직접 중원으로 진출하여 중원을 해방한다는 기초 위에서 전 중국으로 진군하여 중국 전체를 해방하려고 했다.

중앙이 유, 등에게 하달한 명령은 후방을 포기하며 대별산으로 진격하여 대별산을 중심으로 수십 개 현을 점령하며, 군중을 동원해 근거지를 건립하며 적들을 끌어들여 우리를 향해 진공하게 하는 동시에 기동전을 전개한다는 것이다.

이와 동시에 중앙은 이렇게 명령했다. 진사 집단은 예서로 나아가면서 호종남 부대를 유인하여 기동전을 벌이며 유, 등의 행동을 돕는다. 서북야전군은 북으로 유림을 침으로써 호종남의 주력을 이동시켜 북상하게 한다. 진속부대의 내선은 고축동을 교동에 끌어들이고, 외선은 구청천(邱淸泉)을 용해선 북쪽에 견제함으로써 유, 등으로 하여금 적들의 전략 중심으로 돌입할 수 있는 여지를 확보한다.

각 부대는 중앙의 배치에 의거하여 행동했다. 모든 전쟁터는 배치가 완벽한 장기판을 형성했으며, 각각의 장기알은 통수부의 지휘에 따라 통일 행동을 취했다. 이것은 한 판의 완벽한 전투장기(戰棋)이자 활약적이고 기동적인 전투장기였다.

대별산, 그 주요 부분은 안휘 경내에 있으며, 호북과 하남을 가로질러 서북으로부터 동남으로 북부의 화북 대평원과 남부의 강한평원을 갈라 놓고 있다. 대별산은 산봉우리들이 겹겹이 이어지고 산세가 매우 험하다. 그 울창한 밀림, 그 구불구불한 산야의 오솔길, 이 모든 것들은 극히 복잡한 지형을 이루었다.

아버지는 일찍이 대별산을 이렇게 묘사한 적이 있다. "중원의 전략적 지위는 매우 중요한데 이것은 적들의 대문이고 그중에서 대별산은 문간에 해당한다."

그는 또 이렇게 말했다. "중원의 형세는 두 개의 산에 의해 결정되는데 하나는 대별산이고 다른 하나는 복우산이다. 적들이 가장 관심을 기울이는 것은 역시 대별산으로서 이 산은 복우산(伏牛山)보다 더욱더 중요하다. 중원을 치려면 대별산을 지배해야 한다. 대별산은 전략적으로 훌륭한 전진기지다. 이 산은 양자강에 가깝고 동쪽으로는 남경과 상해에 닿아 있고, 서남쪽은 한구와 가까워 양자강을 뛰어넘는 중요한 발판이다. 대별산은 아군과 적군이 반드시 쟁탈하려는 지역이다."[3]

유, 등대군은 이미 대별산으로 진군한다는 결정을 내렸다. 그러나 대별산으로 진군하여 대별산을 고수한다는 것은 사실상 쉬운 일이 아니었다. 공산당의 군대가 일찍이 몇 번이나 그곳에 들어가고 나오고 했던가 하는 것을 알아야 할 것이다.

중앙과 모택동은 이번 출격의 중요성과 간고성을 확실하게 알고 있었다. 중앙은 유, 등이 대별산으로 진군하는데 있어 3가지 가능한 길이 있다고 했다. 첫째는 대가를 지불했으나 고수하지 못하고 돌아올 준비를 하는 것이고, 둘째는 대가를 지불했으나 고수하지 못하고 주위에서 투쟁을 견지하는 것이며, 셋째는 대가를 치르고 단단히 고수하는 것이다.

중앙은 구체적인 지시를 내려 유, 등에게 시간을 재촉하여 8월 중순까지 휴식 보충을 한 후 출격하도록 했다.

노서남에서 유, 등야전군은 이미 한 달간 연속 작전을 하다보니 부대는 휴식 충전을 못하게 됐고 새로 입대한 전사들도 훈련할 시간적 여유가 없게 됐다. 각 종대에서 막 전쟁터에 뛰어들다 보니 대별산 진군의 전략에 대하여 동원을 한다거나 준비도 하지 못했다. 동시에 부대가 소유하고 있는 경비도 보름을 지탱하기 어려웠고 동북의 포탄, 한단의 군의(軍衣)도 모두 운반되지 못했다. 만약 이러한 형편에서 즉시 대규모 군사행동을 취한다면 이 부대의 입장은 곤란이 겹겹이 쌓일 것이고, 또한 위험한 현상이 꼬리를 물고 일어날 것이다.

유, 등의 부대는 너무나도 휴식이 필요했다. 그러나 장개석은 그들에게 숨쉴 틈을 주지 않았으며 전황도 그들이 숨돌리는 것을 허락치 않았다.

유, 등대군이 남으로 황하를 건넌 후 검은 구름은 줄곧 하나의 거대한 솥뚜껑처럼 하늘을 뒤덮고 있었다. 그러다가 하늘에 구멍이 뚫어진 듯 갑자기 폭우가 억수같이 쏟아지면서 그치지 않았다. 황하는 또다시 불어오르기 시작했다.

황하 제방에 서서 바라보면 탁류가 소용돌이치고 파도가 하늘에 치솟는다. 하늘은 인간을 돌보지 않고 인심은 더욱 흉악했다. 장개석은 개봉에서 황하둑을 터뜨려 유, 등을 황하 이북으로 되쫓아 보내고자 했다. 장개석이 황하를 이용하여 수전(水戰)을 벌인 것은 이번이 처음이 아니다.

항일전쟁을 경험했던 모든 사람들은 1938년 6월에 장개석이 일본 침략군의 전진을 막기 위하여 하남에서 화원구 제방의 폭파를 명령했던 일을 반드시 기억하고 있을 것이다. 비록 둑은 터졌지만 결코 일본군의 중국 침략을 막지 못했으며, 오히려 황하의 물길을 북으로 돌려 하남, 안휘, 강소 등 세 개 성의 44개 현, 54,000평방킬로미터의 땅을 물에 잠기게 해 89만여 명이 목숨을 잃고, 1,250만의 이재민이 발생하여 많은 난민들이 고향을 떠나 살곳을 찾아 헤매는 참상을 빚었다. 중원대지에서 인위적으로 해마다 재해가 발생하는 황하 범람구를 만들어 놓았던 것이다.

이것은 대략 9년 전의 일이지만 여전히 사람들의 기억에 생생하다.

마침내 황하는 장개석의 마음대로 융통하는 전쟁 무기가 됐던 것이다.

지금 장개석은 다시 황하둑을 터뜨릴 음모를 꾸미고 있다. 그는 바로 이 유유히 흐르는 강물로 유, 등대군을 수장시키려고 하고 있다. 일단 황하가 또다시 터지게 되면 10여 만 대군과 강변의 수백만 인민 군중들은 어쩐란 말인가?

야전군 지휘부의 작전실에 있던 유백승은 근심 걱정에 애가 탔다. 당시의 정황은 참으로 위급했으며 사람들로 하여금 속에서 불이 타듯 조급하게 했다.

40년이 지난 후 아버지는 우리들에게 다음과 같이 말했다.

"나의 일생에서 이때가 가장 긴장된 순간이었다. 황하의 물이 당장 밀려온다고 하니 툭툭 뛰는 나 자신의 심장소리를 들을 수 있었다."

위급한 정황은 그야말로 꼬리에 꼬리를 물었다. 바로 유, 등부대가 휴식 정돈하고 8월 중순에 출격하려고 할 때, 그들은 모택동이 직접 작성한 3개의 A급(가장 급함) 극비 전보를 받았다.

아버지는 우리들에게 "모 주석의 전보는 아주 간단했는데 '섬북 정황 극히 곤란'이라는 몇 글자였다. 나와 유 아저씨만 이 전보를 보았고 본 다음 즉시 태워 버렸다. 그당시 우리는 두말없이 중앙에 즉시 전보를 띄워 열흘 후에 행동을 개시하겠다고 했다. 열흘간 천리행군을 준비한다는 것은 매우 짧은 시간이지만 그래도 우리는 열흘이 되기 전에 움직이기 시작했다."라고 말했다.

잠시 후 아버지는 거듭 말했다. "당시에는 정말 불평 불만이 없었으며 어떠한 어려움도 돌볼 겨를이 없었다."

이러한 말을 할 때엔 언제나 감정을 쉽게 드러내지 않는 아버지이건만 목이 메여 있었다…….

유, 등이 황하를 건너는 것은 먼저 전략적 반격을 실현하는 것이고 또한 적을 끌어들여 소멸하는 것이며, 더욱 중요한 것은 섬북, 중앙과 모 주석의 곤란한 처지를 구하는 것이다.

황하의 물이 불어도 무서울 것 없고 장개석이 둑을 터뜨린다 해도 유, 등을 놀라게 하여 물러서게 할 수 없었다. 원래 유, 등은 몇 차례의 전투를 더 치러 좀더 많은 적들을 섬멸하려 했다. 그러나 중앙이 곤란하니 유, 등은 조금도 주저하지 않고 그 어떠한 어려움도 아랑곳하지 않고 예정보다 일찍 출격했다.

8월 6일, 유, 등은 앞당겨 휴식 정돈을 끝낼 것을 결심하고 즉시 대별산으로 진군하는 전략적 임무를 수행하는 예비명령을 내렸다.

유, 등의 전보를 받은 중앙은 8월 9일, 10일에 연속 답전을 쳐서 유, 등의 '결심은 아주 정확'하다는 것을 지적했고, '정황이 긴급하여 제때에 보고를 못할시에는 모든 것을 당신들이 알아서 처리하라'는 지시를 내렸다.

유, 등은 부대에 후방을 과감하게 포기하고 용감하게 앞으로 진군하여 용감하게 이 영광스럽고도 어려운 전략적 임무를 완성해야 한다고 지시했다.

1947년 8월 7일, 유, 등은 부대에 명령하여 노서남의 운성 지구에서 남진하기로 했다. 천리를 약진하여 대별산으로 들어가는 위대한 전략적 진군은 시작되었다.

노서남 지구에서 장개석은 직접 개봉에 웅거하여 5개 군사집단의

30개 여단의 병력을 집결시켰다.

유백승은 돌파를 위해서 절호의 기회를 교묘하게 만들었는데, 일부 부대가 황하가에서 양동작전을 구사하여 북으로 도하하는 형세를 조성했고, 일부 부대를 서쪽으로 움직여 경한철도를 파괴함으로써 적들의 교통을 두절시켰으며, 다른 일부분을 서쪽의 신양(信陽)으로 나아가게 함으로써 동백산(桐柏山)으로 들어가는 모습을 만들었다.

이에 적들이 현혹되어 판단을 내리지 못할 때 유, 등대군의 주력은 좌, 중, 우 세 갈래 길로 나누어 돌연히 적들을 떼어 버리고 적들이 미처 포위를 하지 못한 곳을 돌파함으로써 대별산으로의 진군을 시작했다.

노서남 지구로부터 안휘성에 있는 대별산까지의 거리는 천리나 된다. 한길에는 황하 범람구, 사하(沙河), 여하(汝河)와 회하 등 천연적인 장애가 있고 또 적들의 수십만 대군이 앞에서 막고 뒤에서 추격했다.

천리를 약진하여 대별산으로의 진군은 매우 험난했으며 강한 의지와 용감성에 의해서만이 승리할 수 있는 것이었다.

8월 11일, 유, 등 주력은 농해철도를 지나 남으로 돌진했다.

며칠 사이에 부대는 황하 범람구에 이르렀다. 유, 등대군은 일찍이 황하에 잠겼던 넓이가 20킬로미터 되는 지역을 마주했다. 그곳은 전체가 진흙탕이었는데 얕은 곳은 무릎까지 오고 깊은 곳은 허리까지 빠졌다. 또한 길이나 인가가 없었으며 멀리 바라보면 다만 파괴된 집과 몇 개의 나뭇가지만 보일 뿐이었다. 거기에서는 작전 지도에 나타나 있는 촌부락과 향읍을 찾을 수 없었다. 눈에 보이는 것은 완전한 황무지였다.

이곳이 바로 장개석이 일찍이 둑을 터뜨려 수몰시켰던 지구이다.

8월의 혹독한 더위를 무릅쓰고 부대는 어려운 행군을 시작했다. 전사들은 진흙탕에 빠졌다 힘겹게 빠져나와 한 발자국 한 발자국 앞으로 나갔다. 차량이 더 이상 나아갈 수 없게 되자 모든 중형무기와 군수품은 전부 소가 끌고 사람이 미는 것으로 대체했고, 밀 수 없는 것은 뜯어서 사람이 메고 갔다. 일부 유탄포와 야전포, 그리고 포를 끄는 자동차는 끌 수 없는 것과 멜 수 없는 것은 위에서 파괴하도록 명령했다.

이러한 중형무기는 부대에서 피로써 적들의 수중에서 하나하나 빼앗아온 것으로서 부대 내에서는 보물로 여기는 터라 작탄의 폭파소리를 들으면서 많은 지휘원과 전투원들은 안타까운 나머지 눈물을 흘렸다. 그러나 그들은 적정이 엄중하지 않고 부대의 전진에 영향 주지 않는다면 위에서 절대로 그런 명령을 내리지 않을 것이라는 사실을 잘 알고 있었다.

8월 17일, 유, 등은 지팡이를 짚고 무릎까지 빠지는 진흙탕을 적기의 폭격과 사격을 무릅쓰고 한 발짝 한 발짝 간고하게 전진했다. 이렇게 하여 그날로 야전군 주력은 그 지대를 통과하게 됐다. 유, 등의 솔선적인 지도하에서 전체 야전군은 가장 빠른 속도로 8월 18일에 전부 황하 범람구를 걸어 지났다.

황하 범람구를 지난 후 유, 등대군의 주력은 즉시 사하(沙河)로 달려갔다. 적군의 포화와 비행기의 폭격을 무릅쓰고 부교를 가설함으로써 18일에 성공적으로 사하(沙河)를 건넜다.

이때에야 장개석은 비로소 꿈속에서 깨어나듯 유, 등대군이 남하하는 전략을 알게 되었다. 이때에 또다시 대규모적인 봉쇄와 저지를 전개한다는 것은 너무나도 늦은 때였다.

들리는 바에 의하면 미국 고문 웨더마이 장군은 8월 24일 중국을 떠나기 전에 장개석에게 거리낌없이 다음과 같은 말을 했다고 한다. "이 한 달간 나는 중국에서 무엇을 보았는가? 40만 대군이면 쉽게 당할 수 있다던 동방의 마지노선을 공산당이 총 한 방 쏘지 않고 격파하는 것을 보았다. 그들은 28일간 연속 작전하여 국군 9개 여단을 소멸했다. 그들이 서쪽으로 도망갔다고 말하지만 사실상 그들은 남진했고, 그들이 실종됐다 하지만 실제에 있어서는 그들이 반격을 가하고 있다."

웨더마이는 분노했고 장개석도 화가 치밀었다. 장개석은 홧김에 그만 여산(廬山)으로 휴양을 떠나가 버렸다.

사하(沙河)를 건넌 후 유, 등부대는 이 얻기 힘든 기회를 놓칠세라 하루를 휴식 충전했다.

등 정위는 전 부대에 다음과 같이 말했다. "대별산의 도착은 곧 승리다!" 부대는 더욱 간단한 복장으로 일부 중무기와 차량들을 파묻거나 폭파해 버렸다. 유, 등대군은 더욱 빠른 속도로 대별산을 향해 곧바로 들어갔다.

사하(沙河)를 지난 후 앞에는 또 여하가 가로놓여져 있었다.

8월 23일, 제1, 제2종대는 여하를 건너가고 제3종대는 회하까지 진출했다. 야전군 지휘부와 제6종대가 여하가에 이르렀을 때는 적들이 이미 도하지점인 남안의 나루터를 점령한 뒤였다. 이때 앞에서는 적군 부대가 강대한 화력으로 저격했고 뒤에서 뒤쫓는 적 3개 개편사단과의 거리는 30킬로미터도 못 됐으며, 하늘에서는 적기가 끊임없이 폭격을 가했다. 우리 도하부대는 또다시 저지를 받게 됐다.

바로 이같이 험악한 순간에 유, 등 두 사람은 여하전선에 왔다.

"유, 등 수장이 오셨다!" 전군이 모두 흥분했다.

등소평은 일관되고도 간결한 어조로 다음과 같이 말했다.

"우리들은 모든 희생을 아끼지 말고 단호하게 도하해야 합니다!"

유백승도 평시의 온화한 자세를 바꾸어서 소리를 높혀 확고하게 말했다. "좁은 길에서 서로 만나면 용감한 자가 이깁니다. 여기에서 한 갈래의 길을 뚫어 돌진합시다!"

유, 등이 방문하여 내린 결단, 명령은 거역할 수 없는 거대한 힘이 되어 지휘원과 전투원들에게 배전의 용기를 북돋아 주었다.

날이 밝기 시작하자 제6종대는 강행도하를 시작했다. 전사들은 적들의 맹렬한 저격 화력을 무릅쓰고 부교를 밟으며 한 갈래의 혈로를 뚫고 강행도하함으로써 적들의 여하 방어선을 돌파했다.

강을 건넌 후 사람들은 급행군하는 대오에서 전마를 타고가는 유, 등 지휘관을 볼 수 있었다. 그들 두 사람은 가다가는 멈추어 때로는 상의하고 연구하며, 때로는 지형을 관측하는 등 아주 태연자약했다.

유, 등은 부대를 지휘했으며 그들은 부대와 함께 있었다.

집합지점인 팽점에 도착한 후 등 정위는 부대에 다음과 같이 말했다. "우리들이 대별산으로 들어가는데 또 한 갈래의 천연요새, 회하가 있습니다."

부대는 이틀 이상의 행군 과정에서 회하 북안의 식현(息縣) 현성을 함락하고 또 나루터 여러 곳을 점령했다.

회하, 이는 화동 지구에서 황하와 장강 사이의 가장 큰 하계(河系)이다. 서에서 동으로 하남의 남부와 안휘의 전 지역을 관통하고 있으며, 이 일대에서 가로세로로 복잡하게 얽힌 그물형의 지대를 형성하고 있었다. 회하는 바로 유, 등대군이 대별산으로 진군하는 도중에서 하나의 험준한 경계였다.

유, 등부대의 대부분은 북방 사람이어서 모두 남방의 그물처럼 뒤덮인 하천지대에서의 작전은 극히 어려웠다. 그러나 그들은 얼마나 많은 흙길과 물길을 걸었던가. 어떤 사람들은 익살스럽게 "강산이 이렇듯 아름다울진대 무수한 영웅들 씨름만 하는구려!"하고 농담하는 것도 이상할 것 없었다.

농담도 좋고 씨름도 좋으나 어쨌든 이 강은 꼭 건너야 한다.

8월의 회하는 마침 우기이므로 강이 깊고 물살이 세다. 유, 등대군이 이르렀을 때는 상류에 비가 내려 물이 불었다. 적들의 추격 부대는 우리와 15킬로미터 거리를 두고 있었는데 이틀 내에 강을 건너지 못하면 우리 군은 강을 등지고 작전할 수밖에 없었다.

다리가 없고 배가 없고 강폭이 또한 넓으니 7개 여단의 십 수만 대군이 어떻게 강을 건넌단 말인가?

지휘부에서 유, 등은 철야로 긴급회의를 소집했다.

등소평은 다음과 같이 제의했다.

"백승이 앞서서 도하를 지휘하고, 나와 이달은 뒤에서 부대를 지휘하여 저격하겠습니다."

유백승은 과단성 있게 "정위의 말씀이면 곧 결정입니다. 즉시 행동합시다."라고 했다.

유백승은 강변에 왔다.

어떤 간부들은 회하는 걸어서 못 건넌다고 보고했다.

정말로 걸어서 건너지 못한다는 말인가?

유백승은 대나무 뗏목에 올라 한 손에는 대나무를 쥐고 다른 한 손에는 말등자를 들고 정신을 집중하여 수심을 조사했다. 얼마 지나지 않아 유백승은 물이 깊지 않으므로 걸어서 건널 수 있다는 소식을 전해왔다.

날이 밝을 무렵에 강물은 또 썰물이 되어 그야말로 절호의 기회가 왔다. 아군의 천군만마는 즉시 강을 건너기 시작했다. 먼저 강을 건넌 유백승은 남안의 산봉우리에서 이 장관적인 도하 장면을 내려다 보면서 미소를 지었다.

그는 "꼼꼼하게 일을 처리하지 않으면 사람을 해친다."고 말했다.

8월 27일까지 유, 등야전군은 전부 회하를 건넜다.

일이 참 묘했다. 아군이 막 강을 건너자 강물이 급작스레 불어났으며 상류로부터 또 큰물이 쏟아져 내려왔다. 적군의 추격병은 강가에 이른 후 막 멀어져가는 유, 등대군을 멍하게 바라보면서 탄식만 할 뿐이었다.

아버지는 이 일을 마음속에 깊이 새겨두었다. 그는 언젠가 한번은 회하의 정경을 회억하면서 우리들에게 다음과 같이 말했다.

"그때 참으로 위험했던 고비는 황하 범람구를 지나고 회하를 넘는 것이었다. 회하를 지날 때에 유 아저씨는 강을 탐사했는데 물의 깊이가 목 아래까지 와서 마침 사람이 건널 수 있었다. 이것이 곧 기회라는 것일 게다. 우리들이 막 강을 건너자 물은 불어오르기 시작했지. 바로 그 시간이야, 운이 좋았거든! 전에는 회하를 걸어서 건널 수 있다는 것을 몰랐었는데 이렇게 길을 찾아 냈으니 참으로 하늘이 나를 도운 거야." 그러한 많은 이야기들은 모두 너무도 신기했다.

이것이 그래 단지 운이란 말인가? 그래 한낱 기적이란 말인가? 실로 하늘이 우리를 도왔다. 대도를 행하는 하늘은 마땅히 유, 등의 부대를 도와야 하지.

어떤 시는 하늘이 감정이 있다면 하늘도 늙는다고 읊었다.

그러나 보아하니 때로는 하느님도 정이 있는 것 같다.

회하, 이 마지막 천연요새를 넘어간 후 유, 등야전군은 대별산 지구로 들어가 천리를 약진하여 대별산에 진입한다는 전략 임무를 성공적으로 완성했다.[4]

국민당과 공산당의 중원 쟁탈전에서 첫판은 공산당이 이겼다.

주

1. 묘빙서, 《유등대군이 황하를 강행 도하하다》(자료선집), p. 187.
2. 같은 책.
3. 등소평, '중원을 약진한 승리의 형세와 금후의 정책과 책략', 1948년 4월 25일. 《등소평 문선》(1385년 ~ 1965년).
4. 《중국인민해방군 제2야전군 전쟁사》(제2권).

59 천하를 다툼

　천하를 다투고 제왕을 노림에 있어 승자는 왕이 되고 패자는 역적
이 된다(逐鹿中原 問鼎中華 勝者僞王 敗者爲寇).

　2천여 년 이래 중국의 제왕장상, 영웅호걸들은 바로 이렇게 용감하
고도 고심 참담하게, 그리고 끊임없이 서로 자리를 다투었으며 계속하
여 교체됐다.

　축록(逐鹿)이라는 것은 하나의 비유다. 이 녹(鹿)자는 진짜 사슴을
말하는 것이 아니라, 천하 즉 정권이나 제왕의 직위를 비유한다. 축록
은 수렵하면서 사슴을 쫓는 것도 또한 아니요, 바로 많은 영웅호걸들
이 일어나서 천하를 쟁탈함을 말한다.

　기원전 2백여 년, 중국 최초의 황제 진시황의 진나라 제국이 곧 멸
망하려 할 때에 천하의 호걸들은 분분히 일어나서 그를 대체하려 했
다. 사서(史書)는 이를 일러 "진이 그 녹(사슴)을 잃으니 천하가 분분
히 그것을 쫓는구나."라고 하였으니 바로 그뜻이다.[1]

　많은 영웅들이 다투어 일어서니 필경 사슴이 누구의 손에 죽는지
여기에 결정적인 인자는 매우 많다 할 것이다. 중국의 판도에서 말하
면 어떤 의미에서인지 옛날부터 지금에 이르기까지 중원을 얻은 자는
곧 천하를 얻었다. "중원을 얻는 자는 천하를 얻는다." 이것은 고대의
법칙이다. 때문에 천하를 얻으려면 반드시 중원을 차지해야 한다.

　1940년대의 일곱번째 해 바로 1947년, 유, 등은 천리를 남진하여
단번에 전쟁을 국민당이 지배하는 중원 지구로 끌고 나갔으며, 이로부
터 공산당과 국민당이 중원을 다투는 전쟁의 서막이 열리게 되었다.

유, 등이 중원에 왔다고 하여 능히 중원에 발을 붙였다고 할 수 없다. 유, 등이 부대를 거느리고 대별산에 이르렀지만, 역시 대별산에 발을 붙일 것이라고 말할 수 없다.

홍군 시절만 하여도 공산당의 군대는 계속하여 세 차례나 대별산에 근거지를 건립했다가 그 지역에서 철수했던 것을 명심해야 할 것이다.

대별산, 잇달아 우뚝 솟은 고산준령이며 울울창창한 산림 수풀들은 웅거하면서 생존할 수 있는 훌륭한 천연요새가 될 수 있으며, 또한 군사 군대를 삼키는 위험한 곳이 될 수도 있다.

이번 중원을 다투는 전쟁의 어려움과 중요성에 대해 유, 등은 마음 속으로 이미 꿰뚫고 있었다.

등소평은 8월 27일에 대별산에 도착하자마자 중공 중원국의 명의로 지시를 내렸다.

첫째, 전체 인원들에게 성심성의로 거리낌없이 공고한 대별산 근거지를 건립하며, 형제 부대와 연합하여 중원을 전부 지배할 것을 요구한다.

둘째, 이 역사적 임무를 실현하자면 고생스러운 투쟁 과정을 경과해야 하며, 반드시 많은 적을 섬멸하고 군중을 충분히 동원하여야 한다. 이렇게 해야만 튼튼히 일어설 수 있다. 때문에 절대 조급해 하지말고 부지런하게 상하 일심으로 하나하나의 구체적인 임무를 달성해야 한다.

셋째, 우리들이 완전히 승리할 자신이 있다는 것을 마땅히 전군에 설명해야 한다.

넷째, 우리들은 악예완(악은 호북성, 예는 하남성, 완은 안휘성의 약칭──옮긴이)의 자제병으로서 집으로 돌아온 것이며, 우리의 구호는 악예완 인민들과 생사존망을 같이하며, 중원을 해방하는 것이라는 것을 전 지구 군중들에게 설명해야 한다.

다섯째, 군사상 최초 1개월 내에 큰 전투를 치르지 않고 도시와 읍을 점령하며 완강한 토비를 소탕한다. 될 수 있는 한 소규모의 전투를 진행하며 지형을 숙지하고 生活을 습관화하며, 산악지대에서의 전투를 배우고 대규모 섬멸전을 위하여 반 년 동안 적 10개 여단 이상의 병력을 타도해야 한다.

여섯째, 군중을 충분히 동원하고 유격전을 진행한다. 부대는 규율을 엄격히 집행하며 군사기풍과 군사규율을 정연하게 실시한다.

아버지는 지시를 내릴 때면 언제나 이렇게 명확하고 확고했다. 아버지는 글을 쓸 때면 언어 사용상 종래로 과단성 있고 간단명료했다.

유, 등대군이 건립된 이후 많은 지시, 명령서 특히 중앙에 보내는 보고서와 전보문들은 모두 등소평이 직접 쓴 것이다. 그에게는 비서가 없었다. 군사 형세가 거센 전시에 시간은 곧 바로 전쟁 승부의 관건이자 군대의 생명이었다. 모든 것을 자체의 힘으로 직접하며 낡은 규칙이 없고 쓸데없는 형식이 없는 것, 이것이 바로 등소평의 기풍이다.

유, 등야전군의 많은 노장군들이 이 점에 대하여 언급할 때 모두 나에게 매우 깊은 감개를 토로했다.

유, 등은 대별산 지구에 들어가기로 하자 즉시 각 부대를 신속하게 예정 지점에 파견했다. 제3종대는 완서에서, 제2종대와 제1종대는 어깨를 나란히 예의 동남에서 연이어 전개하고, 제6종대는 하남으로부터 악동일선에 이르는 수십 개의 현성을 점령했으며 남으로 무한 이동 백여 킬로미터 떨어진 곳으로 들어갔다.

아군의 9개 여단의 병력은 대별산 북쪽기슭 지대에서 난전을 차리고 적들을 방어할 진세를 세웠다.

장개석도 빈틈이 없었다. 그는 23개 여단의 병력으로 회하를 건너유, 등을 바싹붙어 뒤쫓아왔다. 장개석이 파견한 대장으로는 하위(夏威), 장진, 정잠(程潛)이었고 국방부장 백숭희(白崇禧)가 직접 지휘했으며 동, 서, 북 세 개 방향으로 출격하여 유, 등의 주력과 접전함으로서 아군의 근거지가 안정되지 못한 틈을 타서 유, 등을 대별산구에서 쫓아내든지 그렇지 않으면 섬멸하려 했다.

중앙의 지시에 근거하여 유, 등은 적과의 작전에서 백숭희의 계군

(桂軍) 주력을 피하고 좀 약한 진군(進軍)을 치기로 하였다.

9월 상순, 대별산 북쪽 기슭 하남 상성(商城) 이북에서 유, 등대군은 제1, 제2, 제6종대의 일부 병력으로 적군과 대별산에서의 첫 전투를 벌였다.

이 싸움에서 아군은 다른 부대를 동원하여 후원케 했으나 북방에서 온 부대가 남방의 산지수전작전에 익숙하지 못한 탓에 효과적으로 적을 섬멸하는 목적에 도달하지 못했다.

9월 19일, 유, 등은 먼젓번 전투에 참가했던 부대를 집결해 상성 서쪽에서 적 일 개 부대를 섬멸했으며 계속 적을 유인했다.

이것이 대별산에 온 후의 두 번째 싸움이다.

9월 25일, 유, 등은 상성 서북의 광산 부근에서 세번째 싸움을 전개해 몰려드는 적들의 진공을 물리쳤다.

제3차 작전은 적군 전부의 기동병력을 대별산 북쪽 기슭에 이동시킴으로써 아군 제3, 제6종대의 약동, 완서 지구에서의 활동을 보장했다.

9월말까지 긴박한 전쟁을 통하여 유, 등대군은 악예완 지구에서 23개 현성을 해방했고 6,000여 명의 적들을 섬멸했으며, 17개 현에 민주정권을 건립했다.

한 달간의 시간을 들여 유, 등은 이미 국면을 타개했으며 산구에 의지하여 후방을 배치했다.

그러나 알아두어야 할 것은 이 짧은 한 달간의 시간으로서는 유, 등이 대별산에 발을 붙이는 데도 어림없는 것이었다. 유, 등의 앞에는 상상을 초월한 곤란들이 참으로 많았다.

첫째로, 이 지구는 일찍 홍군의 근거지였지만 홍군이 떠나간 후 국민당은 당지의 군중들에게 극히 잔혹한 진압을 진행했다. 아군이 이곳에 온 후 반동세력은 군중을 위협했고 군량을 끊었다. 이렇게 생존의 길을 차단함으로써 우리 부대가 밥을 먹지 못하게 하거나 길잡이를 구할 수 없게 했으며 기아, 피로, 미로에 자주 빠져들게 했다.

둘째로, 대별산은 태항산과는 달리 산이 높고 길이 좁으며 지형이 복잡하다. 아군은 북방에서 남방으로 오고 평원에서 산지로 왔으므로 음식이 맞지 않고 언어가 통하지 않았다. 또한 지형에 익숙치 못하고 짚신에 숙달되지 못한 데다가 항상 야간행군을 함으로써 부대는 적응하는데 있어 극히 어려움을 겪었다.

셋째로, 아군은 적 23개 여단의 대군과 맞붙어 쉴새없이 전투하여 이미 극도로 피로했고 고생을 꺼리는 분위기까지 나타났다.

아버지는 후에 우리들에게 이렇게 말했다.

"우리들이 중원을 다툴 때 사면이 모두 적들이었다."

그는 아주 감개무량해 하면서 다음과 같이 말했다.

"중국의 남북은 회하를 분계선으로 하는데 회하 이남을 남방이라 한다. 회하를 넘게 되면 벼를 심고 산지를 걷는데 이것은 모두 남방의 습관이다. 원래 우리는 이것을 고려하지 않았었다. 북방 사람이 남방에 오면 익숙하지 않는 문제만 있는 줄 알았지 원래 남방 사람인 우리도 북방에 오래 있다 남방에 오니 역시 예전과 같지 못할 줄은 미처 몰랐다. 짐은 제2야전군에 떨어졌는데 전반적인 해방전쟁에서 가장 곤란한 것은 바로 이 짐이었다."

그는 또 이렇게 말했다.

"대별산의 투쟁에서 승패는 적을 얼마나 소멸시켰는가에 의해 결정되는 것이 아니라, 그 지역에 잘 적응하는가 하지 못하는가에 달려 있다. 이는 병력의 집결과 분산을 잘 파악할 것을 요구한다. 관건은 치열한 싸움을 하지 않고 적들의 주력을 피하는 것이다. 그 당시 부대는 싸우려는 목소리가 매우 높았으며 마음은 초조했다. 나는 한 차례의 회의를 소집했는데 10여 명이 참가했으며 어떤 종대사령원은 말을 타고 백여 리를 달려와서 회의에 참석했다. 나는 간부들을 설득하여 치열한 격투를 하지 않기로 했다. 그들이 돌아간 후 곧 분위기가 가라앉았다. 3개월이 지난 후 형세는 변했다."

아버지가 말한 이 회의는 곧 1947년 9월 27일 광산현 백작원(白雀

圓)에서 열렸던 종대지간부회의였다.

회의는 투지를 증강하고 우경적인 정서를 반대하며 법을 어기거나 규율을 문란시키는 현상을 엄격하게 규정할 것을 결정했다.

이번 회의는 대별산으로 온 후의 한 달 간의 총결과 금후의 공작의 배치에 아주 시의적절한 것이었다.

발판을 튼튼히 굳히려면 군중을 동원해야 하고 군중을 동원하려면 반드시 규율을 엄수해야 한다. 군중의 규율에 대해 아버지는 더없이 엄했고 구차함이 없었다.

아버지는 이렇게 말했다. 군대의 규율이 나빠지는 것은 곧바로 정치 위기의 시작이다. 대별산에 들어오자 유, 등은 다음과 같은 엄명을 내렸다. 총으로 백성을 쏜 자는 총살하고 백성의 재물을 약탈한 자는 총살하며 부녀를 강간한 자는 총살한다.

한번은 등 정위가 황강현(黃岡縣)의 한 거리에서 한 군인이 총검에 한묶음의 꽃천과 한 묶음의 당면을 걸고 가는 것을 발견했는데 출처가 확실히 분명치 않으므로 즉시 불러세워 놓고 조사했다. 그 결과 이 사람은 경위(警衛) 부연장(副連長)이고 전공을 세운 적이 있다는 것을 밝혔다. 등소평은 이해관계를 따져보고 최후에 반드시 규율을 엄수할 것을 결정지었다.

규율을 위반한 이 부연장을 총살함으로써 당지의 많은 상인과 군중들의 환영을 받았다. 이 소식은 즉각 대별산 지구에 퍼졌으며 사람들은 저마다 돌아다니면서 홍군이 진짜 돌아왔다고 알렸다.

유백승은 "자비심이 많은 사람은 병사를 통솔할 수 없다"고 일찍이 말한 적이 있다. 전쟁에서 자비심이 많으면 병사를 통솔할 수 없고 규율을 집행함에 있어서도 자비심이 많으면 역시 병사를 다스리지 못한다.

병사를 엄하게 통솔하는 동시에 아버지는 부대의 사상공작을 매우 중시했으며, 그는 직접 부대에 내려가 기층간부들에게 연설했다.

10월초의 어느 날이었다. 한 작은 산비탈의 잔디밭에서 등 정위는 퇴색한 회색천으로 된 군복을 입고 허리에는 가죽혁띠를 두르고 제2종대의 연대 이상 간부들에게 연설을 했다.

"지금 어떤 동지들은 부대의 곤란을 말하는 것을 두려워하는데 당신들이 말하지 않아도 곤란은 객관적으로 존재하는 것입니다.

우리들은 곤란을 말하기를 두려워하지 말아야 하며, 반대로 응당 용감히 곤란을 직시하고 실사구시적으로 여러분들에게 곤란을 설명해야 합니다. 그래야만 곤란에 대해 충분한 사상 준비가 있을 수 있고 적극적이고도 능동적으로 방법을 생각하여 곤란을 극복할 수 있습니다. 우리들이 후방을 멀리 떠나 적들의 점령구에 있는데 곤란이 없을 수 있단 말입니까? 우리들이 여기에서 온 종일 몇 십 만의 적군을 감당해 전전하고 있으며 탄약, 양식, 이불과 복장을 보급받지 못하고 있습니다. 전사들이 풍토에 맞지 않아 많은 병력이 학질에 걸려 앓고 있으며 부상병들은 좋은 치료를 받지 못하고 있고 군중 기초와 물자공급은 해방구보다 훨씬 못합니다. 이러한 모든 것들은 우리들에게 극히 큰 곤란을 가져다 주고 있습니다. 곤란이 있는 것만은 사실입니다. 그러나 곤란은 두렵지 않습니다. 우리들이 혁명을 하자면 곤란은 불가피하며 그것을 극복하는 인내력을 길러야 합니다.

모 주석께서는 동무들이 대별산으로 들어가게 되면 곧 승리입니다! 라고 말했는데 이것은 무엇 때문이겠습니까? 바로 우리들이 적들의 심장에 돌입했기 때문이며 적들의 급소를 명중했기 때문입니다. 우리들이 많은 적들을 유인했기 때문에 압력이 기었고 후방을 멀리 떠났기 때문에 곤란이 많아졌습니다. 그러나 그 덕분에 우리의 형제 부대가 다른 전쟁터에서 수월하게 되었으며 승전할 수 있게 됐습니다."

그는 다음과 같이 비유했다.

"우리들이 대별산으로의 진군은 농구경기를 하는 것과 마찬가지로 장개석은 우리들이 대별산에 와서 슈팅하여 득점하려는 것을 보고 공격수와 수비수를 모두 이동시켜 우리를 쫓게 했습니다. 이렇게 하여 그는 남쪽에 정신을 집중하면 북쪽을 신경 쓸 수 없게 됐습니다. 그

는 우리들을 남쪽에서 슈팅하지 못하게 하려고 몇 십 만 대군을 아낌
없이 풀어 우리에게 달라붙음으로써 북쪽의 농구 코트는 오히려 텅텅
비게 되어 우리의 형제 부대는 북쪽에서 슈팅하여 득점할 수 있게 됐
습니다. 우리들은 대별산에서 매우 많은 곤란에 봉착하고 있으나 다른
전쟁터에서 우리의 형제 부대는 이미 많은 득점을 올리고 있습니다.
우리가 잡고 있는 적들이 많을수록 우리가 겪을 곤란은 더욱 많아지지
만 형제 부대가 각 큰 전쟁터에서 더욱더 많은 적들을 소탕하며 승리
도 또한 더욱 클 것입니다. 여러 큰 전쟁터의 승리는 오히려 우리들
을 지원할 수 있으며 우리의 부담을 덜어줄 수 있습니다."

그는 계속해 말했다.

"곤란은 우리도 있고 장개석도 있습니다. 우리의 곤란은 국부적이고
한시적이며 전진중, 승리중의 곤란입니다. 그러나 적들은 어떠합니까?
그들이 봉착한 것은 해방구, 장개석 관할구 인민들의 겹겹이 쳐진 포
위이며 그들의 곤란은 전국적인 것이고 한 걸음 한 걸음 멸망으로 나
아가는 극복할 수 없는 곤란입니다. 지금 우리들은 얼마간 대가를 치
러야 하지만 이것은 대단한 것이 아닙니다. 전국 혁명의 승리를 위하
여 이것은 그만큼 할 만한 가치가 있는 것이며 매우 영광스러운 것입
니다."[2]

유, 등의 신념은 전체 부대의 믿음을 확고하게 했으며 전체 지휘관
과 전투원들의 사기를 북돋아 주었다.

10월의 대별산은 가을이 아직 지나지 않았지만 아침 저녁으로 냉기
가 돌았다. 유, 등대군은 후방과 멀리 떨어져 있다보니 보급이 충분치
못해 지휘관과 전투원들은 여전히 홑적삼과 홑바지를 입고 있었다. 추
운 겨울이 곧 닥쳐오게 되어 겨울옷 문제가 이미 중대한 현안 문제로
대두되고 있었다.

후방이 없고 보급이 없으니 어떻게 할 것인가? 유, 등은 전군에 명
령해 자체적으로 겨울옷을 만들도록 했다.

자체적으로 겨울옷을 만들자면 먼저 천을 구해야 한다. 그러나 구입

한 천은 각양각색이어서 계통이 서지 않았다. 그리하여 재래식 방법으로 부대는 숯을 써서 흰천을 회색으로 물들여 겉면으로 했고, 색채가 산뜻한 꽃천을 안감으로 했다.

천이 있으면 또 솜이 있어야 했다. 구해온 솜은 목화다래가 대부분이었고 솜씨도 있었으므로 자체적으로 가공하는 수밖에 없었다. 전사들은 타면기가 없는 형편이므로 그래서 나뭇가지로 때리고 손으로 찢고 손으로 골라내는 등 재래식 방법을 사용했다.

천과 솜이 갖추어져도 옷은 사람이 지어야 하는 것이다. 이는 유, 등대군의 지휘관과 전투원들을 난처하게 했다.

예로부터 사내들은 여태껏 호미, 붓, 총 따위는 다룰줄 알았지만 단바늘질만은 서툴렀다. 또한 천을 재단하는 것은 더 말할 것도 없었다. 날씨가 나날이 추워져 솜옷을 짓지 않으면 안 되는 형편에 처해, 큰 총을 쥐는데 습관된 투박한 손들은 가늘어 쥐기조차 힘든 바늘을 어쩔 도리없이 잡게 됐다. 옷을 마를줄 모르니 민가의 부녀들에게 도움을 구했다. 우리 유백승 사령관은 바늘을 쥐고 안경을 끼고서 한쪽으로 바느질하면서 한편으로는 다른 사람들에게 시범을 보였다. 그러면서 그는 참을성 있게 말했다.

"옷 짓는데도 역시 비결이 있는데 주머니는 갈구리바늘을 쓰고 선은 고르고 빽빽해야 하며, 단춧구멍은 바꿈실을 써야 하고 옷의 목둘레는 군용사발을 엎어서 대고 마르면 됩니다."

전사들이 솜옷을 지으면 유, 등도 직접 솜옷을 지었다.

유백승은 "우리들이 아무리 곤란할지라도 군복은 입어야 하며 절대로 낡고 허름한 것을 영광으로 여겨서는 안 된다."라고 말했다.

등소평도 "우리 군대는 가장 큰 장점이 있는데 그것은 자체적으로 손을 쓰기만 하면 모든 곤란을 극복할 수 있다는 것이다!"라고 말했다.[3]

겨울옷이 다 만들어져 부대 상하의 모든 사람들은 새로 지은 솜옷을 입게 됐다. 이 군용 솜옷은 얼핏 보기엔 가지런한 것 같지만 일단 자세히 보게 되면 매우 거칠었다. 바느질자리가 들쑥날쑥하는가 하면 또 너무 촘촘하고, 옷재단이 큰가하면 또 작기도 했다. 옷은 비뚤비뚤하고 안쪽에 넣은 솜은 울퉁불퉁했다. 그러나 이러한 솜옷들은 보기엔 멋지지 못하지만 필경 전사들이 자신의 손으로 만든 것이기에 입으면 매우 따뜻했다.

하물며 유, 등이 입은 것도 역시 이러한 겨울옷이었다.

10월초, 유, 등이 대별산 구역의 상황에 막 적응되려는 때에 장개석은 대별산 북쪽 기슭의 7개 개편사단의 병력을 집결하여 광산, 신현의 아군에 대해 사면에서 포위를 좁혀 왔다.

유, 등의 지휘하에 아군은 민첩한 기동운동전으로 적을 섬멸했다. 10월 27일까지 12,000여 명을 섬멸했으며 대포, 기관총 등 많은 군용물자를 노획함으로써 대별산으로 들어온 후 최초의 중대한 승리를 거뒀다.

11월에 유, 등대군은 두 달간에 30,000여 명의 적을 섬멸했고 24개의 현성을 해방했으며 33개의 현정권을 건립했다.

유, 등대군은 이로써 대별산에서 전략적 전개를 완성했다.

유, 등이 대별산으로 진군하는 동시에 진경, 사부치 집단은 하남 서부로 정진해 3개월간 기동전을 전개하여 50,000여 명의 적을 섬멸하고 10여 개 현성을 해방했으며, 전략적 전개를 완성하는 동시에 적군의 8개 여단의 병력을 분산시켰으며 대별산 서부에서 유, 등의 작전을 적극적으로 지원했다. 유, 등, 진사(陳謝)와 연합한 진의, 속유(粟裕)대군은 예환소변지구로 정진해 3개월간 대대적으로 전투를 벌여 20,000여 명의 적들을 섬멸했고 적군 15개 여단의 병력을 이동시켰는데, 그중에는 대별산으로 진공하려고 준비했던 8개 여단도 포함되어 있었다. 그리하여 적들의 군사 배치를 혼란시켰으며 유, 등 이북에서 해방구를 확대하게 됐다.

바로 이렇게 중앙과 모택동의 지시에 의거해 유, 등, 진사, 진속이 세 개의 장기쪽은 자기 위치에 배치됐으며 북쪽으로는 황하, 중으로는 회하, 남으로는 장강, 서로는 한수(漢水)지간의 중원 지구에서 '품(品)'자형으로 서로 각을 이루는 유리한 전략적인 형세를 형성하게 됐고, 적들이 우리 해방구를 진공하는 중요한 후방을 우리들이 전국적 승리를 쟁취하는 전진기지로 만들었다.

중원 다툼, 이 첫번째 접전에서 공산당측은 이미 배치를 끝냈다.

끊임없이 변화하고 전진하는 전쟁 형세에 근거해 1947년 10월 10일, '중국인민해방군 선언'은 당당하게 "장개석을 타도하고 전 중국을 해방하자!"고 주장했다.

유, 등대군이 중원으로 진군하면서 갖가지 곤란을 극복하고 대별산에 굳게 포진함으로써 모택동이 제출한 세 가지 전도 중에서 가장 훌륭한 전도를 실현했다.

그러나 적정은 여전히 조금도 위축되지 않았다. 11월 하순, 장개석은 '국방부 구강(九江) 지휘부'를 성립했고 국방부장 백숭희(白崇禧)를 주임에 임명했으며 통일적으로 예, 환, 감, 상, 악, 등 중원 5개 성의 군정대권을 장악하게 하여 이른바 '총력전'으로 공산당과 중원을 쟁탈해 양자강 대동맥을 확보하려 했다.

백숭희는 임명을 받은 후 11월 27일 먼저 15개 개편사단과 3개 여단의 병력을 조직해 전투기, 폭격기의 지원을 받으면서 대별산에 대한 전면적인 포위공격을 시작했다.

새로운 상황에 비추어 모택동은 중원의 세 방면의 대군에 다음과 같은 지시를 내렸다.

"대별산을 공고히 할 수 있는가 하는 것은 중원 해방구가 최후로 확립되고 공고해 질 수 있는 관건으로서 전쟁 발전에 충분히 영향을 줄 수 있다. 때문에 남북 전선의 3군은 장기적으로 또한 긴밀히 연합 작전을 해야 한다. 유, 등 주력은 대별산을 견지하고 진속, 진사는 경한, 농해 두 개의 큰 철도선을 향해 대규모의 습격 파괴전투를 벌이면서 민첩하게 적을 섬멸하여, 대별산을 포위공격하는 적군을 분산시키며 대별산에 대한 적군의 포위공격을 분쇄할 때까지 계속한다."

백숭희의 33개 여단의 포위공격이 시작됐다. 각 방면의 부대들은 사나운 기세로 대별산구에 덮쳐들었다.

날로 엄혹해지는 적정에 대해 유, 등은 대별산 구역은 운신할 수 있는 여지가 작고 식량이 부족하여 대부대의 기동전에 불리함으로 많은 병력을 대별산 구역에 집중시키기에는 적당치 않다고 분석했다. 유, 등은 '전투를 회피'하는 방침을 취하기로 결심했다.

구체적인 배치 상황은 이렇다. 주력부대가 대별산 구역에 남아 있으면서 내부에서 소규모 전투와 유격전을 벌여 적들을 견제한다. 총사령부는 일부분의 부대를 각기 거느리고 포위망을 뚫고나가 대별산 서부의 동백(桐柏), 강한(江漢) 일대에서 전략적 전개를 실시한다.

1947년 12월 10일 저녁 무렵, 한구(漢口) 이북 백여 킬로미터 되는 한 작은 마을, 왕가만(王家灣)에서 유백승과 등소평은 부임한 지 십여 일밖에 안 되는 신임 야전군 부사령관 이선념과 함께 작전과에서 작전 행동을 연구했다.

등소평은 유백승에게 다음과 같이 말했다.

"나는 그래도 당신보다 젊소. 내가 대별산에 남아서 지휘하고 당신은 회서(淮西)에 가서 전반적인 국면을 지휘하시오."

유백승은 다음과 같이 대답했다.

"경호 연대는 모두 당신한테 남겨두고 나는 한 개 소대만 데리고 가면 되오."[4] 그날 밤, 유, 등은 갈라졌다.

그들 두 사람은 각기 한 부대씩 거느리고 한 사람은 안에서 한 사람은 밖에서, 한 사람은 적 중병의 포위공격 속에서 대별산을 군게 지키고 다른 한 사람은 밖에서 기동전을 실시했다.

유, 등은 사람은 갈라졌지만 행동은 분리된 게 아니었다. 안팎 두 지휘부가 분리되어 있는 동안 모든 전보지시는 의연히 예전과 같이 '유, 등'이 공동서명을 했다.

아버지는 노련한 전방지휘소를 거느리고 대별산 지구에 남은 제2, 제3, 제6종대를 지휘해 강력한 적군과 간고한 반포위토벌 작전을 벌였다.

1948년이 다가왔다. 아버지와 그의 전우들은 대별산 북쪽기슭의 금채(金寨) 지구에서 섣달 그믐날 밤을 지냈다.

아버지는 회색 솜옷을 입었는데 더욱 여위어 보였다. 추운 산바람에 흔들려 하느작거리는 관솔 불빛 밑에서 그는 방송을 통해 당 중앙과 모 주석의 목소리를 청취하는 한편 지방사업 보고를 들었다. 그는 바로 이렇게 1948년의 첫 여명을 맞이했다.

1948년초 적들은 절대적으로 우세한 병력을 믿고 밀집대형으로 남에서부터 북으로 대별산에 대하여 압축하면서 진공해 신속하게 우리의 요새지구를 점령했다. 그들은 도처에서 미친듯한 '삼광정책'을 실시하여 우리들이 건립한 민주정권을 파괴했고, 지방간부를 체포하고 살해했으며, 백성들의 재물을 약탈했고, 청년들을 붙잡아가는가 하면 심지어는 잔혹하게 무인 지구를 만들었다.

대별산 지구의 적정은 전례없이 엄중했다.

아버지가 인솔하는 지휘소의 병력은 천 명도 안 됐다. 그의 투쟁방략은 주력부대로 집중된 적을 분산시키는 것이었다. 적들이 밖으로 향하면 아군도 밖으로 향하고, 적들이 안으로 향해도 아군은 밖으로 향하는 방침을 취해 적들을 외선으로 끌고가며 소부대로 적의 대부대를 견제하고 대부대로 기회를 엿보아 적들의 소부대를 섬멸했다.

아버지는 후에 다음과 같이 생생하게 회고했다.

'나 그리고 이선념, 이달 이렇게 세 사람이 몇 백 명의 전방지휘소를 거느리고 대별산에 남아 있었는데 방침은 곧 전투를 피하고 발을 튼튼히 디디는 것, 모든 것은 발을 튼튼히 붙이는 것이었다. 그때에 제6종대가 담당한 임무가 가장 많았는데 동에서 서로 오늘 한 번 달리고 내일 한 번 달려오고 한 것이 몇 번인지 모른다. 바로 그 구릉지대에서 한참은 서에서 동으로 동에서 서로 오고 가면서 적들을 분산시키고 미혹시켰다. 다른 부대는 기본적으로 크게 움직이지 않고 적당히 분산하면서 적들과의 충돌을 피했다. 두 달을 이렇게 했던 것이다."

아버지는 일생 동안 전쟁 생애를 겪으면서도 대별산의 이러한 위기적 국면에 대해서는 그저 한 마디로 슬쩍 스쳐지나가 버렸다. 그러나 그 두 달 동안 그의 어깨 위에는 얼마나 무거운 짐이 놓여 있었겠는가.

전쟁 형편이 험하고 군사 형편이 다급하지만 대별산의 투쟁을 어찌 다만 군사 두 자로 끝내겠는가! 악예환 해방구에서 정권을 건립한 후 첫번째 대사는 토지개혁을 진행하는 것이었다. 1947년 10월, 중공 중앙에서는 '중국토지법대강'을 공포함으로써 열기가 앙양된 토지개혁운동은 공산당의 각 해방구에서 전개되기 시작했다.

악예완 지구에서도 예외없이 구내 각지에서 토호를 치고 밭을 나누며 재산을 나누는 토지개혁운동을 힘차게 전개했다. 그러나 대별산은 다른 해방구와는 달랐다. 여기에는 적정이 엄중하고 복잡하며, 공산당은 일찍이 4차례나 여기에서 철수했던 적이 있었다. 토지개혁 중에서 일부 지구의 간부들은 또한 심각한 좌익소아병적 행위를 범했으며 정책과 책략상에서 오류가 나타났다. 이러한 행위는 군중을 동원하는데 불리할 뿐만 아니라 도리어 군중을 이탈시켰으며 심지어 군중의 이익을 침범했다.

아버지는 마침 이러한 문제들을 발견하게 되었다.

1948년 1월 14일, 모택동은 친히 등소평에게 전보를 쳐서 신 해방구의 여러 가지 문제들을 문의했다.

이 기회를 빌어서 아버지는 1948년 1월 15일과 22일에 연속 두 차례의 전보로 대별산 각 방면의 정황들을 상세하게 소개했다.

그는 전보에서 다음과 같이 말했다. 대별산의 특징은 토지혁명과 항일전쟁의 두 시기를 거쳤는데 토지혁명 시기의 좌, 항일시기의 우가 모두 이 지구의 각 계층에 매우 깊은 영향을 미쳤다는 것이다. 대별산에는 두 구역, 즉 공고한 구역과 유격구가 있음에 비추어 그는 공고한 구역에서는 토지개혁을 진행할 수 있지만 유격구에서는 토지구분을 서둘러 나눌 수 없다고 제기했다.

2월 8일, 아버지는 또다시 중앙에 전보를 보내 토지개혁은 구역을 나누어 진행해야 한다는 관점을 거듭 강조했다. 모 주석은 등소평의 몇 차례의 전보를 매우 중시했으며 직접 답전을 보내고 시달 의견을 제시했다.

"소평이 서술한 대별산의 경험은 매우 소중한바 각 지구 각 부대에서 받아들여 응용하기 바란다."[5]

1948년 1월부터 적정이 엄중함으로 태항산 지구에서는 사실상 토지개혁을 정지하고 감조감식(減租減息) 정책을 실시했다.

3월 8일, 아버지께서는 모택동에게 보내는 보고서에서 대별산에서는 토지개혁을 정지하고 감조감식을 실행한다는 것을 명확하게 제기했다.

아버지의 이 보고서는 행군 도중에서 쓴 것이었다.

봄은 찾아왔건만 날씨는 여전히 추웠다. 부대는 날이 밝을 무렵에야 야외의 숙영지에서 휴식할 수 있었다. 몇 그루의 봉미죽(鳳尾竹) 아래의 땅은 습기로 축축했다. 아버지는 여명 속에서 등잔불을 켜놓고 말안장에 의지하여 신속하게 사고하면서 써내려갔다.[6]

이렇게 여명 속에서 그는 전마에 의지하여 다시 중앙에 자기의 관점을 진술했다.

토지개혁은 해방구 건설의 가장 중요한 일이므로 아버지는 이르는 곳마다 그곳에 적절한 정책을 실시, 상이한 정황에 대하여서는 상이한 징책과 조치를 제출했으며 확실히게 파악하고 항상 태만하지 않았다.

5월에 접어들어 그는 다시 모택동에게 전보를 쳐서 정황을 보고하고 자신의 관점을 진술했으며, 같은 달 그는 자기가 맡고 있는 중원국에서 회의를 소집하고 토지개혁으로부터 감조감식에로 넘어가는 정책을 확정했다.

5월 24일, 모택동은 등소평에게 전보를 보내 새로운 지구에서 감조감식을 실행하는 것에 관한 정책을 명확히 했다.

6월 6일, 아버지는 중원국(中原局)의 명의로 토지개혁 문제에 관한

'66지시'를 하달했다. 이 2만자에 달하는 지시는 좌경착오의 표현과 근원을 지적했고, 새로운 지구의 농촌 공작에 대한 정책 문제를 상세히 논술했으며, 동시에 새로운 지구의 공작을 전면적으로 평가하고 좌경을 반대해야 할 뿐만 아니라 우경도 반대해야 한다고 지적했다.

이로써 중원국의 새로운 지구공작의 정책에 대한 인식 변화 과정이 완전히 끝났음을 선포했다.

다만 농촌에서 어떻게 토지개혁을 진행할 것인가 하는 하나의 구체 문제이지만, 실제상 이것은 우리 해방구의 새로운 지구가 공고하게 발전할수 있는가 하는 중대한 문제다. 이 문제를 제대로 처리하는가 못하는가 하는 것은 매우 중요한 것이다.

알아 둬야 할 것은 콩산당의 새로운 지구는 전 중국대륙이 해방을 맞이하게 될 때까지 더욱 많아질 것이고 더욱 확대될 것이다.

적들의 포위공격이 시작된 후 각 종대는 모두 포위권 밖에서 여단, 연대를 단위로 행동 작전했다. 그들은 굶주림과 추위를 참고 견디면서 피로도 마다하고 산야의 초목 속에서 노숙했으며 빗물과 진창길을 행군했다.

그때가 동지섣달이었다. 젊은이들도 추위에 견디기 어려운 때에 아버지와 이선념은 다른 장병들과 같이 직접 자기 손으로 만든 엷은 솜옷을 입고 있었다. 그들은 진흙길을 행군했으며 숙영할 때는 관솔불을 지펴놓고 적정과 사업을 연구했다. 밖에는 추운 날씨었는데 실내는 바깥보다 더 춥고 음침했다. 경호원이 볏짚을 가져다가 수장들에게 불을 지펴 손을 녹이도록 하려 하자 등소평은 "필요없소. 모두들 참고 견디는데 우리들이 뭐가 두렵겠소. 한 그루의 풀도 쉽게 나오지 않는다는 것을 알아야 하오!"라고 말했다. 등소평은 대별산 인민들이 빈궁하다는 것을 잘 알고 있었으므로 군중의 것은 지푸라기 하나라도 건드리려 하지 않았다.

이 기간에 아버지는 유, 등의 명의로 많은 지시를 서명했으며 여러 차례 중앙에 대별산 사업에 대한 보고서를 작성하여 올려보냈다.

2월 초, 구정이 오자 부대는 며칠간 휴식하게 됐다.

사람들은 구정을 맞게 되면 자연히 생활 개선을 생각하게 된다. 몇명의 전사들은 못의 물을 빼내어 고기를 잡으려 했다. 모두들 손에 잡힌 펄펄 뛰는 몇 백 근의 고기를 보면서 기뻐 날뛰고 있을 때 등정위가 작은 산비탈에서 걸어내려왔다. 사람과 고기가 함께 뛰는 즐거운 장면을 보면서 이 기간의 어려운 나날들을 생각하면서 등은 전사들한테로 걸어갔다.

그는 이 젊은 전사들을 바라보면서 그들이 어려운 조건하에서도 낙관적인 정신 상태를 유지하고 있는데 대하여 칭찬한 후 태도를 바꾸어 엄숙히 꾸짖었다.

"못의 물은 이곳 군중들이 가뭄을 막기 위하여 준비한 것인데 당신들이 못의 물을 빼내어 고기를 잡았으니 눈앞만 탐내고 군중의 이익에 손해를 끼쳤습니다." 물은 흘러가버렸으니 다시 돌아올 수 없는 일이었다. 그러나 그 일이 있은 후 부대는 인민들에게 손해를 배상했다.7

등 정위는 원래 엄했지만 또 다른 면으로는 부하들에게 더없이 친절하고 상냥했다. 사실 그는 누구보다도 부대의 생존과 생활을 주시했다. 그러나 그는 오직 규율을 엄격하게 지켜야만 우리의 부대가 인민 군중의 지지를 받을 수 있고, 또 오직 인민의 지지하에서만이 우리의 군대가 곤란을 극복하여 승리를 쟁취할 수 있다는 것을 잘 알고 있었다.

아버지가 보통사람이 상상할 수 없는 어려움을 극복하면서 유, 등대군의 주력을 거느리고 대별산을 고수하고 있을 때에, 계속해 남하한 제10, 제12종대는 각기 대별산 서쪽의 동백 지구와 강한 지구에로 밀고들어가 해방구를 건립했고, 유백승을 따라 외선으로 나간 제1종대는 전진하면서 대별산 서쪽의 광대한 회서(淮西)지구를 개척함으로써 회하를 중원 해방구의 내하로 만들었으며, 진속(陳粟), 진사(陳謝)와 경한선에서의 승리적 회합을 실현했고, 진속야전군과 진사 집단은 적극적으로 평한, 농해 두 개의 큰 철도에 대해 습격과 파괴를 진행하면서 20,000여 명의 적들을 섬멸했다.

아군의 유, 등, 진속과 진사 세 방면 대군의 내외 응원과 적극적인 작전을 거쳐 4개월간 19만 5,000여 명의 적들을 소탕했으며 근 백 개의 현성을 해방했고, 장강, 회하, 한수 사이의 새로운 중원 해방구를 창건했으며, 남선의 적군 총병력 160여 개 여단 중에서 90개 여단을 중원 전쟁터에 끌어들여 이동시킴으로써 전략적 의의를 띤 중대한 승리를 거두었다.

이로서 유, 등이 천리를 약진하여 대별산으로 들어가는 전략적 임무는 완성됐다.

아버지는 이 장엄한 거사를 다음과 같이 회고했다.

"해방전쟁이 막 시작될 때 장개석은 전쟁을 해방구에서 치러 해방구의 인력, 경제력을 고갈시키려고 했다. 모 주석은 곧 전쟁을 장개석의 통치구로 밀고나갈 것을 결정하고 제2야전군은 대별산으로 나가고 동시에 제3야전군은 남하할 것을 명령했다. 그 결과 전선을 장개석의 통치구로 끌고 갔을 뿐만 아니라 해방구의 인력, 경제력을 소모하지 않게 됐는데 바로 이런 방식으로 승리를 획득했던 것이다."

그는 또 이렇게 말했다. "전략상에 단번에 북에서 남으로 천리를 약진하여 장강에 이르렀는데 이것은 위대한 승리였다. 천리를 약진하여 대별산으로 진군한 것은 대단한 전략적 행동이었다. 위대한 전략 사상이 없다면 이러한 결정을 내릴 수 없는 것이다. 이 일련의 전략 사상은 모 주석이 결정한 것이었다."

유, 등의 부대가 이 위대하고도 간고한 전략적 임무를 완성한데 대하여 아버지는 이렇게 말했다.

"1948년 초, 우리는 군사위와 모 주석께 보고서를 올려 대별산을 고수하여 전략적 임무를 실현했다고 알렸다. 대별산 투쟁의 승리는 주로 몇 개 문제에 대한 판단이 정확하고 그 처리도 비교적 정확한 데 있었다. 우리들의 사상자수는 많은 편이 아니었으며 힘도 그렇게 많이 소비하지 않았지만 전략적 임무를 완성했으며, 전선을 황하에서 장강까지 뻗어나가게 했다. 때문에 전략적 반격은 제2야전군이 짊어진 중책이었으며 우리들은 여러 가지 어려움을 모두 극복하고 임무를 완성했다. 역시 늘 하는 말로 표현하면 이것을 '합격'이라 할 수 있는 것이다."

1948년 2월, 중앙의 지시에 따라 등소평은 대별산 전방 지휘소를 거느리고 북쪽으로 회하를 건너 대별산 구역을 벗어났다.

2월 24일, 전, 후방 두 지휘소는 안휘의 임천 지역에서 회합했다.

유, 등은 마침내 상봉했다.

유, 등과 그들의 부대는 대별산으로 진군하여 대별산 지역을 굳건히 고수했다. 이 시각 그들은 대별산에서 나와 부대를 거느리고 더욱 넓은 공간에서 대규모 전투를 벌리려 한다.

중원 쟁탈전에서 아직은 마지막 결과를 알 수 없었지만 승리의 여신은 이미 공산당 쪽에 다가오고 있었다.

주

1. 한서, 《쾌통전》
2. 염대거, 《대별산으로의 진군》, p. 125.
3. 묘빙서, 《중원 전선에서의 유, 등》, p. 136.
4. 《28년간－사단 정위로부터 총서기에 이르기까지》, p. 44.
5. 모택동, <등소평의 '새로운 지구의 토지개혁 정책에 관한 보충 의견'을 허가하여 회람하는데 대한 평어>.
6. 묘빙서, 같은 책, p. 154-155.
7. 《28년간－사단 정치위원으로부터 총서기에 이르기까지》(속편), p. 177.

60 결전의 전야

해방전쟁이 시작되면서 유, 등의 야전군은 얼마나 많은 싸움을 겪어왔던가. 8년 동안의 중일전쟁까지 합하면 그 싸움은 이루 헤아릴 수 없이 많다.

갈수록 많은 전투를 지휘하고 또 보다 큰 규모의 전투를 지휘했건만 유백승과 등소평은 오히려 매우 규모가 작은 지휘처를 두었을 뿐이다. 그 자그마한 규모를 말하면 누구나 놀라지 않을 수 없다.

유백승과 등소평은 사령부 인원은 적게 두되 그 인원들의 자질과 공작의 효율의 고도화를 요구했다.

황하 이북에 있을 때 유, 등대군은 무려 10여 만 명이나 되었으나 야전군사령부는 그 산하에 작전처, 기요처, 정보처, 통신처, 군정처 등 몇 개 기관만 두었었다. 말이 처라고 하지만 한 개 처에 인원이 많아야 20여 명이고 적으면 10여 명밖에 되지 않았다. 무전수, 경위원, 통신원, 차량 운전수의 인원수도 얼마 되지 않았다. 그들은 처음부터 사무실을 따로 설치하지 않았고 비서처를 두지 않았으며 유백승과 등소평은 개인비서를 두어 본 적이 없다.

유백승과 등소평은 작전과에서 사무를 보았다. 날마다 아침을 먹고 나면 작전과로 가서 전쟁을 지휘하고 기타 업무를 보았다.

작전과는 곧 그들의 사무실이었다.

전쟁을 진행하는 만큼 그들은 밤과 낮이 따로 없이 전심전력으로 군정대사를 처리해야 했다. 그들이 날마다 지키고 있는 작전과에서는 얼마나 많은 임무를 수행해야 하고 또 얼마나 긴장되고 어려웠겠는가

하는 것은 가히 상상할 수 있을 것이다.

그들은 작전과의 인원을 최소한으로 두고 일의 질과 효율을 높일 것을 요구했다.

이렇게 말하면 누구도 믿지 않을 것이다. 1946년 9월에 작전처에는 처장 한 사람뿐이었고 작전과에는 작전참모 두 사람뿐이었다. 1947년 봄에 이르러서야 작전과의 인원이 네 명으로 불어났다.

대별산에 도착한 후 이선념이 야전군 부사령원으로 오면서 네 명의 작전참모를 데려오는 바람에 얼마 지나지 않아 작전과의 인원이 9명으로 확대됐다. 이에 작전과의 인원이 한 배나마 불어났으니 그야말로 대부대가 된 셈이다.

1948년 5월에 이르러 진의가 중원야전군의 부사령원으로 임명되면서 또 한 사람을 데려와 작전과의 인원이 꼭 10명을 채웠으니 열 명의 장군을 둔 셈이다.

1948년 하반기에 진경 병단이 유, 등야전군으로 돌아오고 화동야전군의 한 개 병단이 유, 등야전군의 지휘하에 귀속됐으므로 유, 등야전군 원래의 6개 야전종대, 한 개 군단, 7개 군구를 합하면 인원이 무려 수십 만 명이나 되는 대군이었다. 게다가 4,500만 인구를 가진 새 해방구가 있다. 이때에 와서 싸움은 더욱 크게 벌어지게 됨에 따라 작전과의 임무도 몇 배씩 늘어났다.

작전과장인 장생화(張生華)는 두 번이나 이달 참모장을 찾아 인원의 증파를 요구했다.

하루는 등소평 정치위원이 작전과에서 업무를 보고 난 후 장생화에게 이렇게 말했다. "작전과에서 사람을 더 늘리겠다 하는데 내가 보기에는 이만하면 작전과의 인원이 많은 셈이오. 과장에 부과장까지 하면 모두 열 명이나 되는데 열 사람이 힘을 합쳐 일을 하면 얼마나 큰 힘이겠소! 기노예 전선과 예북 전선에 있을 때 작전과에는 인원이 고작해야 서너댓 명밖에 되지 않았잖소, 사람은 적은데 할 일은 태산 같고 임무도 막중하지만 그럴수록 더욱 부지런해지고 똘똘 뭉쳐서 최선을 다하여 일하게 되는 것이오. 군대는 많아서 좋은 것이 아니라 정예화돼야 하오. 그러니 사람들의 자질을 높이고 사업방법을 개선하여 효율을 높이는 것으로 문제를 해결해야 하겠소. 인원은 늘리지 마시오."1

열 명이라면 그야말로 포켓형의 작전과라고 할 수 있다. 그렇다면 이렇게 작은 작전지휘계통으로 어떻게 천군만마를 인솔하여 유격전, 기동전의 대규모 대병 작전을 지휘했을까?

장생화는 매일 그들의 신변에 있었으므로 당시의 상황을 잘 알 수 있었다.

그는 다음과 같이 말했다. "유백승과 등소평은 직접 전투를 지휘하면서 중대한 문제들은 몸소 처리하고 그날의 일은 그날에 끝마쳤다. 오고가는 모든 전보와 각종의 정보들은 모두 먼저 작전과로 보낸 다음 참모인원들이 유형별로 분류해 놓으면 유백승과 등소평이 열람하고 처리했다. 이렇게 하면 일을 제 시간에 마칠 수 있었고 또한 효율도 높일 수 있었다.

당시 야전군의 참모장은 이달로서 유백승과 등소평의 대리인이었다. 이달은 유백승과 등소평의 의사를 정확하게 포착하고 작전에서의 많은 구체적인 지휘를 스스로 짊어졌으며 작전과의 모든 사람들의 열성을 남김없이 발휘시켰고, 언제나 수장이 도착하기 전에 답보 전보의 전보문을 작성해 놓고 기다렸다. 이는 작업의 효율을 크게 높일 수 있었다.

유백승, 등소평과 기타의 수장들은 모두 중대한 사업을 직접 자신들의 손으로 써서 처리하거나 손수 원고를 작성하고 또는 말하는 것을 받아쓰게 했다. 유백승과 등소평은 문건을 작성하거나 보고서를 쓸 때 언제나 자신들이 직접 집필하였고 연설 원고를 남에게 써달라고 한 적이 없었다. 그들의 공통된 특징이라면 연설을 할 때 연설 원고 없이 그냥 했다는 것이다. 연설을 한번 시작하면 몇 시간씩이나 했지만 아주 인기가 있었다. '마음속에서 원고를 쓴다.'는 것은 이를 두고 한 말일 것이다. 유, 등야전군은 매 한 차례의 전역을 치르고 난 다음 언제나 총결과 보고서를 썼는데, 이런 것은 기본적으로 유백승과 이달이 했다. 회해 전역에서 황유 병단을 소멸한 총화보고 초고는 등소평이 손수 쓴 것이다. 등소평은 수많은 문건과 전보문을 작성해야 했는데 중앙에 보내는 보고서만 해도 1년에 수십 가지가 됐다. 작전과의 사람들은 '등소평 정치위원은 전보문을 빨리 작성하고 많이 작성하고 멋지게 작성하면서도 거기에 나오는 많은 숫자들을 아주 정확하게 기억하고 있다.'고 말했다.

유백승과 등소평은 사령부의 업무를 아주 엄격하게 할 것을 요구하였다. 등소평은 늘 이렇게 말했다. '당신들의 사업은 우리의 작전계획과 결심을 수행하는 것이오. 당신들의 사업이 어떠한가 하는 것은 천군만마의 행동에 관계되고 전역과 전투의 승패에 관계되는 것이오.'라고 하면서 '당신들의 사업에는 추호의 실책이 있어서도 안 되오.'라고 정중하게 충고를 주었다."

유백승과 등소평은 참모인원들에게 다음과 같이 요구했다.

첫째, 일할 때 속도가 빨라야 한다. 다시 말하면 적정과 아군의 상황을 제때에 정확하게 포착하고 신속히 상부에 보고해야 한다. 유백승과 등소평은 적정과 아군의 상황을 "손금 보듯이 봐야 한다"고 말하고 "시간은 목숨이고 시간은 승리다"고 했다. 전쟁에서 이 말은 가장 정확하고 또한 가장 현실적이고도 중요한 것이었다.

둘째, 참모인원들의 보고는 정확해야 하고 서술한 자료가 사실에 의거해야 하며 실책이 있어서는 안 된다. "조그만 실책이 모든 것을 그르친다." 작전에서 한 가지 문제, 한 마디 말, 심지어 글자 한 자에 실책이 생겨도 엄중한 결과를 초래할 수 있다. 그러므로 작전과의 업무는 빈틈이 없어야 하고 정밀해야 한다.

셋째, 참모인원들은 업무에 정통하고 적정군의 상황, 아군의 상황, 지형, 기후 등 각 방면의 상황을 늘 잘 알고 있어야 한다. 등소평은 적정을 손금 보듯이 알고 있어 참모인원들보다 더 똑똑히 기억하고 있었다. 그는 늘 불시에 참모인원들에게 이러저러한 문제를 질문하는데 제대로 대답을 하지 못하면 "젊은 사람들의 기억이 어째서 나보다도 못한가!"라고 하면서 웃곤 했다. 유백승과 등소평은 참모인원들이 글도 잘 쓰고 그림도 잘 그리고 큰일 작은 일을 가리지 말고 다 할줄 알아야 한다고 했다.

직접 현지에 나가 사무를 보고 참모인원들이 효율적으로 사업하는 것이 바로 유백승과 등소평이 작전을 지휘하는 기본적인 특징이다.

유, 등대군의 사령부에는 겉치레가 있을 수 없고 불필요한 인사치레가 없이 크고 작은 일을 함께 처리했으며, 그 자리에서 작전명령을 내려 그 명령이 직접 작전지휘 현장으로 하달됐다.

이것이 바로 그들의 작전지휘 자세였다.

장생화는 감개무량해 하면서 다음과 같이 말했다. "유백승, 등소평, 이달 이 세 수장은 사이가 매우 친근하여 사업에서 한 사람처럼 융합됐다. 전역의 실시 과정에 이달 참모장이 자발적으로 많은 번잡한 업무를 짊어졌으며 이달 참모장이 처리할 수 없는 문제는 등소평 정치위원이 직접 각 종대의 지휘자들을 적극적으로 찾아가 설명을 하고 지휘했다. 전역의 실시 과정에 어려운 문제에 부딪쳤을 때에야 유백승 사령관이 나서서 지휘했다. 그들의 이런 작전지휘의 특징에 대하여 각 종대의 지휘자들은 잘 알고 있었다."

유백승과 등소평 사이의 관계에 대하여 장생화는 더욱 많은 감명을 받았었다. 그는 다음과 같이 썼다. "유백승 사령관과 등소평 정치위원은 서로 존중하고 상호 신임했으며 서로 지지하고 한 사람처럼 틈이 없었다. 이는 우리에게 깊은 교훈을 주었다. 등소평은 늘 '유백승 사령관은 연세가 많고 몸이 예전같지 않으므로 사령부에서는 특별히 보살펴 드려야 하오. 일이 있으면 나와 참모장에게 이야기하고 사령관은 군사전문가인 만큼 큰 일이 있을 때만 찾아가 도움을 요청하시오.'라고 말했고, 유백승 사령관은 '등소평 정치위원은 우리가 얻기 어려운 정치위원으로서 문무를 겸비했으니 모두 그분을 존중하고 정치위원의 말을 들어야 하오.'라고 말하곤 했다."[2]

장생화뿐만 아니라 유, 등야전군의 모든 사람들은 누구나 유백승과 등소평 이 두 사람의 각별한 사이로부터 깊은 감명을 받았고 느끼는 것이 많았다.

사람들은 제2야전군은 단합이 아주 잘 됐다고 말하고 있다. 이것은 맞는 말이다. 제2야전군의 화합은 우선 유백승과 등소평 사이의 화합이었다. 단결은 바로 힘으로써 필승불패의 역량이었다.

1947년 6월 중국공산당이 영도하는 인민해방군은 전략적 진공으로 전환했다. 반 년 사이에 아군의 세 방면의 대군이 남하하여 장강, 회하, 한수 사이의 광활한 지역에 발을 내딛게 됐다. 화북 전선, 동북 전선, 서북 전선, 화동 전선과 기타 전선에서 아군은 진공과 역습을 가하여 많은 적을 섬멸했다.

중국의 전쟁 정세에는 보다 새로운 변화가 나타났는데 이는 하나의 질적인 변화였다.

전쟁은 주로 국민당의 통치구역에서 진행됐다.

1947년말에 모택동은 섬북에서 다음과 같이 호기 있게 지적했다.

"중국인민의 혁명전쟁은 지금 전환점에 들어섰다. 이는 지난 20년 동안 장개석의 반혁명 통치가 발전에서 소멸로 가는 전환점이다. 이는 지난 100여 년 동안 중국에서의 제국주의 통치가 발전에서 소멸로 넘어가는 전환점이다. 이는 하나의 위대한 사변이다. 이 사변은 일단 발생하기만 하면 곧 반드시 전국적 승리로 나아가게 될 것이다."[3]

1948년초에 남부 전선인 중원 전선에서 국민당과 공산당의 병력대비는 다음과 같았다.

국민당의 병력을 말하면 국방부 장관 백숭희, 육군 총사령원 고축동, 서안 수정공서 주임 호종남의 통솔하에 세 개 개편군단, 37개 개편사단, 86개 여단 산하에 도합 66만 명의 병력을 보유하고 있었는데, 이것은 전국 국민당 총 병력의 3분의 1을 차지했다. 그 가운데 호련(胡璉), 구청천(邱淸泉), 장진(張軫), 손원량(孫元良), 문회창(裴會昌), 장공(張淦) 등 많은 우수한 장령들이 있었다.

이 66만 명의 병력은 차치하고 백숭희, 고축동, 호종남 이 세 사람만 보더라도 만만한 사람들이 아니었다.

백숭희는 광서군대의 원로로서 계책이 많고 교활하여 '작은 제갈량'이란 별명을 가지고 있었다. 고축동은 황포군관학교 출신으로 계속하여 국민당 참모총장, 육군 총사령 등 요직을 맡고 있었다. 수십 년 동안 그는 장개석을 따라다니며 '공산당을 토벌하는' 심복이 됐다. 호종남은 장개석의 신임을 가장 많이 받는 황포군관학교 제1기 학생으로서 장개석이 공산당과 싸우는데 상장군으로 참여했을 뿐만 아니라 장개석과 한 고향 사람이었다.

이상의 배치만 보더라도 장개석은 중원 전선을 매우 중시했다.

공산당의 병력을 보면 유백승, 등소평의 야전군 주력, 진석련, 사부치 집단, 화북야전군 진사구(陳士榘), 당량(唐亮) 병단 등 삼대 작전 집단의 병력이 도합 5개 여단에 35만명으로서 유백승과 등소평이 통일적으로 지휘했다. 공산당의 이 부대는 회하, 한수, 농해철도와 진포철도 구간에서 기동전이나 중간 규모의 섬멸전을 진행하고 있었다(화북야전군의 속유 병단은 다른 임무를 수행하고 있었다). 이상의 배치를 보면 공산당의 총체적인 전략지도 사상은 계속 적들을 대량으로 섬멸하고 국민당의 중원 방어체계를 분쇄하는 것이었다.

중원 지구에 대한 지도력을 강화하기 위하여 중공 중앙에서는 다음과 같이 결정했다.

첫째, 중원국을 강화하여 등소평을 제1서기로 임명하고 진의를 제2서기로 임명한다.

둘째, 중원군구를 건립하여 유백승을 사령관으로, 진의를 제1부사령관으로, 이선념을 제2부사령관으로, 등소평을 정치위원으로 임명한다.

중원군구는 산하에 7개 군구를 설치한다.

셋째, 유, 등의 진기노예야전군의 이름을 중원야전군으로 고치고 제 1종대, 제2종대, 제3종대, 제4종대, 제6종대, 제9종대, 제11종대 이 7개 종대를 관할하고 화동야전군의 진사구, 당량 병단의 지휘를 책임진다.

유, 등야전군은 이때부터 중원야전군으로 이름을 고쳤는데 중야(中野)로 약칭했다. 중원 지구에서 국민당과 공산당은 군사적 배치를 완료했다. 중원의 쟁탈전은 아직 승부가 나지 않았다.

모택동은 부대를 지휘하여 중원 지구에서 절도 있고 계획적인 군사행동을 시작했다.

1948년 2월, 유, 등대군은 대별산으로부터 진출하여 회하 이북 지역에서 휴식했다.

3월달에 진석련, 사부치 병단과 진사구, 당량 병단은 진공을 개시하여 하남의 대도시 낙양을 일거에 함락하는 한편 유, 등대군의 휴식을 엄호했다.

5월 2일에 진경이 지휘하는 중원야전군 제2종대와 제4종대, 그리고 화북의 제10종대가 완서 전역을 진행하여 적 21,000여 명을 섬멸하고 9개 현성을 해방시켰다.

이때 속유 병단은 휴식과 정비를 끝내고 중앙의 명령에 따라 중원 전선에 뛰어들었다.

5월 22일 장진익 국민당부대를 견제하고 속유 병단의 남하를 엄호하기 위하여 유, 등의 중원야전군은 완동 전역을 개시했는데, 동부집단과 서부집단은 각기 진석련과 진경이 지휘했다. 이 전역에서 열흘이 걸리지 않아 적군 10,000여 명을 소멸하고 장진 수하의 소장 3명을 사로잡았다.

중원에는 장개석의 세 개 기동병단이 있었는데 즉 남양의 장진 병단, 주마점의 호련 병단, 산동서남의 구청천 병단이었다.

화북야전군이 산동 서남으로 진출하여 포착한 목표가 구청천의 제5

군단이었다.

6월 17일, 아군은 예동 작전을 진행했다. 화북야전군은 구청천 부대를 타격하고 중원야전군은 구청천에 대한 호련과 장진의 원조 부대를 저지했다. 7월 6일에 이르러 화북야전군은 구청천 부대의 적군 90,000여 명을 섬멸하고 중원야전군은 세 차례의 저격전을 거쳐 역시 7,000명의 적군을 소멸시켰다.

이 전역이 있은 후 화북야전군은 휴식 정돈으로 들어가고 7월 2일 중원야전군이 양번 전역을 개시했다. 이에 이르러 전쟁터는 북에서 남으로 이전되어 한수 유역에 이르렀다.

7월 16일 양번 전쟁이 끝나고 유, 등야전군은 적군 21,000명을 소멸시켰으며 양양, 번성 등의 도시를 해방하고 한수 중부지역을 통제하고 국민당의 특무두목 강택을 사로잡았다.

1948년 1월부터 7월까지 중원 전선에서 중원야전군과 화북야전군은 상호 연합하고 연속 작전하여 적군 20만 명 이상을 소멸하고 낙양, 개봉, 양번 등 주요 도시들을 해방시켰다.

회하와 한수 이북의 국민당군대의 방어체계는 완전히 무너졌다.

중원 해방구의 인구는 3천만 명에 달하고 인력, 경제력이 모두 크게 늘어났다.

아버지는 우리에게 다음과 같이 자랑스럽게 이야기한 적이 있다. "대별산에서 나온 다음 제2야전군은 약화됐었다. 제2야전군은 워낙 장비가 열악한데다 적들에게서 노획한 중장비마저 황하를 넘을 때 잃어버렸다. 병력도 원래 얼마 되지 않는 것을 두 방면으로 나누어 우리가 한 방면을, 진경이 한 방면을 지휘했으며, 주력부대는 비록 네 개 종대라고 하나 그중 세 개 종대는 각 종대에 두 개 여단씩밖에 없었다. 그러나 우리의 투지는 조금도 위축되지 않았다. 회해 전역을 앞두고 우리는 몇몇 소전투들을 진행하여 승리를 전취하면서 기회만 있으면 놓치지 않고 타격했다 이때 중원 지구는 서로 대치 상태에 들어

갔고 동북에서는 우리가 승전하고 서북도 아군이 굳세게 고수하여 전국을 크게 고무시켰다. 총체적인 정세는 우리에게 유리했다."

아버지가 말한 것과 같이 해방전쟁의 이듬해가 끝날 무렵, 다시 말하면 1948년 6월과 7월 사이에 전반적인 정세는 확실히 좋아졌다.

공산당의 군대는 서북에서 4개월 동안에 적군 53,000명을 섬멸하고, 화북에서는 몇 차례의 전역을 거쳐 적군 14만 명을 소멸했으며, 동북에서는 90일 만에 적군 15만 6,000여 명을 소멸하고 사평, 길림, 영구 등 전략 거점을 점령했다.

해방전쟁의 이듬해에 공산당은 국민당 정규군 도합 94개 여단의 152만여 명을 소멸하고, 적군의 장령급 군관을 174명을 사살하거나 사로잡았으며, 3,700만의 인구를 해방하고, 15만 5,600평방킬로미터의 국토를 수복하거나 해방시켰으며 164개의 도시를 함락했다.

공산당이 통치하는 지구는 235만 평방킬로미터로 확대되고 도시는 579개로 늘어났으며 인구는 1억 6,800만 명에 달하고 인민해방군은 280만 명으로 증강됐다.

국민당군대는 152만 명의 병력을 상실한 외에도 정규군이 모두 동북, 서북, 화북, 중원, 화동 전선에 분리되었으며 그 가운데 대부분의 병력은 전략적 요충지와 교통선을 지키다보니 기동작전의 수행능력을 상실했다.

장개석 통치구에 국민당정부의 재정과 경제는 전례없는 위기에 빠졌다. 거액의 재정 적자가 끊임없이 상승했고 통화 팽창이 굶주린 맹수마냥 판을 치고 화폐는 종잇장이 되어버리고 물가는 날마다 몰라 보게 폭등했으며, 화폐인쇄공장에서 그날 사용할 화폐도 다 찍어낼 수 없는 형편에 이르렀다.

장개석은 군사적으로 실패하고 경제적으로도 실패했다. 그는 기분이 좋을 리 없었다. 그는 "국군은 가는 곳마다 견제당하고 가는 곳마다 패배하고 있다."[4]고 개탄했다.

중국에서 정치에 휘말려 든 세력으로서는 국민당과 공산당뿐만 아니라 미국도 개입되어 있었다.

미국정부는 중국에서 일어나고 있는 모든 것을 똑똑히 보고 있었다. 중국주재 미국 대사 스트로덴은 미국 국무장관 마셜에게 보낸 편지에 이렇게 썼다. "정세는 붕괴의 직전에 이를 정도로 악화됐다."[5]

미국은 공산당이 승리를 쟁취하는 것이 달갑지 않았다. 그러므로 그들은 계속 국민당이 내전을 진행하도록 지지했다. 다른 한편으로 미국은 무능한 장개석에 대하여 불만이 가득 차 원래 광서의 군벌이었던 이종인을 암암리에 지지하여 장개석을 실각시켰다. 미국의 목적은 중국에서 다른 한 대리인을 찾아 무너져가는 정세를 만회하려 했다.

제2차 세계대전 이후 미국은 세력이 대폭 늘어나 세계에서 자기들이 하고 싶은 일이라면 무엇이나 다 해낼 수 있다고 믿고 있었다. 사실 그자들은 중국의 시국이 이 지경에 이르러 무기를 지원하고 차관을 대여하며 대리인을 교체하든지 무슨 방법을 사용하여도 그것이 밑빠진 독에 물을 붓는 것과 같다는 것을 몰랐다.

인민들의 뜻을 거스르는 자들, 자연의 법칙을 거슬러 움직이는 자들은 그가 중국사람이건 아니면 외국사람이건 또 자기들의 목적을 위하여 어떤 음모를 꾸미던 결국은 만회할 수 없는 참패로 끝나게 될 것이며 머리에는 흰 머리카락과 얼굴에는 주름만 더 늘게 될 따름이다.

1928년 7월 해방전쟁은 세번째 해에 들어섰다.

이 시기에 이르러 국민당과 공산당의 역량대비는 3.14대 1로부터 1.3대 1로 변했다.

국민당이나 공산당을 막론하고 이 세번째 해는 모든 운명을 결정하는 한 해였다.

국민당과 공산당은 각자 회의를 열고 전쟁의 정세와 전략적 문제들을 연구했다. 국민당은 '군사검토회'를 열었고, 공산당은 정치국회의를 개최하였다.

장개석은 군사검토회를 남경의 높은 고층 빌딩에서 열었지만 모택동

은 하북성 건평현의 서백파(西柏坡)라고 부르는 작은 산간마을의 토방집에서 정치국회의를 열었다.[6]

모택동과 중공 중앙기관은 1948년 3월에 동으로 황하를 넘어 4, 5월경에 서백파에 도착했던 것이다. 서백파라는 이 태항산 기슭의 자그마한 산간마을은 갑자기 중국공산당의 '수뇌자 기관의 주둔지'로 변했다.

1948년 9월 8일부터 13일까지의 기간에 중공 중앙에서는 확대정치국회의를 열었다. 중앙정치국위원, 후보위원, 각 해방구 당 및 군대의 책임자들이 회의에 출석했다.

아버지는 7월 하순에 하남의 보풍현 주둔지를 출발하여 서백파회의에 참석했다. 아버지는 당시 정치국 위원은 아니었으나 중원국의 제 1 서기였다.

아버지는 유백승과 작별하고 적들에게서 빼앗은 미국제 군용 지프를 타고 낙양으로 질주했다. 그는 중앙의 지도자들에게 드릴 선물로 영지초와 수정석을 가져 갔었는데 이 두 가지 물건은 그리 귀한 것은 아니었으나 적들에게서 빼앗은 전리품으로서의 의의를 가지고 있었다.

임여를 지난 후 아버지는 지프를 세우지 않고 차 안에서 아침식사를 했다. 용문석굴을 지났으나 아버지는 세계적으로 유명한 이 고대예술을 감상할 시간이 없었다. 이수를 지나며 그는 강물이 도도히 흐르는 강가에 서서 자신이 탔던 지프차를 큰 트럭에 싣고 강을 건너는 장면을 감상했다.

낙양 교외의 관제총을 지나면서 차에서 내려 성묘하지 않았다. 낙양성을 벗어나서 옛날 명장 관우의 묘소를 지나면서도 아버지는 참배할 생각이 없었다. 동한의 광무제 유수(劉秀)의 묘소를 지나면서도 그는 참배할 생각이 전혀 없었다.

그는 연속 며칠을 달리면서 유숙지에 이르면 당지의 사람들을 찾아 이야기를 나누고, 한창 전투가 진행되는 싸움터를 지나게 될 때에는 대낮은 적기의 소사로 길을 달릴 수 없어 밤중에 달렸다. 길이 포탄에 허리가 잘리워 나갔으나 그는 돌아갈 생각을 하지 않고 울퉁불퉁한 길을 한사코 타고넘어 직선거리로 달렸다. 이 며칠 동안 아버지는 잠시도 마음을 놓고 쉴 수 없었다.

그의 마음은 줄곧 절박했다. 그것은 이번에 참가하는 회의가 몹시 중요한 회의로서 중국의 앞날과 운명을 결정하는 회의라는 것을 잘 알고 있었기 때문이다.

서백파회의는 확실히 중국공산당의 극히 중요한 회의였다. 회의에서는 다음과 같은 전략적인 과업을 제기했다. 약 500만 명의 병력을 가진 인민해방군을 건설하며 1946년부터 계산하여 약 5년 동안에 적들의 정규군 500개의 여단을 섬멸하고 장개석의 국민당 반동통치를 뿌리채 뽑아야 한다.

회의에서는 다음과 같이 지적했다. 해방전쟁이 3년째를 맞는 이 해는 5년 계획에서 가장 중요한 한 해로서 군사적으로 계속 외부 전선 진공으로 나가고 전쟁을 국민당의 통치구에서 진행하며 몇 차례 대결전을 시도해야 한다. 해방군은 여전히 모두 양자강 이북, 화북과 동북에서 작전하되 작전의 중심은 중원에 둔다.

회의에서는 다음과 같이 호소했다. 전에 없는 대전쟁을 진행하고 적들과 강대한 병단 작전을 하며 적들이 강고한 방어시설에 둥지를 틀고 있는 대도시들을 공략하여 전국적 승리를 전취해야 한다.

회의에서는 또한 정치적으로 전국적인 중앙정부를 세울 문제를 의사일정에 상정한 1949년 안으로 정치협상회의를 열고 인민공화국과 중앙정부를 창건할 것을 제기했다.

모택동의 정책결정은 언제나 그처럼 과감하고 즉각적이었다. 모택동의 판단은 언제나 남보다 앞서고 정확했다. 그의 담략은 언제나 일반인들의 상상을 초과했다.

대 일본전쟁의 가장 어려운 시기에 그는 반드시 승전한다는 것을 예언했고, 국민당군대가 절대적인 우세를 차지하고 있는 상황에서도 필승불패를 굳게 믿었으며, 아군의 역량이 아직 적군에 비하여 훨씬 약한 실정에서도 전략적인 역습을 진행할 것을 명령했으며, 아군의 역량이 아직 적군의 병력을 능가하지 못하고 있는 상황에서도 대결전을 진행할 것을 결심했다.

중화대지에서 공산당과 국민당간의 전략적 대결전은 이로써 막을 올렸다.

주 ─────────────────────────────────────
1. 장생화, 《유백승, 등소평, 이달이 지도하는 사령부》.
2. 같은 책.
3. 모택동, 《모택동 선집》(제4권).
4. 대만의 '국방연구', 《장대통령집》(제2책) P. 163.
5. 1948년 8월 10일 스트로덴이 마셜에게 보낸 보고.
6. 서백파는 지금 하북성 평산현에 속한다.

61 대결전

1948년의 늦가을이 다가왔다.

중국의 대지 960만 평방킬로미터의 땅에 혹열은 멀리 물러가고 햇빛도 더욱 맑고 선명해졌다. 푸른 하늘에 끝없이 길게 뻗은 구름은 빠르게 흘러가고 강물도 동으로 쉬지 않고 흘러간다.

가을이 왔다. 가을 바람이 분다. 다가오는 가을에 대한 느낌은 한결같지 않다. 슬픔에 잠긴 자에게는 가을은 소슬함을, 시들어 떨어짐을, 추움이 다가옴을, 풀기 어려운 번민으로 짓눌린 슬픔의 수심 수(愁)자를 상기시킨다. 수심은 마음 속의 가을이다. 수심과 가을은 감상적인 시인이 읊는 영원한 두 주제이다. 이는 가을을 비애로 보는 사람의 감정이다.

그러나 마음이 유쾌한 사람은 가을에 전혀 다른 인상을 부여한다. 그들이 본 가을은 맑고도 짙푸르며 한없이 넓고 아득하다. 그들이 걷는 가을의 대지는 오곡이 풍성하게 무르익고 만물을 거두어 들이는 땅이다. 그들이 흡입하는 가을의 냄새는 무르익고 풍만하며 온후하면서도 로맨틱한 정서이다.

그들의 눈에 가을은 금빛이다. 그들의 마음에 가을은 성취와 승리를 상징한다. 이는 성공한 자의 마음이다.

1948년의 가을은 감동적인 가을이었다. 성공한 자나 실패한 자나 모두 평생토록 잊을 수 없을 것이다.

중국 공산당은 1948년의 가을과 겨울 두 계절에 전례없는 대규모의 섬멸전을 할 예정이었다. 중공 중앙은 아래와 같이 지시했다

화동야전군은 가을에 제남을 쟁취하고 겨울에 서주를 점령하라.

중원야전군은 유치(劉峙) 집단과 중원에서 결전하라.

동북야전군은 동북에서 위립황(衛立煌) 집단을 전멸하라.

화북지역에서는 태원을 함락하고 북경의 부작의(傅作義) 집단을 소멸하라.

3년째 되는 해의 작전 계획하에서 적의 정규군 115개 사단을 전부 섬멸하고 장강 이북의 적 병력의 80 퍼센트를 섬멸했다.

1948년 9월부터 시작하여 중국 공산당군은 동북, 화동, 중원, 화북과 서북 전쟁터에서 계속하여 전례없는 추계 및 동계 공세를 발동했다.

1948년 9월부터 1949년 1월까지 중국 공산당의 군대는 연이어 요심(遼瀋), 회해(淮海), 평진(平津)의 3대 전략 결전을 감행했다.

광할한 중국 영토의 북방 지역에서 전략적인 대결전이 시작됐다.

삼대 전역의 첫 전역은 중국 동북의 요녕 심양 지역에서 단행된 요심 전역이다.

동북 지역은 수탉처럼 생긴 중국의 머리로서 소련, 한국과 인접해 있고 중국에서 중공업이 가장 발달된 지역이며 당초에 일본 침략군이 맨 먼저 점령한 지역이다.

1948년 가을에 동북의 97퍼센트 이상의 지역이 공산당의 수중에 장악되었으며 86퍼센트의 인구가 신생의 해방을 맞이했다. 농북에 아군 정규군의 병력은 약 70만이며 그외에 33만의 지방 군대가 있었다. 동북야전군은 12개 종대에 36개의 주력 사단이 있으며 다량의 대포와 비교적 성능이 우수한 경장비 무기를 보유하고 있다. 중국공산당 군대 중에서 병력이 가장 막강하고 장비 또한 가장 우수한 주력군이다.

국민당 측을 보면 동북 토벌 사령 위립황 집단은 국민당군의 주요한 전략 집단중의 하나이다. 이 집단에는 55만의 병력이 있지만 서로 고립되어 있는 장춘, 심양과 금주 세 지역에 흩어져 있으며, 장춘과 심양의 물자 보급은 완전히 공수(空輸)에 의존하고 있다.

동북의 공산당의 병력은 이미 국민당을 능가했다.

동북을 고수하느냐 아니면 철수하느냐 하는 전략을 놓고 장개석은 주저하며 선뜻 결정하지 못했다. 즉 만약 고수하지 못하면 공산당에게 전멸당할 것 같고 철수하면 실력은 온전히 할 수 있으나 정치 영향이 악화될 것 같다. 위립황은 만약 철수한다 하더라도 제대로 철수하지 못할 뿐만 아니라 도중에 공산당군에게 전부 섬멸당할 가능성이 많을 것이라고 근심했다.

여러 번 망설이던 끝에 장개석은 동북을 고수하여 심양, 금주와 장춘을 확보하며 관내로 통하는 북녕 철도를 서로 이으려는 최후의 결심을 내렸다.

동북 지역에서 아군의 병력과 경제력이 국민당을 능가하고 있음을 파악한 모택동은 국민당군을 동북에 가두어 놓고 하나하나씩 섬멸하려는 결심을 내렸다.

장춘, 심양, 그리고 금주는 동북으로부터 관내까지 한일자로 배열된다.

모택동은 전보로 임표와 나영환에게 명령을 내려 금주를 먼저 공략하여 적군이 관내로 철퇴하는 인후를 막게끔 했다.

임표는 북녕 철도로 남하하여 금주를 치지 않고 근처의 장춘을 함락하려는 생각을 하며 한동안 주저했다. 이때 적군은 철퇴시 해상 통로를 보장하기 위하여 금주 부근의 호로도에 병력을 증강했다. 적들이 이렇게 움직일 때 만약 시간을 지체하면 적의 퇴로를 끊어버리지 못하며 동북에서 적군을 전부 섬멸하는 기회를 놓치게 된다.

이때에야 임표는 비로소 먼저 금주를 함락할 결단을 내렸다.

10월 9일부터 15일까지 동북야전군은 격렬하고 간고한 공격전과 저지전을 거쳐 마침내 동북에서 관내로 들어가는 요새지이며 인후인 금주를 함락했다.

공산당군대가 금주를 칠 때 장개석은 노심초사 끝에 직접 북경으로,

심양으로 가서 작전을 지휘했다. 금주를 잃은 후 장개석은 격노하며 또다시 직접 심양으로 날아갔다. 심양으로 간 장개석은 이번에는 동북을 고수하는 정책을 고쳐 장춘을 고수하는 군대에게 포위망을 뚫고 남쪽의 심양으로 접근하라고 엄명했다.

이게 무슨 전술인지 도무지 모를 일이다. 원래 서로 호응하고 지원할 수 있는 두 힘이 한군데 모여 있으면 같이 맞고 도망칠려면 누구도 도망칠 수 없으니 말이다. 장춘을 고수하던 군대는 호랑이의 입으로 들어가지 않았다. 정동국(鄭洞國)이 부대를 이끌고 기의함으로써 장춘은 평화적으로 해방됐다.

금주와 장춘을 연이어 상실한 장개석은 더욱 조급하였다. 그는 세번째로 심양에 날아가 이번에는 노발대발하여 총 퇴각을 지휘하여 심양의 주력 요요상(寥燿湘) 병단을 남으로 철수하라고 명령했다.

이때 철수하면 어떻게 하는가? 남쪽으로 철수하던 도중 요요상은 아군의 습격을 당했을 뿐만 아니라 포위를 당했으며, 게다가 아군의 대담한 동시 다발적인 공격을 받았다. 요요상과 그의 부대는 난리가 났다. 120평방킬로미터 안의 혼란 속에서 요요상 부대는 전멸당하는 악운을 피할 수 없었다.

요요상이 섬멸된 후 시국을 판단할 줄 아는 그의 직속 상관인 위립황은 이내 비행기를 타고 심양을 탈출했다.

11월 2일에 아군은 심양을 점령했다. 요심 전역은 막을 내렸다.

52일 동안의 작선을 통하여 아군은 69,000명이 선사한 대가로 석군의 일개 토벌 총사령부의 4개 부대 11개 군단, 도합 33개 사단의 47만 2,000여 명을 섬멸했다.

공산당 군대는 동북 전역을 지배하게 되었다.

이번 전역 후 국민당의 총 병력은 290만으로 줄었고 공산당 총 병력은 300만으로 증가했다.

국공 양당의 우열 순위는 바뀌었다.

모택동은 "이제는 우리가 원래 계획했던 전쟁의 진척 상황을 크게 줄일 수 있게 되었다. 지금 상황하에서는 지금으로부터 1년 정도의 시간이면 국민당 반동 정부를 완전하게 타도할 수 있다."1라고 자신 있게 이야기하였다.

동북 문제를 해결한 중국 공산당의 다음의 목표는 중원이다.

중국인민해방군 총사령관 주덕은 "옛날부터 누가 중원에서 승리하는가에 의하여 최후의 승리 여부가 결정된다."라고 말했다.

중국공산당은 중원에서의 다툼을 결속짓고 중화의 패권를 노리기 시작하게 된다.

삼대 전역의 두번째인 회해 전역이 곧 시작하게 된다.

회해 전역의 싸움터는 황하—회하 평원의 강소, 안휘, 산동과 하남 네개 성의 인접지에 있다. 이곳은 지형이 광활하고 인가가 밀집되었으며 남북으로는 천진—상해행 진포철도, 동서로는 정주—서주행 용해 철도가 있다. 이번 전쟁터는 두 대동맥 철도의 교착지 서주를 중심으로 한다.

평원 지대는 지형이 광활하고 도로가 거침없이 뻗어 있어 자연적으로 대부대가 이동 작전을 하는데 유리한 싸움터다.

장개석은 이 지역의 서주 일대에 유치의 부대, 한구 일대에는 백숭희(白崇禧)의 부대를 배치하여 북으로는 용해, 진포 철도를 지배하에 두어 국민당의 수도이자 심장인 남경의 보호벽으로 하고 남으로는 경한 철도의 남단을 지배하고 무한과 신양을 지켜 화남의 보호벽으로 하려 했다.

서주의 유치와 한구의 백숭희는 장개석의 중원 방어체계를 구성했다. 서주는 십(十)자가 처음 된 용해와 진포 두 철도의 중심에 놓여 있다. 서주에는 총사령관 유치를 우두머리로 하는 국민당 서주 토벌 총사령부가 있다.

서주 교외의 군사 배치는 다음과 같다. 서쪽 정주와의 사이에는 구청천(邱淸泉)의 제2병단이 있고, 동쪽에는 이미(李彌)의 제13병단과 황백도(黃百韜)의 제7병단이 있으며, 북쪽에는 삼수구(三綏區)의 부대가 있고, 남쪽 방부(蚌埠)와의 사이의 서쪽에는 손원량(孫元良)의 제16병단, 동쪽에는 이연년(李延年)의 제6병단이 있다.

서주는 중원 전장의 가장 주요한 전략적 요충지이다.

양자강 중류에 있는 한구는 중국 남북을 관통하는 대 동맥인 경한 철로선상에 있다. 한구에는 총사령관 백숭희를 우두머리로 하는 국민 당 화중 토벌 총사령부가 있으며, 그 북부 신양 일대는 황유(黃維)의 제12병단이 있고, 장감(張淦)의 제3병단 그리고 장진의 제5수구(綏區)가 있다.

장개석이 회해 전쟁에 투입한 총 병력은 29개 군단의 70개 사단, 그외에 참여한 다른 부대까지 합하여 모두 70만에 이른다.

공산당 측은 유, 등의 중원야전군의 주력은 서주 서쪽의 개봉 일대에 있고, 진속(陳粟)의 화동야전군의 주력은 서주 동북의 임기(臨沂) 일대에 있었다.

중원, 화동 두 야전군에 화동, 중원, 화북 군구의 부대를 합하면 모두 60만에 이르렀다.

모택동과 중공 중앙은 남부 전선의 전략 상황을 분석한 후 결전의 시기는 이미 성숙됐다고 판단하고, 회해 전역을 발동하기로 개시하였다.

남부 전선에 투입한 아군의 행동을 통일적으로 지휘하기 위하여 중앙은 유백승, 진의, 등소평, 속유, 담진림 등 다섯 사람으로 총전방위 위원회를 구성하고 등소평이 총전방위 서기직을 맡기로 결정했다.

중앙은 총전방위가 화동, 중원 두 야전군을 영도하며 서주를 중심으로 장개석의 제일 큰 전략 집단과 대규모적인 결전을 벌여 3개월 내지 5개월의 기간에 적을 각각 회하 이북 지구에서 소멸하기로 결정했다.

모택동은 회하 전역은 남부 전선 중의 전례없는 대전역이므로 "이 전역에서 승리하면 장강 이북의 형세 뿐만 아니라 전국적인 형세도 대체로 결정될 것이다."[2]라고 지적했다.

중앙은 다음과 같은 결정을 내렸다. 가능하면 5인 회의를 열어 중요한 문제를 토의할 것. 유백승, 진의, 등소평 3인이 상임위가 되어 당연한 모든 일을 처리할 것. 등소평을 총전방위 서기로 임명하는 것 등이다.

중앙은 총전방위에게 모든 당면한 일을 처리할 권한을 주었다.

국공 쌍방은 회해 전쟁의 전략 배치를 끝냈다. 중원 지역에서의 대규모적인 한 차례의 결전은 점점 임박했다.

1948년 11월 상순에 회해 전역은 시작됐다.

중앙의 지시에 근거하여 총전방위는 제1단계의 작전 배치를 확정했다.

화동야전군과 중원야전군 일부를 더한 도합 7개 종대는 서주 이동에서 황백도 병단을 분리하여 포위 섬멸한다. 또한 황백도 동쪽에 있는 이미의 제13병단의 동쪽으로의 지원병을 저격하고 공격한다.

중원야전군은 두 갈래로 나뉜다. 한 부분은 등소평, 진의가 지휘하여 서주-방부 작전을 감행하여 진포 철로의 서주 남부와 방부간의 연결을 차단한다. 다른 한 부분은 유백승이 지휘하여 서남방향으로부터 오는 황유의 제12병단을 지체시킨다.

첫째 행동으로 모든 희생을 아끼지 말고 서주-방부선을 차단한다.

11월 6일에 서-방 철로 양측의 적군은 서-방선으로 접근하며 병력을 집중하기 시작했다.

그날 밤에 아군은 회해 전역을 개시했다.

진, 등은 개봉-서주선에서 공격을 시작하여 신속히 서주 서쪽 100킬로미터에 위치한 탕산(碭山)을 점령하고, 이곳으로부터 정주까지의 300킬로미터의 철로선을 지배할 수 있게 되었으며 서주를 죄어들어갔다. 화동야전군은 서주 이동에서 황백도를 포위하여 강공을 펼쳤다.

서주의 유치는 공산군이 여러 방면으로부터 서주로 진입하는 것을 보고 질겁하여 동서 양 진영의 구청천 제2병단과 이미 제13병단에게 급히 명령하여 서주로 집결하게 하였으며, 황백도 제7병단에게도 즉시 서주로 접근하라고 명령했다.

기실 유치도 일개 상장(대장보다 낮고 중장보다는 높음——옮긴이)급 군관인데 이렇듯 일격에 나가 떨어질 줄 몰랐다. 그는 혼란에 빠져 들어박혀 움직이지 않는 전술을 썼다. 전쟁이 시작되자 유치는 이미 두려워했다. 그의 소심함은 그의 패배를 결정했다.

유치는 총퇴각하려 했지만 진, 등은 기어코 그를 도망치지 못하게 했다.

총전방위는 화동야전군에 황백도를 시급히 포위 섬멸하는데 힘써 노력하라고 지시했다.

화동야전군의 각 부대는 피로, 기아, 죽음과 그 어떤 어려움도 두려워하지 않고 용맹하게 추격, 차단 공격하여 11월 10일에는 황백도가 서쪽으로 도주하는 길을 끊어버리고 제7병단을 연장(碾莊)이라는 좁은 지역 속에 몰아넣었다.

황백도의 제7병단이 포위되니 유치와 장개석은 다급해졌다.

장개석은 "서주—회해의 결전은 실로 우리 혁명의 성패와 국가 존망의 최대 관건이다"라고 노발대발하며 부하들을 질책했다.

장개석은 유치의 무능을 원망하여 제일 마음에 드는 제자 두율명(杜聿明)을 서주로 특파하여 유치의 부관으로 삼아 전선 지휘를 담당케 했다.

장개석은 결전의 병력이 부족하지 않을까 심히 두려워하여 회해 전쟁의 병력을 80만으로 증강했다.

모택동은 전선에 다음과 같이 지시했다. 첫째, 화동야전군은 황백도를 섬멸하여 적을 꼼짝 못하게 하라. 둘째, 중원야전군은 신속히 서주—방부의 요새지 숙현(宿縣)을 점령하라.

중원야전군은 즉시 서주—방부 작전으로 들어갔다. 중원야전군은 한편으로 도로변의 적을 섬멸하면서, 다른 한편으로 11월 12일에 숙현을 점령했다.

숙현은 진포 철로의 서주-방부의 중간에 위치하고 있으므로 남북 교통의 요충이다. 숙현을 점령하면 서주와 방부간의 적군의 연결이 끊어지므로 이는 아주 중요한 전략적 조치였다.

아버지는 우리에게 "숙현이 관건이다. 숙현을 점령하면 서주와 남쪽을 차단하게 되므로 사실상 서주에 대한 전략적인 포위가 형성되게 되는 셈이다."라고 여러 번 말한 적이 있다.

대결전을 묘사한 한 영화에 이런 화면이 나온다. 유, 진, 등 세 사람이 숙현역 육교에 서서 발밑의 쿵쾅하는 소리와 왕래하는 기차의 기적소리를 들으며 감상을 토로하는 장면인데, 이는 숙현을 점령한 전략적인 행동을 마친 후의 유쾌한 심정을 나타낸 것이다.

이 세 사람의 감정 토로, 이는 예술적 처리에서 온 것이다. 그러나 총전방위로 말하면 너무나 경사스런 일이기에 어떠한 예술적 과장도 지나치지 않다.

서주에서 남하하는 통로를 차단했기에 북쪽에서 쉽게 적을 섬멸할 수 있게 됐다.

11월 11일에 화북야전군은 황백도에 대하여 총공격을 감행했다. 22일까지 11일간의 격전, 고전을 걸쳐 아군은 제7병단을 전부 소멸시키고 병단 사령관 황백도를 사살했다.

숙현을 점령하고 황백도 병단을 전부 섬멸함과 동시에 아군은 서주로부터 동쪽으로 황백도를 지원하는 두 개 병단과 방부로부터 북쪽 서주를 지원하는 두 개 병단도 효과적으로 저지 공격했다.

회해 전역의 제1단계는 이로써 막을 내렸다. 아군은 적의 정규군 18개 사단을 섬멸했으며 서주-방부선을 차단하고 유치 집단을 남북 두 편으로 분리시켰다.

11월 23일에 총전방위와 중원야전군 지휘부는 숙현의 조그마한 마을인 이가촌에 주둔했다.

총전방위 세 상임위원 유백승, 진의, 등소평은 한곳에 모이게 되었다.

그들 셋에 대한 이야기는 참으로 재미있다. 모두 사천 사람이고, 모두 몇 십 년간 각지를 돌아다녔지만 모두 고향의 사투리를 그대로 쓰고 있다. 다만 세 사람 간에는 나이가 몇 살씩 차이가 나며 저마다 성격이 다르다.

유백승은 키다리에 돋보기를 끼고 군사적인 책략에 뛰어났고 선비풍이며 너그럽다. 전략 전술을 이야기할 때면 정교하고 심오하다. 어떤 문제나 사물을 이야기할 때는 고상한 말과 속스러운 말을 잘 결합시킨다. 사천 고유의 해학적 수사나 유머 같은 표현을 섞은 비유는 왕왕 사람을 놀라게 하여 듣는 사람으로 하여금 입을 다물지 못하게 한다. 그의 오랜 부하들은 늘 유 사령관의 묘한 말을 책으로 엮어보려 하였지만 유감스럽게도 그 말들이 너무나 상징적이고 생동감이 넘쳐 문자화 할 수 없었다. 당시 유는 54세가 넘은 나이이기에 세 사람 중에서 가장 연장자였다.

진의 키는 좀 작다. 그러나 좀 과할 정도로 몸이 뚱뚱했다. 둥글둥글한 얼굴에 두터운 턱, 그외에 불룩 나온 배는 위풍적이여 참으로 장군다운 위엄이 있다. 그는 사천 사람으로서 당연 사천풍의 유머가 있다. 유머뿐이겠는가. 진의 장군은 선천적으로 소탈하고 호쾌하며 흥미진진한 개방적인 성격의 소유자다. 그에게는 천군만마를 지휘할 수 있는 무공에다 시구가 술술 나오며 글을 척척 써낼 수 있는 문학적인 재질이 있다. 세상 물정을 담론할 때는 사람들에게 깊은 인상을 주는 묘한 어구들을 잘 사용했다. 당시 그는 47세이었다.

등소평의 키는 더 작으며 나이도 더 어리다. 이미 44세인바 불혹지년(不惑之年)은 지났다. 유, 진에 비하여 등은 또 다른 풍채가 있다. 등은 말수가 적으며 속이 깊고 총명하다. 엄숙할 때는 삼군도 무서워할 정도이고 세심할 때는 치밀하게 돌아본다. 그는 과단성이 있으며 의지가 굳세고 오랜 친구와 만날 때는 정이 넘쳐흐른다. 사천말로 고금을 논할 때는 역시 아는 것이 이만저만이 아니다.

등과 유는 더 말할 나위없이 허물 없는 사이다. 등과 진은 같이 프랑스 유학한 인연이 있으므로 할 말도 더 많고 인연도 더 깊다. 어쩌면 이렇게도 신통히 맞추었는지 중원전쟁의 총전방위원회를 묘하고도 훌륭하게 배합하여 놓았다.

유, 진, 등의 지휘부는 이가촌의 한집 뜰안에 설치됐다. 등과 진은 바깥방에 거처하고 연령상 제일 연장자인 유를 안방에 모셨다.

이가촌에 설치된 총전방위에서는 회해 전역의 제2단계를 누구부터 공격할 것인가를 연구하고 있는 중이다.

전쟁의 형세를 거듭 분석한 후 총전방위원회는 11월 23일에 중앙에 전보문을 보내 먼저 황유를 공격할 것을 건의했다.

다음날 중앙에서 즉각 먼저 황유를 치는 것에 전적으로 동의한다는 회답전보가 왔다. 중앙은 긴급한 상황에 봉착했을 때는 모든 문제를 중앙의 허가를 받을 필요없이 유, 진, 등이 임기응변으로 처리할 것을 지시했다. 또 한 차례의 임기 처리와 중앙의 동의를 구할 필요 없다는 지시다.

당 중앙과 모택동은 회해 총전방위를 지극히 신임하고 있었다.

황유의 제12병단은 장개석의 직계군 정예부대다. 12만 병력에 그중의 제18군단은 국민당의 '5대 주력' 중의 하나로 전부 미제 장비로 무장했다.

황유 본인은 장개석이 신임하는 제자다. 게다가 풍채와 재기가 한창인 때라 긍지가 대단했다.

황유는 본래 동백산 일대에 주둔하고 있었다. 장개석의 명령을 받고 아군에 포위 공격을 받고 있는 황백도를 지원하려 급히 출동하게 되었다. 그는 명령을 받고 12만 대군을 거느리고 서주를 지원하려 주야로 북진했다. 그들이 총망히 300리 산길을 걸어 고생스럽게 몽성에 겨우 도착했을 때 황백도는 이미 전군이 섬멸됐다.

황백도가 섬멸된 후 서주 쪽에서는 질겁하여 구청천, 이미 두 부대에게 동서 양측으로부터 서주로 집결할 것을 명령했다. 황유도 상황이 위급함을 느끼고 급히 서주로 이동하려고 했다.

만약 황유와 같은 비교적 전투력이 강한 부대가 서주에 가담하면 아군이 서주의 적을 전부 섬멸하는 데는 어려움이 적지않다.

황유의 실력이 강력하여 그를 공략하기도 쉬운 일이 아니다. 하지만 유, 진, 등은 이미 황유와 결전할 결단을 내렸다.

중원야전군은 대별산에서 출발할 때 15만 총병력에 무기 장비도 아주 뒤떨어졌기 때문에 황유를 치기 위해 단단히 결심하고 악전고투를 벌일 각오를 하고 있었다.

등소평은 "남부 전선의 적군의 주력을 섬멸하면 중원의 전쟁은 끝나는 셈이고 전국 각지의 해방군은 전국적인 승리를 쟁취할 수 있다. 그러므로 이만한 대가는 치를 만한 것이다."[3]라고 중원야전군에게 호소했다.

총전방위는 다음과 같이 결정했다. 12만 병력을 투입하여 중원야전군은 북상하는 황유를 막고 그를 포위하여 섬멸한다. 화북야전군의 주력은 서주 방면의 적정을 감시하며 그가 황유를 지원하지 못하게 막는다. 화북야전군과 중원야전군은 일부분의 병력으로 황유 동쪽에 있는 이연년과 손원량을 지킨다.

숙현 남쪽의 몽성 지역에 도착한 황유는 계속 북진하여 회하(澮河)를 건넌 다음 갑자기 자기가 공산당이 사전에 설치하여 놓은 함정에 빠져 있음을 알았다. 총명한 황유는 불길한 조짐을 눈치채자마자 남쪽으로 철수하기 시작했다. 중원야전군은 적이 철퇴하는 순간에 전면적으로 맹렬히 출격했다. 11월 25일, 황유 부대를 숙현남 쌍대집에 철통같이 포위해 놓았다.

황유가 포위되니 장개석은 당황하여 어찌할바를 몰랐다. 장개석의 명령에 따라 동쪽으로 포위를 뚫고 나가려던 황유는 아군에게 격파당했다. 장개석은 다시 제자리를 고수하며 지원병을 기다리라 명령했다. 이에 황유는 참호를 대거 구축하여 환형 지역 안에서 방어에 들어갔다. 장개석은 서주더러 황유를 구원하라고 급히 명령했으나 화동야전군의 저지로 실현될 수 없었다. 이연년과 손원량에게 다시 명령을 내렸지만 그들 둘은 공산당과 싸우지 않고 결국에는 자신의 안전을 위하여 남쪽으로 철수해 버렸다.

장개석의 이러저러한 명령이 다 허사로 되니 황유 부대는 공산군에게 물샐틈없이 포위되고 말았다.

형세가 위태롭게 되자 장개석은 두율명을 급히 남경으로 소환하여 직접 대책을 지시해 주었다. 장개석이 두율명에게 알려준 것도 무슨 묘책이 아니었다. 서주를 포기하고 전군이 남으로 철수하라는 것일 따름이다.

12월 1일, 두율명은 3개 병단과 기타 인원을 합쳐 도합 30만을 인솔하여 황망히 서주에서 철수했다.

30만이란 인원의 대철수는 그야말로 난장판이었다. 저마다 서로 살려고 날뛰었으며 한꺼번에 철수 차량으로 몰려 아비규환을 이루었다. 이것을 어떻게 대철수라 할 수 있으랴. 액면 그대로 대패주이다.

12월 4일 화동야전군은 두율명 부대를 진관장이라는 자그마한 촌락에서 완전히 포위해 버렸다. 이틀 후 손원량 부대의 제16병단을 전부 섬멸시켰다.

두율명은 황유를 구하지 못하였을 뿐만 아니라 자기마저 포위돼 버렸다.

이때 중원야전군은 황유 병단에 대하여 맹렬한 공격을 가했으나 뚜렷한 진척이 없었다. 총전방위는 진갱이 동부 집단을, 진석련이 서부 집단을, 왕근산이 남부 집단을 인솔하여 12월 6일에 쌍대집을 향하여 전면적인 진공을 하게 했다. 10일까지 50,000명의 적을 섬멸했지만 완전히 공략하지는 못했다. 전방위는 다시 결심을 내려 화동야전군의 일부를 끌어들였다. 13일 아군은 총공격을 가하여 15일까지 격전하여 쌍대집을 중심으로 하는 적 12병단 10여 만 명을 전부 섬멸했으며 병단 사령 황유도 사로잡았다.

황유 부대를 전부 섬멸하는 것으로 회해 전역의 제2단계가 끝났다. 황유 부대를 섬멸하는 이 단계는 가장 긴장하고 총전방위도 제일 바빴던 시기였다. 당시 작전과장이었던 장생화의 회고에 의하면 황유 부대와의 작전시 등소평 정치위원은 능동적으로 전역의 구체적인 조직, 지휘 공작을 맡았다.

등은 유, 진 두 분에게 "두 사령관님, 나는 나이도 몇 살 아래이고 건강도 두 분보다 좋으니 구체적인 일은 제가 많이 하겠으며 야간 당직도 제가 많이 서겠습니다."라는 제안을 했다.

유, 진은 허허 웃었다. 진은 "우리는 힘껏 직분을 다 하여야 하지, 정치위원의 의견도 존중하여야 하지 어느 장단에 맞추겠소? 하지만 야간 당직의 권리만큼은 누구에게도 양보할 수 없소"라고 했다.

이어 유는 "우리 나이에 이러한 결전은 흔하지 않을 것이요. 우리는 응당 노력을 기울여 힘껏 임무를 완성해야죠."라고 했다.

등은 "큰 결정은 물론 두 사령관께서 내려야 하며 우리 셋이 합심해야 겠지만, 구체적인 일은 제가 더 많이 하겠습니다."라고 했다.

등은 작전과에 일반적인 잡무는 주로 자기에게 보고하고 중대한 일만 유, 진, 등 지도자에게 동시에 알리라고 선언했다.

제2단계의 작전시 군사 상황이나 전투 사정은 아주 긴박했었다. 전화벨은 밤새 끊이지 않았으며 전보도 연이어 날라왔다. 등은 매일 밤 늦게까지 당직을 섰으며 자정이 넘는 것이 보통이었고 전황에 큰 변화가 없을 때만 돌아갈 수 있었다. 총전방위의 결정은 대부분 등이 각 종대에 전달, 배치했다. 그는 수시로 작전과에서 회보하는 전쟁 상황을 늘어야 했으며 그때마나 친히 각 종내의 영도들과 직집 통화하곤 했다. 밤이면 침실에서 전화를 받으면 유, 진의 잠이 깰까봐 전화선을 길게 해 마당에 나가 전화를 받곤 했다.[4]

유, 진, 등은 이렇듯 친밀한 관계로 어깨를 나란히하고 회해 전선에서 싸웠다.

황유 부대를 섬멸하는 제2단계의 임무를 완수한 후 등소평은 1949년 1월 11일에 모택동에게 '종합 보고서를 올렸다. "황유 부대를 섬멸하는 전투에서 각 부대는 그를 섬멸하려는 의지가 아래까지 관철되었으며 그 어떤 희생도 아랑곳하지 않았다. 그렇기 때문에 작전 과정에서 각 종대는 3, 4차의 임기응변적인 개편을 했지만 말썽부리는 사람이 없었다. 그렇지만 총공격시 중원야전군의 각 종대는 20,000명의 사상자가 발생, 전력이 차질이 생겼으므로 화동야전군의 두 개 종대의 자원이 있고서야 비로소 전력 문제를 해결했다. 전투가 끝난 후 각 종대는 중원야전군의 힘이 충실하지 못하여 단독으로 황유 부대를 섬멸하지 못했기에 화동야전군에 많은 폐를 끼쳐 유감스럽게 생각한다고 했다.”5

아버지가 표명한 유감은 다름이 아니라 형제 부대에 폐를 끼쳐 미안하게 생각되었기 때문이다.

아버지는 우리에게 “황유를 공략하는 것은 극히 어려웠다. 황은 비행기, 대포, 탱크까지 있었으며 쌍대집의 방어시설도 탱크, 장갑차, 차량으로 줄을 지어 만든 것이었다.”고 여러 번 말한 적이 있다.

황유는 국민당의 중핵 부대이다. 그러나 전멸당하는 운명을 끝내 면치 못했다.

황유를 공략한 후 아버지는 한시름 놓을 수 있었다. 그는 정치부에 가 갑자기 주머니 속에서 사과 한 개를 꺼내어 칼로 3등분하여 사람에게 나누어 주었다. 그리고는 천천히 계산서 같은 긴 종이 한 장을 꺼내 부정치위원 장춘제에게 주며 한시름 놓은 어조로 “여기 중앙에서 온 20여 장의 전보문은 전쟁과 상관없는 내용들이어서 아직 회답하지 않았으니 하나하나 작성하여 회답하오”6라고 하는 것이었다.

황유를 섬멸한 후 중앙은 회해 총전방위 5인 위원에게 회의를 한 차례 소집하라고 명령했다.

속유, 담진림이 두율명에 대한 작전 지휘중에 있으므로 유, 진, 등 3인은 12월 16일 밤 승용차로 50킬로미터 떨어진 화동야전군 본부 채와촌으로 향했다.

이는 총전방위가 설립된 이래 5인 성원의 첫 모임이었다. 총전방위 전원회의는 하루 종일 진행됐다. 회의에서 토의한 주제는 회해도 아니고 두율명도 아니며, 어떻게 양자강을 도하하여 진격할 것인가라는 것이었다. 회해 전역이 아직 종결되지 않았지만 도강 전역의 중임은 이미 총전방위에게 부과됐다.

결전의 승리는 사람들의 기분을 유쾌하게 했다. 하지만 앞으로 크게 걸음을 내딛어 전진할 전략적 기획은 사람들을 더욱 흥분케 했다.

화동야전군 지휘부의 작은 집 앞에서 총전방위원 다섯은 사진을 한 장 찍었다. 이 사진을 보면 중국공산당의 중요한 장령 다섯은 사람마다 거칠고 묵직한 무명 솜옷을 입었고 자세도 그렇듯 자연스럽고 자기 나름대로다. 그중의 아버지는 야위고도 누렇게 떴고 수염이 덥수룩했다. 사진에서 그들 다섯은 얼굴만 웃고 있는 것이 아니라 마음속으로도 웃고 있었음을 알 수 있다.

총전방위 회의를 마친 후 유, 진은 중앙의 명령을 받고, 12월 19일 중앙정치국회의에 참가해 1949년의 군사 계획을 결정하기 위하여 서백파로 갔다.

등은 그날로 이가촌 총전방위로 돌아왔다.

12월 30일, 등은 총전방위를 인솔하여 숙현, 서주를 거쳐 상구로 갔으며 이튿날 장채원에 이르렀다.[7]

등은 1949년의 설날을 총전방위를 인솔하여 이곳에서 지냈다.

이번에 총전방위가 이사한 이유는 두율명 집단을 전멸 시키는 회해 전역 제3단계를 지휘하기 위해서였다.

서주에서 남으로 100킬로미터도 안 되는 진관상의 남북 5킬로미터, 동서 10킬로미터 되는 협소한 지역에 두율명 집단의 두 개 병단 8개 군단이 물샐틈없이 포위되어 있었다.

황백도, 황유가 전멸되는 것을 뻔히 본 그로서 자기의 운명에 대하여 모를 리 있겠는가?

그러나 공산당의 부대는 그를 포위만 하고 공격하지 않았다.

그 원인은 다른 데 있다. 대결전의 세번째 전역인 북쪽의 경진 전역이 이미 시작됐다. 부작의 집단이 남쪽으로 도망가는 것을 방지하기 위하여 모택동은 두율명을 잠시 치지 말라고 하였다. 그래야 부작의가 환상을 품을 것이며 그를 화북에서 섬멸할 수 있게 된다.

1948년 12월 1일부터 1949년 1월 10일까지 한 달 남짓한 동안 두율명은 포위망에 갇혀 정말로 어려운 나날을 보내고 있었다.

엄동이 닥쳐와 12월 12일부터 눈비가 몰아치고 기온은 급격하게 내려갔다. 포위권 안 구청천, 이미 두 개 부대의 근 20만은 의식주가 모두 극히 곤란했다. 장개석이 공중 투하한 식료품도 간헐적이어서 그다지 도움이 못 됐다. 투하할 때마다 병사들의 광란적인 강탈전이 벌어져 서로 죽이고 죽는 상황이 벌어졌다. 기근한 병사들은 손에 잡는 대로 먹는 판이다. 군마도 잡아먹었다. 그들은 추위에 못이겨 손에 잡히는대로 불을 피웠는데 심지어 무덤과 방어시설의 나무도 파내 연료로 썼다.

진관장의 병영은 절망과 처참한 분위기에 휩싸였다. 두율명은 한창 나이에 이꼴이 되었으니 누구를 원망할 것인가?

자기 탓인가? 너무 공평치 못하다. 모든 것은 장개석의 지시에 따른 탓이며, 심지어 동의하지 않아도 억지로 복종하였으니 말이다. 장개석의 탓인가? 소용없다. 장개석도 이기지 않으려 하는 것이 아니라 이길 수 없으니 말이다. 두율명은 소심해졌고 울상이 되어 종일 참호 안에 묵묵히 앉아서 탄식만 할 뿐이다.

1949년 1월 6일 화동야전군은 두율명 집단에 총공격을 개시했다. 적은 일격에 궤멸됐다. 두율명은 포위를 뚫고 나가려다 실패했다. 10일 오후에 이르러 아군은 두율명 집단을 전멸시켰다. 제2병단 사령구청천은 사살당했고, 서주 토벌 사령부 부사령관 두율명은 포로가 됐다.

이리하여 성세호대하고 규모가 전례없던 중원 결전 회해 전역은 종결을 고했다.

총전방위의 지휘하에 중원야전군, 화동야전군의 두 주력은 66일의 시간과 13만 4,000명이라는 사상자의 대가로 국민당의 일개 토벌 사령부의 다섯 개 병단의 22개 군단, 56개 사단, 도합 55만 병력을 섬멸시켰다.

이로써 남부 전선의 국민당 정예 부대의 주력은 아군에 의하여 전멸되어 양자강 중하류 이북의 광활한 지역은 모두 해방을 맞았다.

회해 전역은 3대 전역 중 유일하게 아군의 병력이 적군보다 적은 상황하에서 진행된 것이다.

60만대 80만이다. 60만이 80만을 이겼다.

몇 천리 밖의 스탈린은 이 소식을 듣고 기사에 "60만이 80만에 전승하다. 기적이다. 정말 기적이다."라고 썼다고 한다.

후에 스탈린이 파견한 유긴 주중 대사는 "회해 전역은 참으로 잘 치러졌다. 이는 중국혁명전쟁의 기적이며 세계전쟁사에도 드믄 일이다."고 했다고 한다.

스탈린은 유긴에게 중국에 가면 회해 전역의 승리 원인을 학습하고 연구하도록 명령했다고 한다. 8

모택동은 총전방위를 표창했다. 해방 후에도 모택동은 이 일을 잊지 않고 유, 진, 등에게 "회해 전역은 잘 치러졌다, 한 솥의 선 밥을 익기도 전에 한 입 한 입씩 억지로 먹어버린듯이."9라고 말한 적이 있다.

회해 전역의 불길이 거세게 타오를 때 화북 지역에서 공산당의 군대는 대결전의 세번째 경진 전역을 개시했다.

요심 전역이 결속된 후 동쪽 산해관으로부터 서쪽 장가구에 이르기까지의 500여 킬로미터의 협소한 지역에 국민당은 42개 사단의 50여만 대군을 배치하고 있었다. 그중 5분의 2는 부작의 계통이고 5분의 3은 장개석의 직계이다.

부작의는 북경에 주둔하고 있었다. 부작의와 장개석의 공동의 적은 공산당이지만 그들간에도 파벌이 있고 또한 이해 충돌이 있었다.

1948년 11월 29일 공산당은 100만이라는 총병력으로 경진 전역을 시작했다.

모택동의 지시에 따라 전역의 첫 단계에 우선 화북의 일자형 장사진의 적군을 서로 연계할 수 없게 북경, 천진, 당고의 세 토막으로 분리했다. 그리고 서쪽 장가구, 신보안의 적에 대하여서는 포위만 하고 치지 않는 것으로 북경, 천진의 적이 동쪽 바다로 도망치지 않게끔 견제하고 북경, 천진의 적은 분리시켜만 놓고 포위하지 않으며 금후 하나하나 천천히 소멸하기 위해 전략적 분할만 완성하는 것이다.

이상의 전략적 목표를 완성한 후 아군은 먼저 두 끝을 치고 후에 중간을 취하는 전략 방침을 채택하기로 했다. 우선 서쪽의 신보안과 장가구를 공략했다. 이어 동쪽의 당고는 감시하고 병력을 집중하여 천진을 공격했다.

천진은 화북 제2의 도시로 방어가 견고하며 수비력도 강했다. 동북 야전군의 5개 종대의 34만 병력은 1949년 1월 14일에 총공격을 개시하여 하루의 격전으로 적군을 전멸시켰으며 수비사령 진장첩을 생포하고 천진을 해방시켰다.

천진을 해방한 후 북경 부작의의 25만 병력은 완전한 절망에 빠져 공산당과 평화적으로 북경을 해방하는 문제에 관한 협의를 체결했다.

1949년 1월 31일 아군은 북경에 진입했다. 이리하여 화북의 제일 큰 도시이며 도읍한 지 600년 되는 고도이며 동방 문명의 보배인 북경의 평화적 해방을 선포했다.

1949년 2월 3일 중국인민해방군은 장엄한 입성식을 거행했다.

일본 침략군 철제에 밟힐대로 밟히고 군벌관료들이 유린할대로 유린한 이 유서 깊은 문화의 도시는 마침내 이채로운 청춘의 기분으로 빛났다.

북경의 200만 시민은 붉은기로, 채색의 띠로, 환호로, 흥분되고 뜨거운 눈물로 해방군의 입성을 환영했다. 경축하는 사람들은 북소리를 힘껏 울리고 이앙(秧歌) 춤을 추며 몇 십리 길에 장사진을 이루었다. 이렇듯 성대한 행사로 이전에 있을 수 없었던 전도가 광명한 새로운 시대를 맞이했다.

경진 전역은 이로서 끝났다. 공산당과 국민당간의 양자강 이북에서의 대결전은 종결됐다.

1948년 9월부터 1949년 1월까지 진행된 대결전은 중국 전쟁사에서 전례없는 일이며 세계전쟁사에서도 드믄 일이다.

3대 전역과 같은 시기의 다른 전쟁에서의 승리를 합하면 공산당의 군대는 국민당군대 도합 231만을 소멸했으며, 국민당의 주력은 완전히 붕괴됐다. 공산당은 전선을 단번에 양자강까지 밀고나갔다. 중화 대지의 절반인 북방은 이미 공산당의 수중에 장악됐다.

아버지는 "모택동의 전략 사상은 장개석의 부대를 장강 이북에 가두어놓고 치며 그를 달아나지 못하게 하는 것이다. 이것은 위대한 전략이다."라고 말한 적이 있다.

모택동의 전략은 계획대로 실현됐다.

이 시각에 장개석은 어떤 기분이었을까?

장개석의 심정은 좋지 않았을 것이다. 그의 심정은 고통스럽고 한스러웠을 것이다. 대전에 패배하였으니 고통스웠고 공산당의 손에 패배하였으니 한스러웠을 것이다.

1949년 1월 21일 장개석은 사직을 선언하고 고향 절강 봉화 계구로 돌아가버렸다.

주

1. 모택동, 《중국 군사형세의 중대한 변화》.
2. 《중국인민해방군 전쟁사》(제3권), p. 272.
3. 《28년간―사단 정치위원으로부터 총서기에 이르기까지》(속편), p. 260.
4. 장생화, 《회해 전역 중에서의 등 정치위원》.
5. 진배금, 《1948년 11월 27일》. 《28년간―사단 정치위원으로부터 총서기에 이르기까지》(속편), p. 271.
6. 같은 책.
7. 오극빈, 《장강 남북에서의 총전방위서기》. 《28년간―사단 정치위원으로부터 총서기에 이르기까지》(속편), p. 298.

8. 호기재, 《기적의 유래》, 《28년간—사단 정치위원으로부터 총서기에 이르기까지》, p. 179.

9. 호기재, 《등소평을 서기로 한 5인 총전방위원회》, 《28년간—사단 정치위원으로부터 총서기에 이르기까지》, p. 242.

62 양자강을 넘어

3대 전역이 끝난 후 공산당은 이미 국토의 절반 이상을 점령했고 이제 전 중국의 해방은 시간문제만 남아 있었다.

1949년 3월 중공 중앙은 서백파에서 제7기 중앙위원회 제2차 회의를 열었다. 유백승과 속유는 휴가로 회의에 출석하지 못했다 등소평, 진의, 담진림 등은 2월 28일 같이 서백파에 가서 회의에 참석했다.

서백파의 한 간소한 회의장에서 모택동이 중요한 보고를 했다.

회의의 주요 결정 사항은 다음과 같다.

첫째, 새로운 정치협상회의의 소집과 민주주의 연합정부를 성립하는 것에 대한 건의를 비준한다.

둘째, 인민해방군은 양자강 이남의 화중, 화남 각 성과 서북 지구를 해방시켜야 한다. 도강작전을 끝내고 절도 있고, 침착하게 남방으로 진군해야 한다.

셋째, 해방군은 활동 중심을 도시로 전환하고 먼저 도시를 점령한 다음 농촌을 점령해야 한다.

회의에서는 또 경제 문제와 민주주의 혁명 등에 관한 문제들을 연구했다.

제7기 제2차 전원회의에서 토의된 문제는 이미 군사적 문제만이 아니었다. 중공 중앙의 시야는 이미 어떻게 나라를 세우고 어떻게 중국을 뒤떨어진 농업국으로부터 공업국으로 전환시키며 신민주주의 사회를 사회주의사회로 전환시킬가 하는 등의 문제에 주목했다.

제2차 전원회의가 폐막된 다음날, 다시 말하면 3월 14일 중앙에서는 좌담회를 가지고 각 대 행정구의 인사 배치에 대한 방안을 제시하고 결정했다.

회의에는 중앙의 지도자들이 참가한 외에도 서북의 팽덕회, 동북의 고강(高崗), 화북의 섭영진, 화중의 등자회(鄧子恢)와 임표, 중원의 진의와 등소평을 망라한 각 대 행정구의 주요 책임자들이 참가했다.

회의에서 가장 먼저 발언한 사람은 등소평이었다. 모택동은 등소평에게 화동의 관할 범위와 인사 배치를 제시하게 했다. 등소평은 이미 충분한 준비를 하고 있었다. 그는 모택동이 자기에게 인사 배치를 하게 한 임무의 중요성을 깊이 알고 있었다.

등소평은 명단 한 부를 꺼내 읽으면서 설명했다.

"중공 중앙 화동국은 등소평, 유백승, 진의 등 17명으로 구성하되 등소평을 제1서기로 한다."

화동구의 관할 범위는 상해, 남경, 항주, 무호, 진강, 무석, 소주, 무진, 남통, 영파 등의 도시와 산동, 강소, 절강, 안휘, 강서 등의 성에 이르고 있다. 화동구는 도합 200만 명의 군대가 주둔하고 있다.

상해시는 진의가, 남경시는 유백승이 시장에 임명됐다.

등소평은 또 인사 배치에 관하여 많은 기타 건의와 부대가 양자강을 넘은 다음 새로운 해방구에서 식량을 조달하는 방법에 대하여 언급했으며 화폐의 사용 방법과 특히 상해에 대한 접수 관리사업에 대하여 치중하여 보고했다.

등소평의 상세하고도 주도면밀한 보고에 모택동은 흔쾌히 동의했다. 그는 "인사 배치는 지금 이렇게 결정하겠습니다. 앞으로 변동이 있으면 그때 가서 조치하겠습니다."라고 말했다.

이번 회의가 끝난 후 모택동은 다시 등소평, 진의를 비롯한 사람들을 모아놓고 도강 작전에 관한 문제를 상의했다.

아버지는 우리들에게 모택동이 당시 직접 "당신에게 지휘를 맡기겠소."라고 하였다고 말했다.

모택동이 등소평에게 이렇게 말한 것이 그때가 처음이 아니었다. 회해 전역에서도 모택동은 이렇게 말한 적이 있다.

서백파에서 회의가 끝난 후 아버지는 진의와 함께 전선으로 갔다. 이때 그들 두 사람의 마음은 한결 가벼웠다. 4월달에 가서야 도강 전역을 시작하기 때문에 부대는 한창 휴식을 취하고 있었다. 아버지는 나에게 "회의가 끝난 후 나와 진 아저씨는 지나가는 도중에 태산에도 올라가 보고 곡부에 가서 공자 사당도 찾아보고 나서야 전선으로 갔다."고 말했다.

아버지와 진의는 모두 역사에 대하여 큰 관심을 가지고 있으며 유람을 즐겼다. 이번에 그들이 20여 년래 처음으로 이처럼 마음껏 관광했다. 그러므로 그들은 당시 매우 쾌활했을 것이고 한 길에서 근심걱정 없이 웃음꽃을 피우며 이야기를 나누었을 것이다.

제2차 전원회의가 끝난 후 중앙군사위원회의 명령에 따라 화북야전군, 중원야전군, 화동야전군, 동북야전군 이 네 개 야전군의 번호를 제1, 제2, 제3, 제4야전군으로 고쳤다.

제1야전군은 팽덕회가 사령관 및 정치위원을 겸임하고, 제2야전군은 유백승이 사령관을 담임하고, 등소평이 정치위원을 담임했으며, 제3야전군은 진의가 사령관 겸 정치위원을 담임하고, 제4야전군은 임표가 사령관을 담임하고 나영환이 정치위원을 담임했다.

중국인민해방군의 총 병력은 400만 명에 달했다.

국민당에 대한 공산당의 다음 단계 대전역은 도강 전역이었다.

회해 전역의 총전방위원회를 도강 전역 총전방위원회로 고치고, 등소평이 여전히 총전방위원회의 서기를 담임했다.

중앙의 전략 배치에 의하면 총전방위원회에서 제2야전군과 제3야전군을 인솔하여 4월 중순에 도강작전을 진행하기로 되어 있었다.

3월 26일 총전방위원회에서는 방부 부근에 있는 지휘부에서 등소평의 사회하에 제2야전군과 제3야전군의 고위급 간부회의를 열고 도강작전 방안을 토의했다.

3월 31일 총전방위원회는 합비 동쪽으로 이전했다.

이곳에서 등소평은 '경호항 전역 실시 요강'을 직접 집필하고(경은 남경, 호는 상해의 대칭이며, 항은 항주의 약칭이다──옮긴이) 전보로 중앙에 보고했다.

요강은 다음과 같은 사항을 제기했다.

"적군의 총병력은 24개 군에 44만 명이고 아군은 제2야전군과 제3야전군에 도합 7개 부대 100만 명이다. 그러므로 아군이 절대적 우세를 차지하고 있다. 도강 부대는 동, 중, 서 세 개 집단으로 구성하여 폭이 넓은 정면 작전에 중점적으로 여러 갈래로 돌파하는 전술을 취하려 한다. 첫 단계에는 도강 임무를 수행하여 전략의 전개를 실시하고, 두번째 단계에는 적들을 분할 포위하고 퇴로를 차단하며, 세번째 단계에는 포위한 적들을 각각 섬멸하여 전역의 전부를 완수한다. 상해로부터 안경에 이르기까지의 지역에 집결한 적들을 섬멸하여 소남, 환남, 절강 등 성의 전체를 점령하고 남경, 상해, 항주를 탈취하여 국민당 반동 정부의 정치, 경제의 중심을 철저히 궤멸시킨다."

4월 1일에 모택동은 답전를 띄워 경호항 전역의 실시 요강을 비준했다.

4월 2일에 등소평과 진의는 '화물열차'로 방부로에서 합비에 도착하여 즉각 승용차 편으로 총전방위원회 지휘부가 있는 요강촌으로 갔다.

제2야전군과 제3야전군은 도강 전역의 전면적인 준비단계로 진입했다.

공산당은 양자강을 넘어 전 중국을 해방할 결심을 굳혔다. 양자강의 저편에서는 장개석이 비록 명의상으로는 은퇴했으나 실제상에서는 의연히 국민당 군대에 대한 전면적인 지휘권을 장악하고 있었다.

장개석은 남경정부의 대표를 파견하여 겉으로는 중공과 담판을 진행하게 하는 한편 양자강 연선에 방어 부대를 배치했다. 호구로부터 의창에 이르는 1,800킬로미터의 구간에 장개석은 115개 사단의 70만 병력을 배치했다. 그 가운데 탕은백(湯恩伯)의 부대를 상해 일선에 배치하고, 백숭회의 부대로 하여금 무한 일선을 지키게 하였으며, 이 구간에 양자강 방어 군함 40여 척과 공군 4개 대대를 배치했다.

장개석은 최후의 용기와 최대의 능력을 다하여 천연요새 양자강에 의지하여 모든 대가를 치르고서라도 완강하게 대항함으로써 국토의 반을 확보하고 양자강 이남을 지배하고자 하였다.

서쪽의 청장고원으로부터 시작하여 동으로 황해의 기슭에 이르기까지 호호탕탕하게 굽이굽이 9개 성을 흘러 지나는 양자강은 서에서 동으로 5,800킬로미터나 뻗어 중화 대지에서 가장 큰 유역을 이루어 예로부터 중국에서 가장 큰 강이었다.

양자강은 태고적의 그 옛날부터 중화민족의 불후의 서사시를 엮어왔다. 양자강 이북의 우리 군대는 불타는 열정으로 서둘러 도강 준비를 했다.

아군은 수면을 탐사하거나 훈련을 진행하고 민중을 동원하여 선박을 만들었다. 광범위한 인민 대중들은 드높은 열정으로, 여러 가지 형식으로 군대를 지원했는데 임시 노역에 나온 사람들만 하여도 300만 명에 달했다. 그야말로 "식량이 필요하면 식량이 해결되고, 사람이 필요하면 사람이 있었으며, 선박이 필요하면 선박이 만들어졌다."

총전방위원회의 통일적인 지도하에 동쪽에는 속유, 중간에는 담진림, 서쪽에는 유백승이 지휘하는 인민해방군이 한일자로 늘어서서 만반의 준비를 갖추고 명령이 떨어지기만 기다렸다.

1949년 4월 21일 모택동과 주덕이 '전국으로 진군하라.'는 명령을 공개적으로 발포했다.

즉 "용감하게 진군하여 중국 영토 안에서 감히 대항하는 모든 국민당 반동파를 단호하고, 철저하게 동시에 완전히 섬멸하고 전국 인민을 해방하며 중국 영토 주권의 독립을 보위하라."고 중국인민해방군에 명령했다.

4월 20일 20시에 도강 전역이 예정한 계획대로 시작됐다.

총전방위원회의 통일적인 지휘하에 중로군, 동로군, 서로군 이 세

개 대군은 산을 허물고 바다를 메우는 기세로 양자강을 강행 도하했
다.

삽시간에 수만 척의 배가 도도한 파도를 헤치며 남안으로 쳐들어
갔다. 조명탄은 명절날 밤하늘의 불꽃마냥 하늘을 밝혔고, 총소리와
대포소리가 요란스럽게 울려 사람들을 분연히 전진하도록 재촉하는 전
고인양 귓전을 때렸다.

아군 부대들은 수만 척의 목선을 타고 용맹한 기개로 앞을 향해 나
아갔는데, 마치 하늘에서 내려온 신병천장(神兵天將)인양 그 용맹한
기세를 막을 자가 없었다.

양자강은 거대한 교룡(蛟龍)처럼 우리의 용맹한 부대의 발밑에 깔렸
다. 장개석이 '철의 장벽'이라 떠들던 양자강 방어선이 우리 제2야전
군과 제3야전군에 의하여 일거에 돌파됐다.

장개석 군대는 양자강 방어선이 아군에 의해 돌파된 후 황망히 총
퇴각을 했다. 아군은 번개치는 듯한 종심 공격을 전개했다.

23일 아군은 국민당 중앙정부의 소재지인 남경을 점령했다.

국민당의 청천백일기는 남경총통부의 게양대에서 내려져 먼지 속으
로 떨어지고 그 대신 공산당의 그 찬연하고도 눈부신 붉은 깃발이 서
서히 올라갔다.

며칠 후 총전방위원회가 남경으로 진주했다.

등소평과 진의는 장중하고 엄숙한 해방군 전사들의 행렬을 따라 장
개석의 '총통부'에 들어갔다.

나는 아버지에게 이렇게 물어보았다. "아버지도 총통부에 들어가셨
나요?"

"들어가고말고, 진 아저씨와 함께 들어갔었다."

"유 아저씨는요?"

"그분은 그때 서쪽 전선에서 작전을 지휘하고 있었지."

"아버지는 장개석의 대통령 보좌에 앉아보셨나요?"

"들어간 이상 앉아봐야지." 아버지는 이렇게 말하며 미소를 지었다.

남경이 해방되었다. 다음은 상해를 해방시킬 차례다. 총전방위원회는 남경 동쪽의 경호철도선에 있는 단양현으로 이주했다.

진의가 먼저 5월 3일에 단양에 도착하고 등소평은 6일에야 남경으로부터 왔다. 등소평이 단양에 도착했을 때는 이미 깊은 밤중이었다.

일시에 흥이 났던지 진의는 등소평을 데리고 거리에 야식을 먹으러 나갔다. 그러나 야밤삼경에 문을 연 곳이 있을 리 만무하였다. 진의와 등소평은 겨우 만두국을 파는 노점 하나를 발견하여 둘이서 맛도 모르고 만두껍질과 만두속이 범벅이 된 국 한 그릇씩 들이켰다.

한 사람은 사령관이고 한 사람은 정치위원으로서 그들 둘은 모두 개국 공신들인데도 여전히 사천 사람들이 요리점을 즐기는 습성을 버리지 못했으며, 수시로 이런 습관이 나타나 심지어 시간과 장소도 가리지 않을 정도였다. 생각해보면 그들 둘이 이렇게 '빠져나와' 다니는 것 역시 하나의 재미였을 것이다.

등소평과 진의는 이렇게 휴식하고 나서 상해를 진공할 부대 배치를 해야 했다. 이때의 시간이란 그야말로 분과 초를 다투는 것이었다.

단양은 그렇게 크지 않은 지방이다. 총전방위원회가 여기에 들어앉자 이곳은 일시에 사람이 많아져 붐비고 분주했다. 이곳을 찾는 사람들 가운데는 군복을 입은 각 종대의 사람들도 있었고 상해로부터 긴 두르마기나 양복을 입고 사람들도 있었다. 그래서 오고가는 사람들로 이 곳은 꽤 북적댔다.

유백승은 아직 남경에 남아 있었고 속유와 담진림도 자기의 부대로 갔다. 등소평과 진의 이 두 사람만이 단양에 있었다. 총전방위원회의 서기로서 등소평은 전역을 완수할 명령을 받았으므로 분망한 업무로 눈코 뜰 새 없었다.

군사 배치도 해야 하고 작전 계획도 짜야 하고 입성 준비도 해야 하고 간부도 준비해야 하는 등 모든 업무를 빽빽하게 안배해야 했다.

상해는 당시 중국과 아시아에서 가장 큰 항구도시로서 600만의 인구를 가지고 있었으며, 그 공업 생산과 무역액이 중국의 절반을 차지하고 있었으며, 또한 아시아에서 가장 큰 금융 중심지였다.

진의는 "상해를 해방하는 것은 독 안의 쥐를 잡는 것과 같아 쥐도 잡아야 하거니와 독을 깨어서도 안 된다."고 비유했다.

이것을 두고 사람들은 쥐가 독 안에 들어가면 먼저 독부터 생각한다고 한다.

그러나 장개석은 상해 부근에 탕은백을 중심으로 하여 8개 군단 25개 사단에 도합 20만 명의 군대를 배치해 놓았다. 4월 26일 장개석은 또 군함을 타고 절강으로부터 상해에 도착하여 상해의 방어를 직접 배치했으며, 상해의 풍부한 자금과 물자, 그리고 4,000여 개의 방어 시설에 의지하여 상해를 고수함으로써 물자를 빼내가고 파괴할 수 있는 시간적 여유를 얻으려 했다.

장개석은 동북에서의 싸움을 직접 지휘했었고 회하에서의 싸움 역시 지휘했으며, 이번에 또 상해를 고수하기 위해 직접 지휘하러 온 것이다.

아버지는 전에 우리들에게 "장개석은 어디가도 패전한다."고 말했었다. 장개석이 이번에 또 상해로 온 만큼 상해에서 그자들의 패전은 이미 예정된 것이나 마찬가지였다.

엄격하고 주도면밀한 연구를 거쳐 등소평과 진의는 다음과 같이 결정했다.

첫째, 탕은백이 해상으로 달아나지 못하도록 완전히 잡아야 한다.

둘째, 먼저 외곽 작전을 펴 오송의 해상길을 막아 후퇴의 길을 끊고, 시 구역으로 진공할 때에는 될수록 대포나 폭탄의 사용을 삼가하여 주민들과 재산을 보호해야 한다.

셋째, 부대에 대한 규율 교양을 강화하고 군대의 규율을 강화하여 시내에 들어가서 소요를 일으키지 않는다. 또한 거리에서 잘지언정 민가에 들지 않으며 엄격한 규율을 상해 인민들과의 첫 대면의 선물로 삼아야 한다.

넷째, 상해를 접수 관리할 준비를 철저히 해야 한다. 5,000여 명의 간부들을 집중시켜 훈련함으로써 입성하여 상해의 접수 관리에 참가시켜야 한다.

다섯째, 9,000명 상해 지하당원들의 역할을 발휘시키고 인민대중을 동원한다. 공장과 학교를 수호하여 질서를 유지하고 국민당 군대와 스파이들의 파괴활동을 저지한다.

만단의 준비가 이루어져 상해 해방은 눈앞에 다가오고 있었다.

5월 12일 아군은 상해 외곽의 적들에게 진공을 시작했다.

22일 적들의 주요 병력을 오송구 양쪽지구로 압축했다.

23일 상해시를 고수하는 적들에게 총공격을 시작했다.

27일 상해 전역이 끝나고 15만 명의 적군이 체멸됐다.

동방의 야광주로 불리는 상해는 이로써 새로운 생명을 얻었다.

이에 이르러 단양에 있는 총전방위원회에서 밤낮으로 작전실을 지키고 있던 등소평과 진의가 마침내 긴 한숨을 내쉬고 마음을 놓게 되었다.

대도시 상해로 들어가기 시작했다!

인민해방군은 엄명한 군율로 질서정연하게 상해로 들어갔다.

이런 군대들은 비록 목천으로 만든 옷을 입었으나 분명하게 근무를 서고 예의 바르게 사람들을 대했나. 그들은 부슬부슬 내리는 가랑비를 맞으며 상해의 고층 빌딩 처마 아래에서 유숙할지언정 주민들에게 폐를 끼치지 않음으로써 곧 상해 인민들의 마음속에는 참신한 인민군대의 이미지가 깊이 새겨지게 되었다.

상해의 질서는 신속히 안정되었으나 총전방위원회 앞에는 여전히 번잡하고도 많은 문제들이 쌓여 있었다. 상해에서 적들의 무력 봉쇄를 돌파하고 적의 비행기의 폭격에 반격하는 것보다 더 중요한 것은 상해의 생산과 경제 활동을 하루 속히 회복하는 것이었다.

등소평은 상해 접수 관리를 군사, 정무, 재정, 문화 교육 이 네 개 부분으로 나누었다.

상해에서의 업무는 뒤얽혀 매우 복잡했다. 사회 치안을 바로 잡아야 하고 생산을 회복하여야 할 뿐만 아니라 군대를 정예화하고 정부인원을 줄여야 했으며 더욱이 상해 600만 시민들의 먹는 문제를 해결해야 했다.

아버지는 진의와 함께 서금로에 있는, 원 국민당 여지사로 이사했다. 그들은 낮이면 하부조직에 가고 저녁이면 회보를 만들어야 했으며 밤을 지새우며 업무를 보다가 해가 뜨고 날이 밝아서야 잠깐 누워서 눈을 붙였다.

그들의 머리속에는 참신한 상해를 건설하려는 한 가지 뚜렷한 목표를 가지고 있었다.

5월 27일 경호항 전역이 막을 내렸다. 이번 전역에서 우리의 제2야전군과 제3야전군은 남경, 상해, 항주를 해방하고 줄곧 남하하여 일부는 복건으로 진출하여 민북(민은 복건의 야칭)지구를 해방하고 다른 일부는 강서로 진출하여 강서 중부의 광범한 지구를 통제했다.

아버지는 우리들에게 한번은 이런 이야기를 들려주었다.

"당시 전역은 신속하게 전개됐다. 그 원인은 적들이 너무 빨리 도주하는데 있었다. 우리는 한 개 소대, 한 개 중대, 한 개 연대가 집단적으로 달리기 경주를 하듯이 적들을 추격했다. 그러다 우리의 부대는 여러 갈래의 소분대로 갈라졌다. 그 가운데 진경의 부대가 가장 멀리 진출하여 강서의 전 성을 점령했다. 홍군 시기에 진경은 장개석에게 잡힌 적이 있었다. 그러나 진경이 대혁명 시기에 장개석의 목숨을 구해준 적이 있어 장개석은 이 일을 생각하고 진경을 놓아 주었다. 장개석이 진경을 놓아 줄 때 남창에서 어떤 사람이 진경에게 다시 오기를 바란다고 하니 진경은 '다시 올 때는 10만 부대를 데리고 올 것이오!'라고 했었다. 그말을 검증이라도 하듯이 진경은 정말로 부대를 거느리고 가서 남창을 해방했다. 당시 우리가 진경에게 남경을 치지 않고 직접 남하하게 하였으니 말이지 그렇지 않았더라면 그는 자기의 약속과 소망을 이루지 못했을 것이다."

진경은 유백승과 등소평 휘하의 가장 출중한 장군이었다. 그는 담략이 뛰어나고 성격이 호방하고 활발하여 장난도 잘 쳤으며 유백승과 등소평의 깊은 사랑을 받았다. 전쟁 시기에 중앙과 유백승, 등소평은 그에게 단독으로 여러 차례 중대한 임무를 집행하게 했었다. 진경의 이야기가 나오면 아버지는 언제나 자랑스럽게 여기면서 칭찬을 마다하지 않았다.

상해를 해방한 후 진의와 등소평의 가족이 모두 상해로 가서 두 집이 함께 여지사의 층집에서 살았다.

어머니의 말에 의하면 1945년 아버지가 태항산에서 평원으로 내려간 후 집식구들이 같이 있는 적이 아주 드물었다고 한다.

어머니도 태항산에서 내려온 후 줄곧 진기노예 중앙국 조직부에서 활동했다. 후에 그는 세 아이를 데리고 한단으로 갔다.

아이들에게 한단은 그들이 태어나서 처음으로 보는 대도시이다. 그곳의 모든 것은 시골과 달라 무엇을 봐도 다 신기했다. 화장실도 집 안에 있어 이것을 본 적이라고는 없는 동생은 괴상하다고 여겼던지 하루 종일 변기를 가지고 물장난을 했다.

전선이 앞으로 확대됨에 따라 아버지와 제2야전군의 기타 고위간부들의 가족들도 집을 계속 이사했다.

당시 제2야전군의 수장들의 집에는 어머니마다 모두 아이들을 몇 명씩 데리고 있었다. 이를테면 유백승의 집에는 아이가 셋이고, 이달 집에는 둘이고, 채수번의 집에도 둘이고, 장제춘의 집에는 셋이었다.

이 가족 대대는 한단에서 형대로 옮긴 후 몇 집이 한 교회당에서 같이 살았는데 다섯 부인이 번갈아가며 밥을 지었다. 어머니의 말에 의하면 그가 밥을 할 때면 누구나 요리가 맛없다고 투정했다고 한다. 아! 우리 어머니는 천성이 그래서인지 평생을 배워도 요리법만은 잘 배우지 못했다.

어머니는 언제나 과학적인 방법으로 아이들을 키우려 했다. 그녀는 날마다 교회당의 지붕 위에 큰 양철 세수대야에 물을 담아 햇빛을 오전 동안 쬐이고는 애들도 발가벗겨 햇빛을 쬐인 다음 애들을 햇볕에 쬐인 물에 들어가 물장난을 하면서 목욕하게 했다. 어머니는 이를 일광욕이라 했다. 그래서 애들은 모두 거무틱틱하게 타서 누구 하나 병이 나지 않고 잘 자랐다.

정주가 해방된 후 어머니들은 정주로 이사 갈 준비를 했다. 철도가 파괴되고 도로도 형편없이 파손됐으므로 어머니들과 아이들은 덮개도 없는 큰 트럭에 앉아 정주로 갔다. 이 행로는 쉬운 길이 아니었다. 그것은 전쟁보다도 아이들 때문이었다. 날마다 날이 밝기 전에 아이들을 들깨워서 그들이 눈도 채 뜨지 못하고 정신도 채 들지 않았는데 옷을 입히고는 짐을 정리하는 한편 아이들에게 밥을 대충 먹이고 하늘에 별들이 총총한 어둠속에서 출발해야 했다. 점심에는 잠깐 쉬었다가 다시 출발하였다. 자동차에는 아이들로 북적대었고 아이들의 오줌을 받아내기 위해서는 오줌통도 가지고 다녀야 했다.

이렇게 하루도 쉼없이 며칠이 걸려서야 정주에 도착했다.

정주에 도착한 후 숨도 돌리기 전에 낙양의 한 농촌으로 이주했다. 왜냐하면 공산당의 기관과 숙영지는 언제나 농촌에 잡았기 때문이다. 그것은 농촌에 지휘소를 두면 지휘에 편리하거나 도시 주민들에게 폐를 끼치지 않기 위해서일 수도 있고, 공산당의 군대가 농민 대중과 떨어질래야 떨어질 수 없는 혈육의 정을 맺고 있었기 때문일 수도 있다.

낙양에서의 생활은 안정됐으나 아이들이 말썽을 피우기 시작했다. 하루는 세 아이가 탁상에 둘러 앉았는데 두 살 좀 넘은 남남이가 폭죽을 가지고 놀다가 말썽을 일으켰다. 폭죽에 불이 붙어 그 불꽃이 오빠의 얼굴에 튀게 되었다. 후에 어른들이 살펴보니 다행히 다친 데는 없었다. 그런데도 이렇게 놀란 후 며칠 안 되어 오빠가 어디서 구했는지 가위를 가지고 휘두르다가 가위 끝으로 남남이의 얼굴을 찔렀다. 이번에도 다행히 껍질만 약간 다쳤을 뿐 큰 상처는 입지 않았다. 이 역시 한 차례 가정전쟁이었다. 화가 치민 어머니는 시비곡직 여하를 불문하고 세 아이의 엉덩이를 몇 대씩 호되게 후려쳤다.

남경이 해방된 후 가족 대대는 다시 남경으로 옮겼다가 얼마 안 되어 해방군을 따라 상해로 갔다.

진의도 어린애가 셋이고 등소평도 셋이어서 어른들까지 합하면 집집마다 식구가 다섯이었다. 하루는 우리 두 집의 어른들이 무슨 홍이 났던지 아이들을 데리고 다정하게 사진을 찍었다. 사진을 보면 진의 아저씨는 뚱뚱한 배를 쭉 내밀고 아주 풍채 있게 앉았고, 아버지는 여윈 체구에 언제나 그러하듯이 조용히 미소를 띠고 있었다. 두 어머니는 모두 젊고 예쁘고 어린애들은 모두 너무나 어려 정말로 귀염둥이들이었다.

이는 행복한 두 가정의 사진이다.

상해에서 아버지는 특별히 시간을 내어 손문의 부인이며 공산당의 친근한 벗인 송경령 여사를 찾아보았다. 상해에서 아버지는 어머니를 데리고 고 장석원의 뼈를 찾아 함에 넣은 다음 그들이 살고 있는 여지사의 아래층에 보관했다.

상해에서 또 한 가지 재미있는 일이라면 아버지가 파카 만년필을 잃어버린 것이다.

한번은 아버지는 상해에 새로 부임된 진의 시장과 함께 대형 경축 행사에 참가했었다. 그들은 사무실의 대문을 나와 많은 경호원들의 보호를 받으면서 거리를 지나 맞은 편 회의장소로 갔다. 별로 넓지 않는 거리를 지나는데 고작해야 몇 분밖에 걸리지 않았다. 그러나 아버지가 적들에게서 노획하여 가슴에 차고 다니던 파카 만년필이 이 짧은 시간에 상해의 도적에게 소매치기당했던 것이다.

요즘에 와서도 아버지는 이 일을 늘 마음에 두어 상해에 가기만 하면 이 이야기를 들추어내곤 한다.

아버지는 "상해의 도적은 정말 대단해 !"라고 말했다.

1938년에 항일전선으로 나가고, 1945년에 국민당과의 첫 총성을 울리고, 다시 황하를 넘어 대별산으로 진출하고, 회해 전역을 치렀으며, 도강작전을 진행하고 줄곧 남경을 해방하고 상해를 해방하기까지는 11년의 세월이 흘렀다. 이 11년이란 세월을 지나오면서 아버지는 포연탄우를 무릅쓰고 간난신고를 겪으면서도 한번도 병으로 누워본 적이 없었다.

그는 건장한 편이 아니었으나 아주 건강했다. 전쟁과 승리를 위하여서는 그는 반드시 건강을 유지하여야 했다. 항일전쟁 이래 아버지는 줄곧 날마다 냉수욕을 계속했는데 춘하추동을 가리지 않고 매일 아침 일찍 물 한 통을 길어서는 머리 위로부터 발끝까지 내리부었다.

그러나 상해에 도착하여 전쟁에서 결성적인 승리를 거둔 후 아버지는 병으로 드러누웠다.

아버지는 두통으로 자리에 누워 일어나지를 못했다.

그는 너무나 지쳤던 것이다. 중앙에서는 그에게 한 달 동안의 휴가를 주었다.

9월의 어느 날 아버지와 어머니는 세 어린이를 데리고 북경으로 갔다.

북경에서 아버지는 병치료를 하면서 중앙에 업무를 보고하고 서남을 해방할 작전을 구상했다. 휴식시간에 그는 또 아이들을 데리고 북경 서쪽 교외에 있는 이화원으로 가서 가을 햇빛에 물결이 출렁이는 곤명호에서 신바람나게 뱃놀이를 했다.

아버지는 45년의 생애 가운데 이번에 처음 북경에 온 것이었다.

그는 처음 북경에 와서 중국의 두 가지 성대한 행사에 참석했다.

그 하나는 중국인민 정치협상회의 제1차 전원회의의 개회이다.

다른 하나는 중화인민공화국의 개국 축하제전이 그것이다.

1949년 9월 21일 제1차 중국인민 정치협상회의가 중남해의 회인당에서 성대하게 열렸다.

각계각층의 대표들이 사방으로부터 승리의 희열을 안고 즐거운 분위기 속에서 한 자리에 모였다. 사람들의 얼굴에는 누구나 할 것 없이 경축의 웃음을 띄우고 마음속에는 새로운 생활에 대한 끝없는 동경과 격동으로 충만했다.

회의에서 모택동이 "전 세계 인구의 4분의 1을 차지하는 중국인민이 이로부터 일어섰다."라고 장엄하게 선포했다.

회의에서 대표들은 거수가결의 형식으로 중화인민공화국 국기와 국가를 채택하고 임시헌법의 성격을 띠는 '공동강령'을 채택했다. 또한 북경을 중화인민공화국의 수도로 확정하고 제1기 중앙인민정부를 선거하여 구성했으며, 모택동을 중화인민공화국의 중앙인민 정부 주석으로 선출했다.

회의 후 인민혁명 전쟁에서 희생된 수많은 열사들에게 제를 지내기 위하여 모택동이 전체 대표들을 거느리고 삽질을 하여 장중하고 숙연한 가운데서 천안문 광장에 솟게 될 인민영웅기념비를 위한 정초식을 했다.

1949년 10월 1일, 마침내 이 날이 도래했다. 모택동과 그의 전우들은 천안문 성루에 올라 장엄하게 선포했다.

중화인민공화국이 성립됐다 !

중국인민은 이로부터 일어섰다 !

등소평, 유백승, 진의와 같은 이런 개국 공신들은 어깨를 나란히 하고 천안문 성루에 올라 광장에서 찬연한 오성홍기가 햇빛 아래 서서히 게양되는 것을 주시하고 우렁차고 힘 있는 '용군행진곡'의 그 감동적인 연주에 귀를 기울이며 광장의 환희로 들끓는 30만 인민대중과 보무당당한 시가행진대열을 내려보았다.

그들의 마음속에는 승리의 자부심으로 벅차오르는 한편 미래의 새로운 나라, 새로운 천지, 새로운 사업에 대한 믿음으로 가득 찬 갈망과 추구로 부풀어올랐다.

중화인민공화국의 개국축하제전은 역사상 제왕들이 왕조나 신구 군벌들간의 교체가 아니었다. 인민들, 중국인민들이 나라의 주인이 되어 자기의 나라를 건립한 것이다.

기원 1949년 10월 1일으로부터 5천년의 문자 기록을 가진 중국 역사에는 전혀 새로운 한 페이지가 펼쳐졌다.

63 대서남으로 진군

　도강 전역 후 공산당 부대는 계속하여 남경, 상해, 무한, 항주, 구강, 남창, 안경, 금화, 상요 등 도시와 양자강 이남의 강소성, 안휘성, 절강성의 전부와 강서, 호북, 복건 이 세 개 성의 일부분을 점령했다.

　인민해방군의 전선은 빠른 속도로 중화대륙의 남부와 서부 지구로 뻗어 나갔다.

　전 중국 대륙에서 국민당의 군대를 완전하고도 철저하게 섬멸하자면 해방군 장병들은 연속작전의 정신으로, 신속히 움직이는 열정으로, 궁지에 몰린 적을 마지막까지 추격하는 기백으로 계속 전면적인 타격을 가해야 했다.

　중앙 전력배치는 다음과 같았다.

　제1야전군은 섬서 감숙으로 진출하여 서북의 5개 성을 해방한다.

　제2야전군은 귀주 사천으로 직진하여 대서남을 해방한다.

　제3야전군은 복건으로 남하하여 동남연해를 해방한다.

　제4야전군은 광주를 먼저 공략한 다음 중남의 각 성을 해방한다.

　화북군구는 태원을 함락하고 화북의 전역을 해방한다.

　한 시기도 지체 않고 해방군의 각 대군은 쏜살같이 각자의 목표로 향해 달려갔다.

　유백승과 등소평은 제2야전군을 거느리고 서남으로 진출했다.

　지난 1년 동안 유백승, 진의, 등소평은 어깨를 나란히 하여 제2야전군과 제3야전군을 연합하여 회해 전역에서 승전한 후 양자강 도하를 감행하여 남경과 상해를 해방했다.

모택동은 이 두 야전군의 연합작전이 단순히 산술적인 전력의 증강에 그친 것이 아니라 질적인 변화를 가져왔다고 말했다.

즉 수학공식으로 표현하면 $1+1>2$로 나타낼 수 있을 것이다.

아버지는 이렇게 말했다. "이 질적 변화는 우선 중원국을 확대하는 데서 구현되어 진의를 제2서기로 임명했다. 특히 회해 전역에 앞서 5명으로 총전방위원회를 구성했는데 유백승, 진의와 나는 상무위원으로 하고 또한 내가 서기를 담임했다. 모 주석은 직접 나에게 '당신에게 지휘권을 위임하겠소.'라고 했다. 이는 모 주석이 직접 나에게 임무를 부여한 것이다."

총전방위원회의 사명이 완수되자 유백승, 진의와 등소평은 제2야전군과 제3야전군을 각기 인솔하여 헤어져야 했다.

대서남으로 진군해야 할 필요에 의해 중앙에서는 서남국을 성립시키기로 결정하고 등소평을 제1서기로, 유백승을 제2서기로, 하룡을 제3서기로 임명했다.

대서남을 해방하는 임무는 제1야전군과 제2야전군의 어깨에 부가됐다. 그리하여 제2야전군은 동에서 서쪽으로 진격하고 제1야전군은 북에서 남으로 진격하여 양쪽에서 협공함으로써 서남에 있는 국민당군대를 완전히 소멸하기로 했다.

1949년 10월 20일 유백승, 등소평은 제2야전군 총사령을 거느리고 남경을 출발하여 서진하여 귀주 사천에 대한 작전을 개시했다.

이 날 남경 성내의 각계 인사들은 유, 등대군이 서남으로 출전하는 것을 열렬하게 환송했다.

대서남으로의 진군 작전은 이로써 막이 올랐다.

유, 등 총사령부는 10월 23일 정주에 도착했다.

유, 등 총사령부는 10월 28일 무한에 진주했다.

서남 전역에서 핵심 전력은 사천을 점령하는 것이었다. 왜냐하면 사천은 대서남의 심장이기 때문이다.

장개석은 다시 지휘봉을 휘두르며 직접 중경에 와서 독전했다.

국민당은 사천을 수비 방어의 중심으로 삼았다. 장개석은 사천 동부, 호북, 귀주 일대에는 산세가 험악하고 교통이 불편할 뿐더러 백숭희의 10만 대군이 지키고 있어 공산당의 주력이 동으로부터 사천으로 들어가지 못하고 북에서 남으로 내밀 수 밖에 없다고 판단했다.

장개석은 또 판단의 오류를 범했다.

유백승과 등소평은 먼저 연막전술을 펴 대군이 정주에서 서쪽으로 움직이는 것처럼 보이면서 실제적으로는 진석연에게 명령하여 제3부대가 직접 동에서 사천 동부 지구로 돌입하고, 양용의 제5부대에 명령하여 남쪽으로 우회하여 귀주로 진입하여 적들이 남쪽으로 달아나지 못하도록 퇴로를 차단했다.

유, 등대군이 동서 500킬로미터 구간에서 갑자기 여러 지점에서 진격하여 들어가 장개석의 모든 서남 방어 진지를 완전히 궤멸시켰다.

장개석의 군대는 마치 산사태가 나듯이 무너졌다. 장개석 군대는 오직 달아나는 길 하나 밖에 남지 않았다. 국민당 군대는 도망하는데도 그 속도가 대단히 빨랐다. 그래서 중앙에서 원래 결정했던 '서서히' 진군한다는 방침을 더 이상 집행할 수 없게 됐다. 적군이 빨리 달아나는 이상 아군도 더욱 빨리 추격해야만 했다.

아군은 끊임없이 내리는 장마비를 무릅쓰고 진흙탕을 밟으면서 산을 넘고 숲을 지나며 휴식할 사이도 없이 심지어 밥먹는 시간도 아껴 적들을 추격하여 시천의 적군이 남으로 퇴각하는 길을 즉시 차단했다. 이에 아군의 예봉은 직접 중경과 성도를 겨누게 되었다.

중경은 서남 지구에서 가장 큰 도시로서 항일전쟁 시기 국민당정부의 임시 정부였다. 중경의 점령은 대서남의 칼자루를 잡는 것이나 같았다.

장개석은 얼마 전까지만 하더라도 중경에서 독전했으나 이번에는 아주 상황판단을 잘하여 군정 요인들을 데리고 비행기로 도주했다.

11월 30일 진석여의 제3부대가 쉽게 중경을 점령했다.

중경이 함락되자 장개석은 잔여부대를 성도 지구에 집결시켰다.

유백승과 등소평은 장개석의 마지막 주력인 호종남집단을 성도분지에서 섬멸하기로 결심했다.

12월 20일 아군은 호종남 부대의 퇴로를 완전히 차단하고 양용의 통일적인 지휘하에 성도 지구에 대한 주머니형의 포위권을 형성했다.

호종남은 일찍이 섬북에서 한동안 기세를 올렸으나 지금은 궁지에 빠진 쥐가 되었다. 그의 예하 수십만 군대는 이미 전투 의지를 상실했다. 호종남은 절망 속에 빠진 자기 부대를 버리고 비행기를 타고 홀로 달아났다.

12월 27일 성도의 적군이 유, 등대군에 의하여 전멸되었다. 성도가 해방되었다. 이때 운남의 장개석 군대가 기의를 선포하여 진경 부대가 운남의 전 지역을 해방시켰다. 그후 진경은 또 제4부대를 인솔하여 서창 지구에서 적군 10,000명을 소멸함으로써 서남 지구에서 장개석의 정규부대는 완전히 소탕됐다.

서남에서 마지막으로 한곳이 해방되지 못했는데 바로 서장이었다.

1950년 1월 31일 서장의 벤첸칸부회의청에서 모택동과 주덕에게 전보를 띄워 나사 당국이 조국을 배반하는 행위를 반대했다.

1950년 10월 아군은 18일 동안에 서장의 동쪽문인 창도에서 전투를 발동하여 서장군 5,700여 명을 섬멸하여 서장으로 진군하는 대문을 열어놓았다.

서장 각계 인사들은 우리의 활동과 평화적 성의에 감동을 받아 서장 지방당국에서는 서장을 평화적으로 해방하는 것에 관한 중앙인민정부의 호소에 호응하여 아패 아왕직메를 수석 대표로 하는 서장 지방 정부 대표단을 북경에 파견하여 중앙정부 대표와 협상을 진행하게 했다. 1951년 5월 23일 협상 쌍방은 '서장의 평화적 해방 방법에 관한 중앙인민 정부와 서장 지방 정부의 협의안'에 조인했다.

1951년 8, 9월에 유, 등의 부대는 세계의 지붕으로 불리우는 서장으로 진군하기 시작했다.

그들은 열 몇 개의 설산준령을 넘고 수많은 격류를 넘고 수려한 원시림을 지나며 가없는 초원과 늪지대를 통과했다. 또한 그들은 이곳의 한랭하고 희박한 공기를 두려워하지 않고 만년적설을 밟으면서 마침내 10월과 11월 사이에 서장의 수도 나사에 도착했다.

서장은 종교 풍속이 아주 짙은 지방일 뿐만 아니라 당시에는 봉건제도와 노예제도가 섞여 있던 사회였다. 인민해방군은 서장으로 들어가서 풍찬노숙하면서도 함부로 민가에 들어가거나 사당에 들어가지 않았고 백성들에게 물건을 빌리지 않는 등 규율을 준수했다. 그들은 소수민족의 풍속과 종교의 존중을 가장 중요한 비중을 두었다. 한편 그들은 또 각계 인사들과 적극적으로 접촉하고 약이 적고 의사가 부족한 장족 인민들에게 병을 치료해 주었다.

해방군의 엄격한 규율과 민족 평등의 작풍은 서장 인민들의 심금을 울렸으며 장족 인민들의 열렬한 환영을 받았다.

서장이 해방된 후 인민해방군이 착수한 첫번째 일은 즉각 탐사와 설계를 진행하여 세계 지붕에서 놓여질 최초의 도로인 강장도로를 건설하는 것이었다. 서장이 평화적으로 해방됨으로써 중국의 대서남은 전부 인민의 품 속으로 돌아왔다.

유, 등대군은 그 누구도 막을 수 없는 용맹한 기세로 2,000여 킬로미터를 행진하여 서남을 해방하는 임무를 영광스럽게 그리고 승리적으로 완수했다.

이번 전역에서 대륙에 남은 국민당의 마지막 잔여부대 90만 명을 소멸하고 대서남 지구를 근거지로 하여 앉아 온갖 만행을 다하던 토비 90만 명을 궤멸시켰다.

유백승과 등소평의 제2야전군이 서남을 해방함과 동시에 제1야전군은 섬서, 감숙, 녕하, 청해, 신강의 5개 성을 해방시켰다.

제3야전군은 화동, 화남 지구로 진격한 후 복건과 동남 연해 지구의 많은 도서를 해방시켰다. 제4야전군은 호북, 호남, 강서, 광동, 광서 등 중남 지구를 해방시켰다. 화북군구는 화북 전 지역을 해방시켰다.

동서남북이 이에 모두 중화로 통일되었다. 960만 평방킬로미터의 중화대지에는 더 이상 전쟁이 벌어지지 않게 됐다. 중국공산당은 전쟁의 수단으로 전쟁을 소멸하겠다던 그들의 약속을 실천했던 것이다.

수천년 이래 25개 왕조가 교체됐고 그동안 전화가 끊이지 않았다. 중국 강산에서 왕조의 교체는 언제나 무력에 의하여 실현됐다. 승자는 왕이고 패자는 역적이다. 이것은 중국의 역사 법칙이었다. 역사는 무정하여 삼복에도 사람들을 떨게 된다. 또한 역사는 애정이 있다. 천지가 뒤바뀐 후 역사는 자신의 운명을 해결할 수 있는 열쇠를 인민에게 보내주었다.

중화인민공화국의 성립은 지난 4,000년 동안의 그 어떤 봉건 왕조의 교체와 같은 것이 아니라 그것은 진정한 인민혁명의 승리의 전리품이라 할 것이다. 중화인민공화국의 성립은 동방에 깊이 잠들었던 거대한 용 중국이 깨어났음을 상징한다. 하나의 참신한 면모를 일신한 중화민족이 세계의 동방에 나타나게 된 것이다.

중국 사람들이 남자는 머리채를 길게 땋고 여자는 전족을 해야 하는 약소민족이라 남들에게 수모받던 시절은 영원히 지나갔다. 중국 사람들이 '아시아의 병자'라고 멸시받던 날은 영원히 지나갔다. 중국 사람들이 스스로 중국 사람을 업신여기고 바다 건너 이국 타향에 가서 입에 풀칠하던 그날은 영영 지나갔다

얼마나 다행스러운 일인가. 이 모든, 이 모든 굴욕은 영원히 지나갔다. 중국 공산주의자들은 4억 5,000만 중국인민과 함께 전 세계 앞에서 어깨를 활짝 펴게 되었다.

옛날부터 구세주는 없었고 신선과 같은 황제도 없었으며 인류의 행복은 모두 우리 자신에 의하여 창조되어 왔다. 그렇다, 바로 우리 자신에 의해서 창조되는 것이다! 발밑의 길은 우리 스스로 걸어온 것이다. 이 길을 걸어온 우리는 얼마나 수려하고 장엄하며 늠름한가. 이 길은 아직 시작에 불과하다. 이 길은 아주 멀고도 길다.

이 길은 또한 중국인민들이 한 발짝 한 발짝씩 걸어나가야 한다. 그러나 이 길은 필경 앞으로 향해 뻗은 것이고 똑바르게 앞으로 향해 뻗은 길이다.

1949년 12월 1일 중국인민해방군 제2야전군은 대서남의 심장인 중경에서 성대한 입성식을 가졌다. 중경 인민들은 남녀노소를 막론하고 모두 떨쳐나와 극히 성대한 입성식을 거행했다.

12월 8일 유백승과 등소평은 야전군을 거느리고 중경으로 들어갔다. 이에 앞서 중앙에서는 서남국을 성립하고 등소평을 제1서기로 임명했다.

그후 중앙에서는 서남군정위원회를 성립하고 유백승을 주석으로 임명했다. 또 그 다음 중앙에서는 서남군구를 성립하고 하룡을 사령관으로, 등소평을 정치위원으로 임명했다.

전 중국은 모두 서북, 서남, 화동, 중남, 화북, 동북의 6대 행정구역으로 나누어졌다.

서남의 사업은 서남국 서기 등소평이 관장했다. 유, 등대군은 대서남에 주둔했다.

중국공산당이 지도하는 이 부대는 서북고원으로부터 진기노예 전선으로 진격하고, 중원 대전을 거쳐 화동 전선으로 진출한 후 나중에는 대서남까지 진격했다. 이 부대는 유백승과 등소평의 직접적인 지휘하에 태항산에서 대별산으로 최종적으로 히말라야까지 약진했다. 이 부대는 계속하여 국민당 군대 230만 명을 소멸하고 100여 만 명의 토비를 소탕했다. 이 부대는 중국혁명과 위대한 인민혁명전쟁을 위하여 불후의 공훈을 쌓았다.

지금 인구 6,000만 명의 서남을 지키고 있는 이 부대는 인민 군대 중에서도 전과가 혁혁하고 성망과 위세가 큰 정예부대가 되었다. 이 부대의 많은 지휘관들은 중국인민해방군의 최고 장군이 되었으며, 중화인민공화국의 행정 요인으로 선발되었다. 이 부대의 정치위원인 등소평은 이 부대에 대하여 각별한 감정과 평온한 어조로 다음과 같이 설명했다.

"제2야전군은 전반적인 발전과정 중에서 허명을 추구하지 않으면서 내부 단결을 중시했다. 때문에 제2야전군은 내부적으로 아주 굳게 결속했다. 각 종대 사이에, 부대와 부대 사이에, 사람과 사람 사이에 심지어 하층에 이르기까지의 상호 관계는 매우 협조적이었다. 전쟁이 시작되면서부터 매 한 차례의 구체적 작전에 이르기까지 우리는 각 종대의 대장만 지휘했을 따름이다. 유백승과 나는 그 어떤 구체적인 전투를 일일이 지휘해 본 적이 없다. 어떤 전투는 진재도가 지휘했고, 어떤 전투는 진석연이 지휘했으며, 어떤 전투는 왕근산, 두의덕이 지휘했고, 어떤 전투는 양용과 소진화가 지휘했다. 그리고 진경과 사부치가 지휘한 것도 있었다. 이런 방식의 장점은 우리가 타당하지 못한 곳을 발견하면 전화로 연락할 수 있다는 것이다. 우리는 아래에서 잘못한 곳을 발견한 적도 없고 그 어떤 종대의 지도자가 지휘하는 전투를 시정해본 적이 없었다. 이런 방식을 취하게 되면 상하의 믿음을 강화하고 부대의 전투력을 증강하며 지휘관들의 적극성을 발휘시키는데 아주 유리하다."

그는 이어 다음과 같이 말했다. "요컨대 전쟁에서 제2야전군은 중책을 짊어지고 임무를 수행했으며 당과 인민의 기대를 저버리지 않았다. 바로 이 같은 역사이다. 고생도 많이 했지만 모두 승리적으로 곤경을 극복했다."

너무나도 평범한 몇 마디 얘기다. 호언장담도 없고 그 어떤 자랑이나 오만도 보이지 않는다. 마치 한 노인이 후인들에게 그 어떤 이야기를 들려주는 듯하다. 심오하거나 새삼스럽게 놀라운 말도 아니다. 그러나 그 가운데 내재된 깊은 의미, 간난신고, 공훈과 영예, 격정과 비장한 마음을 어떻게 짧은 몇 마디로 이루 다 표현할 수 있겠는가? 유백승과 등소평은 자기의 부하들을 칭찬한다. 그의 부하들은 또 그들을 존중한다.

이 책을 쓰기 위하여 내가 취재를 하는 가운데 머리에 이미 흰서리가 내린 옛 장군들의 말 속에는 언제나 자기들의 지도자인 유백승과 등소평에 대한 진지한 감정으로 충만되었으며 무한하고도 마음속에서 우러나오는 존경심이 가득했다.

유백승과 등소평의 부하들은 자기들이 이 같은 지도자들을 모실 수 있었던 사실에 대해 자랑과 자부심을 가졌다.

나는 원래의 제2야전군의 전사들과 이야기를 나누면서 그들의 진지한 감정에 감동되고 격앙됐다. 어떤 때는 내가 취재를 하는 것이 아니라 마치 그들과 함께 행군하고 싸우며 유백승과 등소평이 물려준 어려운 사명을 수행하는 것만 같았다.

그렇다. 처음 항일전쟁에 나가 대서남을 해방할 때까지 13년간의 전투 생애를 살았다. 만 13년이란 시간은 그 누구에게 있어서도 짧은 시간이 아니다. 하물며 그 13년은 피비린내와 간난신고로 가득 차고 또한 승리와 영예로 충만된 13년이 아닌가.

거기에 참가했던 사람치고 누가 잊을 수 있으랴!

하늘은 돌고 세월은 흘렀다. 어떤 사람들은 시간은 인생의 모든 흔적을 닳아 없앨 수 있다고 한다. 그러나 사람들 마음속에 우뚝 솟은 기념비만은 닳아 없애지 못하리라.

주

1. 《중국인민해방국 제2야전군 역사》(제2권), 해방전쟁 시기, p. 474.

64 서남국의 제1서기

아버지는 사천으로 돌아왔다.

중경으로 돌아왔다.

그리고 그의 고향으로 돌아왔다.

운명이란 이렇게도 묘한 것인가. 기억하는가? 29년 전에 중경의 강변 부두에서 등희현이라고 부르는 16세의 소년이 길경호를 타고 끊임없이 흐르는 양자강의 물결을 따라 사천을 떠나, 먼 바다를 건너 인생의 첫 여정을 시작했었다.

29년 후에 그 등희현이 등소평이라는 이름으로 대군을 거느리고 사천을 해방시키는 수석 지휘관이 되어 오리라고 그 누가 상상이나 했겠는가.

중경을 나서고 사천을 나섰다가 다시 중경으로 돌아오고 사천으로 돌아왔다. 운명은 아버지의 29년 여정에 구불구불한 원을 그렸다. 아버지가 사천에 돌아왔을 때는 이미 45세의 중년이었다.

이때 그는 이미 중앙 산하의 몇 개 대 행정구역 가운데 한 개 구역의 최고관리였다. 중경에서 아버지는 드디어 안정된 가정을 가지게 되었다.

남하할 때 군사 상황이 그다지 험하거나 위태롭지 않았기 때문에 아버지와 유백승은 모두 가족을 데리고 왔던 것이다.

두 대의 미제 지프, 그 한 대는 유씨 집의 것이고 다른 한 대는 등씨 집의 것이었다.

유백승의 집에는 식구가 모두 여섯이었다.

등소평의 집에는 여전히 아이가 셋이었다. 그러나 실제적으로 어머니의 배 안에는 또 하나의 어린 생명이 있었으니, 그는 바로 나였다.

오빠와 언니들은 언제나 자기들은 항일전쟁을 겪었으며 적어도 해방전쟁을 겪었다고 말하고 있다. 그렇지만 나도 할 말이 아주 없는 것은 아니다. 나는 그때 어머니의 뱃속에 있었을 뿐이지 해방전쟁이나 대서남을 해방하는 데도 참가했던 것이다.

이 두 대의 지프는 2,000여 킬로미터를 흔들거리며 사천에 이르렀다.

나는 사천이 해방되고 중국이 해방되고 나서야 태어났다.

사실 이력이 가장 짧은 것은 내가 아니다. 동생 비비(飛飛)는 1951년 8월에야 태어났다. 그 애야말로 지난 혁명과는 아무런 상관이 없는 셈이다. 말 그대로 '해방표'이다.

중경에서 우리는 원래 국민당의 한 기관으로 사용되던 건물에서 살았다. 유백승이 남경의 중국인민해방군 고등군사학원 원장으로 간 후 하룡 일가가 우리집 아래층에서 살았다.

아버지는 겉으로는 엄숙하고 말이 적은 것 같지만 실제로는 사귀기가 아주 쉬운 사람이다. 중국인민해방군 10대 원수 가운데 그는 거의 모두와 아주 깊은 관계를 맺고 있었다.

주덕 총사령은 더 말할 필요없다. 그는 성망이 높고 자애로운 분이며 또한 사천 출신이다. 아버지는 그를 대단히 존경하여 왔다.

팽덕회는 팔로군 본부가 태항산에 있을 때 줄곧 아버지와 같은 전선에서 싸웠다. 슬하에 자식이 없는 팽덕회는 우리 집에 어린애가 많은 것을 보고 아버지에게 나를 그들의 양자로 달라고 했다. 나의 부모님이 안 된다고 한 것은 물론이었겠지만 그래도 나는 한동안 겁이 나서 팽덕회를 만나면 죽으라고 부모님의 뒤로 몸을 감추었다. 유백승은 나의 아버지와 13년 동안 생사고락을 같이 했으며 또한 우리 두 집이 장기간 함께 살아왔으며 두 어머니 사이에도 아기자기한 친구로 되어 있었다.

진의도 사천 사람으로서 함께 프랑스에서 유학했고 함께 도강 작전을 하여 남경과 상해로 진격해 갔었고, 또한 둘 다 먹는 데라면 공통점이 가장 많았다. 그후 북경에서 10년 동안 이웃으로 지내면서 두 집 식구들이 늘 함께 산책하고 함께 들놀이를 나갔었다. 또 외국 사람들이 선물로 구린내가 코를 찌르는 듀리언 같은 것을 보내와도 함께 먹었었다. 그러니 우리 두 집 사이가 얼마나 가까웠는가를 알 수 있을 것이다.

섭영진도 또한 사천 출신이며 프랑스 유학을 한 사람으로서 아버지는 그를 형님이라 불렀다. 50년대 우리가 막 북경으로 왔을 때는 섭 아저씨의 집과 벽을 사이에 두고 살았었다. 우리 어린 것들은 틈만 있으면 섭 아저씨의 집으로 가서 사탕을 얻어먹었고, 섭 아저씨도 늘 우리 집 식구들을 청하여 사천요리를 대접했다. 그러면 아버지는 아무런 거리낌없이 여덟 식구를 데리고 가서 밥을 먹었다. 섭 아저씨는 가장 장수했는데, 그가 90세의 일기로 서거하기 전에 연세가 이미 지긋한 아버지가 집을 나서서 놀러가는 집은 그 분밖에 없었다.

나영환은 장정 시에 아버지와 함께 있었고 후에 같은 전선에서 싸우지는 않았으나 그들 둘은 지기가 됐다. 아버지와 나 아저씨는 일상 생활에서 서로 보살폈고 정치적 입장에서도 아주 의기가 투합했다. 애석하게도 나 아저씨는 너무 일찍 세상을 떠났다. 그가 서거한 후 부모님은 일부러 나에게 그 집에 가서 일주일 동안 있으면서 나이가 나와 비슷한 그 집의 작은 딸과 놀게 했다.

섭검영은 해방 전에 아버지와 함께 활동한 기간이 길지 않다. 그러나 해방 후에 특히 문화대혁명 이후 이들 두 사람은 그야말로 절친하게 사귀면서 국난을 같이 풀어 나갔다. 아버지의 세번째 출마를 위하여 섭 아저씨는 자기의 아들을 시켜 아직 연금되어 있는 나의 아버지를 승용차로 슬그머니 자기의 집으로 데려갔다. 당시 그 자리에는 나도 있어서 그 광경을 똑똑히 볼 수 있었다. 그들 두 사람은 서로 만날 때 크게 반가워했으며 아버지는 그를 '형님' 하고 길게 불렀으며 이어 그들은 서로 굳게 악수했다.

서향전은 유, 등대군 시에 부사령원으로 있었으며 우리 두 집도 한동안 같은 곳에서 살았다. 아버지는 서향전 원수를 매우 존중했으며, 서향전 원수는 몸이 약하고 병이 많으며 또 몇 살 위이기 때문에 아버지는 그의 건강에 깊은 관심을 보였다.

하룡은 털보라고도 했는데 성격이 남달리 호탕했다. 서남에서 우리 두 집은 아래 윗층에서 살았고 아이들의 나이도 엇비슷하여 늘 함께 놀고 싸웠다. 해방 후에 아버지는 늘 우리를 데리고 하 아저씨 집으로 놀러 다녔는데 어른들은 어른들끼리 웃음꽃을 피우고 아이들은 아이들끼리 장난치며 노는 것이 남이 보면 한집 식구나 다름없었다.

이상한 일이기도 하지만 10대 원수 가운데 아버지는 아홉 사람과는 사이가 아주 좋았으나 유독 임표와는 왕래가 없었다. 이는 주로 임표의 성격이 괴팍하여 종래 누구와도 왕래를 하지 않았기 때문일 것이다.

다시 서남 이야기를 하기로 하자.

유백승이 남경으로 가서 사업한 후 서남과 사천의 군정사업은 주로 아버지와 하룡이 관장했다.

서남에서 아버지의 사업은 해방 전 못지않게 분망했다.

그것도 그럴 것이 군사, 정치 등 여러 가지 업무를 관장해야 할 뿐만 아니라 게다가 민족 문제까지도 처리해야 했으니 사업의 두서가 천만 갈래여서 조금도 한가할 수가 없었다.

서남에서 전쟁이 끝난 후 아버지는 부하들에게 "싸움이 끝났소?" 하고 물었다고 한다.

이어 서남에서의 금후 아버지가 해야 할 사업은 일반적인 군사 투쟁보다도 훨씬 복잡해 몇 차례의 돌격전으로 해결될 문제가 아니라고 거듭 설명했다.

그는 서남에서의 과업은 90만, 6,000만, 60만이라고 말했다.

90만이란 전쟁에서 포로로 잡히거나 투항한 90만의 국민당부대를 개조하여, 그들을 인민의 군대로 편입시켜 일도 하고 생산도 할 수 있는 사람으로 만드는 것을 가리킨다.

6,000만이란 서남의 7,000만 인구 가운데 6,000여 만이 우리가 의지해야 할 인민대중으로서 그들을 조직하여 토지개혁을 실시하고 생산을 조직하여 경제를 회복하는 것을 가리킨다.

60만이라고 하는 것은 서남에 있는 아군 60만 부대를 두고 하는 말인데 전투대를 사업대로 만들며 그들의 자질을 높이고 규율을 강화함으로써 새로운 대서남을 건설하자는 것이다.

지역 사업에서도 아버지는 군사 사업과 마찬가지로 방법이 간단명료했고 문제를 처리하는데 있어서는 명확하고 결단성이 있었다.

아버지가 회의를 주재하는 데는 두 가지 특징이 있다.

첫째, 회의를 짧게 하는 것이다. 서남군정 위원회가 소집한 제1차 전체회의는 불과 9분밖에 걸리지 않았다. 쓸데없는 형식이나 말이 필요없었다. 필요한 이야기가 끝나면 폐회했다.

둘째, 먼저 의견을 청취한 다음 결단을 내렸다. 회의를 할 때면 언제나 각 부문들에서 먼저 발언하게 했으며 무슨 문제를 제기하던지, 또 얼마나 많은 문제를 제기하는가에 상관없이 사람들의 발언이 끝나고 문제들이 다 제기된 다음에야 아버지는 발언했다. 그는 하나하나씩 대답할 것은 대답하고 뒤로 미루어 연구할 것은 뒤로 미루어 연구하고 즉석에서 결단을 내릴 것은 그 자리에서 결정했다.

서남국의 사람들은 회의에 참가할 때는 문제들이 많고 번뇌도 많았으며 우려하는 것도 많았으나 회의가 끝나면 모두가 목적이 명확하고 임무가 명확하고 방법이 명확해지고는 했다고 말하고 있다.

아버지는 서남구에서 사업하는 기간에 두 가지 큰 일을 결정했다. 그 것은 첫째, 나사로부터 청해(靑海)에 이르는 청장도로(靑藏道路)를 건축하는 것이고 둘째, 성도로부터 중경에 이르는 성유철로(成逾鐵路)를 건설하는 것이다.

아버지는 전쟁이 비록 끝났으나 새로운 중국을 건설하는 것은 전쟁을 지휘하는 것보다 일이 더욱 많을 것이며, 또한 그 임무가 더욱 막중하다는 것을 명확하게 인식하고 있었다.

그후 2년 동안의 정리를 거쳐 대서남의 질서는 빠르게 안정되었고 경제가 회복되기 시작했으며 모든 업무가 점차 정상적인 궤도에 들어갔다.

나와 동생은 중경에서 태어났다. 그러니 우리 둘은 진정으로 사천 사람이라 할 수 있다.

사실 나의 동생은 주워 온 아이다. 당시 우리 집에는 이미 1남 3녀였는데 마침 중국의 인민소학교의 교장으로 재직하던 어머니는 다섯째 아이를 임신했다. 어머니는 당시 워낙 분주했기 때문에 어린애를 또 하나 낳을 생각이 없었다. 그런데 제2야전군의 위생부장이 "애기가 사내애겠는데요."라고 한 말 한 마디에 비비가 목숨을 건질 수 있게 되었다. 결과적으로 원래 바라지 않던 애가 오히려 부모의 사랑을 독차지 하는 귀염둥이가 되었다.

나의 할머니가 시골에서 중경으로 왔다.

그 이야기를 하자면 재미있다. 나의 둘째 고모 등선부는 당시 고향 광안에서 중학교를 다니면서 사천 지하당의 외곽조직에 참가했었다.

사천이 해방될 무렵 지하당에서는 그를 찾아 오빠가 군대를 거느리고 사천으로 오고 있다고 알려주었다.

아버지가 중경에 온 후 눌째 고모는 소식 배치에 의하여 광안으로부터 중경에 와서 자기가 한번도 보지 못했던 큰오빠를 만나게 되었다. 둘째 고모는 광안에 돌아가 조모에게 이 소식을 알려주었다. 조모는 이 말을 듣고 얼마나 기뻐했는지 모른다.

해방될 무렵 광안에 있는 우리 집은 전화에 시달려 파산의 경지에 이르렀다.

아버지가 공산당인 관계로 나의 조모는 정치가 무엇인지는 몰라도 공산당이 좋다는 것만은 확실하게 알고 있었다. 한번은 딸이 지하당의 활동에 참가하여 공공연히 화영산유격대의 공산당원들을 집에 데리고 왔었다. 조모는 두말 없이 그 공산당원들을 집에 숨겨주었다.

조모는 이미 과부가 된 몸으로서 돈과 재력이란 하나도 없는 형편에 공산당원을 숨긴다는 것은 큰일날 노릇이었다. 그래도 조모는 끝까지 숨겨주어 이 몇 명의 공산당원의 목숨을 구해주었다.

그녀는 둘째 고모한테서 아버지가 사천으로 돌아왔다는 말을 듣고 몹시도 기뻐했다. 그래서 그는 자물쇠로 문을 잠그고 혼자 몸으로 조그마한 보따리를 하나 꾸려가지고 가릉강에서 배를 밀던 아버지의 그 배를 타고 중경으로 왔다. 그녀는 집도 버리고 밭과 가산도 버리고 이때부터 부모와 함께 살기 시작했다.

나의 조모는 아버지의 친어머니가 아니다. 그러나 부모들은 조모를 극진히 위해드리고 있다. 특히 어머니는 조모와 네것내것 없이 지내고 있으며 어머니가 출근을 할 때에는 집과 아이들을 모두 조모에게 맡겨 돌보게 했다.

조모가 우리 집으로 올 때에는 내가 막 열 달밖에 되지 않았다. 그래서 나는 열 달 때부터 조모의 손에서 자라났다. 나의 동생이 태어나서도 조모의 손에서 자라났다. 그러므로 나와 나의 동생은 조모에게 각별한 애정을 가지고 있다. 조모는 정말로 어머니 대신 적지않은 가사를 돌보았다.

나의 조모는 현재 90세의 고령이나 아직도 정정하게 우리와 함께 살고 있다. 한 마디로 말하여 중경에서 우리집 식구는 한데 모이게 되었으며 이 식구는 줄곧 20년 동안 변함이 없었고 우리 세대가 각기 분가하여 애를 낳으면서 집 식구들이 훨씬 더 늘어났다.

중경에서 아버지는 분망하였고 그뿐만 아니라 어머니도 매일 바쁘게 생활했다.

어머니는 인민소학교에서 교장으로 재직하고 있었는데 학생들은 모두 제2야전군과 서남국의 자제들이었다. 부대에서 자라난 이런 아이들은 모두 응석부리고 짓궂어 어느 하나 말 잘듣는 아이가 없었다. 따라서 어머니는 자기 집 아이들부터 엄하게 다스릴 수밖에 없었다. 언니와 오빠도 당연히 어머니의 학생이었다. 그들이 말을 잘듣지 않고 규칙을 위반하면 먼저 그들부터 혼을 내어 다른 학생들에게 본보기를 보였다. 나의 둘째 언니는 그때 다섯 살밖에 되지 않았으나 어머니는 교실의 제일 뒷줄에 앉혀놓고 공부를 시켰다.

어떤 아이들은 수업시간에 떠들거나 걸핏하면 울음보를 터뜨리고 말썽을 부렸다. 어머니는 그들을 교장실에 불러다 놓고 그들이 울던 말썽을 부리던 아랑곳하지 않고 자기 업무만 보았다. 이런 아이들은 실컷 울고 말썽을 부린 다음 제풀에 지쳐 조용하게 됐다.

어머니는 교장이지만 어문, 수학, 음악까지 망라하여 모든 과목을 다 가르쳤다. 음정이 잘 틀리는 어머니가 그때 어떻게 음악을 가르쳤는지 지금도 상상이 되지 않는다. 제2야전군의 많은 아이들은 모두 어머니의 학생들이었다. 지금에 와서도 50~60이 된 그들은 당시 교장에게서 혼이 나던 광경들을 자주 회고하곤 한다.

중화인민공화국이 성립될 때 아버지는 45세였다. 45년이란 근 반세기의 세월이 흐른 셈이다.

그 당시 애티나던 16세의 등희현이 사천을 떠난 그날부터 기나긴 인생의 여정에 올랐다. 그는 애국심을 가진 청년으로부터 공산주의 이상의 전당에 들어섰다. 그는 고학하러 가서 공산당원의 신분으로 조국에 돌아왔다. 그는 대혁명의 물결 속에 뛰어들어 피비린내 나는 백색 테러를 겪었다. 그는 전선에 나가 근 20년 동안 군벌 세력과 일본 침략군 및 국민당과 싸웠다.

그가 45세 나던 때에 등소평의 이름은 이미 중화인민공화국의 건당, 건군, 건국의 역사와 그리고 전 인민혁명의 역사와 뗄래야 뗄 수 없는 밀접한 관계를 맺었다.

당 중앙과 모택동의 지도하에 등소평, 그리고 기타의 개국 공신들은 전시에 중화민족의 신기원을 여는데 거대한 업적과 불후의 공훈을 쌓았다.

등소평은 그 개인으로 말하면 한 청년 혁명가로부터 질풍노호하는 혁명가로, 한 몫을 담당한 전선 지휘관으로 성장했다.

아버지는 45년의 생명 여정에서 만 20년을 전쟁으로 보냈다.

전쟁이 끝나 신 중국이 창건된 후 그는 '변방을 지키는' 관리가 되어 서남을 지켰다. 45년이란 짧다면 짧고 길다면 긴 시간이다.

어떤 사람은 40여 년에 인생의 정상에 오른다. 그러나 어떤 사람은 50세가 다 되어서야 인생의 출발점을 찾는다. 나는 절대다수의 사람들이 한 평생을 바쳐 쌓아올린 경력이 나의 아버지의 45년 경력의 절반도 따를 수 없다고 믿는다.

45세는 아버지의 긴 일생에서의 하나의 이정표가 될 것이다.

그러나 45세는 또한 아버지의 정치 역정에서 다른 하나의 출발점이 되기도 한다.

그러나 45세의 생일이 되던 그날 등소평은 인생길에서 아직 얼마나 많은 격류와 험한 여울목을 지나야 할는지 그 자신이 절대 상상하지 못했을 것이며, 이 세상에 그러한 굴곡을 예상한 사람들이 없을 것이다.

아버지의 전반생 인생길은 휘황찬란한 것이지만 그렇다고 가장 휘황찬연한 시기는 아니었다.

등소평의 정치 생애는 이제부터 첫 발자국을 내딛으며 더욱 빛나는 정상으로 나아갔다.

65 끝나지 않은 이야기

이 책에서 서술한 이야기는 나의 아버지 등소평의 전반생의 이야기다.

이 책은 여기서 끝나게 된다. 그러나 아버지의 이야기는 아직 많고도 많다. 아버지의 후반생의 이야기는 이 책의 범주에 속하지 않는다.

나는 멀지않은 장래에 아버지의 후반생의 그 파란만장한 여정을 계속 사람들 앞에 내놓으려 한다. 그러나 오늘은 사람들의 심금을 울리는 그 이야기의 줄거리만 소개하려 한다.

1952년에 아버지는 중앙의 지시에 의해 북경에 와서 활동하게 됐다. 아버지는 일가를 거느리고 또 다시 사천을 떠났다. 이번에 사천을 떠난 것은 그의 일생에서 두번째의 일이었다. 사천을 처음 나서서 그는 미지의 인생으로 첫 발자욱을 내딛었다. 이번에 다시 사천을 떠난 것은 그가 인생에서 날로 빛나는 미래로 발자욱을 뗀 것이다.

1952년 그는 북경에 도착하여 중앙정무원 부총리의 직무를 맡았고, 그후 계속하여 재정부 부장, 교통부 부장, 중공중앙 조직부 부장 등 직책을 역임했다.

1954년 아버지는 중공 중앙 비서실장으로, 중앙군사위원회 위원으로, 국방위원회 부주석으로 임명됐다.

1955년에 아버지는 중공 중앙정치국 위원으로 승진됐다.

1956년에 중국공산당 제8차 전국 대표대회에서 아버지는 중공 중앙정치국 상무위원회 위원으로, 중앙위원회 총서기로 피선됐다.

이때부터 아버지는 중국의 당과 정부의 최고 지도 집단에 들어갔다.

총서기로서 그는 중앙 서기처의 일상업무를 관장하고 모택동 주석의 중요한 조역이 됐다. 국무원의 제1부총리로서 그는 업무 분담에 따라 주은래 총리의 유력한 조수가 됐다. 60년대 초기에 그는 유소기와 함께 모택동에 의해 제일선의 지도 사업을 공동으로 책임지는 후계자로 내정(內定)됐다.

1952년부터 1966년까지의 중국은 정치적으로 비교적 안정된 기간이었다. 비록 정책 결정에서 오류가 없지 않았지만 전반으로는 신 중국이 성립되어 17년 동안의 건설과 발전을 거쳐 중요한 경제 토대와 물질적 토대를 닦아 놓았으며, 국제외교와 세계 정치 무대에서 무시할 수 없는 지위를 확보했다고 할 수 있다.

1966년 신 중국에는 불행한 역사의 한 페이지가 펼쳐졌다. 즉 모택동이 직접 발동한 문화대혁명이 폭발됐다. 한바탕 거대하고 극적인 정치 폭풍이 모든 중화 대지를 휩쓸었다.

아버지는 '중국에서 자본주의노선을 지향하는 제2의 집권파'로 몰려 실각됐다. 나의 아버지, 나의 가정, 그리고 우리 전체 중국 인민은 모두 열광적이고도 혼란스러운, 또한 정치적으로 오도되고 인간성이 왜곡된 불행한 시기를 겪었다.

1971년 이런 국면을 전환할 기회가 출현했다. 모택동이 내정한 후계자 임표가 모택동을 암살하려다가 미수로 돌아가자 비행기로 도주하다가 비행기 사고로 죽었다. 1973년 모택동이 기적적으로 등소평을 등용했다. 1973년 3월 모택동이 등소평의 국무원 부총리의 직무를 복권시켰다.

1975년 1월에 모택동은 등소평에게 중공 중앙 부주석, 국무원 부총리, 중국인민해방군 총 참모장의 중임을 맡겼다.

아버지가 다시 정계에 복귀할 때 그의 앞에는 문화대혁명으로 만신창이가 된 중화인민공화국의 초췌한 모습이 펼쳐져 있었다.

아버지는 한 번 실각했으나 이로하여 조금도 우유부단해지지 않았다.

그는 즉각 결단을 내리고 모택동이 준 권력으로 깊은 재난 속에 빠진 나라의 전도와 운명에 대한 책임감에서 출발하여 주은래의 지지하에 과감하게 문화대혁명에 대한 전면적인 정비를 시작했다.

아버지의 이런 대대적인 정비와 기치 선명한 행동은 모택동과 그의 부인 강청 등 많은 사람들의 적극적인 반대를 받았다.

등소평은 강청 등 사인방과 정치 무대에서 병존할 수 없는 대항 세력이 됐다.

모택동의 일생은 현명하고 소탈한 일생이었지만 만년은 오류로 가득찬, 사람들로 하여금 비애를 느끼게 하는 것이었다. 그는 정치의 저울에서 저울추를 자기보다 더욱 좌적인 사인방의 축에 놓았다. 이 시기에 이르러 그가 믿는 사람은 그의 신변 가족과 친척뿐이었다.

1976년은 중국 역사에서 불행으로 가득한 한 해였으며 가장 잊을 수 없는 한 해였다. 1976년 1월 8일 주은래가 비분을 가슴에 품고 세상을 하직했다. 동년 4월에 등소평이 재차 실각됐다. 동년 9월 9일에 모택동이 서거했다.

동년 10월 6일에 강청과 사인방이 끝내 잡혀 구속되고 법정에 서게 됐다.

1977년에 등소평이 다시 복권됨으로써 그의 당과 정부, 군대에서의 모든 직무가 회복됐다. 그는 일생에서 세 번 타도되고 세 번 다시 재기했으며, 매 차례의 재기는 더욱 사람들의 주목을 끌고 더욱 큰 성공을 거두었다. 이것은 신화두 아니고 인위적으로 주작한 것도 아니다. 이것은 등소평의 진실한 이야기다. 세번째로 재기한 후 등소평은 이미 75세의 고령이 됐다.

그러나 그는 수십 년 동안 일관된 완강한 태도를 고치지 않고 과감하게 창조하는 사고 방식을 고치지 않았으며, 확고부동한 신념을 버리지 않았다. 그의 신념이라면 곧 실사구시의 과학적인 태도로 동서고금의 모든 장점을 모아 중국식의 발전적인 노선을 개척하는 것이다. 그의 신념은 곧 중국인민들이 부유해지고 중국이 강성해지는 것이다.

그의 정력적인 지도와 인솔, 추진하에 문화대혁명의 폐허 위에 중국은 개혁 개방의 광명한 길을 걷게 되고 새로운 혁명을 시작했으며 새로운 만리장정을 시작했다.

10년 동안의 문화대혁명이 끝나자 중국은 신기원이 열리게 됐다. 등소평은 건축설계사마냥 자신의 조국 중국에 다음과 같은 참신한 발전설계도를 제시했다. 80년대말에 이르러 국민생산총액을 1980년대의 토대 위에서 한 배 이상 증가시켜 10억 인구의 의식주 문제를 우선적으로 해결한다. 금세기말까지 국민생산총액을 다시 한 배 올려 인민의 생활수준을 먹고 입는 문제를 해결하는 데서부터 중산층의 생활 수준에까지 달하게 한다. 다음 세기 중엽에 이르러 다시 말하면 21세기 50년대까지, 즉 중화인민공화국 성립 100주년까지 15억 인구를 가진 중국이 인구당 생산총액을 중진국의 수준으로 끌어올려 인민들의 생활이 부유해지도록 하고 기본적으로 현대화를 실현한다.

이것이 바로 등소평이 설계한 중국 발전 전략의 '삼부작'이다.

등소평은 중국적인 특색을 지니는 사회주의의 건설을 제시했다. 그의 지도하에 중국은 한 걸음 한 걸음씩 자기의 길을 모색하고 있으며 앞으로 나아가고 있다. 15년이 지나갔다. 중국은 세상이 인정하는 진보와 성취를 이룩했다.

세상 사람들은 앞으로의 시대는 아시아 태평양의 시대라고 논평하고 있다. 아시아 태평양 지구에서 앞으로 가장 사람들의 주목을 끄는 나라는 중국일 것이다. 이것은 중국의 긍지이다.

어떤 사람은 20세기에 가장 주목을 받는 위인은 등소평이라고 했다. 어떤 사람은 현 세계에서 위세당당하기로 누구에도 뒤지지 않는 사람으로 등소평을 첫 손가락으로 꼽아야 한다고 말했다. 어떤 중국 인민은 등소평의 초상을 모택동의 초상과 나란히 집안의 벽에 걸어놓고 있다.

그러나 등소평은 이미 사직하고 은퇴했다.

그는 은퇴했다. 그가 은퇴한 목적은 중국에서 봉건적인 종신제를 폐지하고 젊은 사람들을 등용하려는 데 있었다. 그는 항상 개혁 개방의 대업에 관심을 표하고 있으며, 88세의 고령에도 중국의 보다 높은 비약을 위하여 분망하게 활동하고 있다.

그는 은퇴했으나 그가 개척한 사업은 중단되지 않았다. 오늘날 비로소 중국의 대업은 이루어지고 힘찬 발전을 약속하고 있다.

시간은 참으로 빨리 흐르고 있다.

1993년이 다가왔다.

1993년은 닭의 해이다.

닭이 울면 다시 일어난다.

중국은 위세당당한 수탉과 같고 하늘을 오르려는 거대한 용과 같이 믿음과 포부, 그리고 열정으로 충만되어 있으며 그믐날 귀를 울리는 따가운 폭죽소리 속에서 가슴을 내밀고 21세기로 달릴 준비를 하고 있다.

왕년처럼 아버지는 온 집안 식구들을 데리고 상해로 가서 설을 쉬었다. 오늘은 그야말로 유쾌하고 만물이 거듭나는 설날이다. 바깥에는 오색찬연한 불꽃인양 채색초롱이 걸려있다. 실내에는 봄빛이 무르익듯이 따뜻한 정이 흐르고 있다.

우리 일가 조손 삼대 열 몇 명은 떠들썩하고 즐거운 분위기 속에서 명절의 환희에 휩싸여 있다. 89세의 고령에 가까워 오는 아버지는 우리 가운데 앉아 있다. 그의 흰 머리는 등불 밑에서 반짝이고 그의 표정은 조용하면서 편안하다.

그의 얼굴에는 잔잔한 미소가 어려 있다.

이 미소는 내심으로부터 우러나오는 미소다.

이 미소는 시간과 공간을 떠난 영원한 미소다.

맺음말

　내가 아버지에 대해서 쓰려고 생각했던 것은 오랫동안 품어왔던 소망이다. 그 이유는 내가 아버지 곁에 있는 시간이 많았기 때문에, 아버지에 대한 여러 소문들에 대해서 명확하게 밝힐 수 있고, 그 외에 아버지에 대한 진실한 자료를 남기고 싶었기 때문이다.

　세계적으로 유명한 인사는 셀 수 없을 정도로 많다. 그들의 자식들은 자기들의 부모에 대해서 누구보다 많이 알고 있고, 또 그와 같은 이야기를 기록으로 남기려고 한다. 그들은 자기들의 부모에 대해서 되도록이면 추켜세우려고 하지 않는 것이 보통이다. 그러나 나는 그렇지 않다. 왜냐하면 나는 아버지를 너무나 존경하고 있고, 또한 사랑하기 때문이다.

　내가 아버지의 전기를 쓰려고 한 것은 오래 전부터였는데, 실제로 쓸 결심을 갖게 된 것은 그리 오래지 않다. 먼저 나는 근 3년에 걸친 자료 수집과 취재를 했고 한편으로는 역사에 대한 이해를 높이기 위해 노력했다. 거기에 다시 3년에 걸친 작업을 거쳐서야 겨우 이 책을 펴내게 된 것이다. 그러나 많은 시간과 정력을 쏟아붓고, 또 심혈을 기울이면서 3년간에 걸친 작업을 했음에도 아버지의 인생 반절밖에는 쓰지 못하고 말았다.

　아버지의 나이는 금년 89세이다. 따라서 새로운 중국이 탄생했던 1949년은 공교롭게도 그의 인생의 딱 절반에 해당되는 시기였다. 그만큼 아버지의 인생은 너무나 풍부해 이야기하고 싶은 것이 많고, 그것을 쓸 시간도 그만큼 많이 필요했던 것이다. 그러므로 여러 면에서 부족한 내가 아버지의 무궁무진한 일생의 전모를 그린다는 것은, 그 윤곽만을 대강 그리기에도 너무 벅찬 느낌이 든다.

그럼에도 내가 쓰지 않으면 안 됐던 것은, 내가 옆에서 보고 들으면서 알게 된 아버지의 모든 것을 알려야 한다는 의무감에서이고, 역사적인 견지에서 그동안 잘못 기술됐거나 빠진 부분을 보충해야 한다고 생각했기 때문이다. 그러나 열심히 쓴다고 썼지만, 일단 마치고 나서 보니까 아버지의 모든 것을 표현하는 데 너무나도 내가 부족하다는 것을 느꼈다.

그러나 아버지의 후반부 인생에 대해서는 많이 알고 있다고 말할 수 있고, 깊숙이 그리고 자세하게 알 수 있다고 생각한다. 왜냐하면 아버지의 후반부 인생은 내가 이미 성장한 단계에서 아버지를 모시면서 보아왔기 때문이다. 따라서 아버지의 전반부 인생에 관한 책의 집필이 끝난 지금, 나는 다시 후반부도 빨리 써내어 아버지의 찬란했던 생의 모든 것을 세상에 알리고 싶은 마음이 간절하다.

그러나 지금 당장 그 후편을 써내려 가기에는 나의 역량이나 힘이 너무나 부족하다고 느끼기 때문에, 좀더 시간을 갖고 힘과 그외 필요한 것들을 보충한 다음 쓰기 시작하려고 한다. 그러므로 아버지의 후반부 인생이 그려지는 다음 책을 계속해서 읽기를 원하는 독자들은 인내를 갖고 기다리며 나에게 여유를 주었으면 하는 양해를 구하고 싶다.

그렇다고 이 책을 통해서 아버지의 기나긴 인생 역정을 모두 다 기록할 수 있으리라고는 생각지도 않으나, 최대한의 노력은 다 해보고 싶다. 전편을 완성한 지금의 심정에서 말하고 싶은 것이 있다. 내가 그동안 전편을 써오면서 느꼈던 경험과 더 많은 자료와 취재를 바탕으로 해서 쓴다면, 다음 후반부에 대한 글은 더 좋은 내용이 될 수 있지 않을까 하는 것이다.

이제 나는 아버지가 이 책을 보고, "그래, 썩 괜찮구나."라고 한 마디 말 정도만 내려 주었으면 하는 바람을 갖고 있을 뿐이다. 종래부터 아버지는 칭찬이라고는 하신 적이 없기 때문에, 그저 그 정도면 됐다는 식의 긍정만 해주어도 나에게는 더없는 큰 기쁨이 되기 때문이다.

도움을 준 많은 분들께

　이 책을 집필하는 과정에서 나는 혁명에 참가했던 많은 선배 어른들을 방문 취재했고, 문헌 자료와 서적들을 참고하는 과정에서 많은 기관과 동료들의 도움을 받았다. 이제야 그분들께 다시 고개 숙여 인사를 올린다.

　특히 중국공산당 중앙문헌 연구실의 이기(李琦) 선생님과 역평(力平) 선생님께서 이 책 전편을 검토해 주신데 대해 깊은 감사를 드린다. 그리고 그동안 나의 집필을 위해 도와준 모든 기관의 동지들에게도 감사의 인사를 올린다.